Wölfing/Strittmatter (Hrsg.)
Bildung und Erziehung in Europa

Schriftenreihe der
Pädagogischen Hochschule Heidelberg
Band 12

Herausgegeben von der
Pädagogischen Hochschule Heidelberg

Bildung und Erziehung in Europa

Heidelberger Pädagogischer Kongreß
Pädagogische Hochschule Heidelberg
5. bis 9. Oktober 1992

Mit zahlreichen Abbildungen

Herausgegeben von
Willi Wölfing und Veronika Strittmatter

Unter Mitarbeit von Sylvia Selke

Deutscher Studien Verlag · Weinheim 1994

Über den Herausgeber und die Herausgeberin:

Willi Wölfing, Dr. phil., Jg. 1942, ist Akademischer Direktor an der Pädagogischen Hochschule Heidelberg und Leiter des Instituts für Weiterbildung.

Veronika Strittmatter ist Mitarbeiterin im Institut für Weiterbildung an der Pädagogischen Hochschule Heidelberg.

Die Deutsche Bibliothek – CIP-Einheitsaufnahme

Bildung und Erziehung in Europa / Heidelberger Pädagogischer Kongress, Pädagogische Hochschule Heidelberg, 5. bis 9. Oktober 1992. Hrsg. von Willi Wölfing und Veronika Strittmatter unter Mitarb. von Sylvia Selke. –
Weinheim : Deutscher Studien Verlag, 1994
(Schriftenreihe der Pädagogischen Hochschule Heidelberg ; Bd. 12)
ISBN 3-89271-382-0
NE: Wölfing, Willi [Hrsg.]; Heidelberger Pädagogischer Kongress ⟨1992⟩; Pädagogische Hochschule ⟨Heidelberg⟩: Schriftenreihe der Pädagogischen...

Druck nach Typoskript (DTP)

Herstellung der Druckvorlage: Lieselotte Baier, Ingrid Zimmer, Pädagogische Hochschule Heidelberg
Druck: Druck Partner Rübelmann, 69052 Hemsbach
Seriengestaltung des Umschlags: Atelier Warminski, 63654 Büdingen
Printed in Germany

ISBN 3 89271 382 0

Inhalt

Lernen der Zukunft

Wir müssen keineswegs bei Null anfangen

Willi Wölfing

Einführung

Auf dem Wege zu einem geeinten Europa sind viele Hindernisse aufgebaut, die von Politikern, Verwaltungsfachleuten, der Industrie und Wirtschaft überwunden werden müssen. Eine Hürde auf diesem Weg ist der Bildungsbereich. Betrachten wir zunächst die Bildungslandschaft der Bundesrepublik Deutschland, so sind aufgrund des föderalistischen Prinzips viele Unterschiede und Eigenarten zwischen den verschiedenen Bundesländern erkennbar. Ein Lehrerexamen, das beispielsweise im Bundesland Bayern abgelegt wurde, wird nicht ohne weiteres in Baden-Württemberg anerkannt.

Wieviel schwieriger wird es, die Bildungssysteme der europäischen Länder soweit zu harmonisieren und aufeinander abzustimmen, daß von einem europäischen Bildungssystem gesprochen werden kann.

Als zentrale Einrichtung der Pädagogischen Hochschule Heidelberg stellte sich das Institut für Weiterbildung die Aufgabe, Bildungsexperten aus europäischen Ländern und Lehrerinnen und Lehrer vom 5. bis 9. Oktober 1992 zu einem Pädagogischen Kongreß nach Heidelberg einzuladen. Dieser Kongreß, für den die baden-württembergische Ministerin für Kultus und Sport, Dr. Marianne Schultz-Hector die Schirmherrschaft übernahm, befaßte sich mit Fragen der Erziehung und Bildung in Europa.

An der Vorbereitung und Durchführung waren Vertreter des Ministeriums für Kultus und Sport, des Oberschulamtes Karlsruhe, der Staatlichen Schulämter Heidelberg, Mannheim, Mosbach, der Landeszentrale für politische Bildung Stuttgart, des Staatlichen Seminars für Schulpädagogik Gymnasien und Sonderschulen und der Stadt Heidelberg beteiligt.

Ziel der Planungsgruppe war, den Dialog zwischen Wissenschaft, Politik und Schule herzustellen und eine Begegnung von Schülern verschiedener europäischer Länder zu ermöglichen. Das Tagungskonzept fand auch bei überregionalen Institutionen Anklang. So unterstützten neben dem

Ministerium für Kultus und Sport Baden-Württemberg, dem Oberschulamt Karlsruhe und der Stadt Heidelberg, das Bundesministerium für Bildung und Wissenschaft Bonn, das Auswärtige Amt Bonn, die Vertretung des Landes Baden-Württemberg im Bund und in europäischen Angelegenheiten Bonn, der Europarat Straßburg, die Stadt Heidelberg und die Landeszentrale für politische Bildung, die Durchführung der Tagung durch einen finanziellen Beitrag, für den ich herzlich danke.

Den Mitgliedern der Planungsgruppe und den Mitarbeiterinnen des Instituts für Weiterbildung sei an dieser Stelle herzlich für die konstruktive und umfangreiche Vorbereitungsarbeit gedankt. Den für die Ausstellungen verantwortlichen Lehrern, dem technischen Personal der Hochschule und den Mitarbeiterinnen der Mensa gilt mein Dank für ihren vielfältigen Einsatz vor, während und nach der Tagung. Der Bertelsmann-Stiftung und der Bergbrauerei Leimen danken wir für die finanzielle Unterstützung. Das Audiovisuelle Zentrum unserer Hochschule hat in Zusammenarbeit mit der Bildstelle und der Volkshochschule Heidelberg über die Tagung eine Video-Dokumentation erstellt, die käuflich erworben werden kann und die neben dem vorliegenden Tagungsbericht ein Bild- und Tondokument zum Tagungsthema ist. Den Verantwortlichen gilt mein Dank für ihr Engagement.

Den in- und ausländischen Lehrerinnen und Lehrern, die mit Darbietungen ihrer Schülergruppen den Kongreß bereicherten, möchte ich gleichfalls danken. Ein wichtiger Bestandteil für die internationale Begegnung der Schüler/-innen und Lehrer/-innen war ein Spieleparcour, der von Frau Monica Kaufmann vom Pädagogischen Fachinstitut Karlsruhe, von Frau Hannig-Schosser von der Pädagogischen Hochschule Heidelberg und von Herrn Zugck vom Heidelberger Kurfürst Friedrich Gymnasium konzipiert und arrangiert wurde. Den Genannten sei an dieser Stelle sehr herzlich für die zeitaufwändige Arbeit gedankt.

Im vorliegenden Tagungsbericht sind die Vorträge und die Diskussionsergebnisse der Arbeitsgruppen sowie eine Bilddokumentation der Tagungsaktivitäten zusammengestellt.

Die Gliederung des Buches folgt nicht der Programmsystematik der Tagung, sondern faßt die Beiträge nach folgenden übergeordneten Aspekten zusammen:

- Bildung für Europa - eine Zukunftsaufgabe
- Gemeinsames Bewußtsein wird von unten aufgebaut
- Dem Wandel Raum geben
- Die Verschmelzung ist weiter als wir glauben
- Lernen der Zukunft
- Wir müssen keinesfalls bei Null anfangen
- Alles Verstehen heißt nicht alles Verzeihen.

Damit soll nicht nur eine Dokumentation des Kongresses erreicht werden, sondern ein Tagungsergebnis vorgelegt werden, das Material für die weitere Diskussion enthält.

Ich danke allen Autoren für die Abfassung der Manuskripte und den Leitern der Expertengruppen für die Zusammenfassung der Diskussionsergebnisse. Danken möchte ich auch der Schulverwaltung für die erfreuliche Zusammenarbeit, namentlich gilt der Dank Frau Regierungsschulrätin Dr. Dagmar Thiele vom Ministerium für Kultus und Sport und Frau Regierungsschulrätin Elisabeth Groß vom Oberschulamt Karlsruhe. Sie haben mit ihrem Rat und Engagement zum Gelingen der Tagung beigetragen.

Mein ausdrücklicher Dank gilt auch meiner Kollegin Veronika Strittmatter, die bei der Kongreßvorbereitung und -durchführung wertvolle Arbeit leistete. Frau Sylvia Selke danke ich für die lektorische Betreuung dieser Publikation, den Mitarbeiterinnen im Sekretariat des Instituts für Weiterbildung, Frau Liselotte Baier und Frau Ingrid Zimmer, gilt mein Dank für die nicht immer problemlose Erstellung des Typoskriptes.

Ich hoffe, daß mit der Vorlage des Tagungsberichtes die Diskussion über ein europäisches Schul-, Bildungs- und Ausbildungssystem wichtige Impulse erhält und daß damit auch eine schriftliche Dokumentation über den weiten und oft beschwerlichen Weg zu einem geeinten Europa vorliegt.

Willi Wölfing

Bildung für Europa - eine Zukunftsaufgabe

Michael Schallies

Bildung und Erziehung in Europa

Meine sehr verehrten Damen und Herren

Zum Heidelberger Pädagogischen Kongreß "Bildung und Erziehung in Europa" möchte ich Sie sehr herzlich an der Pädagogischen Hochschule begrüßen. In den vor uns liegenden vier Tagen werden sich Wissenschaftler und Schulpraktiker, Bildungspolitiker, Europaexperten und Journalisten mit ihren jeweiligen besonderen fachlichen und pädagogischen Kompetenzen mit der Kongreßthematik beschäftigen. Schülergruppen aus Heidelberg und europäischen Nachbarländern werden dazu an einzelnen Veranstaltungen der Tagung - sozusagen an einem praktisch erlebten Gemeinschaftskundeunterricht - teilnehmen, und in besonderen Tagungsprogrammteilen die Umsetzung des Europagedankens konkret erproben.

Nach den Erfahrungen der jüngsten Zeit könnte man zu der Vermutung kommen, daß die beobachtbare Skepsis gegenüber den Maastrichter Verträgen für einen Kongreß dieser Art ein wenig förderliches Klima darstellt. Die erkennbare Skepsis gegenüber Maastricht, die sich in den Abstimmungsergebnissen bei Volksbefragungen in Dänemark und auch in Frankreich manifestiert hat, läßt sich nach meiner Ansicht psychologisch erklären, besteht doch für viele Menschen der Eindruck, durch die Vereinigung Europas auch etwas zu verlieren, etwas aufzugeben an nationaler und regionaler Eigenständigkeit. Nach neueren Ergebnissen psychologischer Forschung hat der Eindruck drohender Gefahr, etwas zu verlieren, viel mehr Einfluß auf menschliche Entscheidungen als die Aussicht etwas Gleichwertiges zu gewinnen. Auch trauern wir Verlusten mehr nach, als wir uns an Gewinnen freuen. Ich denke daher, daß wir uns unter Berücksichtigung dieser Erkenntnisse noch sehr viel ernsthafter mit erkennbaren und unausgesprochenen Ängsten und Befürchtungen auseinandersetzen müssen, um die Menschen zu überzeugen, daß der Gewinn durch ein zusammenwachsendes Europa die kleinen Verluste um ein Mehrfaches übertrifft.

Erfreulich stimmt in diesem Zusammenhang die Tasache, daß bei der jüngeren Generation die Skepsis offenbar weniger verbreitet ist. So hat der Präsident des Deutschen Akademischen Austauschdienstes, Professor Berchem, unlängst festgestellt, daß unter den Studierenden entgegen aller Umfrageergebnisse zum Vertrag von Maastricht keinerlei Europamüdigkeit festzustellen ist. In diesem Studienjahr 1992/93 befinden sich allein im Rahmen des ERASMUS-Programmes etwa 80000 Studierende auf einer akademischen Wanderschaft in Europa. Die Gemeinschaftsdimension in der Hochschulbildung hat also längst begonnen. Die beliebtesten Zielländer für Bildungskooperationen im Hochschulbereich sind nach wie vor Großbritannien und Frankreich, das gilt auch für unsere Hochschule, die Pädagogische Hochschule. Mit den verschiedenen Ecoles Normales bzw. jetzigen Instituts Universitaires de formacion des maîtres in Frankreich und den Polytechnics in Großbritannien unterhält sie im Rahmen ihrer Möglichkeiten einen regelmäßigen und intensiven Austausch mit Studierenden. Zunehmend werden dabei durch Absprachen zwischen den kooperierenden Hochschulen die Austauschprogramme so intensiviert, daß sie auf die Dauer eines ganzen Semesters ausgedehnt werden können, wobei die dabei erbrachten Studienleistungen gegenseitig anerkannt werden.

Allerdings sind diese Mobilitätsprogramme der Pädagogischen Hochschule - unter quantitativen Gesichtspunkten - im Hinblick auf die vor uns liegende Aufgabe, den Europagedanken unterrichtlich zu verwirklichen - viel zu gering. Dies gilt im übrigen für alle Hochschulen der Bundesrepublik, wenn man ihre Beteiligung an ERASMUS-Programmen mit anderen europäischen Ländern vergleicht. Wie in der Ausgabe Nr. 9, September 1992 in der Zeitschrift "Higher Education International" festgestellt wird: "Germany is lagging behind".

Ursachen für die relativ geringe Beteiligung deutscher Hochschulen an europäischen Programmen liegen - so führt Horst Zander in Mitteilungen des Hochschulverbandes vom Februar 1992 aus - darin begründet, daß die Durchführung der Mobilitätsprogramme in eine, ich zitiere, "bürokratische Schlacht", ausgeartet ist. Dies gilt sowohl für die Auswahl der Bewerber als auch die Übermittlung deren Daten an den Deutschen Akademischen Auslands-Dienst (DAAD) und die Partneruniversitäten, als auch für die Übermittlung der Abschluß- und Erfahrungsberichte durch die Programmbeauftragten der Hochschule an den DAAD. Weder die damit einhergehende Arbeit noch die mit den Austauschprogrammen einhergehende

Anerkennung von Studienleistungen im Ausland durch die Heimathochschule kann weiterhin durch Senatsbeauftragte "im Nebenamt" künftig weitergeführt werden. Es ist vielmehr erforderlich, daß auch lehrerbildende Einrichtungen wie die Pädagogische Hochschule Heidelberg für diese notwendige und wichtige Aufgabe baldmöglichst mit einem Akademischen Auslandsamt ausgestattet werden. Dies muß auch im Zeichen des Rotstifts möglich sein, zahlt doch das Land Baden-Württemberg substanzielle Geldbeträge für die Durchführung von europäischen Mobilitätsprogrammen an die Gemeinschaft, an denen seine eigenen Hochschulen nicht genügend profitieren könnten, wenn die dazu notwendige administrative Abwicklung in den Hochschulen nicht endlich durch ein Akademisches Auslandsamt professionalisiert wird.

Ich sage dies in aller Deutlichkeit, weil es die Pädagogische Hochschule Heidelberg ernst meint mit Ihrer Aufgabe nach § 3 des Gesetzes über die Pädagogischen Hochschulen (PHG) die europäische Zusammenarbeit im Hochschulbereich und den Austausch zwischen deutschen und ausländischen Hochschulen zu fördern. Die Verwirklichung der europäischen Dimension kann nämlich nur auf der Grundlage der *eigenen* "europäischen Erfahrung" der Lehrer erfolgen, und dies gilt nicht nur für die Fremdsprachenlehrer, sondern für Lehrer aller möglichen Fachrichtungen. Lehrer sind Multiplikatoren von Wissen und Erfahrung, daher müssen die in Ausbildung befindlichen Lehrer in die Mobilitätsprogramme soweit es geht eingebunden werden. Für diejenigen, die nicht im Rahmen eines Auslandsstudienaufenthaltes eigene Erfahrungen sammeln können, gilt es, solche Erfahrungen auch zu vermitteln. Vor allem die bereits im Beruf stehenden Lehrer werden von dieser Möglichkeit Gebrauch machen müssen. Die Pädagogische Hochschule Heidelberg wird im Rahmen von weiterbildenden Studien und durch Ausbringung von Veranstaltungen der Weiterbildung auch über diesen Weg versuchen, ihren nach § 3 PHG gesetzlichen Auftrag zu verwirklichen.

Mit der Durchführung eines Kongresses mit dem Thema "Bildung und Erziehung in Europa" wird daher angestrebt, für die Lehrerbildung, die Lehrerfortbildung und die schulische Praxis der verschiedenen Schularten Grund-, Haupt-, Real-, Sonderschulen und Gymnasien konkrete Informationen und Erfahrungen zu vermitteln, die derzeitigen Entwicklungen im In- und Ausland aufzuzeigen und Anregungen für die Umsetzung des Europagedankens in konkreten Unterricht zu geben.

Ein Novum für die Durchführung eines Kongresses dieser Art ist dabei die Einbeziehung von Schülern in das Kongreßprogramm: Damit wird eine Art "Gemeinschaftskundeunterricht" praktiziert, der sowohl durch die Thematik als durch die Anwesenheit der verschiedensten Schülergruppen aus dem nahen und fernen europäischen Ausland im Rahmen der Schulpartnerschaften einen besonderen Akzent gewinnt.

Die Verwirklichung der Idee, einen Kongreß zum Thema "Bildung und Erziehung in Europa" an der Pädagogischen Hochschule Heidelberg durchzuführen, hat viel Mühe, Energie, Zeit und auch Geld benötigt. Mit Dankbarkeit und Freude kann ich feststellen, daß die Idee der Durchführung bei den verschiedensten staatlichen Stellen und Einrichtungen mit Enthusiasmus aufgenommen wurde und in der Zusammenarbeit bei der Verwirklichung der Zielsetzung hervorragende Kooperation zutage trat.

Für die Organisation zeichnet von seiten der Pädagogischen Hochschule das Institut für Weiterbildung verantwortlich, dessen Leiter Herrn Dr. Wölfing und seinen Mitarbeiterinnen Frau Strittmatter, Frau Selke, Frau Zimmer und Frau Baier, ich sehr herzlich danken möchte. Von Anfang an hat sich das Kultusministerium Baden-Württemberg in hervorragender Weise dafür eingesetzt, die Tagung zu einem Erfolg werden zu lassen: Das gilt sowohl für die inhaltliche Ausgestaltung als auch die finanzielle Unterstützung der Durchführung und die Anerkennung der Tagung als Lehrerfortbildungsveranstaltung. Frau Ministerin Schultz-Hektor hat sich persönlich für die Tagung eingesetzt und manche Klippen aus dem Weg geräumt; dafür möchte ich herzlich danken.

Ein besonderer Dank gilt auch Herrn Dr. Saller, zuständiger Abteilungsleiter im Kultusministerium für die Lehrerfortbildung, und seinen Mitarbeitern, die an der Programmgestaltung wesentlichen Anteil hatten. Präsident Dr. Hirsch vom Oberschulamt Karlsruhe und seinen Mitarbeitern, namentlich Frau Regierungsschulrätin Groß, möchte ich ebenfalls sehr herzlich für die Unterstützung der Idee und ihrer Realisierung danken. Einbeziehen möchte ich in meinen Dank die Leiter der Staatlichen Schulämter Heidelberg, Mannheim und Mosbach, die Herren Schnader, Bauer und Wagenbach und deren Vertreter in der Planungsgruppe, namentlich Herrn Stetzelberger, Herrn Dr. Zednik und Herrn Kriege.

Die Beteiligung des Staatlichen Seminars für Schulpädagogik an Gymnasien und Sonderschulen in Heidelberg hat mich sehr gefreut, und ich möchte Herrn Professor Huwendiek als Vertreter in der Planungsgruppe für seine Arbeit sehr herzlich danken. Die Landeszentrale für politische Bildung Baden-Württemberg mit ihrer Außenstelle in Heidelberg war von Anfang an bei der Ausrichtung des Kongresses beteiligt, Herrn Dr. Lüdemann danke ich sehr herzlich für seine Mitarbeit.

Wichtig für die Hochschule war nicht nur die Einbeziehung der staatlichen Organe, die mit Bildung, Ausbildung, Weiterbildung und Einsatz der Lehrer zu tun haben, wichtig war auch die Beteiligung der Stadt Heidelberg als Schulträger. Ist doch gerade der Schulträger von besonderer Bedeutung, wenn es um die Einbeziehung von Schülergruppen aus dem Ausland im Rahmen der bestehenden Schulpartnerschaften Heidelberger Schulen geht. Für die Unterstützung der Stadt durch Oberbürgermeisterin Weber möchte ich mich daher ebenfalls sehr herzlich bedanken.

Die Durchführung eines Kongresses dieser Größenordnung ist nicht möglich, ohne erhebliche finanzielle Unterstützung staatlicher und überstaatlicher Einrichtungen. Ich möchte mich daher sehr herzlich auch bei den Einrichtungen bedanken, die neben den bisher erwähnten staatlichen und städtischen Stellen finanziell für uns gesorgt haben. Es sind dies das Bundesministerium für Bildung und Wissenschaft in Bonn, das Auswärtige Amt in Bonn, der Europarat in Straßburg sowie die Vertretung des Landes Baden-Württemberg im Bund und in Europäischen Angelegenheiten in Bonn. Allen Institutionen und ihren Vertretern danke ich sehr herzlich in der Überzeugung, daß die bereitgestellten Gelder gut angelegt sind und dafür sorgen, daß am Ende dieser Woche die Teilnehmer am Kongreß "Bildung und Erziehung in Europa" unsere Hochschule mit einem Gewinn für die Unterrichtspraxis, mit Ideen für die Verwirklichung des europäischen Gedankens und mit neuen Einsichten verlassen werden.

Meine Damen und Herren, ich wünsche uns allen einen erfolgreichen und ertragreichen Tagungsverlauf.

Werner Boppel

Bildung für Europa - eine Zukunftsaufgabe für Lehrende und Lernende

Meine Damen und Herren

Im Namen des Bundesministers für Bildung und Wissenschaft begrüße ich Sie recht herzlich hier in Heidelberg zu Ihrem Pädagogischen Kongreß.

Europa wird jetzt sehr konkret. Gleich wie man das knappe Abstimmungsergebnis vom 20. September in Frankreich oder die zur Zeit stattfindenden Debatten über Groß- und/oder Kleineuropa bewerten mag, ist der Tag nicht mehr fern, an dem wir den Schritt von einer Wirtschaftsunion zu einer politischen Union tun. Dieses Europa wird nach dem 1. 1. 1993 viele Lebensbereiche entscheidend verändern. Je näher der nächste Jahreswechsel rückt, desto zuversichtlicher sind viele, die sich von Europa mehr Freiheit und Wohlstand versprechen, umso deutlicher artikulieren sich aber auch - dies müssen wir hier offen aussprechen - in den Mitgliedstaaten die Sorgen von Menschen, die fürchten, einmal Erreichtes und Errungenes nicht nach Europa hinüber retten zu können.

In der Bundesrepublik Deutschland aber auch in den anderen EG-Staaten definieren sich Bildung und Ausbildung nach wie vor weitgehend national. Sicherlich gibt es Nuancen. In der Bundesrepublik Deutschland gibt es beispielsweise mit dem föderalen System im Vergleich zu Frankreich und anderen EG- Partnern über die nationalen Differenzierungen hinaus auch regionale Unterschiede, die mitunter auch zu Debatten um die Vergleichbarkeit von Bildungsinhalten und -abschlüssen führen. Gleichwohl ist das deutsche Bildungssystem jedoch genau von einem spezifischen deutschen Charakter geprägt wie das französische von einem französischen, das britische von einem britischen usw.. Als ein Beispiel möchte ich das duale System in der beruflichen Bildung in Deutschland hervorheben. Ein anderes ist die unterschiedliche Bedeutung, die der Privatschulsektor in den verschiedenen EG-Mitgliedstaaten hat.

Für das Bildungswesen stellen sich in diesem Zusammenhang besondere Anforderungen. Wenn wir davon sprechen, daß wir Bildungsziele und

Bildungsinhalte in Europa miteinander vergleichbar machen müssen, damit die Menschen die Chance haben, möglichst ohne Zeit- und andere Reibungsverluste mobil von einem Land in Europa in ein anderes zu wechseln, um dort ihre berufliche Karriere fortzusetzen, heißt dies nicht, daß wir den jeweiligen nationalen Charakter der Bildungssysteme beseitigen wollten. Im Gegenteil: Eine europäische Bildungspolitik schafft zwar die Rahmenbedingungen für Mobilität und Vergleichbarkeit, beläßt jedoch gleichzeitig die Individualität der jeweiligen regionalen und nationalen Systeme.

Der Maastrichter Vertrag hat wichtige Voraussetzungen für ein föderales Europa der Bildung geschaffen. Erstmals gibt es in einem europäischen Vertrag ein eigenes Kapitel über allgemeine und berufliche Bildung. Damit erhält die Gemeinschaft bestimmte Rechte, auf diesem Gebiet tätig zu werden. Allerdings bleiben diese Rechte eng begrenzt. Die Verantwortung für das Bildungswesen selbst bleibt bei den Mitgliedstaaten in ihren unterschiedlichen Ausprägungen, d. h. die bei uns im föderalen System geltende Aufteilung der Verantwortlichkeiten bleibt unangetastet. Das gilt auch für alle anderen Mitgliedstaaten.

Bildung steht im Maastrichter Vertrag gleichsam unter verschärften Bedingungen der Subsidiarität. Verschärft sind diese Bedingungen, weil zu der allgemeinen Subsidiaritätsklausel des Vertrages weitere Einschränkungen hinzutreten, insbesondere die Beachtung der Verantwortung der Mitgliedstaaten für die Lehrinhalte und die Gestaltung des Bildungssystems und ein generelles Harmonisierungsverbot im Hinblick auf die Rechts- und Verwaltungsvorschriften der Mitgliedstaaten im Bildungsbereich.

Die Bundesregierung legt großen Wert darauf, daß die Identität der Regionen und Länder gewahrt wird, damit das einmal so pathetisch beschworene "Europa der Bürger" in seiner Ausformung als "Europa der Regionen" leben kann. Wir betreiben deshalb eine Politik, in der wir die Autonomie der Regionen vergrößern wollen. Dies gilt nicht zuletzt auch für die Verwaltung von Hochschulen und Schulen durch die Regionen. Das deutsche Modell des Föderalismus hat m.E. Vorbildcharakter für ganz Europa.

Gerade in einer Zeit, in der bei uns in Deutschland in mehreren Ländern darüber diskutiert wird, Zuständigkeiten in der Verwaltung von Schulen unter dem Stichwort der "Autonomie" auf eine untere Ebene der Schulverwaltung zu verlagern, wäre es falsch, eine Gleichschaltung von Inhalten, Organisationsformen und Abschlüssen in Europa zu fordern, die möglicherweise auch noch per Richtlinie der EG-Kommission verordnet werden könnte.

Eine bildungspolitische Planungskompetenz hat die Kommission jedoch nicht. Sie wird sie auch nicht erhalten, soweit wir das heute absehen können.

Es wird jedoch Diskussionen geben, wie in einem vielfältig strukturierten Europa zwischen Jütland und Kreta, Galizien und Brandenburg, und demnächst - wenn andere Mitgliedstaaten hinzukommen - in einem noch viel größeren Gebiet, trotzdem die Mobilität der Menschen erhöht werden kann. Diese Aktivität halte ich für richtig, denn es ist dringend erforderlich, daß Menschen, die bereit sind oder vielleicht auch beruflich darauf angewiesen sind, von einem Mitgliedstaat in den anderen umzuziehen, keine Zeit verlieren, weil ihnen irgendwelche Schul- oder Studienleistungen nicht anerkannt werden können. Aus diesem Grund halte ich es für wesentlich, daß wir uns bewußt sind, daß das in den Maastrichter Verträgen verankerte Subsidiaritätsprinzip einerseits den Regionen, Provinzen und Ländern die Chance gibt, bei der Ausgestaltung von Lehrplänen und Organisationsformen des Lehrens und Lernens mitzuwirken, sie andererseits aber auch verpflichtet, sich über die Durchlässigkeit und die Vergleichbarkeit der Strukturen des Bildungswesens zu verständigen.

Ein Europa der Bürger muß dafür sorgen, daß der Weg von einer Region in die andere tatsächlich durchlässig ist. Mobilitätshindernisse sind abzubauen, ohne daß alles nivelliert wird. Vereinbarungen über die Vergleichbarkeit - ich sage bewußt: Vergleichbarkeit und nicht Gleichheit - von Abschlüssen sind auch im Schulbereich nötig und sollten soweit zu einem guten Abschluß geführt werden, daß die Qualität der Bildungsinstitutionen den Menschen ein Höchstmaß an Berufs- und Lebenschancen vermittelt. Dazu gehört eben auch eine hohe Mobilität in Europa.

Die meisten der Mädchen und Jungen, die in diesem Jahr auf eine weiterführende Schule überwechseln, werden ihre ersten Berufserfahrungen frühestens im Jahre 2000 machen. Wie Europa dann wirklich aussieht, weiß heute noch niemand. Vielen anderen Ländern erscheint heute attraktiv, sich an dem Projekt Europa zu beteiligen.

Daher ist es auch nicht utopisch zu vermuten, daß im Jahre 2000 die Europäische Gemeinschaft aus mehr als 12 Mitgliedstaaten besteht. Möglicherweise sind Österreich, die Schweiz, Schweden, Norwegen und Finnland beigetreten. Die Staaten Mittel- und Osteuropas dürften sich immer enger mit der Gemeinschaft assoziiert haben. Insbesondere mit der tschechischen Republik, vielleicht auch mit der Slowakei, sicher aber mit Polen und Ungarn könnte die Gemeinschaft Beitrittsverhandlungen führen. Die Türkei und die nordafrikanischen Staaten sind enger an die EG herangerückt, so daß sich in der EG immer mehr die Strukturen widerspiegeln, die beim Europarat bereits seit einiger Zeit sichtbar sind. Die verschiedenen Politikbereiche, von der Außen- über die Wirtschafts- und Sozialpolitik bis hin zur Bildungspolitik, werden in verschiedenen Gremien und auf verschiedenen Ebenen koordiniert werden müssen. Das europäische Parlament wird weitergehendere Befugnisse haben als dies heute, 1992, noch der Fall ist, so daß auch die von vielen gefürchtete Eurokratie einer parlamentarischen Kontrolle unterworfen wird. Vielleicht hat der Ministerrat sogar vergleichbare Funktionen wie sie heute in Deutschland der Bundesrat hat.

In der gemeinsamen Bildungsplanung wird sich das föderale Modell durchsetzen, das wir in der Bundesrepublik Deutschland praktizieren, indem sich nämlich einerseits die Länder untereinander in der Kultusministerkonferenz über verbindliche Regelungen für Inhalte, Organisationsformen und Abschlüsse verständigen, andererseits aber auch Bund und Länder in der Bund-Länder-Kommission für Bildungsplanung und Forschungsförderung (BLK) über eine gemeinsame Innovationspolitik und gesamtstaatliche Analysen der Situation in einzelnen Bereichen, beispielsweise dem Lehrerbedarf, verständigen und einschlägige Projekte fördern.

Die Vorbereitung von Jugendlichen auf die europäische Herausforderung macht es zunächst erforderlich, auch unsere Schulen in den Prozeß der Heranführung an Europa einzubeziehen. Dabei geht es um ein "Lernen für Europa". Alte traditionelle Vorstellungen über den Fremdsprachenunterricht, den Schüleraustausch und die interkulturelle Erziehung müsse mit neuen - der bevorstehenden Einigung des europäischen Binnenmarktes und der Öffnung gegenüber Ost- und Mitteleuropa angemessenen - Inhalten gefüllt werden.

Die Etablierung des Englischen in den Hauptschulen, die zweite Fremdsprache in den Real- und Gesamtschulen, vereinzelte Initiativen zur Integration des Fremdsprachenlernens in das Programm der Grundschulen zeugen bereits von einem relativ hohen Bewußtsein der für die Schule Verantwortlichen in Sachen Europa. Darüber hinaus gibt es auch Bestrebungen der Länder, den Fremdsprachenunterricht noch breiter anzulegen, z.B. in Hauptschulen eine zweite Fremdsprache einzuführen (NRW) oder bilinguale Bildungsgänge in Hauptschulen und Realschulen anzubieten (z.B. Rheinland-Pfalz und Nordrhein-Westfalen). Darüber hinaus ist fächerübergreifender Unterricht gefragt. Das Thema Europa, internationale Fragen und Probleme betreffen alle Fächer, z.B. auch Muttersprache, Geschichte und sogar Arbeitslehre/Wirtschaft/Technik.

Lernformen wie Schüleraustausch und interkulturelles Lernen leiden ebenso wie der Fremdsprachenunterricht an zu geringer Einbettung in den Gesamtunterricht. Lernen für Europa ist zwar schon ein Merkposten der Schulentwicklung, von einer (naturgemäß über die Fächergrenzen hinausgehenden) europäischen Bildung sind wir aber noch weit entfernt.

Schon immer gab es, nicht zuletzt im Rahmen von Schulpartnerschaften, gute Beziehungen zwischen deutschen Schulen und den Schulen anderer Länder. Der klassische Schüleraustausch allerdings konzentriert sich zu sehr auf das Gymnasium. Dem wollen wir u. a. durch die Beteiligung an den EG-Pilotprogrammen "Multilaterale Schulpartnerschaften" entgegenwirken.

Das zentrale "neue Stichwort" für die Verwirklichung der europäischen Dimension im Bildungswesen im Sinne einer europäischen Bildung heißt "multikulturelles Lernen". Dies geht weit über die formalen Qualifikationen hinaus, die für mehr Mobilität und Flexibilität im Beruf erforderlich sind. Kinder sollen heute beispielsweise möglichst früh lernen,

- warum und wie sich die Kulturen anderer Länder von der Kultur in Deutschland unterscheiden,
- warum und wie die Menschen auf mit unter relativ belanglose Dinge im Alltag (z.B. Eßgewohnheiten, Arbeitsökonomie, Hygiene) verschieden reagieren und
- wie man eine Sprache findet, sich miteinander gemeinsam zu verständigen.

Dies gilt für die Jugendlichen und Kinder überall in Europa, ganz besonders natürlich angesichts der schrecklichen Ereignisse in Hoyerswerda, Rostock und anderswo. Die Extreme zeigen, wohin es führt, wenn die Erziehung zu Offenheit und Toleranz gegenüber anderen Kulturen versäumt wird. Wir müssen hier Klarheit und eine feste Hand gegen die Ausschreitungen, aber auch Geduld und engagierten Einsatz bei der Beseitigung der Ursachen beweisen. Die europäische Perspektive kann hier eine Orientierung bieten. Erlauben Sie mir in diesem Zusammenhang Montesquieu zu zitieren, der in den "Persischen Briefen" schreibt, nicht die Vielzahl der Religionen - er hätte auch Völker sagen können - schaffe Kriege, sondern "der Geist der Intoleranz". Diesen zu bekämpfen ist eine der wichtigsten Notwendigkeiten einer multikulturellen Bildung.

Es geht darum, die multikulturelle und europäische Perspektive in das deutsche Bildungswesen dauerhaft zu integrieren. Europa fängt ja bekanntlich zu Hause an. Wir stehen dabei nicht am Punkte Null. Bereits 1978 hat die Kultusministerkonferenz Empfehlungen über Europa im Unterricht beschlossen. Eine Entschließung der Bildungsminister über die europäische Dimension im Bildungswesen, die wir 1988 in der deutschen EG-Präsidentschaft auf europäischer Ebene durchgesetzt haben, war die Grundlage, diese Empfehlung durch einen Beschluß der Kultusministerkonferenz im Jahre 1990 zu erweitern und zu vertiefen. Das Konzept und der gute Wille sind da. Es gibt auch viele vortreffliche Beispiele für Europawochen in Schulen, für Austauschbeziehungen und auf Europa bezogene Lehrmaterialien. Zur Zeit laufen mit Förderung des Bundes und der Länder mehrere große Modellversuche, die das Thema "Europa in der Schule" weiter präzisieren sollen.

In diesem Kontext sind auch die beiden Fachkongresse zu sehen, die vom Bundesministerium für Bildung und Wissenschaft gefördert werden - im September eine Veranstaltung des Zentrums für Europäische Bildung in Ludwigsfelde (Brandenburg) -, und diese hier in Heidelberg. Zahlreiche weitere Initiativen sind - wie bereits erwähnt - von Bund und Ländern eingeleitet worden. Eine dauerhafte Integration der europäischen Perspektive in den Alltag unserer Schulen ist allerdings noch längst keine Selbstverständlichkeit. Hier ist noch viel Arbeit erforderlich.

Besonders deutlich werden die Herausforderungen, vor denen Bildungspolitikerinnen und Bildungspolitiker heute in Europa stehen, auch in den Hochschulen.

Die bevorstehende Verwirklichung des Europäischen Binnenmarktes, die Schaffung des Europäischen Wirtschaftsraums, aber auch der Fall der Grenzen zu den Staaten Mittel- und Osteuropas haben die Europäische Zusammenarbeit im Hochschulbereich nachhaltig intensiviert:

- Wir verzeichnen steigende Studentenzahlen bei europäischen Austauschprogrammen und Hochschulkooperationen - auch mit den Staaten Mittel- und Osteuropas.
- Immer mehr Deutsche studieren an Hochschulen des Auslands - nach Angaben des Wissenschaftsrates waren es 1989 rd. 30000 Studierende.
- Aber auch eine beträchtliche Zahl von ausländischen Studierenden kommt zu einem Studienaufenthalt nach Deutschland; der Anteil ist in den Jahren von 1980 - 1991 von 6,7 auf 11,7 % an den Universitäten und von 6,5 auf 9,6 % an den Hochschulen insgesamt gestiegen. Diese Zahlen beziehen sich nur auf die alten Länder, aktuelle Zahlen für die neuen Länder liegen noch nicht vor. Rund 26100 ausländische Studierende sind in den alten Ländern und weitere 1100 in den neuen Ländern eingeschrieben.
- Immer stärker werden europäische Ausbildungsinhalte in den grundständigen Studien angeboten: Wenn Sie sich heute die Vorlesungsverzeichnisse deutscher Hochschulen ansehen, finden Sie Themen wie: europäisches Wirtschaftsrecht, europäische Währungspolitik, europäisches Verwaltungsrecht, Probleme der europäischen Integration. Darüber hinaus werden zahlreiche Sprachkurse zur Fachsprachenvermittlung angeboten.

Rund 30000 deutsche Studenten im Ausland sind, gemessen an der Gesamtzahl der Studierenden die ja bei 1,8 Millionen liegt, nur ein geringer Bruchteil. Umso wichtiger ist es, auch diejenigen mit Europa zu konfrontieren und möglichst europabezogen auszubilden, die nicht die Chance haben, im Ausland zu studieren. Europäische Ausbildungsinhalte gehören deshalb vor allem ins Erststudium; wir sollten Zusatzstudien und postgraduale Studienangebote nur dort anbieten, wo sie für die jeweiligen Berufstätigkeit unabdingbar sind. Die Integration europabezogener Studien darf allerdings nicht dazu führen, daß sich die Studienzeit noch weiter verlängert.

Anders zu beurteilen sind europäisch orientierte Graduiertenprogramme; hier sind postgraduale forschungsorientierte Ausbildungsmöglichkeiten mit europäisch orientierten Themen eine sinnvolle Ergänzung, um unseren wissenschaftlichen Nachwuchs für seine Aufgabe zu qualifizieren.

Der Wissenschaftsrat hat im April dieses Jahres Empfehlungen zur Internationalisierung der Hochschulen abgegeben. Das Gutachten schildert ein beeindruckendes Panorama der internationalen Beziehungen unserer Hochschulen. Es weist zurecht darauf hin, daß auch durch das Hochschulsonderprogramm II des Bundes und der Länder für die 90er Jahre etwa 600 Millionen DM zum Ausbau der europäischen Dimension in den Hochschulen aufgewendet werden sollen, insbesondere sollen die Fachhochschulen vermehrt akademische Auslandsämter erhalten. Dabei bezieht sich dieses Sonderprogramm aus dem Jahre 1990 nur auf die alten Länder. Für die neuen Länder kommen weitere Mittel aus dem Hochschulerneuerungsprogramm hinzu.

Es ist also schon eine Menge geschehen, aber auch dies genügt nicht. Noch sind die Lehrangebote nicht ausreichend auf die neue Wirklichkeit Europas ausgerichtet. Auch beim Studentenaustausch müssen wir zu weiteren Steigerungen kommen. Nach den statistischen Zahlen für das Jahr 1989 lag die Zahl der deutschen Studenten, die an einer Hochschule in den anderen Mitgliedstaaten der EG eingeschrieben waren, bei rd. 10000. Die Zahl der Studenten aus diesen Staaten an den deutschen Hochschulen lag demgegenüber deutlich niedriger. Langfristige Arbeit ist auch in den Hochschulen vonnöten, um dic erweiterte europäische Wirklichkeit ganz zu umfassen.

Immerhin findet in allen Mitgliedstaaten inzwischen eine umfassende Diskussion über die Zukunft der Hochschulen, aber auch der beruflichen Bildung in der Europäischen Gemeinschaft statt. Grundlage dafür sind Memoranden der EG-Kommission zur Hochschulbildung und zur Berufsbildung, zu denen die Mitgliedstaaten in Kürze ihre Stellungnahme abgeben wollen. Zum Hochschulmemorandum haben wir dazu Ende Juli eine Anhörung durchgeführt. Am letzten Wochenende fand für den Bereich der Berufsbildung eine große Konferenz in Suhl statt, mit dem Ziel, die Grundlinie für eine Stellungnahme im Bereich der beruflichen Bildung auszuarbeiten. Es gibt daneben ein weiteres Memorandum der EG-Kommission zum Fernunterricht, zu dem wir, wie in allen genannten Fällen, in Abstimmung zwischen Bund und Ländern gegenüber der EG-Kommission und den anderen Mitgliedstaaten Stellung nehmen werden.

Dies alles ist eine programmatische Diskussion, die alle Mitgliedstaaten der Gemeinschaft erfaßt. Es ist ein Verdienst der EG-Kommission, eine solche Diskussion angestoßen zu haben. Ob sie das von manchen Vertretern in der Kommission gewünschte Ergebnis haben wird, ist offen, denn sicher werden die meisten anderen Mitgliedstaaten - wie wir auch - in ihren Stellungnahmen deutlich herausstellen, daß die Entwicklung des Bildungswesen und der Bildungspolitik ihre eigene Sache bleiben muß und nach dem Maastrichter Vertrag auch bleiben soll.

Meine Damen und Herren, wir brauchen europäische Schulbücher, wir brauchen europäische und multikulturelle Inhalte, aber wir brauchen vor allem europäische Lehrerinnen und Lehrer. Wir brauchen Schulleiterinnen und Schulleiter, die wissen, wie man Lehrerinnen und Lehrer der verschiedenen Fächer für europäische und internationale Themen gewinnt und wie man es anstellt, Kontakte mit anderen Schulen in anderen Ländern dauerhaft zu gestalten. Wir brauchen eine junge Generation, die möglichst frühzeitig mit mindestens einer anderen europäischen Sprache aufgewachsen ist. Wir brauchen Hochschulen, die die Mobilität ihrer Studenten und ihres Lehrkörpers fördern und die umgekehrt offen genug sind, Kollegen aus dem europäischen Nachbarland verstärkt zu Gastdozenturen einzuladen. Wir brauchen eine berufliche Aus- und Weiterbildung, für die die europäische Arbeitswelt immer mehr zu einer Selbstverständlichkeit wird. Wir brauchen eine offene Atmosphäre zwischen den europäischen Staaten, die eine vertrauensvolle Basis zur gegenseitigen Anerkennung von beruflichen Befähigungsnachweisen schaffen kann. Wir brauchen ein europafreundliches Klima in allen gesellschaftlichen Bereichen. Dies ist ein Appell, den ich auch an Sie richten möchte. In diesem Sinne wünsche ich Ihnen einen erfolgreichen Verlauf Ihrer Tagung.

Beate Weber

Meine Damen und Herren

Im Namen der Stadt Heidelberg, ihres Gemeinderats, ihrer Verwaltung und ihrer Bürgerinnen und Bürger möchte ich Sie ganz herzlich zu diesem Kongreß begrüßen. Ganz offiziell und persönlich möchte ich nachschieben, daß ich gerne bei dem Kongreß dabei sein würde - Herr Professor Schallies hat eben kurz erläutert, warum. Meine Vergangenheit holt mich zigfach hier ein, in Gegenwart von Frau Theato, mit der ich gemeinsam im

Europäischen Parlament war, eröffne ich diesen Kongreß. Ganz besonders gerne begrüße ich Herrn Engelfried. Vor vielen Jahren, ungefähr 20 sind's in der Zwischenzeit, haben wir gemeinsam für die Internationale Gesamtschule in Heidelberg gefochten. Später als Lehrerin, als sie dann eingerichtet war, habe ich mit ihm gemeinsam um ihren weiteren Erhalt und ihren Fortbestand gebangt und immer wieder neu gekämpft. Deswegen freut es mich ganz besonders, daß ich mit Ihnen am Eröffnungstag zusammen hier sein kann.

Ich glaube, daß die Zusammenstellung der Themen, aber auch das Zusammentreffen der unterschiedlichen Institutionen und der verschiedenen Berufsgruppen, für die Durchführung eines solchen Kongresses außerordentlich interessant sind. Die Diskussion mit den Praktikern und den Praktikerinnen wird sicher sehr spannend sein, denn das sind ja die, die eine solche Idee, die hinter diesem Thema steckt, weitertragen müssen, und Sie wissen alle, wie schwierig das ist. Der europäische Gedanke befindet sich im Augenblick in unglaublichen Schwierigkeiten, auf der einen Seite ist es völlig selbstverständlich, daß die Länder immer näher zusammenrücken, völlig selbstverständlich, daß die Grenzen immer offener werden, völlig selbstverständlich, daß Jugendliche sich in anderen Ländern aufhalten. Auf der anderen Seite merkt man leider, daß dieses Zusammenwachsen nicht selbstverständlicherweise mit einem Ausgleich der sozialen Bedingungen, mit einem Ausgleich von Schutzrechten verbunden ist. Das dritte Eck dieses Dreiecks ist ein sehr nachdenklich machendes: der wachsende Nationalismus in allen unseren Ländern, in den Ländern der Europäischen Gemeinschaft, aber auch in den Ländern Mittel- und Osteuropas. Die Frage ist, ob wir es schaffen, dieses Dreieck wieder zu einem Körper zusammenzufügen und nicht auseinanderdriften zu lassen, weil sich die Ecken immer weiter voneinander entfernen. Deswegen möchte ich Sie ganz ernsthaft bitten, sich mit der Frage des wachsenden Nationalismus in diesem gemeinsamen Europa, ob nun Europäische Gemeinschaft oder darüber hinausgehend, auch während dieses Kongresses nachhaltig zu beschäftigen. Denn dieser Nationalismus und die Angst vor den anderen, die Angst vor denen, die jenseits der Grenze wohnen, fängt im Schulalter an. Wenn man sorgfältig damit umgeht und Kinder und Jugendliche zu Toleranz und zum gegenseitigen Verständnis erzieht, macht man ihnen deutlich, daß es kein Verlust an Identität ist, die anderen wohlwollend und mit Neugierde zu betrachten.

Mein Einstieg in die europäische Politik war die Bildungspolitik - hier von dieser Pädagogischen Hochschule aus. Ich weiß noch, wie nachdenklich ich zurückgekommen bin von der ersten Exkursion in die Benelux-Länder, wie verblüfft ich war über die Vehemenz, mit der dort andere Bildungssysteme betrieben wurden, wie selbstverständlich Mitverantwortung von Schülerinnen und Schülern betrieben wurde, wie selbstverständlich Eigenverantwortung aufgebaut wurde in den Montessori-Schulen, in den Jena-Plan-Schulen. Das war für mich auch der Grund, warum ich in die Internationale Gesamtschule gegangen bin. Es ist nicht ganz selbstverständlich in Deutschland, und leider hat die Bildungsdiskussion ja eher einen Rückschlag erlitten, denn heute wird nicht mehr über progressive Bildungsmodelle und andere Formen von Bildung gesprochen.

Ich meine, daß wir der Europamüdigkeit begegnen können, wenn wir wieder die Neugierde wecken für das, was in anderen Ländern passiert. Neugierde wird immer dadurch konterkariert, daß man von sich selbst behauptet, Vorreiter zu sein, daß man notfalls auch Alleingänge macht. Wir können ein Lied davon singen, wie es ist, wenn man sich selbst suggeriert und vor den eigenen Bürgerinnen und Bürgern immer wieder sagen muß: "Notfalls machen wir einen Alleingang, notfalls sind wir halt die einzigen.". Dann ist das Lippenbekenntnis zu Europa, das an den anderen Tagen erfolgt, sehr kurzatmig oder wird sehr kurzatmig. Denn alle Äußerungen, die suggerieren, daß man selbst eben doch immer der Beste ist, müssen zwangsläufig dazu führen, daß alle anderen schlechter sind. Das heißt auch, daß man für sich nicht mehr in Anspruch nimmt oder in Anspruch nehmen kann, offen zu sein, tolerant zu sein, daß man tatsächlich gespannt ist auf das, was die anderen tun.

Vergleiche lohnen sich, wenn man bedenkt: Was wird für Kinder in anderen Ländern getan? Werden Kinder besser behandelt in anderen Ländern oder nicht? Wird in anderen Ländern besser auf sich verändernde soziale Bedingungen, auf Rahmenbedingungen eingegangen als bei uns. Das kann durchaus auch mal positiv beantwortet werden. Deswegen ist es sinnvoll und erfreulich, daß auf diesem Kongreß eine solche Chance zum Vergleichen geboten wird. In allen Ländern haben wir starke soziale Veränderungen in der Familien- und Berufsstruktur. Beide wirken sich auf die Kinder und Jugendlichen aus.

Werden wir europäischer in der Schule? Ist es tatsächlich so, daß die Schüler heute besser informiert werden über das Geschehen in der Europäischen Gemeinschaft? Sie kennen alle die Bildungspläne. Sie wissen, wie schwierig es für die meisten Schüler heute noch ist, Europarat und Europäisches Parlament auseinanderzuhalten. Es gibt eine sehr verblüffende Unkenntnis von ganz einfachen Vorgängen innerhalb der Europäischen Gemeinschaft, die viel weniger kompliziert sind als z.B. das Zustandekommen eines zustimmungspflichtigen Gesetzes in der Bundesrepublik. Trotzdem ist das ein Feld, auf dem relativ hart gekämpft werden muß. Wer mit politischer Bildung zu tun hat, weiß, daß z.B. auch die Informationsmaterialien nicht einfach zu beschaffen sind. Als unsere Tochter das Abitur gemacht hat, habe ich, Gott sei Dank, einen sehr freundlichen und sehr netten Lehrer erlebt, der sich oft bei mir nach neuem Material erkundigte, weil Europa in der Schule nicht vorgesehen war. Das war sehr bedauerlich.

Das zweite, was ich bedauere, bezieht sich auf die Kenntnis von Sprachen und die Notwendigkeit der Kommunikation: Es ist dramatisch zu sehen, daß die Sprachkenntnisse zum Abitur hin abnehmend sind. Nicht etwa deswegen, weil Schülerinnen und Schüler keine Lust mehr haben, Fremdsprachen zu sprechen, sondern weil Fremdsprachen für die Aufnahme in eine Universität einfach verheerende Schwierigkeiten bereiten. Wenn man mit Numerus-clausus-Bedingungen zu kämpfen hat, dann wählt man ein schwieriges Fach ab. Nach wie vor ist es nicht einfach, in einer Fremdsprache mit 1,0 rauszukommen, so daß man sich den Durchschnitt lieber nicht verpatzt. Sie wissen das alle. Wir haben vor vielen Jahren, als wir Abitur gemacht haben, noch einen erheblich höheren Anteil an Fremdsprachen bis zum Abitur gehabt als heute. Das ist in einer Zeit des zusammenwachsenden Europas unvorstellbar. Deswegen meine ich, daß wir alles daran setzen müssen, hier eine andere Form des Sprachunterrichts ergänzend hinzukommen zu lassen. Eine Form, die sicherstellt, daß die Kommunikation gewährleistet ist. Denn wer sich nicht miteinander unterhalten kann, weiß zu wenig voneinander. Das Unverständnis wächst, wenn man nicht weiß, was der andere denkt und was ihn außerhalb der offiziellen Begegnungen beschäftigt. Warum gibt es immer noch solche Schwierigkeiten in den Grundschulen mit Fremdsprachen? Wenn ich mir ansehe, wie wenig Schulen tatsächlich Englischunterricht in der Grundschule bieten, dann ist das sehr bedauerlich. Auch in Heidelberg sind es immer noch zu wenige. Auch Schulen in der Nähe zu Frankreich haben kaum einen Grundschulversuch in Französisch - meine Güte. Wir wissen doch alle, daß in der Grundschule das Erlernen von Sprachen erheblich einfacher ist. Wir brauchen nicht überall die perfekte Rechtschreibung zu vermitteln, das ist nicht das Hauptziel. Das Hauptziel muß zuallererst die Kommunikation sein. Wer dann weitermachen möchte, wer perfekt werden möchte und in die philologische Richtung gehen will, der kann das tun.

Es sind gute Veranstaltungen, die Sie hier durchführen, interessante Veranstaltungen zu Fragen von Bürgerrechten, über europäische Umweltpolitik, viele interessante Diskussionen über Mädchen und Jungen, Männer und Frauen und vieles andere. Ich wünsche mir sehr, daß sie dem Thema Nationalismus in unseren Ländern, das im Augenblick in Deutschland leider ganz besonders dramatisch ist, einen breiten Spielraum bieten aufgrund der dringenden Notwendigkeit. Es hat mich allerdings ein ganz kleines bißchen überrascht, als ich die Liste Ihrer Referenten durchlas, zu sehen, daß bei den vielen Lehrerinnen und Frauen, die im Schuldienst sind, so wenige Frauen bei den Referenten sind. Ich weiß nicht, ob die das alle nicht können, ich möchte eigentlich keine Kritik üben, das steht mir nicht zu. Das ist die eigene Betroffenheit, wenn man eine solche Liste sieht.

Ich bin ganz besonders erfreut, daß es uns gelungen ist, auch als Mitveranstalter sicherzustellen, daß die Partnerstädte, daß andere europäische Freunde in den Kongreß mit einbezogen werden: Schüler, Studierende und andere. Ich freue mich, daß die Teilnahme mittlerweile selbstverständlich ist, auch für unsere Partnerstadt Simferopol auf der Krim, daß mittlerweile Mittel- und Osteuropa einbezogen werden.

Ich möchte mich ganz herzlich bedanken bei all denen, die mitgeholfen haben; auch den Gastfamilien, die sichergestellt haben, daß die Schüler gut untergebracht werden. Ich hoffe, daß Sie alle, die Sie nicht aus Heidelberg kommen, Zeit finden, sich Heidelberg ein bißchen genauer anzusehen. Ich muß gestehen, daß das Wetter natürlich zum Spazierengehen draußen nicht unbedingt anregt, aber die Farben des Herbstes sind wunderschön, selbst bei Regen und bei Nebel.

Ich wünsche Ihnen interessante, spannende und aufschlußreiche Tage hier, von denen Sie mit lauter guten und neuen Ideen nach Hause zurückfahren. Ich hoffe, daß Sie sich wohlfühlen in dieser Stadt. Heute Abend werden Sie von meinem Stellvertreter, dem ersten Bürgermeister Joachim Schultis, im Rathaus empfangen.

Ich wünsche Ihnen und der Tagung eine zufriedenstellende Diskussion und einen sehr guten Verlauf.

Friedrich Hirsch

Meine Damen und Herren

Es ist mir eine große Freude als Mitveranstalter des Kongresses die Teilnehmerinnen und Teilnehmer, die Schülerinnen und Schüler des Heidelberger Pädagogischen Kongresses 1992 - "Bildung und Erziehung in Europa" - begrüßen zu können.

Auf dem Wege zur Einigung Europas, am Vorabend des Signaljahres 1993, veranstaltet die Pädagogische Hochschule Heidelberg in Zusammenarbeit mit dem Ministerium für Kultus und Sport Baden-Württemberg, dem Oberschulamt Karlsruhe, der Landeszentrale für politische Bildung und der Stadt Heidelberg eine Fachtagung, die der Frage nachgeht, wie die heranwachsende Generation auf Leben und Arbeiten in einem geeinten Europa vorbereitet werden kann. Unter dem Leitgedanken von *Jean Monnet,* bei einem neuen Versuch einer europäischen Vereinigung mit Bildung und Erziehung zu beginnen, treten Bildungsexperten, Journalisten und Politiker in einen Dialog und Austausch mit Lehrerinnen und Lehrern.

Tatsächlich wird der europäische Integrationsprozeß gerade auch die Lebenswelt von Kindern und Jugendlichen auf vielfältige, zum Teil einschneidende Weise verändern. Anforderungsdruck durch europäische Konkurrenz, Fremdsprachenkenntnisse und in der Folge sich verändernde Einstellungen zu Lebensstil und Wertehorizont, sind wichtige Aspekte, denen eine zukunftsweisende Bedeutung zukommen wird. Dennoch hat gerade die junge Generation die Chance, sich frühzeitig auf diese neuen Lebensperspektiven einzustellen und damit Europafähigkeit zu erwerben.

Bei der Vorbereitung auf die Chancen, aber auch die Grenzen eines vereinigten Europas kommt der Schule eine besondere Bedeutung zu. Lehrerinnen und Lehrer, die Verantwortlichen in Schule, Schulverwaltung und Hochschule haben einen entscheidenden Anteil daran, im Rahmen ihrer Aufgabenbereiche und Handlungsfelder ein Stück europäische Bildungswirklichkeit entstehen zu lassen.

Hierzu will der Pädagogische Kongreß in Heidelberg einen Beitrag leisten. Die Informationsveranstaltungen und Diskussionsforen, Vorträge und Gespräche, Begegnungen und Spielmöglichkeiten wollen zu einer lebendigen Auseinandersetzung mit der europäischen Thematik anregen und ein kompetentes Forum für die europäische Dimension in Schule und Hochschule sein.

Gerne nehme ich die Gelegenheit wahr, mich bei den Initiatoren, den Referenten, den Schülern und Lehrern und den vielen nicht genannten Mitwirkenden, die diesen wichtigen europäischen Kongreß gestaltet haben, zu bedanken. Diesen ist es gelungen, europäische Bildungsfachleute zu gewinnen, die nicht nur den abstrakten Dialog über Vorträge praktizieren, sondern vor allem auch die Begegnung zwischen europäischen Menschen fördern. Besonders beeindruckt hat mich die Idee der Veranstalter, im Rahmen des Kongresses die Begegnung von europäischen Schülern und Schülerinnen zu initiieren. Denn wer anders als die Jugend Europas kann die Gedanken realisieren, die von vielen entwickelt worden sind. So kann Europa Wirklichkeit werden.

Ich wünsche Ihnen allen anregungsreiche Tage und einen guten europäischen Dialog. Mögen die Eindrücke, Erfahrungen und Ergebnisse des Kongresses als ermutigender Impuls in Ihrer konkreten Alltagsarbeit fruchtbar werden.

Gemeinsames Bewußtsein wird von unten aufgebaut

Alfred Grosser

Welche Werte für welches Europa? [1)]

Liebe alle

Ich will Ihnen heute keine Ratschläge geben, - dabei denke ich immer an ein schönes Buch von Müller-Thurau "Laß uns mal 'ne Schnecke angraben" - wo es heißt: "Ratschläge sind auch Schläge". Ich möchte versuchen, mit Ihnen nachher zu diskutieren.

Ausgehen möchte ich von dem Chor, den wir eben alle gehört haben, denn es war eine Freude, diesen Chor aus Simferopol auf der Krim hier in Heidelberg erleben zu können.

Letztes Wochenende hatten wir zu Hause bei uns in Paris zwei Mädchen eines Chors aus Petersburg - nicht Leningrad - zu Gast.

Warum fange ich damit an? Weil an erster Stelle, aus vielen Gründen und trotz aller Sorge die Freude sein sollte. Die Freude, die für Deutschland am 9. November 1989 begonnen hat. Ich stand damals vor Studenten - wie heute vor Ihnen - und während ich sprach, kam der Direktor meines Instituts herein und unterbrach mich mitten in meinem Vortrag. Er kündigte an: "Die Mauer von Berlin ist gefallen." Es folgte donnernder Applaus, und noch in derselben Nacht fuhren etwa fünfzig meiner Studenten nach Berlin, um einmal in ihrem Leben eine echte politische Freude miterleben zu dürfen. Im Gegensatz zu dem, was ihnen ihre deutsche Presse erzählt hat - Zeitungen lieben nur Negatives - war für Hunderttausende Franzosen dieser 9. November 89, ähnlich wie der 14. Juli zwei Jahrhunderte zuvor, das Symbol des Zusammenbruchs einer Diktatur. Und als ich am 3. Oktober die Ehre hatte, in der Paulskirche zu referieren, was die deutsche Einheit für mich bedeutet, so war das für jemanden wie mich etwas besonders Schönes.

Nach dem Krieg sind einige Franzosen, manche deutschen Ursprungs, andere nicht, im Sinne einer gemeinsamen Verantwortung für die Gestal-

---

1) Beim vorliegenden Text handelt es sich um eine Tonbandaufnahme, die von den Herausgebern redaktionell bearbeitet wurde.

tung der Zukunft nach Deutschland gekommen. In der französischen Verfassung von 1946 stand und steht noch heute in der Präambel, das ist unsere Skala der Grundwerte, auf die sich unser Verfassungsrat ständig beruft, der Satz: "Nach dem Sieg über die Regime, die versucht haben, die Menschen zu erniedrigen und zu versklaven, ...". 1919 hätte man natürlich über Völker oder Nationen geschrieben, 1945/46 schreibt man über Regime.

Warum? Weil die, die diese Verfassung geschrieben haben, wußten, daß einerseits Tausende von Franzosen Hitler während der Besatzungszeit unterstützt und andererseits Hunderttausende Deutsche gegen Hitler gekämpft hatten, und daß die Konzentrationslager zwar von Deutschen, aber eben auch für Deutsche eingerichtet waren. Z.B. Buchenwald symbolisiert unzählige Deutsche, die dort gelitten haben oder gestorben sind, bevor die ersten Ausländer eingeliefert wurden. In diesem Sinne waren wir in der Freude, damals wie heute, versuchen zu können im Sinne einer Mitverantwortung mitzumachen. Deswegen habe ich es auch sehr bitter empfunden, daß sich nach dem Fall der Mauer so wenige Westdeutsche für die Zukunft der neuen Länder mitverantwortlich fühlten.

Wir haben das nach dem Krieg auch versucht im Sinne einer Ethik, und da komme ich zum ersten Mal zu den Werten.

Verbunden damit sind die Namen dreier Männer - zufällig war da keine Frau dabei - die verkörperten, was Europa in seinen Grundlagen ist. Das waren ein Franzose, ein Deutscher und ein Italiener, aber nicht die, an die Sie gleich denken werden, sondern Henri Frenak, Chef der Widerstandsbewegung Combar, Altiero Spinelli, der aus Mussolinis Gefängnissen kam und 1984 in Straßburg der Vater der gemeinsamen Akte von 86 gewesen ist, sowie Egon Kogon, der Deutsche, der aus Buchenwald kam. Die Drei haben nach dem Krieg die erste Europabewegung gegründet, und das war die geistige Grundlage der Mitverantwortung in Europa.

Und wer heute keine Freude mehr empfindet, wenn z.B. diese Mädchen und Jungen aus Simferopol zu uns kommen konnten, sondern sich darüber Sorgen macht, jetzt mehr Steuern zahlen zu müssen, damit in den neuen Ländern nicht alles total zusammenbricht, der ist vierzig Jahre lang ein Heuchler gewesen. Wie viele deutsche Franzosen auch. Vierzig Jahre lang haben wir nämlich immer wieder gesagt, wie sehr wir diese armen und unterdrückten Menschen im östlichen Teil Deutschlands, in Polen oder in der Tschechoslowakei bedauern. Nun sind sie frei, wir wollten das alle, und nun wird darüber gejammert, daß es uns etwas kostet. Das ist unmoralisch, wie auch immer sie ihre Werteskala aufbauen!

Natürlich gibt es Sorgen. Sorgen, an die wir nicht immer gedacht haben. Es gibt auch Neues, was besonders furchtbar ist. Ich muß zugeben, in einem Punkt habe ich mich sehr geirrt! Ich war zu optimistisch. Ich hätte nicht mehr geglaubt, daß in Jugoslawien, Armenien, Aserbaidschan oder Afrika Menschen skrupellos andere Menschen einfach töten können, weil sie einer anderen Gruppe angehören. Dieses Töten, dieses skrupellose Töten, dieses mit gutem Gewissen Töten, ist noch stärker geworden, als ich glaubte. Ich glaubte, es würde geschehen, aber so furchtbar hatte ich es nicht erwartet. Man hat auch nicht erwarten können, daß in Deutschland wieder vieles nicht so wie gewohnt funktioniert. Sie sprachen vorhin von Rostock. Rostock, das ist z.B. Neues. Die französische Presse ist da ausnahmsweise sehr aufrichtig und klar gewesen. Rostock - das ist natürlich etwas, was geschehen ist. Das ist das Schlagen. Das ist das Töten. Rostock - das sind aber auch all die Menschen, die sich im Gegensatz zu denen in anderen Ländern um die Asylantenheime gestellt haben, damit keine neuen Angriffe gelingen können. Rostock - das ist aber auch die klatschende Menge! Aber es gäbe keine klatschende Menge in Rostock, wenn z.B. die Treuhand die Rostocker Installation nicht hätte zerstören lassen, und das vielleicht, um eine Hoffnung von Bremerhaven zu erfüllen. In diesem Sinne gibt es eine Verstrickung des westdeutschen Egoismus mit dem Geschehen in Rostock. Woran es uns am meisten mangelt, ist der Sinn für den Vergleich, denn da treffen Vernunft und Ethik aufeinander. In der Bundesrepublik muß ständig gesagt werden - bitte vergleicht Euch mal mit euren ärmeren ostdeutschen Mitbürgern, die aus Zufall in Armut und Unterdrückung gelebt haben. Aus reinem Zufall. Wenn die Amerikaner am 1. Juli 1945 nicht ein Abkommen von 1944 respektiert und sich nicht anschließend in die Mitte Deutschlands zurückgezogen hätten, um die Grenze zu erreichen, die 1944 gezogen wurde, dann wären Halle, Magdeburg, Jena und Weimar Teile der Bundesrepublik gewesen und die Menschen hätten auch in Wohlstand und Freiheit leben können. Allerdings sage ich in den neuen Ländern, in denen ich schon häufig war, immer etwas anderes: Bitte vergleicht Euch nicht nur mit der reichen Bundesrepublik, die übrigens gar nicht so reich ist, wie immer gedacht wird; es gibt - was viele Bürger der Bundesrepublik gar nicht wissen - Millionen Arme in Deutschland, sondern vergleicht euch auch mit dem anderen Teil Europas. Vergleicht Euch mit Polen, mit Ungarn oder der Tschechoslowakei und stellt Euch einmal vor, was dort in den Köpfen vor sich geht. Es gibt in Warschau, Budapest und Prag Bitterkeit, wenn man von Deutschland redet; aus zwei Gründen: Von allen Ländern, die von der Sowjetunion unterdrückt und ausgebeutet wurden, ist in absehbarer Zeit nur eines sicher - es kann zwar noch Jahre dauern - in absehbarer Zeit Wohlstand in Freiheit zu erreichen; und das ist ein Deutschland, das immerhin doch ein Erbe jenes Deutschlands ist, ohne das es keine sowjetischen Soldaten in Ungarn oder Polen oder in der Tschechoslowakei gegeben hätte. Der zweite Grund ist, daß es den Menschen in Polen, in Ungarn oder der Tschechoslowakei wesentlich schlechter geht. Zugegeben, es gibt sehr viele Arbeitslose in den neuen Ländern, aber sie bekommen dank des Finanztransfers aus dem reichen Westen eine Unterstützung, von der die polnischen Arbeitslosen nicht einmal träumen können. Und in diesem Sinn ist die Pädagogik des Vergleichs eine der ersten, eine der wesentlichsten, da sich in ihr Vernunft und Ethik vereinen. Da sind wir jetzt also bei ihnen, den Erziehern. Was heißt das eigentlich, Erzieher zu sein? Zuerst einmal etwas, was ich den Älteren unter Ihnen, nämlich denjenigen sagen muß, die 1968 und in den folgenden Jahren wähnten - und manchmal sogar jetzt noch Spitzenstellungen in der GEW einnehmen - man sollte doch um Gottes Willen nicht beeinflussen, man solle die Freiheit der Kinder und der Jugendlichen respektieren. Ich aber hoffe, daß sie beeinflussen wollen. Ein Lehrer, ein Vater oder eine Mutter, die nicht beeinflussen wollen, sind nicht liberal. Sie danken in ihrer Funktion ab. Sie danken gegenüber allen anderen Beeinflussungen ab, die ja sowieso auf unsere Studenten, unsere Schüler, unsere Söhne und Töchter hinabprasseln. Sie weigern sich nur, ihren Einfluß den anderen Beeinflussungen entweder entgegenzustellen oder zu verstärken. Wir haben eine sehr komplizierte Verantwortung unseren Schülern, unseren Söhnen und Töchtern gegenüber. Natürlich sind wir verantwortlich, das wurde Ende 1960 völlig vergessen, und zwar sowohl den Eltern gegenüber, die uns die Kinder anvertraut haben als auch den Institutionen gegenüber, ohne die wir die Kinder ja nicht vor uns hätten. Verantwortlich sind wir vor allem aber für die Freiheit der jungen Leute, die uns anvertraut wurden, und zwar doppelt! Vor ihrer heutigen Freiheit: Wir sollen sie nicht indoktrinieren. Vor ihrer zukünftigen Freiheit: Wir wollen durch Wissen und Ethik ihre Freiheit erweitern und nicht nur ihre jetzige Freiheit respektieren. Um sie frei zu machen, gehört etwas sehr

Wesentliches dazu, was unwahrscheinlich schwierig zu realisieren ist und uns in dauernde Spannung versetzt: wir wollen befreien, ohne zu entwurzeln. Wir wollen dabei erreichen, daß sie Distanz bekommen zu ihren Zugehörigkeiten, von denen ich gleich noch sprechen werde, aber diese Distanz soll kein Abbruch sein und soll weder bedeuten, daß jeder glaubt, er müsse das wissen und glauben, was eine Gemeinschaft ihm vorschreibt, noch soll sie dazu führen, daß die Kinder im gesellschaftslosen Raum stehen, d.h. jede Wirkung und jede Nützlichkeit verlieren.

Befreien, ohne zu entwurzeln, das ist die Aufgabe, die ich uns mit auf den Weg gebe. Und da bin ich schon bei einem ersten, für mich wesentlichen Punkt: das Problem der Zugehörigkeit. Im Gegensatz zu dem, was man uns oft vormachen will, es handele sich um die Zugehörigkeit zu einer Nation, einer Religion oder ähnlichem, hat jeder von uns eine Menge von Zugehörigkeiten. Ich möchte mein eigenes Beispiel nehmen: ich bin ein Mann und keine Frau, und das gibt mir noch heute in der französischen Gesellschaft sehr unverdiente Vorteile. Ich bin Pariser und nicht Provinzler, das bringt mir für mein Kulturleben zehnmal mehr als wenn ich hundert Kilometer entfernt Bürger wäre. Ich bin Radfahrer und ich bin Automobilfahrer. Als erster hasse ich die Automobilfahrer, als zweiter hasse ich die Radfahrer. Das ist ein klassisches Beispiel des Konflikts der Zugehörigkeit. Wir müssen erreichen, daß wir wissen, wie vielfältig unsere Zugehörigkeiten sind, um nie das schlimmste Wort zu benutzen, das es in jeder Sprache gibt: DIE.

Eine Geschichte dazu, die Sie sicher kennen. Xerxes sagt: Alle Kreter sind Lügner. Xerxes ist aber Kreter. Also ist er ein Lügner. Also sind die Kreter keine Lügner. Also hat er die Wahrheit gesagt. Also sind sie Lügner, also hat er keine Wahrheit gesagt, also sind sie keine Lügner. Was ist an dieser Geschichte so dumm? Das Gegenteil von Alle ist eben nicht Keiner, sondern die einen ja und die anderen nein. Genauso wie das Gegenteil von immer nicht niemals ist, sondern manchmal ja und manchmal nein.

Wenn Sie das wirklich verinnerlicht haben, sind sie erstens wissenschaftlicher und zweitens toleranter geworden. Das so Wichtige ist nun, daß wir doch ständig DIE sagen: DIE Deutschen, DIE Franzosen, DIE Ukrainer, DIE Juden, DIE Emigranten, DIE Asylsuchenden usw. Die Frage, die jetzt natürlich zu stellen ist, lautet: Gibt es da etwas besonderes mit dem Deutschsein? Und die Antwort ist heute, glaube ich, ein glücklicherweise nichts und leider doch. Dazu möchte ich zuerst einmal etwas anführen, was Sie an sich kennen müßten - jedenfalls die zweite und die dritte Strophe. Was haben diese zweite und dritte Strophe besonderes? Die dritte Strophe zeigt, daß es gemeinsame Werte für alle gibt: Einigkeit und Recht und Freiheit. Das Recht und die Freiheit sind Grundwerte, auf die wir heute alle pochen, die Einigkeit bedeutet aber keineswegs Einstimmigkeit. Sie bedeutet nur, daß man über Grundwerte ein Minimum von Konsens hat. Ohne dieses Minimum von Konsens gibt es weder einen Rechtsstaat noch eine politische Gemeinschaft oder eine parlamentarische Demokratie. Wenn Sie nun aber die zweite Strophe lesen, dann allerdings gibt es, wenn die noch lehrt, was deutsch ist, etwas Amüsantes zu Anfang: "Deutsche Frauen, deutsche Treue, deutscher Wein und deutscher Sang". Sie bemerken, daß die Verse zu kurz sind, damit es heißen könnte: "deutsche Frauen, deutsche Pferde, deutsche Treue". Die Frauen sind also wie die Pferde. Sie gehört zum Besitz des Mannes. Ich glaube, das würde heute niemand mehr zu sagen und zu denken wagen." Deutscher Wein" - als Franzose protestiere ich. "Deutscher Sang" - das sind natürlich schöne Männerchöre. Da ich z.B. besonders gerne Schuberts letztes Quintett höre, finde ich, daß dies nicht die Musik erschöpft. Ich höre aber auf zu lachen, wenn ich von "deutscher Treue" höre, denn "Meine Ehre heißt Treue" stand auf den Gürteln der SS-Leute. In diesem Sinn ist es die Tradition von Hagen im Nibelungenlied. Das wichtigste ist die Treue, ein Mann zu sein vor dem, der befiehlt. Ich hoffe, daß das endgültig raus ist aus einer deutschen Tradition, die nicht die ganze, aber doch eine deutsche Tradition ist.

Ich habe über lange Jahre hinweg mit Philip Jacob Spener, dem Gründer des Pietismus, gearbeitet. Dabei fand ich ein wichtiges Buch zu diesem Thema: "Darf man sonntags Holz hacken?" Die Antwort war furchtbar, denn sie wies auf die Zukunft hin: Man darf, wenn man den Befehl bekommen hat. Eine Sünde ist es nur für den Befehlsgeber, ein Befehlsausführer kann nicht sündig sein.

Ich hoffe sehr, daß diese "deutsche Treue" endgültig weg ist.

Was es aber immer noch gibt, ist ein Wort, das es nur auf deutsch und glücklicherweise weder auf französisch noch auf englisch gibt, nämlich das Wort "völkisch". Das ist die heutige Deutung des Artikels 116 des Grundgesetzes. Doch der Artikel 116 des Grundgesetzes ist nicht so geschrieben worden, wie er heute gebraucht wird, sondern ist als einer der letzten Artikel des Grundgesetzes entstanden, um 1948/1949 zu sagen, daß die Ostvertriebenen aus Sudeten, aus Schlesien usw. echte Bürger der Bundesrepublik sind. Heute aber ist diese Deutung völkisch!

Ich werde in Deutschland oft gefragt, wie es denn mit den jungen Ausländern in Frankreich ist. Ich antworte dann, daß ich nicht weiß, wovon sie reden. Wir haben so gut wie überhaupt keine jungen Ausländer. Wir haben junge Franzosen, die Moslems sind, aber sie sind Franzosen. Wenn sie in Frankreich geboren wurden, wenn sie fünf Jahre in Frankreich gelebt haben, sind sie normalerweise Franzosen. Mit allen kulturellen Schwierigkeiten ihrer Eingliederung. In Deutschland ist der Sohn eines Türken in Frankfurt, der nie in der Türkei gewesen ist und nur deutsch spricht, kein deutscher Bürger und hat wenig Chancen, es zu werden. Jemand, der ohne ein Wort deutsch zu sprechen nach Deutschland kommt, dessen Großmutter aber an der Wolga deutsch gesprochen hat, ist automatisch Deutscher, weil die völkische Definition weiterhin gilt.

Das ist von Frankreich aus schwer zu verstehen, und gestern gab es in "Le Monde" einen langen Artikel darüber, daß diese Deutschlandbezogenheit eine der Erklärungen, nicht die, aber eine der Erklärungen von Rostock sei. Und der Journalist wußte noch nicht einmal, daß in einer ganz hervorragenden soziologischen Untersuchung - manchmal machen also auch Soziologen gute Untersuchungen - erschienen in der Ausgabe vom 11. September, in der Beilage von "Das Parlament"- über 4500 junge Leute im Osten Antwort auf die Frage gegeben hatten: "Sind die Deutschen besser als andere?" Die Tendenz der Antworten wird von Jahr zu Jahr stärker - wir sind doch anders, wir sind doch besser, wir sind doch überlegener. Das denken die Franzosen natürlich auch, aber eher intellektuell - womit sie natürlich unrecht haben - aber nicht ethnisch, nicht völkisch. Dieses völkische Denken ist etwas Schlimmes. Natürlich sind die Deutschen großzügiger in der Öffnung ihrer Grenzen, hier gibt es eine deutsche Solidarität mit Vertriebenen, mit Flüchtlingen und Asylsuchenden, die größer ist als die französische. So steht es theoretisch in unserem Grundgesetz, so steht es auch in Ihrem Grundgesetz, und ich habe immer noch nicht ganz verstanden, was an diesem Grundgesetz im Artikel 116 zu ändern ist. Denn da heißt es ja einfach, daß Asylsuchende grundsätzlich da sein dürfen; sie dürfen auch rausgeworfen werden, wenn sie keine echten Asylsuchenden waren usw.. Ich kann mir Dutzende Gesetze vorstellen, die das genauer präzisieren. Als Grundsatz bleibt das Minimum von Anerkennung, daß ein Mensch ein Mensch ist.

Wir alle in Europa sind da furchtbar heuchlerisch. Wo werden denn die meisten Flüchtlinge und Asylsuchenden aufgenommen? In den armen Ländern, nicht in den reichen.

Aus Rom ist vor zwei Tagen ein schöner Text gekommen, der von der deutschen Presse nicht wahrgenommen wird, weil er nicht von Abtreibungen spricht. Darin heißt es, daß wir in Europa eigentlich nicht sehr christlich seien, da wir ja nicht, wie z.B. die Pakistani, obwohl sie fürchterlich arm sind, Millionen Afghanen aufgenommen haben, oder auch Thailand, ein sehr armes Land, das Hunderttausende von Vietnamflüchtlingen aufgenommen hat. Wenn es bei uns in die Tausende geht, dann geht bei uns schon die Angst um, was denn noch alles geschehen könnte. Ich behaupte nicht, daß es keine Regelungen geben sollte, und daß es nicht für uns alle ein enormes Problem darstellt. Aber wenn die Grundeinstellung lautet: "Wir sind wir, und die anderen sind die anderen", so ist das eine große Verleugnung der Grundprobleme, über die noch zu sprechen ist.

Franzose zu sein, das ist vielschichtiges Einwirken - unter anderem auch, weil ich einen französischen Geschichtsunterricht und damit verbunden eine Erinnerung mitbekommen habe. Hier sind wir bei einem schwierigen Problem. Das Problem der Zugehörigkeit, der Erinnerung und der anerzogenen Erinnerung. Hier müssen wir zuerst einmal sehen, daß Erinnerung oder Gedächtnis ein Wort ist, das sehr doppeldeutig ist und mit dem sehr gespielt wird. Ich habe meine persönlichen Erinnerungen, und sie haben ihre persönlichen Erinnerungen, die übrigens oft falsch sind. Sie glauben, sich an etwas zu erinnern, was gar nicht stattgefunden hat, aber das ist eine andere Frage. Und dann spricht man von Erinnerung von Völkern oder von Gruppen, aber das ist keine Erinnerung; das ist etwas, was einem anerzogen wurde. Anerzogen durch die Familie, durch die Schule, durch die Medien. Das ist eine Frage der Erziehung. Was haben wir dann an Erinnerung anzuerziehen, umzuerziehen? Was sind unsere Aufgaben?

Ich beginne mit dem Beispiel, dessen wir uns auch immer wieder vergleichend erinnern müssen. Damit komme ich auf die katholische Kirche zu sprechen. Wir empören uns alle, daß der Schriftsteller Salmon Rushdie vom iranischen Regime zum Tode verurteilt worden ist. Ich empöre mich auch, aber ich sage als "Ungläubiger" zu meinen katholischen Freunden: Bitte, ihr müßt euch daran erinnern, daß Voltaire sich vergeblich geschlagen hat, damit der junge Ritter de la Barre nicht barbarisch von der Justiz getötet wird, weil er vor einer Prozession nicht den Hut gelüftet hat. Wieviel Hunderttausende sind schon vor Rushdie - der noch lebt - auf Scheiterhaufen verbrannt worden, wieviele früh gestorben, weil auch sie zum Tode verurteilt wurden weil sie sagten, was sie dachten.

Ich schrieb ein Buch "Verbrechen und Erinnerung" und erhielt deshalb furchtbare Briefe von Serben und von Kroaten. Das war noch vor der Krise und deshalb fürchtete ich auch, daß es in Jugoslawien zum Konflikt kommen würde. Serben schrieben mir: "Sie sprechen nicht genügend von den furchtbaren Verbrechen, die Kroaten gegen uns begangen haben." Und Kroaten schrieben: "Sie sprechen nicht genügend von den furchtbaren Verbrechen, die Serben gegen uns begangen haben." Darunter waren auch Briefe von Priestern! Von katholischen Priestern aus Kroatien, orthodoxen Priestern aus Serbien. Ich fand das furchtbar. War das aber nur serbisch und kroatisch? Bitte sehen wir doch ganz klar, daß 1914 sämtliche Kirchenfürsten, Bischöfe, Priester und Pastoren in Frankreich und in Deutschland flammend gebetet und gebenedeit haben, damit die Christen ihres Landes die Christen des Nachbarlandes besser töten konnten. Und wenn heute z.B. in Rom gesagt wird, die Zukunft Europas soll eine Rückkehr zum Frieden des Christentum sein, so ist das 20. Jahrhundert jedenfalls etwas ganz anderes gewesen. Und da greife ich schon auf etwas vor, das ich nachher noch zu sagen habe. Zur Kultur, und zwar zur europäischen Kultur, auf die wir ja so stolz sind. Zu der gehören Auschwitz und Verdun. Und wenn wir z.B. auf "diese Afrikaner" schimpfen und sagen: "wie töten sie sich untereinander", dann müssen wir immer bedenken, daß sie an uns weder in Zahlen noch an ausgefeilten Techniken des Mordens heranreichen. Deswegen dürfen wir nur sagen, daß unsere europäische Kultur vielleicht eine schöne, aber auch eine barbarische ist. Und das gilt es auch unseren Söhnen, Töchtern und Schülern beizubringen.

Die Erinnerung an die Verbrechen ist etwas Wesentliches des Geschichtsunterrichts. Wie soll der nun aussehen? In meinem Fall möchte ich Ihnen zeigen, daß er zwei Einzelheiten hat, und dann komme ich zu Tragischerem. Ich bin Vollfranzose geworden, weil der französische Geschichtsunterricht in der Grundschule so chauvinistisch war. Es gab in der Grundschule z.B. nur ein Geschichtsbuch, das bis 1961 verwendet wurde, und in dem dieser wunderbare Absatz am Anfang steht: "Les Gaulois arrivent, la prehistoire est terminee", d.h. "die Gallier kommen, die Vorgeschichte ist zu Ende". Zugleich gab es diese Verherrlichung Frankreichs auch im Geographieunterricht, denn dort gab es nicht eine große Karte der

Welt mit einem kleinen Frankreich; es gab das Sechseck Frankreich, das die Welt in vier Teile teilte, nämlich in das, was nördlich, südlich, östlich und westlich davon liegt. Als ich mich dann zum ersten Mal bei einer Vorlesung dabei ertappte zu sagen: "Wir haben 1914..." und "wir" das waren natürlich die französischen Soldaten, obwohl mein Vater vier Jahre lang Stabsarzt in der deutschen Armee gewesen ist, dachte ich, daß die Assimilation völlig vollbracht ist. Napoleon ist mein Großvater, Jeanne d'Arc meine Urgroßmutter und Goethe ist ein oft langweiliger, oft schöner, fremder Dichter.

Vergessen wir nicht, daß es auch bei der Einführung in eine Gemeinschaft einer Assimilation bedarf, und wenn vor den amerikanischen Schulen jeden Tag die Flagge gehißt wird, so ist das nicht notwendigerweise böser Nationalismus, sondern das Symbol des "melting-pots", also das Symbol dafür, daß Millionen von Amerikanern erst dadurch Amerikaner geworden sind, indem sie dort in die Schule gegangen sind. Daher stammen auch die enormen, die immensen Schwierigkeiten in unseren Schulen heute. Wie sollen die Kinder der ausländischen Arbeiter erzogen werden? Sollen sie verdeutscht werden, und was wird dann aus ihrer Kultur? Sollen sie es nicht werden, dann bleiben sie ausgestoßen und fremd. Diese Spannung müssen auch wir mitmachen, miterleben, es gibt keine einfachere Antwort, so wie es überhaupt nie einfache Antworten gibt.

Fortschritte können über den Vergleich der Geschichtsdarstellung erzielt werden. Da möchte ich gleich für zwei Bücher, die beide noch nicht erschienen sind, Reklame machen, und das, obwohl keins von mir ist. Beim ersten, das beim Klett-Verlag in Stuttgart erscheinen wird, handelt es sich um eine von zwölf Geschichtslehrern unterschiedlicher Nationalität geschriebene gemeinsame Geschichte Europas, die bereits in Frankreich, Italien und Griechenland erschienen ist[2)]. Das zweite, das bald im Buchclub Bertelsmann erscheint, ist eine von Engländern in einem schönen transnationalen Geist verfaßte achtbändige Geschichte des 20. Jahrhunderts[3)]. Damit kann man viel versuchen. Eine Schwierigkeit z.B. besteht darin, wie man mit den Aussagen umgeht, die über Verbrechen gemacht werden, die somit gutgeheißen worden sind oder von den eigenen Leuten begangen wurden. Ich verweise jetzt noch einmal auf das Zitat, das ich

2) Delouche, Frédéric (Hrsg.). (1992). Europäisches Geschichtsbuch. Stuttgart.

3) Bertelsmann Buchclub. (1992). Geschichte des 20.Jahrhunderts. 8 Bände. Gütersloh.

vorhin gemacht habe und füge noch ein zweites hinzu. Das eine ist eine jüdische Geschichte, die von einem Storch handelt, der auf jiddisch "Hassida" heißt, was der "Liebevolle" oder der "Zärtliche" bedeutet. Ein Rabbiner wurde gefragt, warum dieser Vogel so genannt und trotzdem als unrein betrachtet wird. Die Antwort lautet, "weil der Storch nur die Seinen liebt", und ich finde dies eine sehr schöne Antwort . Sie kennen vielleicht die zweite Geschichte von zwei Brüdern, die nebeneinander laufen: Der eine sagt zum anderen: "Ich liebe Dich", und der andere fragt: "Weißt Du, an was ich leide?" Und der andere erwidert: "Nein". "Wie kannst Du sagen, daß du mich liebst, wenn du nicht weißt, an was ich leide?" Und eine der Wurzeln unseres Geschichtsunterrichts ist beispielsweise zu wissen, wo man die anderen hat leiden lassen und was die anderen gelitten haben.

Ich bin mit einem Mann im Streit, der mir aber nicht antwortet, weil ich dessen wohl nicht würdig bin, der aber meiner Ansicht nach sehr Falsches gesagt hat. Dieser Mann ist Elie Wiesel. In seiner Oslo-Rede zum Friedensnobelpreis sagte er, daß alle Welt nach Auschwitz sehen und daraus Lektionen ziehen solle. Ich habe daraufhin geschrieben, daß die kurdische Mutter, deren Kind 1988 durch irakisches Gas getötet worden ist, nicht den geringsten Grund hat, an Auschwitz zu denken. Aber jeder Überlebende von Auschwitz oder jeder, der dem Land angehört, in dessen Namen Auschwitz vollbracht worden ist, hat die Pflicht, an die kurdische Mutter zu denken. Das ist die Lehre, die aus der Vergangenheit zu ziehen ist. Ich möchte das am Beispiel der katholischen Kirche zeigen, weil es hier zwei sehr verschiedene Haltungen in Frankreich und in Deutschland gibt. Die katholische Kirche in Deutschland hat sich nie richtig zu einem echten Bekenntnis des Versagens und Verfehlens zwischen 1933 und 1945 durchgerungen. Es gibt nur einen einzigen schönen Text, der von der gemeinschaftlichen Synode 1975 verfaßt worden ist; vielleicht, weil neben den Bischöfen auch Theologen und Laien mitgewirkt haben. Aber sonst gibt es nicht nur ständig einen Willen zur Verleugnung, wobei ich mich noch mit Schrecken an einen runden Tisch "Mit der Schuld der Väter leben" am Katholikentag 1980 in Berlin erinnere, wo ich versuchte zu erklären, daß unter diesen Vätern viele Bischöfe gewesen waren. Es gibt auch heute das ganz Furchtbare, das Unerträgliche, das ständig Schwangerschaftsunterbrechung und Auschwitz gleichstellt. Dies ist ein skandalöser Vergleich!

In Frankreich ist das ganz anders. Ich nehme als Beispiel unseren Erzbischof von Lyon, Kardinal Delourtray. Ich möchte ihn zweimal als Beispiel nehmen. Das erste Mal auf dem Gebiet des Antisemitismus. Er ist ein großer Verteidiger der islamischen Menschen in Frankreich, vor allem der armen islamischen Menschen in Lyon, und er wurde im Fernsehen einmal gefragt: "Ist für Sie, der Sie wie Bischof Kamphaus in Deutschland so vehement Moslems und Asylanten verteidigen, der Antisemitismus etwas Besonderes?" Und er antwortete: "Ja, für mich als Christ sogar vierfach. Erstens bin ich als Christ natürlich geistiger Erbe Abrahams (er erinnerte dabei an den schönen Text von Pius XI. zu diesem Punkt). Desweiteren glaube ich als Christ (und wieviele deutsche Kathechismen gibt es, in denen das noch nicht ganz klar steht), daß Gott Jesus in der Form eines Juden zum Menschen gemacht hat, der eine Jüdin zur Mutter hatte. Drittens waren die Konzentrationslager auf christlicher Erde, und viertens waren die meisten Henker christlich getauft. Natürlich ist dann für mich der Antisemitismus etwas besonders Furchtbares." Derselbe Kardinal hat in den letzten Jahren noch etwas ganz anderes gemacht, was uns zu einem anderen wichtigen Punkt bringt. Ein Komplize der Deutschen, Paul Touvier, hatte sich vierzig Jahre lang in Klöstern und bei Priestern versteckt. Die Frage war, was war nun vierzig Jahre lang das Verschulden der Kirche. Da kam der Erzbischof von Lyon und befahl, alle Archive zu öffnen. Eine Historikerkommission konnte so manche schlimme Grundeinstellungen innerhalb des Klerus untersuchen und schrieb dazu ein Buch. Delourtray hat dieses Buch veröffentlichen lassen, und siehe da, unsere wöchentliche Witzzeitung Le Canard, tausendprozentig antiklerikal eingestellt, schreibt nicht, wie furchtbar die Kirche doch war, sondern wie schön diese Suche nach der Wahrheit über sich selbst ist! Warum machen das die anderen Kirchen, die Parteien, die Gewerkschaften nicht auch?

Da sind wir beim Punkt der Grundwerte. Zu diesen Grundwerten gehört natürlich die Wahrheit! Nicht in der Form, daß es eine absolute Wahrheit gibt. Es gibt auch nicht die Gerechtigkeit und die Freiheit. Es gibt einen Hang zur Wahrheit, aber ein Lehrer kann nicht wirklich objektiv sein, denn er hat Bedingtheiten. Es gibt aber einen radikalen Unterschied zwischen denen, die es mit Wahrheit versuchen und denen, die es nicht versuchen. Die Wahrheitssuche ist der erste Grundwert in Europa, sei es nur, weil die Wahrheit über die Vergangenheit des eigenen Lagers den anderen gegenüber das Friedensschaffendste ist, was es nur geben kann.

Diese Wahrheitssuche ist ein Grundelement der Kultur. Natürlich muß ich jetzt etwas sagen, das ein bißchen peinlich ist. Meiner Kenntnis nach hat Jean Monnet nie gesagt, was auf ihrem schönen Programm steht, und er hat es glücklicherweise nie gesagt. "Wenn ich es noch einmal tun müßte, würde ich mit der Erziehung anfangen", denn wenn er so angefangen hätte, gäbe es immer noch kein Europa. Glücklicherweise hat er aber mit handfesten wirtschaftlichen und juristischen Elementen angefangen. Aber nehmen wir die Kultur.

Was ist Kultur? Zuerst habe ich das aus einer Ihrer größten kulturellen Zeitschrift, dem "Stern", erfahren. Darin habe ich vor einigen Jahren eine große Umfrage gelesen, die sehr interessant war. "Was gehört Ihrer Meinung nach dazu, daß jemand als kultiviert gilt? Goethe 85%, Mozart 80%, Fernsehen sehen 8%. "Was machen Sie in Ihrer Freizeit?" Fernsehen sehen 70%.

Also ist Kultur erstmal das, was man den anderen als Praxis zutraut. Das dürfen wir auch bei unseren Schülern und Studenten nicht vergessen, die keine großen kulturellen Ausbildungen haben. Ich sage meinen Studenten der Politologie und der Sozialwissenschaften, daß ich es tragisch finde, wenn ich ihnen ein Bildnis aus dem 15. Jahrhundert zeige, z.B.von einer Kreuzigung, daß sie überhaupt nicht mehr wissen, was es eigentlich darstellt. Das ist etwas, was im neuen, erweiterten Deutschland eine große Rolle spielt, denn diese Kultur ist völlig abhanden gekommen. Kultur, das ist eine Kulturpraxis. Doch die Tatsache, daß man zusammen Musik spielt, ist nicht sehr wesentlich, um den Frieden zu bewahren. Leute, die gemeinsam Mozart liebten, haben sich während der zwei Weltkriege ohne jede Rücksicht umgebracht. Nein, Kultur, das sind auch zwei andere Dinge, von denen ich einiges zu sagen weiß. Vielleicht haben einige von Ihnen ein sehr schönes italienisches Buch gelesen, das vor ein paar Jahren auch hier in Deutschland erschien, nämlich den Brief der Schüler vom armen Dorf Barbiana an ihre Lehrerin[4]. Sinngemäß steht da ungefähr folgendes: "Du wirfst uns vor, wir seien nicht kultiviert, weil wir nicht wissen, ob Minerva die Mutter Jupiters war, wie Jupiter der Vater von Minerva. Wir sind also unkultiviert. Aber Du hast keine Ahnung vom Lohnabkommen in der nahen Fabrik, von dem unsere Väter leben. Du bist unkultiviert". Das war ungefähr das Losungswort unserer ganzen deutsch-französischen Arbeit nach dem Krieg. Es geht nicht darum zu sagen, wer Goethe war. Ich finde es heute noch furchtbar, sowohl in Deutschland als auch in Frankreich, daß

4) D'Orta, Marcello (Hrsg.). (1991). In Afrika ist immer Angst. Zürich.

bei den Germanisten und Romanisten die Wirklichkeit des anderen Landes immer noch so gut wie gar nicht vorkommt.

Als ich mein erstes Buch über Deutschland schrieb, habe ich aufgehört Germanist zu sein, denn meine Professoren - ich war damals Assistent an der Sorbonne - sagten mir: "Sehr interessant, aber mit Germanistik hat das natürlich nichts zu tun." Es ging ja nur um Deutschland nach dem Krieg. Wenn ich geschrieben hätte, was Goethe 1790 zum Frühstück aß, oder wie der Genitiv im 13. Jahrhundert verwendet wurde, wäre das Germanistik gewesen. Aber genau dieses Wissen um die Wirklichkeit das ist Kultur. Doch es geht noch um eine weitere Form der Kultur, eigentlich sogar noch um zwei. Zum einen ist da die furchtbare Schwierigkeit des Interkulturellen in unserer Erziehung, etwa mit islamischen Mädchen und Jungen. Hier bin ich uneinig mit jemandem, den ich sehr schätze und liebe. Erstens, weil er der einzige revolutionäre Student 1968 war, der lachen konnte. Zweitens, weil er sich selbst treu geblieben ist, was kaum ein anderer getan hat, drittens, weil er seitdem viel über die freie demokratische Grundordnung gelernt hat. Das ist Daniel Cohn-Bendit. In einem Punkt muß ich ihm allerdings widersprechen. Er glaubt an die Notwendigkeit des Multikulturellen, als sei alles, was kulturell genannt ist, gleichwertig, das trifft aber nicht zu. Hier ist mir ein Mann lieber, der bei uns eine Funktion hat, die es bei Ihnen in Deutschland nicht gibt. Er ist Staatssekretär für die Integration. Er ist übrigens Afrikaner, echter Afrikaner! Er ist Bürgermeister einer kleinen Stadt in der Bretagne und bekam letztes Jahr den Preis des "Besten Bretonen des Jahres".

Kofi Yamgnane, den ich gut kenne, ist für die republikanische Integration. Was heißt das? Zuerst eine Randbemerkung: Es gibt Wörter, die man nicht übersetzen kann. So gibt es im Französischen keine treffende Übersetzung des deutschen Wortes "die Wirtschaft", denn so viel Verehrung, Anerkennung und Kniefälligkeit, wie in Deutschland in diesem Worte steckt, hat das französische Wort "l'economie" einfach nicht. Dann gibt es auch Wörter, die im Französischen deutsch bleiben. In den letzten 30 Jahren habe ich da drei erlebt: Berufsverbot, Waldsterben und Treuhand. Selbstverständlich gibt es auch Wörter, die man nicht ins Deutsche übersetzen kann, wie z.B. "la Republique". Es hat hier nicht diesen sentimentalen freiheitlichen Klang. Wie sonst könnte sich eine Partei, die nicht gerade diesem Geiste entspricht, "REPUBLIKANER" nennen? Was heißt jetzt also "integration republicaine"? Es bedeutet, daß es gemeinsame Grundwerte in der Gesellschaft gibt, die einfach für alle da zu sein haben. Wenn es auch in einer Kultur normal ist, daß die Mädchen sexual verstümmelt werden, so ist das doch schlecht und verbrecherisch. Wenn die Frau keine Rechte hat, was es ja im Westen ehemals auch gab, dann ist das auch schlecht, weil es nicht dem Prinzip eins gleich eins, ein Mensch gleicht einem Menschen, entspricht. Folglich ist nicht alles in einer Kultur vom gleichen Wert, sonst glauben wir nicht an den universalen Wert der Grundwerte, wie Wahrheit, Freiheit und Gerechtigkeit. Wichtig ist auch, daß man lernen wollen muß, denn Kultur ist auch Wissen. Das klingt so einfach. Ich möchte ein Beispiel nennen. In Deutschland geht es um die Mark, die gute Mark, die "uns Frankreich wegnehmen wird". Aber wenn Anfang Oktober 1990 die Europäische Einheitswährung bereits existiert hätte, dann ginge es uns jetzt allen besser, denn dann wäre die Bundesrepublik gezwungen worden, eine bessere Wirtschaftspolitik zu machen und nicht so zu tun, als könne man die Wiedervereinigung nur durch Verschuldung bezahlen. Das hätten die anderen nicht zugelassen! Wenn heute die arme Bundesbank angeklagt wird, daß die Zinsraten so hoch sind, dann liegt der Ursprung in den demagogischen wirtschaftlichen Entscheidungen, die Lafontaine unterstützte, indem er den Westdeutschen versprach, mit ihm müsse man noch weniger als mit Kohl bezahlen. Das war ein furchtbarer Wahlkampf. Hätte das damals nicht stattgefunden, dann ginge es uns heute allen besser. Aber wer weiß das schon in der Bundesrepublik?

Wer weiß überhaupt, was in Europa schon alles verwirklicht ist? Bei uns niemand. Für unsere Medien ist es nicht interessant und für unsere Regierung noch viel weniger. Alles, was gut geht, haben unsere Regierungen gemacht. Alles was schlecht ist, dafür wird Brüssel verantwortlich gemacht. Sehen sie sich einmal die Landwirtschaft an. Welche deutsche Regierung, egal ob sie christdemokratisch oder sozialdemokratisch ist, würde es wagen, den Bauern zu sagen, daß die Preise für landwirtschaftliche Güter ab sofort nur noch vom Markt bestimmt werden. Denn an diesem Tage gäbe es überhaupt nicht genügend Polizei und Truppen in Deutschland, um die Ministerien gegen den Ansturm auch vom schmalen Herrn von Heeremann zu schützen. Also sollte man wissen, was in Europa schon verwirklicht ist. Ich möchte nur ein Beispiel geben: Wir sind bereits eine Gesellschaft, die sich zu einer Einheit bekennt, nicht nur zu einer Wirtschaft. Z.B. hat 1987 das Bundesverfassungsgericht eine Entscheidung getroffen, die für mich wirklich eine schöne darstellt. Und mit meiner großen Gabe zur Prophezeiung sagte ich vorher in Frankreich: "Das dauert noch 30 Jahre, bis wir das haben". Wir haben es zwei Jahre später bekommen. Eine Dame war verurteilt worden. Sie besaß ein Finanzunternehmen und hatte eine gewisse Steuer nicht bezahlt, die sie als Deutsche dem deutschen Staat schuldete. Der Finanzhof sprach sie schuldig, aber das Bundesverfassungsgericht sprach sie frei. Sie besaß das Recht, dem Gesetz ihres Landes zuwiderzuhandeln und die Steuer nicht zu bezahlen, da die Bundesregierung und der Bundestag es versäumt hatten, eine Weisung aus Brüssel in deutsches Gesetz umzuwandeln. Sie hat "Europa" erlebt und in ihrem Staat Recht bekommen, der sich nicht dem Europäischen Gesetz unterworfen hatte. Bei uns ist das letztes Jahr in die Verfassung aufgenommen worden. Alle diejenigen von ihnen, die Jura studieren, werden das schätzen, denn es ist Jura in seiner höchsten Form. Das ist Poesie. Nehmen wir noch eine neue Jurespruden und drehen unseren Spieß um: Heute ist das Europagesetz über dem innerfranzösischen und das seit zwei Jahren. Diese Verschmelzung, diese Vereinigung ist viel weiter als alle bei uns geglaubt haben, während Maastricht abgestimmt wurde. Deshalb mußte unsere Verfassung verändert werden. Wie in Deutschland auch, und das ist das schönste, das beste Geschenk Deutschlands an Europa, das symbolische Gesetz, das der Europaartikel 23 sein wird. D.h. gerade der Artikel, der abgeschafft wurde, weil Deutschland nun vereinigt ist, wird für Europa neu belebt. Das ist etwas Schönes ebenso, daß die Grundrechte und der Rechtsstaat wesentliche Elemente eines zukünftigen Europas sind, und kein Hoheitsrecht transferiert werden kann, wenn es die Grundregeln des Spiels, also die Grundrechte verletzt.

Da sind wir eben bei dem Problem der Grundwerte. Tatsache ist ja, daß in den letzten Jahren etwas sehr Schönes passiert ist. Es hat zwei große Bekehrungen gegeben. Der Zusammenbruch der Sowjetunion war die eine. Das hatte auch Auswirkungen bei uns, und zwar in der Zeit, als man im linken Flügel der SPD und auch links der SPD über ein berühmtes Theoriedefizit diskutierte, obwohl es in Deutschland damals kein Theorie-, sondern ein Toleranzdefizit gab. Als man damals um dieses Theoriedefizit diskutierte, war man voller Sprüche über die bürgerlichen Freiheiten. Diese seien keine echten Freiheiten und im Sinne der Sowjetunion mußte man erst mit einiger Gewalt und Autorität die Köpfe befreien, bevor die Menschen Recht auf Freiheit hatten. Wir würden heute sagen, daß die Menschenrechte und die Grundrechte nicht echt sind und nicht das darstellen, was wir unter Freiheit verstehen? Die andere Bekehrung, die kam etwas früher. Die christlichen Kirchen, insbesondere die katholische, haben sich zum Christentum bekehrt, und das war bitter notwendig. Was ist da geschehen? Die Definition der anderen, die Definition des Nächsten! Was steht im Evangelium, wem hast du dich als Nächster erwiesen? Bis nach 1945 war die katholische Antwort, um dieses Beispiel zu nehmen: ein Katholik ist mehr mein Nächster als ein Nichtkatholik. Deswegen mußten die Katholiken z.B. über Auschwitz schweigen, damit die deutschen Katholiken nicht auch verfolgt würden. Nach 1945 und heute mehr denn je ist der Arme, der Ausgebeutete, der Verfolgte der Nächste, auch wenn er nicht katholisch ist, und auch, wenn der ausbeutende Verfolger selbst katholisch ist. Das hat teilweise Vatikan II gemacht, kennzeichnet aber eine allgemeine Entwicklung und in diesem Sinn gibt es eine große Gemeinsamkeit, die jedoch auch ihre Grenzen hat, auf die ich zum Schluß noch zu sprechen komme.

Aber zuerst zu dieser Gemeinsamkeit der Grundwerte. Freiheit, oder sagen wir die Werte der fanzösischen Revolution. Papst Johannes Paul II. sagte bei den Feierlichkeiten zur Franzöischen Revolution 1989 gleich zweimal: "Freiheit, Gleichheit, Brüderlichkeit - diese Werte der Französischen Revolution sind auch christliche Werte." Ich fand das schön und gut, allerdings wurde er von einem Geräusch gestört - es war das Gerippe von Pius dem IX., der sich wütend in seinem Grabe drehte als er erfuhr, daß sein Nachfolger die Französische Revolution rühmte. Aber diese Einstimmigkeit möchte ich in doppelter Weise doch etwas nuancieren. Zuerst einmal, was sind denn diese Grundwerte? Freiheit - Gleichheit - heute würde man nicht mehr Gleichheit, sondern Gerechtigkeit sagen und Brüderlichkeit bedeutet Solidarität. Dazu finden Sie sehr schöne Stellen im Grundwertetext der SPD von 1984, der von Eppler und Löwenthal gemeinsam geschrieben wurde. Aber was ist denn diese Freiheit? Das ist die, für die man im Osten gerne gestorben wäre und für die man in China gestorben ist. Auf dem Platz "Tjenamen" starben junge Leute für die Freiheit anderer. Es sind junge Leute gestorben in Moskau vor dem weißen Haus des russischen Parlaments, und es wären beinahe welche in Ostdeutschland gestorben, wenn Honecker hätte schießen lassen können und Gorbatschow ihn nicht daran gehindert hätte.

Ist das die Freiheit bei uns? Meine Antwort ist: leider Nein. Die Freiheit bei uns, das ist das, was jeden Tag hundertmal im Fernsehen unseren Söhnen und uns selbst gesagt wird. Das ist das, was die Werbung auf uns herunterprasseln läßt. Die Freiheit besteht darin, sich auszutoben, heute das Gegenteil zu tun von dem, was wir gestern getan haben. Andere Freiheiten kommen nicht vor. Dein Plaisir kommt vor, dein Sich-Austoben kommt vor, für andere zu sterben kommt nicht in Frage.

In Deutschland kommt noch hinzu, daß die Friedensbewegung in den 80er Jahren das Sterben so verdreht hat, daß man manchmal glauben könnte, die evangelische Kirche hätte mit den Christen überhaupt nichts zu tun, denn mir wurde immer erklärt, das Christentum sei dadurch entstanden, daß jemand gestorben ist und das Leben nicht höher gestellt wurde als alles andere. Und dieses "Für-Andere-Sterben-Wollen" ist eines der Wesenselemente der Grundwerte für die Gerechtigkeit gegenüber anderen, für die Solidarität mit anderen, für die Freiheit anderer.

Sind wir uns hier trotzdem einig, auch wenn das innerhalb eines Gebiets gesagt wird, wo es Gläubige und Ungläubige gibt? Meine Antwort ist ein sehr entschiedenes: JAIN; d.h. es ist sogleich Nein und doch einigermaßen ein Ja. Das Nein gilt der großen Versuchung der Kirchen, und vor allen Dingen der katholischen Kirche, zu glauben, daß die Ethik, daß die Moral notwendigerweise einer Religion und einem Glauben entspringt. Wenn der Papst als Kardinal sehr richtig und schön geschrieben hat, der Begriff des Nächsten beziehe sich nur auf das Menschsein des Menschen, ein Menschsein, das jedem anderen ebenso wie mir zusteht. Der Begriff des Nächsten schafft also die breiteste Grundlage für die Gemeinschaft, eine Grundlage, die weiter reicht, als irgendeine Andersheit. So ist dieser wunderschöne Text natürlich schwer in die Wirklichkeit zu übertragen. Mir wurde gesagt, der Papst sei einerseits sehr, sehr katholisch, und andererseits sehr, sehr polnisch. Also steht ihm ein Katholik oder ein Pole näher als andere. Das geht jedem von uns so. Aber das ist eine Grundbewertung, die nicht natürlichermaßen eine religiöse Quelle haben muß. Denn was sich verändert hat, ist nicht das Christentum, es ist die Moral des Christentums. Denken Sie, um nur ein oder zwei Beispiele zu geben, an die Epistel, an die Galater, an den schönen Text: - es gibt nicht mehr Juden und Christen, es gibt nicht mehr Sklaven und Freie, es gibt nicht mehr Frauen und Männer, alle sind eins in Jesus Christus. Das ist bis in dieses Jahrhundert so gelesen worden, als blieben die Sklaven weiterhin Sklaven, nur mit dem Glück, jetzt auch Christen zu sein. Und erst seit einigen Jahrzehnten, etwa seit Mitte des 19. Jahrhunderts hieß es, sie dürfen nicht mehr Sklaven, sie sollen frei sein. In vielen Punkten mußten diese Grundfreiheiten erst langsam erobert werden. Weitgehend im Sinn der urchristlichen Werte, aber gegen die Kirchen im 17., 18. und 19. Jahrhundert. Und wenn Lenin von der Religion als Opium des Volkes gesprochen hat, so hat er weitgehend recht gehabt. Lesen sie Stellen im Evangelium, wie z.B. in der Lukasform der Bergpredigt, wo es ständig heißt, du wirst verdammt, weil du reich und glücklich bist. Das heißt, man soll froh sein, im Leiden, im Elend zu sein. Also rühr' dich nicht und lehne dich nicht auf. Und die Religion der Resignation, das ist das Christentum jahrhundertelang gewesen.

In diesem Sinne sind wir heute einig in einer Moral, die ganz verschiedene Quellen, nicht nur eine christliche hat. Gläubige und Ungläubige, sehr viele arbeiten zusammen, um zu versuchen, Osteuropa zu retten. Man braucht Hilfe, nicht Bevormundung. Es braucht Hilfe, und da eben auch geistige Hilfe. Das bewältigen wir, Gläubige wie Ungläubige, gemeinsam, aber nicht in dem Sinne, daß sich alle dort zur christlichen Religion bekehren müssen, die Orthodoxen übrigens auch zum Katholizismus, ehe es dort eine Moral gibt.

Es müßte der zweite Sinn der Sünde mehr betont werden. In seinem zweiten Brief zur Theologie der Befreiung gibt Kardinal Ratzinger eine sehr faire tiefe Analyse der Ungerechtigkeit, die in Südafrika herrscht. Dabei heißt es: "Die Sünde ist der Abfall von Gott". Glücklicherweise schreibt Papst Johannes Paul II in seiner Sollicitudo sei socialis, daß die Sünde eine gesellschaftliche, eine soziale sein kann. Mit dieser Definition gibt es ein gutes Zusammenkämpfen von Gläubigen und Ungläubigen meiner Art für die Freiheit und die Gerechtigkeit.

In Frankreich sieht man das anders. Ich habe vor mir einen furchtbar sündigen Text der FDP von 1974, geschrieben von meiner Freundin Liselotte Funke. Diese Thesen zur Unabhängigkeit von Kirche und Staat haben hier so hohe Wellen geschlagen, daß sie letzten Endes zurückgezogen wurden. Ich habe das einmal einem befreundeten französischen Bischof gezeigt, nachdem ich es übersetzt hatte, der sah das kurz an und sagte: "Oui, est ce que nous disons toujours - Das ist das, was wir immer sagen, was ist schon dabei?" Ich glaube, da sind wir bei Problemen der Zusammenarbeit in der Zukunft. Nicht nur auf dem Gebiet des Katholizismus, wo ich immer gerne nach dem Unterschied zwischen einem französischen katholischen Bischof und einem deutschen katholischen Bischof frage. Das ist ganz einfach, der deutsche spricht von der Armut, der französische ist arm.

Aber es ist Tatsache, daß wir in diesem Europa, das sich zerfleischt und noch keine Einheit ist, heute die wunderbare Chance haben, die Gemeinschaft weiterhin zu fördern. Schon weil aus dem Osten gefordert wird, hört nicht mit der Gemeinschaft auf, sondern macht weiter, gebt uns weiterhin das Beispiel des überwundenen Nationalismus, wo wir doch dabei sind am Nationalismus zugrunde zu gehen. Aber zur gleichen Zeit müssen wir uns sicher sein, daß die Quellen, nach denen wir diese Bezugswerte teilen, die Quellen der Wahrheit, der Gerechtigkeit, der Freiheit, daß diese Werte, die einen christlich, die anderen humanistisch üben. Man arbeitet ohne den Glauben und nicht als verhinderte Christen gleichberechtigt zusammen. Nur so werden wir es schaffen, diese Werte zu erhalten. In der alten Bundesrepublik wurde noch nicht bemerkt, daß Millionen Menschen aus den neuen Ländern sich überhaupt nicht als Christen fühlen, weil sie nicht so erzogen wurden. Aber auch sie stehen für diese Grundwerte, und wenn sie diese nur erreichen dürfen, wenn sie sich erst einmal religiös bekennen, dann verbauen wir den Weg zum gemeinsamen Werden in einem gemeinsamen Europa. Das scheint für mich etwas Wesentliches zu sein.

Da und hier bin ich beim Schlußpunkt des Schlußpunktes: Wir wollen durchsetzen, was der Sinn der Freiheit ist. Im Sinne von dem, was ich vorhin sagte: Freiheit für andere, Gerechtigkeit für andere, Solidarität mit anderen. Heißt das, daß meine Freiheit darin besteht, daß ich mich in meine Freiheit begebe, um mich auf Dauer zu engagieren, auf Dauer mein Leben im Sinne dieser Grundwerte zu lenken. Das ist genau das Gegenteil von "tob' Dich aus". Heute das Gegenteil von gestern zu tun, dafür habe ich Sinn. Ich kann verstehen, daß sich ein Ehepaar scheiden läßt (übrigens, wenn ich das nicht verstehen würde, hätte ich keine deutschen Freunde mehr). Ich kann verstehen, daß ein Priester aufhört Priester zu sein. Ich kann verstehen, daß jemand, der zu einer Bewegung gehört, austritt - unter der Bedingung, daß er es nicht als eine reine Ausübung der Freiheit betrachtet. Es ist zuerst einmal das Eingeständnis eines Scheiterns. Man hat versucht, sich auf Dauer zu engagieren, aber es ist nicht gelungen, o.K., man kann sich dann wieder anders engagieren. Aber wenn wir unseren Schülern nicht vermitteln, daß das Wesentliche der Freiheit ist, diese zu benutzen, auch im Sinne einer Nützlichkeit für andere, dann ist die Freiheit wenig wert. Das alles können wir nur vermitteln, wenn wir es durch zweierlei Art vorexerzieren. Indem wir kohärent sind mit uns selbst und das vorleben, von dem wir sprechen und ihnen zeigen, daß dies etwas sehr

Freudiges ist. Wir können sie nicht dazu bringen, etwas mehr Lebensfreude zu haben, wenn wir selbst keine Lebensfreude zeigen. Deswegen glaube ich, daß wir Optimisten sein müssen, zumindest, wenn Sie meine Definition akzeptieren: Ein Optimist ist jemand, der sagt, es könnte ihm noch viel schlechter gehen.

Lothar A. Ungerer

Europa als Gegenstand politischen Unterrichts

Die europäische Einigung: nicht Vergangenheit der Nation - sondern die Zukunft der Zivilisation. Perspektiven europäischer politischer Bildung/Studien

In Teilbeiträgen von Barbara Tham (Europa als Gegenstand des politischen Unterrichts in Rheinland-Pfalz), Wolfgang W. Mickel (Erziehung zum Bürger in Europa), Margret Dotter (Fremdenfeindlichkeit und Flüchtlingsproblematik im Unterricht), Bernd Henning (Umweltpolitik im Rahmen des europäischen Binnenmarktes)

1. Introduktion

Der Maastrichter Vertrag über die Europäische Union stellt die entscheidende Weiche für die künftige Ordnung Europas. Die Europäische Gemeinschaft hat unumkehrbar den Weg zur Europäischen Union beschritten. Das dänische Veto im April 1992 gegen den Vertrag verdeutlicht jedoch die sich abzeichnende Tendenz, daß viele EG-Bürger das Gefühl haben, daß europäische Entscheidungen bürgerfern sind und sich der demokratischen Kontrolle entziehen. Das Ziel einer Politischen Union, die demokratisch glaubwürdig und praktizierbar sein soll, ist auf die Unterstützung der europäischen Bevölkerung angewiesen. Die Schere zwischen der politischen Dynamik des Integrationsprozesses und einer stagnierenden Bewußtseinsbildung der Menschen im Sinne europäischer Identität und europäischer Solidarität darf nicht noch größer werden. Europa läßt sich nicht ohne seine Bürger bauen. Die europäische Einigung ist auch ein Prozeß der Bewußtseinsbildung. Um ihn zu bewältigen und den neuen Bedingungen gerecht zu werden, ist eine Ausweitung der europäischen Dimension im politischen Unterricht notwendig. Europäische Bildung im politischen Unterricht erfordert die permanente Einbeziehung des europäischen Integrationsprozesses, um ihn zu erklären, einsichtig, verständlich und bewertbar zu machen. Die Dynamik und die Komplexität der europäischen Integrationspolitik stellen den politischen Unterricht vor Herausforderungen, auf die neue Antworten gefunden werden müssen. Hinzu kommen politisch ungelöste Probleme (Umwelt, Nord-Süd-Konflikt, Wandel in Mittel- und Osteuropa, Migration, Nationalismus, Krieg u.a.) deren Verschärfung bei jedem einzelnen höhere Anforderungen an die Fähigkeit zu rationalem Denken und Handeln und die Bereitschaft zu demokratischer Konfliktlösungen stellen. Eine solche politische Kultur erfordert einen politischen Unterricht, der Wertorientierungen aufbaut und Kompetenzen fördert, die für eine europäische demokratische Kultur grundlegend sind.

Der Binnenmarktstart und das Inkrafttreten des Maastrichter Vertrags leiten 1993 eine tiefgreifende europäische Flurbereinigung ein. Wie eine Flurbereinigung des politischen Unterrichts unter dem europäischen Aspekt vorgenommen werden muß, war Gegenstand der Diskussion und des Dialogs in der Expertengruppe. Die im Rahmen der Gruppenarbeit vorgetragenen Referate sind in den Expertenbeiträgen (teilweise gekürzt) dokumentiert.

2. Vorgaben

Die Arbeit in der Expertengruppe orientierte sich an folgenden (für den Kongreß grundlegenden) Fragestellungen:

- Wie können Menschen (insb. die junge Generation) auf das Leben und Arbeiten in einem geeinten Europa vorbereitet werden?
  Ziel ist die Entwicklung von Impulsen (Ansätzen, Perspektiven und Folgerungen) einer Bildung und Erziehung im zusammenwachsenden Europa für Schule, Hochschule, Erwachsenenbildung und Lehrerfortbildung.
- Welchen Beitrag kann resp. muß Bildung und Erziehung zur Förderung des europäischen Integrationsprozesses leisten? Virulent sind der Beitrag des politischen Unterrichts und die Konsequenzen der politischen Bildung und Erziehung bezüglich der europäischen Dimension.
- Diskursinhalte zum Themenfeld Bildung und Europa sind:
  Bildungsgemeinschaft Europa?
  Europa als Erziehungsauftrag: Erziehung zum Europäer?

Europa im Unterricht (Handlungsansätze in den Schularten, Europa als fächerübergreifendes Themenfeld, Lehrpläne, Schulbücher).
Curriculare Entwicklungsarbeit?
Welche Rolle haben Erziehung und Bildung? (Vorurteile und Feindbilder, Aneignung von Offenheit für andere Kulturen, Forderungen an Schul- und Jugendpolitik.).
Europäische Erziehung in Deutschland (Tendenzen, Ansätze, und Faktoren).

3. Didaktische Prämissen

Der Strukturierung der Arbeit in der Expertengruppe liegt als Prämisse ein Didaktikverständnis zugrunde, wonach Didaktik eine Reflexion über die Bildungsbedeutung von Sachverhalten und das Bewußtmachen dieser Bedeutung beinhaltet. Sie bedient sich dazu der Ergebnisse der Fachwissenschaft und selektiert unter der Maßgabe der "Bedeutung für das Leben", um den Lernenden zu befähigen, sein Leben in einer Zeit weltweiten Wandels zu bewältigen. Daraus resultieren die didaktischen Ebenen

- der Selektion (Was?), dem Inhaltsaspekt;
- der Legitimation (Warum?), dem Begründungsaspekt;
- der Intentionalität (Wozu?), dem Zielaspekt.

Hinzu kommen Fragen der Methodik (Wie?) und der Lern- resp. Bildungsvoraussetzungen der Adressaten (vgl. Abb.1).

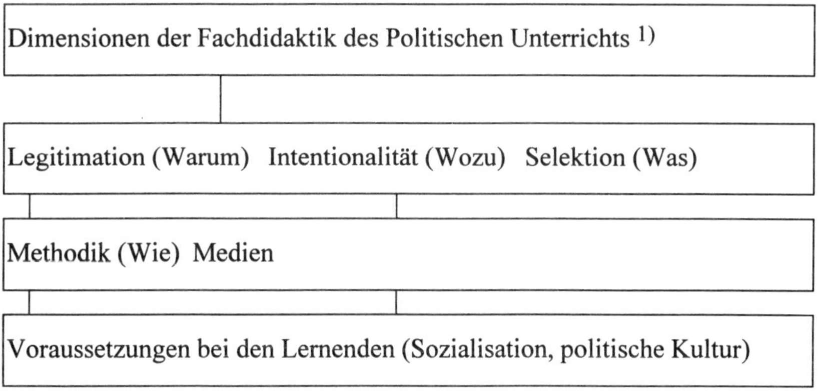

Abb.1

Signifikant ist mir dabei die Verzahnung mit der Fachwissenschaft, d.h. der Bezug der didaktischen Dimension resp. Bildungsdimension Europa mit den Forschungsergebnissen und -ansätzen der Politikwissenschaft. Die politikwissenschaftliche Frage- und Problemstellung konzentriert sich auf drei Punkte:

- Betrachtung der historischen Dimension des europäischen Einigungsprozeßes (Analyse des status quo ante).
- Betrachtung des gegenwärtigen Standes der europäischen Einigung (Analyse des status quo; erkenntnistheoretisch sei angemerkt, daß ich den status quo als kognitive Momentaufnahme sehe, die aufgrund des prozessualen Charakters des Betrachtungsgegenstandes eigentlich nicht existiert).
- Betrachtung unabgeschlossener Dinge und Perspektiven (Analyse des status quo plus), d.h. Europa als Utopie des Möglichen. Der europäische Zusammenschluß, die Überwindung des Nationalismus ist heute eine Utopie des Möglichen geworden, wie die Entwicklungen seit 1945 (bezogen auf Westeuropa) und seit 1989 (bezogen auf Gesamteuropa) zeigen. Die Utopie Europa ist ein politisches und gesellschaftliches Ideal, das sich Prinzipien wie Gerechtigkeit, Frieden, Freiheit oder Humanität verpflichtet. Die europäische Realität bedarf der Umsetzung dieser Ideale, um angesichts der in vielen Bereichen vorherrschenden Problempotentiale eine Lösungs- resp. Bewältigungsperspektive aufzuzeigen. Dieser notwendige Handlungsbedarf wird m.E. wesentlich durch die Endlichkeit der Situation determiniert. Die Menschheit kann gegenwärtig nicht mehr von der Unendlichkeit der Zeit ausgehen. Die ökologische Bedrohung verdeutlicht dies drastisch. Einige Probleme haben bereits einen Umfang erreicht, der keine erfolgreiche Lösung mehr zuläßt.[2)] Ideale wie Humanität bekommen unter diesem Aspekt eine neue Perspektive. Es geht um das Überleben dieser Welt und der Menschen schlechthin. Hier trägt Europa eine große Verantwortung im internationalen System, in dem die wechselseitige Abhängigkeit der Nationalstaaten kontinuierlich wächst.

Die Ergebnisse fachwissenschaftlicher Überlegungen verstehen sich als Beiträge in einem grundsätzlich auf ständige Revision von Positionen angelegten wissenschaftlichen Diskussionsprozess. Im Gegensatz zu diesen eher diskursiven Resultaten wird von einem didaktischen Ansatz erwartet, daß handlungsanleitende Orientierungshilfen für den Unterricht entwickelt werden. Didaktik muß erstens nachdrücklicher als Fachwissenschaft fragen, ob und welche Ergebnisse des wissenschaftlichen Diskurses so gesichert sind, daß sie als Informationsgrundlage für politische Bildung gelten können. Sie muß zweitens die noch schwierigere Frage untersuchen, ob und wie das zu erörternde Problem einer wissenschaftlich und pädagogisch verantwortungsvollen Bearbeitung im Unterricht zugänglich gemacht werden kann.[3)] Die Diskussion um eine europäische politische Bildung ist die Folge jener politischen Entwicklungen, die das Zusammenwachsen der europäischen Nationalstaaten zu einer politischen Union zum Ziel hat. Für die Theoriebildung läßt sich deduzieren:

1. Bezug: Ergebnisse und Stand der Fachwissenschaften (insb. Politikwissenschaft) zu Integrationsentwicklung und Integrationsstand der EG sowie Integrationstheorien (Szenarien über weitere Ausgestaltung).
2. Aufgabe: Beschreibung der bildenden und erzieherischen Aspekte der europäischen Realität und ihre Umsetzung in Bildungsprozessen.
3. Ziel: Die Vermittlung gemeinsamer europäischer Strukturen und die Vermittlung einer europäischen Identität.

4. Widersprüchliches zu Theorie und Praxis

In ihrer Kritik an der mangelnden Umsetzung europäischer Bildungsinhalte im politischen Unterricht angesichts der offiziellen Verlautbarungen sind sich die Teilnehmer der Arbeitsgruppe einig. Die Entschließung zur europäischen Dimension im Bildungswesen der EG-Bildungsminister (1988) und der Beschluß der Kultusministerkonferenz der BRD (1990) "Europa im Unterricht"[4)] werden in ihrer inhaltlichen Aussage geteilt, haben aber eine viel zu geringe Entsprechung in der Praxis. Die didaktische Literatur ist ebenso von einer Vielzahl von Theorien und Modellen gekennzeichnet, die über den Rahmen unverbindlicher Erklärungen und Absichten nicht hinausgehen. Europäische Bildung verkümmert in der Theorie und hat den Sonntagsredencharakter. Teilnehmende Lehrerinnen und Lehrer stellten übereinstimmend fest, daß sie solchen reinen Theorieansätzen eine Absage erteilen müssen, da von ihren Verfassern keine Absichten erkennbar sind, diese auch konkret umzusetzen. Didaktiker mogeln sich ums eigentliche Thema herum, indem sie zuwenig Einfluß insb. auf

Lehrpläne nehmen. Letztendlich wird damit die Glaubwürdigkeit solcher Aussagen in Frage gestellt.

Barbara Tham (siehe Beitrag Tham) weist in ihrer Untersuchung darauf hin, daß zwischen den politischen Verlautbarungen zur Vermittlung europäischer Themen im politischen Unterricht und deren Umsetzung in der Schulpraxis eine große Diskrepanz besteht. Die bildungspolitischen Instanzen auf europäischer Ebene ebenso wie auf Bundes- und Länderebene fordern die Förderung eines europäischen Bewußtseins der Schülerinnen und Schüler. Die objektiven Rahmenbedingungen des politischen Unterrichts werden (nicht nur) in der Bundesrepublik dieser Forderung nicht gerecht. Es sind noch große Anstrengungen notwendig, um Europa im Unterricht Wirklichkeit werden zu lassen.

5. Innovativer Lehrplan: Wirtschaft-Umwelt-Europa (Thüringen)

Innovative Wege in Sachen europäischer Bildung geht das Bundesland Thüringen. Für die Regelschule, Profilbereich Realschule, ist ein neues Wahlpflichtfach für die Klassenstufe 7-10 geschaffen worden: Wirtschaft-Umwelt-Europa (WUE). WUE erweitert den traditionellen Fächerkanon in der Bundesrepublik Deutschland. WUE ist mehr als ein Integrationsfach; es ist ein ermutigender Versuch, Fachgrenzen zu überwinden, um vernetztes Denken, Denken in Zusammenhängen angesichts der Komplexität der Welt nicht nur zu einer rhetorischen Leerformel der didaktischen Literatur verkümmern zu lassen. Entwicklungen wie der europäische Einigungsprozeß repräsentieren neue politische, gesellschaftliche, ökologische und ökonomische Herausforderungen, die durch die traditionellen Fächer in ihrer Komplexität nicht erfaßt werden können.

5.1 Grundstruktur des Lehrplans

Basis ist der (wirtschaftende) Mensch in einer international verflochtenen und einer zunehmend europäisch integrierten Wirtschafts- und Gesellschaftsordnung. Dies erfordert die Thematisierung der Implikationen, d.h. die Überwindung traditioneller Fachstrukturen zugunsten übergreifender Leitideen.

Wichtigstes Kennzeichen des Lehrplanes WUE ist die "Spezialisierung auf den Zusammenhang", d.h. die Vernetzung wirtschaftlicher, europäischer und umweltpolitischer Sachverhalte. Der Lehrplan leistet dadurch einen eigenständigen Beitrag zur angemessenen und realitätsgerechten Erschließung der Bereiche Wirtschaft, Umwelt und Europa und fördert die Fähigkeit zu problemlösendem Denken und verantwortungsbewußtem Handeln. Die komplizierten und komplexen Sachverhalte mit ihren unterschiedlichen politischen Bewertungsmöglichkeiten werden didaktisch reduziert. Ökologische, ökonomische und technologische Entwicklungstendenzen werden in ihrer Vernetzung mit der europäischen Dimension transportiert; dabei enthält der Lehrplan kommunale und regionale Beispiele (Mikroebene) und gesamtwirtschaftliche Problemstellungen (Makroebene).

WUE bedingt, Wissensinhalte bestmöglich zu vernetzen (auch fächerverbindende Unterrichtsformen). Wissen kann nur dann in der Realität von Politik, Wirtschaft und Gesellschaft handlungsbedeutsam werden, wenn es handlungsorientiert gelehrt und erworben, d.h. auf Handlungs- und Entscheidungssituationen bezogen wird. Dabei werden kognitive, affektive und aktionale Zielaspekte einbezogen, die Teilbereiche einer auf ganzheitlicher Persönlichkeitsentwicklung angelegte Bildung repräsentieren.

Den Schülerinnen und Schülern werden neben grundlegenden wirtschaftspolitischen, sozial-ökologischen und technischen Kenntnissen vorrangig auch "die kausalen Zusammenhänge und Interdependenzen von wirtschaftlichem Handeln und den ökologischen Auswirkungen sowie die Wechselwirkungen zwischen nationaler und regionaler Wirtschaft und der europäischen Einigung" vermittelt[5]).

5.2 Leitziele des Lehrplans

Europa ist in WUE eine pädagogische Verpflichtung mit den Zielprojektionen einer europäischen Bewußtseinsbildung und Kenntnissen und Einsichten

- über die politischen und gesellschaftlichen Strukturen Europas;
- über die gemeinsame europäische Kultur;
- in ein gemeinsames Handeln zur Lösung ökologischer, wirtschaftlicher, sozialer und politischer Probleme und
- in die Struktur der europäischen Institutionen.

Die in dem Lehrplan konzipierten Leitideen werden von den unterschiedlichen Herausforderungen, der sich heute die Schule ausgesetzt sieht, geprägt. Inhalte und Ziele erhalten dadurch den Charakter einer aufklärenden Grundbildung, die dem Anspruch folgt, die Menschen zu stärken und die Sache zu klären[6]. Anforderungen an eine zeitgemäße Lehrplanstruktur wie die Berücksichtigung von Schülervorstellungen, Kommunikationsfähigkeit zu entwickeln und komplexes Denken zu üben, finden dadurch im Lehrplan WUE ihren Niederschlag. Erkennbar ist ebenso der Versuch, Ergebnisse der Schul- und Innovationsforschung zu berücksichtigen. Gemessen an Kategorien gelingender Innovationsprozesse[7] ist der Lehrplan vielversprechend. Verifizierte Kategorien sind:

- Überschaubarkeit (Klarheit der Leitideen, Konsensfähigkeit von Grundaussagen, Abbau von Erwartungsunsicherheit);
- Bedeutsamkeit (für die Lösung von Kernproblemen, für die Grundlegung fundamentaler Schlüsselqualifikationen, für Gestaltung von Lernprozessen, für die Weiterentwicklung von Schulprofilen);
- Veränderbarkeit (Gestaltungsvielfalt, örtliche und regionale Spielräume, Problemdruck und Engagement).

5.3 Inhalte des Lehrplans

Im Vordergrund stehen, mit deutlicher Blickrichtung auf die Augenblicksbedürfnisse, solche Inhalte, aus denen sich unmittelbar Hilfen zur Lebensbewältigung ableiten lassen. Auffällig ist die starke Hereinnahme des technischen Bereichs in den Unterricht. Es wird eine praxisnahe Vorbereitung der Schüler (Anwendungsaspekt) auf die Anforderungen der Leistungsgesellschaft angestrebt. Trotz dieser ausgeprägten Pragmatisierungstendenz - die teilweise durch die Umbruchsituation in Thüringen legitimiert ist - werden auch entscheidende Fragen der Zukunft der Menschheit reflektiert, so z.B. wie es gelingt, in der technisierten Welt von heute die humane Existenz zu sichern und zu entfalten. Dadurch wird der Bildungsauftrag nicht einseitig als Ausbildungsauftrag verkürzt. Unter dem Gesichtspunkt der Daseinsorientierung beinhaltet der Lehrplan Werte, die Leitlinien zu Lebensführungen darstellen können. So werden Existenz- und Zukunftsfragen, Selbstverantwortung und rationales Entscheidungsvermögen thematisiert. Neben dem wirtschaftlichen Handeln in Haushalt/Familie, in Betrieb/Unternehmen, in der Region und in Europa hat der Lehrplan folgende europäische Themen: Regionalpolitik, Binnenmarktpolitik, Industriepolitik, Arbeitsmarktpolitik, Verbraucherpolitik, Abfallwirtschaftspolitik, Außenwirtschaftspolitik, Einigungspolitik, Bedeutung der europäischen Integration (Kernbereiche der europäischen Integration),

Europäische Vielfalt, Problemkomplexe der europäischen Integration (Währungsunion, Sozialunion, Umweltunion), Europabegriff (insb. die Einbeziehung von Ost- und Mitteleuropa), Energiepolitik (komplexe Untersuchung des ökonomisch-ökologischen Beziehungsgeflechts am Beispiel der Energiewirtschaft in Europa) und Umweltpolitik.

5.4 Pädagogische Konzeption des Lehrplans

Erkennbar ist eine konfliktorientierte Tendenz, da die Schülerinnen und Schüler das Spannungsfeld zwischen Produktion, Wirtschaftswachstum, Wohlstand und Erhaltung der Umwelt, dessen Bewältigung eine entscheidende Herausforderung für die Zukunft der Region und Europas ist, erfahren sollen. Neben der reinen Wissensvermittlung werden Einstellungen und Verhalten der Schülerinnen und Schüler angesprochen. Schwach ausgeprägt ist in ihrer Wertigkeit die europäische Dimension. Der Unterricht soll zum "Verständnis des europäischen Einigungsprozesses beitragen." Dazu sind grundlegende Kenntnisse über den Aufbau, die Organisation, Motive, Probleme und Perspektiven der EG zu vermitteln. Die Schülerinnen und Schüler sollen erkennen, "welche Auswirkungen sich daraus auf das Leben des einzelnen Bürgers und der Gemeinschaft ergeben und urteilen und werten lernen, welche Position sie selbst in diesem internationalen Netzwerk einnehmen bzw. künftig einnehmen wollen."[8)]

Begrüßenswert ist methodisch die funktionale Anbindung von Leitgedanken bei allen Lehrplaneinheiten. Im Sinne eines Spiralcurriculums werden berücksichtigt und aufgebaut

- Wohlstand bei Erhaltung der Umwelt?
- Technologie als Motiv der wirtschaftlichen Entwicklung?
- Beziehungen zwischen Ökonomie und Ökologie?
- Vermeidung der Umweltbelastungen?

Ergänzungsbedürftig sind diese Leitgedanken unbedingt durch mehr europäische Inhalte, d.h. die stetige Sichtbarmachung der europäischen Dimension.

Priorität bei der Inhaltsdarstellung hat die Exemplarität, die in eine Systematisierung eingebettet ist. Betont wird die Wandelbarkeit der wirtschaftlichen, ökologischen und politischen Phänomene. Der Lehrplan bemüht sich (handlungsorientiert) um eine Integration der Inhalte in den Erfahrungsbereich der Schülerinnen und Schüler. Angestrebt ist eine differenzierte Betrachtungsweise, die zur selbständigen Urteilsbildung beitragen soll. Dadurch wird die Fähigkeit zum problemlösenden Denken, zum Denken in Alternativen entwickelt. Europäische Bildung wird im Lehrplan WUE als Prinzip ernst genommen. Wirtschaftspolitische und umweltpolitische Inhalte werden in Beziehung gesetzt mit dem Stand der europäischen Einigung, um ihn für die Schülerinnen und Schüler zu erklären, einsichtig, verständlich und bewertbar zu machen. Der Lehrplan basiert auf der Erkenntnis, daß die europäische Einigung nicht zuletzt auch ein Prozeß der Bewußtseinsbildung ist. Er fördert kognitive Leistungen in Form selbständiger, logischer und kreativer Denkleistungen in komplexen Zusammenhängen und einem entsprechenden Handeln, das transferfähiges Wissen und übertragungsfähige Strategien und Methoden voraussetzt. Die Transferfähigkeit des Wissens begründet wiederum die Fähigkeit, selbständig zu lernen und damit auch die Fähigkeit, sich auf wirtschaftliche und gesellschaftliche Veränderungen einzustellen und diese gegebenenfalls mitzugestalten.

Im affektiven Bereich werden personale und soziale Qualifikationen angestrebt: Wertorientierung, Einstellungen und Haltungen wie Selbstsicherheit, Selbständigkeit, Kooperationsbereitschaft, Kommunikationsfähigkeit, kritische Toleranz und Verantwortungsbewußtsein sind intendiert. Der aktionale Bereich bezieht sich auf bewußte und durch Lernvorgänge eingeübte Bewegungsabläufe, um Handlungserfahrung zu ermöglichen.

6. Europäisches Bewußtsein und Europäische Identität: Zur Legitimationskrise der europäischen Einigungspolitik

Politikwissenschaft und politische Bildung stehen vor dem Problem, daß sie auf eine Politik bezogen sind, die sich ständig verändert und anpaßt. Umfrageergebnisse zeigen: je höher der Grad der Informiertheit über Europa, desto positiver ist die Einstellung zur europäischen Integration. Uninformiertheit führt zu Vorurteilen und diffusen Einstellungen. Entscheidend tragen dazu die Medien bei. Immer mehr Medien bringen Informationen zu Europa. Die Auswahl der wichtigen und richtigen Informationen und deren gedankliche Verarbeitung sind jedoch problematisch. Entsprechend der Theorie der selektiven Wahrnehmung werden von vielen Menschen (auch Journalisten) nur die Informationen wahrgenommen, die das (oftmals negative) Europabild bestätigen.

6.1 Demokratiedefizit

Die Debatte um den Maastrichter Vertrag zeigt, daß Europas Menschen

- einen immensen Gesprächs- und Aufklärungsbedarf haben, da sich (eher nationalstaatliche) Orientierungen und Wertvorstellungen verlieren;
- Ängste vor dem Neuen und Unbekannten entwickeln;
- Gefühle von Unsicherheit und Überforderung haben.

Der Maastrichter Vertrag verdeutlicht erneut die Strukturdefizite der europäischen Integrationspolitik. Die EG ist für viele Menschen in Europa noch zu abstrakt. Ihre Politik ist nicht konkret faßbar und wird als nicht beeinflußbar angesehen. Sie ist für viele bürokratisch, institutionell und primär ökonomisch ausgerichtet (vgl. Abb.2).

Hinzu kommt das leidige Demokratiedefizit. Fliegt ein Minister der Bundesrepublik Deutschland von Bonn nach Brüssel, vollzieht sich in Europas Luftraum eine europäische Metamorphose: Exekutivorgan in Bonn - Legislativorgan in Brüssel. Obwohl die EG kein Staat ist, hat sie eine eigene Gesetzgebung (Verordnungen und Richtlinien), die immer umfangreicher und komplexer wird. Verordnungen und Richtlinien wirken zeitlich und räumlich unmittelbar. Entscheidungsorgan ist der Ministerrat, der sich aus Regierungsmitgliedern der Mitgliedsstaaten zusammensetzt. Für seine Entscheidungen sind diese weder ihren Heimatparlamenten noch rechtlich dem Europäischen Parlament verantwortlich. Grundlegend für den europäischen Einigungsprozeß ist der Verzicht souveräner Nationalstaaten auf staatliche Hoheitsrechte, die auf europäische Instanzen übertragen werden. Die Überwindung der Grenzen beinhaltet die Überwindung des nationalstaatlichen Prinzips und die Sprengung nationaler Begrenztheiten. Der Preis dafür ist ein zunehmender Prozeß der Entdemokratisierung:

- Der Binnenmarkt ist ein Markt ohne Staat, d.h. ohne demokratische Kontrolle.
- Dem Europäischen Parlament fehlen entscheidende Parlamentsfunktionen (insb. Legislativfunktion).
- Europäisches Parlament und nationale Parlamente haben keine Mitgestaltungs- und Mitwirkungsmöglichkeiten bei Gemeinschaftsverträgen (z.B. Maastrichter Vertrag). Im Ratifizierungsverfahren haben sie nur die Alternative zwischen Zustimmung oder Ablehnung.

- Problematisch sind auch einige Deregulierungen ("Harmonisierung") im Zusammenhang mit der Binnenmarktvollendung. Gesetzliche Normen (von den nationalen Parlamenten verabschiedet) werden abgeschafft; Normen anderer Staaten werden anerkannt, um einen freien Handel zu ermöglichen. Die nationalen Parlamente können nicht reagieren.

Die bisherige Debatte um das Demokratiedefizit und deren Überwindung konzentrierte sich i.w. auf die Absicherung traditioneller parlamentarischer Demokratievorstellungen (institutionelle Demokratiedimension). Wenn der europäische Fortschritt demokratisch legitimiert werden will, kommen zwei Komponenten hinzu:

- Die Partizipationsrechte der europäischen Bürgerinnen und Bürger und der Regionen.
- Der Ausbau europäischer (politischer) Bildung resp. Studien[9)].

6.2 Nationalismen

Die Forderung nach einer Intensivierung politischer Europastudien wird auch durch die aufkeimenden Nationalismen, die dem Integrationsprozeß diametral entgegenlaufen, zusätzlich legitimiert. Im Zeichen ökonomischer und sozialer Schwierigkeiten verstärken sich Tendenzen nationaler Abgrenzung, die mit einem spürbar stärker werdenden Fremdenhaß einhergehen. So ist insbesondere die Zahl junger Menschen ansteigend, die zu ausländerfeindlichen, teilweise rechtsradikalen und europafeindlichen Einstellungen tendieren.

Politische Europastudien müssen stärker den Wechsel vom nationalen zum internationalen Paradigma in den Vordergrund ihrer Bildungsbemühungen stellen. Das Nationale ist kein Grundwert, sondern ein politisches Ziel. Die persönliche Identität als Deutscher erschöpft sich z.B. nicht in der Tatsache Deutscher zu sein. Hinzu kommen z.B. Demokrat, Europäer oder Christ. Das Nationale wird von den Menschenrechten und den damit verbundenen Grundwerten (insb. Freiheit, Solidarität, Gerechtigkeit, Gleichheit) eingegrenzt und reflektiert. Ohne diese Grundwerte wird das Nationale zur Ausgrenzungspolitik zum Chauvinismus.(Vgl. auch Kapitel 7)

6.3 Permissiver und aktiver Konsensus

Umfragen[10)] zeigen, daß die Bürgerinnen und Bürger Europas eine deutlich geringere subjektive Bindung an die EG gegenüber dem Nationalstaat haben. Die Erklärungen dafür sind vielfältig. Mit dem nationalstaatlichen System fühlen sich die Menschen eher vertraut. Die politischen Strukturen sind überschaubar: Parteien, Politiker, Interessenverbände und die Medien bilden eine Brückenfunktion zwischen Politik und den Menschen, in dem sie Politik vermittelt und transparent machen. Wie stellt sich nun das europäische System in diesem Vermittlungsprozeß dar?

Für einen Großteil der Menschen in Europa ist die Integrationspolitik der EG eine Art Dauerverhandlung der eigenen Regierung mit anderen Regierungen (Integrationspolitik als Politik der Eliten). Die Bürgerinnen und Bürger Europas haben diese Politik seit ihrer Entstehung weitgehend mitgetragen, indem sie den politischen Eliten die nötige Freiheit gewährt haben (permissiver Konsensus). Mit Maastricht hat sich dies verändert. Die Umfrageergebnisse 1991 und 1992 verdeutlichen, daß dieser permissive Konsensus nicht mehr existiert. Die Menschen weisen ein "Mehr an Europa" in Form des Maastrichter Vertrages zurück und fordern teilweise sogar die Rücknahme des schon erreichten Integrationsniveaus. Gleichzeitig werden demokratische Mitgestaltungsansprüche eingefordert, die über die seitherige Demokartiedefizitdebatte hinausgehen. Das Demokratiedefizit der EG ist damit nicht mehr allein ein Strukturproblem, das die politischen Eliten (insb. Europäisches Parlament) bewegt. Die Verantwortung für die europäische Politik soll demokratisiert werden, d.h. daß die Menschen und mit ihnen Kommunen und Regionen in diese Verantwortung einbezogen werden wollen (aktiver Konsensus). Kommt es jedoch zu keiner Fortentwicklung im Sinne eines aktiven Konsensus hätte dies fatale Folgen für die Einigungspolitik. Die Bürgerinnen und Bürger verweigern den politischen Eliten die Gefolgschaft und würden nicht nur die EG sondern auch die Vision eines vereinten Europas in eine schwere Legitimationskrise stürzen. Antieuropäische Kräfte (insb. Rechtsextreme, Revanchisten und Nationalisten) würden eine Renaissance im Schatten dieser Legitimationskrise erleben. Entscheidend ist nun die Frage, wie ein aktiver Konsensus hergestellt werden kann. Politisch unabdingbar ist eine größere Transparenz der Entscheidungsmechanismen, die durch die Regelungen des Maastrichter Vertrages noch komplizierter werden. Die Transparenz ist gekoppelt an mehr demokratische Substanz für das Europäische Parlament und für die nationalen resp. regionalen Parlamente. Das Bekenntnis zum Subsidiaritätsprinzip beinhaltet in der Tradition der Bundesrepublik Deutschland das Bekenntnis zu einer föderativen Organisationsform

(Europäischer Bundesstaat), der mit seinen unterschiedlichen politischen Handlungsebenen die Chance bietet, Entscheidungen zu dezentralisieren und damit zu demokratisieren.

Befindlichkeiten der Bürger und Bürgerinnen im Kontext der Debatte um den Maastrichter Vertrag

* Zurückweisung eines "Mehr an Europa"
* Zurückweisung des schon erreichten Grades an Integration
* Geringere subjektive Bindung an EG gegenüber Nationalstaat

* Einforderung demokratischer Mitgestaltungsrechte
- institutionelle Dimension des Demokratiedefizits
- Parteiendefizit

Mit nationalstaatlichem System fühlt sich Bürger vertraut (Überschaubarkeit politischer Strukturen)

Notwendigkeit soziopolitischer Vermittlungsstrukturen

Parteien | Politiker | Interessenverbände | Massenmedien | Bildung

Abb.2

6.4 Europäisches Bewußtsein/Europäische Identität

Aktiver Konsensus erfordert neben den politischen Rahmenbedingungen bei den Menschen ein europäisches Bewußtsein.

Die Integration der europäischen Gesellschaften darf nicht über einen Zwang zur Konformität erfolgen. Integration muß sich auf die Bewußtseinsakte (kognitiv, affektiv/emotional, aktional/motivational) beziehen. Eine (demokratisch legitimierte) europäische Gesellschaft ist auf feste, umfassende und zeitbeständige Interaktionsbeziehungen ihrer Menschen angewiesen. Eine europäische Gesellschaft wird nach den bisherigen Erfahrungen stets durch ein Spannungsverhältnis zwischen den gegenläufigen Tendenzen der Integration und des Konflikts gekennzeichnet sein. Integrative Prozesse streben nach dem Erhalt des Status quo, konfligierende Prozesse nach dessen Revision. Die Genese der EG verdeutlicht den Einigungsprozeß als integrativ, wobei Kompromisse nach teilweise heftigen konfligierenden Prozessen für den Einigungsprozeß typisch sind. Bedingt durch die ökonomische Präferenz der EG ist eine der zentralen Aufgaben der europäischen Gesellschaft (wie in allen Gesellschaften) das zu lösende Knappheitsproblem. Demnach läßt sich die Genese der EG auch als einen

Verteilungskompromiß definieren, der über den permissiven Konsensus Anerkennung bei den Gesellschaftsmitgliedern fand und durchgesetzt werden konnte. Im Konflikt um den Maastrichter Vertrag akzeptieren viele Menschen die integrativen Bedingungen nicht mehr und fordern eine Desintegrationspolitik. Hintergrund dieser Entwicklung ist die schwierige ökonomische Situation, in der sich die europäische Gesellschaft befindet, die das Knappheitsproblem wieder bewußt werden läßt. Damit erfährt das supranationale Gebilde EG ein Junktim, das den Nationalstaaten hinlänglich bekannt ist: Die politische Stabilität ist sehr eng mit der wirtschaftlichen Sicherheit verbunden. Zeiten des ökonomischen Umbruchs sind sehr gefährlich. Nationen - auch solche, die auf dem Weg zu einer europäischen Gesellschaft sind - werden ängstlich, selbstsüchtig und protektionistisch. Erschwerend kommt noch hinzu, daß viele Politiker solche Tendenzen um des politischen Vorteils wegen nutzen möchten, anstatt solche Tendenzen einzudämmen.

Konfligierende Prozesse sind aber auch Bestandteil eines europäischen Bewußtseins, das Ziel aller Bildungsbemühungen ist (Erziehung für Europa). Bezugsgrößen für ein europäisches Bewußtsein, das im Denken, Fühlen, Urteilen und Handeln des Menschen zum Ausdruck kommt, sind

- integrative affektive Elemente (Begeisterung für Europa, Europa als Realutopie, Grenzen überwinden);
- integrative rationale Elemente (Europa als politische Notwendigkeit angesichts gesellschaftlicher Zielsetzungen wie Realisierung der Menschenrechte, Frieden, Wohlfahrt, Umweltschutz u.a.);
- nationale Elemente (nationale Identität als Teilmenge einer internationalen Identität);
- konfligierende Elemente (kritische Fragen, Distanz im Denken zu Europa).

Diese vier Bezugsgrößen müssen mit den drei Dimensionen des Lernens verknüpft werden: kognitiv (Information zu Europa), affektiv (innere Zustimmung zu Europa) und aktional (Handeln für Europa). Europäisches Bewußtsein soll zu einer europäischen Identität führen, die entsprechend den Handlungsebenen der europäischen Gesellschaft plural aufgebaut ist. Sie beinhaltet die lokale, regionale, nationale (patriotische) und europäische Ebene. Die nationale und europäische können zu einer multinationalen Ebene zusammengefaßt werden, die - ausgehend vom Begriff der Weltgesellschaft - die globale Ebene integriert.

Mit Ende des Zweiten Weltkrieges haben die europäischen Völker erkannt, daß ihr Zusammenwachsen eine Öffnung zur Zukunft ist; unter den Prämissen europäisch, demokratisch, patriotisch und reformfreudig.

6.4.1 Exkurs: Bewußtsein

Eine in der didaktischen Theorie und Modellbildung wenig strukturierte Größe ist das Bewußtsein, obwohl das Ziel des europäischen Bewußtseins zentral ist. Wenn Lernprozesse effektiv sein sollen, müssen dessen Strukturen bewußt gemacht werden.

Grundlegend ist, daß alle Interaktions- und Kommunikationsbeziehungen zwischen menschlichen Individuen durch individuelle Bewußtseinsakte aufrechterhalten und gesteuert werden. Das menschliche Bewußtsein umfaßt alle psychischen Tätigkeiten des Menschen, steht in engstem Zusammenhang mit der menschlichen Sprachkompetenz und bildet ein integriertes Gefüge von psychischen Abläufen, deren spezifische Leistungen unterschieden werden können nach ihrer

- kognitiven Funktion (Erkenntnisfunktion), bestehend in der Aufnahme, Speicherung und Verarbeitung von vermittelten Tatsachen zur gedanklichen resp. begrifflichen Widerspiegelung der außer- und innerpsychischen Wirklichkeit;
- affektiven Funktion (Gefühls- und Bewertungsfunktion), bestehend in der Erzeugung von negativen und positiven Gefühlen und zur emotionalen Vergegenwärtigung von Bedürfnissen;
- motivationalen Funktion (aktionale Funktion), bestehend in der Planung und Steuerung von Handlungen (oder deren Unterlassung) zur Beeinflussung der kognitiv wahrgenommenen Tatsachen und/oder zur Befriedigung der emotional vergegenwärtigten Bedürfnisse.

Die individuellen Bewußtseinsprozesse bedürfen der sozialen Regelung (in der Form von vorgegebenen Wissensbeständen, Einstellungsmustern und Handlungsanweisungen), lassen allerdings auch die Möglichkeit zu abweichenden Bewußtseinsakten (in der Form von unüblichen Meinungen, unerlaubten Wünschen und unstatthaften Absichten) offen.

Interaktionsbeziehungen müssen, um zeitbeständig und erfolgreich zu sein, in allen ihren Aspekten (Leistungs- und Machtstruktur, Konventions-

und Normbestand, Kommunikationsform) im Bewußtsein der Beteiligten verankert, d.h. durch individuelle Bewußtseinsakte erfaßt, bejaht und vollzogen werden. Die vom menschlichen Bewußtsein wahrgenommenen Funktionen bilden ein integriertes Ganzes und sind daher auch in der Analyse ihrer Wirkungsweise nie ganz voneinander zu trennen. Ihre Einheit im Wandel der außer- und innerpsychischen Tatsachen wird durch das je individuelle - und das heißt hier: in einer individuellen Lebensgeschichte aufgebaute - Bewußtsein sichergestellt, sich ihrer als ein bestimmtes "Ich" zu bedienen ("Ich-Identität"). Die im "Ich" zusammengefaßten und zusammengehaltenen Funktionen bedingen sich dabei wechselseitig. So gibt es keine kognitiven Bewußtseinsakte (Wahrnehmungen, Überlegungen, Erinnerungen usw.) unabhängig von den bereits vorhandenen Gefühls- und Bewertungsstrukturen und ohne Rückwirkungen auf den Gefühlsapparat. Ebenso sind die motivationalen Bewußtseinsakte engstens mit den ihnen vorgelagerten bzw. von ihnen beeinflußten Erkenntnisprozessen und Gefühlsstrukturen verbunden (so wenn einerseits Handlungen nicht erfolgen, weil sie weder als möglich noch als wünschenswert erscheinen, andererseits Tatsachen nicht wahrgenommen und Gefühle nicht entwickelt werden, weil ein entsprechendes Verhalten nicht in Betracht kommt). Sozial folgenreich wird dieser Sachverhalt u.a. im Falle des individuellen oder kollektiven Vorurteils oder im Prinzip der selektiven Wahrnehmung.

Wie das menschliche Bewußtsein als Ganzes, so stehen auch seine einzelnen Funktionen in einem bezeichnenden Spannungsverhältnis zwischen den Anforderungen der individuellen Bedürfnisstruktur und den Vorprägungen, die sie durch die jeweilige soziale Umwelt erfahren. So ist die kognitive Bewußtseinsfunktion teils durch individuelle Erkenntnisbelange und teils durch diejenigen Wahrnehmungsmuster, Wissensformen und Denksysteme bestimmt, die sozial angeboten werden. Ebenso spiegelt die emotional-evaluative Bewußtseinsfunktion einerseits die individuellen Bedürfnisse und andererseits diejenigen Empfindungsformen, Gefühlsstrukturen und Wertvorstellungen, die sozial vorgegeben, u.U. sogar aufgezwungen werden, wider. Schließlich verwirklicht die motivationale Bewußtseinsfunktion z.T. Ansprüche, die individuell erwünscht und begründet sind, z.T. aber auch diejenigen konventionellen und normativen Verhaltensmuster, die von der sozialen Umwelt nahegelegt werden. Das soziale Angebot an Kenntnissen, Gefühlsmustern und Handlungsanweisungen - gegebenenfalls zusammengefaßt zu ganzen "Weltanschauungen", "Ideologien" usw. - kann dabei auf jeder Stufe der sozialen Entwicklung und in jedem einzelnen Interaktionsfeld so verinnerlicht werden, daß es als genuin eigener psychischer Bestand, als "persönliche Überzeugung", "innere Verpflichtung" usw. erfahren wird. Ihm gegenüber kann das individuelle Bewußtsein der an der Interaktion Beteiligten sich teils zustimmend, wo nicht völlig angepaßt geben, teils aber auch - unter dem Druck nicht befriedigter Bedürfnisse - eigene Wege gehen (so z.B. bei "kritischem Denken").

Nach der sozialpsychologischen Dissonanztheorie arbeitet das menschliche Bewußtsein als ein Regelsystem, das auf den Sollwert "innerpsychische Einheit und Stimmigkeit aller individuellen Bewußtseinsakte" eingestellt ist. Es ist daher stets bestrebt, seine kognitiven, emotionalen und motivationalen Tätigkeiten so aufeinander abzustimmen, daß sie als spannungsfrei erlebt werden können und damit einen Zustand "innerer Zufriedenheit" signalisieren. Veränderte Tatsachen (z.B. Einführung einer EURO-Währung), neue Bedürfnisse (z.B. Festhalten an der DM) und/oder Einschränkungen der Handlungsfreiheit (z.B. das Verbot, von der noch vorhandenen DM ab einem bestimmten Zeitpunkt Gebrauch zu machen), werden dementsprechend als Störungen des innerpsychischen Gleichgewichts ("Dissonanzen") erfahren und lösen psychische Tätigkeiten aus, die darauf abzielen, den spannungsfreien Zustand wiederherzustellen. Was dabei im konkreten Fall als befriedigend gilt bzw. als störend empfunden wird, hängt mit zahlreichen, durch die individuelle Umwelt und Lebensgeschichte bedingten außer- und innerpsychischen Gegebenheiten ab.

6.4.2 Um die komplexe Kategorie europäisches Bewußtsein/europäische Identität zu erfassen, sind umfängliche Untersuchungen erforderlich, die der Multikausalität gerecht werden (vgl. Abb.3). Zentrales Anliegen der Erziehung zu Europa im Politikunterricht ist die Entwicklung und Disponierung von Identität, Bewußtsein und reflexiver Intelligenz als aktive Auseinandersetzung mit der Umwelt: in sozialen Interaktionen mit den Individuen und in produktiver resp. sachbezogener Tätigkeit mit der europäischen politischen Welt. Dies umso mehr, da europapolitische Entscheidungen in der Regel langfristige Richtungsentscheidungen sind. Eine inhaltliche Abstinenz der Menschen heute beeinflußt die Akzeptanz der Entscheidungen von morgen. Die Einübung in die europäische Interaktion (Sozialisation) ist ein wesentlicher Integrationsfaktor.

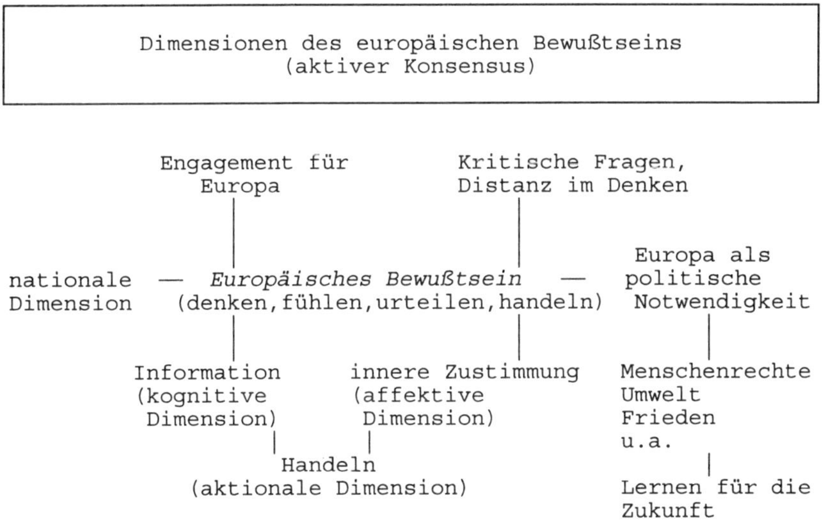

Abb.3

Bezüglich der Virtualität des Politikunterrichts ergeben sich in diesem Kontext:

- Institutionenkunde (kognitive Ebene des Funktionierens der EG) mit problemorientierten Fragestellungen und ihrer politischen Dynamik.
- Betroffenheit der Lernenden über einen multitemporalen Existenzbezug (keine Beschränkung auf die Gegenwart).
- Loyale Auseinandersetzung mit dem Wertesystem der europäischen Demokratie.
- Problemorientierte Beschäftigung mit Theorie und Praxis von Herrschaftsorganisation und Kontrolle in der EG.
- Förderung der Individualität des Schülers: persönliche Identität mit sozialem Rahmen; der Zukunftsentwurf resp. die Realutopie Europäische Union benötigt einen Wandel zur Gemeinsamkeit, um bei den Menschen Zustimmung zu erfahren. Diese Zustimmung ist Grundlage für die Stabilität der europäischen Demokratie und muß in der Wirklichkeit die persönlichen Ziele des selbstbestimmten Lebens erkennen lassen.
- Die Förderung der Europakompetenz: Kommunikation, Kooperation und Interaktion zum Gebrauch der Freizügigkeit innerhalb der EG.
- Die Weckung höchstmöglicher Sensibilität für Vorgänge, die politische Lebensgrundlagen zerstören können: Achtung vor dem Mitmenschen

(Toleranz), rationale Aufarbeitung politischer Fragen, Achtung der Meinungsvielfalt, Pluralität der politischen Gestaltung, Partizipation durch Gruppen, Eingrenzung von Übermacht, Möglichkeit zur Bildung von Gegenmacht.
- Die regelmäßige Komparabilität aktueller europapolitischer Herausforderungen am Anspruch, an den Normen und an den Gestaltungsmöglichkeiten der europäischen Gesellschaft.
- Die Herausbildung eines europabürgerlichen Selbstverständnis im Sinne einer Erziehung zum Bürger in Europa wie sie Wolfgang W. Mickel fordert (vgl. Beitrag Mickel).

7. Zum Nationalismus im Europa der 90er Jahre - Auswirkungen auf den europäischen Einigungsprozeß

Im Sommer 1849 richtete Victor Hugo an die in Paris versammelten Delegierten des 2. internationalen Friedenskongresses den berühmt gewordenen Appell, "die Waffen aus den Händen fallen" zu lassen und die europäischen Völker zu einer "höheren Gemeinschaft" zusammenzuschließen. Es war das leidenschaftliche Bekenntnis eines Mannes, dem die Verbindung von Krieg und Nationalismus als größte Gefahr für die Zukunft Europas erschien.

Dennoch bedurfte es einem Zeitalter nationalistischer Verirrungen und zweier verheerender Weltkriege bis die europäischen Völker ein Umdenken vollzogen. Der Wille zum Frieden als Motor der europäischen Einigungspolitik resultierte aus den Schreckensbilanzen der nationalsozialistischen Terrorherrschaft und des Zweiten Weltkrieges als die bis dato schwersten Erschütterungen der zivilisatorischen Entwicklung in Europa. Mit dem sich entwickelnden Ost-West-Konflikt verlor jedoch Europa seine politische Identität. Die europäische Entwicklung verlief zweigeteilt.

Die Politik der europäischen Integration (insbesondere die der EG) veränderte die Beziehungen der westeuropäischen Staaten von Grund auf. Aus der Politik mit nationalistischer Perspektive ist eine Politik der Verständigung, Zusammenarbeit, Verflechtung und Vereinigung geworden.

Der Zusammenbruch des sowjetischen Imperiums und der grundlegende Wandel in Mittel- und Osteuropa verändert das Bild von Europa erneut. Unter Berufung auf das Selbstbestimmungsrecht ist Ost- und Mitteleuropa in Bewegung geraten. Während sich die Westeuropäer zu einer politischen Union formieren, üben sich ost- und mitteleuropäische Staaten erst einmal in nationaler Souveränität. Es droht die Gefahr eines kontinentalen Rückfall ins Nationale. Der Untergang des Kommunismus hat keine neue Einstellung zur Brüderlichkeit in Europa bewirkt, sondern neue Nationalismen aufkeimen lassen. In Osteuropa (aber nicht nur dort) bricht Haß und Grausamkeit aus. Im ehemaligen Jugoslawien dürfen Menschen getötet werden, weil sie einer anderen ethnischen Gruppe angehören. 50 Jahre nach Auschwitz erleben die europäischen Völker wie sich wieder auf erbarmungslose Art und Weise Nationalismus und Rassismus in Szene setzen.

Im Zentrum der europäischen Einigungsbemühungen befindet sich auf diesem Hintergrund die EG. Sie ist angesichts der in Europa vorhandenen nationalistischen Ausbrüche und Konfrontationen ein Stabilitätsfaktor und wirkt für Ost- und Mitteleuropa wie ein Magnet. Solange die EG vorwiegend mit sich selbst beschäftigt war und sie in der "geordneten Welt des Kalten Krieges" als eine Gesellschaft mit beschränkter Haftung auftrat, konnte sie ohne größere Risiken Erwartungen wecken. Jetzt, da sie die Rolle eines europäischen Stabilitätsfaktors übernehmen muß und sich die Hoffnungen des Ostens auf sie richten, ist Leichtfertigkeit nicht mehr angebracht.

Das Zurückfallen der Westeuropäer in alte nationalistische Denkmuster - wie auch immer motiviert - wäre fatal. Ein Scheitern des Maastrichter Vertrages z.B. wird zu einer solchen Renaissance führen. Es würde angesichts der Lage in Europa die EG den Wölfen des neuen Nationalismus ausliefern. Trotz vielfältiger Vorbehalte an Maastricht, zur Politik der EG gibt es gerade deshalb keine Alternative. Maastricht verkörpert die Europäische Union selbst. Angesichts der sich verschärfenden Lage in Ost- und Mitteleuropa können die Westeuropäer keinen politischen Urlaub von der Weltgeschichte nehmen, um sich der eigenen Krise hinzugeben. Maastricht symbolisiert den Willen zu einem immer engeren Zusammenschluß. Maastricht könnte die Grundlage für Initiativen sein, um den Staaten Ost- und Mitteleuropas eine Einigungsperspektive in Form einer Integrationszusage mit Zeitplan und Modalitäten anzubieten.

Ist die EG dazu in der Lage? Sie könnte es sein, wenn sich die europäische Politik auf einen ihrer Grundgedanken zurückbesinnt:

Für übernationale Aufgaben werden übernationale Institutionen benötigt, die Ungleichheiten, Spannungen, Probleme und Konflikte auf rechtlichem Wege regeln können. Diese Rechtsordnung ermöglicht ein Zusammenleben freier Nationen. Gemäß dem europäischen Einigungsprinzip tauschen freie Staaten einen Souveränitätsverzicht für einen solchen Rechtsgewinn ein. Für sie verkörpert Freiheit nicht die absolute Souveränität. Freiheit gibt es nur in einem Raum anerkannter und geschützter Rechte. Um diesen Raum ringen die Völker Europas in der EG.

Gegen die Einigungspolitik gab und gibt es (nicht nur) in Frankreich im Zuge der Maastricht-Debatte eine seltsame Allianz zwischen ewiggestrigen Rechten und Linken, die mit dem europäischen Einigungswerk nichts im Sinn haben. Für sie untergräbt die europäische Einigungspolitik die nationale Identität. Angeboten werden nationalistisch gefärbte Wir-Bilder, die jedoch in der politischen Realität (zumindest gegenwärtig noch) mehrheitlich keine Entsprechung finden. Die Wir-Bilder entfalten sich als ein Bewußtsein eines Anders- und Besondersseins und der Geringschätzung fremder Nationalitäten. Dabei richtet sich der Nationalismus gegen die Ethik der Solidarität. Für die Thüringer zahlen? Für die Griechen? Für die Portugiesen? Für die Polen? Für die Afrikaner?

Ohne Zweifel befinden sich die europäischen Demokratien an einem sehr kritischen Punkt. Im Zusammenhang mit der Diskussion um die Euro-Währung z.B. werden in vielen Mitgliedsstaaten der EG nationalistische Töne angeschlagen, die an alte Denkmuster aus der europäischen Hochphase des Nationalismus erinnern. Abgrenzung und Ausgrenzung sind wieder politikfähig.

Europapolitik wird in den EG-Mitgliedsstaaten zunehmend mit nationalen Argumenten bestritten, da ansteigende Integration nach innen und Einbeziehung neuer Staaten in die Gemeinschaft nicht unproblematisch sind. Hintergrund ist, daß die Bedeutung und die Funktion der EG im wesentlichen noch von den ökonomischen Aktivitäten geprägt werden. Während Kapital- und Warenverkehr innerhalb der EG frei sind, bereiten Wanderung und Austausch von Arbeitskräften große Probleme. Vorurteile sind an der Tagesordnung. Berücksichtigt man das wirtschaftliche Gefälle innerhalb der Gemeinschaft, könnten angesichts der offenen Grenzen Ängste der Überfremdung und des sozialen Neids zunehmen, könnte die Internationalisierung von Politik und Wirtschaft neue Nationalismen auslösen.

Politische Handlungsfähigkeit ist gefordert, die eine erfolgreiche Gestaltung der Zukunft ohne nationalstaatliches Denken erlaubt. Grundlegend ist dabei die Einsicht, daß die moderne Industriegesellschaft eine Risikogesellschaft (Ulrich Beck) ist. Die Risiken unterlaufen das nationale Kompetenzgefüge. Sie können zeitlich und räumlich nicht begrenzt werden. Das bedeutet das politische Ende des souveränen Nationalstaates. Es fällt oft schwer, angesichts der negativen Auswirkungen der EG-Einigungspolitik, wie wachsende Umweltbelastungen, ökonomische Nationalismen, Agrarwahn, Sozialdumping, regionale Disparitäten, Demokratiedefizit und zentralistische Auswüchse, einen positiven Zugang zur Politik der EG zu finden.

Das Spannungsverhältnis zwischen Europaidee und europäischer Wirklichkeit ist darin begründet, daß der europäische Alltag weitgehend von ökonomischen Interessen und Prozessen und nur noch sehr bedingt von politischen und geistigen Antrieben geprägt ist. Die Wirtschaftsorientierung der EG ist die einzige Antwort auf viele offene Fragen der Menschen in Europa. Erforderlich sind aber andere Antworten auf europäischem Niveau. Europa ist nicht nur der Binnenmarkt. Europa ist eine Idee der Humanität und der Politik, in der die Macht nicht mehr mit der Idee der Nation, sondern mit der Idee Europa verbunden wird! Die europäische Einigungspolitik ist wie ein Fahrrad, ohne Bewegung kippt sie um. Europa darf nicht den Bremsern, den Populisten des Zeitgeistes, die auf Nationales, die auf Abgrenzung, die auf Fremdenhaß und Rassismus setzen, geopfert werden.

Margret Dotter erteilt in diesem Zusammenhang jedem pädagogischen Handeln eine Absage (vgl. Beitrag Dotter), das nicht gegen die Gefahrenpotentiale von Nationalismus und Rassismus sensibilisiert.

8. Europäische politische Bildung/Studien - ein Problemaufriß

8.1 Zum Verhältnis von Bildung und Europa

Die bildungspolitische Ausgestaltung der Europäischen Einigungspolitik erfordert eine integrierte gemeinschaftliche europäische Bildung. Entscheidend ist das Bildungsverständnis, das im wesentlichen dreifach ausgeprägt ist.

Bildung "in" Europa hat keine Gemeinschaftlichkeit zum Ziel. Sie ist eher eine (auch vergleichende) Information über Bildung in Europa. Betont werden die nationalen Eigenarten. Information, Vergleich und evtl. Rezeptionen führen zur Konvergenz der Bildungskonzepte und verstärken europäische politische Bildung/Studien.

Bildung "über" Europa transportiert Europa als Thema, indem sie Kenntnisse vermitteln und damit hilfreich für die Herausbildung eines europäischen Bewußtseins ist.

Bildung "für/zu" Europa hat das Ziel, ein europäisches Bewußtsein und eine europäische Identität zu entwickeln. Erforderlich ist die Auseinandersetzung mit den Motiven, Interessen und Perspektiven der Einigung.

Meines Erachtens kann das Bildungsverständnis nicht "a la carte" angeboten werden. Die Notwendigkeit einer integrierten gemeinschaftlichen europäischen Bildung ist angesichts der politischen Zielsetzung des EG-Einigungsprozesses maßgebend. Bildung muß einen interkulturellen Ansatz haben, der weit über den reinen additiven multikulturellen Aspekt hinausreicht. Die Bildung muß aus der Gemeinschaft heraus erfolgen. In Kenntnis der Gemeinschaftlichkeit ist eine national durchgeführte europäische Bildung erforderlich. Die jungen Menschen sollen sich als Mitglieder einer gemeinschaftlich orientierten Gruppe verstehen und nicht als Repräsentanten der nationalen Staatlichkeit. Gelegentlich drängt sich der Eindruck auf, daß die politischen Eliten in den Nationalstaaten diese nationale Staatlichkeit der Menschen zu funktionalisieren versuchen. Mit dem berühmten Souveränitätsverzicht, der oftmals von Staats- und Regierungschefs beklagt wird, ist nicht der Souveränitätsverzicht des Staatsvolkes gemeint, sondern eher der Verzicht der politischen und administrativen Eliten, da er mit Machtverlust verbunden ist und dadurch schwer fällt.

8.2 Bildungsgemeinschaft Europa

Die Notwendigkeit der EG wird überwiegend mit der Beseitigung von Hindernissen resp. Grenzen legitimiert (negative Integration). In der gegenwärtigen Situation ist ein solcher negativer Integrationssachverhalt m.E. viel zu kurz gefaßt. Erforderlich ist ein breites Verständnis von Integration als politische Ausgestaltung des gesellschaftlichen verflochtenen Raumes (positive Integration) Europa. Das impliziert eine supranationale Kultur- und Bildungspolitik. Unter diesem Aspekt läßt sich die Frage stellen, ob die regionalen oder nationalen Bildungssysteme überhaupt den

Aufgabenstellungen der europäischen Integration gewachsen sind. Ist die Zurückhaltung der EG in Sachen politischer Bildung/Studien noch angebracht? Als 1988 die EG-Kommission in die Offensive ging, um mittelfristige Richtlinien zur Verbesserung der Qualität der schulischen Grundbildung zu erarbeiten, wehrten sich in der Bundesrepublik die KMK und der Bundesrat heftigst. Verwiesen wurde auf die Vielfalt der Bildungssysteme in der EG, die gewachsene Traditionen repräsentieren, den Wettbewerb fördern und Element einer freiheitssichernden Gewaltenteilung sind. Es geht m.E. nicht um die Standardisierung der Bildungssysteme, sondern um deren inhaltliche Ausgestaltung. Kulturhoheit bedeutet immer noch Lehrplanhoheit. Handlungsbedarf gilt es hier zu entwickeln. Das Lernfeld Europa übersteigt den nationalen Rahmen auf den sich Lehrpläne beziehen. Das bedingt eine Überwindung der nationalen Ausrichtung der Lehrpläne und Orientierung auf Europa hin. Die europäische Dimension ist nicht nur eine Ergänzung sondern eine gleichrangige Lehrplankategorie. Gefragt sind Konturen eines Curriculums, die auf die Belange der EG ausgerichtet sind und damit europäisches Lernen ermöglichen. Es fehlt jedoch das Instrumentarium zur Entwicklung einer gesamteuropäischen Infrastruktur. Da Schule, Berufsbildung und Hochschule bis dato weitgehend nationalstaatlich ausgerichtet sind und Europa nur sektoral behandelt wird, dringt die Thematik nicht in das Bewußtsein.

Europäische Bildungsansätze stehen vor dem Vermittlungsproblem, daß mit Europa eine neue Dimension des politischen Denkens gefordert ist, nämlich die Überwindung nationaler Bildungstraditionen und deren europäische Ausgestaltung. Es ist Mickel (1991) zuzustimmen, wenn er die didaktische Vermittlung der europäischen Einigungspolitik in eine idealistische und eine realistische Komponente zweiteilt. Die idealistische Komponente orientiert sich an dem realutopischen Konzept einer politischen Union. In ihr repräsentieren sich die Zukunftserwartungen und Zukunftshoffnungen der Menschen in Europa. Die realistische Komponente beinhaltet die Erarbeitung des status quo und die Genese der EG. Pragmatisch können die Interessenlagen der Länder resp. die Vor- und Nachteile für das eigene Land wie für fremde Länder reflektiert werden. Problematisch erweisen sich für die didaktische Vermittlung der europäischen Einigungspolitik die Komplexität und Kompliziertheit des Themenfeldes, die Vielfalt der Europakonzepte und die häufige Anonymität der Europapolitik (keine Personalisierung der europäischen Politik). Als Kriterien für einen didaktischen Zugriff bieten sich an: Erreichtes (Positives), Defizite, Wünschenswertes (Chancen) und Risiken (Problemperspektiven) der europäischen Einigungspolitik.

8.3 Europäische politische Bildung/Studien: partikulare Überlegungen

Die politischen Modifikationen und Perspektiven der EG sind imposant. Das europäische Integrationsniveau kann jedoch nicht nur auf die Regierungsebene über Verträge erhöht werden. Das Ziel einer Politischen Union, die demokratisch glaubwürdig und praktizierbar sein soll, ist auf die Unterstützung der europäischen Bevölkerung angewiesen. Die Schere zwischen der politischen Dynamik des Integrationsprozesses und einer stagnierenden Bewußtseinsbildung der Menschen im Sinne europäischer Identität und europäischer Solidarität darf nicht noch größer werden. Die europäische Entwicklung muß in den Nationalstaaten auf allen Ebenen - insbesondere im Bildungswesen - stärker profiliert werden.

8.3.1 Konstanten einer Bildungstheorie

Europäisierung der Politik

Mit der Zunahme des Integrationsniveaus ist die Darlegung der Gemeinschaftspolitik stärker inhaltsbezogen als zuvor. Es gibt keine nationalen Politikbereiche, die nicht zumindest eine europäische Dimension haben. Viele Politikfelder stehen unter dem Einfluß der Integration oder sind Gemeinschaftspolitiken.

Politisches Handeln als europäisches Handeln

Erforderlich ist ein stärkeres Bewußtmachen der Vernetzung der drei traditionellen (national)staatlichen Ebenen Kommune, Land/Region, Bund mit der Europaebene. Über einzelne Politikfelder (z.B. Umweltpolitik) lassen sich europäische Strukturen verdeutlichen. Die unterschiedlichen Politikakteure begreifen sich in ihrem Handeln als komplementär.

Historische Strukturen

Europa muß in einen historischen Zusammenhang gestellt werden, um zu konstatieren, daß europäische Bildung eine inhaltliche, an lebensweltlichen Problemen orientierte Bildung ist, die sich auf das konkrete Handeln bezieht. Ein Verstehen setzt die Kenntnis des Entstehens voraus. Damit eröffnet sich der Blick in die Dynamik der europäischen Entwicklung und in deren Gestaltung. Die Berücksichtigung der historischen Ebene verdeutlicht, daß Bildung immer politisch ist, weil sie den Menschen als soziales Wesen erfaßt. Die historische Komponente beinhaltet

- das Bewußtsein der Interdependenz der europäischen Staaten;
- die Notwendigkeit einer europäischen Friedensordnung;
- die Tradition des europäischen Integrationsgedankens;
- die europäische Wertetradition; u.a. Idee des Föderalismus, Gleichheit, Menschenrechte, Wertepluralismus, soziale Gerechtigkeit, Bereitschaft zur Innovation (auch politisch);
- die europäische Kulturgeschichte;
- die zeitgeschichtliche Betrachtung der europäischen Einigung.

Demokratische Legitimation

Die EG-Institutionen leiten ihre legalen Kompetenzen aus den Verträgen und Ermächtigungen durch die Mitgliedstaaten her. Mit der zunehmenden Erhöhung des Integrationsniveaus stellt sich unter der demokratischen Prämisse immer dringlicher die Frage nach einem Europa von unten oder einem weiteren Europa von oben. Die Frage sollte meines Erachtens eindeutig entschieden werden: Europa muß von unten zusammenwachsen, aus den Regionen heraus, aus den Kreisen, den Initiativen und Ideen der Bürgerinnen und Bürger. Eine notwendige politische Legitimation bedeutet, daß innerhalb des politischen Systems die Bürgerinnen und Bürger die Herrschaftsausübung als gewollt empfinden, akzeptieren und aktiv unterstützen. Im weiteren sehe ich drei Notwendigkeiten, die bis dato kaum erfüllt sind:

- Ein europäisches Identitätsgefühl, dem nationale Hemmnisse entgegenstehen.
- Die Partizipation bei der Bestellung der politischen Handlungsträger; die demokratische Involvierung ist aufgrund der ungenügenden Kompetenzausstattung des Europäischen Parlaments begrenzt.
- Die Fähigkeit des Systems zur Existenz- und Zukunftssicherung; hier ist eine größere Entsprechung gegeben, da die EG in verantwortlicher oder subsidiärer Rolle ist.

Europa bekennt sich zur Demokratie als moderne und zeitgemäße Form des politischen Lebens. Das erfordert ein gesamteuropäisches Demokratieverständis, da die fortschreitende Integration aufgrund der Einschränkung nationaler Souveränität innenpolitische Probleme bewirkt. Integration verlangt die Bereitschaft, politisches Handeln europäisch zu entscheiden und nicht mehr nationalstaatlich. Dabei muß sich die europäische Gesellschaft als Konfliktgesellschaft verstehen. Der Konflikt dient als Katalysator europäischer Veränderungen hin zur europäischen Demokratie.

Politisierung des Integrationsprozesses

Die Entwicklung weiterer Gemeinschaftspolitiken begünstigt die Integrationspolitik; über die Einbeziehung brisanter Integrationsfelder in den Gemeinschaftsrahmen werden stärker als bisher breitere Bevölkerungsschichten und ihre Verbände mobilisiert. Die Interessenwahrnehmung auf europäischer Ebene wird eine neue politische (auch organisatorische) Infrastruktur erforderlich machen und begründen.

Europäisierung der Bildung

Wenn eine Europäisierung der Bildungspolitik für notwendig erachtet wird, dann zunächst nur als Folge freiwilliger Selbstregulierungsprozesse in den Mitgliedsstaaten. Gemäß dem Subsidiaritätsprinzip bieten die EG-Institutionen Hilfen, die die Mitgliedsstaaten annehmen können. Europäische Bildung und Erziehung muß primär als nationale Aufgabe gesehen werden. Letztlich geht es um die Umsetzung der europäischen Dimension in die Curricula der Nationalstaaten. Zur Umsetzung dieses Vorhabens ist ein Minimalkonsens erforderlich, den es im Rahmen nationaler Bildungspolitik zu verwirklichen gilt. Der Gedanke einer europäischen Bildung ist einem Spiralcurriculum vergleichbar, das sich von der europäischen über die nationale/regionale Ebene bewegt, um letztlich bei jedem einzelnen dessen Beitrag zur Mitgestaltung Europas einzufordern. Die Verknüpfung zwischen dem einzelnen und der europäischen Ebene ist unabdingbar. Eine Gesellschaft, die immer stärker von internationalen Interdependenzen geprägt ist, kann nicht mehr nur mit nationalen Denkmustern überleben. Der einzelne, in dessen unmittelbarer Umgebung europäische Phänomene immer stärker Platz greifen, reagiert vielleicht mit unangemessenen Abwehrmechanismen, wenn er nicht gelernt hat, seine Lebenswelt in Abhängigkeit von übergeordneten Systemen zu verstehen. Die Erziehung und Vorbereitung junger Menschen auf ihr zukünftiges Leben und ihre Rolle als Bürger in einer demokratischen europäischen Gesellschaft ist die grundlegende Aufgabenstellung politischer Bildung. Dies möchte ich wie folgt konkretisieren:

- Europa muß für den Lernenden durchschaubar werden: Entsprechend sind die Bildungsinhalte an Kriterien wie Lebenswelt und Handeln, praktische Relevanz und Eigentätigkeit auszurichten. Sie fördern dadurch demokratische Erziehungsleitlinien wie Selbstsicherheit, Kompetenz und Urteilsvermögen.
- Europäische Bildung ist als ganzheitliches Lernen zu verstehen: *"Bildung ist eine Geistesverfassung, Ergebnis eines nachdenklichen Umgangs mit den Prinzipien und Phänomenen der eigenen Kultur. Eine allgemeine Bildung ist sie in dem Maße, in dem sie der Verständigung unter den Menschen über die Welt dient."11).*

Ein europäischer Bildungsanspruch in dieser Tradition beinhaltet Bildungsprozesse, die die Selbstentfaltung des einzelnen in einem europäischen Rahmen (mit globaler Perspektive und nationaler/regionaler Bindung) ermöglicht. Selbstverständlich gibt es auch weiterhin die "kleineren Gesellschaften" in Europa. Aber es existiert auch die europäische Gesellschaft. Europäische Politik befaßt sich mit deren Herausforderungen und Problemen. Eine europäische Gesellschaft ist nur möglich wenn es einen ethischen Konsens gibt, in dem auch Konfliktgruppen eine gemeinsame Basis finden, um ihre Differenzen zu diskutieren. Dazu sind Ideale mit konkreter Bedeutung erforderlich, die die politische Basis für eine offene und plurale europäische Gesellschaft bilden. Diese Ideale sind historisch nachvollziehbar und politisch resp. auch juristisch (vgl. EG-Vertrag) verankert. Demokratie und Men-schenrechte sind entsprechende fundamentalistische Ideale. Europa als supranationales System ist der Förderung von Freiheit und Gleichheit, dem Parlamentarismus und der Demokratie, dem Föderalismus und Regionalismus, dem Wertepluralismus und der politischen Toleranz und dem Sozialstaats- und Rechtsstaatsprinzip verpflichtet.

8.3.2 Didaktische Struktur

Der Bildungsauftrag europäischer politischer Bildung/Studien hat zwei Eckpunkte:

- Kenntnisse und Einsichten in politische, wirtschaftliche, gesellschaftliche und soziale Sachverhalte und Zusammenhänge (Vgl. Beitrag Henning).

- Loyalität, d.h. Wert- und Rechtsnormen eines demokratischen Europas verstehen und kritisch anerkennen.

Den Wertbezug bilden: Menschenrechte, Demokratie, Frieden, Pluralismus, Toleranz, Freiheit, Gerechtigkeit, wirtschaftliche Wohlfahrt und lebenswerte Umwelt. Primäre Bildungsziele sind das Bewußtsein einer europäischen Identität und die Wahrnehmung der Aufgaben als EG-Bürger. Konkretionen in Form von Lernzielen wären:
- Die Herausbildung resp. Förderung von Handlungsmotivation für ein europäisches Engagement.
- Die multiperspektivische Betrachtung Europas (nationalstaatlich; ideell supranational/Gesamteuropa; Kooperation mit/in internationalen Organisationen wie UN, KSZE, NATO, GATT; nationale Interessenlage der EG-Partnerstaaten; pragmatisch supranational/EG, globale Einbettung).
- Das Verstehen und Beurteilen politischer Vorgänge und Themen und das Partizipieren an der Bestimmung und Ausübung der öffentlichen Politik.
- Das Verstehen des europäischen status quo und die Artikulation von Kritik und konstruktiven Vorstellungen.
- Eine Sensibilisierung für Europa.
- Das Erkennen der Verbindlichkeit der politischen Einigung Europas.
- Die Bejahung des Integrationsziels unter der Maßgabe demokratischer Verfahren.
- Das Engagement gegen Nationalismus und Fremdenhaß.

Wird europäische Bildung als Prinzip ernst genommen, müssen Fächer des sozialwissenschaftlichen Unterrichts immer in Beziehung gesetzt werden mit dem heutigen Stand der europäischen Einigung, um ihn zu erklären, einsichtig, verständlich und bewertbar zu machen. Methodisch bieten sich eine Reihe von Alternativen zur unterrichtlichen Behandlung von europäischen Gegenwartsfragen:
- Die Einfügung von europäischen Fragestellungen, wo immer es als relevant erscheinen mag.
- Die Behandlung von Tagesneuigkeiten/europäischen Tagesfragen als spontane Unterrichtsarbeit.
- Die Behandlung von europäischen Tagesfragen in regelmäßigen Abständen als geplante Unterrichtstätigkeit.

- Die funktionale Methode, wonach in Unterrichtsfächern, die national ausgerichtet sind, europäische Themen jeweils angebunden werden.
- Der Gesichtspunkt der historischen/zeitgeschichtlichen Krise, bei dem besonders kritische oder problematische Ereignisse und Epochen europäischer Geschichte analysiert werden, um Erkenntnisse zu gewinnen, die bei der Analyse oder Erklärung aktueller Probleme helfen können.
- Der Problemaspekt, der einem bestimmten Thema den Vorrang gibt und versucht, dieses von einem Punkt in der Vergangenheit bis zur heutigen Gestalt zu entwickeln ("Längsschnitt").
- Das Erfahren und praktische Erleben Europas durch Schüleraustausch, Auslandsreisen, Auslandsaufenthalte, Partnerschaften, Exkursionen zu europäischen Institutionen etc..

8.4 Problemkreise einer didaktischen Weiterentwicklung

Die europäische Einigung ist nicht zuletzt auch ein Prozeß der Bewußtseinsbildung. Benötigt werden Konzepte in Form von Grundsätzen und Leitlinien für die Vermittlung von europäischen Inhalten und Bezügen im Unterricht und Vorschläge für konkrete Umsetzungsmaßnahmen auf nationaler wie europäischer Ebene. In Anlehnung an die Dimensionen der Fachdidaktik des Politischen Unterrichts sind nachfolgende Problemkreise als Impulse zu sehen, die für eine Weiterentwicklung des Lernfeldes Europa desiderabel sind.

Legitimation und Intentionalität

- Welche Gemeinschaft für Europa? Auf welches Ziel hin soll Schule künftig politisch integrieren?
- Welche Europakonzeption sollte einem europapolitischen Bildungskonzept zugrunde liegen (z.B. föderalistische europäische Union)?
- Ist europapolitische Bildung eine Bildung "in - für - über" Europa?

Intentionalität und Selektion

- Welche Elemente muß ein interkulturelles politisches Lernen für Europa haben?
- Wie können politische Grundstrukturen und Grundkategorien, die im Rahmen der nationalen politischen Bildung erfahren wurden, auf den größeren Raum Europa übertragen werden?
- Wie können im institutionenkundlichen Bereich das politische Zusammenspiel der EG-Organe transparent gemacht werden, ohne daß die Analyse nicht zum Selbstzweck wird?

- Sind die regionalen und nationalen Bildungssysteme überhaupt den Aufgabenstellungen der europäischen Integration gewachsen?
- Wie könnten die Konturen eines Curriculums aussehen, das auf die Belange der EG ausgerichtet ist (Lehrplan politische Bildung für europäisches Lernen)?
- Kann ein demokratisch verfaßtes, kulturell vielfältiges Europa zum Zentrum der politischen Identifizierung werden? Wie ist dies möglich, wenn schulische Inhalte in national bestimmte Kulturtraditionen eingebunden bleiben sollen?

Legitimation und Methodik

- Wie ist das Ziel der demokratischen Teilhabe an der europäischen Entwicklung zu erreichen?
  Was ist angemessene Information?
  Was soll unter demokratischer Teilhabe verstanden werden?
  Welche zugrundeliegenden Werte soll die politische Bildung reflektieren?
- Wie lassen sich grundlegende Kriterien europäischer Zusammenarbeit demonstrieren?
- Welche didaktischen Schlüsselbegriffe (Kategorien) werden der Gegenwartsbedeutung, der Unabgeschlossenheit und der Zukunftsoffenheit des Einigungsprozesses gerecht?
- Wie können Sinn und Bedeutung der europäischen Einigung vom Schüler verständlich rezipiert und kritisch reflektiert werden?
- Wie kann ein Bewußtsein für die Besonderheiten eines supranationalen Entscheidungsprozesses (nationale Interessenlagen, Kompromißfindung, demokratische Strukturen) erreicht werden?
- Wie kann eine persönliche Entscheidung provoziert werden, um den eigenen europäischen Standort zu erkennen? Wie können europapolitische Fragen in den persönlichen Problemhorizont gebracht werden?
- Kann es angesichts der unterschiedlichen Voraussetzungen in Deutschland (BRD+DDR) gelingen, die Identifikation mit einem demokratischen Deutschland und Europa deutlich abzusetzen von nationalistischen und fremdenfeindlichen Tönungen?

Methodik und Medien

- Wie können Inhalte und Methoden europapolitischer Bildung gestaltet werden?
- Braucht das Bewußtsein "WIR Europäer" die Schule als Vermittler? Wie ist das Verhältnis zu den Medien als zentrale Medien europäischen Bewußtseins?
- Sind europäische Schulbücher für den Politikunterricht erforderlich?

9. Anmerkungen

1) Hilligen, W. (1985). *Zur Didaktik des Politischen Unterrichts* (S. 46). Opladen.

2) Vgl. dazu King, A.& Schneider, B. (1991). Die globale Revolution. Ein Bericht des Rates des Club of Rome. *Spiegel-Spezial*, 2.

3) Vgl. dazu Sutor, B. (1987). Frieden und Sicherheit in europäischer Dimension. Didaktisches Koreferat. In *Europäische Themen im Unterricht*. Schriftenreihe der Bundeszentrale für politische Bildung (Bd. 254). (S. 194). Bonn.

4) Amtsblatt der Europäischen Gemeinschaft. (1988, 6. Juli). Nr.C 177/5. In *Veröffentlichungen der Kultusministerkonferenz* (S. 596). 10/1990. Neuwied.

5) Althaus, D. (1992). Vorwort zu den Handreichungen WUE. Thüringer Institut für Lehrerfortbildung, Lehrplanentwicklung und Medien. Bad Blankenburg.

6) Vgl. v. Hentig, H. (1985). *Die Menschen stärken, die Sache klären*. Stuttgart.

7) Vgl. dazu Hameyer, U. (1992). Die innere Qualität innovativer Grundschulen. In U. Haymeyer (Hrsg.). (1992). *Innovationsprozesse in der Grundschule*. Bad Heilbrunn.

8) Thüringer Kultusministerium (1992). *Vorläufige Lehrplanhinweise für das Fach WUE*. Erfurt. Aktualisiert mit Angaben durch ThiLLM. Bad Blankenburg.

9) Der Begriff politische Bildung wird in einigen Mitgliedsstaaten der Gemeinschaft anders definiert als in Deutschland. In Frankreich oder Großbritannien wird darunter politische Manipulation resp. Indoktrination verstanden. Die bundesrepublikanische Definition und Genese des Begriffes ist weitgehend unbekannt, insb. das Überwältigungs- und Indoktrinationsverbot (Beutelsbacher Beschlüsse). Um einen begrifflichen Konsens zu finden, erscheint mir der Begriff der Studien geeignet. Unter ihn lassen sich weitgehend alle Intentionen und Inhalte subsumieren, die EG-weit innerhalb des Bildungswesens dem politischen Unterricht (resp. der politischen Bildung) zur europäischen Dimension zugeordnet werden.

10) Vgl. Eurobarometer (1991). 36. Brüssel.
Eurobarometer TRENDS 1974-1991 (1992). Brüssel.

11) v. Hentig, H. (1980). *Die Krise des Abiturs und eine Alternative* (S. 108). Stuttgart.

10.

Nachfolgend werden die Expertenbeiträge dieser Gruppe (teilweise gekürzt) veröffentlicht.

Barbara Tham

Europa als Gegenstand des politischen Unterrichts in Rheinland-Pfalz

Die Binnenmarktvollendung und die zunehmende Integration in Europa wirken sich immer stärker auf die konkreten Lebensbereiche der Bevölkerung aus. Aus diesem Grund ist es von großer Bedeutung, daß Jugendliche, die künftigen Bürger Europas, auf die neuen Herausforderungen rechtzeitig vorbereitet werden. Die Schule als wesentlicher Bildungsfaktor für Jugendliche ist von daher aufgefordert, Europa und die europäische Einigung im Schulunterricht zu thematisieren. Diese Erkenntnis ist nicht neu, ihre Umsetzung läßt allerdings in der Realität noch immer zu wünschen übrig.

Die junge Generation schätzt ihren Informationsstand über die EG insgesamt sehr gering ein. Nur 5 % der ostdeutschen Jugendlichen meinen, daß sie genügend über die EG informiert sind. Auch in den alten Bundesländern ist das Wissensdefizit groß: nur 24 % der Jugendlichen fühlen sich informiert. Der Informationsmangel ist wohl darauf zurückzuführen, daß die Jugendlichen nicht wissen, wo sie geeignete Informationen über die EG finden können. Fast 3/4 der Jugendlichen in Ost- und über die Hälfte in Westdeutschland sind ratlos[1]).

Der Schulunterricht scheint diesbezüglich keine ausreichende Informationsquelle zu sein. 80 % befragter Schüler in Rheinland-Pfalz sind der Ansicht, daß Europa im Unterricht nicht ausreichend thematisiert wird[2]).

Dieses Informationsdefizit ist keine deutsche Besonderheit. Obwohl über die Hälfte der jungen Europäer angibt, während ihrer Ausbildungszeit etwas über die EG gehört zu haben, ist ihr Wissen sehr gering. Nur 16 % der befragten Jugendlichen in der EG fühlte sich genügend über die Gemeinschaft informiert, 72 % würden gerne mehr wissen[3]).

Vor dem Hintergrund der desillusionierenden Aussagen von Jugendlichen über Ihren Kenntnisstand zu Europa werden im folgenden die Rahmenbedingungen für die Behandlung europäischer Themen im Unterricht am Beispiel Rheinland-Pfalz dargestellt[4]).

Ausgehend von den Verlautbarungen der politischen Akteure im Bildungsbereich werden der alte und der neue Lehrplan für Sozialkunde in Rheinland-Pfalz untersucht. Es folgen quantitative und qualitative Analysen der am häufigsten eingesetzten Schulbücher. Abschließend wird eine kritische Bilanz gezogen und ein Forderungskatalog zur Vermittlung europäischer Themen im Unterricht aufgestellt.

Politische Verlautbarungen

Sowohl die Europäische Gemeinschaft als auch die Kultusministerkonferenz haben Beschlüsse zum Thema Europa im Unterricht gefaßt. Darüber hinaus veröffentlichte das Kultusministerium des Landes Rheinland-Pfalz eine Empfehlung.

Der Rat und die im Rat vereinigten Minister für das Bildungswesen in der EG beschlossen 1988, die europäische Dimension im Bildungswesen zu verstärken[5]. Im einzelnen wurden folgende Ziele genannt:

- Stärkung des Bewußtseins der jungen Menschen für die europäische Identität;
- Vorbereitung der jungen Generation auf ihre Beteiligung an der wirtschaftlichen und sozialen Entwicklung der EG und der Verwirklichung der Europäischen Union;
- Bewußtmachung der Vorteile und Herausforderungen der europäischen Einigung;
- Vermittlung von Kenntnissen über die Gemeinschaft und ihre Mitgliedsstaaten sowie die Bedeutung ihrer Zusammenarbeit.

Auf der Ebene der Mitgliedstaaten sollte eine ausführliche Einbeziehung der europäischen Dimension in die Lehrpläne aller dafür geeigneten Fächer, beispielsweise in der Sozialkunde erfolgen. Das Lehrmaterial sollte der gemeinsamen Zielsetzung, die europäische Dimension im Bildungswesen zu fördern, Rechnung tragen.

In dem Beschluß der Kultusministerkonferenz (KMK) über Europa im Unterricht aus dem Jahr 1990[6] wird als vorrangiges Ziel die Bewußtmachung einer europäischen Identität genannt. Schüler sollen darauf vorbereitet werden, ihre Aufgaben als Bürger in der EG wahrnehmen zu können. Insbesondere im Fach Sozialkunde wird die Beschäftigung mit europäischen Themen als verpflichtender Bestandteil des Unterrichts genannt. Den Jugendlichen soll die Teilhabe am wirtschaftlichen und sozialen Leben in Europa ermöglicht werden. Die Bereitschaft zur Verständigung, zum Abbau von Vorurteilen und zur Anerkennung des Gemeinsamen unter gleichzeitiger Bejahung der europäischen Vielfalt sollte das vorrangige Unterrichtsziel sein.

In der rheinland-pfälzischen Empfehlung Europa in Unterricht und Schule von 1991[7] wird die Vermittlung Europas als Lebens- und Gestaltungsraum der Schüler gefordert, damit diese eine aktive Rolle darin spielen können. Die Jugendlichen sollen eine europäische Identität entwickeln und sich als Mitglieder einer nationalen und internationalen Gemeinschaft begreifen.

Der Themenschwerpunkt Europa soll im Lehrplan Sozialkunde folgende Bereiche umfassen:

- Europa als politische Idee
- Europa als Wirtschafts- und Friedensgemeinschaft
- Europa der Institutionen und Entscheidungsprozesse
- Europa und Deutschland
- Europa und die Welt

Als Unterrichtsmethode wird insbesondere die handlungsorientierte Umsetzung im Rahmen von Projektunterricht vorgeschlagen. Erkundungen sind hierbei ebenso Möglichkeiten wie das Thema Europäischer Tourismus oder die Teilnahme am Europäischen Wettbewerb.

Zusammenfassend kann festgehalten werden, daß in allen Beschlüssen gefordert wird, die europäische Dimension allgemein im Unterricht zu berücksichtigen und insbesondere im Fach Sozialkunde zu behandeln. Die Jugendlichen sollen auf den europäischen Einigungsprozeß vorbereitet werden, dabei eine aktive Rolle spielen und ein europäisches Bewußtsein entwickeln.

In einem von der KMK-Konferenz veröffentlichten Bericht zur Umsetzung der EG-Entschließung Europa im Unterricht[8)] wird festgehalten, daß in den Lehrplänen ebenso wie in den Schulbüchern europäische Themen ausführlich aufgenommen sind. Dem Bericht folgend scheint das Thema Europa in der Schule einen hohen Stellenwert einzunehmen. Ob Lehrpläne und Schulbücher dies bestätigen, wird im folgenden dargelegt werden.

Lehrplan-Analyse

In dem Lehrplan des Landes Rheinland-Pfalz von 1984[9)] für das Fach Sozialkunde findet man in der Auflistung der Lernziele den Begriff 'Europa' nur im Zusammenhang mit dem Ost-West-Konflikt, als Unterkapitel des Themas 'Internationale Politik': Wie kann Sicherheit für Europa gewährleistet werden? - einem inzwischen historischen Kontext.

Demzufolge entspricht der Lehrplan nicht den politischen Verlautbarungen und ebensowenig dem Bericht der KMK über die Umsetzung der EG-Entschließung.

Inzwischen liegt ein neuer Lehrplan-Entwurf[10] für das Fach Sozialkunde vor, der in eine zweijährige Erprobungsphase geht, bevor er endgültig in Kraft tritt.

Der Lehrplanentwurf von 1992 weist, im Gegensatz zu dem von 1984, einen recht ausführlichen Themenkatalog zu Europa auf. Als verbindliche Grundbegriffe werden die Europäische Gemeinschaft, die Integration; der Binnenmarkt; die nationale Souveränität, die supranationale Kompetenz sowie die Assoziierung aufgelistet.

Neben einem Überblick der Ziele, Institutionen und Akteure der EG sollen den Schülern die notwendigen Kenntnisse des aktuellen Standes der wirtschaftlichen und politischen Einigung Europas vermittelt werden. Einen weiteren Schwerpunkt stellen die Problembereiche der europäischen Einigung dar. Anhand aktueller, in der EG kontrovers diskutierter Themen können nationale Egoismen und mangelnde Akzeptanz der europäischen Integration dargestellt werden. Außerdem sollen die Chancen und Risiken einer Erweiterung sowie die Rolle der EG in der Welt im Unterricht thematisiert werden. Damit wird das Thema Europa nicht auf die Belange der Mitgliedstaaten beschränkt, sondern die Sicht- und Handlungsweisen anderer Staaten werden ebenfalls berücksichtigt. Durch die Analyse außenpolitischer Verhaltensweisen der EG fließen zudem sehr aktuelle Themen in den Unterricht ein, die Jugendliche besonders interessieren.

Hervorzuheben ist die Betonung der Auswirkungen des europäischen Einigungsprozesses auf die persönliche Lebenssituation der Schüler. So wird zum Beispiel als methodische Anregung die Erstellung einer Wandzeitung über europäische Austauschprogramme für Schüler und Studenten empfohlen. Dies zeigt den Schülern, wie sie selbst von einem EG-Programm profitieren können. Als zusätzlicher Hinweis für den Unterricht wird der Tourismus genannt, der sich besonders als Einstiegsthema eignet, um Interesse und Motivation zu wecken.

Alles in allem trägt der Lehrplanentwurf der Empfehlung des Ministeriums für Bildung und Kultur Rheinland-Pfalz zu Europa in Unterricht und Schule aus dem Jahr 1991 Rechnung. Ob damit jedoch auch die tatsächliche Vermittlung der notwendigen Kenntnisse und Fertigkeiten sowie die Bildung eines europäisches Bewußtseins sichergestellt ist, bleibt fraglich. Ein wesentliches Problem liegt in der konkreten Stundenplanung. Europa ist nur ein Bereich des Themenkomplexes 'Friedenssicherung als Aufgabe internationaler Politik', für den insgesamt elf Stunden vorgesehen sind.

Großzügig berechnet bleiben dem Lehrer für die Behandlung europäischer Themen nur drei Unterrichtsstunden. In dieser Zeit ist es jedoch kaum möglich, die verbindlichen Grundbegriffe zu behandeln, geschweige denn darüber hinaus weitere wichtige Themen aufzugreifen.

Schulbuch-Analyse

Für die Schulbuch-Analyse wurden die vier Bücher ausgewählt, die am häufigsten im Sozialkundeunterricht der 10. Klasse benutzt werden:

- Baumann, Herbert u. Sitzmann, Alfred (1991). Der einzelne und die Gesellschaft. Sozialkunde für Gymnasien in Rheinland-Pfalz. Köln/München.
- Bläs, Albert (Hrsg.). (1990). Mensch und Politik. Sozialkunde Rheinland-Pfalz/ Saarland. Hannover.
- Mattes, Wolfgang (Hrsg.). (1991). Politik erleben. Sozialkunde Rheinland-Pfalz. Paderborn.
- Redwanz, Wolfgang, Sundheimer, Karl-Heinz, Werdich, Bernd (1987). heute und morgen. Sozialkunde Rheinland-Pfalz. Stuttgart.

Quantitative Analyse

In bezug auf den Umfang, den europäische Themen im Schulbuch einnehmen, läßt sich folgendes feststellen:

In 'heute und morgen' sind die Bezeichnungen 'Europa', 'EG' und 'Binnenmarkt' im Inhaltsverzeichnis nicht vorhanden. Nur im Register ist das Stichwort 'Europäische Gemeinschaft' zu finden, das auf einen 15zeiligen Text im Kapitel 'Friedenssicherung als Aufgabe internationaler Politik' und zwei Arbeitsaufgaben hinweist. Diese Elemente betragen noch nicht einmal 0,5% am 264seitigen Gesamtumfang des Buches.

In 'Der einzelne und die Gesellschaft' wird das Thema Europa unter der Überschrift 'Deutschland und Europa: Die Europäische Gemeinschaft' auf zwei Seiten behandelt: drei Texte von insgesamt 23 Zeilen, eine Karte, zwei Schaubilder und vier Arbeitsaufgaben. Diese Elemente nehmen ungefähr 1% des Buches ein.

In 'Mensch und Politik' wird Europa innerhalb des Themenbereichs 'Leben im Frieden' auf drei Seiten thematisiert. Die Unterkapitel 'Europäische Integration' sowie 'Probleme und neue Schritte zur Integration' enthalten sieben Texte von insgesamt 150 Zeilen, ein Schaubild sowie neun Arbeitsaufgaben. Außerdem gibt es im Register unter dem Stichwort EG den Hinweis auf eine Tabelle im Kapitel 'Die deutsche Wirtschaft im internationalen Wettbewerb'. Insgesamt beträgt der Anteil "Europa" ca. 1,5% am Gesamtumfang.

In 'Politik erleben' sind europäische Themen im Kapitel 'Die Zukunft Deutschlands in Europa' vertreten. Darin werden Deutschland und Europa jeweils auf elf Seiten behandelt. Der Europa-Anteil beträgt, am Gesamtumfang gemessen, mehr als 4%. Er beinhaltet viele unterschiedliche Texte von etwa 600 Zeilen, 17 Arbeitsaufgaben sowie drei Schaubilder, vier Photos und drei Karikaturen.

Insgesamt läßt sich trotz wesentlicher Fortschritte im Prozeß der europäischen Integration keine nennenswerte Intensivierung dieser Thematik in den Schulbüchern feststellen, wenn man diese Analyse mit einer Untersuchung aus dem Jahr 1981 vergleicht[11)]. Nur in dem Schulbuch 'Politik erleben' wird dem Thema Europa mehr Platz eingeräumt.

Thematische Analyse

Inhaltlich decken die Schulbücher folgende Bereiche ab:

In 'heute und morgen' wird lediglich die Haltung der EG zum Nahost-Konflikt umrissen. Die EG wird also in einem Europa-fremden Kontext erwähnt, ohne vorher definiert zu werden. Es mag bezweifelt werden, daß der Schüler genau weiß, was 'EG' bedeutet. Somit ist der Lehrer auf andere Materialien angewiesen.

In "Der einzelne und die Gesellschaft" werden sechs Themengebiete behandelt, jedoch alle nur sehr knapp und oberflächlich. Zum Bereich "Geschichte der europäischen Integration" werden lediglich EGKS, Euratom und EWG genannt. Ebenso knapp ist die Beschreibung des Binnenmarktes (zwei Sätze), die einer Definition gleicht, und die der Europawahlen. Zum Thema 'Europa und die Welt' wird anhand eines Schaubildes, das die Erdkugel zeigt, ein interessanter Vergleich vorgenommen, der den prozentualen Anteil der EG an der Weltbevölkerung, an der Weltwirtschaftsleistung und am Welthandel zeigt. Auf die Organe und deren Funktionen wird vor allem in einem Schaubild, nur kurz im Text eingegangen. Insgesamt wird das Buch, im Hinblick darauf, daß es erst 1991 auf den Markt kam, also relativ aktuell sein sollte, der Bedeutung des Themas 'Europa' nicht ausreichend gerecht.

In 'Mensch und Politik' werden die Themengebiete Geschichte und Idee der europäischen Integration, Organe der EG, Binnenmarkt, Wirtschafts- und Währungsunion, Erweiterung der EG und der Europarat behandelt.

Der Schwerpunkt liegt auf dem historischen Abriß , der jedoch unvollständig ist: Wichtige Stationen wie die Römischen Verträge werden nicht erwähnt; die EGKS, EWG, Euratom und EVG werden genannt, jedoch nicht erklärt. Nicht einmal die vollständigen Namen liefert das Buch. Der Binnenmarkt wird in Form eines Textes über die Ziele der europäischen Integration knapp abgehandelt. Der Text, der auf die Konsequenzen einer europäischen Währungsunion hinweist, ist bereits veraltet, ebenso jener, der die Schwierigkeiten der europäischen Integration aufzeigt. Das Kapitel birgt die Gefahr, daß durch die Ähnlichkeit der Begriffe 'Europarat' und 'Europäischer Rat' der Schüler irregeführt wird, da sie nicht definiert und schon gar nicht voneinander abgegrenzt werden. Insgesamt wird das Thema knapp und unvollständig abgehandelt; nur wenige Bereiche sind abgedeckt, und der Stoff ist zum Teil veraltet.

Im Gegensatz dazu werden in "Politik erleben" elf Europa-Themen behandelt: Idee der europäischen Integration, Europa geographisch, Organe und Entscheidungsverfahren der EG, Binnenmarkt, Agrarpolitik, Umweltpolitik, Verkehrsproblematik, Deutschland und Europa, Erweiterung der EG sowie Neofaschismus in Europa. Das Buch gibt dem Schüler Informationen über Aufbau, Aufgaben und Ziele der EG. Es geht jedoch auch auf Probleme wie beispielsweise in der Agrar- oder Verkehrspolitik ein. Außerdem wird die Arbeit im europäischen Parlament exemplarisch beschrieben. Anhand von einer fiktiven Erzählung wird die Freizügigkeit durch den Binnenmarkt erläutert. Sehr umfangreich ist der Text über die Institutionen und Funktionen der EG. Die Geschichte der europäischen Integration fehlt hingegen völlig.

Vergleicht man diese Analyse mit der von 1981, stellt man fest, daß nach wie vor Geschichte und Institutionen der EG breiten Raum einnehmen. Eine Ausnahme stellt das Schulbuch "Politik erleben" dar, in dem Politikbereiche problemorientiert behandelt werden.

Tabelle 1: Thematische Analyse der Schulbücher

	heute und morgen	Der einzelne und die Gesellschaft	Mensch und Politik	Politik erleben
Geschichte der europ. Integration	-	X	X	-
Idee der europ. Integration	-	-	X	X
Europa geographisch	-	X	-	X
Organe der EG	-	X	X	X
Entscheidungsverfahren der EG	-	-	-	X
Finanzierung der EG	-	-	-	-
Binnenmarkt	-	X	X	X
Wirtschafts- und Währungsunion	-	-	X	-
Politische Union	-	-	-	-
Agrarpolitik	-	-	-	X
Regionalpolitik	-	-	-	-
Umweltpolitik	-	-	-	X
Verkehrsproblematik	-	-	-	X
Europawahlen	-	X	-	-
Deutschland und Europa	-	-	-	X
Europa und die Welt	X	X	-	-
Erweiterung der EG	-	-	X	X
Europarat	-	-	X	-
EG-Programme für die Jugend	-	-	-	-
Neofaschismus in Europa	-	-	-	X
Europa im Alltag	-	-	-	-

Didaktische Analyse

Bei der Vermittlung der Sachverhalte werden folgende Stilmittel eingesetzt:

In 'heute und morgen' ist nur eine kurze Textpassage über die EG vorhanden, jedoch immerhin zwei Arbeitsaufgaben, die sich auf diese beziehen. Anschauliche Materialien fehlen völlig.

Die textliche Darstellung fällt in dem Schulbuch 'Der einzelne und die Gesellschaft' sehr knapp und oberflächlich aus. Informativer sind die beiden Schaubilder und die Landkarte.

'Mensch und Politik' umfaßt darstellende Texte sowie Rede- und ein Satzungsauszug. Die Texte vermitteln sowohl erstes Orientierungswissen als auch Problemkenntnisse. Ergänzt werden sie durch anschauliches Material: eine Karikatur, eine Tabelle und ein Schaubild.

In 'Politik erleben' findet man umfangreiche und sehr unterschiedliche Texte. Sie sind informativ und leicht verständlich und beinhalten viele Beispiele, mit denen dem Schüler die Sachverhalte veranschaulicht werden sollen. Die Texte werden durch eine Vielzahl von anschaulichen und aussagekräftigen Materialien aufgelockert wie Schaubilder, Karikaturen und Fotos. Insbesondere die Karikaturen sind sehr witzig und regen zur Diskussion an. Hervorzuheben sind auch die aktivierenden Arbeitsformen: ein Quiz über die deutschen Nachbarstaaten, ein weiteres Quiz über Städte in Europa. Diese spielerische Komponente eignet sich gut für den Einstieg in die Thematik, um die Motivation der Schüler zu wecken und Interesse an Europa zu erzeugen. Solche Stilmittel fehlen in den anderen Schulbüchern völlig.

Insgesamt ist das Schulbuch 'Politik erleben' dasjenige, welches dem Thema Europa am meisten Platz einräumt, eine Vielzahl von Themen innerhalb dieses Komplexes behandelt und bei der Vermittlung der Inhalte ganz unterschiedliche Materialsorten einsetzt. Es orientiert sich am Interesse von Schülern, ist abwechslungsreich, verständlich und motivierend aufgebaut.

Tabelle 2: Didaktische Analyse der Schulbücher

	heute und morgen	Der einzelne und die Gesellschaft	Mensch und Politik	Politik erleben
Darstellende Texte	X	X	X	X
Vertrags-/Satzungsauszüge	-	-	X	-
Zeitungsartikel	-	-	-	-
Briefe/Reden	-	-	X	-
Zeittafeln	-	-	-	-
Interviews	-	-	-	-
Definitionen	-	-	-	-
Fiktive Erzählungen	-	-	-	X
Zitate	-	-	-	X
Werbeanzeigen	-	-	-	-
Gedichte	-	-	-	-
Fotos	-	-	-	X
Bilder	-	-	-	X
Karikaturen	-	-	X	X
Schaubilder	-	X	X	X
Tabellen	-	-	X	-
Landkarten	-	X	-	X
Aktivierende Arbeitsformen (Quiz)	-	-	-	X
Arbeitsaufgaben	X	X	X	X

Ausblick

Zwischen den politischen Verlautbarungen zur Vermittlung europäischer Themen im Unterricht und deren Umsetzung in der Schule besteht offensichtlich eine große Diskrepanz. Die bildungspolitischen Instanzen auf europäischer Ebene ebenso wie auf Bundes- und Landesebene fordern die Förderung eines europäischen Bewußtseins der Schüler und Schülerinnen. Die objektiven Rahmenbedingungen des Sozialkundeunterrichts - Lehrplan und Schulbücher - werden dieser Forderung in Rheinland-Pfalz jedoch nicht gerecht. Die positive Bilanz, die im Bericht der Kultusministerkonferenz zur europäischen Dimension im Unterricht gezogen wird, kann somit nicht bestätigt werden.

Ein neuer Ansatz ist im Lehrplanentwurf zu erkennen, in dem das Thema Europa einen größeren Stellenwert erhält. Allerdings sind zu wenig Unterrichtsstunden für eine solche Stoffülle vorgesehen. Zwar schlägt der Lehrplanentwurf selbst einen fächerübergreifenden Modellunterricht vor, jedoch dürften im Schulalltag Projekt- und Aktionswochen eher die Ausnahme bleiben. Sie sind jedoch sehr zu empfehlen, da sie Gelegenheit für den Einsatz neuer Methoden im Unterricht bieten. So kann zum Beispiel im Planspiel das sehr komplexe Thema Europa komprimiert und dennoch interessant vermittelt werden.

Auf dem Schulbuch-Markt ist die Lage immer noch unbefriedigend. Europa wird in den Schulbüchern nur marginal behandelt. Im Vordergrund der Darstellungen stehen nach wie vor Geschichte und Institutionen der EG. Viele der Inhalte sind veraltet und bedürfen eines Ausblicks auf die aktuelle Entwicklung der europäischen Integration. Problem- und lebensweltorientierte Ansätze kommen kaum vor. Eine positive Ausnahme bildet hierbei das Schulbuch 'Politik erleben'. Es ist insgesamt auch das Buch, welches die unterschiedlichsten Textsorten sowie eine Vielfalt von anschaulichem Material und aktivierenden Arbeitsformen anbietet.

Um aktuelle Informationen zum europäischen Einigungsprozeß in den Unterricht einzubringen, müssen Lehrer zusätzliche Materialien erschließen. Dies ist sehr arbeitsaufwendig, da die meisten Veröffentlichungen zum Thema Europa nicht für den Schulunterricht aufbereitet sind. Sie enthalten zwar Hintergrundinformationen für den Lehrer, sind jedoch nur selten direkt im Unterricht einsetzbar. Hier besteht ein großer Bedarf an aktuellem und didaktisch aufbereitetem Material für den Schulunterricht, das auch neue Unterrichtsmethoden miteinbezieht.

Für die Unterrichtsgestaltung ist es wichtig, daß die Motivation der Schüler geweckt wird, da sie zunächst kaum Interesse an einer so komplexen und abstrakten Thematik wie Europa zeigen. Dies ist nur möglich, wenn sie erkennen, daß sie von der europäischen Einigung selbst betroffen sind. Ausgehend von den Lebensbereichen Jugendlicher sollten im Unterricht die konkreten Auswirkungen der Integration behandelt werden. 'Reisen durch ein Europa ohne Grenzen' oder 'Bildungschancen und Berufswahl in Europa' bieten sich als Einstiegsthemen an.

Wenn die Verlautbarungen der Politiker ernst gemeint sind, daß es notwendig ist, Jugendlichen ein europäisches Bewußtsein zu vermitteln, dann sind noch große Anstrengungen notwendig, um Europa im Unterricht Wirklichkeit werden zu lassen.

Anmerkungen

1) Piepenschneider, Melanie (1992). *Die europäische Generation. Europabilder der Jugendlichen in der Bundesrepublik Deutschland.* In Schriftenreihe der Forschungsgruppe Jugend und Europa 1. Bonn. Glaab, Manuela (1992). *Neugierig auf Europa - Die junge Generation in den neuen Bundesländern.* In Schriftenreihe der Forschungsgruppe Jugend und Europa 2. Bonn.

2) Institut für empirische Psychologie (1992, September). *Kennenlernen ohne Grenzen - Jugend in Europa. Ergebnisse einer Befragung von Schülerinnen und Schülern im Raum Kaiserslautern.*

3) Kommission der Europäischen Gemeinschaft (Hrsg.). (1991). Young Europeans in 1990. In *Eurobarometer 34.2.* Brüssel.

4) Die Darstellung stützt sich auf folgende Untersuchung: Tham, Barbara, Wiese, Saskia, Missal, Angelika (1993). *Rahmenbedingungen für die Vermittlung Europas im Unterricht in Rheinland-Pfalz.* Mainz: Eigenverlag.

5) Entschließung des Rates und der im Rat vereinigten Minister für das Bildungswesen vom 24. Mai 1988 zur Europäischen Dimension im Bildungswesen. *Amtsblatt der Europäischen Gemeinschaften C 177* vom 6.7.1988.

6) *Europa im Unterricht.* Beschluß der Kultusministerkonferenz vom 8.6.1978 in der Fassung vom 7.12.1990. In Anlage zur RS Nr. 613/91.

7) Ministerium für Bildung und Kultur Rheinland-Pfalz. (Hrsg.). (1991). *Europa in Unterricht und Schule. Empfehlung.* Mainz.

8) Entschließung des Rates und der im Rat vereinigten Minister für das Bildungswesen zur europäischen Dimension im Bildungswesen vom 24. Mai 1988. Gemeinsamer Bericht der Länder zur Umsetzung der Maßnahmen in der Bundesrepublik Deutschland. In Anlage zur RS Nr. 613/91.

9) Lehrplan Sozialkunde (1984). Hauptschule, Realschule, Gymnasium. (Klassen 7-9/10). Grünstadt.

10) Lehrplanentwurf Sozialkunde (1992, Mai). Hauptschule, Realschule, Gymnasium. (Klassen 7-9/10). Mainz.
11) Elger, A., Stegmüller, R. (1981). Die Europäische Einigung in den Schulbüchern. In W. Weidenfeld (Hrsg.), (1981). *Die Vermittlung der europäischen Einigung in Schule und Massenmedien* (Marienberger Arbeitshefte). Bonn.

Wolfgang W. Mickel

Erziehung zum Bürger in Europa

Wolfgang W. Mickel, Pädagogische Hochschule Karlsruhe, beschäftigte sich in seinem Beitrag auf der Basis des Bürgerrechts in europäischer Dimension mit Fragen der Erziehung zum mündigen Bürger in Europa[1]. Grundlegend ist für ihn die Bildung eines europäischen Bewußtseins als die Herausbildung einer europäischen Identität.

Dazu gehört
- die verstärkte Wahrnehmung der Existenz der EG und ihrer Identität,
- die Beschäftigung mit der politischen Kultur der europäischen Staaten,
- die Vertrautheit mit dem Wert-, Sozial-, Rechts- und Wirtschaftsgefüge einzelner europäischer Länder,
- die Identifikation mit dem (zunehmenden) Vorgang der europäischen Einigung (Europäische Union = Forderung der Gipfelkonferenz von Paris 1972) und
- der Erwerb von Grundkenntnissen und -erfahrungen besonders über die EG-Staaten.

Zum Erreichen dieser Ziele sollte
- eine Primär- und Sekundärmotivation geschaffen werden, die von (un-)mittelbarem Erleben und Erfahren ausgeht (multikulturelle Beschäftigung, multiethnische Begegnung, z.B. durch den Europäischen Wettbewerb, Besuche, Partnerschaften, Regionalfernsehen usw.)
- mindestens eine Fremdsprache gelernt werden.

Bei alledem wird die nationale Dimension zunächst binational und bilateral erweitert, d.h. eine europäische Dimension baut Schritt für Schritt auf die vorfindliche Dimension auf.

Europäische Identität ist die ausgereifte Form eines europäischen Bürgersinns, der Ausdruck einer Reihe von politischen Maßnahmen ist;
und zwar
- mehr Freizügigkeit für die Bürger der Gemeinschaft,
- freier Warenverkehr,
- Ausweitung der Arbeits- und Aufenthaltsmöglichkeiten,
- Erteilung besonderer Bürgerrechte (z.B. einheitliches Wahlsystem bei den Europaparlamentswahlen; Verstärkung des Petitionsrechts; Wahlrecht für Kommunalwahlen),
- Förderung von Kultur und Kommunikation,
- Verbesserung der Information und
- Aktivierung von Jugend, Bildung, Austausch und Sport (z.B. Fremdsprachenunterricht, Schüleraustausch, Europa im Unterricht, Austauschprogramme, Zusammenarbeit zwischen Hochschule und Berufsausbildung).

Damit beruht die europäische Identität als kollektive Identität auf der Konstanz der Interaktionen, Rollen und Symbolen, ihre Findung bedarf der gemeinsamen Überzeugungen, Zuschreibungen und Einordnungen. Sie äußert sich u.a. in der Art und Weise wie Menschen denken, in der Form der Verankerung ihrer Weltbilder und gesellschaftlichen Konstruktionen. Sie wird von der regionalen und nationalen Identität (notwendigerweise) überdeckt und ist infolge der starken Mobilität der Menschen und der Pluralität und Differenzierung der Erscheinungen nur schwer zu erzeugen. Andererseits gibt es immer nebeneinanderstehende Teilidentitäten des einzelnen: mit der Wir-Gruppe, der Familie, der Gemeinde, dem Staat. Die Frage erhebt sich, inwieweit eine europäische Identität herstellbar ist, worauf sich eine zeitgemäße und dauerhafte Loyalität und Identität gründen sollen. Die universalistischen Werte (Menschenrechte, liberale Freiheitsrechte, demokratische Gleichheitsrechte u.dgl.) sind den parochialen Werten des Nationalismus, die im europäischen Verbund überwunden werden müssen, überlegen." Der gemeinsame europäische Kulturfundus "beruht auf einem Bekenntnis zur humanen Besinnung (Humanismus), zu Demokratie, Gerechtigkeit, Menschenrechten, Freiheit, Solidarität, Toleranz. Sie erhalten ihre zeitbedingten ideologischen Akzente durch

- das liberale Konzept auf die Anerkennung und den Schutz des Privaten, auf Konstitutionalismus (d.h. auf eine auf die Verfassung gegründete Rechtsstaatlichkeit), auf Vernunft (rationaler Diskurs)
- nach christlichem Konzept auf personale Autonomie in sozialer Bildung, Subsidiarität, auf konservative und soziale Werte
- nach sozialistischem Konzept auf mehr Kollektivität und Egalität, mehr Bürger- und Menschenrechte, auf Wohlfahrtsstaatlichkeit.

All diese Konzepte wirken nicht antagonistisch, sondern dialektisch, mit zeitweiser Dominanz der einen oder anderen Richtung. So erweist die europäische Kultur sich in ihren nationalen und regionalen Varianten als komplementär. Wie lassen sich nun Nation und Europa als identitätskomplementär empfinden?

"Ein Weltbürger kann eine überzeugende humane Haltung haben, wenn er selbst nicht ortlos ist. Toleranz blüht nicht in der wurzellosen universalen Verschmelzung, sondern im Bewußtsein des eigenen Standorts. Dieser ist es, der den Respekt vor dem Standort des anderen vermittelt. Patriotismus hat immer eine Patria. Weltoffenheit und Patriotismus sind keine Gegensätze. Wer im eigenen Land beheimatet und verwurzelt ist, der wird den Patriotismus seines Nachbarn verstehen und achten. Europa entwickelt sich in dieser Richtung. Hier reift eine nachbarschaftliche Verbundenheit heran, die ihresgleichen in der Welt sucht.[2)]". Der Begriff "Patriotismus" wird im allgemeinen umfassend verstanden als eine Trias von Vaterland (als emotionale Beziehung zum Territorium, zur Heimat und zu den Menschen), Nation (als Loyalität zu gemeinsamen Traditionen, Lebensgewohnheit, kulturellen Gegebenheiten u.dgl.) und Staat (als organisatorische Einheit in einem bestimmten Gebiet und mit kollektiven Interessen). Daraus folgt keineswegs die Notwendigkeit einer patriotischen Erziehung, sondern vielmehr die Herstellung einer Balance zwischen Nation, Europa und der Welt. In der Bundesrepublik Deutschland ist man - infolge historischer Belastungen - in Sachen Patriotismus eher zurückhaltend und favorisiert einen "Verfassungspatriotismus" (Dolf Sternberger) als identitätsstiftender "Ligatur" (Ralf Dahrendorf). Der Nationalstaat wird als (noch) vorherrschender Staatstypus, als Rahmen für eine "offene Gesellschaft" (Popper) und staatliche Ordnung des Rechts anerkannt. In dieser Relativierung beschreibt Richard von Weizsäcker den modernen Nationalstaat: "Der Nationalstaat ist nicht am Ende. Wer aber glaubt, die

Zukunft allein mit ihm meistern zu können, der lebt in einer vergangenen Zeit. Die wichtigsten Aufgaben kann heute keine Nation mehr allein lösen. Die modernen Systeme denken und funktionieren nicht national. Dies gilt für die Sicherheit und die Ökologie, für die Wirtschaft und die Energie, für den Verkehr und die Telekommunikation. Souveränität bedeutet in unserer Zeit Mitwirkung in der Gemeinschaft der Staaten. Die Europäische Gemeinschaft hat dazu ein überzeugendes Modell geschaffen. Sie hat nationalstaatliche Befugnisse, und zwar gerade solche, die für eine friedliche Nachbarschaft von entscheidender Bedeutung sind, übernational zusammengefaßt. (...) Für die Völker Europas beginnt damit ein grundlegend neues Kapitel in ihrer Geschichte.[3)]". Zu einer Erziehung zum "Bürger in Europa" gehört ein Minimum gemeinsamer Grundwerte. Für die Politik sind Grundwerte regulative Ideen im Gestalten von Institutionen und im Finden von Entscheidungen; denn jedes intentionale Handeln bedarf der Orientierung nach Werten. Die Frage ist, inwieweit in einem plural verfaßten Staatensystem ein Wertkonsens möglich ist. Zentral in der Herausbildung einer gemeinsamen Wertgrundlage der Staaten der EG ist die "Erklärung der Grundrechte und Grundfreiheiten" des Europäischen Parlaments vom 12. April 1989. Unter Berufung auf die Römischen Verträge, die Verfassungstradition der Mitgliedsstaaten, die Europäische Menschenrechtskonvention, die geltenden internationalen Rechtsinstrumente und die Rechtsprechung des Europäischen Gerichtshofes werden in 28 Artikeln die angestrebten gemeinsamen Wertminima festgelegt. Dazu gehören vor allem:

- "Die Würde des Menschen ist unantastbar." (Art.1),
- "Jeder hat das Recht auf Leben, Freiheit und Sicherheit." (Art.2),
- die Rechtsgleichheit von Männern und Frauen im Geltungsbereich des Gemeinschaftsrechts,
- Gedanken-, Gewissens-, Religions-, Meinungs- und Informationsfreiheit,
- der Schutz der Familie,
- Freizügigkeit,
- das Recht auf Eigentum,
- Versammlungs-, Vereinigungs-, Berufswahlfreiheit,
- gerechte Arbeitsbedingungen, kollektive soziale Rechte (Verhandlungen zwischen den Sozialpartnern, Streikrecht), sozialer Schutz,

- "Jeder hat das Recht auf Bildung und Ausbildung gemäß seiner Fähigkeiten." (Art.16),
- das Recht auf ein ordnungsgemäßes Gerichtsverfahren und einen gesetzlichen Richter,
- Petitionsrecht an das EP,
- Umwelt- und Verbraucherschutz.
- Art.17 (Grundsatz der Demokratie) ist für die künftige politische Ordnung der EG bedeutsam:
"1. Alle öffentliche Gewalt geht vom Volke aus und muß nach rechtstaatlichen Grundsätzen ausgeübt werden.
2. Jede öffentliche Gewalt muß unmittelbar aus Wahlen hervorgehen oder einem direkt gewählten Parlament gegenüber verantwortlich sein.
3. Die europäischen Bürger haben das Recht, an der allgemeinen, freien, unmittelbaren und geheimen Wahl der Mitglieder des Europäischen Parlaments teilzunehmen.
4. Die europäischen Bürger haben das gleiche aktive und passive Wahlrecht. (....)."

Die vorstehende Auflistung beinhaltet einen liberalen Grundrechtskatalog - die Festschreibung der "klassischen Grundrechte" - und entspricht den politischen und gesellschaftlichen Vorstellungen freiheitlich-demokratischer Rechts- und Sozialstaaten. Neu ist die grundrechtliche Sicherung des Umweltschutzes. Die aus den Werten sich herleitende Frage nach der Identitätsbildung ist nun schwierig zu beantworten. Nach Jürgen Habermas [4)] ist die übergreifende Identität der Gruppe Bedingung für die individuelle als symbolische Einheit der Person. Für die Entstehung der Identität ist die Gesellschaft selbst zuständig. War die Identitätsbildung früher auf den Staat bezogen und von Religionen, Recht und politischen Institutionen konstituiert worden, sind heute hochdifferenzierte (z.T. überstaatliche) Teilsysteme maßgebend, die die Individuen integrieren. Von hier kann das Verständnis für eine regionale Identität (Bildung) in einer komplexen (staatsübergreifenden) Gesellschaft ausgehen. Identität ist demnach nicht mehr mitgliedschaftlich (staatsbürgerlich) geregelt, sondern reflexiv, d.h. sie ist im Bewußtsein der allgemeinen und gleichen Teilnahmechancen an wert- und normbildenden Lernprozessen begründet. Relativierend zu Habermas ist zu bedenken, daß die nationalstaatliche Grundlage von Identität nicht ohne weiteres aufhebbar ist. Als didaktisches Ziel kommt es folglich darauf an, daß die Schülerinnen und Schüler ihren Standort in Europa erkennen und darauf vorbereitet werden, ihre Rechte und Pflichten als Bürgerinnen und Bürger in Europa wahrzunehmen. Die Vermittlung gemeinschaftsbürgerlicher Kompetenz auf dem Niveau einer europäischen Grundbildung ist Aufgabe der allgemeinbildenden Pflichtschule. Eine solche Bildung impliziert die Einübung in Anspruch und Wirklichkeit europäischer Einheit und Vielfalt.

Anmerkungen

1) Mickel, W. (1991). *Lernfeld Europa* (S. 117-139). Opladen.
2) v.Weizsäcker, R. (1987, 7. November). *Frankfurter Allgemeine Zeitung*, S. 29.
3) v. Weizsäcker, R. (1990, 4. Oktober). *Frankfurter Allgemeine Zeitung*, S. 5.
4) Habermas, J. (1976). Können komplexe Gesellschaften eine vernünftige Identität ausbilden? In J. Habermas, *Zur Rekonstruktion des Historischen Materialismus* (S. 62-126). Frankfurt/M.

Margret Dotter

Fremdenfeindlichkeit und Flüchtlingsproblematik im Unterricht

Margret Dotter, Vorsitzende des Ausländerrates der Stadt Heidelberg, unterbreitete vier Vorschläge zur Thematisierung von Fremdenfeindlichkeit und Flüchtlingsproblematik im Unterricht. Einleitend erklärte sie, daß es zutiefst beschämend sei, daß angesichts des europäischen Zusammenwachsens Fremdenfeindlichkeit, Ausländerhaß und neonazistische Gewalttaten erschreckend zugenommen haben. "Es gibt keine Art, mit der man unsere Umwelt und unsere Mitmenschen betrachten kann, die unzeitgemäßer ist, als die des Rassismus. Unsere ganze Welt, unser neues Europa, unsere wachsende Zusammenarbeit mit anderen Ländern, das alles würde nichtig und unglaubwürdig wirken, würde der Rassismus unser Denken prägen. Es gibt keine vernünftige Alternative zur Europäischen Gemeinschaft, schon gar nicht durch einen Rückfall in früheres nationalstaatliches Denken." Entscheidend ist für sie die Erkenntnis, daß sich Konflikte aus der Unterschiedlichkeit der Sprache, der Kultur, der Religion oder der Geschichte ergeben können. Wo nun soziale Ängste hinzukommen und Konkurrenzdenken das Verhältnis zwischen In- und Ausländern prägt, ist erst recht die Gefahr der Gewalt und der Diskriminierung gegeben. Sie plädiert für eine verstärkte unterrichtliche Behandlung der Problemfelder Rassismus, Nationalismus, Fremdenfeindlichkeit und Flüchtlingsproblematik, um über Aufklärung und Begegnung Ängste abzubauen. "Es ist die Angst vor den Fremden, die durch Aufklärung und Annäherung bekämpft werden muß. Ausländerfragen sind im Grunde Fremdheitsprobleme. Die Angst vor den Fremden, die zu Fremdenfeindlichkeit und Fremdenhaß führen kann, kann nur aufrecht erhalten bleiben, wenn das fremde Objekt unbekannt bleibt." Sie erteilte jedem Unterricht eine Absage, der keine multikulturelle Erziehungsdimension hat. Die Europäische Gemeinschaft als multikulturelle Gesellschaft ist für sie lediglich unter der Prämisse durchführbar, wenn dem Nationalismus begegnet wird. Grundstein ist eine zielgerichtete multikulturelle Erziehung bei Kindern und Jugendlichen zur europäischen Einheit. "Kinder besitzen die Fähigkeit mit Menschen zusammenzuleben, unabhängig davon aus welcher kulturellen oder religiösen Gemeinschaft sie kommen. Es ist unsere selbstverständliche Aufgabe und zugleich unsere Pflicht dies zu fördern, so daß sie diese Fähigkeit im Erwachsenwerden nicht verlieren."

Bernd Henning

Umweltpolitik im Rahmen des europäischen Binnenmarktes

Bernd Henning, Pädagogische Hochschule Karlsruhe, stellte in seinem Beitrag sehr kritische Fragen an die europäische Einigungspolitik angesichts der dramatischen ökologischen Situation. Kriterien für die Auswahl der europäischen Umweltpolitik zu Zwecken einer didaktische Konkretion waren:

- Umweltpolitik besitzt bei Schülerinnen und Schülern einen hohen Motivationswert;
- Umweltschutz ist grenzüberschreitend notwendig; er kann von einem EG-Mitgliedsstaat allein nicht mehr getragen werden;
- Umweltpolitik ist eine EG-Politikfeld, das schrittweise ausgeweitet wurde;

- In den Mitgliedsstaaten existieren unterschiedliche Voraussetzungen und Interessenlagen;
- Umweltpolitik beinhaltet ein breites Spektrum von Akteuren auf allen politischen Ebenen der EG.

Die Umweltpolitik der EG, die sich erst im Laufe der letzten zwei Jahrzehnte aus bruchstückhaften Anfängen heraus entwickelt hat, nimmt heute in der Gemeinschaft eine wichtige Stellung ein. Nach einem kurzen Exkurs über die Genese der EG-Umweltpolitik fragt Henning nach den ökologischen Wirkungen, die im Zuge der Binnenmarktvollendung zu erwarten sind. Er verweist auf den Task-Force-Bericht der EG-Kommission (1989) zum Thema "Umwelt und Binnenmarkt". Als zentrales Problem werden von der Task Force die Zusammenhänge zwischen Wirtschaftswachstum und Umweltbelastungen angesehen. Im Vordergrund stand dabei die Frage, welche politischen Maßnahmen erforderlich sind, um die Umwelt zu schützen und gleichzeitig weiteres Wirtschaftswachstum zu sichern. Der Bericht hat eine Reihe von Aktivitäten der Gemeinschaft, die auf eine Integration der ökologischen Dimension in das Binnenmarktprojekt abzielen, stimuliert. Dies gilt sowohl für die Umweltpolitik im engeren Sinne als auch für die "Querschnittsaufgabe Umweltschutz" im Rahmen der Sektorpolitiken der Gemeinschaft. Das Weißbuch des Europäischen Umweltbüros (1990) sieht über den Task-Force-Bericht hinaus eine Neuformulierung zentraler Prinzipien der europäischen Umweltpolitik vor. Hierzu gehören

- der Vorrang der politischen vor der wirtschaftlichen Integration in Europa,
- neue Kriterien für die wirtschaftliche Entwicklung,
- die Integration der Umweltpolitik in andere Sektoren,
- das Subsidiaritätsprinzip,
- die Demokratisierung der Umweltpolitik,
- das Verursacherprinzip und
- das Vorsorgeprinzip.

Henning betont, daß es trotz der Thematisierung der Umweltpolitik es bis dato wenig Anzeichen dafür gibt, daß der Binnenmarkt es bewerkstelligen könnte, steigendes Wirtschaftswachstum und steigende Umweltbelastungen zu entkoppeln. Ein "sauberer Binnenmarkt" ist daher fast ausschließlich über ein radikales Umdenken in den einzelnen Mitgliedsstaaten zu erreichen.

Bei seinen didaktischen Überlegungen verweist Henning auf die Tatsachen, daß Schülerinnen und Schüler ein durchaus differenziertes Bild über den Einigungsprozeß haben. Die Jugendlichen erfahren im Alltag auf vielfältige Weise Europa (im Urlaub, als Verbraucher). "Der europäische Einigungsprozeß ist Teil der politischen Realität, die von vielen Menschen unmittelbar im Alltag erfahren wird. Diese Erfahrungen erfordern die demokratische Teilhabe der Betroffenen. Wir haben es also im originären Sinne mit politischer Bildung zu tun, deren besondere Aufgabe es ist, auf die demokratische aktive Teilnahme für Europa durch angemessenen Information und durch Offenlegung der zugrundeliegenden Werte vorzubereiten. (...) Als Lernziele bieten sich u.a. an:

- Einsicht gewinnen in den grenzüberschreitenden Charakter von Umwelt- und Verbraucherpolitik,
- Zielkonflikte zwischen Ökonomie und Ökologie erkennen,
- unterschiedliche nationale Interessen benennen,
- Kenntnis erlangen von Bemühungen der EG-Staaten um ein abgestimmtes juristisches Vorgehen,
- den Entscheidungsweg in der EG mit seinen Vor- und Nachteilen bewerten,
- die Frage einer erweiterten EG-Kompetenz in Umwelt- und Verbraucherfragen auf deren Konsequenzen hin analysieren und kritisch zu bewerten."

Hildegard Kasper

Europäisches Lernen in der Primarstufe

Einführung in die Thematik

In der gegenwärtigen nachdenklichen Phase der europäischen Einigungsbewegung wird oft nach dem "Europa der Menschen und Bürger" gefragt. Die kleinen Menschen, die Grundschulkinder, scheinen dabei weniger Gewicht zu haben und kommen so gut wie nie zu Wort. "Zu komplex, zu kontrovers, zu früh" - das sind häufige spontane Erstreaktionen, wenn man nach Gründen fragt. So findet sich auch im Blätterwald der Veröffentlichungen, Broschüren und didaktischen Materialien recht wenig für die jüngsten Europäer und kaum etwas für die Hand derer, die mit Kindern erste Fundamente für ein europäisches Haus legen wollen.

Doch: Kann Europa auf diese frühe Altersstufe wirklich verzichten, auf der sich erste wichtige Einstellungen und Orientierungen im sozialen und politischen Feld bilden? Studien zur politischen Sozialisation, insbesondere zur Vorurteilsforschung, haben nachdrücklich auf emotionale Wurzeln hingewiesen, die hinter Haltungen und Handlungsbereitschaften stehen. Diese bilden sich vor allem in der sensiblen Phase der Kindheit aus und können durch spätere kognitive Erfahrungen kaum in ihrer Grundrichtung umgelenkt werden.

Europa ist für die heutige Kindergeneration keine abstrakte, ferne Wirklichkeit, sondern vielmehr Teil ihrer alltäglichen Umwelt geworden. Ob man die Geographie des Frühstückstischs oder des Wochenmarkts anfragt, ob man auf Gebrauchsartikel mit europäischen Markenzeichen achtet, auf Bücher, die Kinder lesen, Musik, die sie hören, Lieder, die sie singen, Stars, die sie bewundern - nicht zuletzt zeigt die gelebte europäische Gemeinschaft in vielen Grundschulklassen: Europa wird im Kinderalltag in vielfältiger Weise erfahren. Wo diese europäische Umwelt bedrohliche oder destruktive Züge annimmt - denken wir an neue Krisen und Kriegsregionen in unserer europäischen Nachbarschaft - so sind Kinder als erste empfindlich und meist wehrlos betroffen. Ein lebensweltbezogener Grundschulunterricht muß deshalb heute mehr und mehr europa- und weltoffene Themen aufgreifen und kindgemäße Formen der Vermittlung finden.

Amtliche Empfehlungen und Erlasse zum europäischen Lernen sind in ihren allgemeinen Leitvorstellungen schularten- und -stufenübergreifend formuliert. Dazu gehören insbesondere die Empfehlungen der Ständigen Konferenzen des Kultusministers von 1978 und 1990 sowie Erlasse der einzelnen Kultusministerien der Länder, in Baden-Württemberg z.B. die Empfehlungen zum "Erziehenden Unterricht in fächerübergreifenden Themen" von 1989[1]).

Es scheint zunächst plausibel zu sein, daß in der Grundschule zwar einzelne Anknüpfungspunkte gefunden werden können - so etwa durch erweiternde Themen im Heimat- und Sachunterricht oder durch exemplarische Begegnung mit Sprachenvielfalt -, daß aber der eigentliche Beginn europäischen Lernens erst Schülerinnen und Schülern der Sekundarstufe vorbehalten sei. Eine solche zurückhaltende Einstellung spiegelt sich immer noch in geltenden Grundschullehrplänen, in Schulbüchern, in Schulprogrammen, nicht zuletzt im Bewußtsein von Lehrerinnen, Lehrern und Eltern. Wenn wir von europäischem Lernen in der Grundschule sprechen, so handelt es sich im Regelfall immer noch um ein - wenn überhaupt - so nur sporadisch aufgegriffenes Außenseiterthema, für das man werben muß.

Betrachtet man entsprechende curriculare Entwicklungen in größerer, europäisch-vergleichender Perspektive, so läßt sich jedoch zeigen, daß wichtige Anfänge gemacht worden sind. Seit den frühen 80er Jahren wurden Pilotprojekte in inter-europäischer Kooperation durch maßgebliche Initiative des englischen Erziehungswissenschaftslers Gordon H. Bell, unterstützt durch die Europäische Kommission in Brüssel, durchgeführt. Eine umfassende Darstellung der Projekte hinsichtlich der theoretischen Fundierung, ihres Verlaufs und wichtiger Ergebnisse liegt in der Schrift von G.H. Bell "Developing a European Dimension in Primary Schools" vor[2]).

In den Jahren 1981 - 1987 wurden insgesamt 10 Projektgruppen gebildet: in der ersten Phase in England, den Niederlanden, Belgien, Italien,

1) Ständige Konferenz der Kultusminister der Länder (1978/1990). *Europa im Unterricht.* Bonn.
Ministerium für Kultus und Sport Baden-Württemberg (1989). Erziehender Unterricht in fächerübergreifenden Themen. *Kultus und Unterricht* (6), N 34-36.

2) Bell, G.H. (1991). *Developing a European Dimension in Primary Schools.* London: David Fulton Publishers Ltd.

Frankreich, sowie zwei in Deutschland (beide in Baden-Württemberg, nämlich an den Pädagogischen Hochschulen Reutlingen und Schwäbisch Gmünd), in der zweiten Phase in Spanien, Portugal und Griechenland. In jedem der genannten Länder wurden Projektgruppen gebildet, die Fallstudien erstellen, Erfahrungen austauschen und Empfehlungen für schulische Programmentwicklungen erarbeiten sollten. Die Ergebnisse liegen inzwischen in neun englischsprachigen Einzelfallstudien, in einem synoptischen Vergleich ebenfalls in englischer Sprache, sowie in deutschsprachigen Veröffentlichungen vor[3]. Seit 1989 liegt der Projektschwerpunkt auf der Entwicklung von Unterrichtsmaterialien und Lehrerhandreichungen, Bereichen, die sich in allen Studien als besonders vernachlässigt herausgestellt hatten[4].

Der Ertrag dieses europäischen Gemeinschaftsunternehmens ist vermutlich bisher noch nicht voll ausgeschöpft worden im Hinblick auf grundschuldidaktische europäische Gemeinsamkeiten und Differenzen. Dies dürfte u.a. daran liegen, daß an Institutionen der Lehrerbildung die europäische Thematik noch nicht zu den obligatorischen Studiengebieten zählt und auch in der Forschung kein entsprechendes Gewicht hat. In einem Europa der offenen Grenzen und der Freizügigkeit dürfte dies nicht länger hingenommen werden.

Umrisse eines Projekts "Europa unter uns"

Die Projektgruppe der Pädagogischen Hochschule Reutlingen (Leitung: Prof. Dr. H. Kasper und Prof. Dr. S. Kullen) arbeitete seit 1983 in dem in-

---

3) Bell, G.H. & Lloyd, I.T. (1989). *Europe in the Primary School* (A Case Review Report). Sheffield: Pavic Publications.
Kasper, H. & Kullen, S. (1992). Europäisches Lernen in der Grundschule. In R. Schmitt (Hrsg.), *Grundschule in Europa - Europa in der Grundschule*. Frankfurt: Arbeitskreis Grundschule.
Kasper, H. & Kullen, S. (1992). *Europa für Kinder. Europäisches Lernen in der Grundschule*. Frankfurt: Diesterweg.

4) Kasper, H. & Kullen, S. (1989). *Europa Kartei*. Heinsberg: Agentur Dieck.
Kullen, S. & Köble, H. (1990). *Projekt Europa*. Horneburg: Persen.
Bell, G.H. et al (1993). *Europe in the School - The School in Europe*. Newbury: Shell Education Service.

tereuropäischen Projekt "Teaching about Europe" mit. Auf dem Hintergrund von Erkundungsstudien zu kindlichen Europa-Konzepten und mit Bezug zu stufenübergreifenden Zielsetzungen europäischen Lernens wurde zunächst ein Leitzielrahmen erstellt.

Leitende Ziele sollten sein (Kasper & Kullen, 1992, S. 43):
- exemplarische *Erfahrungen zur Alltagskultur* einzelner Länder Europas machen, die mit subjektiven Vorerfahrungen der Kinder in Verbindung gesetzt werden können, z.B. Wohnen, Essen, Kleidung, Feste, öffentliche Einrichtungen u.a.
- Verständnis für das *Leben der Menschen* in anderen Ländern gewinnen und Bedingungen für die Andersartigkeit erkunden anhand von Fällen, Situationsbeispielen, dargestellt in Sprache, Bild, Musik, Bewegung, Spiel, Aktion, u.a.
- erstes *Orientierungswissen* gewinnen und Interesse entwickeln, z.B. über geographische Gegebenheiten, wirtschaftliche und ökologische Beziehungen u.a.
- *Verschiedenheit als interessante Vielfalt* erfahren: Neugier soll wachgehalten und Fremdes positiv besetzt werden, z.B. Bräuche, Lebensgewohnheiten, Normen u.a.
- Bewußtmachen von *Beziehungen zwischen europäischen Ländern*: persönliche Beziehungen, geographische Beziehungen, wirtschaftliche Beziehungen, kulturelle Beziehungen u.a.
- *Mögliche Konflikte* sollen exemplarisch bewußt gemacht werden, z.B. Spuren von Kriegen, Interessenkonflikte; evtl. vorhandene *Vorurteile* und *Klischees* abbauen, wo immer möglich durch originale Begegnungen.
- *Phantasie, Imagination, futuristische Perspektiven* sollen angeregt werden; z.B. von einem Wunschland träumen, eine Gedankenreise machen, Brief an einen Freund im Ausland schreiben, sich über Sprachgrenzen hinweg verständigen, ein Land ausdenken, in dem viele Europäer leben könnten u.a.

Von solchen Zielvorgaben aus ein basales Curriculum zu entwickeln, wirft vor allem Fragen bei der *Strukturierung der Inhaltsdimension* auf: Gibt es basale Inhaltsbereiche? Gibt es weiterführende inhaltliche Sequenzen? Welche Inhaltsbereiche sollte das europäische Curriculum als ganzes umfassen? Relativ einfach ist die Frage nach Starteinheiten zu beantworten. Für eine einführende, erste Inhaltsdefinition gibt es auf dem Hintergrund der Projekterfahrung drei *Quellen*:

- Europa als das eigene Heimatland und die Heimatländer ausländischer Mitschüler. Dieser Zugang bot sich dort vor allem an, wo in der Klasse bereits eine europäische und multikulturelle Realität gegeben war (hoher Ausländeranteil).
- Konstituierung des Europa-Begriffs von den bereits bestehenden, besonderen Beziehungen zu einzelnen europäischen Ländern oder Kenntnisse über sie, die die betroffenen Lehrerinnen und Lehrer, Kinder und Eltern hatten. Dies konnten z.B. sein: biographische Beziehungen, Reise- und Ferienerfahrungen, Sprachkenntnisse oder Dinge der individuellen Lebenswelt, die europäischen Ursprungs waren und persönliche Bedeutung hatten.
- Konstituierung des Europa-Themas von den besonderen Erkundungs-, Begegnungs- und Informationsmöglichkeiten im Umfeld der Schule. Schüler entdeckten beispielsweise, daß es in ihrer Stadt ausländische Geschäfte, Restaurants, Schulen u.ä. gibt, die "Europa unter uns" repräsentieren.

"Europa unter uns und in uns" erweist sich als eine entscheidende didaktische Basiskategorie, von der aus Sichterweiterungen getroffen werden können. Die zunächst formalen Konzepte (Vielfalt in Europa, Gemeinsames und Ähnliches, Verschiedenheit und Gegensätzlichkeit, Vergangenheit und Zukunft sowie Einbindung in größere Weltzusammenhänge) können durch europäische Bezugspunkte im Umfeld der Kinder im Fortgang der Projekte inhaltlich ausgefüllt werden.

Es ist naheliegend, daß mit Grundschülern vor allem ein vielfältiges Europa erarbeitet werden kann, daß sich daran der Sammeleifer der Kinder entzünden und Neugier durchbrechen kann. Schwieriger ist es, andere Kategorien differenziert anzubahnen. Bei jüngeren Kindern können die Projektziele auch dann als erfüllt angesehen werden, wenn ein vorwiegend intuitiver und affektiver Zugang erreicht wird.

Die didaktische Aufgabe liegt darin, von der anthropogenen und der soziokulturellen Basis aus sichterweiternde Möglichkeiten freizusetzen, dies nicht in erster Linie in aufklärerischer Absicht (Wissenserweiterung), sondern um Handlungspositionen und Einstellungen aufzubauen, die für eine

Formale Konzepte	**Von Projektklassen gewählte, beispielhafte inhaltliche Aspekte**	**Aktivitäten und methodische Zugänge**
1. Vielfalt in Europa	z.B. Vielfalt der Staaten, Landschaften, Sprachen, Sitten, Lebensformen.	z.B. - Reise - Spiele, Geo-Spiele - Europäischer Morgengruß - Lieder - Thematische Karten - Sammlungen, Ausstellungen
2. Gemeinsames und Ähnliches Europa	z.B. - Gleiche Grundbedürfnisse von Menschen - Gleiche Motive und Figuren in europäischen Märchen - Gleiche Interessen von Kindern	z.B. - Bildbetrachtungen, Geschichten - Gedichte und Lieder singen, interpretieren - Lesen, vergleichen, darstellen von europäischen Märchen
3. Verschiedenes und Gegensätzliches in Europa	z.B. - verschiedene Landschaften/ Vegetation, Wohnweise in Nord- und Südeuropa - unterschiedliche Lebenssituationen in West und Ost	z.B. - Herstellen von Bildkarten, Friesen, Modellen - Fallbeispiele aus der erzählenden Kinderliteratur - Bildbetrachtungen: Kinder-/Spielumwelten, Kinderalltag
4. Vergangenheit und Zukunft in Europa	z.B. - Spuren der Vergangenheit in Gebäuden, Bräuchen - Kulturelle Traditionen - Wünsche und Träume der Kinder für die Zukunft	z.B. - Besuch historischer Stätten - Sagen, Geschichten - bildliche Mitteilungen an Kinder in anderen Ländern
5. Europa und die Welt - Europa aus der Sicht der Welt	z.B. - Kontinente der Erde - Europa (alte Welt) und die neue Welt - Europa und die "arme" Welt	z.B. - Orientierung auf dem Globus - Spiele mit der Weltkugel - Bilderatlas der Welt - Kinder in aller Welt

Kinder der Schloßbergschule Rauenberg führen eine europäische Liedkantate auf
Foto: R. Fischer

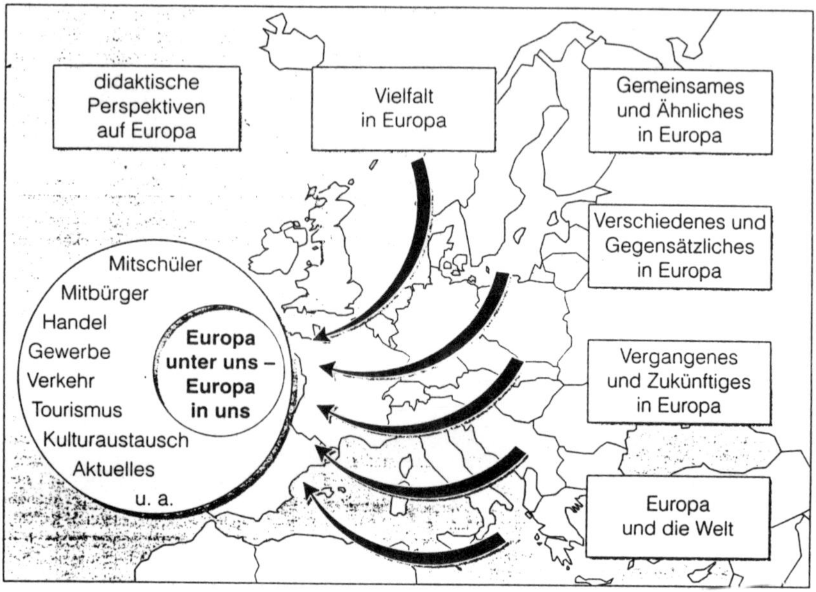

europäische Praxis der Partnerschaft wichtig sind. *Die persönliche und lokal-perspektivische Europa-Karte bildet bei dieser Grundlegungsarbeit den unverzichtbaren Ausgangspunkt.*

Der hier vertretene Ansatz läßt eine vertiefte und erweiterte Interpretation der in der Didaktik der Primarstufe überkommenen *Prinzipien der "Nähe" und des 'regionalen Bezugs'* zu. Im nahen Umfeld der Kinder werden Elemente der Ferne entdeckt. Im unmittelbaren Erfahrungsfeld eröffnet sich eine größere Heimat. Das Ferne in der Nähe ist allerdings zunächst unauffällig, unscheinbar und eingebettet in etablierte soziale Deutungsmuster und Handlungsschemata. Es muß zu einer fruchtbaren Begegnung, die Sehgewohnheiten, Sichtbehinderungen, Handlungszwänge wegräumt, kommen. Dann erst wird die Verflochtenheit (Polarität, Interdependenz, Interaktion) von Heimat und Welt erfahren: bereichernd, spannungsvoll, verfremdend, herausfordernd. Dies mag am ehesten dort gelingen, wo den Kindern in realen Situationen Handlungsmöglichkeiten eröffnet werden, die in eine umfassende Sozialerziehung einbezogen sind. Rigide normative Fixierungen des Wohlverhaltens stehen entsprechenden Lernprozessen behindernd im Wege. Die Bereitschaft zur Öffnung für Fremdes und zur Anerkennung des bereichernden Eigenwertes wird am ehesten dort erzielt, wo der Erziehungsstil der Schule freisetzt, wo soziales Lernen in der Eigengruppe und gleichzeitig Solidarität mit Außengruppen in konkreten Situationen gefördert werden.

Das Prinzip der Nähe zu verbinden mit den Kategorien "Interaktion" und "Interdependenz" das ist das entscheidend Weiterführende gegenüber überkommenen grundschuldidaktischen Ansätzen. Wenn daraus auch Empathie und Toleranz erwächst, dann arbeiten wir erzieherisch dem zu, was wir dringend brauchen: humanes, solidarisches Miteinander.

Methodische Umsetzungen können in diesem Zusammenhang nicht im Detail angeführt werden. Es sollen nur einige prinzipielle Kriterien einer Methodologie europäischen Lernens kurz angedeutet werden. Lernen über und für ein demokratisches und freiheitliches, den Menschenrechten und der Art und Weise des Lehrens und Lernens, also in den Vermittlungs- und Aneignungsprozessen, spiegeln. Es kommt deshalb über die Inhaltsdimension hinaus entscheidend darauf an, ob wir entsprechende Wege der Begegnung mit Europa finden, ob wir Methodenkonzepte zum Zuge bringen, die personorientiert, dialogisch, offen und wertorientiert zugleich sind. Die Projektmethode, schülerorientierte Gespräche, Rollenspiele, musische und ästhetische Aktionen u.a. wären hier anzuführen. In der Curriculumarbeit parallel arbeitender Gruppen in verschiedenen europäischen Ländern zeigte sich gerade in dieser Hinsicht eine erfreuliche Konvergenz. Dies war vielleicht eines der wichtigsten Ergebnisse des Projekts "Teaching about Europe".

Margarida Belard

Europa-Clubs an Grundschulen

1. "Europaclubs" sind Zentren, die Aktivitäten im Bereich der europäischen Bildung fördern.
2. "Europaclubs" werden im Rahmen von Schulen (sowohl Grund- als auch Sekundarstufen) und entsprechend deren Möglichkeiten und Bedingungen gegründet.
3. Die Mitgliedschaft in diesen "Clubs" ist fakultativ und steht Schülern und Lehrern frei.

4. Ziel eines "Europaclubs" ist es,

- zwischen seinen Mitgliedern eine wirklich europäische Atmosphäre zu schaffen und sie mit den jeweils vorhandenen Mitteln auf die anderen Mitglieder der (Schul-) Gemeinschaft zu übertragen;
- mit Unterstützung entsprechender Einrichtungen Aktivitäten zu fördern, die ausführlichere Informationen über folgende Bereiche vermitteln:
  Europa (geographische, historische, kulturelle, wirtschaftliche usw. Aspekte),
  Europäische Institutionen (Ziele, Strukturen, Arbeitsweisen, usw.),
  Mitgliedsstaaten der Europäischen Gemeinschaft und des Europarats (politische, soziale und kulturelle Aspekte),
  das kulturelle und das Naturerbe Europa,
  Probleme des heutigen Europa,
  Ziele der europäischen Integration
- zum Verständnis der europäischen Vielfalt mit all ihren Ähnlichkeiten und Verschiedenheiten beizutragen;
- auf gegenseitiges Verständnis und Toleranz hinzuwirken;
- auf die europäische und globale Abhängigkeit der einzelnen Länder voneinander und auf die notwendige Kooperation hinzuweisen;
- beizutragen, daß die Schüler - die jungen Bürger Europas - Verantwortungsgefühl für den Frieden, die Menschenrechte, die Bewahrung der Umwelt und des kulturellen Erbes entwickeln.

5. Um diese Ziele zu erreichen, sollten die "Europaclubs" alle ihnen zur Verfügung stehenden Mittel einsetzen, zum Beispiel:

- Sammlung von aktuellen Informationen und Dokumentationen;
- Informationsveranstaltungen (Vorträge, Diskussionsrunden, etc.);
- Filmvorführungen, die von Einrichtungen der EG oder von Botschaften usw. unterstützt werden und die eine breitere Kenntnis und ein besseres Verständnis der EG, des Europarats und der verschiedenen europäischen Länder vermitteln;
- Information über und Teilnahme an Aktivitäten, die zur Entwicklung der europäischen Dimension in der Bildung beitragen, wie insbesondere der "europäische Wettbewerb" für Schüler und Jugendliche ("Europe at School - European Schools' Day Competition");
- Veranstaltungen zum "Europatag" oder "Europawoche" (5.-9. Mai) und von "Wochen" der Mitgliedsstaaten, die jeweils einem Land der EG/des Europarates gewidmet werden;

- Förderung des Austausches von Informationen und Dokumentationen mit verschiedenen "Clubs" im eigenen Land und mit "Clubs" oder Schulen in anderen Ländern;
- Austauschbesuche mit verschiedenen "Clubs" im eigenen Land und mit "Clubs" oder Schulen in anderen Ländern;
- Entwicklung von entsprechenden Materialien, Spielen, "Puzzles", "Zeitungen" usw..

6. Jeder "Europaclub" kann seine eigene interne "Clubordnung" ausarbeiten, die jedoch nicht von den hier aufgeführten Grundsätzen abweichen sollte.

7. Jeder "Europaclub" kann sein eigenes "Emblem" verwenden oder sein eigenes Motto entwerfen.

Gordon H. Bell

Europa in der Grundschule

Curriculumentwicklung in einem inter-europäischen Projekt

"Wir bilden keine Koalitionen zwischen Staaten, sondern einigen Menschen. Wenn eine Idee den Bedürfnissen einer Epoche entspricht, gehört sie nicht mehr jenen, die sie zuerst erdachten: sie entfaltet Kräfte, die über ihre Erfinder hinauswachsen."

(Monnet, 1978)

Visionäre Politik, große Entwürfe und herausragende Debatten bilden wichtige Marksteine in der Entwicklung einer Kultur. Heute fasziniert uns eine Idee, die der Logik von zwei Weltkriegen entsprang. Wir können ihr kaum mehr ausweichen: und doch birgt sie auch die Gefahr in sich, wieder verloren zu gehen. Das wichtigste Ziel ist es deshalb, darzulegen, was man unter einer "Europäischen Dimension in der Erziehung" verstehen kann und aufzuzeigen, welche praktischen Konsequenzen sich daraus ergeben.

Wenn es darum geht, Kernprobleme europäischen Lernens sowohl hinsichtlich der Theoriebildung als auch im Hinblick auf schulische Umsetzung zu definieren, müssen Praktiker und Theoretiker zusammenwirken. Sollte dies nicht gelingen, so wird das Konzept - wie manches andere zuvor - in sich zusammenfallen.

Wenn man sich dieser Herausforderung stellt, so braucht man nicht am Nullpunkt anzufangen, sondern findet bereits viele Hinweise auf eine tragfähige Praxis vor. Dies ist die zweite Zielsetzung. Heute - da wir einem großen gemeinsamen Markt entgegengehen - ist es wichtiger denn je, Lehrer in allen europäischen Ländern durch eine gemeinsame Strategie in die Lage zu versetzen, daß sie selbst an der Entwicklung einer Europäischen Dimension im Curriculum mitwirken können.

Ideen und Aktivitäten, die im folgenden erörtert werden, haben eine diskontinuierliche und komplexe Geschichte. Sie waren dennoch folgenreich im Hinblick auf das professionelle Selbstverständnis und die Qualifikation der Teilnehmer.

Die Erfahrungen bei der Weitergabe der Ideen und beim Aufbau eines Kooperationsnetzes mit unseren europäischen Partnern waren für alle bereichernd, auch wenn gelegentlich Gefühle der Frustration, der Ungeduld oder der Isolation aufkamen. Ohne Unterstützung der Europäischen Kommission wäre die Zusammenarbeit von 12 Ländern in einem multilateralen Projekt kaum zu verwirklichen gewesen. Dabei lassen sich die Zeiträume zur Realisierung nicht in Wochen, Monaten oder in Jahren messen. Manchen Kollegen genügt es, Ideen in einem Zyklus von fünf bis zehn Jahren zu konkretisieren; andere setzen sich ein, auch wenn sie die Umsetzung in die Praxis persönlich nicht mehr erlebten. Diese Einstellung setzte Maßstäbe.

Die Anfänge gehen auf das Jahr 1974 zurück. Anlaß war das erste Treffen der Erziehungsminister der damals - nach dem Beitritt von Großbritannien, Dänemark und Irland - neun Mitgliedstaaten der Europäischen Gemeinschaft. Von da an wurden engere Beziehungen zwischen den Schulsystemen Europas gefördert. Drei Jahre später wurde das erste Austauschprogramm zur Förderung von Kontakten auf Hochschulebene veröffentlicht. Im Anschluß an diesen Plan schlug ich 1977 vor, Lehrerbildungskonzepte aus sechs Mitgliedstaaten zu untersuchen. Es sollten neue Strukturen für Lehramtsstudiengänge in europäischer Perspektive durch ein Kooperationsnetz europäischer Lehrerbildner entwickelt werden. Mit Unterstützung des British Council wurde 1979 eine gemeinsame Konferenz an der Universität Antwerpen durchgeführt, deren Kontakte bis 1982 bestanden.

Zu diesem Zeitpunkt war es ganz offensichtlich, daß den Bedürfnissen der Grundschulen, der Schüler dieser ersten Schulstufe, ihrer Eltern und Lehrer in den Konzepten europäischer Partizipation viel zu wenig Rechnung getragen wurde. Es ist alarmierend, daß dies nach zehn Jahren kaum besser ist. Immer noch zeichnet sich in Europa eine Tendenz zugunsten der Sekundarstufe und des Hochschulwesens in der Bildungspolitik ab. Dies zeigt sich sowohl an den schulischen Rahmenbedingungen als auch an den Strukturen der Ausbildung der jeweiligen Lehrergruppen. Diese Ungleichgewichtigkeit ist unhaltbar und läßt Bildungskonzepte zur Phrase werden. Einstellungen und Überzeugungen bilden sich in Grundschulen und Familien aus. Deshalb muß von dieser Basis ausgegangen werden, wenn man sich nicht in ein elitäres Abseits begeben will. Auf dieser Einsicht beruht letztlich meine Motivation zu diesem Projekt.

Die zum Nachweis meiner These ausgewählten Themen basieren auf fünfzehnjähriger Erfahrung mit Schulprojekten in allen zwölf Mitgliedstaaten der Europäischen Gemeinschaft. In diesem Kontext bezieht sich der Begriff "Primarstufe" auf die Altersgruppe 5-13. Die europäische Dimension hat jedoch einen umfassenderen Bezugsrahmen und verweist auf den übergreifenden Zusammenhang interkulturellen Lernens und internationalen Verstehens. Die Leitziele lassen sich nur durch umfassende Förderung im gesamten Bildungssystem und mit öffentlicher Unterstützung anbahnen. Es wird ausgeführt, wie schulische Innovationen in Zeiten knapper Mittel, eines Überhangs an Informationen und eines Übermaßes an Reformen vorangebracht werden können. Es sollen Möglichkeiten der Schulentwicklungsplanung vorgeschlagen werden, wobei Strategien der Veränderung potentielle Gefahren einer Politisierung des Unterrichts vermieden werden müssen.

Das pädagogische Werk von Laurence Stenhouse ist für den gesamten Forschungsansatz grundlegend. Im Prozeß der Auseinandersetzung damit und in der Zusammenarbeit mit Lehrern und Bildungspolitikern wurde die konstruktive Mehrdeutigkeit der Konzepte "Über Europa lehren" und "Ein Europäer sein" erfahrbar. Die Art und Weise der Repräsentation dieser Mehrdeutigkeit im Wissen und Verstehen von Lehrern, Eltern und Schülern, ist - so hoffe ich - die zentrale Frage, um die es sich im folgenden drehen wird. Möge es eine Einladung zu kritisch weiterführendem Dialog sein.

Europa im Unterricht - Probleme und Möglichkeiten

Das Projekt "Europa im Unterricht der Grundschule" war ein kleines Handlungsforschungsprojekt, das von Lehrern zusätzlich in ihrem regulären Deputat und mit jährlich neu zu beantragenden Mitteln durchgeführt wurde. Es handelte sich somit um einen begrenzten Ansatz, der stark von Freiwilligkeit und persönlichem Engagement abhing.

Im folgenden sollen Organisation, Konzeption und Verlauf des Projekts dargestellt werden. Dabei werden sich sowohl allgemeine Grundprobleme multilateraler Projekte als auch spezifische Erfahrungen der Teilnehmer aufzeigen lassen.

Als eine der größten Schwierigkeiten stellte sich für die Projektkoordinatoren die Diskrepanz zwischen offizieller Beteuerung der Wichtigkeit Europas durch Politiker einerseits und dem europäischen Bewußtsein von Lehrern, Schülern und der allgemeinen Öffentlichkeit andererseits heraus.

Dies traf vor allem für Großbritannien zu, dessen traditionelle Inselmentalität der europäischen Dimension in der Schule nur geringe Chancen gab. In anderen Staaten der Europäischen Gemeinschaft fehlte es vor allem an Fachleuten, so daß sich die Schulen nur auf das Interesse und das Engagement einzelner Lehrer stützen konnten. Die Teilnehmer gingen zunächst von sehr geringen Vorkenntnissen der Kinder aus, etwa bezüglich der Beziehungen zwischen EG-Staaten und ihrer Organisation. Das Europabewußtsein der Erwachsenen wurde als noch weniger entwickelt vorausgesetzt.

Ob europäisches Lernen - sei es in der Grundschule oder auf weiterführenden Schulstufen - zu Erfolgen führt, hängt in hohem Maße von Einstellungsänderungen von Lehrern und der Öffentlichkeit ab. Gerade hier liegt die große Chance von Handlungsforschungsprojekten. Sie zielen durch ihre Methodologie zentral auf Veränderungen im Einstellungs-, Wissens- und Überzeugungsbereich ab.

Eine der Kernfragen der Projekte war: Von welchem Europa-Konzept soll überhaupt ausgegangen werden? Mehrere Projektgruppen legten Wert darauf, Europa nicht auf die EG zu begrenzen. Die Projektleitung hatte absichtlich keine Definition vorgegeben. Diese vom Ansatz her bestehende inhaltliche Offenheit sollte nicht nur vermeiden helfen, daß Schulprojekte politischen Optionen bestimmt werden; sie war zugleich eine Bedingung der Möglichkeit, daß Entscheidungen innerhalb kooperativer Projekte von den Teilnehmern selbst getroffen werden konnten.

Das Definitionsproblem wurde von einer der deutschen Projektgruppen z.B. so gelöst: Europa sollte unter vier Perspektiven betrachtet werden:

- unter der Perspektive eines vielfältigen Lebensraumes für Millionen von Menschen (Verkehr, Arbeit, Wirtschaft, Ernährung u.a.);
- unter der Perspektive einer politischen Region, die eine friedliche Entwicklung nehmen soll (Grenzen, Verbindungen, Partnerschaften);
- unter der Perspektive einer Kulturregion mit gemeinsamer Geschichte und mit Traditionen;
- unter der Perspektive einer ökologischen Region.

Diese miteinander verknüpften Perspektiven sollten einen didaktischen Rahmen für die Entwicklung von Unterrichtseinheiten setzen.

Eine weitere Kernfrage war, ob ein fächerübergreifendes oder fachspezifisches Lehrplanmodell zugrundegelegt werden sollte. Bei einem fächerübergreifenden Vorgehen würden bei allen Lehrplaninhalten europäische Bezüge hergestellt werden. Bei einem fachspezifischen Ansatz würden die Fächer (vor allem Geographie, Geschichte, Ökonomie, Politik und Gesellschaftslehre) zum Bezugsrahmen europäischen Lernens gemacht. Beide Modelle wurden erprobt. Es zeigte sich dabei, daß ein nur sporadisches Aufgreifen europäischer Themen (im Sinne eines Gelegenheitsunterrichts) zu Oberflächlichkeit, geringer methodischer Strukturierung, Verstärkung nationaler und sozialer Stereotypen, unreflektierter Unterrichtsvorbereitung, unzulänglicher Förderung von lernschwachen Schülern, zu Lernzielunklarheit und problematischer Leistungsbewertung führt.

Als besondere Herausforderung erwiesen sich komplexe problemorientierte Ansätze. Es galt zunächst, den thematischen Rahmen pädagogisch zu legitimieren im Blick auf spezifische Lernvoraussetzungen von Schülern. Schulbezogene Lehrerfortbildung erwies sich vor allem dort als wichtige flankierende Maßnahme, wo themenorientierte Unterrichtsformen bisher noch nicht zum festen und bewährten Repertoire eines Lehrerteams gehörten.

Ein spezifisches Problem ergab sich dadurch, daß amtliche Lehrpläne den Themenkomplex Europa nicht immer aufführten. Lehrpläne enthalten zwar allgemeine Zielvorgaben in dem Sinne, daß soziale und kulturelle Sachverhalte in größerem supra-nationalen Kontext betrachtet werden sollen. Doch reichen solche und ähnliche Aussagen nicht aus, um Europa als ein für die Grundschule relevantes Thema auszuweisen. Da man davon ausgehen muß, daß sich die affektive und normative Entwicklung bei Kindern im wesentlichen zwischen 8 und 11 Jahren abspielt, so ist diese Situation recht problematisch. Dieses "europäische Defizit" in Grundschullehrplänen muß genauer analysiert werden.

Sicherlich muß man länderspezifische Ausgangslagen in Betracht ziehen. So etwa, wenn man Konzepte multikultureller Erziehung in Großbritannien mit denen in Deutschland vergleicht und dabei feststellen muß, daß sich die gleichen Konzepte z.B. bei Kindern afro-karibischer, asiatischer oder türkischer Herkunft unterschiedlich auswirken können. Wir verfügen über eine Reihe teils synonymer, teils unterschiedlicher Konzeptbezeichnungen: Weltstudien, Dritte-Welt-Studien, Unterricht über Entwicklungsländer, internationale Erziehung, u.a.. Der jüngste Begriff "Interkulturelle Pädagogik" versucht, bestimmte Einseitigkeiten zu überwinden (Bell, 1987; Lynch, 1989). Es geht aber um mehr als um Austausch von Begriffen und Definitionen. Nicht zuletzt wird eine fruchtbare inhaltliche Debatte erst dann zustandekommen, wenn auch der Standpunkt pädagogischen Handelns vertreten wird. Wissensaufbau geschieht nicht durch authoritative Präskription, sondern durch Austausch von Erfahrungen und durch Kommunikation, die darauf abhebt, Konsens durch Evidenz zu erreichen. Genau dies ist Absicht des Projekts.

Didaktische Ansätze (im Sinne einer Wissenschaft des Lehrens) müssen durch dialektische Methoden (Methoden des kritischen Forschens) ergänzt werden. Lehren heißt in modernen Demokratien nicht technologischer Wissenstransfer, sondern Moderation von kritischem Dialog. Nur dadurch ereignet sich aktive Kommunikation und Interaktion zwischen Lehrern und Schülern.

Da sich das Projekt solche Ziele setzte - auch wenn sie zum Teil nur annäherungsweise erreicht werden konnten - mußten zunächst Hindernisse abgebaut werden.

- Ein erstes Hindernis bestand darin, daß pädagogisches Denken und Handeln traditionellerweise auf Autoritäten bezogen ist, z.B. auf Wissenschaft und Forschung, Schulaufsicht und Schulpolitik. Lehrer geraten in eine abhängige Position gegenüber Experten. Dies gilt auch für Bereiche, in denen sie selbst einschlägige Erfahrungen haben.
- Zum zweiten entstanden institutionelle Hierarchien, die pädagogisches Wissen nicht so sehr durch seine eigene Evidenz als durch seine Vermittlung über Autoritätsträger legitimierten. Das Interesse etablierter Institutionen galt vor allem der Theoriebildung und praxisfernen Wissenschaft.
- Zum dritten hat sich die dominante Wissenschaftstradition in europäischen Bildungseinrichtungen vor allem auf individuelles Textstudium und nicht auf kooperative Erforschung praktischen Handelns gestützt.
- Zum vierten bestimmten naturwissenschaftliche Methoden das pädagogische Feld. Es muß jedoch gesehen werden, daß Methoden zur Erforschung von Kausalzusammenhängen in einer Welt der Materie kaum geeignet sind für die Erforschung von Menschen und ihrer Werte.
- Zum fünften sind die Methoden der Interkulturellen Pädagogik weitgehend an diejenigen der Vergleichenden Erziehungswissenschaft angelehnt. Im allgemeinen heben vergleichende Studien entweder auf Verallgemeinerungen im Kulturvergleich ab oder sie versuchen Prognosen zu machen. L. Stenhouse hat aufgezeigt (1979), daß dadurch kasuistische

Methoden (Fallstudien) zugunsten empirisch-statistischer Verfahren vernachlässigt werden.

- Letztlich hat ein bestimmtes Verständnis von Pädagogik im Horizont von Philosophie, Psychologie und Soziologie zu umfassenden "großen Theorien" geführt, die aus dem Erfahrungszusammenhang losgelöst sind und so ihre Relevanz für Alltagssituationen verloren haben. Glaser und Straus (1967) unterscheiden dieses Theorieverständnis von "fundierten Theorien", die Beschreibungen und Erklärungen aus erfahrbaren und unter Umständen durch pädagogisch Handelnde selbst gewonnene Daten heraus entwickeln.

Interkulturelle Pädagogik hängt bei der Entwicklung ihres Wissensgebietes davon ab, ob die genannten Hindernisse und ihre Folgeerscheinungen abgebaut werden können. Die Projektgruppen stellten sich diesen Problemen ansatzweise und zeigten weiterführende Arbeitsrichtungen auf. Es geht dabei mehr um Strategien der Praxisveränderung als um die Arbeit an Texten, um kooperative Erforschung von Handlungsfeldern eher als um empirische Untersuchung repräsentativer Stichproben, um die gemeinsame Lösung von Praxisproblemen eher als um Theoriebildung.

Im Hinblick auf solche spannungsreiche Zielsetzungen müssen bestimmte Voraussetzungen erfüllt sein, wenn ein theoretischer Beweis für professionelles Lehrerhandeln entwickelt werden soll. Traditionelle Pädagogik konnte dies nicht leisten und kann deshalb auch keinen geeigneten Rahmen für die Entwicklung einer Interkulturellen Pädagogik abgeben.

Für das Projekt "Europa im Unterricht" gab es eine Reihe noch konkreterer Hemmfaktoren. Eine der niederländischen Projektgruppen wies darauf hin, daß Europa als Thema insofern brisant ist, als es dazu nicht nur kontroverse Meinungen gibt, sondern daß es auch dazu auffordert, lokale und nationale Kulturen zu überschreiten und so eine Veränderung der Prioritäten vorzunehmen. Brisant ist das Thema auch dadurch, daß an einer alten Tradition gerüttelt wird: Es geht um die Re-Interpretation des didaktischen Prinzips der Nähe und des lokalen Umfelds in Spannung zum Prinzip der Bezugnahme auf eine größere europäische Umgebung. Die ältere Tradition leitete ihre Legitimation einerseits davon ab, daß die lokale Umwelt Kindern direkt zugänglich ist und daß andererseits der Weg vom Konkreten zum Abstrakten eine gleichsam "natürliche" Methode darstellt. Die Europa-Projekte wiesen jedoch ganz deutlich nach: Wenn man das lokale Umfeld interpretieren will, muß man zugleich auch aufzeigen, daß der Nahraum, bereits das Nahe eine multikulturelle Dimension besitzt. Überkommene didaktische Ansätze lassen sich somit in den erweiterten pädagogischen Auftrag integrieren, auch wenn sich in der bisherigen Praxis kulturelle oder nationale Akzentsetzungen herausgebildet haben. Diese müssen allenfalls zurückgenommen und neu ausbalanciert werden. Fächer wie Geschichte (und z.T. Politikunterricht) werden in Zukunft im Hinblick auf die Erziehung zu nationaler Identifikation geringeren Einfluß nehmen, auch wenn manchen Eltern, Lehrern und Politikern dies als unakzeptabel erscheint.

In einem Bericht der Europäischen Kommission (1987) kommt diese Problematik klar zum Ausdruck:

"Einzelne Bildungssysteme nehmen diesen sensitiven Bereich, in dem Argumente und Dispute erforderlich sind, nur zögernd in Angriff. Lehrerkollegien sind keineswegs immer einig in der Meinung, daß die Europäische Gemeinschaft eine wünschenswerte Größe ist. Man muß den Weg der objektiven Tatsachenermittlung beschreiten." (E.C., 1987, S. 7-8).

Potentielle Konflikte können nach der Meinung von Projektkoordinatoren dadurch entschärft werden, daß außerschulische Experten in den Projekten mitarbeiten. Zwar ist dies nicht in allen Bildungssystemen gleichermaßen möglich, doch zeigen Erfahrungen, daß außerschulische Mitarbeiter mit breitem, einschlägigem europäischen Erfahrungshintergrund eine ganz entscheidende Rolle spielen können, die aber faktisch viel zu wenig genutzt wird.

Daß Eltern einen wichtigen Beitrag leisten können, war vielleicht eines der wichtigsten und zu Beginn nicht erwarteten Ergebnisse des Projekts. Durch Teilnahme von Eltern und in einigen Fällen auch jüngerer Geschwister, erhielten Lernsituationen ein ausgesprochen multikulturelles Gepräge (z.B. indem landesspezifische Gerichte zubereitet wurden, Lieder und Tänze aufgeführt, Sitten und Gebräuche dargestellt, Trachten gezeigt und Lebensweisen lebendig vermittelt wurden).

Frische und Vitalität ergaben sich auch bei der Eigenentwicklung von Unterrichtsmaterialien, etwa Spielen, durch Lehrer und Schüler, die kommerziellen Produkten oft überlegen waren. Ganz deutlich zeigte sich, daß verlagsmäßig produziertes Material vor allem jüngeren Kindern meist nicht entspricht, daß es oft kulturelle Stereotype enthält, daß die Texte den Altersgruppen und den Lernvoraussetzungen wenig entgegenkommen und daß eine schlüssige Theorie Interkultureller Erziehung fehlte. Betrachtet man Voraussetzungen der beteiligten Lehrer, vor allem deren Informationshintergrund, so zeigten sich häufig persönliche Erfahrungsdefizite und mangelnde Ausbildung. Das Projektteam in Großbritannien stand z.B. ganz unvorbereitet vor einer innovativen Situation. Eine Umfrage bei 23 Schulbuchverlagen zeigte, daß diese aufgrund des gering eingeschätzten Interesses an der Europathematik das verlegerische Investitionsrisiko nicht eingehen wollten. Hier wird ein Teufelskreis zwischen Mangel an geeignetem didaktischen Material, geringem Interesse der Grundschullehrer und geringem Anreiz für Verleger zur Veröffentlichung oder Neubearbeitung von Lehrmaterial sichtbar. Doch es war eindeutig, daß didaktische Ressourcen unverzichtbar sind. Als eine sehr effektive Lösung stellte sich die fahrbare Europa-Mediothek "Blick über die Grenzen" heraus. Sie konnte von Schulen für die Projektzeit ausgeliehen werden (Kasper/Kullen/Maier, 1990). Nach Medienarten und Inhalten gliederte sich die Mediothek folgendermaßen:

1. Dias: - *Europa - ein Teil der Welt*
- *Menschen in Europa*
- *Unterrichtssituationen*

2. Großfotos: - *Einstiegsbeispiele*
- *Methodische Möglichkeiten*

3. Posters: - *Flaggen*
- *Währungen*
- *Verschiedenes*

4. Spiele: - *Reisespiele*
- *Puzzles*
- *Dominos*
- *Suchspiele/Legespiele/Kartenspiele*

5. Folien: - *Umrißkarten*

6. Karten/Globen

7. Kinderbücher/Tänze/Lieder

In das Europa-Projekt konnten Schüler der Altersgruppe von 5 bis 13 Jahren einbezogen werden. Allerdings blieb es offen, ob das Interesse der Schüler durch die Inhalte selbst, d.h. durch die Beschäftigung mit anderen europäischen Kulturen, oder durch den offenen Ansatz des Lehrens und Lernens hervorgerufen wurde. Den deutlichsten Beweis für primäre Motivation gaben 9-12jährige Schüler immer dann, wenn aktive Möglichkeiten zur Kooperation über Ländergrenzen hinweg gegeben waren, was allerdings nur in Ausnahmefällen gelang. Die Europäische Kommission hat 1987 in ihrem Bericht Schüleraustausch und internationale Kontakte zwischen Schulen und Klassen in Bezug auf gemeinsame Unterrichtsthemen vorgeschlagen. Es sollten europäische Lehrerteams gebildet und hierdurch eine interpersonale und empathische Dimension geschaffen werden. Zweifellos sind dafür Voraussetzungen, u.a. finanzielle Zuschüsse, notwendig.

Schülerpartizipation war bei offenen, themenzentrierten Methodenkonzepten in besonderem Maße gefordert. Ob Lehrer offene Ansätze verwirklichen konnten, hing u.a. von ihrem Ausbildungsniveau, von der Ausstattung der Schulen, von Erfahrungen im Unterrichtsmanagement und vom Schulklima ab. Die Projektgruppen in Großbritannien wiesen darauf hin, daß die Schüler kaum Direkterfahrungen über das europäische Festland hatten, was für das Projekt eine schwierige Ausgangsbedingung darstellte.

Die Fallstudie dieser Gruppen stellte für weitere Forschungsarbeit folgende Hypothese auf:

- Schüler sehen sich im allgemeinen nicht als Europäer und schreiben Europa keine Bedeutung in ihrem Leben zu.
- Schüler betrachten Europa als interessantes Unterrichtsthema, da viele thematische Wahlmöglichkeiten und große Bearbeitungsfreiräume bestehen.
- Wie groß das Interesse von Schülern an europäischen Themen ist, hängt eng mit der Quantität und Qualität persönlicher Kontakte zu europäischen Dingen und Menschen zusammen.
- Meinungen und Überzeugungen der Schüler über Europa sind oft einfach und einseitig; sie sind aber schon fest geprägt und kommen klar zum Ausdruck.
- Ein Arbeitsprogramm, das sich auf schriftliches Material beschränkt, führt nicht zu Europa und Einstellungsveränderungen in bezug auf Europa.
- Haltungen und Verstehen werden entscheidend von konstruktiven Kontakten mit Menschen aus anderen europäischen Ländern bestimmt.
- Europäisches Lernen bietet Anlässe, um Fähigkeiten kritischen Denkens auf aktuelle Ereignisse anzuwenden (Ovens, 1985, in Bell u.a., 1989).

Das englische Projektteam kam zu dem Schluß, daß "europäische Studien" als wichtige Komponente des Grundschullehrplans und als Ergänzung von Umwelt- und Weltstudien Eingang in die Schulen finden sollten.

Ähnliche Konsequenzen zog eine der deutschen Projektgruppen, indem sie betonte, daß Europa-Projekte Auslöser oder Konzentrationskerne für curriculare Einheiten sein können, die aber nicht vom übrigen Lernkontext isoliert und als Ausnahmesituation betrachtet werden dürfen. Lehrer und Schulen sollten Freiräume in Stunden- und Lehrplänen erhalten, um europäisches Lernen breit zu verankern.

Italienische Projekterfahrungen legen nahe, unterschiedliche Entwicklungsstufen von Kindern zu berücksichtigen. Das Europa-Konzept muß in den Verstehenshorizont der Kinder gerückt werden, um nicht abstrakt und unverständlich zu bleiben. Die Konsequenz heißt: Differenzierung der Zugänge und Anspruchsniveaus. In einem deutschen Projektbericht wird betont, daß es großer Sensibilität bedarf, um Kinder nicht durch zu hohe Erwartungen zu überfordern.

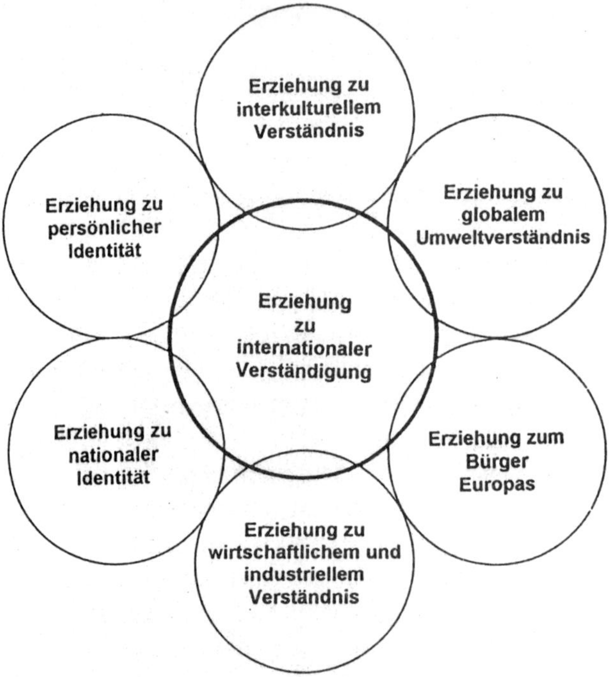

Erziehung zu persönlicher Identität geht davon aus, daß der Kern politischer Sozialisation in einem positiven Selbstkonzept liegt. Erziehung zu nationaler Identität rückt das Selbstkonzept des jungen Menschen in die Perspektive einer multikulturellen Gesellschaft. Erziehung zu interkulturellem Verständnis formt die persönliche und kollektive Identität durch Austausch eigener Erfahrungen mit den Möglichkeiten anderer, gleichwertiger Lebensformen. Erziehung zum Bürger Europas in Relation zur Erziehung zu wirtschaftlichem und industriellem Verständnis bietet Anlässe zur Einübung in Fertigkeiten internationaler Partizipation, und zwar durch das lebendige Beispiel einer Gemeinschaft, deren regulative Gesetze und Vereinbarungen die Rechte der Bürger stärken und die gemeinsame Umwelt schützen. Erziehung zu internationaler Verständigung in Verbindung mit globalem Umweltverständnis wirkt als Korrektiv zu einem Eurozentrismus und verweist auf die Interdependenz zwischen dem Bürger Europas und dem Bürger der Welt.

Grundschulwerkstatt der Pädagogishe Hochschule Heidelberg

Foto: R. Fischer

Monika Greiner

Baut Brücken - Chancen und Probleme friedlichen Zusammenlebens aus Schülersicht

Eine Auswahl von Plakaten aus dem Schülerwettbewerb des Landtags Baden-Württemberg zur Förderung der politischen Bildung

Der Schülerappell "Baut Brücken" kann in der heutigen Zeit nicht oft genug wiederholt und nicht nachdringlich genug weitergetragen werden. Die Landeszentrale für politische Bildung will dem, was engagierte Schülerinnen und Schüler im Schülerwettbewerb des Landtags geäußert haben ein Forum geben. Dazu sollen Wanderausstellungen mit Plakaten und die Publikation preisgekrönter Arbeiten dienen.

Der ehemalige Staatssekretär im Kultusministerium Hugo Leicht äußerte sich zur Plakatausstellung "Baut Brücken": "Den jungen Plakatkünstlern ist es überzeugend und eindrucksvoll gelungen, den komplexen und schwierigen Bereich Toleranz künstlerisch anspruchsvoll und engagiert in die spezifische Sprache des Plakates umzusetzen." Die Wanderausstellung "spiegelt die beherzte Botschaft der Schüler zum Miteinander mit Ausländern, zum Frieden und zur Gewaltlosigkeit wider."

Folgende Auswahl an Bild- und Wortplakaten verdeutlichen, daß bereits länger zurückliegende Schülerarbeiten eine immer noch gültige Aussage für aktuelle Situationen besitzen, ja sogar an Aktualität gewinnen. "NEO-NAZIS = NEO-GEWALT": Das hochformatige Plakat einer 15jährigen Gymnasiastin ist unterschiedlich braun gefärbt. Beherrscht wird es von einem grauen Hakenkreuz. Hinter diesem befinden sich drei Menschen, die die drei berühmten Affen personifizieren: Nichts hören, nichts sagen, nichts sehen. In einem Karree des Hakenkreuzes sind in hartem Schwarzweiß Symbole der Nazizeit zu sehen. Der Plakattitel stimmt angesichts der jüngsten Ereignisse in den alten und neuen Bundesländern sehr nachdenklich.

Das Wortplakat "ABGESTEMPELT", als Gruppenarbeit entstanden, regt durch seine ambivalenten und provokanten Aussagen zur Diskussion an und fordert zum Umdenken auf. Das Symbol Stempel wird im Layout des Textes integriert und zieht dadurch die Blicke des Zuschauers ohne die Verwendung von Signalfarben an.

Die Arbeit "Terror auf dem Spielplatz - Spiegelbild der Erwachsenen?!" zweier Schülerinnen einer gewerblichen Schule kommentiert eine Spielplatzszene. Ein wild blickender Junge ist dabei, einen am Boden hockenden, der sich zu schützen versucht, mit einem Stock zu schlagen. Der sowohl als Frage wie auch als Aufruf formulierte Kommentar der Autorinnen verdeutlicht die Abwägung, inwieweit die Konfliktbewältigung Erwachsener Vorbildcharakter für Kinder bedeutet.

Der eindringliche Appell "Mit den Augen der anderen sehen lernen" einer 15jährigen Realschülerin eröffnet eine Handlungsperspektive. Sichtbar wird ein geteiltes Gesicht. Die rechte Gesichtshälfte stellt einen hellhäutigen, blonden, die linke einen farbigen Menschen mit Fez dar. Die farbige Malerei läuft zur Mund- und Kinnpartie aus. Die Tränen in den Augen des Farbigen bieten Interpretationshilfen. Eine weitere Annäherungsvariante zeigt eine Sonderschülerin auf. Sie lädt am Telefon "Gino" zum Eisessen ein. Mit dieser Geste ist der erste Schritt zur Überwindung von Voreingenommenheit getan.

Auf einem Seminar zum Thema"Fremde Kulturen in unserem Alltag" formulierten die Schülerinnen und Schüler folgende Schlußakte zum friedlichen Zusammenleben mit Fremden:

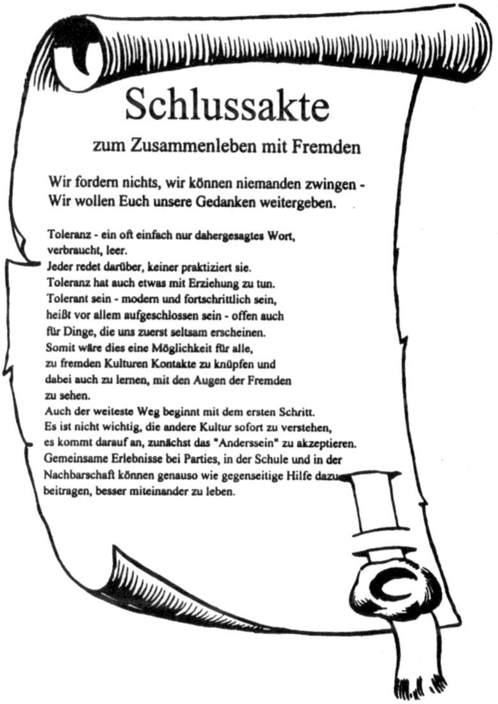

„Neo-Nazis = Neo-Gewalt"
Amina Kropp, 15 Jahre, Gymnasium

ABGESTEMPELT
WIR sind sauber
WIR sind intelligent
WIR sind organisationsbegabt
WIR sind arbeitsam
Italiener
IHR seid
lässig
und
bequem
Russen
IHR seid
gewalttätig
und
kulturlos
Franzosen
IHR seid
arrogant
und
mißgünstig
Engländer
IHR seid
gefühllos
und
überheblich
Lügen gehört sich nicht.
Üble Nachrede wird bestraft,
aber-
Verallgemeinerungen und pauschale Vorurteile
werden anscheinend toleriert.
DENNOCH!
WIR fahren EURE Autos
WIR genießen EURE Spezialitäten
WIR beschmutzen EURE Strände
WIR benutzen EURE Arbeitskräfte

Erika Eger, Martina Jüptner – Gymnasium

„Terror auf dem Spielplatz – Spiegelbild der Erwachsenen?!"
Ulrike Fischer und Martina Müller, 20 Jahre, Gewerbliche Schule

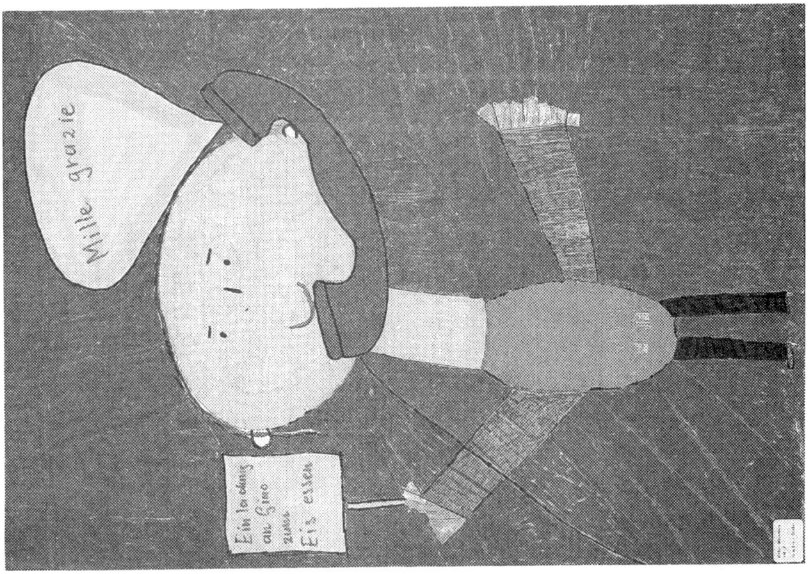
Mille grazie
Einladung an Gino zum Eis essen

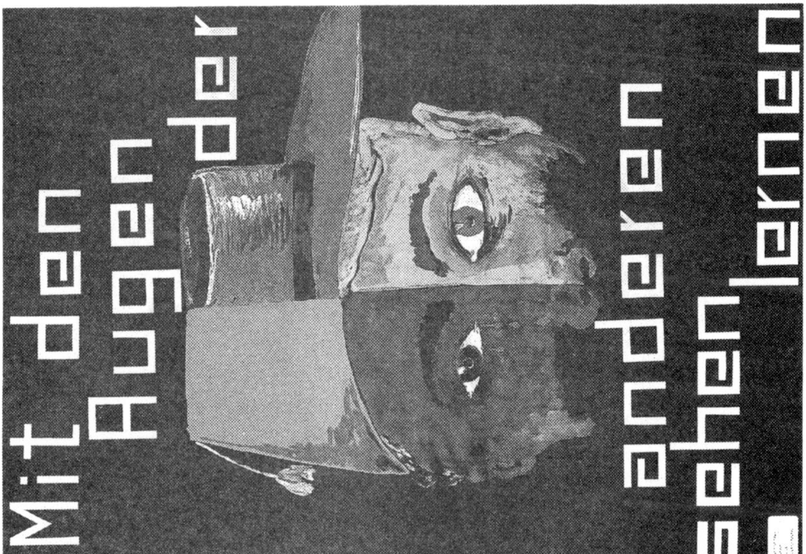
Mit den Augen der anderen sehen lernen

Dem Wandel Raum geben

Ingeborg Berggreen

Bildung und Erziehung in Europa

Europa wächst zusammen

Bis zum 31. Dezember dieses Jahres soll der gemeinsame Binnenmarkt der zwölf Mitgliedstaaten der Gemeinschaft verwirklicht sein. Dies bedeutet, einen Raum ohne Grenzen - in dem der freie Verkehr von Waren, Kapital und Dienstleistungen sowie die Freizügigkeit verwirklicht sind. Darüber hinaus sehen die Vertragsentwürfe von Maastricht, die am 8.2.1992 von den Regierungschefs unterzeichnet wurden, den Weg in eine Politische Union und eine Wirtschafts- und Währungsunion vor.

Der Europäische Wirtschaftsraum, der Zusammenschluß der EG-Staaten und der EFTA-Staaten, mit 380 Millionen Einwohnern soll - sofern alle, EFTA-Staaten zustimmen - noch in diesem Jahr ratifiziert werden. Die Staaten Osteuropas streben über Assoziierungsabkommen engere Verbindungen zur Gemeinschaft an.

Europa ist jedoch mehr als die Europäische Gemeinschaft. Das gilt besonders für die Bildung. Bildung in Europa kannte keine Grenzen. Salamanca, Bologna, Prag, Paris, waren die Orte, die Gelehrte und Studenten anzogen; eine gemeinsame Sprache, das Lateinische, half über die Grenzen hinweg. Unser Bildungsverständnis, die Bildungsinhalte und Traditionen sind europäisch geprägt - wenn auch Bildung immer eng verbunden war mit der nationalen und regionalen Identität. Aber wenn 1992/93 das Wort Europa fällt, ist doch meist die Europäische Gemeinschaft, der kommende Binnenmarkt gemeint.

Bildung als das "Herzstück der europäischen Integration"

Der von der Gemeinschaft in Auftrag gegebene Bericht, über die Auswirkungen des Gemeinsamen Binnenmarktes, der sog. Cecchini-Bericht[1]), erweckt große Erwartungen. Mit dem Wegfall der Grenzen in der Gemeinschaft soll das Bruttoinlandsprodukt steigen; Millionen neuer Arbeitsplätze sollen entstehen. Aber auch der Wettbewerb für den einzelnen und die Unternehmen werden größer werden. Das betrifft vor allem diejenigen, die schlecht oder unzureichend ausgebildet sind. Denn zunächst werden auch Arbeitsplätze verschwinden. Prognosen für den Arbeitskräftebedarf der 90er Jahre und darüber hinaus gehen von einem weiteren Nachfragezuwachs an Wissenschaftlern, Ingenieuren, Technikern und hochqualifizierten Arbeitskräften aus. Die Zeiten der großen Wanderungsbewegungen ungelernter Arbeitskräfte innerhalb der EG sind sicher vorbei. In Zukunft werden es gut qualifizierte Fachkräfte auf allen Ebenen sein, die in andere Länder gehen und dort nach Arbeit suchen. Dieser Konkurrenz wird sich jeder einzelne aufgrund seiner Vorbildung stellen müssen.

Exportabhängige Länder ohne eigene Rohstoffe wie die Bundesrepublik sind vor allem auf die Herstellung hochentwickelter, technisch fortschrittlicher Güter angewiesen. Im Produktionsverfahren ersetzen zunehmend Automaten und Roboter den Menschen. Menschliche Arbeitskraft wird in Zukunft mehr denn je darauf gerichtet sein, diese Maschinen zu konstruieren und zu beherrschen. Dagegen wird der Dienstleistungssektor in starkem Maße anwachsen und frei werdende Menschenkraft aufbrauchen. Die meisten der in der EG zwischen 1985 und 1990 neu geschaffenen neun Millionen Arbeitsplätze entfielen bisher auf den Dienstleistungssektor. Dem muß der Ausbildungsstatus der Arbeitskräfte entsprechen.

Für Europa wird eine gute Ausbildung der Bürger zu einer volkswirtschaftlichen Notwendigkeit. In Ihren Darlegungen betont z. B. die Kommis-sion der Europäischen Gemeinschaft immer wieder das Bedürfnis, die "Humanressourcen" in der Gemeinschaft zu entwickeln und in das "Humankapital" zu investieren.[2] So sehr diese wirtschaftliche Betrach-

1) Der 1988 vorgelegte Cecchini-Bericht ist eine von der EG-Kommission initiierte Studie über den Binnenmarkt 1992. Er analysiert die wirtschaftlichen Folgen des gemeinsamen Binnenmarktes und prognostiziert der EG langfristig Wirtschaftswachstum und Wettbewerbsvorteile.

2) z.B. Kommission der Europäischen Gemeinschaften: Mittelfristige Leitlinien 1989 - 92, Kommissionsdrs. KOM (89), 236 endg.=BRDrs. 348/89 vom 19.6.1989, S. 1; Memorandum der Kommission über die Berufsbildungspolitik für die 90er Jahre: Kommissionsdrs. KOM (91) 397 endg. vom 12.12.1991, Nr. 4, 11 ff., 15; vgl. auch Memorandum der Kommission zur Hochschulbildung in der Europäischen Gemeinschaft, Kommissionsdrs. KOM (91) endg. vom 5.11.1991.

tungsweise der Bildung gegen unsere Auffassung verstößt, daß es in erster Linie auf die Persönlichkeit des einzelnen, auf die Entwicklung seiner Begabungen, Fähigkeiten und Neigungen ankommt, so richtig ist dabei, daß Europas Wettbewerbsfähigkeit gegenüber den USA, Japan und den aufstrebenden Märkten in Südostasien von dem Bildungs- und Ausbildungsstand seiner Jugend abhängt.

Europa kann sich aber nicht allein in wirtschaftliche Faktoren erschöpfen. Europa muß, soll die Gemeinschaft von den Bürgern akzeptiert werden, als eine Werte- und Schicksalsgemeinschaft begriffen werden. Europa muß zu seinen kulturellen und geistigen Wurzeln zurückfinden; es muß auf seinen Gemeinsamkeiten aufbauen, seinem kulturellen Erbe, seiner Kunst, seiner Geistesgeschichte. Kultur und Bildung stehen somit in der Europäischen Gemeinschaft, im Europäischen Wirtschaftsraum, in ganz Europa, im Mittelpunkt. Die EG-Kommission stellt deshalb Bildung und Ausbildung zu Recht als eine "Schlüsselposition" an die Spitze ihrer Prioritäten und erklärt sie zu einem "Herzstück der europäischen Integration".[3)]

Schlüsselqualifikationen in Europa

Das zusammenwachsende Europa fordert von den jungen Menschen neue Schlüsselqualifikationen. Dies sind fundierte fachliche Kenntnisse, verbunden mit einer breiten Grundbildung. Dazu gehört die Fähigkeit zum selbständigen Planen und organisieren, zum logischen Denken und zur Teamarbeit. Eine besondere Bedeutung werden die Kommunikationstechniken und die Informatik haben. Kreativität, Phantasie und Gestaltungskraft werden in Zukunft mehr denn je gefragt werden. Nicht Spezialkenntnisse sind entscheidend -sondern eine umfassende Bildung. Hinzu kommen der Bedarf an Fremdsprachenkenntnissen und die Fähigkeit, mit Menschen in anderen Ländern zusammenarbeiten und sich in einem anderen Kulturkreis einzuleben.

---

3) Kommission der Europäischen Gemeinschaften. Mittelfristige Leitlinien (1988). Vgl. Fn 2. Kommission der Europäischen Gemeinschaften (1988). Die Bildungspolitik - ein Herzstück der europäischen Integration. In Perspektive 92 der Kommission. Nr. 1, S. 1.

Bildungspolitik der Europäischen Gemeinschaft

Diesen Qualifikationsanforderungen gerecht zu werden ist vor allem eine Aufgabe der nationalen Bildungssysteme. Die Mitgliedstaaten müssen die jungen Bürger auf Europa vorbereiten.

Die Europäische Gemeinschaft hat bisher wenig Zuständigkeiten, diesen Anpassungsprozeß zu unterstützen. Der geltende EWG-Vertrag ist ein Wirtschaftsvertrag. Er weist der Gemeinschaft nur eng begrenzte Zuständigkeiten für die Bildung und Ausbildung zu. Diese Bereiche sind bisher weder in der Präambel des Vertrages noch in den Zielbestimmungen der Art. 2 und 3 des EWG-Vertrages erwähnt worden. Der Europäische Gerichtshof selbst hat in mehreren Urteilen bestätigt, daß die Bildungspolitik als solche und die Organisation des Bildungswesens nicht zu den Materien gehören, die vom Vertrag erfaßt sind. Das bedeutet, daß die Gemeinschaft die Schulsysteme in den einzelnen Mitgliedstaaten in ihrer Verschiedenartigkeit akzeptieren muß.

Die EG kann nicht die Schuldauer auf 12 Jahre festlegen, die verpflichtende Vorschule mit 5 Jahren oder auch die berufliche Ausbildung innerhalb des allgemeinbildenden Schulwesens gemeinschaftsweit vorschreiben.

Gleichwohl hatte sich schon bisher eine Berufsausbildungspolitik schrittweise entwickelt, wie der Europäische Gerichtshof festgestellt hat.[4] Der EWG-Vertrag enthält schon heute einzelne punktuelle Gemeinschaftszuständigkeiten für die Bildung, vor allem für die berufliche Bildung. Außerdem wirken gemeinschaftliche Grundsätze, wie z.B. das Verbot der Diskriminierung nach der Staatsangehörigkeit und die Freizügigkeit in die Tätigkeiten der Mitgliedstaaten hinein - das gilt auch für die Ausbildungspolitik. Denn die Gemeinschaftsrechtsordnung überlagert die nationalen Rechtssysteme; ihre Bestimmungen gehen dem nationalen Recht vor. Hinzu kam, daß der EWG-Vertrag auf eine Fortentwicklung der europäischen Integration ausgerichtet ist - d.h. er forderte eine "dynamische" Auslegung geradezu heraus. Es galt, den EWG-Vertrag effektiv und durchsetzbar zu machen. So ist die Gemeinschaft bei der Ausübung ihrer Befugnisse und bei der Durchsetzung des Gemeinschaftsrechtes in keiner

4) RS 293/83 Urteil vom 23.2.1985, Slg. 1985, 593.

Weise eingeschränkt, auch wenn gemeinschaftliche Rechtsakte sich auf nationale Politiken, wie z.B. die Bildungspolitik auswirken können.[5]

Aber auch hier gibt es Grenzen: So können unterschiedliche Schulsysteme in den einzelnen Mitgliedstaaten ein Hemmnis für die Freizügigkeit darstellen, weil mancher vielleicht auf eine berufliche Veränderung in einen anderen Mitgliedstaat verzichtet, um seinen Kindern den Wechsel in ein unbekanntes und völlig anders strukturiertes Bildungssystem zu ersparen. Die Gemeinschaft kann aber nur vorschreiben, daß Kinder von Arbeitnehmern aus anderen Mitgliedstaaten mit gleichen Rechten wie die Einheimischen alle Unterrichtseinrichtungen besuchen dürfen. Eine Gemeinschaftsverordnung von 1968 konkretisiert diesen Anspruch.[6] Der Europäische Gerichtshof hat diesen Kindern den uneingeschränkten Anspruch auf Ausbildungsförderung zuerkannt.[7] Vorgaben verbindlicher Art für eine gemeinsame Strukturierung des Bildungswesens dagegen sind der Gemeinschaft untersagt. Allerdings entfacht die Kommission in sog. Memoranden Diskussionen über bestimmte Strukturfragen - vor allem der beruflichen Bildung und der Hochschulbildung.[8] Gleichzeitig aber betont sie den Grundsatz der Subsidiarität und bekennt sich zur kulturellen und bildungspolitischen Vielfalt in Europa, die es zu erhalten gilt. Angleichungen der Bildungssysteme müssen deshalb - sofern sie gewünscht sind - von den Mitgliedstaaten selbst vorgenommen werden. Das aber würde allenfalls das Ergebnis eines längeren Entwicklungsprozesses sein.

Das Verbot, Angehörige aus anderen Mitgliedstaaten unterschiedlich zu behandeln, hat vor allem für Studenten und Jugendliche in beruflicher Ausbildung eine große Bedeutung erlangt. Sie müssen ebenfalls wie die eigenen Staatsangehörigen Zugang zur Ausbildung haben, auch wenn sie nicht zu den von der Verordnung aus 1968 privilegierten Kindern zählen. Schul- und Studiengebühren oder sonstige Auslagen dürfen von ihnen nicht verlangt werden, nur weil sie Ausländer sind. Das allgemeine Dis-

5) RS 9/74 Urteil vom 3.7.1974. Slg. 1974, 773.

6) VO 1612/68 vom 19.10.1968. ABl 257/2.

7) Vgl. Fn 5.

8) Kommission der Europäischen Gemeinschaften. Memorandum zur Hochschulbildung in der Europäischen Gemeinschaft vom 5. Nov. 1991 (KOM 91, 349 endg.). Memorandum zum offenen Fernunterricht in der Europäischen Gemeinschaft vom

kriminierungsverbot des Gemeinschaftsrechtes gibt Schülern und Studenten dann auch ein eigenes Aufenthaltsrecht in den Mitgliedstaaten in denen sie sich in einer beruflichen Ausbildung befinden.[9] Allerdings kann Ausbildungsförderung für den reinen Lebensunterhalt von diesen Schülern und Studenten nach dem gegenwärtigen Stand des Gemeinschaftsrechtes nicht verlangt werden. Angesichts der unterschiedlichen Fördersysteme in den einzelnen Mitgliedstaaten ist diese Auffassung politisch wohl realistisch, wenn auch juristisch nicht ganz folgerichtig.[10]

Ob eine Richtlinie aus dem Jahr 1977, die den Mitgliedstaaten vorschreibt, Kindern von Arbeitnehmern aus anderen Mitgliedstaaten muttersprachlichen Unterricht zu erteilen[11], noch ganz auf dem Boden der Gemeinschaftsverträge steht oder ob hier unzulässigerweise in die Bildungsinhalte eingegriffen wird, mag dahingestellt bleiben. Angesichts der Bemühungen aller deutschen Länder um die Beschulung von Ausländerkindern hat diese Regelung bisher noch zu keinen Problemen geführt.

Gegenseitige Anerkennung von Bildungsnachweisen

Vor allem aber darf die Gemeinschaft ein weiteres potentielles Mobilitätshindernis beseitigen: Sie kann die gegenseitige Anerkennung von Diplomen und Befähigungsnachweisen regeln, die zur Aufnahme einer Berufstätigkeit berechtigen (Art. 57 EWGV). Für die sog. akademische Anerkennung, d.h. die Anerkennung von Studien- und Prüfungsleistungen zur Weiterführung eines Studiums oder einer Ausbildung oder zur Höherqualifizierung dagegen fehlt der Gemeinschaft die Handlungsermächtigung.

Die Abschlüsse, die nicht eine Berufstätigkeit eröffnen, sondern die Hochschulzugangsberechtigung vermitteln, werden übrigens aufgrund einer Konvention des Europarates von 1953 in allen Mitgliedstaaten der

12.11.1991 (KOM 91, 388 endg.). Memorandum über die Berufsausbildungspolitik der Gemeinschaft für die 90er Jahre vom 12.12.1991 (KOM 91, 397 endg.).

9) RL Nr. 90/366 EWG, ABl L 180/30.

10) RS 39/86 Urteil vom 21.6.1988. RS 197/86 Urteil vom 21.6.1988.

11) RL Nr. 77/486 EWG vom 6.7.1977, ABl L 199/32.

Gemeinschaft anerkannt, weil alle Mitgliedstaaten der Gemeinschaft Mitglieder des Europarates sind. Das Abitur ist kein Regelungsgegenstand für die Europäische Gemeinschaft.

Die Gemeinschaft hatte dann zunächst Richtlinien erlassen, die in bestimmten Berufssparten die Ausbildungen in den Mitgliedstaaten einander anglichen, um dann zu einer gegenseitigen Anerkennung zu kommen. Diese sog. sektoralen Richtlinien betrafen die Ärzte, die Zahnärzte, die Veterinäre, die Apotheker, die Krankenschwestern und Hebammen sowie die Architekten. Der Erlaß dieser Richtlinien dauerte wegen der sehr schwierigen Harmonisierung der Ausbildung aber jeweils viele Jahre.

Seit Ende 1988 besteht eine Richtlinie, welche die gegenseitige Anerkennung von Diplomen und Zeugnissen regelt, die nach einem mindestens 3-jährigen Studium auf einer Hochschule oder vergleichenden Einrichtung vergeben werden.[12)] Seit Juni dieses Jahres regelt eine zweite Richtlinie die Berufe der unteren Ebenen.[13)] Hier gibt es wiederum zwei Niveaus: Das obere Niveau betrifft Kurzstudiengänge von weniger als drei Jahren auf Hochschulebene und sog. lange Sekundarausbildung auf nicht universitärem Niveau. Diese Ausbildungen sind in einem Anhang im einzelnen aufgelistet. Das dritte Niveau betrifft alle Ausbildungsgänge darunter.

Das besondere an diesen Richtlinien liegt darin, daß hier nicht mehr versucht wurde, die Ausbildungen einander anzugleichen. Vielmehr gehen die Richtlinien vom Vertrauen in die Ausbildung in den anderen Mitgliedstaaten aus. Wer in einem Mitgliedstaat die Befugnis zur Ausübung eines Berufes erhalten hat, soll diesen Beruf auch in allen anderen Mitgliedstaaten ausüben können.

Nun gibt es aber doch tatsächliche Unterschiede in den Ausbildungen der einzelnen Mitgliedstaaten. Denn die Anforderungen für die Qualifikationen bei einem Beruf setzen weiterhin allein die Mitgliedstaaten fest. Zeiten der Berufstätigkeit, sog. Anpassungslehrgänge und unter ganz bestimmten Voraussetzungen auch Eignungsprüfungen sollen helfen, vorhandene Defizite auszugleichen. Die für den gewünschten Beruf erforderlichen Kenntnisse der Sprache des Aufnahmestaates können natürlich verlangt werden.

12) RL Nr. 89/48 EWG vom 21.12.1988, ABl (1989) 19/16.
13) RL Nr. 92/51 EWG vom 18.6.1992, ABl L 209/25.

Der Anwendungsbereich dieser Richtlinien ist jedoch beschränkt: Sie beziehen sich nur auf sog. reglementierte Berufe - d.h. auf solche Berufe, die man nur ausüben kann, wenn man ein entsprechendes Diplom vorweisen kann. Dies sind auf Hochschulebene z.B. die Lehrer. Auf den unteren Ebenen geht es vor allem um die Erzieher, die nichtärztlichen Heilberufe und die Gesundheitshandwerker. Da bereits eine sog. Übergangsrichtlinie aus dem Jahre 1966 den EG-Angehörigen erlaubt, in allen Mitgliedstaaten die sonstigen Handwerksbetriebe selbständig zu führen, auch wenn sie nicht den bei uns geforderten großen Befähigungsnachweis vorlegen können, dafür aber eine gewisse Zeit der einschlägigen Berufstätigkeit nachweisen können, sind die im Anhang für die Bundesrepublik Deutschland aufgelisteten Berufe nicht sehr zahlreich.

Diese Richtlinien sind aber sehr kompliziert und z.T. fast unverständlich abgefaßt. Das gilt vor allem für die zweite Richtlinie, welche die nichtuniversitäre Berufsausbildung betrifft. Hier zeigen sich die Unterschiedlichkeiten in den Berufsausbildungssystemen der Gemeinschaft: Die romanischen Staaten kennen in der Regel eine Berufsausbildung nur im Rahmen des Schulwesens. So will Frankreich 80 % der Jugendlichen bis zum Niveau des Baccalauréat führen - eine Forderung, die bei uns undenkbar wäre. Unser duales Ausbildungssystem kennt eigentlich nur Dänemark - ein Mischsystem findet sich in Holland und Luxemburg. Hier wird vor allem ein Beitritt Österreichs zur Europäischen Gemeinschaft die deutsche Position stärken können.

Diese Anerkennung der Zeugnisse nach dem EWG-Recht gewährt selbständig Tätigen, Dienstleistenden und abhängig Arbeitenden einen Rechtsanspruch darauf, daß ihre Qualifikationen entsprechend gewertet werden. Daneben besteht seit 1985 das sog. "Entsprechungsverfahren".[14] Hier werden einzelne Berufsabschlüsse bis zur Ebene der Facharbeiter und Fachangestellten miteinander verglichen, ohne daß daraus für den einzelnen individuelle Ansprüche abgeleitet werden können. Das Verfahren dient lediglich der Transparenz der Ausbildung in den einzelnen Mitgliedstaaten und somit der Information der möglichen Arbeitgeber in einem anderen Mitgliedstaat. Denn viele Unternehmen klagen, daß gerade mittlere Abschlüsse aus dem EG-Ausland nur schwierig einzuordnen seien.

14) Entscheidung Nr. 85/368/EWG vom 16.7.1985, ABl L 199/56 und Entschließung Nr. 91/C 109/01 vom 18.12.1990. ABl C (91) 109/1.

Bisher sind folgende Berufsfelder in dieses Entsprechungsverfahren einbezogen:

- Hotel- und Gaststättengewerbe
- Kraftfahrzeugmechanik
- Elektrotechnik, Elektronik
- Landwirtschaft
- Textil
- Druckerei und Medien
- Büro, Verwaltung, Banken und Versicherungen.

Die Öffnung des öffentlichen Dienstes für EG-Bürger

Nun helfen alle Anerkennungsrichtlinien nichts, wenn die Mitgliedstaaten die Freizügigkeit mit dem Hinweis darauf einengen, daß bei ihnen der öffentliche Dienst in weiten Bereichen den eigenen Staatsangehörigen vorbehalten ist.

Nach Art. 48 Abs. 4 des EWG-Vertrages kann die "öffentliche Verwaltung" vom grundsätzlichen Gebot der Freizügigkeit ausgenommen werden. Was darunter zu verstehen ist, hat der Europäische Gerichtshof klargestellt. Dieser Vorbehalt für eine nationale öffentliche Verwaltung ist als Ausnahme vom Grundsatz der Freizügigkeit auf das unbedingt Erforderliche zu beschränken. Außerdem sind diese Ausnahmen einheitlich für die gesamte Gemeinschaft festzulegen. Maßgeblich sind deshalb die konkreten Funktionen -nicht die formellen Kriterien der Verbeamtung. Von der Freizügigkeit ausgenomen sind nach dem Gerichtshof nur diejenigen Stellen, die "eine unmittelbare oder mittelbare Teilnahme an der Ausübung hoheitlicher Befugnisse und/oder an der Wahrnehmung solcher Aufgaben mit sich bringen, die auf die Wahrung der allgemeinen Belange des Staates und anderer öffentlicher Körperschaften gerichtet sind.[15]) Bei Studienreferendaren, bei Sprachlektoren an Universitäten und ganz allgemein für lehrende Berufe hat der Gerichtshof die Annahme, hier liege dieser Ausnahmebereich vor, verneint.[16]) Obwohl der Lehrer mit der Dis-

15) Everling, U. (1990). Zur Rechtsprechung des Europäischen Gerichtshofes über die Beschäftigung von EG-Ausländern in der öffentlichen Verwaltung. In Deutsches Verwaltungsblatt 1990, 225-231 mNw..

16) RS 66/85 Urteil vom 3.7.1986; RS 33/88 Urteil vom 30.5.1989, RS C - 4/91 Urteil vom 27.11.91.

ziplinargewalt und der Notenvergabe hoheitliche Gewalt ausübe, gehe doch die pädagogische Tätigkeit vor. Die Kommission hat daraufhin pauschal den gesamten Unterricht an staatlichem Bildungswesen voll der Freizügigkeit untergeordnet und will dies auch zur Zeit mit Vertragsverletzungsverfahren gegenüber der Bundesrepublik Deutschland durchsetzen. Hier wird man aber wohl nach Funktionen unterscheiden müssen. Für Schulleiter dürften wohl eine andere Beurteilung der Funktion gelten als für den "normalen" Lehrer.

Eine Änderung der Beamtengesetze in Bund und Ländern ist zur Zeit in Vorbereitung:[17)] Der Beamtenstatus wird mit den genannten Ausnahmen für Angehörige aus EG-Staaten allgemein geöffnet werden. Dabei muß jedoch klargestellt werden, daß es im Gemeinschaftsrecht nur um den Zugang von EG-Ausländern zum öffentlichen Dienst geht. Ob ein Mitgliedstaat seine Verwaltung mit Beamten oder mit Angestellten besetzt, bleibt ihm überlassen. Der Beamtenstatus für Lehrer in der Bundesrepublik Deutschland muß deshalb nicht wegen der EG aufgegeben werden.

"Berufsausbildungspolitik"

Von weniger Bedeutung für die Gemeinschaftspolitik waren Bestimmungen im EWG-Vertrag, die eine gewisse Koordinierung im Bereich der Berufsausbildung vorsehen, vor allem auch im Bereich der Landwirtschaft (Art. 41 und Art. 118 EWGV). Zu einer grundsätzlichen Stütze für eine gemeinschaftliche Berufsausbildungspolitik wurde dagegen eine Bestimmung im Kapitel über den Sozialfonds der Gemeinschaft: Art. 128 des Vertrages. Danach kann der Rat allgemeine Grundsätze zur Durchführung einer gemeinsamen Berufsausbildungspolitik aufstellen - und zwar mit einfacher Mehrheit und ohne Einschaltung des Europäischen Parlamentes. Solche Grundsätze wurden bereits 1963 aufgestellt, sie haben jedoch keinen rechtsverbindlichen Charakter.[18)]

---

17) Gesetzentwurf der Bundesregierung BRDrs. 555/92 vom 14.8.1992.

18) Entscheidungen des Europäischen Gerichtshofes:
RS 9/74 Urteil vom 3.7.1974; Slg. 1974, 773.
RS 293/83 Urteil vom 23.2.1985, Slg. 1985, 593.
RS 24/86 Urteil vom 2.2.1988, RS 242/87 Urteil vom 30.5.1989.

Es war vor allem der Europäische Gerichtshof in Luxemburg, der auf dieser Vertragsbestimmung zusammen mit den danach ergangenen Beschlüssen, Grundsätzen und sonstigen Entschließungen eine gemeinschaftliche Berufsausbildungspolitik im Wege der Rechtsfortbildung auf- und ausbaute. Die Urteile können hier nicht im einzelnen dargestellt werden. Zusammenfassend läßt sich festhalten, daß nach Auffassung des Gerichtshofes die Berufsausbildung nicht außerhalb des Gemeinschaftsrechts steht. Die Gemeinschaft habe die Aufgabe, die Berufsausbildungspolitik wirksam zu verfolgen. Zu diesem Zwecke könne sie den Mitgliedstaaten auch Mitwirkungspflichten auferlegen. Der Begriff der Berufsausbildung wird weit gefaßt: Berufsausbildung ist danach jede Form der Ausbildung, die auf eine Qualifikation für einen bestimmten Beruf oder eine bestimmte Beschäftigung vorbereitet, und zwar unabhängig vom Alter und Ausbildungsniveau der Schüler und Studenten und selbst dann, wenn der Lehrplan auch allgemeinbildenden Unterricht enthält. Fast jedes Hochschulstudium - mit Ausnahme der sog. Orchideenfächer - gehört danach zur beruflichen Ausbildung.[19)]

Gemeinschaftliche Förderprogramme

Wenn auch die Regelungskompetenz der Gemeinschaft trotz dieser Ausdehnung der vertraglichen Grundlagen begrenzt ist, so versucht die Gemeinschaft mit der Vergabe von Geldern vorrangig Ziele, wie die Mobilität, zu fördern. Es gibt eine Reihe von Bildungsprogrammen der Gemeinschaft: Es sind dies das Jugendaustauschprogramm *Jugend für Europa*, das Sprach- und Förderungsprogramm *Lingua*, das Studentenaustauschprogramm *Erasmus*, das Programm *Comett* zur Förderung von Hochschule und Wirtschaft, das Programm *Petra* zur Berufsausbildung Jugendlicher, durch Austausch junger Arbeitskräfte sowie durch Ausbildungsinitiativen, Studienberufe für Berufsfachleute und Forschungskooperationen, das Programm *Eurotecnet* zur Förderung von Innovationen in der beruflichen Erstausbildung, das Programm *Force* zur beruflichen Weiterbildung, das Programm *Iris* zur Berufsausbildung von Frauen u. a. mehr. Besonders bekannt geworden ist das *Erasmus*-Programm.[20)] Die Stipen-

---

19) Fn 4.

20) z.B. EG-Nachrichten der EG-Kommission Nr. 12 vom 21.10.1991. EG-Bildungs- und Austauschprogramme.

dien und sonstigen Zuwendungen können die Studenten und Hochschulen i.d.R. nur erhalten, wenn die Hochschulen mit Partnereinrichtungen im Ausland Abkommen schließen und darin die an der Partnerhochschule verbrachten Studienzeiten und erworbenen Leistungsbescheinigungen anerkennen. So kann die Gemeinschaft über die Gewährung von Geldern Angleichungen im Bildungswesen erzielen, die sie durch rechtsverbindliche Vorschriften nicht erreichen könnte.

Weitere Ausdehnung der Gemeinschaftsaktivitäten

Eine weitere Ausdehnung erlebte die Gemeinschaftspolitik durch eine Generalklausel des Vertrages in Art. 235, der jeweils ein Handeln der Gemeinschaft dann erlaubt, wenn ein Ziel des Vertrages verwirklicht werden soll, eine konkrete Handlungsermächtigung im Vertrag aber nicht enthalten ist. Allerdings bedarf dies eines einstimmigen Beschlusses im Rat. Hier geht die Vertragsausdehnung bereits in die Vertragsänderung über. Weil die Ziele des Gemeinschaftsvertrages sehr weit gesteckt sind - sie beziehen sich z.B. auf eine harmonische Entwicklung des Wirtschaftslebens und auf engere Beziehungen zwischen den Staaten der Gemeinschaft -, können mit dieser Generalklausel die Handlungsbereiche der Gemeinschaft praktisch uferlos ausgedehnt werden.

Kritisch zu würdigen ist ferner der Versuch der Gemeinschaft, Bildung und Ausbildung der Sozial- und Wirtschaftspolitik unterzuordnen.[21)] Im Mittelpunkt aller Bemühungen um Bildung und Ausbildung stehen nicht volkswirtschaftliche oder gesellschaftspolitische Erwägungen, sondern die Fähigkeiten, die Neigungen und Begabungen jedes einzelnen jungen Menschen, die es bestmöglichst zu entwickeln gilt.

Neben diesen Maßnahmen hat sich seit 1976 außerdem eine Bildungspolitik auf Gemeinschaftsebene entwickelt, die gekennzeichnet ist von den Grundsätzen der Einstimmigkeit und der rechtlichen Unverbindlichkeit. Sie beruht auf der Verabschiedung eines Aktionsprogramms zum Bildungsbereich aus dem Jahre 1976, das nahezu alle Fragen der Bildung

---

21) Ablehnend der Bundesrat. Statt vieler Äußerungen: BRDrs. 349/89 - Beschluß vom 22.9.1989.

umfaßt. Seitdem sind Verlautbarungen zu vielen bildungspolitischen Themen ergangen, wie z.B. der Chancengleichheit von Jungen und Mädchen, der Umwelterziehung, der Gesundheitserziehung, der Lehreraus- und -fortbildung u.a.m.[22] Häufig wurde hier in der sog. gemischten Formel entschieden. Das bedeutet, daß die Minister im Rat der Gemeinschaft gleichzeitig auch als im Rat vereinigte Minister, d.h. als eine zwischenstaatliche Ministerkonferenz, beschließen. Diese Verbindung von EG-Maßnahme und völkerrechtlicher Vereinbarung erlaubt es, von einer genauen Kompetenzabgrenzung zwischen Gemeinschaftszuständigkeiten und den Angelegenheiten der Mitgliedstaaten abzusehen. Vor allem die jeweiligen Ratsvorsitzenden brachten auf diese Weise Themen in die Gemeinschaftsarbeit ein, die sie innenpolitisch für notwendig hielten. Denn diese unverbindlichen Verlautbarungen können durchaus politische Bedeutung erlangen.

Die Beschlüsse von Maastricht

Der Vertragsentwurf von Maastricht sieht nunmehr ausdrücklich neue Zuständigkeiten für die Europäische Gemeinschaft auch im Bereich der allgemeinen und der beruflichen Bildung vor.

In Art. 3 Buchst. p des Maastrichter Vertrages wird als Ziel der Gemeinschaft u.a. eine qualitativ anspruchsvolle Bildung für die Gemeinschaftsbürger genannt. Dieses umfassende Ziel soll jedoch nicht wiederum zu einer weitausgedehnten Inanspruchnahme der genannten Generalklausel führen. Vielmehr gehen die konkreten Bestimmungen zur Bildung und Ausbildung vor.

Außerdem unterstehen jetzt die Handlungen der Gemeinschaft dem Subsidiaritätsprinzip. Danach wird die Gemeinschaft auch in den Bereichen wie Bildung und Ausbildung nur dann tätig, sofern und soweit die Ziele der in Betracht gezogenen Maßnahmen auf der Ebene der Mitgliedstaaten nicht ausreichend erreicht werden können und deshalb wegen ihres Umfangs oder ihrer Wirkungen besser auf Gemeinschaftsebene wahrge-

---

22) Rat der Europäischen Gemeinschaften, Generalsekretariat (1987, Juni). Erklärungen zur Europäischen Bildungspolitik. 3. Ausgabe. Sowie Ergänzung vom Dezember 1989.

nommen werden. Die Auslegung dieses Subsidiaritätsprinzips ist nicht einfach - hier gibt es durchaus unterschiedliche Auffassungen zwischen der Kommission und der Bundesrepublik Deutschland. Es wird darauf zu achten sein, daß dieses Subsidiaritätsprinzip nicht auf eine einfache "Besserklausel" verkürzt wird: Es soll nicht schon jedesmal dann ein Handeln der Gemeinschaft möglich sein, wenn eine Maßnahme auf Gemeinschaftsebene lediglich "effektiver" als auf der Ebene der Mitgliedstaaten erscheint. Fraglich ist allerdings, was geschehen soll, wenn Maßnahmen zwar in einigen, nicht aber in allen Mitgliedstaaten durchgeführt werden können. Subsidiarität bedeutet aber auch, daß die Umsetzung von Gemeinschaftsmaßnahmen weitgehend bei den Mitgliedstaaten liegen muß.

In einem neuen Kapitel "allgemeine und berufliche Bildung und Jugend" in Abschnitt VIII über "Sozialpolitik, allgemeine und berufliche Bildung sowie Jugend" sind die neuen Gemeinschaftskompetenzen für die allgemeine und berufliche Bildung zusammengefaßt. Sowohl bei der allgemeinen Bildung wie auch bei der beruflichen Bildung ist klargestellt, daß nach wie vor die Mitgliedstaaten zuständig sind für die Lehrinhalte und die Gestaltung des Bildungssystems. Dies unterstreicht die nur unterstützende und ergänzende Funktion der Gemeinschaft und bejaht die Unterschiedlichkeit der Bildungssysteme. Diese verschiedenen Systeme verursachen vielleicht eine gewisse Erschwernis in der Mobilität - sie bedeuten aber vor allem den kulturellen Reichtum unseres Kontinentes. Der Entwurf von Maastricht verlangt ausdrücklich, daß diese Vielfalt der Kulturen und Sprachen zu erhalten ist.

Dementsprechend ist sowohl bei der allgemeinen wie bei der beruflichen Bildung jede Harmonisierung der Rechts- und Verwaltungsvorschriften der Mitgliedstaaten untersagt.

Im Bereich der allgemeinen Bildung soll sich die Gemeinschaft vor allem

- der Entwicklung einer europäischen Dimension im Bildungswesen,
- der Förderung der Mobilität der Lehrenden und Lernenden, vor allem auch durch die Förderung der sog. akademischen Anerkennung von Studienzeiten und Diplomen,
- dem Jugendaustausch,
- der Zusammenarbeit der Bildungseinrichtungen,
- dem Ausbau des Informations- und Erfahrungsaustausches sowie
- der Entwicklung der Fernlehre

widmen.

Um diese Ziele zu erreichen, kann der Rat Fördermaßnahmen ergreifen. Fördermaßnahmen sind im Vertrag nicht näher erläutert. Sie könnten sicher auch in einer verbindlichen Form ergehen. Sie müssen aber in ihrer Zielrichtung darauf ausgerichtet sein, die Maßnahmen der Mitgliedstaaten nach dem Gesichtspunkt der Subsidiarität zu unterstützen.

Im Bereich der beruflichen Bildung soll die Gemeinschaft folgende Ziele erreichen:

- Eine Erleichterung der Anpassung an die industriellen Wandlungsprozesse, vor allem durch berufliche Bildung und Umschulung,
- eine Verbesserung der beruflichen Erst- und Weiterbildung,
- die Erleichterung der Aufnahme einer beruflichen Bildung,
- die Förderung der Mobilität der Ausbilder und der in beruflicher Ausbildung befindlichen Personen
- die Förderung der Zusammenarbeit zwischen Unterrichtsanstalten und Unternehmen sowie
- den Ausbau des Informations- und Erfahrungsaustausches über die Probleme des Bildungswesens.

Hier kann die Gemeinschaft Maßnahmen erlassen. Auch der Begriff der Maßnahmen ist im Vertrag nicht näher erläutert. Maßnahmen umfaßt alle Arten der Handlungen und der Gesetzgebung der Gemeinschaft. Wenn auch im Begriff der Maßnahme selbst der Fördercharakter nicht auftaucht, so bleibt es doch auch im Bereich der beruflichen Bildung bei nur subsidiären Maßnahmen der Gemeinschaft, weil auch hier die Gemeinschaft die Maßnahmen der Mitgliedstaaten nur unterstützen und ergänzen kann.

Eine Besonderheit bei der beruflichen Bildung ergibt sich jedoch aus dem ersten Satz der neuen Bestimmung über die berufliche Bildung: Danach führt die Gemeinschaft eine Politik der beruflichen Bildung durch - allerdings mit dem dargestellten unterstützenden Charakter. Insofern ist die berufliche Bildung zur Gemeinschaftspolitik geworden. Sie ist somit wesentlich enger in die Gemeinschaftsaktivitäten einbezogen, als dies bei der allgemeinen Bildung der Fall ist.

Folgerungen aus Maastricht

Wenn Maastricht ratifiziert werden sollte, kommt es für die weitere Entwicklung sehr darauf an, die neuen Regelungen im Sinne der Subsidiarität und der Beachtung der mitgliedstaatlichen Rechte anzuwenden.[23] Vor allem dürfen Bildung und Ausbildung nicht zu einem Annex der sog. "sozialen Kohäsion" werden, einer neuen Aufgabe, welche die Entwürfe von Maastricht vorsehen. Der soziale Zusammenhang in der Gemeinschaft ist wichtig, und Bildungsmaßnahmen sind sicher besonders gut geeignet, dieses Ziel zu erreichen. Dabei dürfen jedoch das Prinzip der Subsidiarität und die Vielzahl der Bildungssysteme nicht beeinträchtigt werden.

Auch wenn die Entwürfe von Maastricht nicht ratifiziert werden sollten, entfalten sie Bedeutung: Die Mitgliedstaaten haben mit dem Entwurf deutlich gemacht, daß sie im Bildungs- und Schulbereich keine Angleichung der Systeme wünschen, daß sie Inhalte und Strukturen weiterhin allein festlegen und der Gemeinschaft nur subsidiäre fördernde Maßnahmen zugestehen wollen. An diese Grundsätze muß sich im Zweifel auch die Auslegung des jetzt noch geltenden Rechtes halten.

Die Herausforderungen für die Bildungspolitik in der Bundesrepublik

Es fragt sich aber, ob unser deutsches Bildungswesen, die Jugendlichen ausreichend auf Europa vorbereitet. Beklagt wird der Trend zu Abitur und Studium, während andererseits Facharbeitermangel herrscht. Der Anteil der Erwerbstätigen mit Hochschulabschluß ist von 6 % 1970 auf knapp 10% 1987 gestiegen und wird im Jahre 2000 wohl 15 % betragen. Seit Mitte der 80er Jahre hat sich die Zahl der in der dualen Ausbildung von Betrieb und Schule befindlichen Jugendlichen um mehr als 330000 auf 1,5 Millionen verringert. Dagegen steigt die Zahl der Studenten kontinuierlich an. Mit 1,56 Mio Studenten gibt es 1992 zum ersten Mal in der Geschichte der Bundesrepublik mehr Studenten als Auszubildende. Dies wird allerdings durch die verschieden lange Dauer der Ausbildung relativiert: So absolvieren jährlich etwa 150000 Studenten das Studium, während rund

23) So die Stellungnahme der Ständigen Konferenz der Kultusminister in Deutschland: zu den Ergebnissen von Maastricht vom 4.2.1992.

500000 Lehrlinge ihre Ausbildung abschließen. Dennoch kann eine Wirtschaft nicht funktionieren, in der es z. B. mehr Architekturstudenten als Maurerlehrlinge gibt. Ohne die Elite der Facharbeiter und Fachangestellten bleibt die deutsche Wirtschaft nicht konkurrenzfähig.

In Europa gilt gerade unser duales Ausbildungssystem in Betrieb und Schule als Vorbildung. Es wird als ein Garant gegen eine übermäßige Jugendarbeitslosigkeit gesehen. Nach einer Veröffentlichung der EG-Kommission von 1988 waren EG-weit 38,1 % aller arbeitslosen Jugendlichen unter 25 Jahren arbeitslos, in Italien waren es 54,3 %, bei uns dagegen 19,2 %.

Das duale System hat allerdings heute durchaus Probleme der Attraktivität. Zur Aufwertung der beruflichen Bildung muß aber auch die Wirtschaft selbst beitragen. Sie muß leistungsfähigen Hauptschülern, Gesellen und Meistern gute Gehaltschancen und Karrieremöglichkeiten bieten. Das gilt auch für den öffentliche Dienst. Dabei geht es vor allem um die Durchlässigkeit in den Bildungswegen. Gleichwohl darf die berufliche Bildung nicht ständig unter dem Blickwinkel der Hochschulzugangsberechtigung betrachtet werden.

Nicht sehr vorbildlich in Europa sind unsere langen Studienzeiten. Das Durchschnittsalter der Hochschulabsolventen ist von 1977 bis 1984 von 27,3 auf 28,0 Jahre gestiegen, die Gesamtstudiendauer von 13,5 Semestern 1984 auf 14,8 Semester 1989 bei weiterhin steigender Tendenz. Deutschland wird mit einer tatsächlichen Studiendauer von 7 Jahren nur noch von Italien übertroffen. Dies hat aber weniger zu einem Ruf nach Entschlackung des Studiums als vielmehr zur Forderung nach einer nur 12jährigen Gymnasialzeit geführt. Man muß dabei aber nicht nur europäische Schuljahre vergleichen - sondern die Unterrichtszeit insgesamt betrachten.

Nach einer Studie des Deutschen Lehrerverbandes haben spanische Schüler 1232 - 1452 Vollzeitstunden pro Schuljahr Unterricht, französische Schüler 952 - 1152 Vollzeitstunden, die deutschen Schülern dagegen 777 - 944 Vollzeitstunden. Auch wenn in diesen Stunden im Ausland möglicherweise Hausaufgabenbetreuung mit eingeschlossen ist, so ist doch das Bildungsangebot dort wesentlich umfassender. Kürzere Schulzeit bedeutet eine Verdichtung des Unterrichts, wenn keine wesentlichen Abstriche an den Bildungsinhalten gemacht werden sollen. Aber wollen und können wir unsere Kinder derart mehr belasten?

Wenn allerdings der europäische Wettbewerb dazu führen sollte, daß Hochschullehrer und Studenten zu einem strafferen und zügigeren Studium finden, wäre dies zu begrüßen. Nicht alles muß in der Erstausbildung vermittelt werden - vieles kann auch der beruflichen Weiterbildung überlassen bleiben. Zusatzqualifikationen allerdings wie Auslandsaufenthalte, Praktika und Fremdsprachen werden selbst bei einer längeren Studienzeit von der Wirtschaft durchaus positiv bewertet. Von besonderer Bedeutung auf allen Ebenen werden Fremdsprachenkenntnisse sein. Hier ist an frühzeitige Befassung mit anderen Sprachen, an bilinguale Schulen aber auch an eine Vertiefung des Fremdsprachenunterrichts in der beruflichen Bildung zu denken. Dabei sollte die Vielfalt der Sprachen gefördert werden - Englisch sollte nicht allein dominieren.

Wichtig sind auch Kenntnisse über die anderen Länder in Europa, über deren Gedichte, Wirtschaft, Kunst etc. Es gilt, die sogenannte Europäische Dimension in das Bildungswesen einzubringen. Die Ständige Konferenz der Kultusminister in Deutschland hat hierzu 1978 und 1990 entsprechende Vorgaben gegeben.

Junge Menschen werden sich aber am meisten für Europa begeistern, wenn sie es selbst und mittelbar erleben. Der Schüleraustausch verdient im Rahmen des Möglichen jede Unterstützung.

Ergebnis

Bildung und Erziehung in Europa liegen in vielen Händen: der Gemeinschaft, der Mitgliedstaaten - d.h. bei uns vornehmlich der Länder -, der Schulverwaltungen, der Lehrer und natürlich auch der Eltern. Sie alle bemühen sich, jedem Jugendlichen, auch den Schwächeren und Behinderten, eine bestmögliche Erziehung und Ausbildung zu vermitteln. Dabei gehen die einzelnen Staaten unterschiedliche Wege. Diese Vielfalt ist unser historisches Erbe und prägt unseren Kontinent. Vielfalt kann aber nur gedeihen, wenn nicht Absonderungen, sondern Miteinander die Leitlinie für unser Handeln ist. Dies soll auch die Richtschnur für die Europäische Union sein.

Horst Buszello

"Europa" und das "Europäische" - Probleme und Aufgaben historisch-politischer Erziehung

In Abwandlung eines Satzes von André Weckmann möchte man formulieren: Europa ist ein geduldiges Wort. Ein jeder versteht's, wie es ihm gerade paßt.

Die Schwierigkeiten im Umgang mit "Europa" und dem "Europäischen" resultieren wohl vor allem aus zwei Umständen. Eine seit mehr als 100 Jahren mit Aufwand und Erfolg betriebene Erziehung zu Nation, Volk und Staat hat das gemeinsame, europäische Fundament unserer regionalen und nationalen Kulturen bis zur Unkenntlichkeit verblassen lassen. Und angesichts der offenkundigen Mannigfaltigkeit Europas, der Differenzierungen und Antagonismen liegen Geist und Substanz "Europas" nicht offen zu Tage, müssen vielmehr mit Anstrengung und dem Willen zum 'Durchblick' gesucht werden. Für die Menschen unseres Kontinents ist es folglich leichter, ihr Identitätsbewußtsein aus der fest umrissenen Größe des Nationalstaats zu beziehen als aus einem "Europa", das sich dem raschen Zugriff und der einfachen Definition entzieht.

So nehmen wir in dieser Arbeitsgruppe die Frage wieder auf: Was ist "Europa"? Was ist das "Europäische"?

Eine klare Antwort ist geboten! Denn der fortschreitende Zusammenschluß Europas bedarf eines tragfähigen europäischen Bewußtseins seiner Menschen und Bürger, wenn er nicht in einem ökonomisch-bürokratischen Zweckverband erstarren will. Verhältnisse ändern sich oft über Nacht, Einstellungen und Verhaltensweisen dagegen langsam. In der Erziehung zu und für "Europa" ist daher Eile ebenso geboten wie Ausdauer.

Die Impulsreferate, die in dieser Arbeitsgruppe gehalten wurden, unterscheiden sich durch einen mehr oder weniger unmittelbar-direkten Praxis-/ Unterrichtsbezug und lassen sich demnach in zwei Gruppen gliedern.

Andreas Cser beleuchtet den zentralen Begriff dieser Tagung, "Europa". Welche Vorstellung hatten die Menschen in der Vergangenheit, wenn sie von Europa sprachen? Wie haben sich diese Vorstellungen im Laufe der Zeit gewandelt? - Menschen und Kollektive werden sich ihrer Identität am nachhaltigsten in der Auseinandersetzung mit dem anderen bewußt. Die Begegnung mit fremden Völkern und Kulturen ist ein Grundzug der neueren europäischen Geschichte seit der Entdeckung Amerikas - und dabei entdeckten die Europäer sich selbst. "Die Entdeckung des Europäers", so der Titel des Beitrags von Armin Reese.

Drei Beiträge behandeln das Thema "Europa" als Unterrichtsgegenstand in Schule und Weiterbildung. Horst Buszello skizziert Möglichkeiten und Grenzen der Vermittlung eines europäischen Geschichtsbildes im Geschichtsunterricht. Han Plas nimmt kritisch Stellung zu einem jungen Unterrichts- und Prüfungsthema in den Niederlanden: "Europa als Unterrichtsgegenstand in den Niederlanden. Praxisbeispiel Geschichte". Hans-Peter Baumeister stellt einen Kurs "What is Europe?" vor, der von Fernstudieninstitutionen aus fünf europäischen Ländern erarbeitet wurde und in der Erwachsenenfort- und -weiterbildung eingesetzt werden soll.

An dieser Stelle pflegt der Hinweis angebracht zu werden, daß die ausgewählten Referate das anstehende Thema nur sektoral beleuchten können. Diese Einschränkung ist auch in unserem Fall angebracht. Sie ist umso notwendiger, als ein wichtiger Aspekt nicht in einem eigenen Vortrag behandelt werden kann (da vorgesehene Referenten aus Termingründen absagen mußten): Es handelt sich um die Rolle des Christentums bei der Ausbildung eines europäischen Welt- und Menschenbildes.

Andreas Cser

Zur Ideengeschichte des Europabegriffs

Im folgenden sollen einige Akzente zur Ideengeschichte des Europabegriffs gesetzt werden. Dieser überblicksartige, selektive historische Rückgriff könnte für den Argumentationsrahmen der folgenden Gespräche eine Hilfestellung bieten.

Die meisten unserer politisch-historischen Grundbegriffe stammen aus dem Griechischen. Ihre systematische Bestimmung haben sie in der "Politik" des Aristoteles (384-322 v.Chr.) erhalten. In diesem Werk formulierte Aristoteles die politischen und sozialen Ordnungsvorstellungen der griechischen Welt in Abgrenzung von Asien und, das mag überraschen, auch von Europa. Die Bewohner Europas - darunter verstand er in einem nicht genau festlegbaren Sinne die im Norden an Griechenland angrenzenden Regionen - seien zwar tapfer und frei, aber sie seien nicht in der Lage, ihre Gemeinschaften in dauerhafte staatliche Organisationsformen einzubinden.

Neben diesem aristotelischen Sprachgebrauch mit seiner abwertenden Akzentuierung findet sich im Griechischen auch die rein geographische Anwendung des Europabegriffs. So verstanden griechische Autoren unter Europa Teile Mittel- und Nordgriechenlands zur Unterscheidung vom übrigen Mutterland. Zu einer politisch-kulturellen Aufwertung des Wortes Europa ist es im Gefolge der bereits von Herodot (490-429 v.Chr.) vorgenommenen Identifizierung von Griechenland mit dem Okzident nicht gekommen.

Das Imperium Romanum dehnte sich über die Kontinente Europa, Asien und Afrika aus. Dabei kam im römischen Denken Europa kein besonderer Stellenwert im Sinne einer politisch-kulturellen Vorbildregion zu. Allerdings gewann Europa jetzt durch die Eroberungen im Norden schärfere geographische Konturen.

Die Teilung des Imperium Romanum in einen östlichen und einen westlichen Reichsteil (Orient-Okzident) im vierten nachchristlichen Jahrhundert wurde für das Christentum von Bedeutung. Der Orient galt zunächst als dessen Mutterboden. Nur langsam baute sich im Westen ein Bewußtsein auf, das dem Okzident den gleichen Rang zuerkannte. Diese Bewußtwerdung ist mit der Verwendung des Europabegriffs verbunden. So schrieb der Biograph des Heiligen Martin im siebten Jahrhundert: "Wenn Du bis Ägypten kommst, das sich stolz seiner Heiligen rühmt, kannst Du es wissen lassen, daß Europa ganz Asien nicht nachsteht."

Beispiele für eine besondere, durch das Christentum bestimmte europäische Identität lassen sich in dieser Zeit verstärkt feststellen. Dabei spielte nicht nur die Abgrenzung gegen den ebenfalls christlichen Osten eine Rolle, sondern auch eine solche gegen den vordringenden Islam. Das wichtigste Dokument in diesem Zusammenhang ist die "Mozzarabische Chronik", in der die Schlacht von Poitiers (732) beschrieben wird. Unter "Europenses" versteht dieses Werk eines unbekannten Spaniers die Völker nördlich der Pyrenäen und der Alpen, die sich gegen den gemeinsamen Feind zusammengefunden haben.

In der Publizistik im Umfeld Kaiser Karls des Großen (747-814) entwickelte sich eine auf Europa bezogene politische Semantik, die sich gegen die Ansprüche des Papstes richtete, die entscheidende Vermittlungsinstanz bei der "translatio imperii" zu sein. Gleichermaßen hatte der Europabegriff in diesem Kontext die Funktion, den Anspruch auf ein selbständiges und religiöses Zentrum gegen Byzanz auszudrücken.

In der mittelalterlichen Reichsidee der nachkarolingischen Zeit trat Europa als politischer Begriff in den Hintergrund. Es ist bemerkenswert, daß das Programm eines europäischen Staatenbundes, wie es bei Pierre Dubois (1250-1321) formuliert wurde, sich gegen die universalistische Herrschaftskonzeption des "Imperium Romanum" richtete. Wenn auch nicht übersehen werden darf, daß Dubois die Interessen des französischen Königtums gegen den kaiserlichen Hegemonialanspruch vertrat, muß doch betont werden, daß seine Vorstellung von einem ständig tagenden, obligatorischen Schiedsgericht alle zukünftigen Diskussionen über die Gestaltung einer europäischen Föderation maßgeblich mitbestimmt hat.

Im Denken des böhmischen Königs Georg Podiebrad (1420-1471) treten die Konturen einer europäischen Kooperation mit gemeinsamen institutionellen Elementen stärker hervor. Er anerkennt nicht nur eine verbindliche Schiedsgerichtsbarkeit, sondern spricht darüber hinaus auch einer Art Bundesversammlung exekutive und militärische Vollmachten zu. Hatte noch Dante (1265-1321) in seiner Schrift "Über die Monarchie" (1310/1315) die friedensstiftende Qualität des Kaisertums hervorgehoben und an der universalistischen Einheit des Mittelalters festgehalten, erkennt Podiebrad keine Autorität über den einzelnen Staaten an - es sei denn, sie sei in einem Vereinbarungsprozeß konstituiert.

In der Folgezeit entwickelte die europäische Gelehrtenrepublik der Humanisten keine politische Europaidee. Zwar sah man sich gemeinsamen europäischen Bildungsidealen und der lateinischen Sprache verpflichtet, förderte jedoch zugleich die ersten Ansätze des modernen Nationalbewußtseins. Selbst Erasmus von Rotterdam (1466-1536), der von allen frühnationalen Gedankengängen frei war, entwickelte keine Vorstellungen über europäische Kooperationsformen im Sinne einer institutionellen Gemeinsamkeit. Hätte er solche gehabt, wären sie in der historischen Wirklichkeit genauso chancenlos gewesen wie der spätere Plan des Herzogs von Sully (1560-1641), des Leitenden Ministers unter König Heinrich IV. von Frankreich. Die politische Spitze Europas sollte danach eine Ratsversammlung mit Bevollmächtigten aller Staaten sein. Dieser Generalrat war zu ständiger Präsenz verpflichtet und sollte nicht nur die Beziehungen zwischen den europäischen Staaten regeln, sondern auch deren Beziehungen zu auswärtigen Mächten. Als Tagungsorte schlug Sully Metz, Luxemburg, Nancy, Köln, Mainz, Trier, Frankfurt, Würzburg, Heidelberg, Speyer, Worms, Straßburg, Basel und sogar Byzanz vor.

Auf Sullys "grand deseign" bezog sich später der Abbé de St. Pierre (1658-1743), der wegen seiner zahlreichen Denkschriften und Pläne von seinen Zeitgenossen belächelt wurde. Ein "Bundesrat der europäischen Gesellschaft" sollte den Frieden in Europa garantieren. Die Reaktion Friedrichs des Großen auf die Pläne des Abbés seien stellvertretend für die breite Ablehung zitiert: "Der Abbé de Saint-Pierre, der mich im Übermaß mit seiner Korrespondenz beehrt, hat mir ein schönes Werk über die Art und Weise, wie in Europa der Friede wiederhergestellt und für immer gesichert werden könnte, zugesandt. Die Sache ist sehr praktisch; um sie zustande zu bringen, fehlt weiter nichts als die Zustimmung Europas und einige andere Kleinigkeiten dieser Art."

Für die französischen Revolutionäre spielten föderale Ideen zur Neugestaltung Europas keine Rolle. Wie sehr bei ihnen die universale menschenrechtliche Perspektive im Vordergrund steht, wird durch das folgende Zitat von Camille Desmoulins (1760-1794) deutlich: "Wir haben die Gitter niedergerissen, die die Franzosen voneinander trennten, und schon gibt es keine Provinzen mehr. Laßt uns hoffen, daß auch die Schranken zwischen den Ländern fallen und es nur noch ein einziges Volk gibt, das sich Menschheit nennt."

Bezeichnenderweise verkündete Napoleon (1769-1821) erst nach seiner Rückkehr von Elba ein "großes europäisches Föderativsystem" als Ziel seiner Politik. Die "Familie europäischer Völker" sollte ein gemeinsames Gesetzbuch, einen gemeinsamen europäischen Kassationshof und ein einheitliches Münzsystem erhalten. Seine Rede von der "Verschmelzung und Konzentration" der europäischen Völker bleibt jedoch vage. Institutionelle Aufbauprinzipien im Sinne repräsentativer Organisationsmodelle finden sich nicht.

Föderationsvorstellungen finden sich eher im restaurativ-konservativen Lager, jedoch eingebunden in die klassische Konzeption vom "Gleichgewicht der Mächte". Zudem wurde der Europabegriff jetzt in die ideologischen Kämpfe des 19. Jahrhunderts einbezogen. In Abwehr der Metternichschen Vision des europäischen Staatenvereins veröffentlichte Claude Henri Graf von Saint Simon bereits 1814 einen Entwurf "De la réorganisation de la société Européenne", der auf Dauer zukunftsträchtiger sein sollte als das legitimistische Europa. Saint Simon forderte darin die Einführung parlamentarischer Systeme in den europäischen Einzelstaaten. Die nationalen Parlamente sollten die Aufgabe haben, jeweils Delegierte zu einem europäischen Gesamtparlament zu entsenden.

Der im Dienste des dänischen Königs stehende, aus dem Milieu der Wolfenbütteler Aufklärung kommende Conrad Friedrich von Schmidt-Phiseldeck skizzierte in seiner Schrift "Der europäische Bund" (1821) ein Europa, das auf einer ganzen Reihe von institutionellen Gemeinsamkeiten basieren sollte. Er forderte ein "Europäisches Bürgerrecht", eine "Europäische Bundesversammlung", die Beseitigung der europäischen Binnenzölle, eine gemeinsame Militärmacht und den "Europäischen Thaler" als einheitliches Zahlungsmittel. Frankfurt am Main sollte die Hauptstadt Europas werden. Selbst der Begriff "Europäische Union" findet sich in dieser Schrift, die sich immer wieder an der Nordamerikanischen Union orientiert.

Versuchte Schmidt-Phiseldeck seine Europaidee mit Reformen der konstitutionellen Monarchien zu verbinden, stellte Guiseppe Mazzini (1807-1872) einen engen Zusammenhang zwischen Europa und der revolutionären Demokratie her. In einer kleinen Schrift mit dem Titel "Die Heilige Allianz der Völker" (1850) entwarf er eine Landkarte Europas mit ungefähr gleich starken Nationalstaaten. Konflikte sollten durch eine Ratsversammlung Gesamteuropas gelöst werden. Exaktere Organisationsvorstellungen hat Mazzini auf europäischer Ebene jedoch nicht entwickelt. Sein Hauptziel sah er zunächst in der Errichtung des italienischen Nationalstaats und in dessen demokratischem Umbau.

Dachte Mazzini von der nationalen Demokratie her, so stand die Idee eines europäischen Föderalismus im Zentrum des Denkens von Pierre Joseph Proudhon (1809-1865). Dabei ist Föderalismus für Proudhon nicht nur ein Organisationsprinzip auf der Ebene zwischenstaatlicher Kontakte, sondern die Norm jeglicher menschlichen Vergesellschaftung. Er fordert die Autonomie für kleinere territoriale Einheiten, die sich freiwillig zu immer komplexer werdenden Gebilden zusammenschließen. Dementsprechend kann für Proudhon das zukünftige Europa nur als Föderation vieler kleinerer Föderationen existieren.

War bei Proudhon die europäische Föderation eine Konsequenz seiner politischen Anthropologie, sah der italienische Sozialphilosoph Carlo Cattaneo (1801-1869) die Ausbildung eines europäischen Zusammenschlusses auf föderalistischer Basis als unumgängliches, gleichsam naturgesetzliches Ergebnis der technisch-ökonomischen Entwicklung. Aus einer solchen Zukunftsvision entstanden zahlreiche Vereine, die - wie die Genfer Friedens- und Freiheitsliga - die Schaffung der Vereinigten Staaten von Europa zu ihrem Ziel erklärten.

Am Beispiel des Heidelberger Staatsrechtslehrers Johann Caspar Bluntschli (1808-1881) kann gezeigt werden, wie fern die etablierte Wissenschaft solchen Wunschvorstellungen stand. Sein Interesse galt "einer weniger pompösen Organisation, als sie ein europäischer Bundesstaat gewährt". Bluntschli dachte an einen regelmäßigen Informationsaustausch zwischen den Vertretern der Regierungen und den nationalen Parlamenten. Ein Souveränitätsverzicht hatte in diesem Konzept keinen Platz.

Trotz unterschiedlicher Kritik am europäischen Großmachtsystem, wie sie zum Beispiel auch von Constantin Frantz (1817-1891) in seinem Buch "Der Föderalismus als das leitende Prinzip für die soziale, staatliche und internationale Organisation" (1879) formuliert wurde, änderte sich am Vorrang der nationalen Machtinteressen nichts. Daran konnten auch die Diskussionen im Umfeld der Internationalen Friedenskonferenzen in Den Haag von 1899 und 1907 nichts ändern.

Erst nach den Erfahrungen des Ersten Weltkriegs begannen sich wieder Ideen im Sinne einer prinzipiellen Neuorganisation der europäischen Verhältnisse durchzusetzen. Nicolaus Graf Coudenhove-Kalergis Buch "Pan-Europa" von 1923 provozierte damals zahlreiche Diskussionen. Er sah die Krise des Völkerbunds voraus und trat für dessen Reorganisation in regionale Föderationen ein. Europa müsse von Portugal bis Polen wirtschaftlich und ökonomisch vereinigt werden. Viele zeittypische Wertungen bestimmten die Perspektive Coudenhove-Kalergis: So sollten England und Rußland aus den "Vereinigten Staaten von Europa" ausgeschlossen bleiben.

Während sich linke und rechte Kritiker auf Coudenhove-Kalergi einschossen, zeichnete sich bereits eine ganz andere Europaidee am Horizont ab. Während des Zweiten Weltkriegs gab das Deutsche Institut für außenpolitische Forschung ein "Handbuch der politischen, wirtschaftlichen und kulturellen Entwicklung des neuen Europas" (1941) heraus. Das neue Europa sollte in Zukunft nicht mehr nach parlamentarischen und gewaltenteilenden Prinzipien gestaltet werden, sondern "organisch nach den konkreten Machtverhältnissen" umgeformt werden. Damit war eine extreme Gegenposition zu allen bis jetzt in diesem Statement gestreiften Europavorstellungen erreicht. Gerade dieses Beispiel zeigt, daß das Wort "Europa" mit den unterschiedlichsten politisch-ideologischen Inhalten ausgefüllt werden konnte.

Literatur

Berve, H. (1949). Der Europabegriff in der Antike. In H. Berve (1949), *Gestaltende Kräfte des Abendlandes. Aufsätze zur griechischen und römischen Antike* (S. 171-187). München: C.H. Beck.

Fischer, J. (1957). *Oriens-Occidens-Europa. Begriff und Gedanke "Europa" in der späten Antike und im frühen Mittelalter.* Wiesbaden: Steiner.

Foerster, R.H. (1967). *Europa. Geschichte einer politischen Idee.* München: Nymphenburger Verlagshandlung.

Gollwitzer, H. (1964). *Europabild und Europagedanke. Beiträge zur deutschen Geistesgeschichte des 18. und 19. Jahrhunderts* (2. Aufl.). München: C.H. Beck.

Lützeler, P.L. (1992). *Die Schriftsteller und Europa. Von der Romantik bis zur Gegenwart.* München: Piper.

Münkler, H. (1991). Europa als politische Idee. Ideengeschichtliche Facetten des Europabegriffs und deren aktuelle Bedeutung (S. 521 - 542). *Leviathan*, 14.

de Rougement, D. (1962). *Europa. Vom Mythos zur Wirklichkeit.* München: Prestel.

Voyenne, B. (1964). *Histoire de l'idée européenne.* Paris: Payot.

Armin Reese

Die Entdeckung des Europäers oder Warnung vor Europa

Den ersten Teil des Titels habe ich schon vor 18 Monaten angegeben und deshalb ganz vieldeutig gewählt. So kann ich über viele Dinge reden, ohne das Thema zu verlassen! Grundsätzlich kann ja davon die Rede sein, wie und von wem der Europäer entdeckt wurde und was es an ihm zu entdecken gab - im Jahr der *"Entdeckung Amerikas"* naheliegend. Es kann aber auch heißen, was der Europäer seinerseits entdeckt hat, etwa den Weg über den Pazifik oder die Zahl nichtchristlicher Hochkulturen oder seine eigene Unzulänglichkeit.

Denn der Europäer entdeckte im 16. Jahrhundert nicht nur den *Anderen*[1]), sondern auch sich selbst: seine militärische, technische und wirt-

1) Dieser Begriff wurde eingeführt von Tzvetan Todorov (1985).

schaftliche Überlegenheit, aber auch, daß er in mancher Hinsicht nicht etwa die Krone der Schöpfung, sondern eher ein armes Würstchen und seine Heimat eine recht karge Gegend war. Er entdeckte, daß es nichtchristliche Hochkulturen gab, deren Städte sich mit jeder in Europa messen konnten und gegenüber deren Schätzen jeder europäische Reichtum armselig erscheinen mußte.

Aber zunächst war er sich wenigstens seines Wertes und seines Auftrages sicher: Als Christ lebte er trotz aller Ängste[2] in einer wohlgeordneten Hierarchie, die die göttliche Ordnung repräsentierte, die in Kleidung und Waffen ihren sinnfälligen Ausdruck fand und in der jeder Aussicht auf Gnade hatte - und er fühlte sich berufen, wenn nicht gar verpflichtet, diese Segnungen den Heiden mitzuteilen. Noch im 19. Jahrhundert konnte Abbé Migne schreiben: *"Einer der hervorragendsten Dienste, den die christliche Religion der Menschheit geleistet hat, ist der, die Völker Amerikas zivilisiert zu haben..."*[3]. Ein besonders niedliches Beispiel naiven, völlig ungebrochenen europäischen Überlegenheitsgefühls lieferten die Portugiesen in Afrika. 1512 kam eine portugiesische Expedition mit fünf Schiffen ins Kongogebiet. Sie sollte dem befreundeten Manikongo einen mehrstöckigen steinernen Palast erbauen, den Herrscher in den Tischsitten unterweisen sowie einen königlichen Hofstaat und eine Verwaltungsspitze aufbauen: dann konnte Johann I. den einem christlichen König angemessenen Lebensstil an den Tag legen. Auch eine Reihe von Adelstiteln wurde geschaffen, obwohl nach unserem heutigen Dafürhalten ein christlicher König, selbst wenn er schwarz war, auch schon damals ohne einen Herzog von Bata oder einen Großherzog von Bemba auskommen konnte.

Das christliche Überlegenheitsgefühl blieb bei den Europäern in Übersee, den Entdeckern und Eroberern, offenbar auch lange erhalten, besonders in Amerika.[4] Ihre kollektive Selbstbezeichnung war in der Regel nicht *Europäer* oder *Weiße* oder gar *Spanier, Franzosen* usw., sondern sie nannten sich durchweg *Christen.* Der Unterschied zu den Eingeborenen

---

2) Vgl. Jean Delumeau (1985).

3) "Un des services les plus signalés que la religion chrétienne ait rendus à l'humanité, c'est celui d'avoir civilisé les nations de l'Amérique..." *(Abbé Migne,* Nouvelle Encyclopédie théologique, Tome X, Artikel "Prêtre", 1851).

4) Vgl. Urs Bitterli (1991).

war vor Ort ja auch offensichtlich, bedurfte selbst dann kaum einer begrifflichen Erhärtung, wenn Indianer oder Schwarze oder Inder getauft wurden und damit zumindest nominell ebenfalls zu den Christen zu rechnen waren.

In Europa, wo die überseeische Wirklichkeit nur gefiltert ankam[5], war die Abgrenzung stärker gefordert, das Christentum reichte zur Selbstdefinition nicht mehr aus. *Die größere Einheit ist ja immer ein Angriff auf die emotionale Identität, es bestand also zumindest geistiger Handlungsbedarf!* Durch die Renaissance, besonders die Paganität der Antike, war das Christentum ohnehin in weiten Teilen der gelehrten Welt ein wenig in seiner Bedeutung für das Selbstbewußtsein relativiert worden. Wenn jetzt Azteken und Inder, deren Reichtum und zivilisatorische Leistungen die Entdecker über alle Maßen lobten, auch noch Christen wurden, was blieb dann noch als Besonderheit des Europäers? Eine Mangelgesellschaft in einem kargen Land!

Diese Mangelgesellschaft aber - und hier setzte wohl der Denkprozeß an - war mit der Notlage sehr gut zurechtgekommen und hatte daraus nicht nur differenzierte Hierarchien, sondern auch technische und militärische Effizienz entwickelt.[6] Hier lag ein Unterschied, der mit Werten besetzt werden konnte, die im Weltbild der Renaissance - etwa im Patentrecht von Venedig - ohnehin zu Ehren gekommen waren. Das Christentum nahm darin einen wichtigen Platz ein, war aber nicht mehr alleiniger Definitionspunkt, sondern Teil eines Gesamtsystems, dessen Überlegenheit ideologisch behauptet wurde.[7] Hatte *Cortés* noch respektvoll von den Leistungen der Tlaxcalteken und Azteken, ihrer Kleidung, Bewaffnung und

5) Vgl. jetzt bes. Ursula Keller (1992).

6) Erkannt, aber nur unzulänglich bewältigt hat das Problem Volker Schmidtchen (1990). Ebenso gründlich wie anregend Geoffrey Parker (1988). Parker macht folgenden Vorgang glaubhaft: Die Vielfalt der europäischen Staatenwelt provozierte einen besonders in Ostasien unbekannten Rüstungswettlauf mit erheblichem Innovationspotential. Das zunehmend statische Gleichgewicht in Europa führte zu einer Verlagerung des europäischen Konkurrenzkampfes nach Außereuropa. Dieser zweite Punkt bedarf aber noch der Differenzierung, besonders im Hinblick darauf, daß er außer in den Niederlanden kaum die praktischen tagespolitischen Entscheidungen beeinflußte.

7) Vgl. bes. Georges Balandier (1970).

Organisation berichtet, wurden sie in der europäischen Ikonographie schnell zu "nackten Wilden"[8], denen alles fehlte, was den Europäer ausmachte. *"Die Amerikaner sind falsch, unbeständig, unredlich, wollüstig und schwärzlich (=dunkelhäutig)"*, schrieb z.B. ein *"europäischer Kenner"* 1608.[9]

Mit dieser Einstellung wurde der Europäer zum Expansionisten, und zwar in der besonders unangenehmen neuzeitlichen Erscheinungsform. Als antiker Grieche sah er sich nur als den Besten, d.h. defensiv, und das tun schließlich fast alle: auch die Eskimos nennen sich selbst *Inuit,* d.h. Menschen. Der neuzeitliche Europäer aber fühlte sich in seiner Besonderheit, seiner Identität bedroht, er wurde *"präventiv-defensiv",* d.h. suchte seine Überlegenheit theoretisch und praktisch nachzuweisen. Das ließ ihn in einer Weise expansiv werden, die den anderen nicht integrierte, sondern vernichtete. Die Römer brachten die Götter unterworfener Völkerschaften nach Rom; die Eroberer Amerikas sagten: *Eure Götter werden getötet!* Auch das ist Grundlage des späteren Imperialismus.

Ein *Impulsreferat* darf wohl auch unfreundliche Gedanken extrem formulieren, darum ziehe ich zunächst eine bösartige Parallele und füge dann einige Punkte hinzu, die alles noch schlimmer machen. Zunächst: Es spricht sich wieder einmal herum, daß es außerhalb Europas bedrohlich tüchtige Leute gibt, die Computer, Autos, Wissenschaft und Kunst produzieren, die nicht schlechter sind als die europäischen Erzeugnisse. Gleichzeitig spricht einiges dafür, daß die vielzitierte "Europäisierung der Erde" zumindest stellenweise nicht so weit gegangen ist, wie gerne angenommen wird, und daß die weitere Entwicklung offen ist.[10] Kurz: Die europäische Identität, das vermeintliche Wissen, wertvoller zu sein als alle anderen, ist wieder genauso bedroht wie einst im 16. Jahrhundert nach der Entdeckung nichtchristlicher Hochkulturen. Man konnte noch einigermaßen verkraften, wenn in den USA Fahrstuhl und Fließbandarbeit, Kaugummi und Coca Cola erfunden wurden: irgendwie sind die USA ja auch teilweise *"das bessere Europa",* nicht ganz fremd. Doch Taiwanesen und Koreaner? Am Donnerstag, dem 17. September 1992 lautete auf Seite 1 der Hannover-

8) Keller (1992).

9) "Les Américains sont perfides, muables, déloyaux, paillards et noirâtres." *(Joannes Taxilius,* La Phisiognomie en splendeur, 1608).

10) Vgl. Eberhard Schmitt (1992) sowie Thomas Beck (1992), bes. S. 208.

schen Allgemeinen Zeitung zwar nicht die Schlagzeile, aber doch eine Überschrift: *"Mercedes-Motoren aus Japan"*. Der Text war weniger dramatisch: Daimler und Mitsubishi haben erstmals eine Zusammenarbeit bei der Entwicklung und Produktion eines Transporters beschlossen; Mercedes will die Entwicklung seines neuen Transporters, der 1995 auf den Markt kommen soll, durch Einkauf der 2,8-Liter-Dieselmotoren beschleunigen. Das ist eine Neuerung, erstmals will sich der Stuttgarter Konzern bei Entwicklung und Bau eines Fahrzeugs mit einer anderen Firma zusammentun. Eine Grundsatzvereinbarung gibt es seit 1987; wenn sie jetzt ein sehr viel greifbareres Ergebnis gebracht hat als in den letzten Jahren, ist das eine Nachricht für Leute, die sich mit Wirtschaft befassen. Ein Anreißer - den auch ich gleich gelesen habe - wurde es durch die Überschrift, die eben nicht Transporter, sondern allgemein *Mercedes* sagt und damit ein Produkt anspricht, das emotional deutlich stärker besetzt ist als ein 2,8-Liter-Dieselmotor für einen Transporter. Damit kommt eine Saite zum Schwingen, die Reaktionen nahelegt wie: *Dagegen muß man doch etwas tun!*

Im Zeitalter der weltweiten Kommunikation kann man die Bewohner Südostasiens ja nicht gut zu *"nackten Wilden"* umstilisieren, besonders wenn man ein Auto aus Japan und einen Laptop aus Taiwan benutzt. Doch könnte man einen neuen Europäer entdecken, indem man in eine schon gelegentlich zu beobachtende *"Europa-Euphorie"* verfällt, und das heißt nach europäischer Tradition: Nichteuropäer herabsetzt, ihr Menschsein anzweifelt. *Ein neues Europa, aus Angst und Überheblichkeit geboren?* Ich fürchte, die Möglichkeit ist naheliegend! Immerhin hatten wir es schon einmal. Die Diskussion um *Untermenschen* geht keineswegs auf das Dritte Reich zurück!

Diese Gefahr ist umso größer, als ein wie auch immer einiges Europa ja gegen erhebliche Ängste durchgesetzt werden muß. Vordergründig fürchten die Deutschen um ihr Bier und ihre harte Währung, die Franzosen um ihren Käse und ihren Wein, die Engländer um ihre Teepause und ihre Tischmanieren, die Italiener um ihre Nudeln usw. Doch dahinter steckt mehr: die Angst vor *noch mehr* Fremdbestimmung durch eine undurchschaubare Eurokratie. *"Jedes zweite deutsche Gesetz hat den Ursprung in Brüssel"*, hieß es auf dem Deutschen Juristentag im September 1992 in Hannover, und das sei umso gewichtiger, als eben der nicht kontrollierte, hinter verschlossenen Türen tagende Ministerrat in Brüssel und nicht das Parlament in Straßburg hier das letzte Wort habe - ein erhebliches Defizit an demokratischer Legitimität.[11] Wenige Tage später lautete eine Überschrift auf der Titelseite einer großen Regionalzeitung: *"Kohl und Mitterand für Demokratisierung der EG"*.[12] So etwas schürt die Angst um die eigene Identität - und solche Angst ist immer existentiell.

Und die Existenzangst verbindet sich zwanglos mit der älteren obengenannten vor den nicht-nackten nicht-wilden Amerikanern, einer Angst, die zu beseitigen mehr als vierhundert Jahre europäischer Expansion nicht ausgereicht haben. Anhaltspunkte - und mehr als das braucht eine Angst nicht zur Selbstbestätigung - gibt es genug, z.B. kaufen sich japanische und arabische Firmen in europäische ein. Das Umgekehrte wird weniger wahrgenommen. Dazu kommt ein Mißtrauen in die Politik: Was soll man von einer politischen Einigung unseres Kontinents erwarten, wenn es nach langer Arbeit und Reklame für Europa wohl einheitliche Vorschriften über die Größe von Äpfeln gibt (trotz weiterhin unterschiedlich großer Münder), aber keine einheitlichen Steckverbindungen für Elektrogeräte?

Ein weiterer Negativpunkt kommt hinzu: Es ist viel mit wirtschaftlichen und politischen Fakten argumentiert worden - in der Richtung: ein uneiniges Europa hat weltweit zu wenig Gewicht. *"Europa wird Nummer eins"*, titelt die Hannoversche Allgemeine Zeitung auf Seite 1 am 18. September 1992.[13] So richtig das sein mag: Es ist ein Hindernis auf dem Wege zur emotionalen Annahme Europas, wenn es als purer Sachzwang zum Überleben aufgefaßt wird; denn auch ein Europäer ist zunächst Emotion und dann Rationalität, will nicht Zwang, sondern eigene Entscheidung, braucht emotional *Heimat,* nicht Großorganisation. Wird die europäische Einigung aber als Schritt auf dem Wege zu neuer europäischer Herrschaft über die Welt gesehen, ist das eine Wiederaufnahme frühneuzeitlicher Traditionen, die ihrer Geschichte nach unfriedlich sind, d.h. die wir uns aus praktischen Gründen gar nicht mehr leisten können.

Angesichts dieser Lage wird sich kaum ein Politiker, der Europa will, das positive Argument von den *besonderen Werten* entgehen lassen können, egal wie die inhaltlich aussehen, und damit wird er Gefahr laufen, die Tradition europäischer Arroganz und Menschenverachtung zu stärken, ohne das Mißtrauen gegen Europa beseitigen zu können.

---

11) Hannoversche Allgemeine Zeitung. (1992, 19. September). S. 4.
12) Hannoversche Allgemeine Zeitung. (1992, 23. September).
13) Hannoversche Allgemeine Zeitung. (1992, 18. September). S. 1.

Das Mißtrauen kann nur gedämpft werden mit der Kombination von einerseits Aufklärung, was Europa bedeutet hat und wie sich eine Einigung voraussichtlich *auf den Alltag* auswirken wird, und andererseits der ausdrücklichen Anerkennung eines Weltbürgertums und der Förderung regionaler bzw. örtlicher Besonderheiten, soweit sie nicht ganz aus der unerläßlichen Rechtsgemeinschaft fallen. Wenn es örtlicher Brauch ist, Durchreisende zu schlachten und zu verspeisen, kann das wohl kaum durchgehen. Wenn aber ein traditionelles hannoversches Getränk, die *lüttje Lage,* abgeschafft werden soll, weil die dabei benutzten Gläser in der Größe nicht der Europanorm entsprechen, ist das nur äußerlich eine Lappalie; empfunden wird es als partielle Auslöschung der selbstbestimmten Existenz.

Meine Behauptung also: Europa in einem Sinne, den die europäischen Menschen verinnerlichen und mittragen können, ist nur über die parallele *Stärkung von Regionalität und Weltläufigkeit* möglich, muß die Lebenseinheiten *oberhalb und unterhalb* der europäischen Dimension nicht nur dulden, sondern glaubwürdig stärken. Andernfalls bringt uns die offizielle Europa-Euphorie einen neuen Nationalismus und Rassismus, einen neuen Regionalismus bis zum Kirchturmhorizont, wie sie teilweise schon sichtbar sind. Das wird die Probleme von *Fremden* verschärfen, und das sind wir schließlich alle fast überall.

Ganz besonders gilt das in *Deutschland,* wo durch die nicht bewältigte Wiedervereinigung die Lage ohnehin verschärft, die Tradition des Kirchturmhorizonts altehrwürdig und der Nationalismus wegen seiner besonderen Geschichte im 20. Jahrhundert (auch 1. Weltkrieg, "Burgfrieden") kaum angstfrei zu handhaben ist, sondern stets in besonderer Gefahr steht, in Aggressionen umzuschlagen. Aktuelle Versäumnisse der Politik kommen hinzu: für allzu viele Deutsche gibt es keine positive Perspektive, sondern nur Angst und Wut. Geschlagen werden aber nicht die Politiker, sondern in bester europäischer Tradition die *Anderen,* vor allem die *"Ausländer".* Und auch dafür finden sich wieder genügend Punkte, die das rechtfertigen: Mißbrauch von Sozialleistungen durch Asylbewerber oder schwarze Dealer sind wieder vordergründig, Angst um Wohnung und Arbeitsplatz, d.h. *existentielle* Ängste, finden hinreichend Nahrung in den Medien. *"Ehepaar will Wohnung nicht für Asylbewerber räumen",* titelt nicht etwa ein Boulevardblatt, sondern eine seriöse große Regionalzeitung.[14]) Der Vorgang: Ein 54jähriger Frührentner, ein ehemaliger Busfahrer, bewohnt mit seiner Frau für eine Warmmiete von DM 520,- eine gemeindeeigene Wohnung von 113 Quadratmetern. Das ist die letzte gemeindeeigene Wohnung, in der noch Privatpersonen wohnen; bis Ende des Jahres sollen sie ausziehen, denn *"die Gemeinde braucht den Platz zur Unterbringung von Flüchtlingen und Obdachlosen".* Kommentar des Verwaltungsleiters: *"Wir können in Eigenarbeit hergerichtete Räume der Freiwilligen Feuerwehr oder weitere Dorfgemeinschaftshäuser nicht in Anspruch nehmen, bevor wir nicht unseren eigenen Wohnungsbestand durchforstet haben."* Das heißt ja doch wohl, daß die öffentliche Sondernutzung von Gemeinschaftsanlagen und in Eigenarbeit hergerichteten Räumen schon feststeht. Wenn dann auch noch in letzter Zeit mehrfach betont worden ist, an die Beschlagnahme von Privatwohnungen sei nicht gedacht, muß ja wohl jemand daran gedacht haben. Tatsächlich hieß die Schlagzeile der bereits mehrfach zitierten Regionalzeitung am 30. September dieses Jahres: *"Einweisung von Asylbewerbern in Privathäuser denkbar".*[15]) Wer will es dann den "Alten", die 1945 die Zeit der unvermeidlichen Zwangseinquartierungen (immerhin von Landsleuten) aktiv oder passiv miterlebt haben, verdenken, daß sie um ihre Wohnung fürchten, und wen soll es wundern, wenn bei dem traditionell engen Verhältnis zwischen Großeltern und Enkeln junge Leute diese Befürchtungen nachvollziehen und mit der Katastrophe von 1945 verbinden?

Dieser Exkurs führt nur scheinbar vom Thema ab. Jede tiefergehende Befürchtung verschärft die bestehende Angst, und die Ratlosigkeit und Untätigkeit der *hohen* Politik - wie sich Stadt- und Gemeindeverwaltung abstrampeln, ist ja sichtbar - trägt wenig dazu bei, den Glauben an Europa zu stärken. "*Die da oben lassen alles laufen, wir müssen es mit Steuern, Wohnungsnot, Kürzungen beim Sportverein, Verwahrlosung von Schulgebäuden usw. ausbaden."* Diese Auffassung als Totalerklärung der Welt ist nicht durch gegenseitige Vorwürfe zwischen Regierung und Opposition,

---

14) Hannoversche Allgemeine Zeitung. (1992, 16.September). S. 11. Ein paralleler Fall in derselben Zeitung am 30.9.92 mit dem Titel "Räumungsklage wegen Asylbewerber"; hier wird von einer Familie berichtet, die im Februar ihr drittes Kind erwartet und trotz bisher pünktlicher Mietzahlung bis zum 6. Oktober entweder die Wohnung geräumt haben muß oder mit einer Einweisung von Asylbewerbern und einer Teilung des Wohnraumes zu rechnen hat.

15) Hannoversche Allgemeine Zeitung. (1992, 30. September). S. 1.

sondern nur durch Sachaussagen und Perspektiven zu bekämpfen. Ich ergänze deshalb meine oben geäußerte Auffassung, daß das Mißtrauen nur durch Aufklärung statt Euphorie und durch Förderung von Regionalismus und Weltbürgertum gedämpft werden kann. Denn Dämpfung von Mißtrauen kann ja nur ein Schritt, nicht das Ziel sein. Wenn wir Europa wollen, brauchen wir darüber hinaus *eine Perspektive*! Es kann nicht damit genug sein, Europa als einzig denkbare Lösung zu tolerieren; es kann erst recht nicht helfen zu behaupten, vielen werde es besser und niemandem schlechter gehen - vielleicht sind die Leute dümmer, als wir Pädagogen annehmen, aber bestimmt nicht dumm genug, um diesen Satz heute schon wieder zu glauben. Hier liegt das Zentralproblem unserer heutigen Politik und unserer heutigen Erziehung: Europa muß ein glaubhaftes Ziel werden! Über den Weg, auch, ja gerade wenn er Schwierigkeiten bietet, läßt sich reden, denn die meisten Leute *wollen* durchaus etwas leisten.

Doch wie macht man aus der *Notlösung Europa* ein glaubhaftes Ziel? Dazu äußere ich mich nur ganz allgemein, denn einerseits habe ich keinen erkennbaren Einfluß auf die Regierung oder Opposition dieses unseres Landes, und andererseits bietet die Geschichte der europäischen Einigung nach 1945 nicht gerade Handhaben für einen glaubwürdigen Europagedanken. Auf dem 39. Historikertag im September in Hannover kamen Dinge zur Sprache, die wenig Hoffnung machen, aus der jüngsten Geschichte eine positive Perspektive für Europa zu gewinnen. Der Pariser Deutschlandexperte *Jacques Bariéty*[16)] berichtete von dem Versuch, nach 1945 Deutschland unter Kontrolle zu bekommen. Besonders in Frankreich war ja mit Kriegsende die Angst vor den Deutschen keineswegs erloschen - und aus vielen Gesprächen mit französischen Freunden kann ich sagen: sie ist es bis heute nicht. Nach *Bariéty* veränderte aber der Kalte Krieg 1947 die Sichtweise: die Sowjetunion erschien plötzlich als bedrohlich, die alte deutsche und die neue sowjetische Gefahr addierten sich in den Köpfen der Franzosen. Der Generalstab erklärte, daß Frankreich ohne deutsche Hilfe nicht gegen die Rote Armee zu verteidigen sei, die Regierung mußte den Franzosen klarmachen, daß Deutschland künftig nicht mehr Feind, sondern unentbehrlicher Partner sein sollte. In dieser Situation *erfand die französische Politik Europa!*

16) Vgl. auch den Bericht von Oliver Stock in der Hannoverschen Allgemeinen Zeitung vom 26.9.1992.

Stimmt schon das nicht sehr optimistisch, bot eine andere Sektion aus anderer Sicht eine unangenehme Bestätigung.[17] *Rainer Hudemann* (Universität des Saarlandes) und *Gilbert Trausch* (Universitäten Luxemburg und Lüttich) waren sich zwar einig, daß es trotz der Ablehnung der Verträge von Maastricht in Dänemark und der hauchdünnen Mehrheit in Frankreich keinen Grund zur Sorge wegen der Krise Europas gäbe, doch stellte *Trausch* unwidersprochen fest: *"Die Idee eines geeinten Europa wurde von französischer und später auch von deutscher Seite benutzt, um nationale Interessen zu befriedigen."* Da hilft es wenig, wenn der Berliner Sozialhistoriker *Hartmut Kaelble* darauf hinweist, daß der Versuch zum richtigen Zeitpunkt begann, weil die gesellschaftlichen Verhältnisse sich angenähert hatten - wenn etwas geht, heißt das noch lange nicht, daß es auch erstrebenswert ist. Kurz: Die Geschichte und damit zwangsläufig auch die Geschichtswissenschaft läßt uns hier im Stich! Sie bietet keine positiv besetzte Perspektive für Europa.

Denn man muß mehr anbieten als Machbarkeit, Euphorie oder höheren Lohn, etwas, was ich *erweiterte und vertiefte Identität* nennen möchte. Eine solche Perspektive aber müssen Kunst und Politik liefern! Der Beitrag der praktischen historisch-politischen Erziehung kann nur darin bestehen, eine solche Perspektive verständlich zu machen.

Sicher wird den Kolleginnen und Kollegen in der Schulpraxis unterrichtlich allerlei dazu einfallen. Vor allem dürfen wir uns angesichts der Europa-Euphorie in einer schwierigen Zeit *nicht von unseren eigenen Reaktionen* überraschen lassen, damit uns unsere eigenen, oft gar nicht bewußten Ängste nicht überwältigen. Das nämlich wäre fatal.

Literatur

Balandier, G. (1970). Die koloniale Situation. Ein theoretischer Ansatz. In R. von Albertini (Hrsg.), *Moderne Kolonialgeschichte* (Neue Wissenschaftliche Bibliothek) (S. 105-124). Köln: Kiepenheuer & Witsch.

Beck, T. (1992). Lohnarbeit im Wigwam. Ein Blick hinter den Schleier der Indianergrenze in Neu-England während King Philipp's War 1675/1676. In T. Beck, A. Menninger & Th. Schleich (Hrsg.), *Kolumbus' Erben* (S. 197-216). Darmstadt: Wissenschaftliche Buchgesellschaft.

Bitterli, U. (1991). *Die Entdeckung Amerikas*. München: C.H. Beck.

17) Bericht 'Seliger Jean Monnet' von Oliver Stock in der Hannoverschen Allgemeinen Zeitung vom 25.9.1992, S. 8.

Delumeau, J. (1985). *Angst im Abendland. Die Geschichte der kollektiven Ängste im Europa des 14.-18. Jahrhunderts* (2 Bde). Reinbek bei Hamburg: Rowohlt.

Keller, U. (1992). Die Entdeckung des Fremden: Pädagogische Aspekte der europäischen Expansion. In A. Reese (Hrsg.), *Columbus: Tradition und Neuerung* (Forschen-Lehren-Lernen 5). (S. 88-100). Idstein: Schulz-Kirchner.

Parker, G. (1988). *The Military Revolution. Military Innovation and the Rise of the West. 1500-1800*. Cambridge/New York: Cambridge University Press. Dt. Frankfurt/M.: Campus 1990.

Schmidtchen, V. (1990). *Kriegswesen im späten Mittelalter. Technik, Taktik, Theorie*. Weinheim: VCH, Acta Humaniora.

Schmitt, E. (1992). Europäische Expansion und Europäisierung der Welt. In A. Reese (Hrsg.), *Columbus: Tradition und Neuerung* (Forschen-Lehren-Lernen 5). (S. 17-27). Idstein: Schulz-Kirchner.

Todorov, T. (1985). *Die Eroberung Amerikas. Das Problem des Anderen*. Frankfurt/M.: Suhrkamp.

Horst Buszello

Die europäische Perspektive im Geschichtsunterricht

Diesen Beitrag widme ich meinem akademischen Lehrer Fritz Trautz. Er hat mich gelehrt, stets hinauszublicken über die Grenzen des eigenen Landes.

Europa und Schule

Mit dem 1. Januar 1993 werden die Binnengrenzen in der Europäischen Gemeinschaft (EG) weitgehend fallen. Der damit erreichte freie Verkehr von Personen, Gütern, Kapital und Dienstleistungen wird ein weiterer und wichtiger Schritt auf dem Weg zu einem vereinten Europa sein. Zugleich und folgerichtig stellt sich aber auch die Frage, ob mit den organisatorisch-administrativen Schritten zu "Europa" das europäische Bewußtsein seiner Menschen und Bürger Schritt gehalten hat. Ein überzeugtes und überzeugendes Ja wird sich leider kaum formulieren lassen.

Vor etwa 30 Jahren schrieb der britische Historiker Geoffrey Barraclough (1964, S. 51) den folgenden Satz:

> *"[Die] auffälligste Schwäche [der europäischen Idee] ist, daß sie stark nur so lange bleibt, wie die Bedrohung oder angebliche Bedrohung Europas stark bleibt: es ist eine befristete Einheit, die auf einer zeitweiligen oder auch nur vermuteten Gemeinsamkeit der Interessen beruht und schnell zerfällt, sobald der unmittelbare Zweck weniger drängend wird."*

Diese Feststellung, die man entweder als skeptische Absage an die Idee Europas oder als Mahnung verstehen kann, scheint sich in unseren Tagen erneut zu bestätigen. Der aus dem Schock des 2. Weltkriegs geborene Enthusiasmus für ein neues, geeintes (West-) Europa weicht immer offenkundiger einer Europa-Müdigkeit, ja -Verdrossenheit und damit verbunden einer Renaissance nationalstaatlichen Denkens. In einem längeren Bericht über den gegenwärtigen inneren Zustand Europas zitierte das amerikanische Time Magazine (21. September 1992) den britischen Premierminister John Mayor:

> *"Defenses of national culture are instincts rooted deep in the blood. They are not to be swept away by rhetoric about growth or slogans about unity."*

Die wachsende selbstgenügsame Zufriedenheit mit dem jeweils eigenen Nationalstaat kann man zum einen (und im Anschluß an Barraclough) auf die veränderten politischen Rahmenbedingungen in Europa zurückführen: auf den zeitlichen und "inneren" Abstand von der militärischen und geistigen Selbstzerstörung Europas im 2. Weltkrieg, auf den wirtschaftlichen und politischen Wiederaufbau zunächst in Westeuropa sowie auf den Zusammenbruch des sowjetischen Imperiums. Doch ist noch ein weiterer Umstand zu bedenken. Die Europäische Gemeinschaft - gewiß eine der größten Leistungen europäischer Politik nach 1945 - präsentiert sich den Menschen mehr und mehr als ein ökonomisch-technokratischer Zweckverband; gegenüber der Brüsseler "Kommission", die alle Züge eines bürgerfernen bürokratischen Monsters annimmt, fristet das Europäische Parlament, das eigentliche Forum der Bürger Europas, ein weitgehend unbeachtetes Kümmerdasein. Diese Entwicklung, die die Europäische Gemeinschaft in der Praxis genommen hat, macht es den Menschen leicht, sich in die vertraute Wärme des Nationalstaats zurückzuziehen.

Es liegt nahe, angesichts des skizzierten Stimmungsumschwungs und als Gegenmittel dazu eine verstärkte Erziehung für und zu "Europa" in der Schule zu fordern. Dazu seien einige grundsätzliche Bemerkungen und Hinweise formuliert, die einerseits Mut machen, andererseits zu realistischer Bescheidenheit anhalten sollen:

- "Europa" wird nicht in der Schule gebaut! Dies zu tun, ist und bleibt die Aufgabe der Politiker und Regierungen. Richtig ist jedoch auch, daß "Europa" ohne bewußtseinsmäßige Untermauerung bei seinen Völkern und Bürgern nicht lebendige Wirklichkeit werden kann. "Europa" ist sowohl - und auf jeweils unterschiedliche Weise - eine Angelegenheit der Regierungen als auch der Völker und als solche eine politische und eine Erziehungsaufgabe.

- Die griffige Formel für die Erziehung zu "Europa" lautet derzeit "Europa denken" lernen (H. Schulze, 1991, S. 30; Morin, 1991). Wie alle Formeln bleibt auch diese vage und unbestimmt. Sie könnte und müßte bedeuten, daß die Menschen sich auf das Ganze Europas besinnen und nicht nur auf Teile desselben (wie einzelne Staaten oder Regionen). In einer geistigen Anstrengung müßten sie zu ergründen versuchen, was dieses "Europa" ist, was seine Zivilisation und Kultur (seine Identität) ausmacht, um sich ihrer selbst als Europäer bewußt zu werden. Denn im Gegensatz zu den Nationalstaaten unseres Kontinents besitzt Europa als Ganzes nur eine geringe unmittelbar erfahrbare Realität. "Europa" ist nach wie vor in erster Linie eine Gesinnung: "Wer von Europa spricht, besinnt sich auf Europa, und [nur] diese Besinnung begrenzt und bezeugt es." (Jaeckle, 1988, S. 13)
- In der Erziehung zu "Europa" wird sich die Schule jeder oberflächlichen Propaganda oder versteckten Manipulation enthalten müssen. Ihre Aufgabe ist die nüchterne, gleichwohl engagierte, um Erkenntnis bemühte geistige Arbeit. Nur wenn es gelingt, das Gemeinsame Europas, seine Identität, sachlich überzeugend herauszuarbeiten, wird ein langfristig tragfähiger Grund für ein europäisches Bewußtsein gelegt. Billige Propaganda führt hingegen zu Abwehr und Ablehnung. Gerade dafür bietet die jüngste deutsche Geschichte ein sprechendes Beispiel.
- Der schließliche Erfolg der schulischen Bemühungen ist auch bei größtem fachlichen und pädagogischen Können alles andere als garantiert. Auch ein junger Mensch ist mannigfachen und oft querlaufenden Einflüssen ausgesetzt - und nicht immer ist es die Schule, die mit ihrer aufklärenden Arbeit die Oberhand behält. Abermals und vor allem ist die Politik gefordert. Das von den Regierungen errichtete Europa muß überzeugend und attraktiv sein. Die Schule kann und soll dieses Europa durch ihre Bildungsarbeit stützen; sie kann jedoch nicht wettmachen, was die Politik versäumt.
- Über "Europa" muß man nachdenken; man muß lernen, "Europa zu denken". Ein lebendiges Europabewußtsein bedarf jedoch ebenso der konkreten, lebenspraktischen Erfahrung in der Begegnung zwischen Menschen und Völkern. "Europa" muß man auch erleben.

Europa als Gegenstand des Geschichtsunterrichts

"Europa" und das "Europäische" sind wie alle Schöpfungen des Menschen geschichtliche Größen - nicht auf Dauer gestellt (statisch so-seiend), sondern geworden und werdend, das momentane Ergebnis ihrer Geschichte. So führt die Frage nach dem, was "Europa" ausmacht, was ihm Gesicht und Gestalt gibt, zwangsläufig zur Historie und als schulischer Erziehungsauftrag zum Geschichtsunterricht.

"Europa" als Thema des Geschichtsunterrichts

- das ist auch, aber nicht nur die Geschichte der Europa-Idee und der europäischen Integration nach 1945,
- das ist nicht die additive Ergänzung der jeweils eigenen nationalen Geschichte durch "Ausblicke" in die Geschichte anderer Staaten und Völker,
- das ist nicht einmal das gleichberechtigte Nebeneinander möglichst vieler Staatengeschichten.

Vielmehr wird der Unterricht die Frage beantworten müssen, ob es nicht doch - allem vordergründigen Anschein zum Trotz - eine gemeinsame Geschichte der Europäer und als deren Ergebnis eine gemeinsame europäische Identität gibt, d.h. eine "übernationale Wissens- und Bewußtseinswelt" sowie ein in allen individuellen Ausprägungen wiederkehrendes Grundmuster für die Gestaltung des individuellen und sozialen Lebens (Vierhaus, 1980, S. 14). Von der Antwort auf diese Frage, wenn sie denn positiv ausfallen sollte, führt zwar kein geradliniger und zwangsläufiger Weg zur politischen Einheit Europas, wohl aber ist das Bewußtsein einer europäischen Identität eine wesentliche Voraussetzung für ein auch politisch geeintes Europa.

Ein auf Europa als Ganzes zielender Geschichtsunterricht gerät nicht notwendig in Kollision mit einer Geschichte der Nationen und Regionen, noch hat er einen generellen Austausch von traditionellen Themen und Inhalten zur Folge.

Denn

> *"Europa ist nicht eine besondere Ebene über seinen Nationen und Regionen, politischen Systemen, Parteien und Konfessionen, sondern eine Potenz in ihnen allen" (Jeismann, 1980, S. 10).*

Oder in etwas anderer Formulierung: Das, was "Europa" ausmacht,

> *"besteht eben ... nicht in einer Substanz außerhalb und oberhalb [seiner] kleineren Einheiten, sondern läßt sich nur in ihnen ... finden" (Jeismann, 1984, S. 38).*

Was also gefordert wird, ist eine neue Perspektive, eine andere, eben europäische Blickrichtung. Sie pointiert nicht das Trennende und Unterscheidende (verleugnet es auch nicht!), sondern macht das Durchgängige, das Gemeineuropäische sichtbar. Die Elemente und Bausteine einer in diesem Sinne europäischen Geschichte werden wir freilich nicht so sehr in den kurzatmigen Ereignissen der Geschichte (traditionell konstitutiv für die nationale Geschichtsschreibung), sondern mehr in den mittel- bis langfristigen Strukturen und Prozessen suchen müssen - in Institutionen, Verhaltens- und Wahrnehmungsweisen, Rechts- und Ordnungsvorstellungen, Umgangsformen und Lebenserwartungen.

- Voraussetzungen und damit integrale Bestandteile der europäischen Kultur sind Christentum und antikes Erbe. Ohne die Rezeption der christlichen Religion und die ständige sowie von Zeit zu Zeit kulminierende Auseinandersetzung mit der Antike (Renaissancen) ist Europa schlechterdings nicht denkbar.
- Sodann treffen wir auf Strukturen, Prozesse und Ereignisse, die in vollem Sinne gemeineuropäische Phänomene sind (auch wenn regionale Differenzierungen in Erscheinungsform und Geltungskraft nicht übersehen werden sollen). Dazu zählen etwa der Feudalismus, die Stadt, die Aufklärung, die Industrialisierung oder der Nationalismus, aber auch Ereignisse wie die Kreuzzüge oder der Dreißigjährige Krieg.
- Endlich kennen wir jene Erscheinungen, die auf den ersten Blick Teil einer nationalen Geschichte zu sein scheinen, sich bei näherem Hinsehen jedoch als "Auskristallisierungen einer übernationalen [eben europäischen] Wissens- und Bewußtseinswelt" (Vierhaus, 1980, S. 14) darstellen. Ein Beispiel dafür ist etwa die Französische Revolution, die - blickt man auf den Grund - nur der nationale Durchbruch einer gemeineuropäischen Entwicklung war und deshalb europaweite Wirkungen entfachen konnte.

Probleme und Fehlhaltungen im Umgang mit der europäischen Identität

"Eine Nation wird durch ein kollektives Gedächtnis und durch gemeinsame Normen und Regeln zusammengehalten. Die Gemeinschaft einer Nation schöpft aus einer langen Vergangenheit, die reich ist an Erfahrungen und Prüfungen, Leid und Freude, Niederlagen, Siegen und Ruhm, die in jeder Generation jedem Individuum durch Elternhaus und Schule weitervermittelt und von ihm tief verinnerlicht werden." (Edgar Morin, zit. nach H. Schulze, 1991, S. 29)

Überträgt man diese Feststellung auf "Europa", dann wird zumindest ein Grund dafür sichtbar, daß Europa als Ganzes nur schwer mit seinen Nationen konkurrieren kann. Eine europäische Identität als Ergebnis einer gemeinsamen Vergangenheit ist nicht nur weit weniger bewußt als die nationale (weil weniger vermittelt), sie liegt auch weniger offen und "handgreiflich" zutage und eignet sich weniger als Auslöser eines kräftigen Wir-Gefühls (denn Strukturen und Prozesse üben auf den Betrachter weit weniger Faszination aus als "Niederlagen, Siege und Ruhm"). Die europäische Identität als "Consensus von Vorstellungen" und "fundamentale Gemeinsamkeit der Verhaltens- und Wahrnehmungsweisen, der Rechts- und Ordnungsvorstellungen, der Umgangs- und Lebenserwartungen" (Vierhaus, 1980, S. 14) - kurz: als europäische Zivilisation - muß mit Anstrengung gesucht und im Nachdenken ergriffen werden; "im politisch-sozialen Alltag der Menschen wird [ihr] volles Bewußtsein selten gefordert" (Vierhaus, 1980, S. 14).

Nicht nur von den Hindernissen beim Aufbau eines Europa-Bewußtseins ist zu sprechen. Auch von möglichen Fehlhaltungen beim Umgang mit "Europa" und dem "Europäischen" muß die Rede sein.

Die Gefahr der Unifikation

Wenn etwas die geistige Identität Europas bestimmt, dann ist es die befruchtende Mannigfaltigkeit und nicht die lähmende Uniformität. Anders gesagt: Zum Bild Europas in Vergangenheit und Gegenwart gehört die Vielgestaltigkeit seiner politischen Strukturen und die Pluralität parallel laufender oder widerstrebender Kräfte. So sind die Völker unseres Kontinents zu verschiedenen Zeiten "Europa" beigetreten - wie sie sich auch wieder aus "Europa" zurückziehen konnten (so etwa Rußland unter der Mongolenherrschaft). Zu Zeiten gewannen einzelne Regionen einen Entwicklungsvorsprung, wogegen andere stagnierten oder zurückfielen, um in Reformbemühungen nachträglich wieder Anschluß an die führenden Kräfte zu gewinnen. Während Frankreich - um ein letztes Beispiel zu geben - im 17. Jahrhundert den Weg zum (monarchischen) Absolutismus ging, siegte in England der (ständische) Parlamentarismus über die Krone, behaupteten sich in den Niederlanden und in der Eidgenossenschaft archaisch anmutende korporativ verfaßte, bündische Staaten. Es wäre ein falsches Verständnis von europäischer Identität, würde man versuchen, die Vielgesichtigkeit "Europas" hinter einer konstruierten Einheitlichkeit verblassen zu lassen.

Die Gefahr des Eurozentrismus

Eine wie auch immer konzipierte "europäische Geschichte" muß den Fehlschluß vermeiden, Europa sei Zentrum und Ziel aller Geschichte, der sonnengleiche Mittelpunkt der Welt. Zwar ist die Europäisierung der Erde eine folgenreiche Phase der Weltgeschichte, doch haben die außereuropäischen Völker längst begonnen, sich von der Übermacht Europas zu befreien und sich auf ihre eigenen Traditionen zu besinnen. Zudem verdankt auch Europa wesentliche Entwicklungsschübe dem befruchtenden Einfluß fremder Kulturen, mit denen es in Abwehr und Ergänzung verbunden war und ist.

Die Gefahr der Idealisierung

Auch in der Geschichte Europas mischen sich Licht und Schatten, liegen Segen und Fluch oft dicht beieinander. Auch der "Geist Europas" ist ambivalent, in ihm mischen sich schöpferische und Zerstörungskraft, befreiender Individualismus und ausbeuterischer Egoismus. Stolz auf das, was "Europa" an Großem geschaffen hat, mag man empfinden, doch für Selbstgefälligkeit besteht kein Anlaß.

Die Gefahr der Identitätsstiftung durch Feindbilder

Auch der Geschichtsunterricht könnte versucht sein, ein europäisches Identitätsbewußtsein durch den Aufbau von Feindbildern - sei es nach außen oder nach innen - zu stiften. Dies mag kurzfristig ein wirkungsvolles Mittel sein; doch würde ein solcher Unterricht nur wiederholen, was Geist und Grundlage nationalistischer Geschichtsschreibung war (und ist) - mit Folgen, die gerade in Europa hinlänglich bekannt sind.

Abschließend sei noch einmal Rudolf Vierhaus (1980, S. 15) zitiert, der in zwei Sätzen Aufgabe und Inhalt einer "europäischen Geschichte" umreißt:

> *"Es muß möglich sein, ein Modell für eine Darstellung der europäischen Geschichte zu entwickeln, welche ihre Voraussetzungen, die Strukturen der europäischen Zivilisation und den Prozeß ihrer geschichtlichen Entwicklung in verantwortbarer Reduktion ihrer Komplexität hervorhebt. Dabei müssen in der Diversität ihrer Erscheinungen die Gemeinsamkeiten sichtbar gemacht, das Besondere der europäischen Geschichte hervorgehoben und als Ergebnis einer einzigartigen Entwicklung verständlich gemacht werden - einer Entwicklung, zu der viele Völker, Gruppen und Einzelne, viele Ereignisse und Erfahrungen, viele intellektuelle und wirtschaftliche Kräfte, viele Konflikte, Krisen und Katastrophen beigetragen haben."*

Literatur

Bade, K.J. & Brötel, D. (Hrsg.). (1992). *Europa und die Dritte Welt. Kolonialismus - Gegenwartsprobleme - Zukunftsperspektiven*. Hannover: Metzler.

Barraclough, G. (1964). *Die Einheit Europas als Gedanke und Tat* (Kleine Vandenhoeck-Reihe 184). Dt. Göttingen: Vandenhoeck & Ruprecht.

Bollmann, P., March, U. & Petersen, T. (1984). *Kleine Geschichte Europas* (4., erw. Aufl.). Stuttgart: Seewald.

Braudel, F. (Hrsg.). (1989). *Europa. Bausteine seiner Geschichte*. Dt. Frankfurt/M.: S. Fischer.

Delouche, F. (Hrsg.). (1992). *Europäisches Geschichtsbuch*. Erarbeitet von 12 europäischen Historikern. Dt. Stuttgart u.a.: Ernst Klett.

Foerster, R.H. (Hrsg.). (1963). *Die Idee Europa 1300 - 1946. Quellen zur Geschichte der politischen Einigung*. München: Deutscher Taschenbuch Verlag.

Gerhard, D. (1985). *Das Abendland 800 - 1800. Ursprung und Gegenbild unserer Zeit*. Freiburg/Würzburg: Ploetz.

Halecki, O. (1957). *Europa. Grenzen und Gliederung seiner Geschichte*. Dt. Darmstadt: Wissenschaftliche Buchgesellschaft.

Halecki, O. (1966). *Das europäische Jahrtausend*. Dt. Salzburg: Otto Müller.

Hecker, H. (1991). *Europa - Begriff und Idee. Historische Streiflichter* (Kultur und Erkenntnis 8). Bonn: Bouvier.

Jaeckle, E. (1988). *Die Idee Europa*. Frankfurt/M./Berlin: Propyläen.

Jeismann, K.-E. (1984). Europäische Identität - der Beitrag des Geschichtsunterrichts. *Informationen für den Geschichts- und Gemeinschaftskundelehrer*, 28, 34-49.

Jeismann, K.-E. (1985). Geschichte als Horizont der Gegenwart. In W. Jacobmeyer & E. Kosthorst (Hrsg.), *Über den Zusammenhang von Vergangenheitsdeutung, Gegenwartsverständnis und Zukunftsperspektive* (S. 259-279). Paderborn: Schöningh.

Lipgens, W. (1972). *Die Europäische Integration* (Quellen und Arbeitshefte zur Geschichte und Politik 4285). Stuttgart: Ernst Klett.

Morin, E. (1991). Europa denken (Reihe Campus 1051). Dt. Frankfurt/M./New York: Campus.
Schieder, Th. (1976). Vorwort zum Gesamtwerk. In Th. Schieder (Hrsg.), *Handbuch der europäischen Geschichte 1* (1-21). Stuttgart: Ernst Klett.
Schulze, H. (1991). Wiederkehr Europas. Zur Entdeckung eines alten Kontinents. *Friedrich Jahresheft, 9*, 29-33.
Schulze, W. (1991). Was war, was bleibt, was wird? Geschichte Europas - Europäisches in der Geschichte. *Friedrich Jahresheft, 9*, 26-28.
Seidlmayer, M. (1967). *Das Mittelalter. Umrisse und Ergebnisse des Zeitalters. Unser Erbe* (Kleine Vandenhoeck-Reihe 247/248). Göttingen: Vandenhoeck & Ruprecht.
Vierhaus, R. (1980). Grundlagen europäischer Zivilisation. Zum Problem der Darstellung europäischer Geschichte. In K.E. Jeismann & R. Riemenschneider (Hrsg.), *Geschichte Europas für den Unterricht der Europäer* (Studien zur internationalen Schulbuchforschung. Schriftenreihe des Georg-Eckert-Instituts 27). (S. 12-22). Braunschweig: Georg-Eckert-Institut für internationale Schulbuchforschung.
Weidenfeld, W. (Hrsg.). (1985). *Die Identität Europas*. München/Wien: Carl Hanser.

Han Plas

Europa im Unterricht in den Niederlanden. Praxisbeispiel Geschichte

Der folgende Beitrag behandelt ein Thema aus der Unterrichtswirklichkeit in den Niederlanden. Bevor ich mich dem Gegenstand selbst zuwende: "Europa im niederländischen Geschichtsunterricht", möchte ich einige signifikante Merkmale des niederländischen Schulsystems skizzieren, um den "Kontext" zu verdeutlichen, in dem das Thema steht.

Ein hervorstechendes Charakteristikum des niederländischen Schulsystems ist die Freiheit der Schulen, Richtung und Einrichtung des Unterrichts (Ziel und Methode) selbst zu bestimmen. Zwar zahlt das Kultusministerium die Kosten der staatlichen und der privaten Unterrichtsanstalten, hat aber nur ein beschränktes Verfügungsrecht über die Unterrichtsinhalte: Es beschränkt sich weitgehend auf eine Kontrolle der Unterrichtsqualität (der "Gediegenheit"). Für die Sekundarstufe I hat das Ministerium Unterrichtsziele aufgestellt; für die Oberstufe schreibt es vor, welche Fächer die Schüler belegen müssen, und setzt mittels eines Programms für die Abschlußprüfungen fest, welche Leistungen zu erbringen sind, um das Abschluß-Diplom zu erhalten.

Die Abschlußprüfung in Geschichte besteht aus einer Vorprüfung und aus einem zentralen (nationalen) schriftlichen Examen. In der Vorprüfung werden die Geschichte der letzten fünfzig Jahre sowie ausgewählte Kapitel aus der älteren Zeit geprüft. Im schriftlichen Examen werden zwei Themen behandelt, für die zuvor eine detaillierte Inhaltsumschreibung ausgegeben wird.

Schulbuchverfasser und Lehrer bestimmten selbst, wie sie die gesetzten Unterrichtsziele und Examensprogramme in konkreten Unterricht umsetzen.

Nun zum "Europäischen" im Geschichtsunterricht! In den Niederlanden bedeutet "Geschichte" seit jeher "allgemeine Geschichte". Die Schulbücher widmen sich nur in beschränktem Maße der niederländischen Geschichte. Überwiegend behandeln sie die Geschichte der europäischen Staaten, der USA und der Sowjetunion (bzw. der ehemaligen Sowjetunion) sowie der internationalen Beziehungen. Auch den Ländern der Dritten Welt und Japan gilt ihre Aufmerksamkeit, doch Zeitdruck und mangelndes Interesse lassen diese Kapitel im Unterricht meist in den Hintergrund treten.

Ich sagte oben absichtlich "Geschichte der europäischen Staaten". Denn bis ca. 1985 war die europäische Integration kein oder kaum ein Unterrichtsthema. Trotz aller Anstrengungen etwa des "Europäischen Erziehungsbundes" oder des "Zentrums für Europäische Bildung" schenkten die Schulbücher der europäischen Integration nur spärliche Beachtung. Aus diesem Grunde veröffentlichten die genannten Institutionen selbst Unterrichtsmaterialien, um bei Lehrern und Schülern Verständnis und Interesse für diesen Gegenstand zu wecken. Doch ihre Publikationen fanden nur geringen Absatz.

Die Wiederbelebung und Intensivierung der europäischen Integration - etwa mit der Annahme der "Europäischen Akte" - ließen das Thema "Europäische Integration" nach 1985 häufiger in den Schulbüchern erscheinen. Eine Untersuchung des "Europäischen Erziehungsbundes" bezeichnete die Einstellung der Schulbuchautoren zur "Europäischen Integration" nun als "neutralpositiv" (Europa-Centrum, 1990). Damit näherten sie sich der öffentlichen Meinung an, die jahrzehntelang das Bestreben der verschiedenen Regierungen gestützt hatte, eine supranationale Europäische Gemeinschaft aufzubauen.

In den zurückliegenden Jahrzehnten hatten die niederländischen Regierungen (in Einklang mit ihrer Zurückhaltung in bezug auf die Inhalte des Unterrichts) keinen Druck ausgeübt, um "Europa" als Unterrichtsthema zu verankern. Diese Haltung änderte sich 1988, als der Europäische Rat der

Kultusminister eine Reihe von Maßnahmen beschloß, um die europäische Dimension im Unterricht zu stärken, und der niederländische Kultusminister die Ausführung der Maßnahmen energisch in die Hand nahm. In den Erläuterungen zum Etat von 1989 führte der Kultusminister aus, daß er das Thema ""Europäische Integration" zu einem Hauptpunkt der Bildungs- bzw. Schulpolitik in den kommenden Jahren machen werde. Eine direkte Einflußnahme auf die Unterrichtsinhalte war ihm allerdings verwehrt; denn es sind - wie erwähnt - die Schulen selbst, die bestimmen, ob sie dem Thema "Europa" einen Platz im Curriculum einräumen wollen und welche Lehrbücher sie wählen. Doch der Minister konnte Empfehlungen aussprechen - und das tat er. 1989 erteilte er der Hochschule "Interstudie" den Auftrag, in Zusammenarbeit mit dem "Institut für die Entwicklung von Prüfungen" ein "Basisdokument Europa und Unterricht" auszuarbeiten, welches die inhaltlichen Hauptpunkte benennen sollte, über die unter den Fachleuten in der Europäischen Gemeinschaft ein Konsens bestand. Für alle kommenden Aktivitäten sowie für die Entwicklung von Unterrichtsmaterialien sollte es als Richtschnur dienen. Außerdem errichtete der Minister eine sogenannte "Europäische Plattform für den niederländischen Unterricht", eine Arbeitsgemeinschaft von Verbänden, der Schulverwaltung und der den Unterricht unterstützenden Institute.

Die Anregungen des Ministers wirkten sehr schnell in den Unterricht hinein, da die verschiedenen gesellschaftsbezogenen Fächer um ihren Platz und Einfluß stritten. Die Geschichtslobby glaubte, die Chancen ihres Faches dadurch zu vergrößern, daß sie bei der Formulierung von Lernzielen die Aufmerksamkeit auf die "europäische Integration" lenkte und die Bedeutung des Themas für den Unterricht unterstrich. Zum zweiten konnte sie über die Abschlußprüfung die Nützlichkeit des Faches Geschichte unterstreichen: Die Themenwahl "Europäische Integration 1945 - 1990. Einheit und Verschiedenartigkeit" war ein politischer Volltreffer. Denn "Europa" war und ist in den Niederlanden ein höchst aktueller Bereich, und das Fach konnte vom steigenden allgemeinen Interesse nur profitieren.

Sowohl der Kultusminister als auch der Geschichtslehrerverband hatten großes Interesse daran, die Examensvorbereitung gründlich anzugehen. Bislang hatte das Thema "Europäische Integration" nur einen marginalen Platz im Curriculum eingenommen. Deshalb wurde der Hochschule "Interstudie" (die bereits das Basisdokument angefertigt hatte) der Auftrag erteilt, eine Anleitung für die Behandlung der Geschichte der europäischen

Integration auszuarbeiten. Diese "Anleitung" (1991) sollte den Lehrern eine gründliche Vorbereitung ermöglichen. Begleitend strahlte das niederländische Schulfernsehen eine Europa-Fernsehserie aus, die von einem eigenen Lehrbuch unterstützt wurde. Deren Gestaltung lag in Händen eines Mitarbeiters vom "Zentrum für Europäische Bildung".

Die Stoffumschreibung für dieses Thema der schriftlichen Abschlußprüfung geschah größtenteils durch die Hochschule "Interstudie" und das "Zentrum für Europäische Bildung": Sie stellten drei von fünf Mitgliedern der Arbeitsgruppe.

Die Arbeitsgruppe fertigte schließlich die folgende Stoffumschreibung an:

Problemstellung

Zentraler Aspekt bei der Behandlung der europäischen Integration sind die den Integrationsprozeß charakterisierenden gegensätzlichen Positionen in Bezug auf Ziele und Strategien.

Die gegensätzlichen Positionen sind

- Nationale versus supranationale Zuständigkeiten
- Wirtschaftliche versus politische Integration
- Atlantisch versus europäisch

Lehr- und Lernziele

Die Schüler sollen

1. die politischen, militärischen, wirtschaftlichen und sozial-psychologischen Faktoren kennenlernen, die den europäischen Ingegrationsprozeß gefördert oder behindert haben,
2. den europäischen Integrationsprozeß als eine Entwicklung sehen, die in einen "mondialen Rahmen" eingebettet ist,
3. die Geschichte der europäischen Integration in Phasen einteilen können,
4. die bedeutendsten Vorkämpfer des Europa-Gedankens kennenlernen,
5. die formal-juristische Struktur der Europäischen Gemeinschaft darstellen und innerhalb dieser die wichtigsten Organe mit ihren Aufgaben und Kompetenzen sowie in ihrer wechselseitigen Zuordnung beschreiben können,
6. die tatsächliche Einflußverteilung im politischen System der Europäischen Gemeinschaft kritisch hinterfragen und die Spannungsmomente zwischen supranationalen und intergouvernementalen Tendenzen angeben können,
7. die bisherige Politik der Europäischen Gemeinschaft kritisch beurteilen können und zugleich ihren Blick auf diejenigen Bereiche lenken, die bislang nur wenig beachtet wurden (wie z.B. soziale Fragen, Umweltpolitik, Kultur).

Supranationaler Start und Krise: 1945-1954

Einführung

- Die Ausgangslage: Ein zerstrittenes und gespaltenes Europa.
- Der europäische Gedanke als Integrationsmoment.
- Das Abenteuer der Sechs.
- Die Krise des supranationalen Wegs.

Bildung und Herausforderung des Gemeinsamen Europäischen Marktes: 1954-1969

Einführung

- Ein neuer Impuls: Die EG.
- "Atlantisch" versus "europäisch"; "supranational" versus "national".
- Wirtschaftlicher Erfolg und politische Sackgasse.

Stagnierende Integration: 1969-1985

Einführung

- Der "Geist von Den Haag" und die Krise des Währungssystems.
- Europäische Gesellschaft auf dem Nullpunkt.
- Lichtblicke bei ständiger Stagnation.
- Verhaltener neuer Elan.

Zweiter Anlauf und Perspektiven: 1985-1990

Einführung

- Der institutionelle Durchbruch.
- Die Perspektive "1992" und die osteuropäische Dynamik.

Die obige Tabelle ist gegenüber der ursprünglichen Fassung mit einer langen Auflistung minutiöser Tatsachen im Telegrammstil stark vereinfacht. Insgesamt drängt sich der Eindruck auf, daß die altmodische politische Geschichte eine Auferstehung feiert. Zuzugeben ist freilich auch, daß Lehrer und Prüfungsinstitute von derartigen detaillierten Stoffumschreibungen eingenommen sind; denn jeder weiß, woran er sich halten kann.

Im zentralen Examen von 1992 wurden die angestrebten Kenntnisse und Einsichten zum ersten Mal geprüft. Die Meinung der Praktiker war nicht ungeteilt positiv. Ich zitiere zwei Lehrer, die in der Zeitschrift "Kleio", dem Fachorgan der niederländischen Geschichtslehrer, ihren Eindruck äußerten (Kleio, 1992, Nr. 6.):

"Die Behandlung des Themas im Unterricht war mindestens so schwierig wie der Prozeß der europäischen Einigung. Mit größerer Spannung als sonst sah ich daher dem zentralen schriftlichen Examen entgegen - um hinterher zu erkennen, daß meine Befürchtungen sich teilweise bewahrheitet hatten. Denn neben einigen durchaus vertretbaren Fragen gab es viel Anlaß zur Enttäuschung."

"Dem Prüfungsteil 'Europa' sah ich mit der größten Spannung entgegen. Denn im Unterricht war dieser Gegenstand für so manchen Schüler ein unentwirrbarer Knoten von Jahreszahlen, Namen, Kommissionen, Plänen, Vereinbarungen, Institutionen usw. Die Prüfungsfragen waren dann aber halb so schlimm. Ich entdeckte in ihnen wenig Tiefgang. Sie waren zumeist recht oberflächlich: schlichte Tatsachen. Einsicht in den historischen Zusammenhang war kaum gefragt."

Die geäußerte Kritik deckt sich im wesentlichen mit dem Urteil, das der Leiter des "Zentrums für europäische Bildung" bereits 1979 über die Darstellung der Europäischen Integration in den Geschichtsbüchern gegeben hatte: zu langweilig, zu faktenbezogen, zu kognitiv, ohne jede emotionale Ansprache und daher für die Schüler uninteressant (Oonk, 1979).

Außer dem Umstand, daß das Thema als langweilig empfunden wird und sich in einem Faktenberg erschöpft, gibt es meines Erachtens noch weitere Gründe zur Kritik.

In den Niederlanden bestand seit jeher ein Konsens darüber, daß ein supranationales Europa anzustreben sei. Nur aus der orthodox-protestantisch-christlichen "Ecke" wurden Bedenken angemeldet; dort hält man an der Idee eines "heiligen Bundes zwischen Gott, den Niederlanden und dem Hause Oranien" fest. Die übergroße Mehrheit der politischen Parteien trat jedoch für ein föderatives Europa ein - und sie befanden sich damit im großen und ganzen in Einklang mit dem Willen der Bevölkerung. Denn 87% der Niederländer sahen dem Vorhaben, das sich mit der inzwischen magisch gewordenen Zahl 1992 verbindet, hoffnungsvoll oder sehr hoffnungsvoll entgegen (Eurobarometer, 1991). Mehr noch: Die Politik der Regierung war in einem solchen Maße darauf fixiert, ein Gegengewicht zur französischen Option für ein "L'Europe des patries" aufzubauen, daß eine rationale Besinnung auf die Konsequenzen ihrer Entscheidung weder in der öffentlichen Diskussion noch in der Schule möglich war. Erst im vergangenen Jahr wurde das bisher selbstverständliche Ziel, in einem europäischen Gesamtstaat aufzugehen, von den Parteien ansatzweise diskutiert.

Die gleichgerichteten Bemühungen des Kultusministers und der Geschichtslehrer, der Geschichte der europäischen Integration einen zentralen Platz im Curriculum einzuräumen, hatte zur Folge, daß der als selbstverständlich angenommene Konsens über Ziel und Weg der europäischen Zusammenarbeit auch den Unterricht prägte. Und der Einfluß derer, die ich Eurolobbyisten nennen möchte, auf die Ausgestaltung des Examensprogramms war einer kritischen Reflexion ebenfalls nicht förderlich. So leidet die Darstellung der europäischen Integration, bestimmt durch die Vorgaben zum zentralen Abschlußexamen, nach meinem Dafürhalten an den folgenden Mängeln:

- Die Rolle der Euroidealisten im Prozeß der europäischen Integration wird überbewertet. Als Folge davon wird der Schüler mit einer verwirrenden Fülle von z.T. irrelevanten Namen und Fakten überschwemmt.
- Die europäische Vereinigung wird als unvermeidlicher und zwangsläufiger Prozeß präsentiert (was die Überzeugung der Vorkämpfer der Europa-Idee war).
- Indem die Geschichte Europas nach dem Zweiten Weltkrieg als teleologischer Prozeß erscheint, der in einem Vereinigten Europa mündet, werden die machtpolitischen Faktoren im Integrationsprozeß zu wenig beachtet. So wird der Wunsch (oder die Notwendigkeit), Deutschland durch Einbindung zu zähmen, als Stimulans für eine europäische Zusammenarbeit nicht thematisiert: Die "Deutsche Frage" als Kernfrage und Katalysator der europäischen Integration kommt m.a.W. nicht zur Geltung. Ebenfalls nicht sichtbar werden die französischen Hoffnungen und Bemühungen, die Europäische Gemeinschaft zur Absicherung ihrer eigenen "Grandeur" zu gebrauchen.
- Obwohl die Stoffumschreibung die europäische Integration in den Kontext ihrer Zeit stellt, wird dem gegenseitigen Mißtrauen der Regierungen zu wenig Beachtung geschenkt. Auch fehlt jeder Hinweis auf die Existenz von Ressentiments, die die Völker Europas zumindest in den vierziger und fünfziger Jahren gegeneinander empfanden. So gesehen muß man die Darstellung gewissermaßen ahistorisch nennen. Und dabei ist nichts gefährlicher als die Unterschätzung nationalistischer Gefühle, was wir gerade in unseren Tagen wieder einmal erfahren müssen.

Zum Abschluß noch diese Bemerkung: Ich habe nicht den Eindruck erwecken wollen, ich hielte die Geschichte der europäischen Integration für ein unwichtiges Unterrichtsthema. Im Gegenteil! Gerade jetzt, wo die europäischen Völker nach dem Ende des Kalten Krieges ihren politischen Kurs neu bestimmen müssen, ist es unverzichtbar, daß auch die Jugendlichen nachdenken über mögliche und wünschenswerte Grenzen nationaler Souveränität sowie über Inhalt und Wert der nationalen und europäischen Identität. Doch wenn man in der (west-)europäischen Integration einen unumkehrbaren, automatischen Prozeß sieht (ohne je an einen Rückschlag oder gar eine Auflösung der heutigen EG zu denken), verhindert man die bitter notwendige Reflexion. "Europa" und das "Europäische" als Gegenstand historisch-politischer Erziehung stellen Probleme und Aufgaben, die zu bedeutsam sind, als daß man sie nur den Eurolobbyisten überlassen dürfte.

Literatur

Dijk, K. v., Lingen, S. v. & Plas, A.J. (1991). *Europese integratie 1945-1990. Eenheid in verscheidenheid.* Den Bosch: Malmberg.

Vermeij, R. (1990). *Analyse van de lesboeken voor voortgezeten basisonderwijs naar de behandeling van het thema Europese samenwerking en integratie.* Den Haag: Europacentrum.

Hermans, J. (Hrsg.). (1992). *Leidraad bij de geschiedenis van de Europese Integratie.* Alkmaar: CEVNO.

Houwink, H. & Siccema, J. (1988). *Europa. Speelbal of medespeler.* Baarn: Anthos/ Uitgeverij In den Toren.

Oonk, H. (1979). *Europese vorming in het voortgezet onderwijs.* Alkmaar: CEVNO.

Plas, A.J.(1991). Niederlande. In W.Cremer & O.Schmuck (Hrsg.), *Politische Bildung für Europa. Die europäische Dimension in der politischen Bildung der zwölf EG-Staaten* (S. 265-296). Bonn: Bundeszentrale für politische Bildung.

Rozemond, S. (Hrsg.). (1987). *Nederland in West-Europa. Een plaatsbepaling.* Den Haag: Clingendael.

Hans-Peter Baumeister

Das europäische Weiterbildungsprojekt "What is Europe?"

1. Rahmenbedingungen des Projekts "What is Europe?"

Im Rahmen der Themenstellung der Arbeitsgruppe möchte ich ein Projekt vorstellen, das sich der Frage nach Europa und dem Europäischen auf zwei miteinander verschränkten Linien widmet: inhaltlich, weil der Gegenstand des Projekts eben Europa ist; methodisch, weil dieses Projekt als europäisches Kooperationsprojekt entstanden ist. Mein Ziel ist es, an Hand dieses konkreten Beispiels zu zeigen, wie in diesem Fall Europa sich in der praktischen Bildungsarbeit manifestiert. Insofern verstehe ich meine Ausführungen als pars pro toto, indem ich versuche aufzuzeigen, wie sich das Thema Europa auf europäischer Ebene für die wissenschaftliche Weiterbildung, vor allem für Lehrer, bearbeiten läßt und welche Probleme bei einer Europäisierung des Themas aufgetaucht sind. Vielleicht ergibt sich dabei indirekt auch eine Perspektive auf ein europäisches Menschenbild; im Zentrum meiner Ausführungen steht dieser Aspekt aber nicht.

Zunächst werde ich den äußeren Zusammenhang vorstellen, in dem dieses Projekt entstanden ist; dann gehe ich auf die Struktur des Projektes ein und versuche einige konzeptionelle Grundlinien, die für die Thematik dieser Arbeitsgruppe von besonderer Bedeutung sind, zu erläutern und werde am Schluß auf einige für die Zukunft zu ziehende Konsequenzen für europäische Bildungsprojekte eingehen.

1.1 Ziel des Humanities-Programms der EADTU

Bei dem Projekt "What is Europe?" handelt es sich um ein Fernstudienprojekt, das im Rahmen der European Association of Distance Teaching Universities (EADTU) konzipert und entwickelt wurde und wird.

Die European Association of Distance Teaching Universities wurde 1988 gegründet und ist der Zusammenschluß von 14 europäischen Fernstudieneinrichtungen mit Sitz in Heerlen, der Zentrale der Open Universiteit der Niederlande.

Die EADTU hat es sich zur Aufgabe gemacht, das Fernstudium in Europa zu fördern, die Aktivitäten der Mitglieder aufeinander abzustimmen - insbesondere in den Bereichen Information und Dokumentation, gemeinsamer Kursentwicklung und des Einsatzes moderner Kommunikationstechnologien - und Vorarbeiten für eine European Open University, die auf den bestehenden Fernstudieneinrichtungen in Europa aufbaut, zu leisten.

Um die internationale Kooperation und interinstitutionelle Integration voranzubringen, werden seit 1988 in vier Programmbereichen, nämlich Law, Business Administration, Humanities und Languages gemeinsame Studienprogramme konzipiert und entwickelt. Ziel dieser Arbeiten ist es, europäische Weiterbildungsprojekte in den genannten Gebieten vom Nordkap bis Kreta, von Lissabon bis zu einer noch nicht feststehenden Grenze im Osten anzubieten.

Das Projekt "What is Europe?" entstand im Rahmen des Programmbereichs Humanities, was man im Deutschen vielleicht am besten mit Geisteswissenschaften übersetzt - allerdings in einer methodisch engeren Fassung, so daß das Wort vor allem auf die hermeneutisch und historisch-kritisch vorgehenden Geisteswissenschaften zu beziehen ist.

Allgemeines Ziel des Programms ist es, einen geschlossenen Studiengang Master of European Studies zu konzipieren und zu realisieren, der von allen Mitgliedsinstitutionen der EADTU im Rahmen ihrer Studienprogramme angeboten werden kann. Gleichzeitig wird dieses Studienangebot auch für Weiterbildungszwecke zur Verfügung stehen; d.h. aufgrund unserer Erfahrungen werden in der Realität die Nachfragen aus dem Bereich der Weiterbildung überwiegen.

1.2 Ziel und Struktur von "What is Europe?"

Gleichsam als Fingerübung vorab wurde der Kurs "What is Europe?" konzipiert und realisiert, weil es das Ziel war, zum Beginn des Binnenmarktes 1993 diesen Kurs vorzulegen, was wir ungefähr erreichen werden.

Die Zielgruppen sind ganz unterschiedlich definiert. Aus unserer Sicht werden es vor allem Lehrer und Lehrerinnen sein (wobei allerdings die Schwierigkeit besteht, daß das Thema "Europa" nicht einem bestimmten Schulfach zuzuordnen ist), Journalisten, aber auch Mitarbeiter(-innen) in der Wirtschaft, die sich auch mit interkulturellen Aspekten des zukünftigen Binnenmarktes auseinandersetzen müssen. In den anderen beteiligten Ländern (s.u.) sind die Zielgruppen wahrscheinlich im wesentlichen die gleichen, allerdings kommen dort auch "normale" Studenten hinzu, weil dort das Instrument des Fernstudiums auch in grundständigem Studium traditionell vertrauter ist als z.B. in den alten deutschen Bundesländern.

Wie läuft ein solches europäisches Kooperationsprojekt in der Praxis ab? Nachdem die EADTU sich für die Realisierung eines Humanities-Projektes entschieden hatte, trafen sich die beteiligten Institutionen im November 1988 zum ersten Mal am Sitz der Open University Großbritanniens, die den Vorsitz in dieser Projektgruppe übernommen hatte. Danach haben in der Regel vier bis fünf Treffen im Jahr stattgefunden, wobei es immer um beide Arbeitsstränge ging und geht, nämlich die Realisierung des Kurses "What is Europe?" und die Konzeption des Studienganges "Master of European Studies".

Was die Realisierung des Kurses betrifft, auf die ich mich hier konzentrieren will, so haben wir das Thema in vier Module aufgeteilt und jede der von Beginn an beteiligten Einrichtungen (später kamen weitere hinzu) hat ein Modul eigenverantwortlich bearbeitet:

MODULE 1:
- The history of the idea of Europe: Open Universiteit der Niederlande, Jutland Open University Dänemarks
  - Europe: the making of an idea
  - Europe 1914-45: the nation supreme
  - Europe since 1945: crisis to renewal

MODULE 2:
- Commonality and diversity of European cultures: Deutsches Institut für Fernstudien an der Universität Tübingen
  - Living environments and life-styles in Europe
  - Languages in Europe
  - Education
  - Mass Media in Europe

MODULE 3:
- European democratic culture: Fédération Interuniversitaire de l'Enseignement à Distance, France (FIED; federführend Universität Straßburg III)
  - The growth of democracy
  - Individual freedom and the rule of law
  - Public Opinion and the role of criticism
  - The institutions of democracy

MODULE 4:
- Europe and the wider world: Open University, UK
  - Europe and the third world
  - Europe and Russia
  - Europe and America
  - Europe in the global economy

Die eigenverantwortliche Bearbeitung schloß die Auswahl der Autoren, die Vertragsgestaltung, die inhaltliche Feinkonzeption der einzelnen Studieneinheiten usw. ein.

Diese Art der Vorgehensweise bot den Vorteil, daß mit der Realisierung des Projektes umgehend begonnen werden konnte. Als eine besondere Schwierigkeit bei dieser Art von Joint Course Development ist zu vermerken, daß es sich nicht nur um internationale, interkulturelle, sondern schließlich auch um interinstitutionelle Projekte handelt; d.h. jeder der Beteiligten agiert in Routinefragen in einem ihm vertrauten organisatorischen Rahmen, den die anderen Beteiligten z.T. gar nicht, z.T. nur mühsam verstehen. Das wird dann zum Problem, wenn es zu irgendeinem Zeitpunkt der Realisierung des Projektes notwendig wird, die verschiedenen Arbeitsweisen auf der Produktionsebene zusammenzuführen. Hier liegen noch zahlreiche ungelöste Probleme bei der gegenwärtigen Struktur dieser gemeinsamen Projekte.

2. Konzeption des Projekts

In inhaltlicher Hinsicht sollte sich das Projekt mit dem befassen, was man im Englischen "Cultural Studies" nennt. Aus deutscher Sicht läßt sich das vielleicht am ehesten mit dem Begriff "Landeskunde" übersetzen; in diesem konkreten Fall würde es sich um eine europäische Landeskunde handeln. Dabei geht es nach unserem Verständnis nicht im Sinne von geographischer Landeskunde um die Vermittlung sogenannter "harter" Daten und Fakten, sondern Landeskunde in dem hier gemeinten Sinne geht von einem breiten Verständnis von Kultur aus, bei dem sowohl nach Fakten als auch nach Bedeutungen gefragt wird. Bedeutungen sind aber nicht nur durch das Lehren vermittelbar, sondern müssen auch selbst erfahren werden. Insofern erschließt sich Landeskunde vor allen Dingen durch den Prozeß des Lernens. Dies ist für uns der Kern des weiterbildungsmethodischen bzw. -didaktischen Konzeptes von Landeskunde.

Wie sich dies bei Modul 2 in der Realisierung niedergeschlagen hat, möchte ich am Beispiel der Einheit "Living environments and life-styles in Europe" aufzeigen. Die Einheit bietet sich dafür vor allem deshalb an, weil diese Einheit innerhalb des internationalen Course-Committees die intensivsten Diskussionen (die aus Platzgründen hier nicht im einzelnen dargestellt werden können) ausgelöst hat, und zwar in methodischer als auch in inhaltlicher Hinsicht. Die Kontroversen können aber diejenigen, die sich bisher schon näher mit der Materie befaßt haben, nicht überraschen; denn anders als bei den Themen Sprachen oder Medien stehen bei der Einheit über europäische Alltagskultur auch Deutungen über aktuelle Sachverhalte zur Diskussion; und dafür muß man bei diesem Thema nicht von vornherein ausgewiesener Fachmann sein.

Der Autor der Einheit, Wolfgang Kaschuba, trifft als Ausgangspunkt seiner Überlegungen folgende gegensätzliche Feststellung: "Der Trend geht doch offensichtlich dahin, daß nationale Eigenarten immer stärker abgeschliffen werden und in unserem Bewußtsein zurücktreten, daß die 'Befremdungen' bei einem Besuch im Nachbarland eher abnehmen, weil die interkulturellen Kontakte durch Reisen und Arbeitswanderung immer dichter werden, weil uns die Medien immer besser über das Geschehen jenseits der Grenzen informieren, auch weil es immer wieder dieselben Industriekonzerne sind, die uns auch jenseits der Landesgrenzen mit ihren Emblemen und Produkten freundlich begrüßen." (Kaschuba, 1992). Dieser, auf der ökonomischen Einigung beruhenden Entwicklung stellt er das Bedürfnis nach Bestätigung nationaler Identität gegenüber, weil es bei einer großen Anzahl von (West-)Europäern nicht zu übersehende Verunsicherungen darüber gibt, in einer diffusen europäischen Einheitskultur aufzugehen. In diesem Zwiespalt sieht Kaschuba die gegenwärtigen europäischen Identitätsprobleme[1)].

Die Studieneinheit über europäische Alltagskultur orientiert sich deshalb bei ihrer Suche nach einem europäischen Menschenbild an der tatsächlich gegebenen zivilisatorischen und kulturellen Vielfalt, die wir auch im Alltag wiederfinden können. Von dieser durchaus mitunter stark differierenden Grundlage aus können aber gemeinsame Regeln, Normen und eine gemeinsame Semantik des Alltags in Europa herausdestilliert werden - eine Art europäischer kultureller Grammatik, ohne daß jede Ausdrucksform, die diesen Regeln folgt, identisch wäre. Mir erscheint diese Vorgehensweise sehr plausibel. Sie ermöglicht es, von Phänomenen des europäischen Alltagslebens ausgehend den Stand der Europäisierung zu beschreiben und dabei sowohl die historischen Wurzeln, sofern sie die Gegenwart noch mit Lebenssäften versorgen, in den Blick zu bekommen, als auch die gleichmachenden Tendenzen der gegenwärtigen modernen Konsumgesellschaft in ihrer Wirkung zu beschreiben.

Es gibt viele Alltagsbereiche, in denen uns diese Grammatik begegnet, z.B. im Rahmen von Familienstrukturen, im Bereich des Wohnens, beim Einkaufen, beim Feierabendverhalten, im Verhältnis zum Sport, bei unserer Einstellung zu Fremden. Aber auch in anderen, umfassenderen Lebensbereichen finden wir Belege für eine kulturelle Grammatik in Europa, die uns einerseits in der Gegenwart das Zurechtfinden erleichtert, andererseits

---

1) An dieser Stelle muß erläuternd darauf hingewiesen werden, daß es weder in dieser Studieneinheit noch im Gesamtprojekt darum geht, einer europäischen Einheitsidentität das Wort zu reden oder von ihr als einem anzustrebenden Ideal auszugehen. Gegenüber solchen Versuchen ist zweifellos große Skepsis angebracht. Ein europäisches Menschenbild wird man meines Erachtens nicht mit europäischer Identität verwechseln dürfen.

das Herausbilden von ähnlichen ökonomischen und gesellschaftlichen Strukturen in der Geschichte ermöglicht hat. Darauf verweisen die zwei anderen Module des Kurses, nämlich über die Geschichte der Idee von Europa und über die Kultur der Demokratie in Europa. Und schließlich führt diese gemeinsame Grammatik dazu, daß wir von außen, also von außerhalb des (west-) europäischen Raumes, fast unterschiedslos als Europäer wahrgenommen werden - d.h. ohne die vielfältigen nationalen, regionalen oder ethnischen Differenzierungen, die unseren internen Blick bestimmen. Von dieser Außensicht handelt das letzte Modul.

Die Grundlagen für dieses uns allen implizit vertraute Regelwerk werden teils in der Arbeitswelt, teils in anderen kollektiven Erlebniszusammenhängen gelegt. Von daher ist es auch zwingend, daß die wesentlichen Veränderungen der letzten Jahrzehnte, was unsere nationalen, regionalen oder ethnischen Identitäten angeht, durch die ökonomischen oder sozialen Folgen des europäischen Einigungsprozesses ausgelöst wurden. Man muß sich nur vor Augen führen, was die Einführung von umfassenden Sozialversicherungssystemen, die uns seit über hundert Jahren vertraut sind, für Regionen bedeutet, in denen das Problem der sozialen Sicherheit vor allem im Familienverband, durch familiäre Solidarität gelöst wurde. Sozialversicherungssysteme führen hier in relativ kurzer Zeit zur Auflösung oder gravierenden Veränderung großfamiliärer Strukturen, mit ebenso schwerwiegenden Auswirkungen auf bisherige Kommunikationsformen, auf das Verhältnis zwischen Jungen und Alten usw., auf kulturelle Lebensformen insgesamt. Diese Verflechtungen zeigen, daß die Frage nach der Europäisierung, nach der Entwicklung eines europäischen Menschenbildes kein Scheinproblem diskussionsfreudiger Wissenschaftler ist, sondern daß dieser Gesamtkomplex "Europäisierung" von vielen, scheinbar isolierten Einzelaspekten immer wieder neu strukturiert wird. Darauf verweist das Weiterbildungsprojekt "What is Europe?".

Soviel anhand eines konkreten Beispiels zur Frage, wie hier "europäische Landeskunde" verstanden wird.

Die Realisierung des Projekts ist soweit fortgeschritten, daß alle Manuskripte vorliegen und seitens der britischen Open University (dort liegen die größten zeitlichen Zwänge wegen der weitgehend standardisierten Produktionsform vor) ins Englische übersetzt wurden. Anfang 1993 stehen die Projektmaterialien in englischer Sprache vollständig zur Verfügung. Im Anschluß daran werden die Übersetzungen ins Französische und Deutsche

- soweit notwendig - vorgenommen werden. Wir gehen davon aus, daß es nach einer deutschen Übersetzung des Gesamtprojekts, insbesondere aus Ländern Mittel- und Osteuropas, eine große Nachfrage geben wird.

3. Lehren für zukünftige Projekte

Rekapituliert man die bisherigen Arbeiten an dem Projekt "What is Europe?" vor dem Hintergrund dessen, was nach Auffassung engagierter Europäer Weiterbildung in Europa leisten soll, dann muß man folgendes feststellen:

- Es fehlt ein europäischer Standard in bezug auf Qualitätsvorstellungen für Weiterbildung, insbesondere für wissenschaftliche Weiterbildung. Bei den beiden extremen Polen, zwischen denen sich die Realität wissenschaftlicher Weiterbildung abspielt, handelt es sich zum einen um Vorstellungen der universitären Lehre, also um Vermittlungsmethoden, die sich an wissenschaftlicher Systematik orientieren, und auf der anderen Seite um erfahrungsorientiertes Lernen berufstätiger Erwachsener.
  Während wir im nationalen Rahmen seit ca. 5-7 Jahren verstärkte Bemühungen erleben, der Weiterbildungsmethodik mehr Aufmerksamkeit zu widmen, sind derartige konsequente Bemühungen auf europäischer Ebene noch nicht auszumachen.
- Eine wesentliche Problematik hat sich im Laufe der internationalen Zusammenarbeit aufgetan, die jedem begegnen wird, der sich auf europäische Projekte einläßt, nämlich völlig unzureichende organisatorische und rechtliche Rahmenbedingungen. Derartige internationale Kooperationsprojekte erfordern einen hohen zeitlichen und organisatorischen Aufwand: Es müssen viele fremdsprachige Texte gelesen werden, Treffen quer durch Europa organisiert werden, man muß sich mit bisher fremden Organisationsstrukturen vertraut machen.
- Außerdem muß die sprachliche Problematik erwähnt werden. Im Rahmen unseres Kurses haben wir uns von Beginn an für Englisch als Arbeitssprache entschieden, was sicher durch die Tatsache erleichtert wurde, daß alle Personen, die im Kurskomitee mitgearbeitet haben, damit relativ geringe Probleme hatten. Selbstverständlich ist aber eine solche Entscheidung nicht. Dabei geht es nicht um Prestige-Fragen, sondern vielmehr um das Problem, vor welchem sprachlichen Hintergrund, und damit ist ja auch immer ein kultureller Hintergrund verbun-

den, die interkulturellen Probleme diskutiert werden. Es gibt z.B. Sachverhalte im Zusammenhang mit unserer Einheit "Alltagsleben in Europa", die schlichtweg nur in Deutsch erklärbar sind, weil sich mit dieser Darstellung eine ganz bestimmte Wissenschaftsrichtung, die Empirische Kulturwissenschaft, verbindet, die in Deutschland eine spezielle Tradition ausgebildet hat.

Literatur

Enzensberger, H. M. (1989). *Ach Europa! Wahrnehmungen aus sieben Ländern.* Frankfurt/M: Suhrkamp.

Foucher, M. & Geremek, B. (1992). Die Grenzen Europas. Ein Gespräch. Freibeuter. *Vierteljahreszeitschrift für Kultur und Politik*, 52, 33 - 35.

Geremek, B. (1991). *Unterwegs nach Europa. Erwartungen und Hoffnungen eines Polen.* Stuttgart: Robert Bosch Stiftung.

Heller, A. (1988). Europa - ein Epilog? In H.C. Buch (Hrsg.), Ein Traum von Europa. *Literaturmagazin, 22* (Sonderband). (S. 25). Reinbek b. Hamburg: Rowohlt.

Pocock, J.G.A. (1992). Die Dekonstruktion Europas. Das neue Imperium und die Zukunft der Geschichtsschreibung. *Lettre International, 16*, S. 15-26.

Pomian, K. (1990). *Europa und seine Nationen.* Berlin: Wagenbach.

Sartorius, J. (1992). 0,00016 % für Kultur. Dem EG-Koloß fehlt der Mut - ein Tatsachenbericht aus Brüssel. *Lettre International, 16*, S. 4-18.

Steffen, G. (1991). Deutsch als Fremdsprache: Landeskundevermittlung - Kulturverstehen im Deutschunterricht. In H. Mandl & H.F. Friedrich (Hrsg.), *Wissenschaftliche Weiterbildung und Selbststudium. Konzeption und Realisierung von Lehr-Lern-Modellen für das Selbststudium* (S. 103-132). Weinheim und Basel: Beltz.

Horst Buszello

Die Diskussion - Versuch einer Bilanz

Die äußerst lebhaft und engagiert-kontrovers geführte Diskussion unter den Teilnehmern dieser Arbeitsgruppe in allen Einzelheiten wiederzugeben, überstiege den gesetzten Rahmen eines kurzen Resümees. Wir beschränken uns folglich darauf, einige Hauptpunkte: Ergebnisse, Anregungen und offene Fragen, festzuhalten.

1. Ein wesentlicher Teil der Aussprache war der ebenso einfachen wie schwer zu beantwortenden Frage gewidmet: Was eigentlich ist "Europa"? Eine sachliche Vorklärung und Vergewisserung war gefordert, bevor über "Europa" als Unterrichtsgegenstand nachgedacht wurde.

Im Laufe der Debatte wurde deutlich, daß die Realität "Europas" dreidimensional zu fassen ist:

- als Alltagseuropa, erfahrbar in problemlosen Grenzübertritten und in der Selbstverständlichkeit grenzüberschreitenden Reisens, im ungehinderten Zugang zu Presse, Rundfunk und Fernsehen aus allen Teilen Europas, im wahrhaft "europäischen" Waren- und Gaststättenangebot und anderem mehr,
- als politisches Europa, als Europa der Institutionen (z.B. Europäische Gemeinschaft oder Europarat),
- als geschichtlich gewordene, im Denken zu ergreifende europäische Kultur und Zivilisation, als gemeinsames Erbe.

Entsprechend der Dreidimensionalität von "Europa heute" muß auch die Frage nach der "europäischen Identität" differenziert beantwortet werden:

- Es gibt eine wachsende "europäische Identität" als Folge einer Angleichung von Lebenserwartungen und -haltungen. Sie wird vermittelt durch die modernen Massenmedien (deshalb auch als "RTL-Identität" apostrophiert), durch Reisen (zumal wenn der Touristenstatus aufgegeben wird und die Bereitschaft wächst, am Alltagsleben der Gastländer teilzunehmen) oder durch zunehmende faktische Verschränkungen wie etwa ökologische Probleme und als Antwort darauf grenzüberschreitende ökologische Bewegungen. - Die Bedingungen der Gegenwart schaffen Identität.
- Es gibt ein politisches Europäertum, gegründet auf dem Willen, ein geeintes Europa zu schaffen. Dahinter mag die bloße Überzeugung stehen, daß nur ein geeintes Europa politisch und ökonomisch überleben kann. - Die Zukunftserwartung vermittelt Identität.
- Es gibt schließlich die "kulturelle europäische Identität", erwachsen aus einer gemeinsamen Vergangenheit, sich artikulierend in gemeinsamen Grundüberzeugungen ("Werten") und Lebenshaltungen. Sie ist das Ergebnis einer mehr als tausendjährigen Geschichte. - Die gemeinsame Vergangenheit begründet Identität.

Das Zauberwort der Debatte hieß "Identität", eine Begriffsdefinition war angebracht. Identität meint objektiv Eigenart, Wesenseinheit, Einheitlichkeit, innere Einheit - "Einerleiheit", "Dieselbigkeit" (Goethe); subjektiv das Sich-Selbstbestimmen als Glied eines sozialen Körpers, das Sich-Wiedererkennen in einer Gemeinschaft - "Heimat haben", Ver"ortet"sein. Beide Bedeutungsweisen überschneiden sich, da dasjenige, dem man sich zugehörig fühlt, real oder fiktiv als spezifische Einheit gegeben sein muß.

Eine "europäische Identität", so die Meinung aller, sollte nicht als ausschließende Konkurrenz zu regionalen oder nationalen Identitäten verstanden werden. Sie sei vielmehr eine komplementäre Identität, die freilich - wenn sie bewußt ergriffen wird - regionale und nationale Identitäten relativiert und in ihrem Geltungsanspruch begrenzt. Das Bewußtsein einer "europäischen Identität" dürfe zum anderen nicht den Blick auf ein Weltbürgertum verstellen.

Nachhaltig wurde gefordert, daß "Europa" im Bewußtsein der Westeuropäer nicht auf die westliche Hälfte des Kontinents eingeengt werden dürfe. Es müsse vielmehr Ostmittel- und Osteuropa als integralen Bestandteil mitumfassen, ohne daß unterschiedliche Entwicklungen und Differenzierungen übersehen werden sollten.

Eine intensive Debatte entzündete sich an der Frage, was denn das spezifisch "Europäische", der "Geist Europas" (die "europäische Identität") sei. Begriffe oder besser Schlagworte wie Freiheit, Individualität, Demokratie, Menschen- und Bürgerrechte, Herrschaft des Rechts, Wertschätzung der öffentlichen Debatte, Toleranz (mit einem entschiedenen Fingerzeig auf Erasmus von Rotterdam, einem oft vergessenen "Europäer") sollten erste Hinweise geben, bedürfen jedoch dringend der intensiveren Beleuchtung.

Schließlich wurde darauf aufmerksam gemacht, daß ein geeintes Europa auch als Bedrohung und dies selbst innerhalb Europas empfunden werden kann. Vorhandene und schätzenswerte Individualitäten könnten nivelliert, kleinere Völker politisch und kulturell majorisiert werden. Für die zukünftige Gestaltung Europas müsse deshalb das Prinzip der Subsidiarität gelten.

2. Neben der Klärung dessen, was "Europa" ist und sein kann/soll, wurde dessen Behandlung im historisch-politischen Unterricht der Schule diskutiert.

Ausgangspunkt im Unterricht sollten das "Alltagseuropa" und das Europa der Institutionen (s.o.) sein. Zum ersteren: Dieses liege im Erfahrungsbereich der Schüler und biete deshalb einen konkreten Anknüpfungspunkt. Doch müsse einsichtig gemacht werden, daß die Vorteile, deren sich auch ein Jugendlicher erfreue (z.B. bei Reisen), relativ junge Errungenschaften seien und sich - historisch betrachtet - keineswegs von selbst verstünden. Für sie müsse man folglich aktiv einstehen. Zum letzteren, dem Europa der Institutionen: Namentlich das "Brüsseler Europa" mit seinen rund 25000 Beamten und der von ihm ausgehenden Gesetzes- und Verordnungsflut sei immer wieder das Ziel von Angriffen und Spott. Bessere Aufklärung über seine Geschichte, Arbeitsweise und Abhängigkeiten könnte sicherlich Vorurteile beseitigen, vielleicht auch zu der Einsicht verhelfen, daß gerade "Brüssel" - bei allen Schwerfälligkeiten und Mängeln im einzelnen - unverzichtbar sei, um Europa Stück für Stück zusammenwachsen zu lassen.

Eine "europäische Identität" als Bewußtsein einer geschichtlich gewachsenen kulturell-zivilisatorischen Gemeinsamkeit aller Europäer solle erst im zweiten Schritt vermittelt werden. Denn die Behandlung derart fundamentaler (auch Werte-)Fragen erfordere die Bereitschaft und die Fähigkeit zu intensivem Nachdenken auf hohem Niveau.

Auf keinen Fall sollte sich die Schule, so die wiederkehrende Mahnung, als Ort offizieller Propaganda für "Europa", als Handlanger der Politik verstehen. Ihre Aufgabe sei die Information und die Einsicht vermittelnde gedankliche Arbeit. Eben damit leiste sie, wenn engagiert und überzeugend betrieben, eine wichtige Vorarbeit für die Entwicklung eines europäischen Bewußtseins und einer europäischen Zivilisation.

Siegwart Rupp

Pragmatische Hilfen zur Integration Europas

Ein europadidaktischer Beitrag des Faches Kunsterziehung
Stand einer Diskussion

Bei der Erwähnung des Wortes "Europa" pflegen wir heute hilflos mit den Schultern zu zucken. Wir wissen normalerweise, daß das Endziel aller Bemühungen um Europa die Integration auf allen Gebieten sein soll; aber die Schwierigkeiten haben nicht nachgelassen. Man hat den Eindruck, daß über einer murrenden Menge eine Handvoll Europamanager ein willkürliches Spiel treibt, bei dem das meiste undurchschaubar bleibt. Das europäische Parlament kann zwar Kritik üben, so viel es will, bleibt aber fast ungehört, hat somit offenbar nur eine Scheinfunktion.

Mit dem Maastrichter Vertrag scheint nun der Weg frei nach Europa zu sein. Aber die Reaktionen der einzelnen EG-Partner und ihrer Anrainer zeigen, wie groß diese Angst vor anmaßender Fremdbestimmung und ungleichgewichtiger Vereinnahmung ist. Ablehnungen oder knappe Mehrheiten beweisen das einhellig.

Der im Vergleich zu anderen Posten lächerliche Kulturetat im Brüsseler Gesamthaushalt läßt nur wenig Möglichkeiten, die geforderte "Europäische Dimension in der Erziehung" mit Macht einzuführen und europaweit Experimente in dieser Richtung zu finanzieren. Im Gegenteil: Es haben sich "altbewährte" und dadurch kraftlos gewordene Gepflogenheiten eingebürgert, wie etwa der periodisch ausgeschriebene Europawettbewerb, der Kinder und Jugendliche auf meist dubiosen Wegen zu Ergebnissen führt, über die ein zünftiger Kunsterzieher nicht glücklich sein kann. Der Wettbewerbsgedanke ist außerdem pädagogisch gesehen frustrierend für die Mehrzahl der leer ausgegangenen Teilnehmer. Die Abnützung des Wettbewerbs ist offensichtlich. Die Altklugheit der "kindlichen" Produkte ist oft abstoßend. Heute wirkt er immer lächerlicher mit seinen Slogans: Man merkt die Absicht und man ist verstimmt. Doch trotzdem fließen die Zuschüsse in diese etablierten und abgetakelten Einrichtungen, statt neue Versuche zu unterstützen.

Wenn sich trotzdem manche nicht entmutigen lassen, dann kommt das oft aus einem pädagogischen Eros heraus, der die Zeichen der Zeit erkannt hat. Sie stehen auf Annäherung, Gemeinschaft, kurz: *Integration.*

Wir haben Integration schon innerhalb unserer nationalen Grenzen bitter nötig: die deutsch-deutsche an erster Stelle. Jeder einigermaßen wache Bundesrepublikaner stellt schmerzlich fest, wie weit wir von einer solchen Integration noch entfernt sind.

Die seit Jahrzehnten dahinkränkelnde europäische Integrationsidee hat gegenwärtig - unter zunehmendem äußeren Druck großer Wirtschaftsblöcke - wieder Auftrieb erhalten. Eine Verwirklichung wird wohl unter diesen Zwängen nötig werden, aber sie wird eine ungeliebte, kulturell-geschichtlich und vor allem emotional-existentiell unfundierte und ungesicherte bleiben.

Es sei denn, man ist zu Reformen bereit, die tiefer gehen, als den Schulverwaltungen lieb ist. Daß hinter allen realen Sinnesänderungen und Horizontverschiebungen auch eine immense pädagogische Anstrengung stehen muß, wird meist vergessen.

Nur wenn es über lange Zeit hinweg einfach nicht vorwärtsgehen will, dann setzt - als letzter Grund - die große Schelte der Pädagogen ein, denen Bequemlichkeit, Ideenlosigkeit und Feigheit vorgeworfen wird. Zusammenfassend also: ein Thema, das permanent in Präliminarien stecken bleibt, die Taten verhindern.

Zum Begriff des Pragmatischen

"Pragma" (griech.) heißt "Tat, Handlung". Wie der Titel unserer Ausführungen sagt, soll hier Handhabbares, Ausführbares, Lehr- und Lernbares, Anwendbares, Übertragbares, eben *Pragmatisches* geboten werden.

Es hat den Vorteil, schon einmal ausprobiert und - bis zu einem gewissen Grad - als brauchbar und durchführbar erkannt worden zu sein. Es liegen "fertige Ergebnisse" in Form der entstandenen Arbeiten vor. Echte, das soll hier heißen brauchbare Theorie, sollte aus solchen im Tun gewonnenen Erfahrungen und Produkten heraus entwickelt werden. Hier liegen solche vor. Theoretisches Weiterspinnen und kritische Anmerkungen sind erwünscht, denn sie fußen ja auf konkret gewonnenen Ergebnissen.

Ersten Einwänden, die hier vorausgesehen werden, soll im Schlußabschnitt ein apologetischer Katalog entgegengehalten werden, der in den einzelnen Nummern umfangreiche Kommentare brauchte, die hier aus Platzgründen entfallen müssen.

Doch zunächst muß über die "Hilfen" des europadidaktischen Beitrages der Kunsterziehung abgehandelt werden, nicht, ohne vorher etwas über "Integration" gesagt zu haben.

Zum Begriff Integration

Diese pragmatischen Hilfen haben als Zielsetzung "Europa" voranzutreiben, Hilfestellung für eine "Integration der Europäer" zu geben. Die Motivation des Autors ist weniger durch die gerade gängigen Begründungen - wirtschaftliche Konkurrenzfähigkeit betreffend - gegeben, als durch die Grundvorstellung, daß Frieden auf der Welt Bereitschaft zu Integration, d.h. zu Gemeinschaft und Gemeinsamkeit voraussetzt. Insofern ist der Grundantrieb durchaus universal zu nennen, der Trieb, die Gemeinschaft der Völker der *Welt*, nicht nur Europas, enger zu gestalten. Einseitige Europabetonung ist in meinen Augen ein heute schon nicht mehr zulässiger Egoismus einer bestimmten Gruppe von Völkern dieser Welt. Europa ist somit nicht das letzte sondern ein vorletztes Problem vor einer immer nötiger werdenden *globalen* Integration.

Diese Erwägung führt aber schon wieder zu weit ab vom Wesentlichen, von den hier erstrebten ganz praktischen Einübungsmöglichkeiten dessen, was wir Integration nennen.

Europa aber bringt auf jeden Fall mit den bisherigen Diskussionen, die eine Integration betreffen, schon ein ganz nützliches Paket von Gesichtspunkten mit ein: etwa wie die Qualität von Integration am höchsten, d.h. der originalen Individualität der Einzelvölker am zuträglichsten sein kann.

So hat sich wenigstens in der Theorie schon ein ganz gewaltiger Fundus an Integrationsvorstellungen und -konzepten gebildet.

Meine These ist nun angesichts dieser Tatsache: Beziehungen zwischen Menschen untereinander sind geformte. Man spricht etwa von guten oder schlechten Umgangsformen. Je besser sie sind, desto enger gestaltet sich dic Gemeinschaft zwischen diesen Menschen, desto größer ist die Chance also für eine Integration.

Die eigentliche Domäne der Kunst ist zu Ausdruckszwecken der gestalterische Umgang mit der Form. Aber nicht nur Ausdruckszwecke verfolgt die Kunst, sondern auch kommunikative und didaktische.

So muß die Kunsterziehung die in der Kunst vorhandenen Integrationsenergien für Europa organisieren. Sie kann sich dabei auf die bereits in der Theorie vorhandenen organisatorischen Konzepte engagierter Europa-Denker stützen. Sie liefern ihr den symbolischen Europabezug, der in der Hauptsache aus gewissen syntaktischen Formen von Integration besteht mit anderen Worten: Organisationsformen von Gemeinschaft.

Es geht nun darum, die hierzu passenden gestalterischen Äquivalente zu finden. Das bietet keine Schwierigkeiten. Es folgen zwei besonders einleuchtende Beispiele.

1. Seit Bestehen der formanalytischen Kunstwissenschaft, begründet von Alois Riegl, zu ihrer Höhe geführt durch Heinrich Wölfflin, verfeinert etwa durch Carl von Lorck und Willi Drost; seit Erscheinen auch eines so epochemachenden Buches, wie "Abstraktion und Einfühlung" von Wilhelm Worringer, ist es gelungen, syntaktische Bezüge zwischen Formen in der Bildenden Kunst genau zu beschreiben, zu systematisieren und zu Kennzeichen für bestimmte Stilepochen oder Geisteshaltungen sowohl, als auch für bestimmte Künstlertypen zu machen. Einige radikale Vertreter der Formanalyse lehnen jedes bildtransgrediente Vorgehen als zu "unbegründet spekulativ" ab. Einige jedoch haben es nicht so puristisch betrieben und haben durchaus Bezüge zu menschlichen Haltungen, philosophischen Richtungen und politischen Tendenzen hergestellt.
   Es wird einleuchten, daß die formale Integrationssymbolik durch solche kunstwissenschaftlichen Bemühungen vielfältige Anregungen bekommen kann.
2. Seit sich die klassische Moderne in der Bildenden Kunst angebahnt hat, war sie durch das Phänomen der Reduktion gekennzeichnet. Immer systematischer wird Farbe auf ihre Grundtöne und Farbauftrag auf einfache, immer wiederkehrende Figuren reduziert. Über Impressionismus, Pointillismus, über den großen Anreger Cézanne zu Fauvismus und Kubismus steigert sich dieser Reduktionsprozeß.
   Charakteristikum aller Reduktion ist die Gewinnung einfacher Elemente der Gestaltung, eines einfachen Zeichenrepertoires sozusagen, mit dem man das Ziel aller Reduktion, die sogenannte "Integration der

Bildfläche", erreichen kann. In der kubistischen Endphase ist das perfekt gelungen. Integrationswille hat sogar die Grenzen bis dahin noch als geschlossene Motive figurierender Formen aufgebrochen und diese Schritt für Schritt mit der bis dahin "nichtgemeinten" Umgebung zu einem Ganzen integriert.

Im Formalen ist hier also ein Gipfel an Integrationssymbolik erreicht, der vor allem mit den Mitteln von Transparenz und Durchdringung ein Non-Plus-Ultra an gemeinschaftlicher Verschmelzung in einem gestalteten Ganzen zeigt.

Methodische Umsetzung; Hilfen

Wir haben soeben von drei Quellen der Anregung gehört, die einen kunstdidaktischen Pragmatiker zum Handeln animieren können, wenn es um Europa geht:

1. Die zahlreichen theoretischen Überlegungen über eine ideale Form der europäischen Integration, die bisher vorliegen.
2. Die zahlreichen Erkenntnisse formanalytisch orientierter Kunstwissenschaftler.
3. Die im Kubismus gipfelnden formalen Erkenntnisse der Künstler der klassischen Moderne.

Es wird nun die These aufgestellt: zu den Vorstellungen unter Punkt 1 können auf dem Simulationsfeld der Bildenden Künste entsprechende Integrationsformen parallel gesetzt werden (Punkte 2 und 3).

Um eine Verbindung zwischen diesem Feld politischer Integration (1) und dem Feld künstlerischer Integration (2, 3) herstellen zu können, bedarf es eines Sensoriums für Symbolisches, Metaphorisches, Emblematisches, Allegorisches, Zeichenhaftes, das in vergangenen Jahrhunderten sehr stark bei den Menschen ausgebildet war, nach der Banalisierung durch Rationalismus und Naturalismus aber erheblich geschwächt worden ist. Trotzdem findet sich in den Künsten unseres Jahrhunderts genug einschlägiges Ausdrucks- und Bedeutungspotential, was aber oft als "private Mythologie" abgetan wird, ohne ernsthaft interpretiert zu werden.

Daraus ergibt sich eine erste Forderung für den Kunstdidaktiker; Stärkung der Fähigkeit, solche anfänglich als absurd und unverständlich vernachlässigten Verschlüsselungen, die in Wirklichkeit Existentielles angehen, zu erfühlen, zu durchschauen und zu einer Lehre für unser Handeln werden zu lassen. Die Stärkung dieser Fähigkeit sollte während eines ganzen Schülerlebens vor allem bei bildnerischer, musikalischer und literarischer Werkinterpretation geübt und entwickelt werden, bei der vor allem auch gelernt wird, die *formalen Mittel* zu erkennen, mit denen ein bestimmter Ausdruck erzielt werden konnte. Menschen, die hier durch befähigte und kompetente Pädagogen Sternstunden erleben durften, sind die bestvorbereiteten Teilnehmer für die folgenden Schritte.

Organisation eines Simulationsfeldes

Der erste Schritt besteht in der Organisation eines Simulationsfeldes. Tische derselben Norm werden zusammengestellt, so daß eine langgestreckte Fläche entsteht. Makulaturpapier wird darüber hinweggerollt. Solche sogenannten "Restrollen", die Endstücke von in Rotationsmaschinen eingespanntem Papier, werden häufig kostenlos bei den Zeitungsredaktionen abgegeben. Als ideales Stiftmaterial - vor allem auch im Verhältnis zu dem sehr dünnen und daher leicht zerreißbaren Makulaturpapier - haben sich die weichen Varianten von Pitt-Vierkant-Kreiden erwiesen. Aber zur Not eignen sich neben Zeichenkohle auch härtere Stifte wie Wachskreiden.

Als zweckmäßig hat sich auch eine Farbbeschränkung der Pittkreiden auf Schwarz, Sepia und Rötel erwiesen. Im Wechsel von den Teilnehmern angewandt, entsteht ein farblich ansprechend variiertes Gebilde und erleichtert oft die Integration von Nachbar zu Nachbar.

Je nach Vorhaben sollte auch eine Schüssel kräftiger angemachten Tapetenkleisters und Kleisterpinsel zur Verfügung stehen. Dieser kann einmal - nach einer gemeinsamen Verständigung in der Gruppe - dazu benützt werden, gewisse graphische Geschehnisse durch Überkleben zu korrigieren oder kann die ganze Aufgabe von vornherein das Element "Collage" mit einbeziehen, wobei dann möglichst die Zahl der Kleisterpinsel der der Gruppenteilnehmer entsprechen sollte.

Teilnehmer

Einiges über Art und Zahl der Teilnehmer. Hier kommt nun zum ersten Mal der Begriff der "kunsterzieherischen Gemeinschaftsarbeit" ins Spiel.

Dieses Thema verlangte allein schon ein eigenes Buch. In der Kunsterziehung sind Gemeinschaftstendenzen in Zeiten der Diktatur als Gleichschaltungsmethoden verwendet worden. Symbolisch hierfür war die "angetretene Truppe", bereit, sich besinnungslos vermassen und dabei mißbrauchen zu lassen. Diese Zeiten liegen weit hinter uns.

Der Fundus an Integrationsreflexion über das neue Europa hat uns als Ideal den freien Verband der einzelnen Völkerindividuen, etwa auch in der bekannten De Gaull'schen Formel "das Europa der Vaterländer" enthalten, vorgezeichnet. Verwirklicht sehen wir das heute schon in gut funktionierenden föderativen Gebilden, wie den USA und der Bundesrepublik. Ein Höchstmaß an individuellen Eigenformen wird zu einer Gesamtform harmonisiert.

Es geht also nun darum, ein föderatives Äquivalent in einer Teilnehmergruppe zu simulieren. Als ideale Zahl bei einer solchen Übung haben sich sechzehn bis höchstens zwanzig Teilnehmer in der Tischrunde erwiesen.

Dem Europaexperiment am nötigsten wären zusammengesetzte Versuchsgruppen. Die Teilnehmer sollten möglichst vielen verschiedenen Nationen angehören. Dem Verfasser war das bis jetzt immer nur bei reichlich verplanten und damit zersplitterten Europäertreffen, Europawochen, Sommerakademien möglich. Die für das Integrationsexperiment wünschenswerte längere Zeit stand nie zur Verfügung. Doch auch schon in nur ein bis zwei Nachmittagen Arbeit stellte es sich heraus, daß das Experiment in sensationeller Weise angenommen und geschätzt wurde. Für viele allerdings war das Überschreiten der ersten Hemmschwelle eine ungeheuere Mutprobe. Sie merkten: Zwischen Reden anhören und wirklichen Taten existiert ein riesiger Unterschied.

Die Teilnehmer waren zwischen 18 und 80 Jahren alt und kamen aus den verschiedensten Milieus: der französische Eisenbahner, der holländische Geschäftsmann, der griechische Professor..... .

Bei dieser Arbeit kann man bei Punkt Null beginnen. Kein professioneller Künstler, deren es ebenfalls welche gab, hat sich über dieses Zusammengespanntsein mit Laien jemals beklagt. Im Gegenteil, sie empfanden es als erfrischend und anregend.

Position und Aktion

Dazu seien einige grundsätzliche Überlegungen angestellt. Es geht also zunächst um die Position und um das Agieren jedes einzelnen im Rahmen der Gemeinschaft.

1. Positionsmöglichkeiten. Es gibt drei Grundmöglichkeiten der Aufstellung der Teilnehmer.
   1.1 Die streng auf eine Stelle fixierte.
   Sie hat eine erhebliche Einschränkung des Aktionsraumes zur Folge. Es ist etwa dieselbe, die auch Völker empfinden müssen, die sich von vielen Seiten her durch Angrenzer behindert, belästigt, eingeschränkt oder gar eingesperrt fühlen. Zum Meer etwa haben sie keinen Zugang, da ihnen ungerechterweise eine andere Nation einen Korridor dahin verwehrt, obwohl sie früher auf beachtlicher Breite schon einmal Angrenzer waren, etc.... .
   1.2 Eine Art der Aufstellung, die auch Platzwechsel gestattet; dabei gibt es natürlich eine Ausgangsposition. Hat man seine erste Aktion oder Reaktion getätigt, ist es erlaubt, seine Position in der Tischrunde zu verändern, was erst dann sinnvoll sein dürfte, wenn man - in die Gesamtrunde blickend - eine "lohnende" Stelle entdeckt hat, an der man gerne weitermachen würde. Hat man dort seine Arbeit getan, tut sich vielleicht eine andere Möglichkeit auf, die einen reizt, weiterzumachen, was eine erneute Positionsveränderung erforderte.
   1.3 Die "kinetische" Variante als Extremposition zu 1.1:
   Sie gestattet ein Maximum an Beweglichkeit. Dabei setzt sich die ganze Tischgemeinschaft im Uhrzeigersinn rund um den Tisch herum in eine fließende, prozessionsgleiche Bewegung.
2. Aktionsmöglichkeiten. Es leuchtet ein, daß die Art des Agierens entscheidend von den Positionsmöglichkeiten abhängt.
   2.1 Zu Positionsmöglichkeit 1.1: Die Aufstellung der Gruppe rund um den Tisch bei obligatorischer Fixierung auf eine Stelle hat erhebliche Folgen. Agieren aus der Fixierung heraus bedeutet: man sieht - gleichsam schicksalhaft - die Angrenzer auf sich zukommen. Absprachen nach allen Seiten hin sind zu empfehlen. Augenbeweglichkeit ist gefordert. Zeitweises Innehalten, um sich besser mit der Individualität der Nachbarn vertraut machen zu können und um Über-

legungen über eigene angleichende Übergangsformen zu den Nachbarhandschriften hin anstellen zu können, dürfte hilfreich sein.
Ist als Aktionsform das Agieren und Reagieren beschlossen, so bedeutet das: keine Gleichzeitigkeit bei der Ausführung der Aufgabe. Am besten bestimmt man am Gesamtformat an den beiden Schmalseiten und in der Mitte der Breitseite der Tischflucht je einen Teilnehmer, einen ersten zeichnerischen Impuls auf die Fläche zu setzen. Diese drei ersten zeichnerischen Impulse brechen den Bann, sind damit die Auslöser für die Nächststehenden, darauf zu reagieren.

2.2 Zu Positionsmöglichkeit 1.2: Das Charakteristische dieser erweiterten Positionsmöglichkeiten ist, daß man "Hilfsbedürftigen" beispringen kann, sie animieren kann, mehr aus sich herauszugehen. Denn gerade da entstehen Lücken und läuft das Agieren langsamer, wo noch Verkrampfungen und Hemmungen vorliegen. Ein Platzwechsel soll somit nicht "Alleingänge" auslösen, sondern "Intensivbetreuung", wo nötig. Nie soll man vergessen: Es geht um die Integration, Gemeinschaftsbildung gleichberechtigter Partner.

2.3 Zu Positionsmöglichkeit 1.3: Die weitestgehende Ausdehnung in der Freizügigkeit, ein Sich-Einbringen-Können am gesamten Gemeinschaftswerk, setzt die Beweglichkeit der "kinetische" Position voraus. Ist die Prozessionsbewegung um den Tisch in Gang gekommen, kann durch Singen einer Melodie oder durch Klopfen und Klatschen rhythmische Beschwingtheit in die Gruppe gebracht werden. Es genügt, wenn der Gruppenleiter das Lied singt, aber ein Mitmachen der Teilnehmer ist sehr erwünscht. Verboten ist ein zwischenzeitliches Stehenbleiben am Tisch, es würde die Beweglichkeit und den Rhythmus der Gesamtunternehmung sabotieren, im schlimmsten Fall sogar zum Stillstand führen. Wie sieht dabei das Agieren sozusagen "aus dem fahrenden Zug heraus" aus?
Wir setzen - um zunächst bei den elementaren Einstiegsformen zu bleiben - graphische Zeichen auf die Papierbahn. Es können nur kurze abgehackte Zeichen sein, denn es geht ja ständig weiter, die Ortsveränderung gestattet uns gar keine großen ausgedehnten Zeichenfiguren. Dabei ist die Spielregel zu beachten, mit unseren Zeichen keine anderen zu "entwerten", indem wir sie überzeichnen und damit beschädigen. Jedes gesetzte Zeichen soll genug Luft darumherum haben, um als Figur zur Geltung kommen zu können.

Sobald die Rundenläufer um den Tisch merken, daß die Papierbahn sich so gefüllt hat, daß sie keine weiteren "Eintragungen" mehr verkraften kann, sollen sie sich zwar weiterbewegen, aber nichts mehr zeichnerisch setzen. Es ist sozusagen das "auslaufende Karussell", das nach getaner Arbeit noch einige Runden leer dreht.
Dabei hat jeder die Möglichkeit, sich einen Überblick über das Geschehene zu verschaffen. Dabei wird er besonders gelungene harmonisch gesetzte Stellen, aber auch gestörte mit Fehlern behaftete entdecken können, was eine Diskussion über das Erfolgte erleichtern dürfte.

Formen des Agierens

Grundsätzlich kann man sagen, daß simultanes Arbeiten der Gruppenteilnehmer mehr die Nahsicht, also die Sicht auf die nähere Umgebung des einzelnen beansprucht, während sukzessives Arbeiten in Aktion und Reaktion den über das Ganze hin schweifenden Blick der Teilnehmer fordert.

Es soll nun weiterhin von den einfachsten Möglichkeiten des Agierens die Rede sein.
Da ist zunächst der elementarste Bereich rein motorischer Aktionsmöglichkeiten, die mit "kontrollierter Gestik" am besten bezeichnet sein dürften. Hier wäre es sogar zunächst angebracht, in rein gestischer Aktion rund um den Tisch herum Verständnis für verschiedene Qualitäten von Gestik zu wecken, von organischer, schwingend herausfließender Gestik bis zur unnatürlich vom Verstand kontrollierten Break-Dance-Gestik eines Roboters. Ein solcher "Trockenschwimmkurs", noch ohne Kreide in der Hand, könnte das Verständnis für die formalen Qualitäten, die allein schon in gewissen motorischen Einstellungen unseres Körpers stecken, spontan wecken. Nach dieser Vorphase kann man sich in medias res stürzen, d.h. mit der Kreide in der Hand loslegen.
Dabei sollte man sich zunächst über einfachste Wege klarwerden, die dem auf einen Platz fixierten Teilnehmer möglich sind: Die Aktionsrichtungen führen in der Regel von seinem Körper weg. In gerader Linie direkt auf sein Gegenüber zu, in fächerförmiger Ausbreitung weniger direkt in spitz- und stumpfwinkliger Anvisierung. Sehen wir von den geraden Lini-

enzügen ab, stehen alle möglichen Formen schwingender, gewellter, kreisender Rundführungen des Stiftes zur Wahl. Die bisher erwähnten motorischen Aktivitäten betreffen lang ausgezogene, kontinuierlich laufende Linien. Ein ganz wichtiger Bereich sind die vom Punkt am besten repräsentierten abgehackten Kleinformen und ihre Summierung in Verbänden. Spätestens hier muß erwähnt werden, daß sich all dies in einem uralten Elementarbereich, nämlich dem des Dekorativen, Ornamentalen, kurz, dem des Elementar-Kompositorischen abspielt. Es sind einfache Orientierungen in Raum und Fläche, wiederholbar in endlichen oder unendlichen Rapporten. Nehmen wir an, daß alle Teilnehmer sich in solchen Grundsituationen befinden, so werden sie auf ähnliche Art und Weise nach einigen zeichnerischen Setzungen zu ersten Begegnungen kommen.
Hier nun beginnt der eigentliche Sinn des ganzen Unternehmens. Auf diesem Simulationsfeld sollen die narzistisch in sich gekehrten Individualisten gezwungen werden, sich ihrer "Mitkontinentler", der anderen Europäer nämlich, bewußt zu werden. Von der liebevoll gepflegten Individualhandschrift müssen Brücken geschlagen werden zu den "Anrainern", im Regelfall links, gerade voraus und rechts vom Einzelteilnehmer postiert. Es gilt nun, überleitende Formen zu finden, die einen Angleichungsbezug zwischen den verschiedenen Formen und Handschriften herstellen. Dies einzuüben ist der Kernpunkt und das erstrebte Endziel aller Simulationsbemühungen. Gelingen diese, ist in einem symbolischen Akt erlebt worden, daß Integration möglich sein kann. Hauptsache ist, formale Bezüge herzustellen. Diese können die Form totaler Angleichung (siehe etwa Rocaille-Ornament) oder aber auch totalen Gegensatzes (siehe etwa Renaissanceornamentik) annehmen. In den Übergangsstrecken wird es oft nötig werden, zwischen fließenden Angleichungs- und rechtwinklig aufeinander treffenden Gegensatzstrukturen harmonisierende Übergangslösungen zu finden, kurz: Integration zu erreichen.

Beschreibung eines durchgeführten Beispiels

Vor einer nötigen zusammenfassenden Schlußbetrachtung soll nun ein durchgeführtes Beispiel beschrieben werden. Als ein "Pars pro toto" kann es nur höchst unvollkommen einen Eindruck von dem unendlich variierbaren Reichtum an Integrations-Aufgaben vermitteln.

Die Abbildung zeigt eine Gruppe, mit ihrer fertigen Arbeit posierend. Diese kam "kinetisch" zustande: im Uhrzeigersinn umrundete die Tischgemeinschaft das Simulationsfeld und erzeugte dramatisch mit der kreidebewehrten Rechten eine Wellenstruktur. Ohne die Kreide vom Papier zu nehmen, verschlangen sich die Wellenlinien gegenseitig zu einer wunderbaren Gesamtharmonie, Symbol für ein gelungenes Gemeinschaftswerk.

Arbeit am großen Tisch im Zeichen Europas im Rahmen des Europazentrums Meißen, Januar 1993. Klasse 8, St. Afra-Gymnasium (ehem. Fürstenschule). Foto: Sächs. Zeitung Dresden, Jörg Schubert

Was hier "kinetisch"-motorisch erreicht wurde, kann in größerer Eigenverantwortung, auch vom fixierten Einzelplatz aus entstehen. Als Gleichnis zum besseren Verstehen dessen, was ich "Angleichung" nenne, erinnere ich an den Wuchs eines Grashalms, dessen "Blätter" zunächst kelchartig eine Weile parallel zum Stengel verlaufen, bis dann, plötzlich, eine Wegwendung in eine andere Richtung erfolgt. Also: zunächst einen Ausgangspunkt mit kurzer Angleichungsphase suchen und dann - so individuell als möglich - "ausscheren", ohne dabei anderes zu zerstören.

Eine solche Art des Arbeitens schafft in wenigen Minuten ein harmonisches Kreisen in der Runde. Durch die Aufforderung, eine durchlaufende Figur herauszuarbeiten, verhindert man das sonst unvermeidliche "Zuspinnen" der ganzen Fläche im Sinne eines "Horror vacui" (Angst vor der Leere).

Bis dahin hat sich alles auf dem Feld bildnerisch-zeichenhafter Formen und ihrer syntaktischen Beziehungen abgespielt. In der Endphase wird es in mehreren Stufen immer "verbaler".

Auf Stufe 1) geht es darum, Strukturbeziehungen "deiktisch" zeigend, also "aufzuzeigen" und dabei gestisch-mimisch zu agieren.

Auf Stufe 2) geht es darum, symbolische Beziehungen im formalen Bereich "zur Sprache zu bringen", also "aus dem Nonverbalen ins Verbale bringen". Dabei bewegt sich noch alles ganz nahe bei den ursprünglichen Bedeutungen, in einem allgemeinen sprachhistorischen Feld also.

Auf Stufe 3) geschieht die Überleitung aus dieser Zone ursprünglicher, dabei meist sehr bildhafter, Grundbedeutungen in die unmittelbare europäische Gegenwart. Gewonnene Einsichten sollen in den gerade aktuellen europäischen Problemlösungsprozeß mit eingehen.

Für den Empiriker wären Langzeituntersuchungen interessant, inwieweit Teilnehmerverhalten sich durch die Teilnahme an solchen Prozessen verändern läßt. Synoptisch angelegte Vokabulare von Bezeichnungen für die "zeichenhaften Grundformen und ihre Syntax" müssten alle an Europa beteiligten Sprachen berücksichtigen. In Piktogrammen, sozusagen einem "Esperanto der bildnerischen Zeichen und ihrer syntaktischen Grundbeziehungen" könnte das Verstehen dabei noch gesteigert werden.

Um keine Mißverständnisse aufkommen zu lassen: Integration läßt sich sowohl im Reich der "Schwünge" und ornamentalen Strukturen, wie auch anhand von gegenständlichen, zeichenhaft formulierten Motiven aller Art erreichen.

Zusammenfassende Schlußbetrachtung

In der allgemeinpädagogischen Diskussion der beginnenden neunziger Jahre wird mit allem Nachdruck mehr Einübung der Schüler in gemeinschaftliches Handeln gefordert. Das geht alle Fächer an, also auch die Kunsterziehung.

Hier sollte der Versuch gemacht werden, aufgrund eigener Experimente auf europäischer Ebene, einen Weg aufzuzeigen, weg vom individualisierenden, die Schüler vereinzelnden Unterrichtsstil hin zum die Gemeinschaft betonenden. Nicht nur die Europäer, die ganze Menschheit sitzt in einem Boot. Der Bestand an Einzelkabinen ist beschränkt. Das Gedränge in der Touristenklasse erfordert die Ausbildung eines Gemeinschaftswillens, einer Integrationsfähigkeit.

Kollektivistische Formen der Gemeinschaftsarbeit mit Gleichschaltungstendenzen oder andererseits extremer Individualismus, bei dem die Mehrzahl der Gruppenteilnehmer nur als "Humus" für das Aufblühen einiger Stars dient, sind abzulehnen. Wir brauchen Formen, bei denen jeder die gleiche Chance der Mitwirkung hat.

Bildnerische Integrationsmethoden als Simulationen für Auswege aus unseren existentiellen Nöten waren noch nie dringender als jetzt. Bildnerische Zeichen werden hier zu einem Beispielhaften: *"Structura Exemplum Harmoniae"*, ein Beispiel für "Integration und Gemeinschaftsbildung".

Das Gehaltliche im Kunstwerk ist - nach der berühmten Goetheschen Sentenz - so groß, als ein jeder Betrachter etwas dazu beisteuern könne, also so groß, wie das Niveau der Assoziationsfähigkeit des Einzelnen ist. Pädagogische Konsequenz: Hilfen geben zur Vergrößerung dieser Assoziationsfähigkeit auf dem Gebiet der sinnenhaften Ausdruckskünste. Die größte Ablehnung kommt aus der Ecke derer, welche ich "Naturalisten" nenne, die in inhaltlich-motivischen Kategorien sehen und denken. Für sie gilt nur die unterste Goethesche Kategorie, nämlich das Inhaltliche, das "offen zutage liegt". Die Form aber ist ein Geheimnis für die meisten nach Goethe und meint damit das wichtigste, auch für die "Assoziationsreichen", welche die Form intuitiv als "Gleichnis für menschliche Existenz" zu deuten vermögen.

Am Schluß ein Bekenntnis: Als Aufgabe habe ich mir also gesetzt, auf dem Felde der Form und ihrer zeichenhaften Ausdruckskraft Europasimulation zu betreiben. Kritiker können sich hier nur in Pessimisten und Optimisten teilen. Ich gehöre hierbei der letzteren Kategorie an. Für pessimistische, kritische Auslassungen habe ich deshalb nur taube Ohren.

Literatur

Bauer, H. (o.J.). Form, Struktur, Stil: die formanalytischen und formgeschichtlichen Methoden. In H. Belting (Hrsg.), *Form, Struktur, Stil* (S.151-169).

Belting, H., Dilly, H., Kemp, W., Sauerländer, W.& Warnke, M. (Hrsg.) (1985). *Kunstgeschichte. Eine Einführung* (3. erw.Auflage 1988). Berlin.

Drost, W. (1938). *Einführung in die Danziger Malerei.* Berlin, Leipzig.

Dittmann, L. (1967). *Stil-Symbol-Struktur. Studien zu Kategorien der Kunstgeschichte.* München.

Imdahl, M. (1981). *Bildautonomie und Wirklichkeit. Zur theoretischen Begründung der modernen Malerei.* Mittenwald.

Kaemmerling, E. (Hrsg.). (1979). *Ikonographie und Ikonologie. Theorien, Entwicklung, Probleme.* (Bildende Kunst als Zeichensystem Band 1, 4. Auflage 1987). Köln.

Kultermann, U. (1966). *Geschichte der Kunstgeschichte. Der Weg einer Wissenschaft.* Wien, Düsseldorf.

Lorck, C. v. (1926). *Grundstrukturen. Strukturanalyse des Kunstwerks. Ein Abriß für das Kunststudium.* (2. Aufl. 1965). Berlin.

Pfennig, R. (1964). *Gegenwart der Bildenden Kunst - Erziehung zum Bildnerischen Denken.* Oldenburg.

Zur Situation der Jugend in europäischen Ländern

Essays zur Journalistenrunde

Kirsten Baumbusch

Journalisten gelten gemeinhin als kompetent, wenn es darum geht, moralische Befindlichkeit und gesellschaftliche Lage bestimmter Bevölkerungsgruppen treffend zu analysieren und einzuordnen. Gleich sechs kompetente Vertreter und Vertreterinnen der Zunft hatten die Kongreßorganisatoren aufgeboten, um die "Situation der Jugend in europäischen Ländern" einschätzen zu lassen. Ob selbst noch jung an Jahren wie Massimo Agostinis aus der Schweiz und Consuelo Squillante aus Italien oder mit Kindern und Enkeln gesegnet wie Dr. Brigitte Mohr (FAZ), Daniel Mollard (Frankreich) und Nikolaij Saitschenko (Ukraine), an Einfühlungsvermögen und eigenen Erfahrungen mangelte es dem Podium nicht.

Daß eine solche Debatte notwendigerweise aspekthaft und deskriptiv verhaftet bleibt, hatte Moderator Dr. Manfred Saller gleich zu Beginn entschuldigend angemerkt. So ist es nur allzu verständlich, wenn auch bedauerlich, daß der zunehmende Nationalismus und die psychische Situation der Jugendlichen in Europa weitgehend unberücksichtigt blieb. Der Vergleich der Schul- und Ausbildungssysteme nahm überaus großen Raum ein. Nur wenig hatte Daniel Mollard in diesem Zusammenhang der harschen Kritik am Bildungssystem seines Heimatlandes entgegenzusetzen. Zu autoritär, zu selektiv, zu erbarmungslos gegenüber Schwächeren lauteten die harten Urteile. Der Journalist des Saarländischen Rundfunks gab unumwunden zu, daß ein Fünftel der Franzosen unter 25 Jahren keine Arbeit finden und daß das Bildungssystem, obwohl überproportional teuer, nicht die gewünschten Ergebnisse in der Breite erbringt. Bis zu 70 Wochenstunden Unterricht und Nachbereitung für Schüler oder Schülerinnen sind keine Seltenheit und weniger begabte Jugendliche fallen einfach irgendwann heraus. Kein Wunder, daß Angst vor der Schule grassiert und der Druck, in eine der auf die Elitehochschulen vorbereitenden "Classe préparatoire" aufgenommen zu werden, immens ist.

Bei allen spezifischen Schwierigkeiten kamen jedoch immer wieder auch verblüffende Parallelen zum Vorschein. Hatte Dr. Brigitte Mohr doch zu Beginn provozierend postuliert, daß die deutsche Jugend gleich durch zwei Faktoren von denen der anderen Länder unterschieden sei. Zum einen, so die Bildungsexpertin der Frankfurter Allgemeinen, sei das duale System mit Berufs- und Schulausbildung nebeneinander einzigartig, zum anderen befänden sich die jungen Menschen in Deutschland trotz Wiedervereinigung in einem gespalteten Zustand. Die "Mauer in den Köpfen" führt ihrer Ansicht nach zu zwei völlig verschiedenen Problemstellungen. Während die Jugendlichen im Westen Wohnungsnot und Umwelt als drängendste Probleme nennen, dominiert bei 95 Prozent der ostdeutschen jungen Menschen die Arbeitslosigkeit als Problem Nummer eins. Ähnlich verschieden sind laut Mohr die Lebenswelten in denen sich beide befinden. Während die Kolleginnen und Kollegen der deutschen Journalistin zugaben, daß die meisten Europäer Deutschland um die duale Berufsausbildung beneiden, konnte die zweite These niemand als exklusiv deutsches Problem bestätigen.

Auch in Italien, so Consuelo Squillante vom Westdeutschen Rundfunk, ist eine Trennung in Nord und Süd zu konstatieren, und selbst die Schweiz kennt krasse Unterschiede in den Lebenschancen bei Kindern ausländischer und schweizer Arbeitnehmer. "Ein Anteil Jugendlicher, der einfach nicht mehr mitkommt", wie Agostinis für die Eidgenossen beschrieb, ist folglich eher typisch, denn außergewöhnlich in Europa.

Zwar vergleichbar von der Struktur, doch noch am stärksten vom Umbruch betroffen, stellte der Deutsch-Dozent Saitschenko aus Simferopol die Lage in der Ukraine dar. "Die Ausbildung ist teuer geworden", bilanziert er eine bisher unbekannte Schwierigkeit. Um sein Kind die erfolgsversprechende "Außenwirtschaft" studieren zu lassen, müßte er sein gesamtes Jahresgehalt berappen. "Meine Tochter gehört zu den ersten Arbeitslosen", formulierte er aus eigener Erfahrung. Nach fünf Semestern Schiffsbau-Studium und drohender Arbeitslosigkeit sah sie keine andere Möglichkeit mehr, als mit einem Bauchladen Süßigkeiten zu verkaufen, um ihren Lebensunterhalt zu verdienen. Dementsprechend schlecht, so der Deutschlehrer, sei die seelische Befindlichkeit der jungen Menschen. Licht am Ende des Tunnels sei vorerst nicht zu sehen, neben all den wirtschaftlichen Problemen drohe auf der Krim auch noch ein Nationalitätenkonflikt.

Horrorszenarien, die deutsche Hochschullehrer nur aus den Zeiten absoluter Überlast kennen, sind laut Squillante im italienischen Stiefel so zur

Normalität geworden, daß nur noch Privatschulen und ein Studium im Ausland zu einer Karriere im eigenen Land verhelfen. "Fast jeder Schulabschluß berechtigt zum Hochschulzugang", skizzierte sie die Situation, in der Numerus Clausus unbekannt ist und Seminare schon aus Überfüllungsgründen nur als Vorlesungen abgehalten werden.

Kein Wunder, daß Europa für junge Italiener die einzige Möglichkeit des beruflichen Fortkommens darstellt.

Erstaunliche Vergleichbarkeit dann beim Gespräch über die Studiendauer in den verschiedenen Ländern. Zwar war die These von Dr. Mohr, daß es eigentlich für ein Bildungssystem nicht förderlich sei, wenn die meisten jungen Leute berufsqualifizierend studieren möchten, diese Möglichkeit wegen der Zugangsbegrenzung der Fachhochschulen jedoch nicht erhielten und dann doch auf die Universitäten ausweichen, konsensfähig, doch die Dauer des Studiums ist fast überall gleich. Fünf Jahre in der Ukraine, sechs Jahre in Frankreich, der Schweiz und in Italien gehören zur Normalität. Fast überall wird auch noch Studienzeit angehängt, wenn sich die Studentinnen und Studenten davon bessere Ausgangspositionen versprechen. Ein Thema ist die kollektive Entwicklung zu längerem Aufenthalt an den Hochschulen indes nur in Deutschland in der Öffentlichkeit. Doch die Schwierigkeit theoretisch überqualifizierter Bewerber, die doch noch durch Trainee-Programme geschult werden müssen, ist allgemein bekannt. Der Rektor der Pädagogischen Hochschule Heidelberg Professor Schallies wies überdies darauf hin, daß viele Studierenden sich auch nach Abschluß des Studiums nicht exmatrikulierten. Consuelo Squillante führte aus ihren eigenen Studienerfahrungen in Deutschland an, daß sie trotz Abschluß ihrer Magisterarbeit noch ein geschlagenes Jahr auf den Prüfungstermin des zuständigen Professors warten mußte. Daniel Mollard verwies auf die französischen Erfahrungen mit dem "Concours", den sogenannten Aufnahmeprüfungen, die seiner Ansicht nach weit ungerechter sind als der Numerus Clausus, da nur die Form eines einzigen Tages über Bestehen oder Nichtbestehen entscheide. Brigitte Mohr merkte an, daß künftig in Deutschland wohl eine Einteilung in einen ersten, berufsqualifizierenden Abschluß und in ein darauf aufbauendes, zweites Studium für besonders Begabte ins Auge gefaßt werde.

Abschließend war sich die Journalistenrunde einig, daß von einander nach wie vor Erkleckliches zu lernen sei. So wurde beispielsweise die französische Ganztagsschule und die "Ecole Maternelle", die Vorschule, gelobt und den Deutschen ans Herz gelegt, endlich die Schulprobleme der Ausländerkinder ernst zu nehmen und dieses Potential gerade für die berufliche Bildung zu entdecken und dementsprechend zu fördern. Vieles wird sich dennoch ganz unterschiedlich weiter entwickeln, und das ist laut Dr. Mohr auch gut so. Daß ein ähnlicher Medienkonsum, schon eine breite Angleichung in den Erfahrungswelten der Schülerinnen und Schüler erreicht habe, wurde von Squillante angemerkt.

"Es war lehrreich, daß unsere internen Probleme auch die ihren sind", brachte Saitschenko seine verblüffende Erkenntnis auf den Punkt. In ganz Europa gelte es schließlich, den Jugendlichen das Gefühl zu vermitteln, daß sie nicht abgekoppelt seien, und sich die Öffentlichkeit Gedanken um ihre Zukunft macht.

François de Chantal

Es scheint mir nicht chauvinistisch zu behaupten, daß ein großer Teil der Diskussion der Journalistenrunde dem französischen Bildungssystem und seinen Defiziten gewidmet war. Der Beitrag von Daniel Mollard hat die Probleme Frankreichs im Erziehungsbereich überaus deutlich gemacht. Die Kritik von Mollard und später auch das Publikum richteten sich auf das elitäre Schulsystem, das mangelnde Gewicht des Technikunterrichts und auf die wichtigsten Konsequenzen dieser Situation (Stress, Arbeitslosigkeit).

Im allgemeinen schien mir die pessimistische Bestandsaufnahme richtig. Die wichtigsten Gründe des schlechten Funktionierens waren gut dargestellt und problematisiert. Tatsächlich praktiziert das französische Bildungssystem sehr harte Auswahlverfahren (Ecole Normale Supérier, Institut d'Etudes Politiques in Paris, Ecole Nationale d'Administration), die dazu tendieren, Jugendliche mit Schwierigkeiten außen vor zu lassen. Parallel dazu wird die technische Bildung auf das Abstellgleis geschoben und entwertet. Diese Ungleichheit führt zu einer von den Realitäten abgehobenen Elite und zu Technikern von schlechter Qualität, die einzustellen die Unternehmer kein Interesse haben. Hier stoßen wir auf einen strukturellen Grund für die Arbeitslosigkeit in Frankreich.

Da ich selbst aus dem Lehrermilieu stamme und einen Teil der sogenannten "Elite" darstelle, möchte ich noch einige weitere Gründe für die

Entwicklung des französischen Erziehungssystems anführen. Die ständige Auslese ist tatsächlich viel zu stark, aber als Reaktion darauf, scheint sich eine neue Entwicklung abzuzeichnen: die Angleichung auf niedrigem Niveau.

Lehrer und Professoren sehen sich gezwungen, Schüler zu unterrichten, die in der jeweiligen Schule eigentlich falsch am Platz sind. Und dies alles unter dem Vorwand, ihre möglichen sozialen Defizite zu kompensieren. Die Absicht ist löblich, die Praxis verheerend. Faktisch führt dieser Ansturm von jungen Menschen, die eigentlich fehl am Platz sind, zu einer Angleichung auf immer niedrigerem Niveau.

Da gibt es beispielsweise das Ziel, daß 80 Prozent eines Jahrgangs das Abitur machen sollen. Weit entfernt davon die Defizite der Schwächeren zu überwinden, beeinträchtigt dieses Ziel die Besseren und entwertet schließlich das Abitur.

Diese Situation regelt darüber hinaus nicht das Problem der harten Auswahlverfahren und des elitären Schulsystems. Man gibt sich lediglich damit zufrieden, den "Tag der Wahrheit" auf die Zeit nach dem Abitur zu verschieben. Dies macht die Selektion dann umso härter und unerträglicher.

Als die öffentliche Hand sich dieser Entwicklung bewußt wurde, versuchte sie den Schwierigkeiten mit der Gründung des Instituts für universitäre Bildung der Lehrer (IUFM) zu begegnen. Diese Einrichtung sollte die Lehrerinnen und Lehrer für eine neue Pädagogik sensibilisieren. Indes tendiert diese Pädagogik mittlerweile dazu, für die Erziehung das zu werden, was die "Sexologie" für die Liebe ist.

Tatsächlich regelt es die Probleme nicht. Der Schlüssel zur Lösung scheint, wie Daniel Mollard es unterstrichen hat, in einer Aufwertung des Technikunterrichts gegenüber den klassischen Fächern und einer Angleichung der klassischen Fächer untereinander zu liegen. All die Jugendlichen, die in den klassischen Bereichen nicht richtig am Platz sind, könnten ihren Weg in einer aufgewerteten technischen Ausbildung finden. Dies scheint das einzige Mittel zu sein, der sterilen Alternative zwischen Elitismus und Angleichung auf niedrigem Niveau zu entkommen. Das Bildungssystem könnte wieder zu dem werden, was es nie aufgehört hat zu sein, nämlich eine bunte Facette an Erziehungsmöglichkeiten, die gegen Mängel bei bestimmten Schülern angeht, aber auch die Fähigkeiten der anderen jungen Menschen fördert.

Die sozialen Ungleichheiten würden so abgeschwächt, ohne die Besten zu entmutigen. Das Ganze müßte allerdings mit einer möglichst großen Gleichheit in der Wertschätzung der einzelnen Fächer einhergehen. Die Diskussion der Journalisten während des Kongresses hat deutlich gemacht, daß die Probleme in den anderen europäischen Ländern nicht so akut und überdies deutlich verschieden von denen Frankreichs waren. Bedauerlich erschien mir allerdings in diesem Zusammenhang die Abwesenheit eines Vertreters aus Großbritannien.

Die Verschmelzung ist weiter als wir glauben

Rudolf Köberle

Bildungspolitik und europäische Einigung

Meine sehr verehrten Damen und Herren

Auf dem Weg zur politischen Union Europas haben sich in letzter Zeit einige Stolpersteine aufgetan. Das "Nein" der Dänen und das hauchdünne "Ja" der Franzosen zu den Verträgen von Maastricht haben dies offenkundig gemacht. Auch in Deutschland hat sich eine gewisse Europamüdigkeit breitgemacht, wie jüngste Umfragen zeigen. Viele Bürger unseres Land bewegt die Sorge um die Stabilität der D-Mark und die innere Sicherheit angesichts der offenen Grenzen.

Die um sich greifende Europaskepsis stellt fraglos eine ernste politische Herausforderung dar. Sie ist letztlich Ausdruck der Verunsicherungen, Orientierungsprobleme und Zukunftsängste, die die welthistorische Gezeitenwende von 1989/90 und ihre dramatischen Folgen bei vielen Menschen unseres Kontinents ausgelöst haben.

Dennoch und gerade deshalb: Es gibt zur Politik der europäischen Einigung keine vernünftige Alternative. Und die sichtbar gewordenen Schwierigkeiten bedeuten ja keineswegs, daß die europäische Idee gescheitert wäre. Wie sagte doch schon Jean Monnet, der Vater der Europäischen Gemeinschaft? "Die Widerstände werden immer zahlreicher, je mehr man sich dem Ziel nähert." Indes: "Nichts wäre gefährlicher, als Schwierigkeiten mit Scheitern zu verwechseln."

Wir müssen den Weg zu "einer immer engeren Union Europas", den Maastricht vorsieht, entschlossen und unbeirrt weitergehen.

Fast überall in Europa macht sich zur Zeit ein Bodensatz eines besorgniserregenden Nationalismus breit. Abschreckend ist insbesondere die Entwicklung in den Ländern des ehemaligen Sowjetimperiums und des früheren Jugoslawiens. Ethnisch motivierte Bürgerkriege und nationalistische Aufspaltungen stellen für uns alle eine ernste Bedrohung dar.

Dieser gefährlichen Entwicklung müssen die Westeuropäer mit aller Entschiedenheit die europäische Idee entgegenhalten. Ein Rückfall Westeuropas in die nationale Vereinzelung vor 1945 wäre ein böses Omen für die Staaten Mittel- und Osteuropas. Wenn in diesen Ländern der schwierige Übergang von der kommunistischen Dikatur zur Demokratie und von Marx zu Markt nicht rettungslos im Sumpf des Nationalismus versinken soll, muß ihnen die Europäische Gemeinschaft Stütze, Orientierung und Hoffnungshorizont sein.

Die nationalistischen Dämonen der Geschichte lauern keineswegs nur in der deutschen Vergangenheit, sondern in allen europäischen Gesellschaften. Das konsequente Weiterschreiten auf dem Weg zur Europäischen Union ist deshalb das einzige probate Mittel, um in allen Ländern unseres von vielen blutigen Kriegen leidgeprägten Kontinents den bösen Geist des Nationalismus zu vertreiben. Wir Deutsche müssen uns dabei in erster Linie von der Einsicht leiten lassen, daß die deutsche und europäische Einigung zwei Seiten derselben Medaille sind.

Das konsequente Festhalten am europäischen Kurs heißt aber nicht, daß wir einfach so weitermachen wie bisher. Die Abstimmungen in Dänemark und Frankreich sind ein ernstzunehmendes Warnsignal, ein deutlicher Fingerzeig, daß es manches neu zu überdenken und anders umzusetzen gilt.

Der entscheidende Punkt ist: Ohne breite Zustimmung seiner Bürger hat Europa allen wirtschafts-, sozial- und währungspolitischen Integrationsfortschritten zum Trotz keine Chance.

Was müssen wir tun, um die Akzeptanz des europäischen Einigungswerkes bei den Menschen auf eine breite Grundlage zu stellen? Das erste Gebot einer bürgernahen Europapolitik heißt: Es gibt hier noch allzuviel unbekannte Größen. Daraus hat sich bei vielen die Angst entwickelt, mit dem Fortschreiten der Integration die eigene nationale und kulturelle Identität zu verlieren. Diese Angst müssen wir den Menschen endlich nehmen. Eine verstärkte Aufklärungsarbeit tut not. Jeder Bürger muß verstehen und nachvollziehen können, was Brüssel macht, was Brüssel darf und was nicht. Es kann nicht sein, daß wichtige Entscheidungen hinter den verschlossenen Türen der EG-Kommission und Brüsseler Eurobürokratie gefällt und am Europäischen Parlament und den nationalen Parlamenten vorbei umgesetzt werden. Diese legislative Grauzone darf es nicht geben. Bestehende demokratische Defizite des europäischen Entscheidungsprozesses müssen konsequent ausgeräumt werden.

Das zweite, entscheidende Stichwort heißt Subsidiarität und Dezentralismus. Es muß Schluß sein mit dem bisherigen Regulierungswahn der Brüsseler Eurokraten. Der Vorschriftenflut, von Konstruktionsvorgaben für Traktorensitze bis zum Durchmesser von Tomaten, muß Einhalt geboten werden. Sie ist dem Bürger überhaupt nicht verständlich und plausibel zu machen. Sie wirkt eher abschreckend und bietet allenfalls reichlich Stoff für Satiren.

Kurzum: Der Regelungseifer der EG-Bürokratie beschwört die Gefahr herauf, daß die europäische Einigung durch einen monströsen und anonym bleibenden Zentralismus kaputtreguliert wird. Wie soll man auch den Bürgern verständlich machen, daß die zentralistischen Planungssysteme des früheren Ostblocks nur deshalb auf dem Müllhaufen der Geschichte gelandet sind, um sie durch die Hintertür des europäischen Einigungsprozesses wieder einzuführen? Dies wäre eine geradezu absurde Kehrtwendung der Geschichte - weg von demokratischer Mitsprache, weg vom Prinzip der Bürgernähe.

Wenn Europa mehr sein will als eine dynamische Wirtschafts- und Handelsmacht, wenn es mehr sein soll als eine bloße Freihandelszone, müssen wir uns verstärkt auf das dezentrale Prinzip der Subsidiarität besinnen.

Subsidiarität - das ist in meinen Augen die Zauberformel für einen Ausweg aus dem Maastrichter Dilemma. Sie, und nichts anderes, ist das geeignete Instrument, um der Bürgerferne der demokratisch nur unzureichend legitimierten EG-Bürokratie wirksam entgegenzuwirken. Eine konsequente Umsetzung des Subsidiaritätsprinzips ist die beste Gewähr dafür, daß die historische und kulturelle Identität seiner Bürger und Völker nicht in einem anonymen Europa untergeht. Die europäische Einigung wird für sie nur akzeptabel sein, wenn die Dezentralisierung der politischen Entscheidungen voll praktiziert wird und wenn es eine echte demokratische Kontrolle gibt.

"Europa ist Vielfalt" - so Jean Monnet. Und die Zukunft Europas ist auf folgende kurze wie eindringliche Formel zu bringen, die von dem Philosophen Hermann Lübbe stammt: "Hochföderal oder gar nicht!"

Diese Formel trifft in ganz besonderem Maße auf das Gebiet der Schul- und Bildungspolitik zu. Der Kongreß "Bildung und Erziehung in Europa", zu dem Sie hier in Heidelberg zusammengekommen sind, wird in den nächsten Tagen eine Vielzahl von Fragen und Themen diskutieren, die mit diesem elementaren und vitalen Bereich künftiger Europapolitik zu tun haben. Die Inhalte, die auf Ihrem Kongreß zur Sprache kommen werden, sind wichtig und angesichts der gegenwärtigen Maastricht-Debatte zugleich hochaktuell.

Warum hochaktuell? Weil die Schul- und Bildungspolitik geradezu das Paradegebiet ist, auf dem deutlich gemacht werden kann: Wie hat das künftige Europa auszusehen, wie darf es auf keinen Fall aussehen. Der Schul- und Bildungssektor ist das Musterbeispiel für die Verwirklichung des Subsidiaritsätsprinzips. Er ist damit gewissermaßen maßstabsetzend für alle anderen Gebiete der Europapolitik. Umso dringlicher ist eine genaue Standortbestimmung unseres Schul- und Bildungswesens unter den Perspektiven des europäischen Einigungswerkes.

Und genau dies leistet Ihr Kongreß. Was müssen wir tun, um den mannigfachen Veränderungen, die auf die Bürger unseres Landes durch den europäischen Integrationsprozeß zukommen, Rechnung zu tragen? Was müssen Schule und Unterricht leisten, um die junge Generation auf die neuen wirtschaftlichen, sozialen und kulturellen Rahmenbedingungen des geeinten Europas vorzubereiten? Auf welche Inhalte müssen wir besonders achten, welche erzieherischen Konzepte müssen wir verfolgen, um den jungen Menschen effektiv und auf breiter Basis Europakompetenz zu vermitteln? Auf solche Fragen und andere mehr erwarte ich von dem Kongreß konkrete Antworten. Ich bin überzeugt, daß von Ihren Diskussionen richtungsweisende Impulse ausgehen werden für eine Schul- und Bildungspolitik, die sich zum Wohle unserer Kinder und Jugendlichen ihrer europäischen Verantwortung stellt und ihr gerecht wird.

Zur europäischen Dimension des Bildungswesens

Lassen Sie mich nun einige Ausführungen zur europäischen Dimension des Schul- und Bildungswesens machen. In Grundzügen will ich dabei die Aspekte ansprechen, die aus meiner Sicht besonders wichtig und zu beachten sind.

Was heißt "Europa"?

Wenn wir über die Rahmenbedingungen zur Erschließung der europäischen Dimension im Bildungswesen nachdenken, müssen wir uns zunächst über eines Klarheit verschaffen: Was heißt überhaupt "Europa"? Was macht seine historische und geistigkulturelle Identität aus? Gibt es angesichts der Vielzahl seiner Völker und Kulturen so etwas wie einen gemeinsamen europäischen Nenner? "Europa ist im Grunde nichts anderes als der kleine Wurmfortsatz der riesigen eurasischen Landmasse." Diese Definition des berühmten französischen Schriftstellers Paul Valéry mag unter geographischen Gesichtspunkten plausibel erscheinen. Unter kultur- und geistesgeschichtlichen Aspekten kann sie nicht befriedigen.

Europa ist unendlich viel mehr als nur eine geographische Größe. Es ist in erster Linie die Heimstatt einer jahrtausendealten Kultur mit einem ungeheuren Reichtum verschiedener geistiger und philosophischer Traditionen. Dieses großartige und faszinierende Erbe - vom Geist der Antike, des Juden- und Christentums über Renaissance und Aufklärung bis hin zum modernen wissenschaftlich-technischen Weltbild - ist das Eigentum aller europäischen Völker, der Westeuropäer wie der mittel- und osteuropäischen Völker.

Europa ist von seiner Geschichte her auch ein großer Bildungsraum. Zu seinen bleibenden Idealen gehört ein Erziehungskonzept, das jeden einzelnen als eine freie und selbstverantwortliche Person begreift, das allen Bürgern humanistische Werte nahebringen und sie zur Übernahme verantwortungsvoller Staatsbürgerschaft befähigen will. So verstanden ist Europa ein universales Wertkonzept. Europäer ist der, dem solche Werte kulturell vermittelt worden sind.

Ob Europa weiterhin ideelle Impulse geben kann, hängt wesentlich von seiner geistigen Vitalität ab. Ausschlaggebend ist seine Fähigkeit, den durch Bildung vermittelten Entwurf seines Selbstverständnisses und seines Zukunftsbildes wirkungsvoll an die nachfolgenden Generationen weiterzugeben.

Die Einigung Europas verlangt also mehr als nur die Gemeinsamkeit der Märkte, der Rechtsordnungen und der politischen Institutionen. Sie muß als Wertegemeinschaft gedacht werden, orientiert an den humanistisch-weltbürgerlichen Idealen der abendländisch-christlichen Zivilisation.

Bildungspolitische Zusammenarbeit innerhalb der EG

Bemerkenswert ist deshalb, daß erst in der "Einheitlichen Europäischen Akte" vom Februar 1986 der besondere Beitrag von Bildung und Kultur für die Verwirklichung der Europäischen Union explizit herausgestellt worden ist.

Die Notwendigkeit, die erweiterte Realität Europas für die Bürger unmittelbar erfahrbar zu machen, findet seitdem ihren Niederschlag in einer Reihe von großen bildungspolitischen Aktionsprogrammen der Europäischen Gemeinschaft. Es handelt sich hierbei um Sprach- und Austauschprogramme wie das ERASMUS-, PETRA- und LINGUA-Programm.

Solche Ansätze zu einer gemeinsamen europäischen Bildungspolitik sind folgerichtig. Sie ermöglichen den EG-Bürgern, insbesondere der jungen Generation in ihrer Bildungsphase, die direkte Begegnung mit der grenzüberschreitenden europäischen Wirklichkeit.

Diese Begegnung, sei es durch die übernationale Zusammenarbeit von Bildungsinstitutionen, sei es durch unmittelbare Austauschmaßnahmen, stellt ein wesentliches Element zur Schaffung eines europäischen Bewußtseins und zur Vorbereitung einer neuen europäischen Lebenspraxis dar.

Keine Frage, die bildungspolitische Zusammenarbeit in der Europäischen Gemeinschaft ist ein wichtiger Pfeiler der Integration. Die Verwirklichung des Binnenmarktes und der Politischen Union wird ohne den Beitrag des Bildungswesens nicht gelingen. Qualifizierte Bildung und Ausbildung sind nicht nur vorrangige Bedingungen für die Teilhabe am modernen wirtschaftlichen Austausch. Bildung ist mehr: Sie verbürgt Toleranz und Weltoffenheit; sie ist damit eine der wesentlichen Voraussetzungen für das Zusammenleben in der Demokratie und das friedliche Neben- und Miteinander der Völker.

Strikte Wahrung des Bildungs- und Kulturföderalismus

Die Bildungspolitik eignet sich aber unter allen Politikfeldern am wenigsten für einen zentralen europäischen Dirigismus. Sie kann nur dann genuin europäisch sein, wenn sie sich an der Vielfalt europäischer Kultur- und Bildungstraditionen orientiert. Die rechtlichen und institutionellen Gestaltungskompetenzen der Gemeinschaft auf bildungspolitischem Gebiet müssen daher begrenzt bleiben.

Zur Klarstellung: Wir sind nicht gegen europäische Abstimmungen auf kultur- und bildungspolitischem Feld. Denn solche Abstimmungen dienen auch dem Erwerb einer umfassenden "europäischen Kompetenz" unserer jungen Generation. Wir wehren uns aber gegen jeglichen Versuch einer zentralistisch gesteuerten Nivellierung.

Die Länder der Bundesrepublik müssen hier als Gralshüter des Föderalismus Farbe bekennen. Wir haben nicht vierzig Jahre für den Föderalismus und den Erhalt der Länderkulturhoheit gekämpft, um diese nun auf dem Altar eines europäischen Einheitsstaats zu opfern.

Wider eine wirtschaftspolitische Instrumentalisierung der Bildungspolitik

Natürlich wird die Verwirklichung des Europäischen Binnenmarktes einen erheblichen Anpassungsdruck auf unsere Qualifikationsanforderungen auslösen. Selbstverständlich ist auch, daß der Binnenmarkt mehr Chancen, gleichzeitig aber auch mehr Mobilität und Wettbewerb mit sich bringt. Diesen sozialökonomischen Herausforderungen müssen wir uns stellen, nicht zuletzt durch eine Verbesserung der Anpassungsqualifikationen unserer Arbeitnehmer. Gleichwohl darf das Bildungswesen nicht einseitig für die Notwendigkeiten eines verschärften weltwirtschaftlichen Wettbewerbs instrumentalisiert werden. Bildung darf nicht zu einer Magd wirtschaftlicher Sachzwänge verkommen.

Bildung im europäischen Geiste muß vielmehr darauf Bezug nehmen, daß die Identität unseres Kontinents in der Fülle seiner kulturellen Wurzeln und geistig-philosophischen Traditionen besteht.

Die historisch gewachsenen Bildungssysteme in den einzelnen EG-Staaten sind Ausdruck dieser geschichtlich verwurzelten geistigen und kulturellen Pluralität Europas. Diese zu einem "einheitlichen europäischen Modell", zu einem zentralistisch vorgegebenen "Bildungseinerlei" verschmelzen zu wollen, wäre nicht nur völlig unhistorisch. Dies wäre zudem auch höchst dysfunktional und kontraproduktiv, denn die Stärke Europas liegt auch künftig in seiner schöpferischen Vielfalt.

Die Beschlüsse von Maastricht

Deshalb ist es sehr zu begrüßen, daß in den Verträgen von Maastricht das Bekenntnis zum föderativen und Subsidiaritätsprinzip als zentraler Ge-

danke verankert ist. In den beiden Artikeln, die das Bildungswesen betreffen, ist ausdrücklich festgehalten, daß sich die bildungspolitischen Aktivitäten der Gemeinschaft im wesentlichen zu beschränken haben auf
- den Erfahrungs- und Informationsaustausch im Bildungswesen;
- den Jugendaustausch und auf
- die Zusammenarbeit in Fragen der beruflichen Bildung.

Die Regierungen der Gemeinschaft haben damit ein deutliches Signal gesetzt gegen jeglichen Zentralismus auf bildungspolitischem Gebiet. Das ist gut so!

Dennoch müssen wir auf diesem Feld auch weiterhin sehr wachsam sein. Mit Sorge beobachte ich insbesondere bestimmte Tendenzen in der Rechtssprechung des Europäischen Gerichtshofes, die in meinen Augen einen bedrohlichen Einbruch in unsere Kulturhoheit darstellen. In seinem richtungsweisenden ERASMUS-Urteil vom Mai 1989 hat der Europäische Gerichtshof zwar festgestellt, daß die Bildungspolitik als solche nicht zu den Materien zählt, die der Zuständigkeit der Gemeinschaftsorgane unterworfen sind. Gleichzeitig räumt dieses Urteil Brüssel auf dem Gebiet der beruflichen Bildung besondere Kompetenzen ein. Die hierin angelegten Tendenzen zu zentralistischen Regelungen bereiten mir einiges Kopfzerbrechen. Wir müssen diese Entwicklung deshalb sehr genau beobachten, damit die berufliche Bildung nicht zum Einfallstor von EG-Zuständigkeiten im Bereich der Sekundarstufe II wird.

Lernziel "Europa" und dessen Umsetzung im Unterricht

Das hochdifferenzierte, vielgliedrige und damit unterschiedlichsten Begabungen und Neigungen gerecht werdende Schul- und Bildungssystem Baden-Württembergs braucht auf keinem Gebiet den europäischen Vergleich zu scheuen. Das gilt auch für unser Bemühen, den jungen Menschen in der schulischen Erziehung eine solide Europakompetenz mit auf den Weg zu geben.

Baden-Württemberg hat unter den Ländern in der Bundesrepublik Deutschland in ganz ausgeprägter Weise seine Entwicklung darauf ausgerichtet, den Weg in die Zukunft als europäische Region zu gehen. Ich spreche hier ganz bewußt von Region. Denn die überschaubaren Herkunftswelten der europäischen Regionen sind die eigentlichen föderativen Glieder eines geeinten Europas. Deutlicher und lebendiger als in den einzelnen Nationalstaaten kommt in ihnen die geschichtliche und kulturelle Vielfalt Europas zum Tragen. Es gibt also einen eindeutigen Zusammenhang zwischen Regionalismus und Europäismus wie auch Fritz René Allemann meinte.

Im Rahmen dieses Regionalkonzeptes, in der engen Zusammenarbeit mit anderen europäischen Regionen (Rhône-Alpes, Lombardei, Katalonien und Wales), ist es ein Hauptziel baden-württembergischer Politik, das Potential unseres Landes in Wirtschaft, Technik, Kultur und Bildung europaweit und darüber hinaus zu mobilisieren.

Dazu benötigen wir Schulen, die die Persönlichkeitskräfte und die Kreativität junger Menschen anregen und zur Entfaltung bringen.

Im Hinblick auf Europa, genauer: auf ein Europa der Regionen, sind dabei Bildungsinhalte gefragt, die bei der jungen Generation ein vertieftes europäisches Bewußtsein schaffen, eine klare Vorstellung von der Europaidee vermitteln und sie zur aktiven Mitarbeit am europäischen Einigungswerk motivieren. Den jungen Menschen muß deutlich gemacht werden, was europäische Identität bedeutet, was die Werte sind, auf die sich die europäische Kultur stützt: das Prinzip der repräsentativen Demokratie, der Rechtsstaatlichkeit, der sozialen Gerechtigkeit, der Achtung der Menschenrechte und der friedlichen Zusammenarbeit zwischen den Völkern.

Schon mit der Lehrplanrevision von 1984 haben wir versucht, diesen Zusammenhängen gerecht zu werden. Inzwischen ist der europäische Einigungsprozeß -u.a. durch die Beschlüsse zur Währungsunion- weiter vorangeschritten. Die Länder Mittel- und Osteuropas sind nach Europa zurückgekehrt. In der jetzt vorgesehenen Lehrplanfortschreibung werden deshalb europabezogene, west- wie osteuropäische Themenstellungen verstärkt Berücksichtigung finden.

Es geht hier also nicht nur um die Vermittlung von Schlüsselqualifikationen wie soziale Kompetenz, Teamfähigkeit, Anpassungsvermögen, Weltoffenheit, Leistungswille, Kreativität und Flexibilität. Entscheidend ist vor allem eine mit der Europaidee verknüpfte Werteerziehung. Europäische Erziehung und Bildung müssen einhergehen mit einer Besinnung auf die alten Werte, die das geistige und ethische Antlitz Europas prägen. Wir brauchen eine Jugend, die sich zu den Werten des europäischen Kulturerbes, zu Toleranz und Demokratie bekennt. Eine solche Jugend ist die beste Garantie dafür, daß die Idee der europäischen Einheit auf einem soliden und sicheren Fundament ruht.

Bei der Umsetzung dieses Erziehungskonzepts spielen neben den Fächern Geschichte, Gemeinschaftskunde und Geographie die musisch-kulturelle und religiös-weltanschauliche Bildung eine zentrale Rolle. Ein herausragendes Gewicht kommt natürlich dem Fremdsprachenunterricht zu. Fremdsprachenkenntnisse sind geradezu der Inbegriff der "Europa-kompetenz". Das Zusammenwachsen unseres Kontinents hängt ganz wesentlich davon ab, ob wir die junge Generation befähigen, innerhalb des Kultur- und Wirtschaftsraumes Europa problemlos zu kommunizieren und zu kooperieren. Nur so kann unsere Jugend von dem Privileg der Freizügigkeit richtigen Gebrauch machen.

Wert und Grenzen des Humboldtschen Bildungsideals

Die europäische Dimension des Bildungswesens impliziert also ein umfassendes Bildungskonzept. Zeitgerechte und Leistungsfähige Schulen müssen ein breitangelegtes, fundiertes und vernetztes Allgemeinwissen bieten. Mit einer dem geistigen Erbe Europas verpflichteten Wert- und Handlungsorientierung müssen sie zudem dafür sorgen, daß der Unterricht - um mit Wilhelm von Humboldt zu sprechen - zu einer "harmonischen Entfaltung aller menschlichen Kräfte" beiträgt. Ganzheitlichkeit, Verantwortungsfähigkeit und Gestaltungskraft sind heute stärker gefragt als frühes Spezialwissen oder Spezialkönnen. Hier ist Wilhelm von Humboldt ganz aktuell.

Allerdings genügt in unserer hochdifferenzierten und hochspezialisierten Gesellschaft Humboldts klassisches Bildungsideal nicht mehr. Die rasanten Veränderungen in Wissenschaft und Technologie verlangen von immer mehr Menschen, daß sie nicht nur anpassungsfähig gegenüber neuen Entwicklungen sind. Sie müssen auch - in ihrem Denken, ihrem Verhalten und ihrer Arbeit - zu neuen Wegen und Lösungen bereit und fähig sein.

Verlangt und gefragt sind insbesondere ein sicheres Orientierungs- und Methodenwissen, "vernetztes Denken", "fächerübergreifendes Lernen" und das "Lernen des Lernens". Genau diese Kompetenzen wollen wir mit der begonnenen Fortschreibung der Lehrpläne verstärkt fördern und fordern. Ziel ist die Erziehung der jungen Menschen zu selbstsicheren kommunikations- und teamfähigen, aber auch zu selbstkritischen und toleranten Persönlichkeiten.

"Humane" und "soziale Leistungsschule"

Der Leistungsgedanke darf dabei nicht dem Zeitgeist geopfert werden. Schule muß in erster Linie fördern, die Schwächeren wie die besonders Begabten. Sie muß aber auch fordern. Gerade unter dem Vorzeichen eines verschärften wirtschaftlichen und gesellschaftlichen Wettbewerbs wird in Zukunft die erreichte Schulleistung mehr denn je die maßgebliche Meßlatte sein, die über den weiteren Lebensweg jedes einzelnen entscheidet.

Um unsere junge Generation "europafit" zu machen, muß die Schule der Zukunft eine "humane" und "soziale Leistungsschule" bleiben. Anders können wir dem vom europäischen Einigungswerk ausgehenden Qualifizierungsdruck nicht standhalten. Wir brauchen eine ständige Optimierung der Qualifikationen, insbesondere für solche Leistungsanforderungen, wie sie in einer von technisch-ökonomischen Bedingtheiten bestimmten Arbeitswelt existieren. Diesem Gedanken entspricht ein effizient und begabungsgerecht gegliedertes Schulsystem. Vielgliedrigkeit ist Voraussetzung für ein Schulwesen, das auf Leistungsdifferenzierung basiert, in dem unterschiedliche Begabungen differenziert gefördert und gefordert werden. Damit wird nicht nur die Leistungsfähigkeit des einzelnen erhöht. Wir stärken damit auch die Leistungskraft unseres Gemeinwesens insgesamt. Man stärkt den Schwachen nämlich nicht dadurch, indem man den Starken schwächt und ihn in seiner Entfaltung behindert. Es ist genau umgekehrt. Deshalb müssen wir die soziale Komponente des Leistungsgedankens im Blick behalten, wenn wir die großen europäischen Herausforderungen der Zukunft erfolgreich meistern wollen.

Schlußgedanken

Der alte Bildungskontinent Europa steht vor der Aufgabe, eine neue Bildungsgemeinschaft zu schaffen. Eine Lebenswelt der kulturellen Vielfalt wird das kommende Jahrhundert und Jahrtausend in einem Maße bestimmen, das wir uns heute noch kaum vorstellen können.

Deshalb gilt: Je lebendiger in den europäischen Regionen die besonderen Herkunftskulturen bewahrt bleiben, desto sichtbarer wird zugleich die Einheit der europäischen Kultur hervortreten.

Das neue Europa kann nicht nur ein Europa des gemeinsamen Marktes und gemeinsamer politischer Institutionen sein. Es muß in erster Linie ein Europa des Geistes und gemeinsamer Wertorientierungen sein. Gerade heute, wo die Suche nach Identität und nach einer festen sittlichen Orientierung viele Menschen umtreibt, benötigen wir ganz dringend eine Verlebendigung der geistigen und kulturellen Grundlagen Europas und der daraus gelebten Grundwerte.

Der große französische Geschichtsphilosoph Alexis de Tocqueville hat 1853 geschrieben: "Gott hat für die Länder Europas eine ruhige Zukunft vorgesehen." Er sollte sich gründlich täuschen. 50 Jahre kriegerischer Konflikte und Völkerfeindschaft mußten verstreichen, um Europa eine erneute Chance für eine ruhige Zukunft zu eröffnen.

Diese Chance dürfen wir nicht leichtfertig verspielen. Auch die Bildungspolitik steht in der Pflicht, für ein geeintes Europa in Frieden und Freiheit zu streiten.

In diesem Sinne die europäische Verantwortung der Bildungspolitik auszuloten, ist die Aufgabe des Kongresses "Bildung und Erziehung in Europa". Er ist Ausdruck dafür, daß die europäische Idee lebt. Die Lebendigkeit des europäischen Gedankens zeigt sich auch darin, daß viele ausländische Gäste dem Kongreß beiwohnen, aus anderen EG-Ländern, aus Ungarn und aus Simferopol, der Partnerstadt Heidelbergs. Allen Organisatoren, insbesondere Herrn Dr. Wölfing und dem Institut für Weiterbildung der Pädagogischen Hochschule Heidelberg, gilt mein herzlichster Dank. Sie haben ein überaus interessantes und vielseitiges thematisches wie kulturelles Programm zusammengestellt. Ich wünsche allen Kongreßteilnehmenden anregende Vorträge, lebendige Debatten und einen ergebnisreichen Verlauf des Kongresses.

Herbert Raisch/Gerd Ratz

Das Bild Europas im Geographieunterricht

Herbert Raisch

Europa in den Erdkunde-Lehrplänen Baden-Württembergs - Beharrung trotz Wandels?

Spätestens seit dem 26. April 1986, seit Tschernobyl, weiß jedermann auf der Straße, was Geographen schon immer vertreten haben, daß Europa nicht an der Görlitzer Neiße, nicht an der Ostgrenze Polens endet, sondern daß wir Europäer alle "in einem Boot sitzen", und nicht nur wir Europäer.

Sicherlich kennt Umweltschutz keine Grenzen. Seit jedoch die politischen Grenzen andere Qualitäten besitzen, sich das Gefühl für Distanzen verändert hat, Raumeinheiten mit anderen Qualitäten entstehen, ist vieles anders geworden und wird sich in den nächsten Jahren noch viel mehr ändern. Deutschland steht dabei zusammen mit den Europäern vor drei großen Aufgaben im "Haus Europa", die gleichzeitig bewältigt werden müssen:

1. die Vollendung des Europäischen Binnenmarktes und die Schaffung einer Europäischen Union;
2. die Überwindung der Teilung Deutschlands bzw. die Vollendung der Einheit;
3. die Öffnung Europas nach Osten bzw. die Einbindung des Ostens.

Alle drei Aufgaben zwingen zum Umdenken, alle drei werden enorme Kräfte beanspruchen, alle drei Aufgaben werden große räumliche Auswirkungen nach sich ziehen und alle drei gehören zur Lebensperspektive von uns allen. Hinzu treten Aspekte mit anderen Qualitäten, so zum Beispiel die ökonomische und ökologische Globalisierung, neue Dimensionen in der industriellen Fertigung und Distribution (Lean Production, Just-in-time-Prinzip, Bag-Ban-System, Prozeßketten-Orientierung, Entkoppelung der Abhängigkeiten des "Magischen Dreieck" durch SE und TQM, Kosten-Technologieführerschaft, F+E-Bereiche/Zentren und ihre Entwicklung, um nur wenige raumrelevante Dinge zu nennen) und damit neue Anforderungen an die Industrie- und Dienstleistungsgesellschaft mit heute schon erkennbaren räumlichen Prozessen. Es ist deshalb dringend notwendig, unsere Jugend solide und umfassend mit solchen Veränderungen vertraut zu machen, vor allem auch durch neue Inhalte in den Lehrplänen, denn unsere jungen Menschen werden in anderen räumlichen, wirtschaftlichen, gesellschaftlichen und kulturellen Bezügen leben als wir.

Greifen wir nur wenige raumrelevante Beispiele aus Europa heraus:
- Der Vertrag über den Europäischen Währungsraum vom 22. Oktober 1991 (EWR-Vertrag) zwischen der EG und der EFTA wird eine ganze Reihe raumwirksamer Veränderungen nach sich ziehen, so z.B. die Umorientierung des Warenverkehrs durch die Alpenländer (Kombi-Verkehr) mit einer Vervielfachung der Transportkapazitäten.
- Der Europäische Binnenmarkt gewährt seit 1. Januar 1993 allen Bürgern vier Grundrechte:
  1. Freizügigkeit: Jetzt können EG-Bürger in der Gemeinschaft leben, arbeiten oder ihren Lebensabend verbringen, wo sie wollen; Hochschulabschlüsse werden überall anerkannt; ausländische Arbeitnehmer genießen die gleiche soziale Absicherung wie Inländer; Renten werden EG-weit ausbezahlt.
  2. Freier Warenverkehr: Durch den Wegfall von Handelshemmnissen und die Entstehung neuer Vertriebswege werden viele Produkte preiswerter und das Warenangebot größer und vielfältiger.
  3. Freier Markt für Dienstleistungen: Niederlassungsfreiheit für viele freie Berufe und größere Angebots-Auswahl für Unternehmen und Bürger (Wahl günstiger Konditionen).
  4. Freier Kapitalverkehr: Unkontrollierter Devisentransfer in jedes EG-Land.

Auf dieser Grundlage werden die Verträge von Maastricht mit der stufenweisen Errichtung der Wirtschafts- und Währungsunion gravierende Veränderungen nach sich ziehen, um auch hier nur wenige Beispiele anzuführen:
- Jeder Geschäftsmann kann Angebote für Güter und Dienstleistungen in allen EG-Staaten in derselben Währung unterbreiten, ohne Verluste durch Wechselkursschwankungen befürchten zu müssen.
- Jeder Kaufmann kann die Preisunterschiede zwischen verschiedenen Regionen der EG dazu nutzen, Ein- und Verkäufe nach ökonomischen Gesichtspunkten zu gestalten.

- Jeder Unternehmer wird Betriebe am kostengünstigsten Standort aufbauen, ohne befürchten zu müssen, daß Exporte durch Wechselkursschwankungen unrentabel würden.
- Jeder Verbraucher kann nun Preise von Produkten wie z.B. Autos, Maschinen usw. über Ländergrenzen hinweg direkt vergleichen.

Die Errichtung der Europäischen Union wird fundamentale räumliche Auswirkungen haben, vor allem Aufgabe und Verlegung von Produktionsstandorten, Abbau von Arbeitsplätzen und damit weiter zunehmende Arbeitslosigkeit, starke Migrationsbewegungen, europäische Arbeitsteilung großen Ausmaßes, Veränderungen in der Landwirtschaft durch Aufgabe zahlreicher Familienbetriebe und starken Kulturlandschaftswandel.

Wie bereiten wir unsere Kinder auf all das vor? - Wie sollen Lehrer die Schüler über Europa unterrichten, wie mit ausländischen Schülern arbeiten und sie in unsere Gesellschaft integrieren? Bedenken wir auch, daß jede Schulart ihre eigenen Probleme und Schwierigkeiten hat, weil sie häufig in unterschiedlichen sozialen Milieus verankert ist. Gutgemeinte internationale Austauschprogramme erreichen wohl kaum die Probleme von Hauptschülern, die sich mitten unter ausländischen Mitschülern ihr deutsches Überlegenheitsgefühl zurechtzimmern. Appelle an die europäische Identität werden zunächst von der jüngeren Generation als bildungsbürgerlicher Luxus emp-funden. Und wie steht es mit der Geographie? - Die meisten Schüler wissen eben nicht, wo sie die EG und Europa in ihrem Alltag konkret betrifft. Wäre es da nicht Aufgabe des Erdkundeunterrichts, diese existentiellen Aspekte zu erarbeiten, aufzuzeigen, wie die europäischen Veränderungen den Einzelnen in seinem Leben konkret betreffen, um auf diese Weise Europabewußtsein, europäische Raumverantwortung, Europafähigkeit zu erlangen? - Die nun bekanntgewordenen Entwürfe der Lehrplanreform in Baden-Württemberg, müssen den Beweis antreten, ob sie dies zu leisten imstande sind; sie müssen daraufhin "abgeklopft" werden, ob sie von Problemfeldern ("issues"), wie den oben angeführten, ausgehen oder solche genügend berücksichtigen, die für unsere Welt gegenwärtig und zukünftig bestimmend sind und somit einen konkreten Bezug zur Lebenswirklichkeit besitzen oder ob sie alte Positionen und Paradigmata einfach tradieren. Um darüber etwas auszusagen, soll als Grundlage die Erdkundelehrplan-Entwicklung Baden-Württembergs in den vergangenen Jahrzehnten skizziert werden.

Engagierte Erdkundelehrer haben sich schon immer bemüht, die jeweiligen Lehrplaninhalte zu verlebendigen. Der Stoff-Fülle des Gymnasial-Lehrplans von 1957, der nach konzentrischen Kreisen vorging, versuchte man durch das exemplarische Prinzip, durch das Setzen von Dominanten oder durch länderkundliche Vergleiche zu begegnen. Schon damals gab es Modelle einer Länderkunde nach Raumdominanten ("neue Länderkunde", "kategoriale Länderkunde"). Auf dem Kölner Geographentag 1961 fragte *Hartke* nach der gesellschaftlichen Bedeutung der Geographie. In den 60er Jahren haben sich dann inhaltliche Veränderungen in der Fachwissenschaft selbst vollzogen. Im Bereich der physischen Geographie fanden vor allem Ozeanographie, Lagerstättenkunde und ökologische Fragestellungen Beachtung, wobei Gesichtspunkte der praktischen Anwendbarkeit in den Vordergrund rückten. Die Anthropogeographie wandte sich verstärkt sozialgeographischen Fragestellungen, Fragen der Raumordnung und Landesplanung zu, der Erhaltung und Gestaltung der Umwelt oder den räumlichen Auswirkungen der Industrialisierung und des Fremdenverkehrs. Existentielle Fragen der Menschheit wie die nach ihrem Ernährungspotential und nach den schwindenden Ressourcen, nach Möglichkeiten und Grenzen der Nutzung einzelner Klimazonen und Bodenarten traten in den Vordergrund der wissenschaftlichen Untersuchungen.

Die Schul-Erdkunde nahm diese Anregungen und Angebote alsbald auf, allerdings unter Adaption der damaligen Lernzieltheorien. *Robinson* veröffentlichte 1967 sein Buch "Bildungsreform als Revision des Curriculum". *Geipel* hatte sich 1968 davon anregen lassen. Der alten, vorwiegend stofflichen Ausrichtung der Lerninhalte wurde nun eine lernzielorientierte Auswahl gegenübergestellt. *Ernst* schrieb seinen Aufsatz:" Lernziele in der Erdkunde" (*Ernst* 1970, S. 186ff). Zahlreiche Arbeitskreise gingen mit Eifer ans Werk. Die Theorie von den Situationsfeldern *(Doris Knab)* und den Daseinsgrundfunktionen *(Schaffer)* wurde von vielen Kollegen als allein seligmachendes Konzept oft unreflektiert übernommen. Die Hinwendung zum allgemeingeographischen, exemplarischen Unterricht und die Idee der Lernzielorientierung schienen sich perfekt zu ergänzen.

Mitte der 70er Jahre ist die Lernzielbegeisterung wieder abgeflaut. Viele Praktiker konnten Wörter wie "Lernzielorientierung" und "Curriculumrevision" bald nicht mehr hören, weil eben manche Didaktiker fleißig Lernziele produziert haben, ohne dann offenzulegen, was denn eigentlich mit welchen Mitteln auf welche Weise in welcher Zeit im Unterricht erarbeitet werden sollte. Und bis zum heutigen Tag erlebt man den Umgang mit Lernzielen als lästige Pflichtübung. Aufgelistete Lernziele bleiben meist ohne Folgen für den Unterricht. Häufig werden die Lernziele erst hinterher beschrieben, wenn Inhalte und Methoden schon geplant sind. Schuld daran sind freilich nicht die Lernziele, sondern die mangelnde theoretische Klarheit. Es ist nämlich nicht klar geworden, was Lernziele für die direkte Steuerung des Unterrichts, d.h. für die Unterrichtspraxis sowie für eine didaktische Entscheidung und Begründung leisten können und wie sie zu gestalten sind. Dies lag nicht nur daran, daß der Aufsatz von *Ernst* fast ohne kritische Diskussion gläubig zitiert wurde und wohl auch nicht an der falschen Unterscheidung von kognitiven und instrumentalen Lernzielen (*Schultze* 1979, S. 4), sondern an der fremdartigen Begrifflichkeit und vor allem an der von *Robinson* übernommenen Ableitungsstrategie, die den Eindruck eines perfekten, unangreifbaren Systems erweckte.

Seit langem wissen wir, daß Lernzieltheorie und Ableitungsstrategie gescheitert sind. Man hatte ja gemeint, man könne aus obersten Leitideen wie z.B. Menschenwürde, Chancengleichheit, Emanzipation, Partizipation, Selbst- und Mitbestimmung usw. konsequent hierarchisch Lernziele ableiten bis ins Fachlich-Geographische. Der entscheidende Fehler lag darin, daß man der Ansicht war, wenn das allgemeine Ziel, das Richtziel, wichtig ist, dann ist das abgeleitete fachgeographische Ziel ebenfalls wichtig, ohne daß es im einzelnen überprüft sein muß (*Schultze* 1979, S. 5f). Hier lag der entscheidende Fehler, auf den besonders der Pädagoge *Meyer* hingewiesen hat (*Meyer* 1973, S. 94ff). Es ist in Wahrheit nicht möglich, durch logische Ableitung von allgemeinen Zielen zu konkreten Zielen zu gelangen. Konkrete Ziele enthalten in jedem Falle mehr als nur den Inhalt der allgemeinen Formeln; sie verlangen neue inhaltliche Entscheidungen, also auch eigene Begründungen. Hiermit wurde aber gleichzeitig klar, daß die generellen Lernziele, die für die Begründung der Daseinsfunktionen noch so dominant waren, die von ihnen erwartete Legitimierung nicht leisten. Erst auf der Stufe der fachlichen Lernziele sind die Formeln dann hinreichend konkret, erst dort können die Entscheidungen pro und contra fallen. Die legitimierenden Bemühungen müssen also direkt den fachlichen Lernzielen gelten. Damit verlagert sich ein wesentlicher Teil der curricularen Aufgaben auf die Fachdidaktik, und hier sind eben vordringlich Mensch-Raum-Beziehungen relevant, oder anders ausgedrückt: relevant ist die räumliche Dimension menschlichen Lebens.

Als 1977/78 in Baden-Württemberg neue Lehrpläne für die Klassen 7 - 8 (Gymnasium), 7 - 9 (Hauptschule) und 7 - 10 (Realschule) entwickelt wurden, war deutlich geworden, daß der nach Daseinsgrundfunktionen gegliederte Weltkundelehrplan der Klassen 5 und 6 spiralig nicht mehr fortgeführt werden konnte. Die tatsächlichen Schwierigkeiten des Weltkundelehrplans ergaben sich aus seiner Offenheit hinsichtlich der Auswahl der Raumbeispiele, an denen die Lernziele realisiert werden sollten, und aus dem Fehlen einer verbindlichen topographischen Gliederung, die als Grundgerüst für die thematischen Beispiele hätte dienen können. Der engagierte Lehrer und Könner war in der Lage, ein topographisches Grundgerüst aufzubauen. Aber man mußte einsehen, daß anscheinend viele Erdkundelehrer überfordert waren und die Eltern sowie die weitere Öffentlichkeit erst recht. Auf jeden Fall konnte beim Weltkundelehrplan eines aus dem anderen resultieren: Ein Lehrplan, der dem Lehrer die Aufgabe überläßt, signifikante Raumbeispiele auszuwählen (unter Berücksichtigung von Schülerinteresse, Vorwissen, Unterrichtsmittel, Materiallage, Aktualität, Schulort usw.) kann nicht gleichzeitig konkrete topographische Inhalte für ein bestimmtes Schuljahr verbindlich machen. Vielmehr stellt die regionale Einordnung der signifikanten Beispiele und ihre Sicht in einem größeren Zusammenhang stets ein übergeordnetes Lernziel dar. Von daher wurde deutlich, daß die Daseinsgrundfunktionen als Suchinstrument der allgemeinen Geographie wichtig und gebührend zu berücksichtigen sind, daß sie aber nicht als durchgehend ordnendes, gliederndes Prinzip des Lehrplans und nicht als Leitfaden des Erdkundeunterrichts dienen können.

Von dieser Position aus wurde in Baden-Württemberg schon 1977/78 ein neues Konzept entwickelt, in dem man versuchte, regionale und thematische Geographie sinnvoll miteinander zu verknüpfen. Die Ziel- und Inhaltsabfolge des Lehrplans schritt schon damals vom Einfachen zum Komplexen fort:

1. Wenige Geofaktoren - einfache Raumtypen
2. Mehrere Geofaktoren - differenziertere Raumtypen
3. Eine Vielzahl von Geofaktoren - komplexe Raumtypen.

Aus diesem Gliederungsprinzip ließen sich folgende Vorgaben für die didaktische Auswahl ableiten:

1. Räume unter natürlichen Ordnungsgesetzen
   (Extremräume/Geozonen) - 7. Schuljahr (Gymnasium, Realschule)
   - 8. Schuljahr (Hauptschule)
2. Wenig entwickelte (wenig industrialisierte) Räume und Staaten
   - 8. Schuljahr (Gymnasium, Hauptschule)
   - 9. Schuljahr (Realschule)
3. Räumliche Prozesse in industrialisierten Staaten
   - 8. Schuljahr (Gymnasium)
   - 9. Schuljahr (Realschule, Hauptschule)
   - 10. Schuljahr (Realschule)

Auf dieser Grundlage wurden damals vom Verfasser die folgenden didaktischen Ansätze entwickelt (*Kultus und Unterricht*, Lehrplanheft 12/1979, S. 2-5):

"2. Didaktische Ansätze

Der Lehrplan geht davon aus, daß angesichts der unübersehbaren Stoff-Fülle Erdkundeunterricht in der Sekundarstufe I nur noch durch eine gründlich durchdachte Auswahl von Zielen und Inhalten sinnvoll ist. Auswahl und Aufbau der geographischen Inhalte sind vor allem durch die Verbindung und Durchdringung dreier Ansätze bestimmt:

2.1 Der universal-geographische Ansatz

Er vermittelt die Großgliederung der Erde; er wird in zwei Bereichen wirksam:

a) Im *physisch-geographischen Bereich* werden Naturgebundenheit und Naturbegrenzung von Mensch und Raum betrachtet. Durch die Beschäftigung mit den Naturräumen der Erde erhält der Schüler das Orientierungssystem der Geozonen.
b) Im *kultur-, wirtschafts- und sozialgeographischen Bereich* erarbeitet der Schüler wertungsorientierte, gesellschaftsbezogene räumliche Zusammenhänge und Prozesse. Durch die Beschäftigung mit Entwicklungsräumen sowie mit den Kerngebieten und Aktivitätszentren der Erde erhält er ein Orientierungsgefüge der Weltwirtschaftsregionen und der Kulturräume der Erde.

2.2 Der strukturell-systematische Ansatz

Er vermittelt die einen Raum prägenden Strukturelemente und Prozesse wie zum Beispiel:

- Vegetationstypen in den Tropen, Wüstentypen in den Trockenräumen, Höhenstufen in den Hochgebirgen (Klasse 7),
- die immer wiederkehrenden Grundsätze von Raumnutzung, Raumbelastung und Raumgestaltung in den wenig entwickelten und in den industrialisierten Räumen der Erde (Klasse 7 und 8).

2.3 Der exemplarisch-thematische Ansatz

Der Lehrplan will auf Grund der Erarbeitung eines jeweils repräsentativen Beispiels den Wirkungszusammenhang der prägenden Geofaktoren eines bestimmten Raumes behandelt wissen, so zum Beispiel:

- Ein Tropenraum als Modell,
- ein Staudamm-Projekt,
- ein semiarider Raum als Modell.

Der Erdkundeunterricht will dadurch im jungen Menschen Sinn für die Vielfalt der Erdräume und Freude bei der Beschäftigung mit ihnen wecken. Der Schüler soll aber zugleich zur Verantwortung für die Erdräume aufgeschlossen werden.

3. Ziel

Die Voraussetzungen und die didaktischen Ansätze ergeben für das 7. Schuljahr folgendes Ziel: Einsicht in die Kausalzusammenhänge und Wechselbeziehungen raumwirksamer Faktoren. Bei der Prägung der Extremräume und der Geozonen sind meist nur wenige Faktoren maßgebend; die naturgeographischen Erscheinungen dominieren. Es handelt sich um relativ leicht zu durchschauende Raumtypen. Deshalb werden Landschaftsgürtel erarbeitet, an deren Geofaktoren sich die Wechselbeziehungen zwischen Mensch und Naturraum besonders eindrucksvoll verdeutlichen lassen.

4. Die Bedeutung der topographischen Orientierung

Der Lehrplan versucht, thematische und regionale Geographie sinnvoll zu verbinden. Die Zuordnung der Beispielräume bzw. der Regionen garantiert, daß ein großräumiger Überblick über die Erde gewonnen wird. Deshalb verzichtet der Lehrplan auf einen eigenständigen, vom jeweiligen Thema losgelösten Lernbereich zur Erarbeitung topographischen Grundwissens. Er versucht dagegen die räumliche Orientierung und Gliederung an geeigneten Stellen in die Lernbereiche zu integrieren, so zum Beispiel:

- die Temperaturzonen der Erde;
- die Windgürtel der Erde;
- die Klimazonen der Erde;
- die Verbreitung von Trockengebieten;
- die Verbreitung der Eisregionen;
- die Verbreitung der Faltengebirge.

Die Lerneinheiten müssen aber dann auch jeweils in das Orientierungsgefüge des universal-geographischen Ansatzes eingefügt werden. Auf diese Weise soll der Schüler - auch im Hinblick auf die Oberstufe - die Fähigkeit erlangen, Lerninhalte jeweils in den größeren räumlichen Bezug einordnen zu können.

5. Die instrumentalen Lernziele

Auf der Grundlage der Ziele und Inhalte sollen möglichst viele erdkundliche Fertigkeiten und allgemeine Fähigkeiten eingeübt werden. Gerade der Mittelstufenschüler ist zu eigener Mitarbeit im Sinne eines entdeckenden Lernens bereit, wenn ihm der Lehrplan und die Unterrichtsverfahren dazu Gelegenheit geben. Der Erdkundeunterricht ist wegen der großen Zahl und Variabilität seiner Arbeitsverfahren besonders geeignet, diesem altersspezifischen Bedürfnis zu entsprechen. Deshalb sollen sich Auswahl und Zuordnung instrumentaler Lernziele nach den Absichten der Unterrichtsplanung, nach der Schulsituation und nach der Medienlage richten."

Dieses Konzept haben dann mehr oder weniger alle Bundesländer in der Mittelstufe - mit regionalen Unterschieden - übernommen, so daß hier wenigstens relative Einigkeit herrschte.

Als dann von 1980 an in Baden-Württemberg in allen Fächern die Lehrpläne einer Revision unterzogen wurden, blieben die Mittelstufenlehrpläne, abgesehen von redaktionellen Veränderungen, unverändert. Die Frage war also, wodurch der Weltkundelehrplan ersetzt würde. Nun hatten sich allerdings auch die äußeren Bedingungen für die Mitglieder einer Lehrplankommission verändert:

1. Mehr denn je mußten Kommissionsmitglieder nicht nur einige Standpunkte und Meinungen mit fachwissenschaftlichen und -didaktischen Ergebnissen und Entwicklungen zu vereinbaren suchen, sondern auch allgemein-gesellschaftliche Ansprüche und politische Wertsetzungen berücksichtigen.

2. Eine umfassendene persönliche Befragung der Erdkunde-Fachlehrer in über 60 Schulen sowie die schriftlichen Äußerungen von über 200 Schulen in Baden-Württemberg haben eindeutig ergeben, daß im Weltkundeunterricht bei so dominanter Beachtung des thematischen Prinzips gegenüber dem regionalen Prinzip beim normal begabten Schüler eine zusammenhängende Orientierung verloren geht, d. h. also, daß der Aufbau eines räumlichen Gerüsts von der Mehrzahl der Lehrer nicht geleistet werden konnte. Von der Öffentlichkeit wurde das Konzept ohnehin nicht akzeptiert, ja es entstand Verwirrung. *Schultze* hat dies auch für andere Bundesländer präzise ausgedrückt: "Wir haben bisher vergeblich gehofft, die Innovation werde schon 'von selbst' bis in die Öffentlichkeit durchschlagen. Alte Vorstellungen, Erwartungen, Meinungen sind im Wege. Vielen Außenstehenden erscheint die Geographie heute ähnlich diffus wie etwa die Sozialkunde. Die Gefahr für die Zukunft unseres Faches ist offensichtlich: Wer sagt denn, daß zu den 'Außenstehenden' nicht auch Kultusminister, Landtagsabgeordnete und maßgebliche Ministerialbeamte gehören?" (*Schultze* 1979, S. 8).

3. Ende der 70er Jahre hat sich die erziehungswissenschaftliche Diskussion verändert. Hatte man noch vor zehn Jahren das entdeckende, fragend-forschende Lernen auf der Grundlage der Arbeiten von *Dewey* und *Bruner* in den Vordergrund gestellt, so legt man heute auch wieder verstärkt Wert auf das rezeptive Lernen auf der Grundlage der Untersuchung von *Ausubel*. Der erziehende Unterricht, der den Eigenwert der Person beachtet und von einem ganzheitlichen Verhältnis von Erziehung und Unterricht ausgeht, ist Orientierung und Richtschnur. So weit man bisher in der angelsächsischen und in der deutschen Literatur erkennt, scheint dies mit veränderten und sich weiter verändernden gesellschaftlichen Bedingungen

zusammenzuhängen: Werte-Normen-Diskussion (Primär-/Sekundärtugenden), das Wissen um die Probleme des nicht unendlich teilbaren Sozialprodukts, die anscheinend bleibende hohe Arbeitslosigkeit usw.

4. Die "alte Länderkunde" im Sinne des Hettner'schen Schemas wurde nicht wieder aufgenommen, auch nicht in einem neuen terminologischen Gewand. Im sogenannten länderkundlichen Durchgang hatte die "alte Länderkunde" ja als Intention die möglichst gleiche und gleichartige Erfassung der Staatsräume sowie eine flächenhafte, möglichst die ganze Erde abdeckende Erfassung aller Staaten. Der regional-thematische Ansatz will Länder und Regionen, z.B. die Schwäbische Alb, Frankreich, Nordeuropa usw., nach Dominanten, den Raum prägenden Zügen, behandelt wissen, im Sinne einer problemorientierten Länderkunde, die das Repräsentative berücksichtigt (*Birkenauer* 1982, S. 4). Selbstverständlich wurde das Problem des gleichzeitigen Aufbaus eines kategorialen, allgemein-geographischen Strukturgitters auch gesehen und berücksichtigt. Wer aber soll die Dominanten setzen und wie steht es mit dem Transfer? *Newig*, *Fischer* und *Reinhardt* sind der Ansicht, daß sowohl für die allgemeine wie für die regionale Geographie gilt: "Mehr als eine sinnvolle Auswahl kann nicht verlangt werden, eine objektive gibt es nicht" (*Newig/Fischer/Reinhardt* 1984, S. 40). Hinzu kommt, daß ein partieller Transfer auch im regionalthematischen Ansatz möglich ist. Warum sollten denn nicht übertragbare Grundbegriffe am Erfahrungs- oder Heimatraum erarbeitet werden, um sie bei der Erschließung fremder Räume anzuwenden? Schließlich hat *Bartels* 1982 die Ansicht vertreten: "Länderkunde als Räumekunde ist ... immer eine positive Aufgabe gewesen, ... Länderkunde als Räumekunde gehört als gesellschaftliches pädagogisches Aufgabenfeld an zahlreiche Bildungsmittel sehr verschiedener Art von der Grundschule bis zur Erwachsenenbildung ..." (*Newig/Fischer/Reinhardt* 1984, S. 42).

5. Anfang der 80er Jahre haben sich die Beiträge der Fachzeitschriften verstärkt regionalgeographischen Themen zugewandt. Themenhefte und Unterrichtseinheiten über Staaten und Staatsräume sind erschienen. Vermehrt wurde die "regionale Geographie als Notwendigkeit" (*Füldner* 1982, S. 19) bis hin zur "geschlossenen Behandlung ganzer Staatsräume" gefordert (*Birkenhauer* 1982, S. 2f. und Zusammenstellung S. 47). *Birkenhauer* stellt z. B. mit Recht fest: "Nirgendwo hat sich eine derart enorme Wissenslücke aufgetan wie durch die entfallene Behandlung europäischer Länder" (*Birkenhauer* 1982, S. 2). Er hat schließlich ein regional-geogra-

phisches Konzept "als Konsequenz einer ernstgenommenen allgemeinen Bildung" entwickelt (*Birkenhauer* 1983, S. 171ff). Die Diskussion in der Geographischen Rundschau über die "Allgemeine Geographie am regionalen Faden" (Geogr. Rundschau 1/1983-1/1984) wurde dankenswerterweise offen und für viele nachvollziehbar geführt. Sie hat die fertig konzipierten baden-württembergischen Lehrpläne in ihrem regional-thematischen Ansatz bestätigt und bestärkt. Auf dem Deutschen Geographentag 1983 in Münster hat *Lenz*, Erster Vorsitzender des Zentralverbandes der Deutschen Geographen, in seiner Begrüßungsansprache ausgeführt: "Längst hat sich die Überzeugung durchgestzt, daß Länderkunde und regionale Geographie wichtige Teile unseres Faches und unverzichtbar sind". Schließlich hat *Meckelein* 1983 in Münster in seinem Festvortrag deutlich gemacht: "Geographie ist Raumwissenschaft. Sie ist nicht einzuengen auf Sozialwissenschaft. Es wäre falsch, Länderkunde und Landeskunde zu vernachlässigen."

6. Natürlich gibt es seit langem Untersuchungen zur "Territorialität des Menschen" (vgl. *Newig/Fischer/Reinhardt* 1984, S. 41f). *Bartels* sprach vom "Basisphänomen der Territorialität des Menschen, vom "existentiellen Bezug jedes Menschen auf einen geschlossenen und begrenzten Lebensraum", als "ein Grundmoment menschlicher Bedürfnisstruktur. Das ideelle Substrat dieser Territorialität, dieser psychischen Bindung an einen Satisfaktionsraum, ist in der deutschen Sprache mit dem Wort 'Heimat' belegt" (*Bartels* 1982). *Bartels* bezieht sich dabei auf *Mühlmann* (1966) und *Greverus* (1972, S. 25), die sich mit dem Menschen als "territorialem" Wesen beschäftigen. Sie sind der Ansicht, daß sein Bedürfnis nach "Territorialität", das ihn einen Satisfaktionsraum suchen läßt, der volkstümlich "Heimat" genannt wird, aus seinem Streben nach "Sicherheit, stimulierender Aktivität und Identifikation" resultiert.

Zahlreiche Arbeiten sind insbesondere wieder nach 1980 zum Heimatbegriff erschienen. Alle sind sich darin einig, daß Heimat nicht rückwärts gerichtete, nostalgische Idylle ist, welche die Illusion einer heilen Welt vermittelt, sondern daß Heimat erworben sein und immer wieder neu erworben werden muß. Heimat macht fähig, sich kritisch und aktiv mit unserem veränderten Lebensraum auseinanderzusetzen, Heimat bedeutet unser Menschsein im Innersten, ist ein Teil unserer Identität. Heimat ist also nicht bloß, was einmal war, selbstverständlich dies auch, es ist vor allem eine Aufgabe. Heimat schaffen und erhalten, heißt heute Bedingungen herstellen, in denen der Mensch menschlich leben kann. Heimat bedeutet dann auch den Raum unseres Lebens, Wohnens, Arbeitens, den nahen und auch den weiteren Raum, sich darin entfalten, Aktivität entwickeln. So gesehen "ist der Raum in besonderem Maße Aktions- und Kommunikationsraum des handelnden Menschen. Der Mensch hat ein natürliches Interesse an der umfassenden und möglichst frühzeitigen Kenntnis des Raumes, in dem er sich als soziales Wesen bewähren muß" (*Newig/Fischer/Reinhardt* 1984, S. 41). Vor diesem Hintergrund sind die damals vom *Ministerium für Kultus und Sport* gemachten Hauptvorgaben für die Revision der Erdkunde-Lehrpläne zu sehen:

"Vom Nahen zum Fernen.
Vom Bekannten zum Unbekannten.
Vom Anschaulichen zum Abstrakten.
Vom Einfachen zum Komplexen."

Sicherlich ist es richtig, konsequent auf den Inhalt des Heimat- und Sachkundeunterrichts der Grundschule aufzubauen und von der eigenen Umgebung, der eigenen Gemeinde, vom eigenen Nahraum auszugehen. Allerdings wurde das Prinzip "Vom Nahen zum Fernen" damals im *Ministerium* sehr eingeengt verstanden, als müsse man in Klasse 5 Baden-Württemberg und dann nur Deutschland behandeln. Heimat braucht unmittelbar als Gegenpol auch die Fremde, um nicht in Intoleranz (Ausländerfeindlichkeit usw.!) zu pervertieren (*Raisch* 1987, S. 32 ff). So hat *Haubrich* 1982 völlig zurecht in *Schulintern* gemahnt: "Das Prinzip 'vom Nahen zum Fernen' bedarf also einer modifizierten Interpretation, d. h. es sollte psychologisch verstanden werden, es bedarf der Ergänzung durch die Rückkehr zum 'Nahen', es benötigt ab der 5. Klasse den häufigeren Vergleich von Nah und Fern" (*Haubrich* 1982, o.S.).

Und wo stehen wir heute in Baden-Württemberg, wenn man den raschen Wandel in Deutschland, Europa und der Welt, in der Industrieproduktion und Güterdistribution, in unserer Dienstleistungsgesellschaft, mit den daraus resultierenden Raumprozessen berücksichtigt, wenn man auch die didaktische Diskussion und Entwicklung (vgl. vor allem die Arbeiten von *Köck* und anderen) beachtet, und wenn man unsere Kinder in den Mittelpunkt stellt und nicht sachfremde Interessen? - Die Lehrplanentwürfe müssen folgenden, qualitativ sehr unterschiedlichen Fragen standhalten können:

- Welche didaktische Struktur - mit welchen kategorialen Ansätzen - steckt in den Entwürfen?
- Sind Problemfelder ("issues"), die für unsere Welt gegenwärtig und zukünftig bestimmend sind und somit einen konkreten Bezug zur Lebenswirklichkeit besitzen, genügend berücksichtigt, bzw. werden diese strukturell oder zentral in die Inhalte eingebunden, so z. B. die oben aufgeführten raumwirksamen Veränderungen in Europa (oder wird nach wie vor einer Länderkunde nach dominanten Faktoren wie in Klasse 6 das Wort geredet)? - Es wäre sicherlich anregend für Kommissionsmitglieder auch die didaktische Entwicklung in verwandten Fächern zu kennen und mitzubedenken, so z.B. den "Problemorientierten Geschichtsunterricht" (*Uffelmann* 1990).
- Wie wird das Prinzip "Vom Nahen zum Fernen" verstanden und verwirklicht?
- Lassen sich durch den Lehrplan normativ insbesondere auch kreative Lernformen stärken bzw. einführen, so z.B. handlungs- und produktionsorientierte Lernprinzipien, nicht nur, aber vor allem durch Projektarbeit?
- Auch hier wäre es notwendig, sich mit der Didaktik anderer Fächer vertraut zu machen, so hat solche Formen z.B. der Germanist *Haas* im Deutschunterricht schon lange eingeführt. Es ist allmählich unerträglich, wenn unsere Kinder, insbesondere in den Gymnasien, an manchen Tagen vier bis fünf Stunden hintereinander, z.B. Erdkunde, Deutsch, Religion, Geschichte, Biologie, jeweils ein Video/einen Film sehen, anstatt mehr kreativ zu arbeiten. Schauen wir doch in die Arbeitswelt: In immer höherem Maße ist gerade in unserer Computergesellschaft Kreativität gefragt. Technik und Mensch müssen sich ergänzen. *Warnecke*, der Präsident der Frauenhofergesellschaft, hat unlängst erneut dezidiert darauf hingewiesen: "Vor einigen Jahren dachten Ingenieure noch stark technikbezogen, die totale Automatisierung von Industriebetrieben schien erstrebenswert. Doch inzwischen hat sich die Lage verändert. Der Weg zur automatischen Fabrik führt in die Sackgasse. Der Markt hat sich verändert. Die Wünsche der Kunden werden immer individueller und vielfältiger. So ist zum Beispiel nur jedes 20000. Auto, das vom Band läuft, in Form, Farbe und Ausstattung identisch. Ein konkurrenzfähiges Unternehmen muß daher so schnell wie möglich auf den Kunden und dessen sich ständig ändernden Wünsche reagieren. Und das kann nur eine Fabrik, in der der Mensch im Mittelpunkt steht. Denn keine Maschine ist so kreativ und

flexibel wie der Mensch. Das Unternehmen der Zukunft ist ein lebendiger, anpassungsfähiger Organismus, in dem sich jeder Mitarbeiter verhält wie die ganze Fabrik: Alle an einem Produktionsprozeß Beteiligten, vom Hilfsarbeiter bis zum Spezialisten, arbeiten zusammen und tauschen Erfahrungen aus. Jeder wird an den Entscheidungen beteiligt, die in seinem Fachbereich liegen" (*Stuttgarter Zeitung*, 2.1.1993).

- Deshalb: Wird fächerübergreifendes/-verbindendes Lernen, vielfach im Lehrplan ausgewiesen, nicht nur als "headline" eines Schuljahres, sondern immanent als echte Vernetzung? Vielleicht wäre es auch an der Zeit, an verantwortlicher Stelle - entsprechend der Arbeitsformen in unserem Unternehmen - intelligentere und effizientere Arbeitsorganisationen, nicht nur in der Hauptschule, zu planen, in Versuchen zu erproben und gegebenenfalls einzuführen, um echte Gruppenarbeit und fächerübergreifendes Arbeiten zu ermöglichen (der Stunden-/45-Minuten-Takt stammt aus dem 19. Jahrhundert, man müßte ihn weiterentwickeln bzw. kombinieren mit einem Kernunterricht).
- Schließlich: Wurde ein aufbauendes topographisches Grundraster als weitere Grundlage des Lehrplans entwickelt?

Es ist sehr zu hoffen, daß sich die wohl 1994 verbindlich werdenden Erdkunde-Lehrpläne mehr an solchen Fragenkomplexen orientieren als die bislang bekanntgewordenen Entwürfe. Es wäre bedauerlich, wenn persistent didaktische Ansätze und Strukturen, Inhalte und Paradigmata des Jahres 1980 in einem Lehrplan festgeschrieben werden für Kinder, die ums Jahr 2000 die Schule verlassen.

Im Anhang sind für die Klassen 5 bis 10 einige Anregungen gegeben (diese sind nicht neu), wie man die oben angeschnittenen Fragenkomplexe, vor allem auch im Hinblick auf die Behandlung Europas, integrieren könnte. Die grundsätzlichen Fragen betreffen in gleicher Weise die gymnasiale Oberstufe.

Literatur

Bartels, D. (1984). Festvortrag zu Ehren von K.E. Fick am 12.02.1982 in Frankfurt am Main. In J. Newig, P. Fischer & K.H. Reinhardt (1984). *Geographische Rundschau, 36*.

Ministerium für Kultus und Sport Baden-Württemberg (1984). Bildungsplan für die Hauptschule. Fachlehrplan Erdkunde. *Lehrplanheft 6.*

Ministerium für Kultus und Sport Baden-Württemberg (1984). Bildungsplan für die Realschule. Fachlehrplan Erdkunde. *Lehrplanheft 7.*

Ministerium für Kultus und Sport Baden-Württemberg (1984). Bildungsplan für das Gymnasium. Fachlehrplan Erdkunde. *Lehrplanheft 8.*

Birkenhauer, J. (1982). Staatsräume im Unterricht. *Praxis Geographie, 12*, 2-7.

Birkenhauer, J. (1983). Die Notwendigkeit der regionalen Geographie als Konsequenz einer ernstgenommenen allgemeinen Bildung. *Geographie im Unterricht, 8*, 171-176.

Ernst, E. (1970). Lernziele in der Erdkunde. *Geographische Rundschau, 22*, 186-194.

Fick, K. E. (1978). Kategoriale Länderkunde statt aleatorischer Geographie. In K.E. Fick (Hrsg.), *Schulgeographie heute - Frankfurter Beiträge zur Didaktik der Geographie* (Bd. 2). Frankfurt/Main.

Füldner, E. (1982). Griechenland. Neuer EG-Partner (UE ab Kl. 7). *Praxis Geographie, 12*, 18-30.

Greverus, I.-M. (1972). *Der territoriale Mensch.* Frankfurt.

Haubrich, H. (1982, August). Konstruktiver Beitrag eines Geographiedidaktikers zum "Prinzip vom Nahen zum Fernen". *Schulintern.*

Köck, H. (1991). *Didaktik der Geographie. Methodologie*. Oldenbourg, München.

Meyer, H. L. & Oesterreich, H. (1973). Anmerkungen zur Curriculumrevision Geographie. *Geographische Rundschau*, 94-103.

Mittelstädt, F.-G. (1983). Gegenwärtige Tendenzen und Probleme der schulgeographischen Didaktik. *Geographie im Unterricht, 8*, 327-331.

Mühlmann, W. E. & Müller, E. W. (Hrsg.). (1966). *Kulturanthropologie*. Köln/Berlin.

Newig, J., Fischer, P. & Reinhardt, K. H. (1983). Allgemeine Geographie am regionalen Faden. *Geographische Rundschau 35*, 38.

Newig, J., Fischer, P. & Reinhardt, K. H. (1984). *Geographische Rundschau, 36*, 40-42.

Raisch, H. (1987). Vom Heimatbegriff und seinen Wirkungen. Ein Essay. In E. Schallhorn (Hrsg.), *Heimatbewußtsein und Weltkenntnis.* Festschrift des Landesverbandes Baden-Württemberg zum 75. Jahrestag der Gründung des Verbandes Deutscher Schulgeographen e.V., 30-34. Heinsberg.

Schultze, A. (1979). Kritische Zeitgeschichte der Schulgeographie. *Geographische Rundschau, 31*, 2-9.

Uffelmann, U. (1990). *Problemorientierter Geschichtsunterricht. Grundlegung und Konkretion* (Forschen - Lehren - Lernen, Bd. 4). Villingen-Schwenningen.

RAHMENENTWURF 5/6		
LERNBEREICHE — LERNEINHEITEN	Räumliche Orientierung	Zusatz
I. WOHNSTANDORTE - SIEDLUNGS- UND VERKEHRSRÄUME	Maßstabsebenen: lokal, regional, territorial, kontinental, global	
1. Haus- und Wohnungstypen im Heimatraum	Heimatgemeinde/ Schulort →	Wie wohnen Kinder in Europa
2. Räumliche Gliederung einer Stadt (Stadtviertel)	dto. ↓	
3. Stadt und Umland	Nahbereich ↓	
4. Verkehr im Heimatraum	Nahbereich ↓	PROJEKTE: Umwelt; Sich versorgen
5. Verkehrsströme in Südwestdeutschland	Baden-Württemberg ↓	
6. Neckar und Rhein: zwei wichtige Wasserstraßen	Baden-Württemberg ↓	Wasserstraßen in Europa
7. Überseehafen	Deutschland/Europa/	
	Erde ↓	
8. Flughafen (mit Gradnetz, Zeitzonen)	dto.	
TOPOGRAPHISCHE ORIENTIERUNG		
Heimatraum, Landschaften Baden-Württembergs, Anrainer Baden-Württembergs, Gliederung Europas, Kontinente, Ozeane		

L E R N B E R E I C H E — L E R N E I N H E I T E N	Räumliche Orientierung	Zusatz
II. O R I E N T I E R U N G		
1. Gesteine im Heimatraum (Sammeln ...)	HEIMATRAUM →	PROJEKT
2. Wasser gestaltet die Landschaft	↓ HEIMATRAUM	
3. Der Schwarzwald - Entstehung eines Mittelgebirges	↓ BADEN-WÜRTTEMBERG	
4. Die Oberrheinische Tiefebene - ein Grabenbruch	↓ BADEN-WÜRTTEMBERG	
5. Karst auf der Schwäbischen Alb	↓ BADEN-WÜRTTEMBERG	
6. Oberschwaben - ein Produkt des Eises	↓ BADEN-WÜRTTEMBERG	
7. Gliederung der Bundesrepublik Deutschland Naturräume, große Flüsse, Agrarräume, Verdichtungsräume, Bundesländer	↓ DEUTSCHLAND	
8. Gliederung Europas Nord-, Süd-, Ost-, West-, Mittel-; Staaten	↓ EUROPA	
9. Großgliederung der Erde Großrelief: große Gebirgszüge der Kontinente, Tiefländer; die vier Klimazonen; dichte und dünn besiedelte Gebiete	↓ ERDE	
10. Gestalt und Rotation der Erde Kugelgestalt, Erddrehung	↓ ERDE	

LERNBEREICHE — LERNEINHEITEN	Räumliche Orientierung	Zusatz
III. WETTER UND KLIMA		
1. Temperaturen und Niederschläge		
2. Wetterstation (dto. + Luftfeuchtigkeit/-druck)		PROJEKT: Messen etc.
3. Temperatur- und Niederschlagsdiagramme		Bau einer Wetterstation
IV. LANDWIRTSCHAFT UND ERNÄHRUNG		
1. Unsere Ernährung (Herkunft und Entstehung)	HEIMAT ⟶ ↓	Eßgewohnheiten in Europa PROJEKT
2. Landwirtschaft im Lößgebiet	HEIMAT/BW ↓	
3. Grünlandwirtschaft	BW/HEIMAT ↓	
4. Sonderkulturen	BW/DEUTSCHLAND/ ↓ EUROPA ↓	
5. Agrarprodukte aus Europa	EUROPA ↓	
6. Ein weiteres Grundnahrungsmittel: Reis	ERDE	

LERNBEREICHE — LERNEINHEITEN	Räumliche Orientierung		Zusatz
V. INDUSTRIERÄUME			
1. Industrie am Schulort (Projekt) oder Industriezweig (Auto...) aus dem Erfahrungsbereich des Schülers	HEIMAT/BW ↓	⟶	PROJEKT
2. Schwerindustrie	DEUTSCHLAND ↓		
3. Verarbeitende Industrie, z.B. Automobilbau (falls nicht in 1.) und seine europäische Verflechtung	EUROPA ↓		
4. Automobilbau (Industrieräume) weltweit	ERDE		
VI. ERHOLUNGSRÄUME			
1. Innerörtliche Erholungseinrichtungen	HEIMAT ↓	⟶	PROJEKT
2. Naherholungsräume	BW ↓		
3. Ferienerholung (Sommerurlaub am Meer/Winterurlaub in den Alpen)	DEUTSCHLAND/EUROPA ↓		
4. Ferntourismus	ERDE		

LERNBEREICHE — LERNEINHEITEN	Räumliche Orientierung		Zusatz
VII. GEFÄHRDUNG DER UMWELT			
1. Umweltbelastung des Heimatraumes Luft/Müll/Wasser	HEIMAT ↓	⟶	PROJEKT
2. Waldschäden	HEIMAT/BW ↓		
3. Küstenschutz	DEUTSCHLAND ↓		
4. Vulkanausbruch	EUROPA/ERDE ↓		
5. Erdbebenkatastrophe	EUROPA/ERDE		

HAUPTSCHULE		
Klasse 7		Integration existentieller Problemfelder
Tropischer Regenwald	8	
Wüste(n)	10	
Sahel	10	
	28 + 2 Schülerleistungen	
Klasse 8		
Indien	6	
China	6	
Nord-Süd-Gegensatz	10	
Japan	6	
	28 + 2 Schülerleistungen	
Klasse 9		
USA	10	
Deutschland und Europa/	evtl. PROJEKT	
Europa und die Welt	15	
	25	

REALSCHULE		
Klasse 7		Integration existentieller Problemfelder
Tropischer Regenwald	14	
Wüsten und Savannen	16	
Mittelbreiten - Europa	14	
Polargebiete	18 + 4 Schülerleistungen	
Klima- und Vegetationsgürtel	6	
	58	
Klasse 9		
China und Indien	12	
Nord-Süd-Gegensatz	12	
Japan	6	
USA	10	
Deutschland und Europa/	evtl. PROJEKT	
Europa und die Welt	18 + 4 Schülerleistungen	
	58	
Klasse 10		
Aufbau und Dynamik der Erdkruste	6	
Rohstoff- und Energieversorgung (Auswahl)	6	
Ökologie und Ökonomie in BW/Deutschland/		
Europa (ausgewählte Beispiele)	13	
	25	

Gerd Ratz

Das Bild Europas - Aufgabe der Geographie in der Lehrerbildung: Europa als Identitätsraum erschließen

Die Einigung Europas - ein Problem der Bewußtseinsbildung

Würden zur Zeit in allen Staaten Europas, deren Regierungen die Einigung Europas als Ziel anstreben, Volksabstimmungen abgehalten werden, wäre der Ausgang sehr fraglich. Wahrscheinlich würde eine politische Einigung Europas zurückgestellt werden müssen, einer wirtschaftlichen Zusammenarbeit vielleicht mit knapper Mehrheit zugestimmt werden. Der Grund liegt klar auf der Hand: Es gibt kein europäisches Bewußtsein bei den Stimmberechtigten.

Die Menschen fühlen sich nicht persönlich betroffen, da die Auswirkungen der Beschlüsse und Entscheidungen über die Einigung Europas, vor allem auch im wirtschaftlichen Bereich in ihren Auswirkungen nicht voll wahrgenommen und zugeordnet werden können. Die Mehrzahl der Stimmberechtigten, vor allem die älteren, erfuhren nie eine Bewußtseinsbildung in ihrer Ausbildung. Ihr Wissen über die neuen Strukturen und Prozesse in bezug auf Europa erfuhren sie aus den Medien und hat bruchstückhaften Charakter.

Die bisherigen Einigungsprozesse liefen und laufen auf Regierungsebene, beeinflußt vor allem von den Chefetagen der Industrie und anonymen Berufs- oder anderen Verbänden irgendwelcher Interessengruppen, die als Lobbyisten in Brüssel agierten und agieren. Die wirksamen Steuerungsmechanismen, die in Brüssel wuchsen und wuchsen, unbekannt, undurchsichtig und vom europäischen Parlament, das der einzelne wählen konnte, kaum kontrollierbar, erzeugten mit der Zeit wachsendes Mißtrauen. Es war und ist für den Normalbürger in den Staaten Europas ein Schauspiel, das überwiegend hinter geschlossenem Vorhang abläuft. Der einzelne Zuschauer wird von Kommentatoren über das Geschehen unterrichtet. Ab und zu werden auch von "Akteuren" Ergebnisse, die für ihn meist nicht bewertbar sind, mitgeteilt.

Ab 1993 gibt es den europäischen Binnenmarkt. Wie diese Tatsache sich auf sein Leben positiv oder negativ auswirken könnte, können die meisten nicht sicher beurteilen. Sie müssen sich auf die Beurteilungen anderer verlassen. Europa ist für viele eine Sphinx - eine rätselhafte Gestalt, ein Sinnbild von etwas "Höherem", das mehr oder weniger vom eigentlich betroffenen Europäer durch Glauben, wie in einer Religion angenommen, verworfen oder gleichgültig hingenommen wird. Man könnte heute sagen: Stell Dir vor, es wird bald ein "Vereintes Europa" geben, aber keiner merkt etwas davon und weiß etwas darüber.

Weltweiter Umbruch

Der europäische Integrationsprozeß wurde, nach dem sich vor allem die europäischen Nationalstaaten im 2. Weltkrieg zerfleischt hatten, politisch beschleunigt, da suprakontinentale Machtblöcke entstanden. Die sogenannte "1. Welt" stand in einem die ganze Erde bedrohenden Kampf mit der sogenannten "2. Welt". In der "3. Welt" tobte in "heißen" und "kalten" sogenannten Stellvertreterkriegen der Kampf um die Erweiterung der jeweiligen Einflußsphäre.

Durch die suprakontinentalen Zusammenschlüsse wurden in Jahrhunderten entstandene, nicht nur regional und national geprägte Räume, sondern ganze Kulturerdteile zur Zusammenarbeit gezwungen. In der das gesamte Leben auf der Erde bedrohenden Situation war es vordringlich, die sogar Kulturgrenzen überschreitenden neuen Strukturen und Prozesse zu erklären und zu begründen. Nur die für Erklärungen der neuen suprakontinentalen Strukturen und Prozesse notwendigen Einzelcharakteristika wurden ins Bewußtsein gehoben.

Um im Kampf der Großblöcke bestehen zu können, entstanden bald, um die jeweilige militärische Machtdemonstration in der Konfrontation halten zu können, multinationale wirtschaftliche Bündnisse. Die "Europäische Wirtschaftsgemeinschaft" (EWG) wurde im westlichen und der "Rat für gegenseitige Wirtschaftshilfe" (RGW) im östlichen Europa gegründet. Die Wirtschaftsprozesse, die nun anliefen, zwangen die Politiker der Nationalstaaten, Entscheidungen in Abstimmung miteinander zu treffen. Es entwickelte sich eine sich selbstverstärkende Dynamik, vor allem im westlichen europäischen Bündnis, die zwangsweise auf dem Weg zu einer Integration führte.

Gründe mangelnder Bewußtseinsbildung

1. Die letzten 40 Jahre waren eine Zeit des Umbruchs. Nie dagewesene, erdumspannende politische und wirtschaftliche Prozesse überrollten in Jahrhunderten gewachsene traditionelle Strukturen. Der evolutionäre und teilweise revolutionäre Umbruch ist noch nicht zu Ende, wie der gerade ablaufende Zerfall der 2. Welt mit dem wirtschaftlichen Niedergang der Hegemonialmacht Sowjetunion zeigt. Die Parameter und Wertesysteme wurden total verändert, und zwar innerhalb etwas mehr als einer Generation. Der lokale, regionale und nationale Maßstab wurde anscheinend ersetzt durch einen suprakontinentalen und supranationalen. In Wirklichkeit ließen jedoch die sich entwickelnden Großsysteme in allgemeingültigen Parametern noch gar nicht fassen.

2. Die bewußtseinsbildenden Instanzen, die die Zielsetzungen geben, d.h. die Kulturhoheit besitzen, haben bei uns regionale, in anderen europäischen Ländern nationale, in manchen kleineren Staaten fast nur lokale Reichweiten. Ohne eine Bewertung des Bewußtseins der Instanzen vorzunehmen, ist eindeutig belegbar, daß die Reichweite ihrer Einflußnahme ihre Zielsetzungen begrenzt. Die rasante Entwicklung seit dem Ende des 2. Weltkrieges im Weltbild hat auf dieser Ebene kaum Veränderungen hervorgerufen.
   Bei Recherchen in den europäischen Institutionen in Straßburg und Brüssel, die heute eigentlich für europäische Zielsetzungen und Bewußtseinsbildung zuständig sein sollten, mußte ich leider feststellen, daß sie nominell existieren, aber ohne jegliche Kompetenz und Einflußnahmemöglichkeit sind. Stets wurde ich auf nationale oder regionale Institutionen zurückverwiesen. Das Bild "Der Poet" von Spitzweg charakterisiert die Situation dieser eigentlich doch entscheidenden Einrichtungen, die das Bild Europas durch übergeordnete Vorgaben prägen könnten. Hoffentlich erkennt man bald, daß nur durch diese Steuerinstanzen Impulse für europäisches Bewußtsein gesetzt und Ergebnisse von Volksabstimmungen, wie in Dänemark und Frankreich verbessert werden können, ebenso nationalistischen Stimmungsmachereien von Parteien sowie chauvinistischen Exzessen Jugendlicher wirksam begegnet werden kann.

3. Die Vermittler von Bewußtsein sind vorrangig die Lehrer der Grundschulen bis hin zu denen der Hochschulen. Das Weltbild der Schüler bildet sich in Auseinandersetzung mit dem des Lehrers. Aus dem personalen Ringen zwischen Schüler und Lehrer ergibt sich die Verwurzelung des Weltbildes in der Persönlichkeit des Schülers. In Struktur, deren Dynamik in Differenziertheit, Eigenart und Beständigkeit zeigt sich das Wirken des Lehrers bei der Bewußtseinsbildung ihrer Schüler. Aber nicht nur der personale Bezug, sondern auch die Zeitdauer, in der dieser Prozeß abläuft, macht den Lehrer konkurrenzlos selbst gegenüber den Medien, deren Einfluß bei der Bewußtseinsbildung sicher mitspielt.

   In der Lehrerbildung, die in der "Kulturhoheit" der gleichen Instanzen wie der Schulen liegt (siehe Punkt 2), ist bis heute keine europäische Bewußtseinsbildung als Ziel in den Prüfungsordnungen ausgebracht. Vergleichende Recherchen auf nationaler und europäischer Ebene ergaben:

   - Die Systematik der Betrachtung Europas wird aus der Systematik der jeweiligen Teildisziplin der Wissenschaft übernommen.
   - Die Auswahl der zu betrachtenden Räume richtet sich nach der wissenschaftlichen Systematik und dabei ist der nationale Standort Ausgangspunkt.
   - Europa wird durchweg nach der wissenschaftlichen Systematik betrachtet, wobei die klassischen physio- und anthropogeographischen Faktoren die Raumabgrenzungen bestimmen. Im ehemaligen Ostblock bestimmt das "klassische länderkundliche Vorgehen" noch weitgehend die Betrachtung (mündliche Mitteilungen).

   Grundsätzlich kann man sagen, daß die Dynamik der Prozesse im kontinentalen Raum Europa in Prüfungsordnungen und anderen zielsetzenden Verordnungen nicht genannt werden, sondern Europa durchweg ohne Heraushebung in die globale Betrachtung eingereiht ist. Ein deutliches Eigengewicht zur Schwerpunktbildung gibt es nicht.

   Die Verantwortung für das Bild Europas mit der entsprechenden Bewußtseinsbildung ist voll dem unterrichtenden Lehrer überlassen. Je länger seine Ausbildung zurückliegt, um so unangepaßter dem heute notwendigen Europa- und Weltbild war seine Ausbildung. Es ist allein seiner Einstellung, seinem Fleiß und Antrieb überlassen, wie er Europa darstellt.

Genehmigte Prüfungs- und Studienordnungen sind konservativ. Wenn Europa nicht bald ein Eigengewicht in diesen Zielsetzungen der Lehrerbildung bekommt, so daß die Bewußtseinsbildung darauf ausgerichtet und verstärkt wird, wird es politisch noch ein langer und mühsamer Weg bis zum vereinten Europa.

Der Raum als Gegenstand der Identitätsfindung

Europa ist heute noch ein Begriff, der abstrakt von vielen Standorten aus mit jeweils eigenen Charakteristiken definiert werden kann. Jede Definition kann begründet vermittelt werden, aber sie bleibt als Form ohne Wert, "Hülse", bestehen, wenn das Wissen nicht in persönlichen Bezug gesetzt wird. Das Wissen um Strukturen und Prozesse bleibt ohne Stellenwert für den einzelnen, wenn ihm nicht ein ureigener Standort gezeigt, seine Funktion im Prozeß erklärt und ihm klar wird, wie er aktiv gestaltend und verändernd Einfluß nehmen kann. Erst dann tritt der sog. "fruchtbare Moment" im Bildungsprozeß ein. Seine Betroffenheit aktiviert das Wissen und wird persönlichkeitsstrukturierend. Es kommt zur Identifizierung und führt schließlich zur Identität des Individuums.

Die Prozesse, die zur Identitätsfindung führen, laufen auf zwei Ebenen:

- der inneren, d.h. im geistigen Bereich und
- der äußeren, wo aktiv handelnd das Leben gestaltet und die Ergebnisse geistiger Prozesse als Hilfs- und Steuermittel umgesetzt werden.

Beide, die geistig abstrakte wie die konkrete Ebene sind gleichrangig beim Prozeß der Identitätsfindung. Sie können abwechselnd Prozesse initiieren und beeinflussen sich gegenseitig.

Die äußere Ebene ist Objekt der Geographie. Es ist der Raum, in dem der Mensch lebt. Er gestaltet ihn aktiv handelnd und nimmt selektiv das wahr, was er als wichtig für seine persönliche Lebensführung hält. Er entwickelt mit den wahrgenommenen Informationen im geistigen Bereich Vorstellungen, die schließlich zu einem "Weltbild" zusammenwachsen. Das Weltbild selbst stellt das Ergebnis vieler Identitätsfindungsprozesse dar.

Identitätsräume

Der Raum, der Gegenstand des Faches Geographie, ist zur Identitätsfindung eines jeden Menschen unbedingt notwendig. Jeder Mensch hat, da er sein Leben in geographischen Räumen gestaltet, Identitätsräume. In ihnen entwickelt er seine persönlichkeitsstrukturierenden Parameter und Werte. Mit diesen Räumen ist der Mensch lebenslang verbunden, weil seine konkreten, geistigen und emotionalen Erfahrungen darin verwurzelt sind. Diese Identitätsräume sind definiert vom Zentrum ausgehend, dem Standort des jeweiligen Menschen. Die Reichweiten, d.h. die äußeren Grenzen, wie auch die Komplexität der inneren Struktur, sind individuell verschieden.

Diese Identitätsräume sind charakterisiert durch:

- Naturraumausstattung, z.B. Landschaftsformen, Klima, Vegetationsformen usw.
- Kulturräumliche Ausstattung, z.B. Siedlungsweisen, Wirtschaftsformen, Sozialformen, Ethnien, Sprachen, Religionen usw.

Entscheidend für die äußeren Grenzen der Identitätsräume sind:

- die externen Einflüsse, die die Lebensgestaltung prägen und
- die internen, geistigen und emotionalen Erfahrungen, die ins Bewußtsein vordringen.

Durch die Mobilität der heutigen Menschen bilden im Gegensatz zu früher diese Identitätsräume nicht unbedingt immer ein Raumcontinuum, sondern können auch Inselcharakter haben, d.h. daß sie nicht miteinander verbunden sind. Intensivere Prägekraft haben die Identitätsräume mit kleineren Reichweiten, da die Erfahrungsdichte höher ist.

Identitätsräume sind:

1. Der lokale Identitätsraum

   Das ist der über einen längeren Zeitraum, besonders in der Jugend erfahrene Wohnort. Er wird als Heimatort bezeichnet. Heute können durch die Mobilität bedingt das auch mehrere Orte sein und dazu auch Orte, die periodisch bis episodisch, z.B. als Urlaubsorte erfahren werden. Dieser Identitätsraum bestimmt entscheidend

   - die Grunderfahrungen und
   - den täglichen Lebensrhythmus.

   Genetisch betrachtet entsteht diese Identität zuerst, und zwar in der Regel schon im vorpubertären Alter.

2. Der regionale Identitätsraum
Seine Grenzen können bestimmt sein durch Landschaftsgrenzen, Dialekt, traditionelle Lebensweisen, Siedlungs- und Wirtschaftsformen usw. Die Grenzen dieses Identitätsraumes sind extern vorgegeben, müssen mit Verwaltungsgrenzen nicht übereinstimmen, sind aber meist naturräumlich und historisch begründet, z.B. Kurpfalz, Odenwald. Die Erfahrungsdichte darin ist geringer als beim lokalen Identitätsraum schon allein durch die Größe bedingt. Dazu kommt, daß der Erfahrungsbereich durch die Lage des lokalen Identitätsraumes darin bestimmt wird. Der lokale und regionale Identitätsraum bilden meist ein Raumcontinuum. Die Erschließung erfaßt oft nur einen Teilraum, und zwar den, der an den lokalen Identitätsraum angrenzt, intensiver. Da die Merkmale für den Gesamtraum stehen, ist dieser insgesamt aber die Nenngröße. Genetisch betrachtet entsteht diese Raumidentität auch schon vorpubertär. Da sie aber abhängig ist von der Mobilität des einzelnen, die mit zunehmendem Alter größer wird und auch größere Reichweiten erfaßt, sind die Identifizierungsprozesse im regionalen Identitätsraum grundsätzlich strukturell mit Ende der Pubertät erst abgeschlossen. Bleibt der lokale und regionale Identitätsraum weiter Lebensraum, treten natürlich individuell verschiede Verstärkungen der Grundstruktur, Differenzierungen und auch Veränderungen im Gesamtprofil ein.
Bedeutungsmäßig sind der lokale und regionale Identitätsraum persönlichkeitsstrukturierend, da hier die das Leben des Individuums bestimmenden Werte und Wertmaßstäbe erfahren und entwickelt werden. Den bis zum Ende der Pubertät erschlossenen Räumen kommt auch deshalb die größte Bedeutung zu, weil sekundär erfahrene Lebensräume stets auf die ersten bezogen werden. Ein Mensch, der z.B. in Mannheim aufgewachsen ist, wird seine Identität als Mannheimer und Kurpfälzer stets behalten, selbst wenn er später sein Leben in München, Madrid oder Rio de Janeiro verbringt. Der lokale und regionale Identitätsraum bilden zusammen die "Heimat"!

3. Der nationale Identitätsraum
Dieser Raum ist durch Grenzen eindeutig und scharf definiert. Es ist der Staatsraum, in dem das Leben jedes einzelnen durch die gleiche Gesetzgebung bestimmt wird. Im Grunde wird seit der Entstehung der allgemeinen, staatlichen Schulen und der Schulpflicht vor etwa 120 Jahren,

die mit der Gründung des deutschen Nationalstaates einsetzte, jeder auf diesen Staatsraum und die Begriffe Nation und Volk hin erzogen. Die Erziehung zielte auf die Darstellung der besonderen Charakteristika der eigenen Nation und der Unterscheidungsmerkmale gegenüber anderen Nationen, besonders der benachbarten, um in Rivalität und Konkurrenz zu bestehen. Die mit mehr oder weniger Aufwand und Erfolg betriebene Erziehung zur nationalen Identität brachte die Betonung des Singulären, Einzigartigen, Trennenden der eigenen gegenüber anderen nationalen Volksgemeinschaften in ihren Lebensräumen.
Dieser Identitätsraum hat gegenüber dem lokalen und regionalen keine individuelle Begrenzung und kann durch historische Ereignisse verändert werden, so daß gewachsene Systeme, sowohl natur- wie kulturräumliche willkürlich zerschnitten werden, z.B. die ehemalige innerdeutsche Grenze BRD/DDR. Dieser Identitätsraum ist mit der daraus entwickelten Identität trotz supranationaler und suprakontinentaler Bündniseinbindungen heute noch voll wirksam. Der Grund liegt darin, daß die Souveränität der Einzelstaaten heute immer noch als höchster Wert für diesen Identitätsraum gilt. Sämtliche von außen aus Integrationsprozessen kommenden Einflüsse werden bei Grenzüberschreitung durch Gesetzgebung an die bestehenden Verhältnisse im nationalen Staatsraum angepaßt, d.h. gefiltert. Die nationale Ausprägung ist damit garantiert. Der nationale Identitätsraum und die daraus entstehende Identität entwickelt sich erst, wie schon angesprochen, durch schulische Erziehung, die abhängig von der staatlichen Zielsetzung ist. Da früh einsetzend und aufgebaut, bleibt die erste nationale Identität selbst bei späterem Leben in einem anderen nationalen Staatsraum erhalten und ist abhängig von der Wirksamkeit der erzieherischen Maßnahmen, die die nationalen Identifikationsprozesse initiierten. Diese nationale Identität ist heute der Grund für das Mißtrauen gegenüber einem vereinten Europa.

4. Der kontinentale Identitätsraum

Im Vergleich der Raumgrößen ist er der größte unter den Identitätsräumen. Auf den ersten Blick könnte man meinen, dieser Identitätsraum ist identisch mit den verschiedenen Kontinenten der Erde. Dies ist aber nicht der Fall: Die Bezeichnung Amerikaner ist uneindeutig, er kann Anglo- oder Lateinamerikaner sein. Ein Afrikaner kann Neger, Weißer

oder Araber sein, ein Asiat Chinese, Inder, Jakute, Turkmene sein. Ein Europäer kann West- oder Osteuropäer sein.
Wenn ein Mensch heute im Zeitalter der Düsenflugzeuge innerhalb weniger Stunden in einem fernen Kontinent landet und nach seiner Identität gefragt wird, nennt er zuerst wahrscheinlich seine Nationalität. Sollte er bei der Vielzahl der heutigen Nationalstaaten vom Fragenden nicht zuordenbar sein, wird er den Kontinent nennen, aber Zusatzerklärungen geben müssen, z.B. über Lage des Staates, Religionszugehörigkeit, Lebens-, Bau- oder Wirtschaftsweisen usw.. Daraus ist erkennbar, daß die kontinentale Identität nicht eindeutig ist. Sie muß erläutert werden, und zwar durch Kulturkennzeichen, da sich auf einem riesigen Kontinent, wie z.B. Asien, verschiedene Kulturräume subkontinentalen Ausmaßes entwickelt haben, wie der sinische, indische und orientalische Kulturraum.
Um eindeutig seine kontinentale Identität zu bezeichnen, könnte man die von A. Kolb (1963) unterschiedenen 10 Kulturerdteile benützen:
- den abendländischen Kulturerdteil
- den russischen oder osteuropäischen Kulturerdteil
- den sinischen oder ostasiatischen Kulturerdteil
- den indochinesischen, indopazifischen oder südostasiatischen Kulturerdteil
- den indischen Kulturerdteil
- den orientalischenKulturerdteil
- den negriden Kulturerdteil
- den anglo-amerikanischen Kulturerdteil
- den indio-ibero-amerikanischen Kulturerdteil
- den austral-pazifischen Kulturerdteil.

Könnte ein Durchschnittsbürger des abendländischen Kulturerdteils, d.h. Süd-, Nord-, Mittel- oder Westeuropas die Charakteristika seines Kulturraums aufzählen? - Obwohl im Vergleich mit den anderen Kulturerdteilen er doch zu denen mit dem höchsten Bildungsstand gehört. Warum nicht? Weil die kontinentale Identität:
- schwer definierbar ist, da ein Jahrtausende altes, gemeinsames Fundament unserer Kultur zu Grunde liegt,
- nie Erziehungsziel war und so kein Bewußtsein und damit keine Identifizierungsprozesse mit diesem gemeinsamen Kulturfundament in Gang gesetzt wurde,

- überlagert wurde von der nationalen Identität, ja im Grunde nur dazu diente, die Singularität der nationalen Identität zu begründen. Das Gesamtprofil des abendländischen Kulturerdteils verblaßte fortschreitend seit der Entstehung der Nationalstaaten fast bis zur Unkenntlichkeit, weil nur noch auf den Nationalstaat zu erzogen wurde.

Grundsätzlich muß festgestellt werden, daß heute eine "kontinental-kulturräumliche" Identität kaum entwickelt ist, obwohl sie von den Politikern postuliert und beschworen wird. Um ein "Vereintes Europa" bauen zu können, ist eine "kontinental kulturräumliche" Identität unabdingbar.

Vorschläge zur Zielsetzung in der Lehrerbildung - Das Bild Europas

Inhaltliche Zielsetzungen:

1. Erarbeiten eines Gesamtprofils des Kulturraumes Europa als "kontinental-kulturräumlicher" Identitätsraum, d.h. darstellen der Strukturen und Prozesse, die den Gesamtraum Europas verbinden sowie die den Kulturerdteil charakterisierenden Merkmale in genetischer Betrachtung herausarbeiten.
   Wenn in einem "Vereinten Europa" der sog. "russische oder osteuropäische Kulturerdteil" einbezogen wird, soll der Prozeß je nach Entwicklung auch Gegenstand der Betrachtung werden.
2. Lokale und regionale Identitätsräume sollen analysiert und dargestellt werden.
   Die bisherigen "nationalen Identitätsräume sollen in "regionale Identitätsräume" aufgelöst und dargestellt werden.
3. Die Bezüge in Funktion und Genese zwischen lokalen, regionalen und kontinental-kulturräumlichen Identitätsräumen sollen herausgestellt und einsichtig gemacht werden, so daß das Bild eines "Europa der Regionen" entsteht.
   Die Verbindungen zu anderen "kontinental-kulturräumlichen Identitätsräumen" sollen aufgezeigt werden.

Methodische Zielsetzungen:

1. Fachpraktische Methoden der Geographie sollen vor Ort eingeübt werden. Die Wochenstundenzahlen müssen so erhöht werden, daß Raumanalysen verschiedener Größenordnungen durchgeführt werden können.

2. Exkursionen sollen den kontinental-kulturräumlichen Identitätsraum Europa erschließen und von der Ausnahme zum obligatorischen Normalangebot werden.
3. In didaktischen Übungen und Seminaren sollte das Prinzip der Handlungsorientierung, das zu Identifikationsprozessen führt, verstärkt diskutiert, praktisch geplant, durchgeführt und dargestellt werden.

Dieter Böhn

Aspekte der europäischen Einheit im Geographieunterricht

Der Vorgang der europäischen Einheit ist der entscheidene wirtschaftliche, politische und sozio-ökonomische Prozeß in der zweiten Hälfte des 20. Jahrhunderts, der sich in Westeuropa abspielt und nun auch auf den östlichen Teil übergreift. Der Geographieunterricht befaßt sich mit Räumen und raumwirksamen Strukturen und Prozessen. Daher muß die europäische Einigung ein wesentlicher Bestandteil des Geographieunterrichts sein. Doch diese Schlußfolgerung ist falsch. Das liegt einmal an den Zielsetzungen des Geographieunterrichts, zum anderen am Raum Europa, zum dritten an der Dynamik des Prozesses und schließlich an der fehlenden Wahrnehmung der raumwirksamen Veränderungen, die durch die Einigung Europas ausgelöst werden.

1. Europa als Raumthema oder Themenbeispiele aus Europa

In Deutschland wird die Diskussion um die Gestaltung des Geographieunterrichts von zwei unterschiedlichen Positionen geprägt, die im föderalen System der Kulturhoheit der einzelnen Bundesländer zu unterschiedlichen Lehrplänen führen. Soll der Geographieunterricht regionalgeographisch oder allgemeingeographisch ausgerichtet sein? Für unser Thema bedeutet dies: soll Europa als Raum selbst Inhalt des Unterrichts sein oder sollen allgemeingeographische Fragestellungen an Beispielen aus Europa aufgezeigt werden?

In einigen Bundesländern wie Baden-Württemberg, Bayern und Thüringen hat man sich für den regionalgeographischen Ansatz entschieden. So wird in Bayern in der 7. Jahrgangsstufe Europa behandelt. In anderen Bundesländern wie z.B. in Nordrhein-Westfalen geht man dagegen von Problemstellungen wie Umwelt aus und sucht dafür geeignete Beispielräume. In der Praxis kommt es dabei zu Überschneidungen. So werden auch bei der vorwiegend regionalgeographischen Betrachtungsweise allgemeingeographische Themen wie Agrarstrukturen oder Vulkanismus behandelt. Andererseits wird auch bei der allgemeingeographischen Betrachtungsweise festgelegt, daß in einer bestimmten Jahrgangsstufe die Beispielräume alle in Europa liegen müssen.

Beide Vorgehensweisen haben Vor- und Nachteile. Werden die Aspekte der europäischen Einheit im Geographieunterricht behandelt, so spricht für eine regionalgeographische Betrachtungsweise, daß damit der Raum Europa im Mittelpunkt steht und dem Schüler die Vielfalt und wechselseitige Verflochtenheit der (raumwirksamen) Prozesse leichter verständlich wird. Dagegen spricht, daß man allzuleicht der Gefahr erliegt, Raum um Raum additiv aneinander zu reihen. Für die allgemeingeographische Betrachtungsweise spricht, daß die Thematik selbst im Mittelpunkt steht (z.B. Umwelt, Agrarstrukturen, europäische Einheit) und dem Schüler so stärker bewußt wird. Dagegen steht die Gefahr, daß die jeweilige Thematik an voneinander unabhängigen räumlichen Einzelbeispielen erklärt wird, so daß die Verflechtung der Prozesse, ihre wechselseitige Beeinflussung in ihrer Raumwirksamkeit nicht erkannt werden kann.

Die geographiedidaktische Diskussion hat Kirchberg (1990, S.226) zusammengefaßt: "Insbesondere Deuringer (1981) und Köck (1983) haben darauf aufmerksam gemacht, 'daß der Geographieunterricht nicht schon dadurch einen Beitrag zur Europaidee leistet, daß ... x-beliebige Raumbeispiele, wenn sie nur schon innerhalb Europas liegen, behandelt werden' (Köck 1983, S. 355). Die Raumstrukturen in Europa sind traditionell Gegenstand des Geographieunterrichts, ihre Betrachtung führt aber nicht von selbst zur Europaerziehung. Vielmehr sind dazu Raumbeispiele notwendig, die 'mit der Europaidee korrespondieren' (Köck, 1983, S. 355) bzw. 'europäische Dimensionen haben' (Deuringer, 1981, S. 202). Solche i.e.S. 'europäischen Raumstrukturen' haben Europa nicht nur als topographischen Bezugsraum, sondern sie thematisieren den Europagedanken selbst." Man sieht, daß man sich zumindest in der Theorie einig ist.

2. Wenn Europa - welches Europa?

Wenn man vor 1990 Schüler wie Erwachsene in Westdeutschland fragte, was sie spontan unter "Europa" verstünden, so wurde als Raum überwiegend das Gebiet der Europäischen Gemeinschaft genannt. Unter dem Schlagwort "Europa '92" wurde die Schaffung des "europäischen Binnenmarktes" propagiert. In Geographiebüchern beschränkte sich die Behandlung Europas meist auf das westliche Europa, unter "Osteuropa" wurden Ost-Mitteleuropa und Südosteuropa behandelt, die Sowjetunion war eigenständiges Thema außerhalb Europas.

Auch die Geographie als Wissenschaft hat ihre Definitionsprobleme. Dabei geht es ausschließlich um die Abgrenzung Europas nach Osten. Einige Beispiele:
"Europa ist ein Teil des Kontinents Eurasien, reicht vom Atlantik bis zum Ural" (nach Westermanns Lexikon der Geographie, 1968).
"Am meisten Anklang findet noch heute die traditionelle Abgrenzung durch Ural(gebirge) - Ural(fluß) - Kaspisches Meer - Hauptkamm des Kaukasus - Schwarzes Meer - Bosporus - Marmarameer - Dardanellen. Auf die Dauer ist die bisherige Abgrenzung nicht zu halten, da sie selbst mit physischen Faktoren nicht zu untermauern ist und weil sie das größte zusammenhängende Reich der Erde zerschneidet, ohne auf die wirtschaftlichen, ethnischen kulturellen oder sozialpolitischen Gegebenheiten Rücksicht zu nehmen. ... Die Begrenzung Europas an der Westgrenze der Sowjetunion erscheint ... aus politischen und wirtschaftlichen Motiven heraus sinnvoll, endlich auch im physischen Sinn zutreffender als die Uralgrenze. Denn erst westlich von ihr beginnt die reiche horizontale und vertikale Gliederung sowie die tektonisch-morphologische, klimatische und pflanzengeographische Vielfalt, die für Europa, wie es hier verstanden wird, charakteristisch ist." (Fochler-Hauke, 1963).
Im weit verbreiteten Werk "Fischer Länderkunde" (1978) behandelt der Band Europa ebenfalls nicht Osteuropa, d.h. den europäischen Teil der ehemaligen Sowjetunion. Sperling begründet dies so: Europa werde als eine "kultur-und sozialräumliche Entität" aufgefaßt. Dafür gebe es "überzeugende Gründe. Einer davon ist die 'Wahrnehmung' (perception) Europas durch die Nichteuropäer, die in diesem Teil der Erde trotz aller Vielfalt (und neuerdings Dualität) eine historische und geistige Einheitlichkeit erblicken, eine 'Ganzheit', deren Inhalt mehr als die Summe ihrer Teile ausmacht." (Sperling, 1978, S. 13).

Alle diese Definitionen wurden vor der Auflösung der Sowjetunion verfaßt. Spätestens seit 1992 gibt es auch in Osteuropa zahlreiche Staaten, die sich bewußt als Teil Europas verstehen (Estland, Lettland, Litauen, Ukraine, Weißrußland, Moldawien). Auch Rußland sieht sich als ein Staat, der zum Teil in Europa liegt. Die politische Entwicklung hat eine Dynamik des Begriffs Europa eingeleitet, die noch nicht abgeschlossen ist. So gibt es nach der traditionellen Angrenzung Europas inzwischen drei Staaten, die sowohl in Europa wie in Asien liegen: Rußland, die Türkei und Kasachstan. Bei Rußland liegt der politische, wirtschaftliche und bevölkerungsmäßige Schwerpunkt eindeutig in Europa, bei den anderen Staaten eindeutig außerhalb. Die Türkei hat andererseits einen Antrag auf Aufnahme in die Europäische Gemeinschaft gestellt, dem im Prinzip zugestimmt wurde. Seit der Auflösung der Sowjetunion orientiert sich die Türkei allerdings verstärkt nach Asien, versucht vor allem in den von Turkvölkern bewohnten Staaten Aserbaidschan, Kasachstan, Usbekistan, Turkmenistan und Kirgistan Einfluß zu gewinnen.

3. Wenn europäische Einheit - welche Einheit?

Für das Thema "Aspekte der europäischen Einheit" könnten wir der Frage, was unter Europa zu verstehen sei, sogar ausweichen, wenn wir uns auf Institutionen beschränken, welche eine Einheit Europas anstreben. Dabei muß festgehalten werden, daß es bislang keine einzige Institution gibt, die das gesamte Europa umfaßt. Folgende internationale Organisationen haben eine zumindest teilräumige Einheit Europas zum Ziel:

- *Europäische Gemeinschaft.* 1992 zwölf Mitgliedstaaten. Ab 1993 Wirtschaftsunion. Das Fernziel ist eine politische Union.
  Folgende Staaten haben die Aufnahme in die EG beantragt: Türkei, Schweiz, Österreich, Schweden, Finnland, Ungarn, Malta und Zypern. Darüber hinaus sind Polen, die Tschechoslowakei und Ungarn mit der EG assoziiert.
- *Europäische Freihandelszone (EFTA).* 1992 sieben Mitgliedsstaaten. Ziel ist eine wirtschaftliche Zusammenarbeit durch Beseitigung von Handelshindernissen bei Industriewaren.
- *Europäischer Wirtschaftsraum.* 1992 unterzeichnetes Abkommen zwischen den 19 Staaten der westeuropäischen Wirtschaftsbündnisse EG

und EFTA, das die für die EG ab 1993 geltende Wirtschaftsunion auch auf die EFTA ausweitet. (In einer Volksabstimmung hat eine sehr knappe Mehrheit in der Schweiz im Dezember 1992 den Beitritt zum EWR abgelehnt, so daß nur noch 18 Staaten ihn bilden werden), Dieser rein wirtschaftliche Zusammenschluß wird nach der Situation Ende 1992 wahrscheinlich die effektivste raumwirksame europäische Einheit werden.

- *Europarat.* 1992 27 Mitgliedstaaten (u.a. die Türkei und Zypern). Mitte 1992 waren zudem folgende Staaten als "Gäste" akzeptiert (einer Vorstufe des Beitritts): Albanien, Estland, Lettland, Litauen, Rumänien, Slowenien, Rußland. Anträge auf den Gaststatus stellten (Stand Sept. 1992) Armenien, Aserbaidschan, Makedonien, Moldawien (Moldau), Ukraine und Weißrußland (Fischer Weltalmanach '93, Sp. 753). Ziel des Europarats ist die Zusammenarbeit der europäischen Staaten. Im Europarat werden Abkommen ("Konventionen") verabschiedet, die eine wirtschaftliche, soziale, kulturelle und wissenschaftliche Zusammenarbeit fördern. Die im Europarat zusammengeschlossenen Staaten umfassen den größten Teil Europas, gehen bei der Türkei, Rußland und Zypern sogar darüber hinaus. Derzeit noch ohne größeren politischen Einfluß, ist er das Forum, auf dem die europäische Einigung entscheidend vorangetrieben werden kann.

Im Geographieunterricht werden diese internationalen Organisationen meist nur aufgelistet, eventuell in einer Karte dargestellt, jedoch kaum thematisiert. Lediglich die Entscheidungen der EG werden in verschiedenen Bereichen in ihrer Raumwirksamkeit erfaßt, etwa bei der Behandlung der Landwirtschaft, der Regionalplanung und der supranationalen Zusammenarbeit.

4. Wenn Europa - wieviel Europa?

Selbst innerhalb der EG bestehen unterschiedliche Ansichten darüber, wie die Einheit dieses Teils Europas aussehen soll. Der EG-Kommission in Brüssel wird vorgeworfen, sie strebe ein möglichst zentralistisch regiertes EG-Europa an. Dagegen wehren sich einzelne Staaten, so lehnte z.B. Dänemark in einer Volksabstimmung die 1991 geschlossenen Vereinbarungen von Maastricht ab. In Deutschland will man, getreu dem föderalistischen Staatsaufbau, als Einheit nicht den Staat, sondern die Region. Daraus resultiert die Forderung nach einem "Europa der Regionen". Selbst die Gemeinden verlangen ein Mitspracherecht .

Das bedeutet, daß selbst in der am weitesten auf dem Weg zu einer europäischen Einheit vorangeschrittenen EG sehr unterschiedliche Vorstellungen darüber bestehen, wie diese Einheit aussehen soll.

Wenn aber in der Wirklichkeit noch keine verbindlichen Konzepte erarbeitet wurden, können auch im Geographieunterricht keine politischen, wirtschaftlichen und sozioökonomischen Einheiten vermittelt werden.

5. Vorgaben der Politik: Europäische Kommission und Beschlüsse der Kultusministerkonferenz (KMK)

Sowohl die Europäische Kommission wie die KMK haben Empfehlungen und Beschlüsse zur Behandlung der Einheit Europas gefaßt, die in den Lehrplänen in konkrete Vorgaben umgesctzt werden müssen. Sie begrenzen "Europa" in diesem Zusammenhang jedoch auf das Gebiet der EG. Der Geographieunterricht muß sich an der geographischen Europavorstellung orientieren und kann eine solche Beschränkung auf einen Teilraum Europas nicht akzeptieren. Zum Glück gehen viele Lehrpläne des Geographieunterrichts von einem Europa aus, das zumindest die Westhälfte des Kontinents umfaßt, d.h. "lediglich" das Gebiet der ehemaligen Sowjetunion ausgrenzt. Hier muß ein völlig neuer Lehrplan entstehen, der die auf dem europäischen Territorium der früheren Sowjetunion entstandenen sechs Staaten Osteuropas und von Rußland wenigstens im Ansatz den europäischen Teil berücksichtigt. Wie dies geschehen soll, darüber gibt es bislang noch nicht einmal im Ansatz konkrete Vorstellungen. Dabei dürfte es ausgeschlossen sein, etwa die Ukraine (600000 km^2, 52 Mio Einwohner) wie bislang meist geschehen, einfach unerwähnt zu lassen. Im Zusammenhang mit der Thematik der europäischen Einheit kommt damit der Darstellung der verschiedenen Organisationen erhöhte Bedeutung zu (vgl. 3.).

6. Beispiele der bisherigen Behandlung der europäischen Einheit im Geographieunterricht

Die Probleme, was Europa denn eigentlich sei und nach welcher fachdidaktischen Methode der (wie auch immer abgegrenzte) Raum behandelt werden solle, wurden deswegen so breit dargestellt, um die Schwierigkeiten zu verdeutlichen, die einer umfassenderen Behandlung der europäischen Einheit entgegenstehen. Dieses Thema wird bislang nur marginal behandelt. Die folgenden Beispiele aus bayerischen Schulbüchern für die Hauptschule, die Mittel- und Kollegstufe des Gymnasiums verdeutlichen dies. Sie könnten durch weitere aus den anderen Bundesländern beliebig erweitert werden. Die europäische Einheit ist kein großes Thema im Geographieunterricht, eher schon die Vielfalt des Raumes.

Beispiel 1: Hauptschule (Mensch und Raum 7, S.78/79. Erschienen 1988).
Die EG wird als Beispiel eines europäischen Wirtschaftsraums vorgestellt. Dabei liegt der Schwerpunkt auf den Themen Bedeutung der EG im Welthandel, Agrarprobleme und Förderung strukturschwacher Gebiete.

Beispiel 2: Gymnasium Mittelstufe (Erdkunde 7, S. 122/123. Erschienen 1992).
Die EG wird als Institution vorgestellt, die zu den "Vereinigten Staaten von Europa" führen soll. Als Einzelaspekte werden einheitliche Pässe, der ECU als Zahlungsmittel und die Frage neuer Mitglieder sehr kurz angerissen. Zwei größere Abschnitte befassen sich mit dem Umweltschutz in der EG und der Weltraumforschung.
Beispiel 3: Gymnasium Oberstufe (Seydlitz, Europa, S. 102-111. Erschienen 1989).
Das Thema "Beispiele grenzüberschreitender Zusammenarbeit" umfaßt als einziges auch Räume außerhalb der EG. Allerdings kommt den Beispielen Euregio und Arge Alp, so eindrucksvoll sie auch sind, keine große Bedeutung zu. Denn diese grenzüberschreitende Zusammenarbeit ist von Vorgaben abhängig, welche die EG trifft.

Wie in fast allen anderen Geographiebüchern werden die politischen und wirtschaftlichen Zusammenschlüsse knapp zusammengestellt.

In diesem Buch sind Ansätze einer Behandlung der Raumwirksamkeit einer europäischen Einheit zu finden. Mittel- bis langfristig seien unterschiedliche, möglicherweise gegenläufige Entwicklungen der Raumstrukturen erkennbar. Die zunehmende wirtschaftliche Integration der EG-Staaten könne länderübergreifende (raumwirksame) Entwicklungen anbahnen. Dabei werden verschiedene Entwicklungsmöglichkeiten aufgezeigt. So sei es möglich, daß die wirtschaftsstarken Regionen ihren Vorsprung vergrößern, die regionalen Disparitäten damit zunehmen oder daß diese Disparitäten durch wirtschaftliche Bedingungen (z.B. Lohnkostenvorteile) vermindert werden können (S. 15).

7. Grundprinzipien einer Behandlung der europäischen Einheit im Geographieunterricht

Drei Bedingungen müssen erfüllt sein, wenn eine Behandlung dieses Themas im Geographieunterricht ertragreich sein soll:

1. Integration einer geographischen Behandlung des Themas in die anderer Fächer. Bislang ist eine fächerübergreifende Zusammenarbeit, wenn überhaupt, dann nur marginal und schematisch erfolgt. Zwar werden in einigen Lehrplänen Griechenland und Italien im Geschichts- und im Geographieunterricht der gleichen Jahrgangsstufe behandelt. Doch der Geschichtsunterricht befaßt sich mit der Antike, zwar mit dem gleichen Raum, doch zu einer anderen Zeit.

Hier seien nur wenige Beispiele angeführt, wie integrative Zusammenarbeit geschehen könnte. Am leichtesten ist dies in der Kollegstufe möglich, weil hier auf dem erarbeiteten Vorwissen aufgebaut werden kann. Beispiele der Raumwirksamkeit der europäischen Einheit werden im Geographieunterricht behandelt, im Geschichtsunterricht gleichzeitig die Bestrebungen zur Blockbildung und ihrer Überwindung nach dem 2. Weltkrieg, der Sozialkundeunterricht informiert über die verschiedenen europäischen Institutionen. Ähnliches könnte in der Abschlußklasse der Hauptschule bzw. der Realschule geschehen. Eine umfassende fächerübergreifende Zusammenarbeit ist mit den meisten bisherigen Lehrplänen allerdings nicht zu leisten.

2. Sowohl regional- wie allgemeingeographische Behandlung des Themas. Es gilt, einen regionalgeographischen Überblick zu vermitteln, damit der Schüler den Raum kennt, in dem sich die Prozesse abspielen. Dieser soll staatenübergreifend erfolgen, z.B. Anbaustrukturen oder sozioöko-

nomische Strukturen aufzeigen. So könnte die Einteilung der EG in eine wirtschaftsdynamische Zentralzone und die wirtschaftsschwache Peripherie mit Hilfe geographischer Arbeitsmittel wie Karten verdeutlicht werden, Statistiken liefern genaue Werte, z.B. über den Anteil der Beschäftigten in der Landwirtschaft.

3. Behandlung des Themas in drei Maßstabsebenen: kontinental, regional und lokal. Dadurch wird erreicht, daß einmal großräumige Zusammenhänge erkannt werden, zum anderen aber durch Beispiele auf der lokalen "Graswurzelebene" verdeutlicht wird, wie sich solche Strukturen und Prozesse konkret für die Menschen auswirken.

8. Hauptziele einer Behandlung der europäischen Einheit im Geographieunterricht

Die Hauptziele lassen sich aus den oben genannten Grundzügen ableiten. Hier soll lediglich knapp aufgelistet werden, mit welchen Inhalten die Behandlung erfolgen soll:

- Topographische Grundkenntnisse.
- Kenntnis der Faktoren, die eine europäische Identität begründen.
- Akzeptanz dieser europäischen Identität und der Wille, das Gemeinsame der europäischen Kultur und der sozioökonomischen Grundstrukturen zu bewahren und weiterzuentwickeln.
- Kenntnis der regionalen Verschiedenheiten innerhalb Europas.
- Akzeptanz der regionalen Verschiedenheit bei dem Bestreben, soziale Unterschiede innerhalb Europas abzubauen.
- Akzeptanz der Mobilität innerhalb Europas einschließlich der daraus resultierenden Zuwanderung von Menschen aus anderen europäischen Staaten.
- Kenntnis der Faktoren, welche die regionalen Unterschiede bewirken und der Maßnahmen, die auf eine Verringerung sozioökonomischer Unterschiede hinzielen.
- Kenntnis der Beziehungen der einzelnen europäischen Einigungsorganisationen untereinander unter Betonung der Raumwirksamkeit.
- Kenntnis der Beziehungen Europas zu den Wirtschaftsschwerpunkten Nordamerika und Japan/Ostasien. Dabei ist von einer europäischen Einheit auszugehen bzw. von ihrer Notwendigkeit.

- Kenntnis der Beziehungen des geeinten Europas zur Dritten Welt. Auch hier liegt der Schwerpunkt auf dem Nutzen, den die Dritte Welt von der Einigung Europas hat.

9. Mögliche Inhalte einer Behandlung "Aspekte der europäischen Einheit" im Geographieunterricht

An einigen Beispielen soll nun aufgezeigt werden, wie das jeweilige Thema zu entfalten ist.

1. Die Frage einer europäischen Identität. Es gilt zu vermitteln, daß die europäische Identität nicht andere wie etwa die nationale ersetzt, sondern sie ergänzt. Jeder Mensch verfügt nämlich über verschiedene, räumlich definierte Identitäten. Bekannt sind vor allem die lokale ("Heimatort"), die regionale ("Heimat"), die landschaftliche (z.B. Franken) und die nationale (z.B. Deutscher). Bislang ist den wenigsten Schülern und Schülerinnen eine europäische Identität bewußt geworden, weil der (Geographie) Unterricht vor allem die Unterschiede innerhalb Europas betonte. Es gilt, das Gemeinsame herauszuarbeiten. Gerade in diesem Bereich ist eine fächerübergreifende Zusammenarbeit unerläßlich.

2. Die Anerkennung der europäischen Verschiedenheit. Europa kann nur zusammenwachsen, wenn man akzeptiert, daß sich im Laufe mehrerer Jahrtausende (im Mittelmeerraum) oder zumindest vieler Jahrhunderte (in Teilen Ost- und Nordeuropas) eigenständige Ausprägungen der europäischen Kultur entwickelten. Europa kann nur als "Einheit in Vielfalt" entstehen. Alle Versuche der Dominanz eines Teilraumes (und solche Versuche prägten die europäische Geschichte) auf politischem, wirtschaftlichem oder kulturellem Gebiet sind abzulehnen. Das redet aber keiner territorialen Zersplitterung in Kleinstaaten das Wort, wie wir es derzeit im ehemaligen Jugoslawien erleben.

3. Sozioökonomische Unterschiede in Europa. Es gilt zu wissen, wo wohlhabende und arme Regionen in Europa sind, warum dies so ist und was zu tun ist und getan wird, um diese Unterschiede abzubauen. Hierbei spielen besonders die Maßnahmen der EG im Bereich der Agrarpolitik und der Regionalförderung eine Rolle.

4. Wanderungsbewegungen in einem geeinten Europa. Die Zuwanderung von Menschen aus anderen Staaten muß akzeptiert werden. Es gilt

den Schüler, die Schülerin damit vertraut zu machen, daß damit Schwierigkeiten verbunden sein können. Wir müssen lernen, den anderen in seiner Andersartigkeit auch bei uns zu akzeptieren. Wie dies geschehen wird, ist noch offen, da bislang in Westeuropa keine starke Durchmischung erfolgte, bei der sich die Zuwanderer nicht assimilierten. Im östlichen Mitteleuropa wurde das jahrhundertelange Zusammenleben unterschiedlicher Volksgruppen im 20. Jahrhundert gewaltsam beendet. Wir müssen also dort anfangen, wo man im östlichen Mitteleuropa bereits früher war. Vielleicht lassen sich diese Exzesse der Ermordung und Vertreibung in Osteuropa vermeiden, wo die nationale Durchmischung in der ehemaligen Sowjetunion sehr groß ist.

5. Gesamteuropäische Maßnahmen im Umweltschutz. Die Verflochtenheit des europäischen Schicksals muß sich in gemeinsamem Handeln dokumentieren. Der Umweltschutz ist dafür ein Beispiel.

Wegen der begrenzten Zeit ließen sich natürlich nur ausgewählte Beispiele der Aspekte der europäischen Einheit im Geographieunterricht anführen. Doch galt es, Schwierigkeiten und Möglichkeiten zu verdeutlichen. Aus den Darlegungen ergibt sich: bislang ist die europäische Einigung im Geographieunterricht nur marginal behandelt worden. Die vielfältigen neuen Raumstrukturen, die im Laufe des Einigungsprozesses entstehen (können), gilt es ebenso zu thematisieren wie die sozialen und wirtschaftichen Wandlungen im eigenen Lebensraum. Auch im Geographieunterricht muß Europa als Aufgabe verstanden werden, der es sich zu stellen gilt.

Literatur

Albrecht, V. (1980). Europa - Idee und Wirklichkeit. Materialien für die Sekundarstufe II. *Geographie und Schule, 2,* (5). 40-55.

Böhn, D. (1984). Der Beitrag der Geographie zur Lehre und zum Studium über Europa In W. Böttcher (Hrsg.), *Europäische Integration und Lehrerbildung. Analyse und Dokumentation* (S. 49-56). Baden-Baden.

Böhn, D. (Hrsg.). (1989). *Seydlitz Gymnasiale Oberstufe. Europa - Raumstrukturen und Verflechtungen.* Berlin.

Brucker, A. (Hrsg.). (1992). *Erdkunde 7. Gymnasium Bayern.* München.

Deuringer, L. (1981). Der Europagedanke in der Unterrichtspraxis der SI - Überlegungen und Beispiele. *Geographie im Unterricht, 6,* (5). 202-211.

Fischer Weltalmanach '93. (1992). Frankfurt.

Fochler-Hauke, G. (1963). *Die große illustrierte Länderkunde* (Bd. 1). Gütersloh.

Hümmer, Ph. (Hrsg.). (1988). *Mensch und Raum 7. Erdkunde für Hauptschulen in Bayern.* Berlin.

Kirchberg, G. (1990). Europa im Geographieunterricht. Didaktische Überlegungen vor einer neuen Etappe der europäischen Integration. *Geographische Rundschau, 42,* (4). 225-228.
Köck, H. (1983). Die Europaidee im Geographieunterricht - Entwurf eines Konzepts zu ihrer curricularen Strukturierung. In H. Leser (Hrsg.), *18. Deutscher Schulgeographentag 1982* (Tagungsband) (S. 348-359). Basel.
Sperling, W., Karger, A. (Hrsg.). (1978). *Europa* (Fischer Länderkunde 8). Frankfurt.
Westermann Lexikon der Geographie (Bd. 1). (1968). Braunschweig.

A.D. Krindatsch

Geographie der Religionen als eine der Richtungen moderner "Sozialgeographie"

Der Abbau von Staatsgrenzen, die Gestaltung eines gesamteuropäischen wirtschaftlichen und politischen Raumes - das ist ein Prozeß, der über 30 Jahre dauerte und dessen Ergebnisse im Abkommen von Maastricht ihren Niederschlag gefunden haben. Das alles macht das Problem von Grenzen anderer Art aktuell, als diejenigen, mit denen die Politiker gewöhnlich zu tun haben. Diese Grenzen fallen mit den Staatsgrenzen nicht zusammen und sind nicht in den offiziellen Dokumenten festgelegt, aber trotzdem üben sie einen Einfluß auf die ganze sozial-ökonomische und politische Entwicklung des Europäischen Subkontinents aus. Wollen wir sie die Grenzen der "Kulturareale" nennen. Europa, das sehr vielfältig ist, was seine Naturbedingungen anbetrifft, Europa mit seiner ethnischen, sprachlichen und konfessionellen Vielfältigkeit, dessen Einzelteile verschiedene "historische Flugbahnen" hinter sich haben, bevor sie an einem Punkt zusammenkamen, wird nie zu einem in kultureller Hinsicht einheitlichen Raum. Umgekehrt. Im Laufe der Zerstörung von formellen zwischenstaatlichen Barrieren, im Laufe der Universalisierung im politischen und im wirtschaftlichen Leben kommt der kulturellen Selbstidentifizierung des Menschen, dem Begreifen seiner Angehörigkeit zu einer bestimmten territorialen Gemeinschaft der Bevölkerung und dem Begreifen, daß diese Gemeinschaft eigene spezifische Interessen hat, die nicht immer den gesamteuropäischen und nationalen Interessen entsprechen, immer größere Bedeutung zu.

Der Reichtum von regionalen Kulturen kann die Entwicklung eines neuen Europas beschleunigen, wenn jede von ihnen ihren eigenartigen und spezifischen Beitrag zur Erreichung eines gemeinsamen Ziels leistet. Aber diese Vielfältigkeit kann auch zu einem Faktor werden, der die Integrationsprozesse bremst.

Ein Beispiel dafür ist die Aktivierung der nationalistischen Bewegungen und Parteien. Die Forderung der deutschsprachigen Bevölkerung, die Autonomie der Provinz Bolzano (Südtirol) in Italien zu erweitern, ein relativer Erfolg in der Kampagne zur Vorbereitung auf die Parlamentswahlen in Großbritannien gerade derjenigen Politiker, die für die Unabhängigkeit von Schottland auftreten, die Zunahme an Popularität der "Flämischen nationalen Front" in Belgien sind nur einige Beispiele des oben Erwähnten. Wir sprechen heute nicht nur von einem einheitlichen Europa, sondern auch vom "Europa der Regionen". Das jetzige "gesamteuropäische Haus" kann man mit einer großen Wohnung vergleichen, wo viele Menschen wohnen, die sich nach Alter, Gewohnheiten und Lebensrhythmen, nach dem Bildungs- und Einkommensniveau voneinander unterscheiden. Dabei verfügen sie alle über eine Speisekammer und Küche, bezahlen zusammen die Kommunalkosten. Die Regeln des Zusammenwohnens sind schon durchdacht und behandelt, aber eine reale "Anpassung" aneinander hat noch nicht stattgefunden.

Für die soziale Geographie ist heute die Lösung einiger Aufgaben von Bedeutung:

1. die Festlegung des möglichen Inventars von Kriterien und die Bestimmung der Grenzen zwischen modernen "Kulturarealen" in Europa auf Grundlage dieser Kritereien ;
2. die Ausarbeitung der Vorstellungen von der Zusammenwirkung und Unterordnung (Hierarchisierung) dieser Areale;
3. die Feststellung des Grades der zeitlichen Standfestigkeit (Flexibilität) ihrer Grenzen.

Der gegenwärtigen Geographie der Religionen wird eine besondere Bedeutung beigemessen, weil die konfessionelle Zugehörigkeit der territorialen Gemeinschaften der Bevölkerung sowohl die Quelle und Grundlage der Bildung der zur Zeit bestehenden "Kulturareale" war als auch ein Faktor der gegenseitigen Absonderung dieser "Kulturareale".

Fernan Braudel, ein hervorragender französischer Geschichtswissenschaftler, hat diesen Gedanken sehr lakonisch zum Ausdruck gebracht:

"Die Kulturen (oder Zivilsationen) waren auch eine Ordnung, die den Raum auf den gleichen Grundlagen gestaltet haben, wie auch die ökonomischen Strukturen... Die kulturellen Karten fallen mit den ökonomischen so einfach nicht zusammen, was auch logisch ist. Ist es nicht dadurch zu erklären, daß die Kultur ihre Herkunft in der unendlichen Vergangenheit hat, die die Zeit des Bestehens alle Welten der Ökonomien übertrifft?". "Im Herzen jeder Zivilisation bestätigen sich die religiösen Werte. Das ist eine Realität, die eine ganz alte Geschichte hat." (1, S. 60).

A. J. Toynbee schreibt in seiner 12bändigen Forschung "A study of History":

"... Seit der Zeit der Reformation wurde die religiöse Loyalität nicht nur zum Hauptmotiv der unterschiedlichen sozialen, politischen, ökonomischen und kulturellen Bewegungen, sondern auch zum Merkmal der Differenzierung." (4, S. 33).

Der amerikanische Geograph Terry Jordan hält in seinem Buch "The European Culture Area" für besonders bedeutend den einheitlichen christlichen Glauben, wenn er drei Merkmale der gesamteuropäischen kulturellen Grundlage betrachtet (Sprachliche, Rassen - und konfessionelle Angehörigkeit). Er meint das, weil "die Religion fast mit jeder Seite der Kultur, Wirtschaft und Gesellschaft verflochten wird." (2, S. 166).

Die moderne Gesellschaft ist säkularisiert. Sowohl in Westeuropa, als auch in Rußland ist die Tätigkeit der kirchlichen Organisationen von den staatlichen Institutionen getrennt, und das reale Niveau der Religiosität der Bevölkerung ist in der Regel niedrig. Die Angehörigkeit zu einem bestimmten Glauben ist in unseren Tagen mehr das Einhalten einer Tradition und nicht ein bewußtes Bedürfnis.

Gleichzeitig wird genauso unbewußt die traditionsgemäße Abhängigkeit zwischen Religion (als einem System der moralisch-ethischen Verordnungen) und den Formen des täglichen sozialen Verhaltens (des ökonomischen, demographischen, politischen) der Bevölkerung, wo diese Religion verbreitet ist, aufbewahrt.

Unterschiedlichen konfessionellen Kulturen entsprechen unterschiedliche Lebensstile und Stereotypen des sozialen Verhaltens. Das bestätigt die ganze Geschichte der Soziologie von Max Weber bis in unsere Tage (3).

Bei der Lösung der Aufgaben der kulturbezogenen Rayonierung kann man als den wichtigsten (aber nicht den einzigen) Indikator die religiöse Angehörigkeit der Bevölkerung ausnutzen. Im wissenschaftlichen und praktischen Bereich ist es wichtig, daß dieser Indikator nicht nur auf der nationalen und regionalen, sondern auch auf der lokalen territorialen Ebene verwendet werden kann.

Ein Beispiel solch eines Herangehens sind unsere eigenen Felderforschungen, die im August 1991 durchgeführt wurden.

Als Objekt der Beobachtungen und Analyse dienten die Siedlungen der Slawgoroder und Chabarowsker Rayons im Altaigebiet von Rußland, die im Juni 1991 zum "Deutschen Nationalrayon" vereinigt wurden.

Dieses Territorium im Nordosten der Kulundinskaja Steppe wurde seit dem Ende des 19. Jahrhunderts von der deutschsprachigen Bevölkerung besiedelt und urbar gemacht. Es bleibt bis jetzt ein Bereich ihrer Konzentrierung. Gemäß der Volkszählung 1989 macht der Anteil der Deutschen unter der Gesamtbevölkerung Rußlands 0,6% aus, im Altaigebiet - 4,5% und in den Siedlungen, die den oben erwähnten "Deutschen Nationalrayon" (DNR) bildeten - 90% (oder 18,8 Tausend Menschen).

Wir haben nicht zufällig den Fachausdruck "deutschsprachige Bevölkerung" und nicht "Deutsche" gewählt, weil sich ursprünglich die Kolonisten, die die Kulundiskaja Steppe urbar machten, nach der ethnischen und konfessionellen Angehörigkeit unterschieden. Diese Unterschiede (in der Form der kulturellen Traditionen, des Lebensstils, der Verhaltensstereotypen) sind bis in unsere Tage aufbewahrt, trotz der territorialen Nähe dieser Siedlungen, trotz der fremden Außenkulturumgebung (russische Dörfer), trotz der 70 Jahre kommunistischer Macht, die eine Politik des aktiven Kampfes gegen die Religion getrieben hat und die voll und ganz alle Lebensbedingungen reglementierte: vom einheitlichen Bildungs- und Erziehungssystem bis zu den Wirtschaftsstrukturen (in Form der Kolchose), die ihrer Produktionsspezialisierung nach fast gleich waren.

Die geschichtliche religiöse Angehörigkeit der Bevölkerung einzelner Siedlungen hat ihren Niederschlag im Schema 1 gefunden. Die Ansiedlung verlief streng gesondert nach dem konfessionellen Merkmal der Gruppen: die Mennoniten gründeten die Siedlungen Orlowo, Sineosernoje, Lesnoje, Polewoje, Dworskoje, Mirnoje usw.; die Lutheraner - Podsosnowo, Nikolajewka, Kamischi; die Katholiken - Sheltenkoje, Otradnoje, Samsonowka usw..

Die konfessionelle Angehörigkeit hat auch die Möglichkeiten der kulturellen Diffusion eingeschränkt (Mischehen wurden nicht gefördert), indem Alltagsleben, sprachliche und demographische Besonderheiten jeder religiösen Gruppe "konserviert wurden".

Unter den Umsiedlern dominierten die Mennoniten: von ihnen wurden 31 Siedlungen gegründet (von den Katholiken - 9, von den Lutheranern - 5). Diese religiöse Strömung entstand in den Niederlanden in den 30er Jahren des 16. Jahrhunderts. Die Dogmatik und Ethik der Mennoniten ist auf eine freiwillige Selbstisolierung von der Gesellschaft, insbesondere vom System der staatlichen Institutionen (Kriegsdienstverweigerung, Fahneneidverweigerung usw.) orientiert.

Die soziale Grundeinheit war die religiöse Gemeinde, wo im Vergleich zur Nachbarbevölkerung spezifische wirtschaftliche und demographische Strukturen, administrative Institutionen gebildet wurden. Die Ehen wurden nur unter den Einheimischen geschlossen, deshalb verwandelten sich Mennoniten, die ursprünglich ihrer ethnischen Zugehörigkeit nach nicht einheitlich waren (Holländer, Friesen, Niedersachsen) in eine einheitlich ethno-konfessionelle Gemeinschaft mit ihrer spezifischen Sprache - eine Mischung von archaischen Varianten der niederdeutschen Dialekte.

Die religiösen Verfolgungen haben eine Massenemigration der Mennoniten bedingt - zuerst nach Ostpreußen (das Gebiet vom heutigen Gdansk) und dann (seit dem Ende des 18. Jahrhunderts) nach Rußland, wo ein Netz von "Mutterkolonien" in der Ukraine gegründet wurde. Das Bevölkerungswachstum und der damit verbundene Mangel an Grund und Boden (nach den Gesetzen der Mennoniten konnte der Boden nicht verteilt werden: die ganze Wirtschaft erbte der älteste Sohn) führte zum weiteren Eindringen auf das Territorium des Russischen Imperiums: an der Wolga (Mitte des 19. Jahrhunderts), dann in Sibirien im Gebiet von Omsk (1887), in der Kulundinskaja Steppe (seit 1906) werden "Tochterkolonien" gegründet.

Vom geographischen Standpunkt aus ist nun die Tatsache interessant, daß große Dörfer entstanden und nicht ein System von Bauernhöfen, wie es von der zaristischen Regierung empfohlen wurde und was den wirtschaftlichen Strukturen[1)] und den sozial-psychologischen Besonderheiten der Lebensweise entsprach (die Orientierung auf eine große Familie, das religiöse Verbot der Teilnahme am gesellschaftlich-politischen Leben).
Zwei Faktoren haben die Bildung eines Großsiedlungssystems bestimmt:

1) Typisch war eine große Farmwirtschaft (50 Hektar) mit einer Spezialisierung auf Weizen harter Sorten und Milchviehzucht (mit Verarbeitung zu Butter und Käse).

1. Die tägliche strenge Kontrolle der Ausübung aller religiösen Vorschriften von den Priestern.
2. Das Bestehen einer eigenen sozialen Infrastruktur (unabhängig von der zaristischen): das System des Gesundheitswesens und der Bildung (Schulbildung und religiöse Bildung).

Der deutsche Wissenschaftler Dr. Helmut Anger, der diese Gebiete 1926 besuchte, charakterisierte die mennonitischen Siedlungen folgenderweise (5, S. 77):

"Die Mennonitendörfer, die ich in Sibirien sah, glichen einander wie ein Ei dem anderen. Man konnte sie schon von weitem von anderen deutschen und russischen Dörfern unterscheiden. Hauptsächlich lag das an der Bepflanzung der Dorfstraße mit mehreren geraden Reihen aus Espen, durch die die Häuser gegen die Blicke von außerhalb verdeckt wurden. Infolgedessen sahen alle Mennonitendörfer von weitem wie Haine aus... Die Häuser sind meistens besser und größer gebaut als die Häuser der lutherischen und katholischen Deutschen und der Russen. Besonders zeichneten sich die Mennoniten durch guten Gartenbau aus und hatten überall große Gemüse- und Blumenbeete."

Die Zerstörung der bestehenden Siedlungssysteme und der Lebensweise wurde durch folgende Gründe bedingt:

1. Die radikale Stalinistische Kollektivierung, die Umstrukturierung jedes Dorfes zu einer Kollektivwirtschaft (Kolchose) und grausame religiöse Verfolgungen Ende der 20er Jahre, die eine Massenemigration der Mennoniten zuerst nach Mexiko und Kanada und dann nach Südamerika inspirierten.
2. Die von Chruschtschow betriebene Politik der Liquidierung von "nicht perspektiven" kleinen Siedlungen, ihre Vereinigung mit größeren Siedlungen in den 50 - 60er Jahren (s. Schema Nr. 1).

Das führte zu einer Verschmelzung der Konfessionen, die bis zu dieser Zeit getrennt lebten.

Die Erforschung des eigentlichen religiösen Lebens in den modernen Siedlungen hat unerwartete Ergebnisse gebracht (s. Tabelle Nr. 1 und Schema Nr. 2).

Es sei erstens das allgemeine niedrige Niveau der Religiosität erwähnt: nur 15% der deutschsprachigen Bevölkerung besuchen die religiösen Versammlungen. Zweitens sind nur 2 von 17 religiösen Vereinigungen der zur Zeit im DNR bestehenden mennonitisch, die eine ist lutheranisch, und 14 - baptistisch. Die Dokumente und die Befragung von Menschen der älteren Generation hat gezeigt, daß der Massenübergang in den Baptismus in den

40er Jahren stattfand und vor allem die Mennoniten betraf; die Lutheraner und die Katholiken zogen sich entweder von der Religion zurück oder "glaubten" individuell, ohne sich in einer Gemeinde zu vereinigen. Gleichzeitig aber wurde in einer paradoxalen Form die historische konfessionelle Selbstidentifikation aufbewahrt. Auf die Frage: "Wer sind Sie?" antwortet man: "Mennonit", "Katholik", Lutheraner" (aber nicht: "Deutscher" und nicht "Baptist".). Genauso auf die Frage: "Welche Sprache ist für Sie Muttersprache?", antwortet man: "Katholisch", "Lutheranisch", "Mennonitisch". In beiden Fällen gaben die Antworten sowohl Gläubige als auch Leute, die gleichgültig in Bezug auf Religionsfragen sind.

Es entstand eine Situation, wo konfessionelle Angehörigkeit in den vergangenen Generationen zu der Verankerung der sozial-demographischen und sprachlichen Unterschiede unter den gegenwärtigen Gruppen der Bevölkerung beigetragen hat und zur Grundlage ihrer jetzigen ethnokulturellen Selbstidentifikation wurde.

Die Forschungsaufgabe war, die Antworten auf zwei Fragen zu finden:

1. In welchen Formen des sozialen Verhaltens kommen die Unterschiede zwischen den Vertretern der gegenwärtigen ethnokulturellen Gruppen Mennoniten, Katholiken, Lutheraner zum Ausdruck?
2. Wie kommen dieselben Unterschiede im Verhältnis "der Gläubige - der Ungläubige" zum Ausdruck?

Es ist kompliziert, von den spezifischen Merkmalen in den Wirtschaftsstrukturen zu sprechen: unter den Bedingungen einer strengen staatlichen Planung hingen die Spezialisierung und die Formen der Bodennutzung in einzelnen Kolchosen ausschließlich von den Hinweisen "von oben" ab. Gleichzeitig zeigten die Befragungen der Leiter von Wirtschaften, die Gespräche mit Einwohnern verschiedener Generationen, persönliche Beobachtungen in den Siedlungen mit der mennonitisch-katholischen Bevölkerung (Schumanowka, Degtjarka), daß es "gründlichere" und vielfältige Wirtschaften (Höfe) bei den Mennoniten gibt, die aber ausschließlich auf Familienbedürfnisse orientiert sind. Die Katholiken neigen aber umgekehrt zu einer spezialisierten, auf den Verkauf orientierten Produktion (das Füttern von Muttersauen), ihre Wirtschaften gelten als "wohlhabendere".

Es stellte sich eine interessante Abhängigkeit des Niveaus der staatlichen Funktion und der historischen konfessionellen Angehörigkeit heraus: bei dem Verhältnis in der Bevölkerung 1 : 1 bekleideten alle leitenden

Funktionen der mittleren Ebene (so etwa Brigadier) in Schumanowka die Katholiken.

Die vergleichenden demographischen Charakteristiken der Bevölkerung beinhaltet die Tabelle Nr. 1. Es ist bekannt, daß bei den Mennoniten große Familien gefördert wurden und es bestand das strengste religiöse Verbot auf Abtreibungen und Scheidungen, das bei den Lutheranern fehlte und bei den Katholiken nicht so streng war. Im Bereich der gegenwärtigen 15 Siedlungen beträgt die Haushaltsgröße (die Zahl der Personen, die zusammen wohnen und wirtschaften) zwischen 3,2 Personen (Schumanowka; 50% Katholiken; Religiositätsniveau 4%) und 4,3 Personen (Protassowo, wo die mennonitische Bevölkerung lebt und die höchste Rate der Religiosität und der Bevölkerung ist - 35 Promille).

Die Unterschiede in der Geburtenrate betragen von 18,5 Promille bis 31,2 Promille. Die untere Grenze - bilden völlig oder teilweise nicht-mennonitische Dörfer (Podsossnewo - 18 Promille, Degtjarka - 21 Promille, Schumanowka - 25,3 Promille) und die obere Grenze bilden rein mennonitische und meist religiöse Siedlungen (Kussak - 29,5 Promille, Protassowo - 30,2 Promille, Poljewoje - 31,2 Promille).

Je mehr die Siedlung mennonitisch und religiöser ist, desto größer ist die Durchschnittswirtschaft und die Geburtenrate. Bis jetzt existieren in den mennonitischen Siedlungen (Grischkowka, Redkaja Dubrawa) keine offiziellen Scheidungen: Entweder finden die Verwandten eine friedliche Lösung für die Eheleute oder sie leben getrennt, indem sie aber formell Eheleute bleiben.

Ein scharfes soziales Problem, das vor allen deutschsprachigen Siedlungen in der Kulundinskaja Steppe steht, ist die seit 1989 zunehmende Emigration nach Deutschland, die zum Jahre 1991 den Charakter einer unkontrollierbaren Auswanderung hatte (s. Tabelle Nr. 2).

Gleichzeitig wird die ausgewanderte Urbevölkerung durch Ankömmlinge aus anderen Regionen der GUS (sowohl durch deutschsprachige als auch durch russische) ersetzt. Deshalb, statistisch gesehen, findet keine bemerkbare quantitative Depopulation statt. Aber der Prozeß der Veränderungen in der qualitativen Zusammensetzung der Bevölkerung geht voran, die traditionellen Strukturen und die Lebensweise werden zerstört. Bis zum August 1991 haben in den erforschten Siedlungen 2,5% bis 65% der Urbevölkerung die Siedlung verlassen.

Der Grad der Beteiligung und der Mechanismus der Migrationsprozesse unterscheiden sich bei den Vertretern der drei ethnokulturellen Gruppen, der Gläubigen und Nichtgläubigen. Typisch ist das Beispiel der Siedlung Degtjarka, wo die Mennoniten und Katholiken je 50% der Bevölkerung betragen. Zum 1.7.1991 emigrierten davon 30 Familien, unter ihnen nur 7 katholische. Dabei emigrierten die Mennoniten schon 1989 und die Katholiken - erst 1991. Dieses Beispiel bestätigt auch die Information aus anderen Siedlungen.

Man kann behaupten, daß die Massenauswanderung der Bevölkerung von den Mennoniten begonnen wurde; bis heute bilden sie den Kern der Emigrationsströmung (auch unter Berücksichtigung ihres Anteils in der Stammbevölkerung). Es gibt einige Erklärungen dafür. Traditionell haben die Mennoniten ein höheres Niveau der realen Religiosität als die Katholiken und Lutheraner. Das machte sie zum Hauptobjekt des Kampfes gegen die "religiösen Überreste", den die Sowjetmacht führte. Das war ein zusätzlicher "Ausstoßfaktor".

Die Geschichte der Mennoniten ist die Geschichte einer ganzen Reihe von Umsiedlungen, der Aneignung neuen Raumes. Das hat ein eigenartiges Gefühl der Einheit und des gegenseitigen Beistandes in der Gemeinde entwickelt sowie auch engere und psychologisch bedeutendere Verwandtenbeziehungen als bei den Katholiken und Lutheranern.

Die Emigration entwickelte sich unter den Mennoniten nach den Gesetzen der Kettenreaktion: die Auswanderung findet nicht individuell, sondern in großen Gruppen statt. Dabei wirkt der Migrationsmechanismus autonom im Rahmen jeder Siedlung (weil die Verwandtschaftsbeziehungen in der Regel auf eine Siedlung eingeschränkt sind).

Das bedingt eine große Differenzierung aller Angaben und die Spezifik der Situation in jedem Dorf. Das ist der Ausdruck der traditionellen Gemeindeabsonderung.

Im Verhältnis "Religiosität - Emigration" sei folgendes erwähnt:

1. Die Gläubigen (Baptisten) haben als erste die Auswanderung wegen der Hinausstoßgründe begonnen: wegen der Kontrolle und des Druckes von seiten der administrativen und Parteiorgane.
2. Demographische Besonderheiten der religiösen Familien (größere Familien), die Bedeutung der Verwandtschaftsbeziehungen wurde ideal für den Betrieb eines wertvollen Mechanismus: es wanderten ganze Großfamilien aus.

3. Das Bewußtsein der religiösen Gemeinschaft und die Verbindungen der örtlichen baptistischen Gemeinden zum Ausland machen psychologisch und materiell die Auswanderung der Emigranten und ihre Adoption an einer neuen Stelle leichter. Gleichzeitig ist ein Prozeß vorhanden, der die Massenauswanderung bremsen kann: die Position der Priester, die daran interessiert sind, eine stabile und lebensfähige Gemeinde zu bewahren. Ihr negatives Verhalten in bezug auf die Emigration hat die Emigration in einer Reihe von Siedlungen reduziert (Grischkowka, Redkaja Dubrawa, Kussak).

Zwei politisch wichtige Ereignisse 1991 (Referendum zur Frage über die Bewahrung der UdSSR und die Wahlen des Präsidenten Rußlands) haben die Möglichkeit gegeben, das politische Verhalten bei einzelnen ethnokulturellen Gruppen (das Niveau der Teilnahme an den Wahlen und politische Sympathien) zu vergleichen (s. Tab. 3). Das politische Leben in den weit entfernten landschaftlichen Regionen von Sibirien ist durch die Erscheinung gekennzeichnet, die wir "politischer Infantilismus" genannt haben. Die Stimmung ist in der Regel kein Resultat einer bewußten Wahl, das ist mehr das Befolgen der Empfehlungen dieser oder jener "Autorität". Als solch eine Autorität kann sowohl der auf dem Dorf respektierte Mensch, ein wirtschaftlicher oder administrativer Leiter als auch ein Organ der Massenmedien auftreten. Der genannte Infantilismus ist Folge der vieljährigen Gewohnheit ohne zu denken, zu handeln, so wie es "von oben" gesagt wird. Der Unterschied, den die Perestrojka gebracht hat, besteht darin, daß sich der Begriff "von oben" verändert hat: die Bedeutung der persönlichen Meinung der Wirtschaftsleiter (Kolchosvorsitzenden), einfach etablierte Leute, darunter der Priester in den religiösen Gemeinden, hat stark zugenommen. Unter den Bedingungen, wo ein Beschluß nicht selbständig gefaßt wird, wird schon selbst die Tatsache der Teilnahme des Menschen an den Wahlen (politische Aktivität) wichtiger als die von ihm eingenommene Position.

Für die Mennoniten ist historisch bedingt das religiöse Verbot auf die Teilnahme an dem politischen Leben charakteristisch; negativ ist auch die Position der Baptisten in bezug auf die Politik (d.h. Mennoniten in folgenden Generationen). Deshalb ist das niedrigste Niveau der Teilnahme an den Wahlen in den rein mennonitischen und besonders religiösen Dörfern nicht zufällig (Protassowo - 67-76 %, Grischkowka - 75%). Hohe Prozente im Dorf Polewoje kann man durch einen großen Teil der russischen Einkömmlinge erklären. Aktiver war die Bevölkerung der lutheranischen und katholischen Siedlungen (88-98%).

Die trockene Statistik kann durch eine subjektive Charakteristik der ethnokulturellen Gruppen ergänzt werden: in den katholisch-mennonitischen Dörfern Schumanowka und Degtjarka haben wir mehrmals gehört, daß die Katholiken "mehr Lärm machen", die frühere Dorforganisation der kommunistischen Partei im Dorf Schumanowka bestand fast ausschließlich aus Katholiken.

Bei den Wahlen des ersten Präsidenten Rußlands entstand der Hauptkampf zwischen dem "oppositionären" Jelzin und dem ehemaligen Vorsitzenden des Ministerrates der UdSSR Ryshkow. Das "Bild" der Kandidaten wurde vor allem vom Zentralfernsehen gestaltet. Deshalb war Jelzin als Politiker praktisch nicht bekannt und rein menschlich hat man ihn als einen "nach der Macht strebenden Hochstapler" empfunden. Er war ein Gegensatz zum "mäßigen", "menschlichen" und einfach "gewöhnlicheren" Ryshkow. Deshalb teilte sich die ganze Bevölkerung bei den Wahlen in:

- eine passive, inerte Schicht, die für Ryshkow weniger bewußt, sondern mehr aus "Gewohnheit" für offizielle Kandidaten zu stimmen, stimmte;
- "Reformatoren", die einen wirklich selbständigen Beschluß faßten und bei den Wahlen für jeden alternativen Kandidaten stimmen würden.

Die Mennoniten waren eindeutig im Lager der "passiven Konservatoren": von sieben rein mennonitischen Dörfern hat Ryshkow in fünf gewonnen.

Umgekehrt, aus fünf voll oder teilweise nichtmennonitischen Dörfern hat Jelzin nur in einem verloren. Es läßt sich sozusagen von einem mennonitischen Typ des politischen Verhaltens sprechen, wo die unbewußte Orientierung auf Entfremdung vom politischen Leben und Inerz im Denken bei notwendigen Beschlußfassungen vorhanden ist.

Die Forschung und Beobachtungen unter den Kulundiner Deutschen haben erlaubt, eine Reihe von wichtigen soziologischen Schlußfolgerungen zu ziehen:

1. Im Laufe der historischen Entwicklung, im Laufe des Lebens von ungefähr zwei Generationen geschah eine Umwandlung der Gruppen (sowohl als Ergebnis der Entfernung von der Religion als auch als Er-

gebnis ihres Wechsels) in ethnokulturelle Gruppen, die ihre Selbstidentifikation nach dem konfessionellen Kriterium vererbt haben.

2. Zwischen diesen ethnokulturellen Gruppen sind bedeutende Unterschiede in den Formen des sozialen Verhaltens (ökonomische, demographische, politische usw.), die auch von den ursprünglichen konfessionellen Gruppen vererbt sind.
3. Spezifische, genetisch bedingte Züge der Lebensweise und Verhaltensstereotypen werden in jenen Bevölkerungsgruppen besser "konserviert", wo das derzeitige Niveau der Religiosität höher ist, d.h. bei den Mennoniten.[2)]

Die Ergebnisse unserer begrenzten Forschung brachten uns zu einer Reihe wichtiger methodologischer Verallgemeinerungen, die für die ganze moderne Gesellschaft anwendbar sind und die praktische Bedeutung für ein "vereinigtes", aber nicht "einheitliches" (im Sinne von "gleiches") Europa haben.
Man kann behaupten, daß die Rolle der Religion im folgenden besteht[3)] :

1. Ursprüngliche Gestaltung der "Kerne" von Kulturarealen, eine weitere Abgrenzung der territorialen Bevölkerungsgemeinschaften voneinander durch verschiedene Verhaltensstereotype.
2. Die Verankerung und Aufbewahrung der soziokulturellen Besonderheiten dieser Gemeinschaften bis in unsere Tage trotz der Prozesse der Säkularisierung und der Abnahme der realen Religiosität der Bevölkerung.

Die konfessionelle Kultur ist auf solche Weise einer rein religiösen Praxis nicht gleich: sie findet ihre Verkörperung in allen Formen der täglichen Tätigkeit und des sozialen Verhaltens. So ist es unmöglich sie als Bestandteil der allgemeinen Kultur der Bevölkerung "auszugliedern", weil die konfessionelle Kultur eher als Symbol und Indikator dieser allgemeinen Kultur auftritt, indem sie ihre wichtigsten Züge und spezifischen Besonderheiten akkumuliert.

---

2) Wir betonen noch einmal eine paradoxe Tatsache: es geht um das Niveau und nicht um den Charakter der Religiosität, weil die meisten "Mennoniten" jetzt Baptisten sind.

3) Es geht, natürlich, um die Rolle der Religion in sozial-geographischer Hinsicht.

Die kulturelle Vielfältigkeit, die Mosaikartigkeit von Europa ist mit ihrer komplizierten Geschichte und dem polykonfessionellen Bevölkerungsbestand verbunden. Aktuelle soziale Probleme, die durch das Streben der Kulturregionen nach Autonomie bedingt sind, stellen vor den Geographen die Aufgaben, jetzige Grenzen dieser Regionen zu bestimmen, ihre innere Struktur zu erforschen, sowie auch die Mechanismen der räumlichen Beziehungen (Gegenwirkungen und "Kulturdiffusion") zu beschreiben.

Detaillierte konfessionelle Europadifferenzierungen im Zusammenhang mit der Analyse des Grades und des Charakters des Einflusses der traditionellen konfessionellen Angehörigkeit auf die Stereotypen des modernen sozialen Verhaltens soll zum ersten Schritt in der Lösung dieses Problems werden.

Literatur

Braudel, F., (1992). *Wremja mira* (Le Temps du Monde) (Bd. 3). Moskau: Progress.

Jordan, T. G. (1973).*The European Culture Area.* New York.

Schmidtchen, G. (1979). *Protestanten und Katholiken. Soziologische Analyse konfessioneller Kultur*. Bern.

Schmidtchen, G. (1984). *Konfession - eine Nebensache? Politische, soziale und kulturelle Ausprägung religiöser Unterschiede in Deutschland.* Stuttgart.

Toynbee, A. J. (1991). *Postizneije Istorii* (A Study of History). Moskau: Progress.

Unser Wort. (1991). Deuschtsprachige Beilage zur Zeitschrift Altai, I, Barnaul.

Tab.1 BEVOELKERUNG IN SIEDLUNGEN DES "DEUTSCHEN NATIONALEN RAYONS".

Siedlungen:	Urspruengliche Konfession der Bevoelkerung.	Niveau heutiger Religiositaet der Bevoelkerung, (%)*.	Durchschnittsgroesse des Haushalts, (Personen).	Geburtenrate, (1990,%).
Ehemaliger Slavgorod-Rayon:				
Grischkovka	mennonitisch	15-16	3,8	28,9
Kusak	mennonitisch	15	3,6	29,5
Redkaja Dubrava	mennonitisch	6-8	3,7	28,7
Nekrasovo	mennonitisch	10-15	3,6	18,5
Schumanovka	Paritaet: mennonitisch/ katholisch	4	3,2	25,3
Podsosnovo	lutherisch	4	3,8	18,8
Nikolajevka	lutherisch	?	3,4	20,7 (Nikolajevka, Kamyschi zusammen)
Kamyschi	lutherisch	?	3,7	
Ehemaliger Habary-Rayon:				
Protasovo	mennonitisch	30-35	4,3	30,2
Polevoje	mennonitisch	18-20	4,0	31,2
Orlovo	mennonitisch	14-16 (Orlovo bis Alexandrovka zusammen)	3,6	28,9 (Orlovo bis Alexandrovka zusammen)
Lesnoje	mennonitisch		3,9	
Dvorskoje	mennonitisch		4,0	
Alexandrovka	mennonitisch		4,2	
Degtjarka	Paritaet: mennonitisch/ katholisch	6	3,5	21,0

* Anteil deutschsprachiger erwachsenen Bevoelkerung, der die Versammlungen religioser Gemeinden regelmaessig besucht.

Tab.2 EMIGRATION NACH DEUTSCHLAND AUS "DEUTSCHEN NATIONALEN RAYON".

Siedlungen	Ursprüngliche Konfession der Bevoelkerung	Niveau heutiger Religiositaet, (%)	Bevoelkerung-Anzahl, (Personen).		Emigration nach Deutschland, (Personen).			Anteil deutschsprach. Bevoelk., der in 1989-Juli 1991 emigrierte(%)
			12.01. 1989.	01.01. 1991.	1987- 1988.	1989- 1990.	1.01- 1.07. 1991.	
Ehemaliger Slavgorod-Rayon:								
Grischkovka	mennonitisch	15-16	1653	1640	-	87	23	6,7
Kusak	mennonitisch	15	1613	1728	-	47	-	2,9
Redkaja Dubrava	mennonitisch	6-8	1587	1601	35	65	53	7,4
Nekrasovo	mennonitisch	10-15	1785	1780	99	207	79	20,8
Schumanovka	Paritaet: katholisch/ mennonitisch	4	1275	1305	-	49	15	5,0
Podsosnovo	lutherisch	4	2513	2613	-	29	54	3,3
Nikolajevka	lutherisch	?	1350	1390	-			
Kamyschi	lutherisch	?	617	686	-	31	19	2,5
Ehemaliger Habary-Rayon:								
Protasovo	mennonitisch	30-35	1736	1625	1	420	182	34,7
Polevoje	mennonitisch	18-20	1776	1667	15	762	118	49,5
Orlovo	mennonitisch		2064	1705	102	705	319	49,6
Dvorskoje	mennonitisch	14-16	213	200	-	75	64	65,3
Lesnoje	mennonitisch		240	252	-	40	34	30,8
Alexandrovka	mennonitisch		314	296	-	105	78	58,3
Degtjarka	Paritaet: katholisch/ mennonitisch	6	1906	1854	4	95	53	7,8

Tab.3 NIVEAU POLITISCHER AKTIVITAET UND POLITISCHEN "SYMPATHIEN" DER BEVOELKERUNG DES "DEUTSCHEN NATIONALEN RAYONS".

Siedlungen	Urspruengliche Konfession der Bevoelkerung	Niveau heutiger Religiositaet, (%)	Niveau der Beteiligung der Bevoelk. (%) an: Referendum zur Frage ueber Erhaltung der UdSSR	Wahlen erstes Praesident vom Russland	Anteil der Wahlstimmen (%) fuer: Weiter Existenz der UdSSR	Elzin	Ryschkov
Ehemaliger Slavgorod-Rayon:							
Grischkovka	mennonitisch	15-16	75	75	84	19	32
Kusak	mennonitisch	15	90	95	89	19	34
Redkaja Dubrava	mennonitisch	6-8	81	87	89	12	54
Nekrasovo	mennonitisch	10-15	84	87	88	28	27
Schumanovka	Paritaet: katholisch/ mennonitisch	4	88	90	90	38	33
Podsosnovo	lutherisch	4	90	88	87	45	17
Nikolajevka	lutherisch	?	88	87	89	22	36
Kamyschi	lutherisch	?	97	97	89	16	9
Ehemaliger Habary-Rayon:							
Protasovo'	mennonitisch	30-35	77	67	85	25	29
Polevoje'	mennonitisch	18-20	95	88	85	24	20
Orlovo'	mennonitisch	–					
Dvorskoje	mennonitisch	14-16	90	85	85	18	33
Lesnoje	mennonitisch						
Alexandrovka	mennonitisch	–					
Degtjarka	Paritaet: katholisch/ mennonitisch	6	95	89	91	13	27
Altai-Bezirk Russland insgesamt			78	77	80	46	24

' - bedeutender Anteil neugekommener russischen Bevoelkerung wegen der Emigration deutschsprachiger Bevoelkerung nach Deutschland in 1988-91.

KARTE 1. ENTWICKLUNG DER SIEDLUNGSSTRUKTUR IM «DEUTSCHEN NATIONALEN RAYON» (ALTAI-BEZIRK, RUSSLAND).

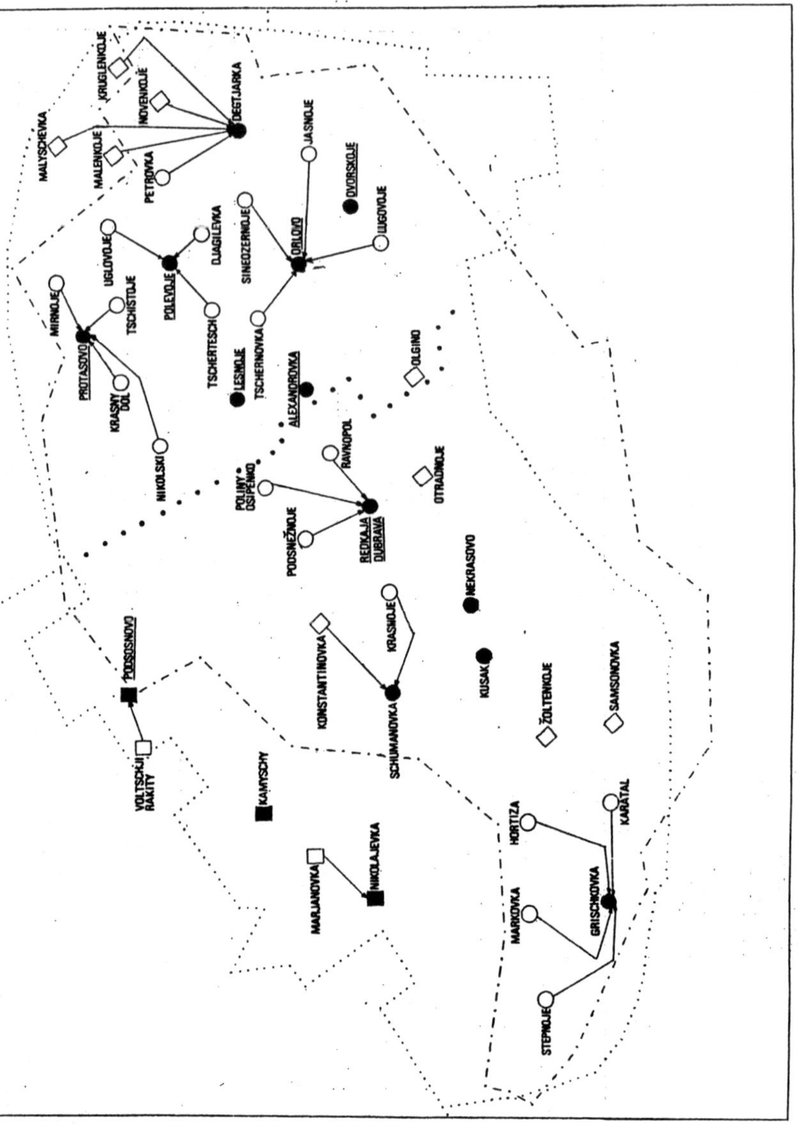

Zeichenerklaerungen zur Karte 1.

Urspruengliche Konfession der Bevoelkerung:

○ - mennonitisch

◇ - katholisch

□ - lutherisch

darunter:

● ■ - heutzutage existierenden Siedlungen (1991)

ORLOVO - Siedlungen, in denen die Bevoelkerung teilweise vom europaeischen Teil Russlands portiert war (40-e Jahren des XX Jahrhunderts).

——→ - Uebersiedlungen wegen der Staatspolitik der "Siedlungsvergroesserung" (60-70-e Jahren des XX Jahrhunderts).

—·—·—·— - Grenzen urspruengliches mennonitischen Wohngebiets (autonome administrative Einheit in Zaren-Russland).

• • • • • - Grenzen zwischen ehemaliger Slavgorod- und Habary-Rayonen (bis Juni 1991).

.... - Grenzen des "Deutschen nationalen Rayons" (ab Juni 1991).

KARTE 2. ETHNISCH-KULTURELLEN GRUPPEN UND RELIGIOSEN GEMEINDEN IM «DEUTSCHEN NATIONALEN RAYON».

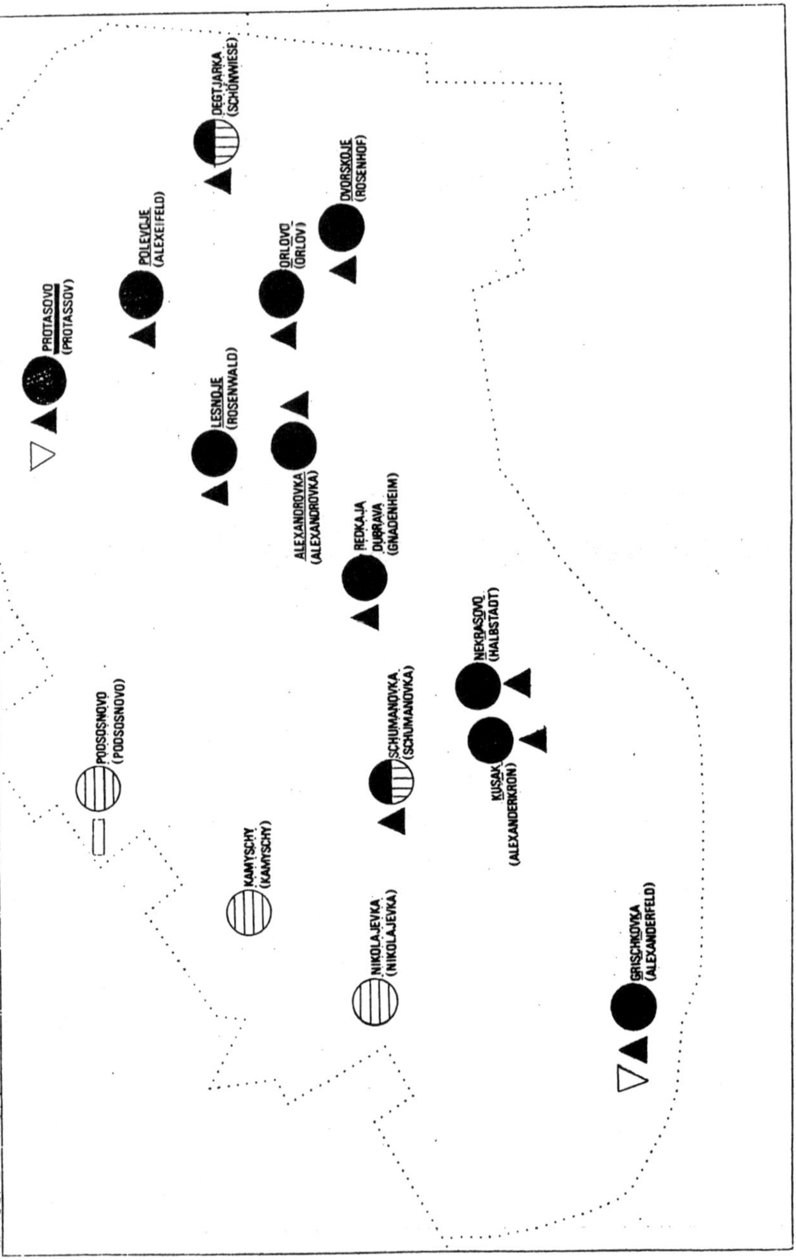

Zeichenerklaerungen zur Karte 2.

Urspruengliche konfessionelle Angehoerigkeit der Bevoelkerung:

● - mennonitisch

◍ - katholisch

⊜ - lutherisch

Heutzutage bestehenden religiosen Gemeinden:

▽ - mennonitisch

▭ - lutherisch

▲ - baptistisch

Niveau heutiger Religiositaet der Bevoelkerung (Anteil deutschsprachiger erwachsenen Bevoelkerung,der die Versammlungen religioser Gemeinden regelmaessig besucht):

PROTASOVO - mehr als 40%

LESNOJE - 20 bis 40%

KUSAK - 10 bis 20%

PODSOSNOVO - weniger als 10%

(ROSENHOF) - Urspruenglichen Namen der Siedlungen.

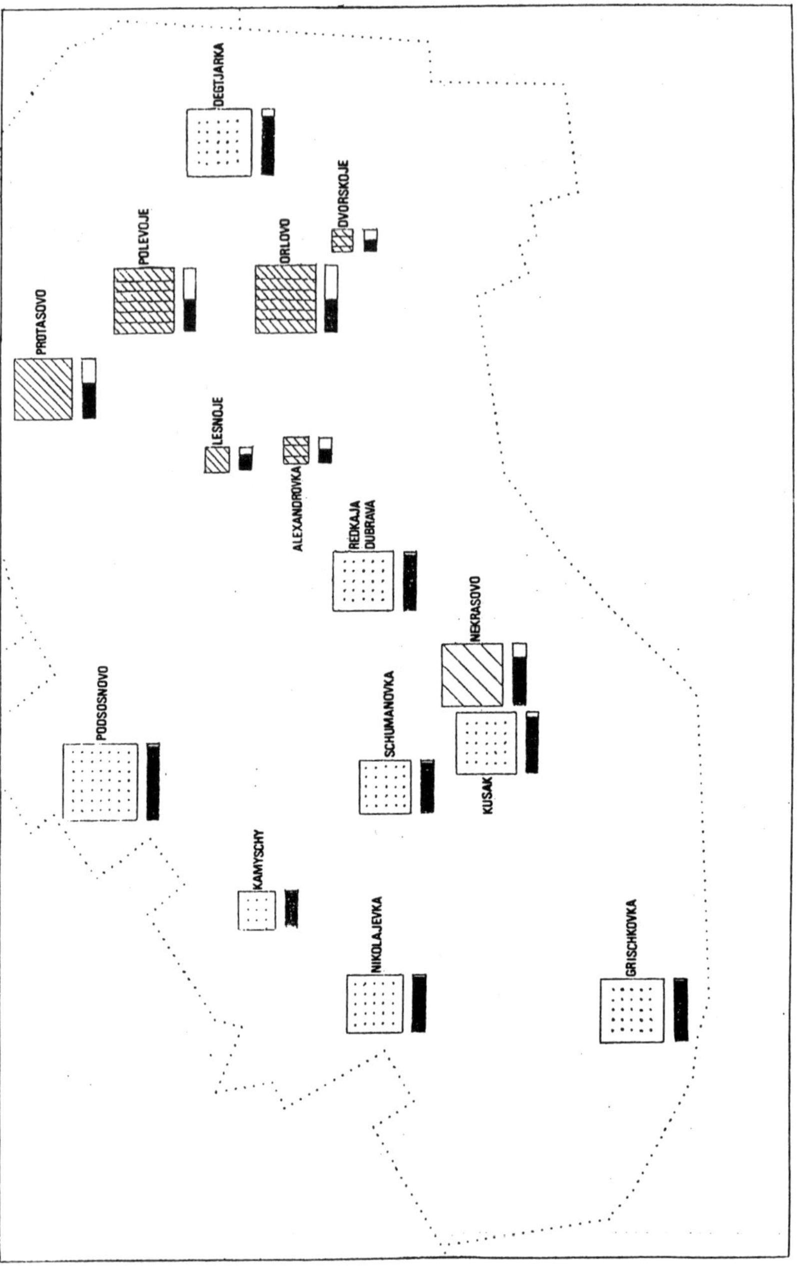

KARTE 3. ETHNISCHE STRUKTUR UND EMIGRATION DER BEVOELKERUNG NACH DEUTSCHLAND.

Zeichenerklaerungen zur Karte 3.

Bevoelkerungsanzahl (01.06.91):

- 1 mm entspricht 10 Personen

Niveau heutiger Emigration nach Deutschland (Anteil deutschsprachiger Bevoelkerung, der in 01.01.89-01.07.91 ausgewandert ist):

- mehr als 50%
- 25 bis 50%
- 10 bis 25%
- weniger als 10%

- Anteil deutschsprachiger Bevoelkerung an Gesamtbevoelkerung (01.07.91).

Lech Pakula

Probleme der Umweltdegradierung und des Umweltschutzes im Lehrprogramm und in Geographielehrbüchern in der Polnischen Schule

Einleitung

Die Staaten Europas sind heute auf dem Weg zu einer Europäischen Union und Polen befindet sich am Anfang des Weges zu diesem Europa. Viele Probleme liefen in den Ostmitteleuropäischen und osteuropäischen Ländern - trotz gradueller Unterschiede und zahlreicher Differenzierungen - vor allem im ökonomischen Bereich ähnlich. *Alle* Staaten Europas haben jedoch mit den Problemen der Umweltzerstörung, Umwelterhaltung und Umweltgestaltung auf ein und dieselbe Weise zu kämpfen. Deshalb erscheint es wichtig, in diesem Beitrag aufzuzeigen, was die Lehrpläne polnischer Schulen enthalten, was also die Schüler in Polen zu dieser Thematik lernen sollen und schließlich für deutsche Schüler erschließbar zu machen, wie weit die uns alle in Mitteleuropa betreffenden Umweltzerstörungen im Oberschlesischen Revier (GOP) vorangeschritten sind.

Die im Referattitel genannte Umweltdegradierung ist sicherlich eines der wichtigsten Probleme vor dem alle Völker stehen, dessen Lösung große Aufmerksamkeit gewidmet wird und viele Anstrengungen erfordern.

Es ist bisher nicht gelungen, dieses schwierige Problem zu lösen und es gibt auch Schwierigkeiten beim Aufhalten der negativen, oft katastrophalen Tendenzen in diesem Bereich.

Im Gegensatz zu vielen anderen Problemen, denen unsere Welt begegnen muß, wurde ihre Gefährdung durch Umweltschäden erst vor relativ kurzer Zeit erkannt. Im Jahre 1969 wurde diese Gefahr durch den von Thant veröffentlichten Rapport "Der Mensch und seine Umwelt" allgemein bekannt.

Seit vielen Jahren wird in Polen über das Bildungsmodell zum Thema "Ökologie" im allgemeinbildenden Schulwesen heftig diskutiert. Über die ökolgische Ausbildung in der Schule werden Rahmenrichtlinien verfaßt, und Bereiche der meritorischen Inhalte in Lehrbüchern immer erweitert.

Es wird angenommen, daß die ökologische Ausbildung zum Bereich Erziehung gehört, die in allen Schulfächern, in erster Linie aber in Geographie und Biologie erfolgen muß (Lubelska 1991).

Die Vergegenwärtigung der Bedrohung durch ökologische Schäden und das Fixieren ihrer Folgen im Schülerbewußtsein bilden einen Schritt zur umweltbewußten Gesellschaft, die für ihre Tätigkeit verantwortlich ist. Das ist zugleich eine Umorientierung des gesellschaftlichen Bewußtseins auf eine höhere Stufe der Notwendigkeiten in der Rangordnung menschlicher Werte.

Unsere Schüler wissen sehr viel über die negativen Folgen jeder Gleichgewichtsstörung im Ökosystem. Ihnen fehlen also nicht die Kompetenz und das Wissen, sondern das authentische Engagement, die Geisteskraft, die zum konkreten Wirken zugunsten der Umwelt und manchmal sogar zum Protest führen.

Geographie als eine interdisziplinäre Wissenschaft, die sich des synthetischen Begriffs der Landschaft bedient, kann den Schüler in hohem Maße engagieren, seine Emotionen wecken und ihn eine aktive Haltung zur fortschreitenden Degradierung der Umwelt einnehmen lassen (Zajac 1991).

Lehrprogramm der Grundschule

Die Tatsachen, Meinungen, alle Interpretationen und Kommentare in meinem Referat ergeben sich aus der eingehenden Analyse des geltenden und im Jahre 1990 aktualisierten Lehrprogramms für die Grundschule (Klasse 4 bis 8) und des Lehrprogrammes von 1986 für die Mittelschule (Lyzealklasse 1 bis 4). Der Lehrplan gilt als Grundlage für die Gestaltung der Lehrerarbeit (Programm 1986; 1990).

In Anlehnung an die Analyse der aktuellen Geographielehrbücher und an den unmittelbaren Einblick des Autors in die Schulpraxis durch Kontakt mit Studenten des fünfjährigen Fernstudiums werden hier die Inhalte zur Umweltdegradierung und zum Umweltschutz im schulischen Geographieunterricht dargestellt.

Die Umweltverschmutzung und der Umweltschutz spiegeln sich im Lehrprogramm schon in den Lernzielen des Geographieunterrichts, insbesondere in der Elementarstufe, wider. Unter den Bildungszielen werden unter anderem diese erwähnt:

- Erkennen des differenzierten und umgestalteten geographischen Milieus,
- Fähigkeit, den Konflikt Mensch-Umwelt wahrzunehmen und zu verstehen,

- Kennenlernen des gegenwärtigen Zustandes des geographischen Milieus und seiner Rekultivierungsweisen.

Der Leitgedanke dieser Ziele ist unbestreitbar: dem Schüler die Idee des weit und komplex verstandenen Umweltschutzes einzuimpfen.

Wir wollen also genauer betrachten wie dieses Problem in den einzelnen Klassen der Grundschule behandelt wird.

In Klasse 4 (zwei Wochenstunden - Alter der Schüler 10 Jahre) sind "Die Landschaften Polens" Gegenstand des Unterrichts, wobei eines der zu behandelnden Themen "Die Höhenlandschaft" heißt. Im Lehrbuch werden besonders umfassend das Oberschlesische Hügelland und der Oberschlesische Industriebezirk dargestellt, die durch die Tätigkeit des Menschen stark umgewandelt worden sind (Kadziolka 1990). Die Umgestaltung der Umwelt wird hauptsächlich am Beispiel des Bergbaus, der Zink- und Bleierzförderung, der Förderung von Sand und Kalkstein erläutert.

Die Luft- und Wasserverschmutzung werden in Verbindung mit der verarbeitenden Industrie erörtert. Als Beispiel der Rekultivierung der Umwelt wird der zwischen Katowice (Kattowitz) und Chorzów (Königishütte) gelegene Kultur- und Erholungspark angeführt und eingehend besprochen. Das Hospitieren der Geographiestunden zu diesem genannten Thema beweist jedoch, daß viele Lehrer ausschließlich das Lehrbuch als Unterrichtsbasis gebrauchen, zu wenig eigenes Wissen heranziehen und die Problematik auf die Frage des Naturschutzes beschränken.

Gegenstand des Geographieunterrichts in Klasse 5 (zwei Wochenstunden - Alter der Schüler 11 Jahre) sind "Landschaften der Erde". Sowohl aus dem Lehrprogramm als auch aus dem Lehrbuch ergeben sich zwei Möglichkeiten, das Thema des Umweltschutzes darzustellen. Die erste bezieht sich auf die städtisch industrielle Landschaft Nordrhein-Westfalens. Da findet das Thema "Die Gefährdung der Natur und ihr Schutz" Platz. Im Lehrbuch wird das Ruhrgebiet komplex vorgestellt, obwohl ich aus eigener Erfahrung feststellen kann, daß die Inhalte mit dem gegenwärtigen Entwicklungsstand des Ballungs- und Industriegebietes nicht Schritt halten können.

Das Thema wird sehr überzeugend dargelegt, in dem die in großstädtischen Gebieten dominierenden Schwerindustriezweige behandelt werden, die mit dem Autoverkehr zu den Hauptursachen von Umweltschäden gehören. Es werden auch die wichtigsten Maßnahmen gezeigt, die zur Beseitigung der Umweltschäden führen, und zwar: die Rekultivierung der früheren Bergbaugebiete, Wassernutzung nur im geschlossenen Wasserkreislauf, Montage von Filteranlagen an Schornsteinen und Ausarbeiten von neuen, nicht toxischen Produktionsprozessen (Piskorz, Zajac 1990). Die intensive Tätigkeit für den Umweltschutz ist mit den Lebensbedingungen der Bevölkerung in diesem Ballungsgebiet stark verbunden.

Die zweite Möglichkeit das Thema Umweltschutz zu realisieren, kommt für die fünfte Klasse am Ende des Schuljahres. Beim Thema "Die vom Menschen veränderten Landschaften und die Notwendigkeit ihres Schutzes" wird unterstrichen, daß man Forschung und vermittelndes Wissen nicht nur auf die negativen Folgen der menschlichen Tätigkeit beschränken soll, sondern für den Landschaftsschutz und die Landschaftsgestaltung überzeugend plädieren sowie praktisch und wirksam handeln soll.

Ich möchte aber unterstreichen, daß die polnischen Geographielehrer, andere Fachlehrer und die polnische Jugend sehr wenig Erfahrung und technische Möglichkeiten zum praktischen Wirken für den Umweltschutz haben. Die Krakauer Schulen erhielten vor kurzem Hilfe im Rahmen der Partnerzusammenarbeit von Dänemark, Fionia. Auf eigene Kosten ließen die Dänen das Projekt des Lehrerhandbuches für Ökologie übersetzen, das in Dänemark bereits eingeführt worden war. Es ist eines von drei Lehrbüchern, die z.Zt. übersetzt und unseren Schülern und Lehrern geschenkt werden.

Davon wurde eines ausgewählt, das ab 1993 verpflichtend für die Absolvierung des Lehrprogramms an etwa 300 Schulen in der Krakauer Region eingesetzt wird.

In den Klassen 6 und 7 (zwei bzw. eine Wochenstunde - Alter der Schüler 12 - 13 Jahre) wird die regionale Weltgeographie unterrichtet. Entsprechend des Lehrplanes der 6. Klasse werden Umwelterhaltung und Umweltschutz am Beispiel der Vereinigten Staaten behandelt. Am Beispiel von Afrika legt man auf die Beurteilung der natürlichen Bedingungen in Verbindung mit der menschlichen Tätigkeit den Schwerpunkt.

In Klasse 7 werden auch folgende Unterthemen behandelt, die sich im Rahmen des umfangreichen Themas "Sozial-ökonomische Probleme der gegenwärtigen Welt" auf die Ökologie beziehen:

- Schäden im geographischen Milieu,
- Gestaltung und Schutz der Umwelt,
- Luft- und Wasserverunreinigung, Bodenverseuchung,
- Erschöpfung von Naturressourcen.

Diese Beispiele beweisen, daß das Thema Ökologie erweitert wurde. Fragen zum Schrumpfen von Bodenschätzen und die Schlußfolgerungen daraus für den Umweltschutz kamen hinzu. Im allgemeinen muß aber festgestellt werden, daß die Autoren des "Lehrbuches der regionalen Geographie der Welt" das Thema Umweltschutz kaum anschneiden. Es fehlen einfach gute Beispiele, die durch die zwei Landkarten und zwei Problemdarstellungen nicht ersetzt werden können (Mordawski 1986; Golec 1990).

Im Lehrprogramm für die 8. Klasse der Grundschule (eine Wochenstunde - Alter der Schüler 14 Jahre) steht die "Geographie Polens". Sie besteht aus vielen relativen Themen zur Erwägung der Frage des Umweltschutzes:

- Städte der Oberschlesischen Konurbation - Industriebezirke.
  Die Umweltgefährdung, Luft- und Wasserverunreinigung, Bodenverseuchung, Verunreinigung der Bodenoberfläche, Vernichtung der Infrastruktur, Probleme der Rekultivierung,
- die Tatra, der Podhale-Kessel als eine wirtschaftliche, Erholungs- und touristische Region - Umweltschutz,
- Schutz von Wald und Wasser,
- Probleme des Gewässerschutzes der Ostsee,
- Umweltschutz in der Touristik.

Im Programm der 8.Klasse sollte man bestimmte Innovationen bemerken, wie z.B. Schutz der Ostseegewässer und Regionen mit regem Touristenverkehr. Jedoch wird die Problematik des Umweltschutzes durch die Vielzahl der Verschiedenartigkeit der Programmthemen und des Lehrbuchinhaltes oberflächlich behandelt. Ihre Realisierung hängt im Grunde genommen vom Wissen und der Passion des Lehrers ab. Die Beobachtung des Unterrichts beweist, daß viele Lehrer kritiklos inaktuelle Informationen und Interpretationen vermitteln, die im Lehrprogramm und Lehrbuch enthalten sind (Licinska 1988).

Den Geographieunterricht in der Grundschule zusammenfassend möchte ich unterstreichen, daß die Hauptaufgabe die Einführung der Schüler in diese bedeutende Problematik ist. Das kann am besten realisiert werden, wenn man mit elementaren Erscheinungen beginnt, erst im Bereich der nahen Region, dann des Landes und zuletzt der Welt.

Lehrprogramme und -bücher an der Mittelschule

Die Mittelschule - jetzt komme ich auf die ökologischen Elemente zu sprechen - hat die Hauptaufgabe, die Kenntnisse des Schülers in diesem Bereich über die Mechanismen und Wechselbeziehungen in der Relation, Anthropopression - das natürliche Milieu, auszuweiten. Die 1. und 2. Lyzealklasse (eine Wochenstunde) haben physische Geographie mit Geologieelementen zum Gegenstand des Unterrichts. Bei einigen Gelegenheiten werden auch Probleme der Soziologie erörtert. Im Untertitel "Lithosphäre" wird die Frage mineralischer Rohstoffe und ihrer Bestände behandelt, die nicht erneuert werden können. Die Veränderungen in der Biosphäre, die von den Menschen hervorgerufen werden, gehören zum Thema "Pedosphäre" und "Biosphäre". Das letzte Thema lautet "Das geographische Milieu". Hier wird der Umweltschutz als Ganzes dargestellt. Das Thema besteht aus folgenden Unterthemen:

- Geographisches Milieu als ein geschlossenes System der eng verbundenen und gegenseitig abhängigen Elemente,
- Ständiger Energie- und Materieaustausch: quantitative und qualitative Umwandlungen,
- Das natürliche Gleichgewicht in der Umwelt und seine Störungen unter dem Einfluß der menschlichen Tätigkeit.

Die Probleme des Schrumpfens von Bodenschätzen und der Melioration als Methode des Schutzes des Bodens werden im Lehrbuch für die Lyzealklassen 1 und 2 leider nur flüchtig erwähnt. Das Kapitel mit dem Titel "Geographisches Milieu" ist dagegen sehr originell verfaßt und spricht die Phantasie des Lesers direkt an. Die Schüler erkennen Geokomplex anhand eines Kegelmodells, das sich sowohl auf den Menschen und seine Umwelt als auch auf Telededektion bezieht. Sie erkennen die Telededektion als eine Methode der Erforschung des geographischen Milieus (Stankowski 1987).

Dem Lehrprogramm der 3. Klasse der Mittelschule nach wird Polen auf dem Boden Europas gezeigt (zwei Wochenstunden). Im Untertitel "Struktur des geographischen Milieus" werden Beispiele einer von dem Menschen stark veränderten Landschaft dargestellt, das sind: der Oberschlesische Industriebezirk, das Kupferförderungsgebiet bei Legnica - Glogów, Schwefelförderungsgebiete bei Tarnobrzeg, das Braunkohlenrevier Belchatów, die Ostsee und die Danziger Bucht mit der Weichselmündung, die Agglomeration von Kraków, die Opfer der Investitionen der Stalin-Epoche und das Petrochemische Kombinat Plock. Im nächsten Untertitel "Probleme der Industralisierung Polens" wird in der Übersicht das Thema "Der negative Einfluß der Industrie auf die Umwelt und Gesundheit des Menschen" vorgestellt. Die schädliche Auswirkung der Industrie auf den Gesundheitszustand der Bevölkerung wurde zum ersten Mal in diesem Lehrbuch quantitativ, räumlich und in Wirtschaftszweigen gezeigt. Im folgenden Untertitel, "Landwirtschaft und Ernährung", werden die Veränderungen in der Umwelt durch die Landwirtschaft hervorgehoben, also: chemische Mittel, ihre positiven und negativen Folgen und die Idee einer ökologischen Landwirtschaft.

Das Programm der 3. Klasse weitet also die meisten behandelten Themen der 1. und 2. Lyzealklasse aus und schafft damit eine gute Grundlage zum Verstehen der gesellschaftlichen Probleme in unserem Land (Batorowicz u.a. 1989).

In der 4. Lyzealklasse, also der Abiturklasse (eine Wochenstunde) sind "Gewählte Probleme der sozial-ökonomischen Geographie" der Gegenstand des Geographieunterrichts. Im Lehrprogramm und Lehrbuch (Dobosiewicz 1989) finden wir nur zwei mit Ökologie verbundene Themen:

- Das geographische Milieu als Grundlage der menschlichen Tätigkeit, wobei zu den leitenden Inhalten die Veränderungen in diesem Milieu, seine Gefährdung durch den Menschen und die Prinzipien des rationalen Wirtschaftens mit der Umwelt gehören,
- Der Lebensraum des Menschen - der Raum den er verändert und für den er verantwortlich ist. Besonders interessant sind in dieser Hinsicht die Lehrbücher der allgemeinbildenden und der technischen Mittelschule (zwei Wochenstunden), in denen gewählte Probleme der Wasser- und Luftverunreinigung und Bodenverseuchung global und regional erörtert werden.

In meiner Zusammenfassung möchte ich betonen, daß die hier erwogenen Fragen der Ökologie in den Lehrplänen und Geographielehrbüchern der polnischen Grund- und Mittelschule für 26 Unterrichtsstunden geplant wurden. Das sind etwa 6% von der für den gesamten Geographieunterricht geplanten Zeit. Hinzu kommen noch 15 Stunden fakultativ, also nur für die an Geographie interessierten Schüler, und etwa 80 Unterrichtsstunden eines ergänzenden Faches, das "Schutz und Gestaltung des natürlichen Milieus" heißt und von Biologielehrern unterrichtet wird (Piskorz; Skwarcan 1989).

Die Beobachtung der Interessen der Jugend, der Lehrerarbeit, des von Studenten geführten Unterrichts und meine eigene Erfahrung weisen darauf hin, daß der Unterricht und das Lernen zu Problemen der Ökologie, die mit verschiedenen Arten der menschlichen Tätigkeit, mit Typen von Landschaften und Regionen verbunden sind, viel effektiver sind, wenn sie als Grundlage selbständige, umfangreiche Kapitel zur Umweltschutzproblematik enthalten als wenn diese Problematik nur fragmentarisch und nebenbei in Kapiteln über andere geographische Themen erscheint.

Exemplifikation der Fragen der Umweltdegradierung im Geographieunterricht in der gewählten Region

Zum Schluß meiner Bemerkungen möchte ich kurz meritorisch, vergleichbar in der Zeit den aktuellen Zustand der Umweltdegradierung der Region vorstellen, die meistens als Exempel im Unterricht dient, d.h. des Oberschlesischen Industriebezirkes.

Eine Darstellung des Oberschlesischen Industriegebietes bliebe unvollständig, wenn nicht abschließend auf die Umweltprobleme eingegangen wird, die zu den gravierendsten nicht nur in Polen, sondern in ganz Europa zählen. Dieses Ballungsgebiet gehört gegenwärtig zu einem von fünf ökologischen Katastrophengebieten in Polen (Abb. 1). Eine ausführliche Behandlung der Problematik findet sich bei: Pakula (1988/89 und 1991), Pawlitta (1989), Buchhofer (1989) und Schreiber (1984). Deswegen können sich die folgenden Ausführungen auf einen kurzgefaßten Überblick beschränken, der, ergänzend zu der genannten Literatur, die aktuelle Situation darstellt.

Zu den die Umwelt am stärksten belastenden Zweigen gehören im GOP die Elektroenergetik, die Koksherstellung und die Metallurgie. Ihre Emissionen betragen etwa 80% der Luftbelastung des GOP. Der Anteil des GOP an allen in Polen registrierten Staub- und Gasemissionen betrug 1990 19,3% bzw. 24,4%. Dies bedeutet zwar eine Verringerung der maximalen Werte von 1980 um 8 bzw. 10%. Dennoch sind die Emissionswerte an vielen Standorten nach wie vor katastrophal (Tab. 1). In der Emissionsbilanz des gesamten Oberschlesischen Industriebezirks entfallen ca. 50% auf die Stadtgebiete der Kernzone (Abb. 2; 3). Besonders hoch sind hier die Gasemissionen, vor allem die des schädlichen SO_2. Ende des 19. Jahrhunderts betrug diese Emission nur 35000 t/Jahr, Anfang der 70er Jahre des 20. Jahrhunderts bereits 240000 t/Jahr, gegenwärtig aber 482000 t/Jahr (1990). Die ständige Zunahme von Kohlendioxyd, Schwefel, Stickstoff und Fluorverbindungen in der Atmosphäre, aber auch von toxischen Stäuben, beeinträchtigt nicht nur Gesundheit und Lebensverhältnisse der dort lebenden Menschen, sondern hat auch klimatische Veränderungen zur Folge.

Diese zeigen sich z. B. in der Abnahme der Sonneneinstrahlung um bis zu 40%. Zu den Standorten mit den höchsten Staub- und Gasbelastungen zählen die Städte der Kernzone und die Elektroenergiestandorte Laziska Górne 15900 t/Jahr/km^2, Trzebinia 3600 t/Jahr/km^2 und Rybnik 1500 t/Jahr/km^2 (1990).

Die Bedrohung der Umwelt tritt ferner in zahlreichen Formen der Flächenverwüstung durch Bergbau und Industrie in Erscheinung. Allein das Abfallaufkommen des Bergbaus und der Industrie betrug 1990 32 Millionen Tonnen, das sind 22,2% der gesamten Abfälle des Landes mit zunehmender Tendenz. Die größten Abfallmengen werden an den Bergbaustandorten Jastrzebie Zdrój, Wodzislaw Slaski, Knurów und Bytom, aber auch im Raum der Zink- und Bleierzförderung in Bukowno, Piekary Slaskie und Trzebinia registriert. Den stärksten Anteil an den Oberflächenschäden hat natürlich der Steinkohlenbergbau. Etwa 80% des Kohlenbeckens werden durch den Bergbau unterminiert. Oberflächenschäden zeigen sich vor allem in Mulden, Abbaulöchern und Abbautrichtern, Schürfgräben, Kipphalden und Aufschüttungen. Diese werden noch durch den Zink-Bleierzbergbau und den Sandabbau für den Grubenversatz verstärkt. Die Zunahme der Kohlenförderung ohne Sandeinspülung, um ca. 35%, verursacht Bodenabsenkungen in einer Größenordnung von 70% der Mächtigkeit der Abbauflöze. Diese großflächigen Bodenabsenkungen, euphemistisch als "Bergschäden" bezeichnet, sind sowohl in Freiflächen als auch in den Städten sichtbar. In den Jahren 1945-1987 wurden als Ergebnis dieser Schäden ca. 36500 Wohnungen total zerstört, vor allem in Bytom und Ruda Slaska (Pakula 1988, S. 16).

Bergbau und Industrie beeinträchtigen ferner die Qualität des Trink- und Brauchwassers. Die ungünstige Lage des GOP auf der Oder-Weichsel-Wasserscheide verursacht große Schwierigkeiten in der Wasserversorgung.

Die natürliche Knappheit des Oberflächenwassers wird noch verschärft durch die Verschmutzung. 65% der Flüsse, gemessen an der Flußlänge, sind so verschmutzt (Klasse V der polnischen Norm), daß sich das Wasser nicht einmal mehr für industrielle Zwecke eignet. Aus dem Gebiet des GOP kommen 7,3% der industriellen und kommunalen Abwässer Polens; der Anteil der nicht gereinigten Abwässer liegt bei 21% (Rocznik statystyczny 1991, S. 15). Die wichtigsten Fließgewässer der Kernzone, aber auch der größte Teil in der Randzone, haben keine natürliche Quelle mehr und werden heute fast ausschließlich durch Abwasserzuleitung und Regenfälle gespeist.

Zu den gravierenden Problemen der Wasserwirtschaft gehört im GOP schließlich die verbreitete Einleitung stark salzhaltigen Grubenwassers. Die Gruben geben im Durchschnitt 487000 m^3 Grundwasser mit 6000 t Salz pro Tag an das Flußgebiet der oberen Weichsel und 170000 m^3 mit 3000 t Salz an das Flußgebiet der oberen Oder ab. Mit verschiedenen hydrotechnischen Maßnahmen versucht man heute, die Salze aus den Grubenwässern auszufällen. So sind viele Steinkohlegruben durch mehrere kilometerlange Wasserkollektoren mit einem Salzwasserspeicher in Bojszowy bei Oswiecim verbunden. Bei der Grube Debiensko im Rybniker Gebiet wurde eine Entsalzungsanlage in Betrieb genommen, die jährlich 60000 t reines Kochsalz wiedergewinnt. Trotz dieser partiellen Erfolge wird das Problem der Grubenwässer, d.h. konkret der Reduzierung des Salzgehaltes auf eine Norm von 300 mg pro dm^3, kaum vor dem Jahre 2010 zu lösen sein.

Die hier dargestellten Ergebnisse der ökologischen Katastrophe im Oberschlesischen Industriebezirk berechtigen zu der Behauptung, daß der Degradierungsprozeß der Umwelt seit der Regierungszeit der Solidarnosc (1989) aufgehalten worden oder sogar zurückgegangen ist. Den Staubgehalt der Luft betreffend um die Hälfte, bei Gasen (mit Schwefeldioxid) um etwa 40% (Tab. 1). Eine ähnliche Gesetzmäßigkeit tritt im zentralen Teil dieser 15 Städte zählenden Ballung auf.

Es entsteht also die Frage, was die Ursache dieser gewaltigen und günstigen Veränderungen für die Umwelt und für etwa 4 Millionen Einwohner dieses Gebietes ist. Der Hauptgrund dafür ist ein weit begriffener Restrukturierungsprozeß der Industrie, zum Teil auch ihre Privatisierung. Die Restrukturisierung der Industrie beruht hauptsächlich auf dem Schließen ganzer Betriebe bzw. der Teile von ihnen, die die Umwelt besonders belasten, oder auf Veränderung technologischer Prozesse. Das betrifft vor allem: Betriebskraftwerke, die unrentablen Bergwerke, Kokereien, Eisenhüttenweke, Martinstahlwerke und manche Produktionsgänge der chemischen Industrie. Von den 60 geschlossenen oder umgewandelten Betrieben gehörten 75% zur Brennstoff- und metallurgischen Industrie (Abb. 4). Die größten Veränderungen erfolgten in der Koksindustrie - von 33 Koksofenbatterien (eine Batterie sind 30 Verkokungskammern) aus dem 19. Jahrhundert arbeiten nur 25% - sowie im Eisenhüttenwesen - 6 Hochöfen (40% aller Hochöfen) wurden liquidiert.

Die alte, die Umwelt gefährdende Technologie der Zinkschmelzung wurde in allen Zinkhütten durch die moderne elektrolytische Technologie ersetzt. Die Karte 5 (Abb. 5) stellt genau den Wandlungsprozeß in der Koksindustrie und im Eisenhüttenwesen dar.

Langsam werden der ökologischen Katastrophe im Oberschlesischen Industriebezirk Grenzen gesetzt und der Begriff des "Todesdreiecks" zwischen Bytom (Beuthen), Chrzanów (Königshütte) und Ruda Slaska verliert seine tragische Bedeutung.

Literatur

Batorowicz, Z., Nalewajko, J. & Szeliborski, A. (1989). *Polska w Europie*. Podrecznik geografii do szkoly sredniej (Wydanie II). Warszawa: WSiP.

Buchhofer, E. (1989). *Das Oberschlesische Industrierevier GOP*. Köln.

Dobosiewicz, Z. & Domachowski, R. (1989). *Geografia spoleczno-ospodarcza*. Podrecznik dla IV klasy szkoly sredniej (Wydanie I). Warszawa: WSiP.

Golec, B., Nowak, M. & Przesmycka, E. (1990). *Geografia. Europa. Azja*. Podrecznik do VII klasy szkoly podstawowej (Wydanie III). Warszawa: WSiP.

Kadziolka, J. (1990). *Geografia 4*. Krajobraz Polski (Wydanie III). Warszawa: WSiP.

Licinska, D.(1988). *Geografia*. Polska. Podrecznik dla klas VIII (Wydanie II). Warszawa: WSiP.

Lubelska, M. (1991). *Wychowanie srodowiskowe w nauczaniu - uczeniu sie geografii*. Kraków: Polskie Towarzystwo Geograficzne.

Mordawski, J. (1986). *Geografia. Ameryka, Afryka, Australia i Oceania*. Podrecznik dla VI klasy szkoly podstawowej (Wydanie I). Warszawa: WSiP.

Pakula, L. (1988). Probleme der Anthropopression im Oberschlesischen Industriebezirk unter dem Einfluß des Steinkohlenbergbaus. In *Die gegenwärtigen Funktionierungsprobleme der ökonomischen Strukturen der Oberschlesischen Ballung und des Ballungsgebietes von Dresden*. Wazsza Szkola Pedagogiczna (S. 5-20). Kraków.

Pakula, L. & Pawlitta, M. (1989). Umweltzerstörung im Oberschlesischen Industrierevier nach dem Zweiten Weltkrieg. *Geographie heute*, 69, 22-23.

Pakula, L. (1991). Die gegenwärtigen ökonomischen Prozesse und Bevölkerungswandlungen im Oberschlesischen Industriebezirk. *Geographie und Schule, 72*, 28-37.

Piskorz, S. & Zajac, St. (1990). *Geografia 5*. Krajobrazy Ziemi (Wydanie V). Warszawa: WSiP.

Piskorz, S. & Zajac, St. (1991). Geografia swiata i Polski (Wydanie I). Warszawa: WSiP.

Piskorz, S. (Hrsg.). (1992). *Zarys dydaktyki geografii*. Wysza Szkola Pedagogiczna. Kraków.

Piskorz, S. & Skwarcan, M. (1989). The problem of preservation and modification of environment included in current syllabus and textbook in geography of the primary and secondary school. In *International Conference on: Teachers education in the field of environment protection* (S. 125-131). Cracow.

Program szkoly podstawowej (1990). *Geografia. Klasy IV - VIII.* Warszawa: MEN.

Program szkoly sredniej (1986). *MOiW*. Warszawa: IPS.

Raport o stanie, zagrozeniu i ochronie srodowiska (1990). *Glówny Urzad Statystyczny (GUS)*. Warszawa.

Schreiber, H. (1984). *Umweltprobleme in sozialistischen Ländern. Das Beispiel des oberschlesischen Industriegebietes in der VR Polen*. Berlin.

Stankowski, W. (1987). *Geografia fizyczna z geologia*. Podrecznik dla szkoly sredniej (Wydanie I). Warszawa: WSiP.

Zajac, St. (1991). *Cele nauczania geografii*. Wyzsza Szkola Pedagogiczna. Prace monograficzne 128. Kraków.

Tab.1: Veränderungen der Emissionen in der GOP-Kernzone, in Tsd. t. Quelle: Rocznik statystyczny województwa katowickiego 1984, S.42-43; Rocznik statystyczny 1991, S.15

Städte der Kernzone	Emission						Staub/Gas in t/km^2	
	Staub		Gas					
			allgemein		SO_2	SO_2		
	1983	1990	1983	1990	1983	1990	1983	1990
Będzin	24	13	72	64	53	50	1913	2438
Bytom	28	15	87	56	15	7	1386	1177
Chorzów	30	27	82	36	20	12	3272	3944
Czeladź	4	1	3	2	2	1	391	189
Dąbrowa Górnicza	57	28	373	253	34	18	2055	1584
Gliwice	8	4	58	18	8	7	478	540
Jaworzno	75	33	246	170	212	132	2111	2116
Katowice	6	3	18	15	10	8	141	186
Mysłowice	1	1	2	1	1	1	16	28
Piekary Śląskie	2	1	3	3	1	1	62	263
Ruda Śląska	20	3	67	17	23	10	1108	453
Siemianowice	6	1	12	4	4	3	715	530
Sosnowiec	2	1	6	102	2	2	95	144
Świętochłowice	1	1	5	5	2	2	473	948
Zabrze	16	8	36	20	11	8	648	909
Kernzone zusam.	279	140	1070	766	398	262	1074	721
GOP zusam.	499	227	1753	1003	823	482	339	326
Polen zusammen	1731	1163	4967	4115	2702	2210	215	169

Mapa 1.Obszary klęski ekologicznej i ekologicznego zagrożenia.
Opracował: L. Pakuła. Źródło:Raport o stanie, zagrożeniu i ochronie środowiska 1990,s.306.
Objaśnienia:

I. Obszary klęski ekologicznej:

2 - Gdański
9 - Legnicko-Głogowski
21 - Tarnobrzeski
25 - Górnośląski
26 - Krakowski.

II. Obszary ekologicznego zagrożenia:

1 - Szczeciński
3 - Poznański
4 - Bydgosko-Toruński
5 - Inowrocławski
6 - Koniński
7 - Włocławski
8 - Płocki
10 - Wrocławski
11 - Bełchatowski
12 - Łódzki
13 - Tomaszowski
14 - Puławski
15 - Chełmski
16 - Turoszowski
17 - Jeleniogórski
18 - Wałbrzyski
19 - Częstochowski
20 - Kielecki
22 - Opolski
23 - Rybnicki
24 - Myszkowsko-Zawierciański
27 - Tarnowski.

Abb.1.Gebiete der Ökologischen Katastrophe und der Ökologischen Bedrohung.
Entwurf: L.Pakuła. Quelle: Raport 1990,S.306.

I. Ökologischen Katastrophen gebiet:

2 - Hafenrevier Gdańsk /Danziger Bucht/
9 - Kupferbecken Legnica-Głogów
21 - Schwefelbecken Tarnobrzeg
25 - Oberschlesisches Industrierevier
26 - Industriegebiet Kraków.

II. Ökologischen Bedrohung Gebiet:

1 - Hafenrevier Szczecin
3 - Industriegebiet Poznań
4 - Industriegebiet Bydgoszcz-Toruń
5 - Industriegebiet Inowrocław
6 - Braunkohlerevier Konin
7 - Chemiezentrum Włocławek
8 - Chemiezentrum /Petrochemie/ Płock
10 - Industriegebiet Wrocław
11 - Braunkohlerevier von Bełchatów
12 - Industriezentrum Łódź
13 - Industriezentrum Tomaszów
14 - Chemiezentrum von Puławy
15 - Industriegebiet Chełm
16 - Braunkohlerevier Turoszów
17 - Industriegebiet Jelenia Góra
18 - Steinkohlerevier Wałbrzych
19 - Industriegebiet Częstochowa
20 - Industriegebiet Kielce
22 - Industriezentrum Opole
23 - Steinkohlerevier Rybnik
24 - Braunkohlerevier Myszków-Zawiercie
27 - Industriegebiet Tarnów.

Abb.1. GEBIETE DER ÖKOLOGISCHEN KATASTROPHE UND ÖKOLOGISCHEN BEDROHUNG

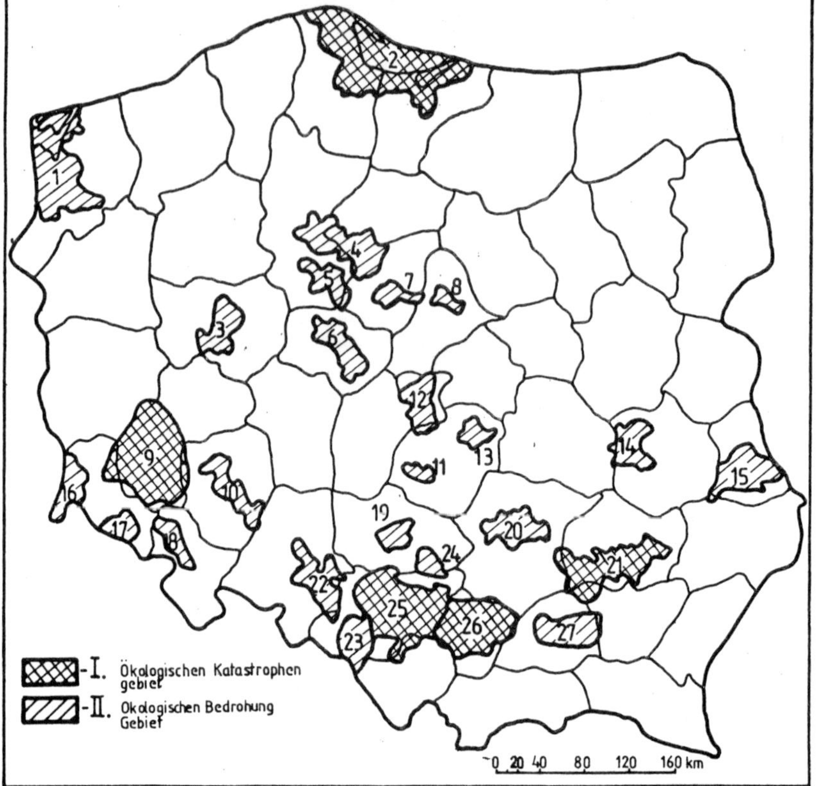

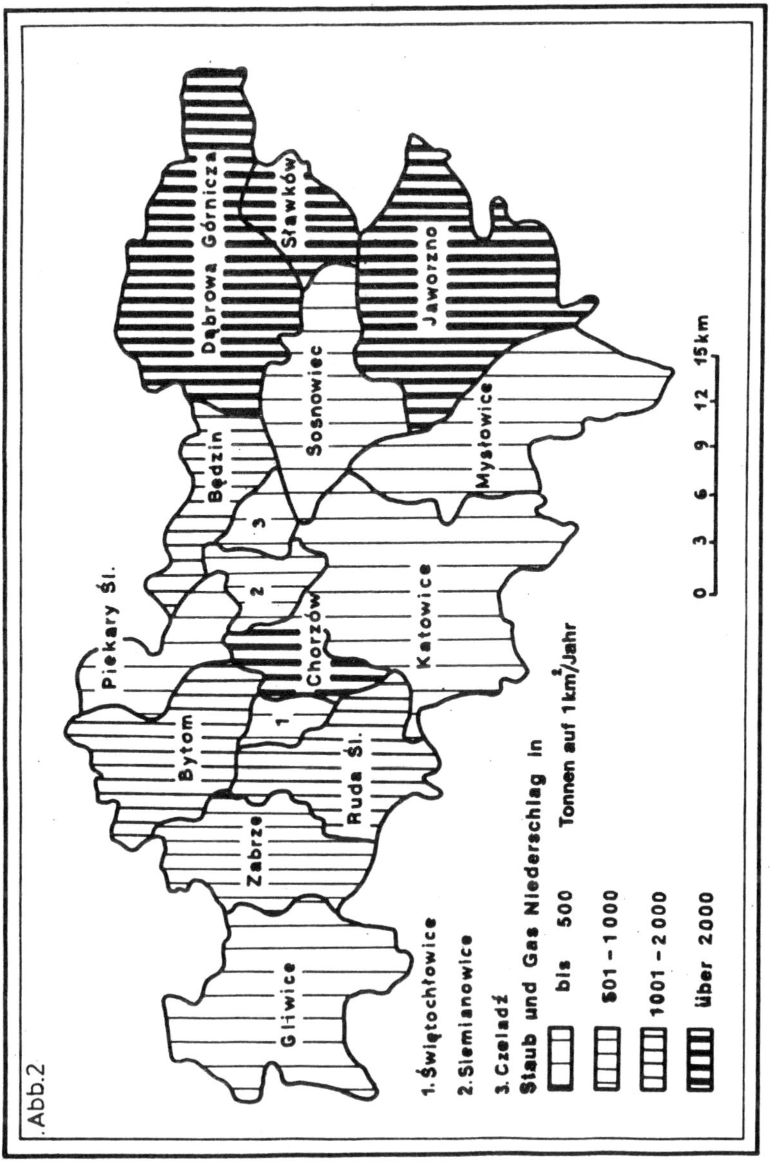
INDUSTRIELLE LUFTVERUNREINIGUNG IM KERNGEBIET
DER OBERSCHLESISEN BALLUNG. Stand vom 1983.
Gliwice
Zabrze
Bytom
Ruda Śl.
1
Piekary Śl.
Chorzów
2
Katowice
3
Będzin
Sosnowiec
Mysłowice
Dąbrowa Górnicza
Sławków
Jaworzno
1. Świętochłowice
2. Siemianowice
3. Czeladź
Staub und Gas Niederschlag in
Tonnen auf 1 km²/Jahr
bis 500
501 - 1000
1001 - 2000
über 2000
0 3 6 9 12 15km

Abb.2

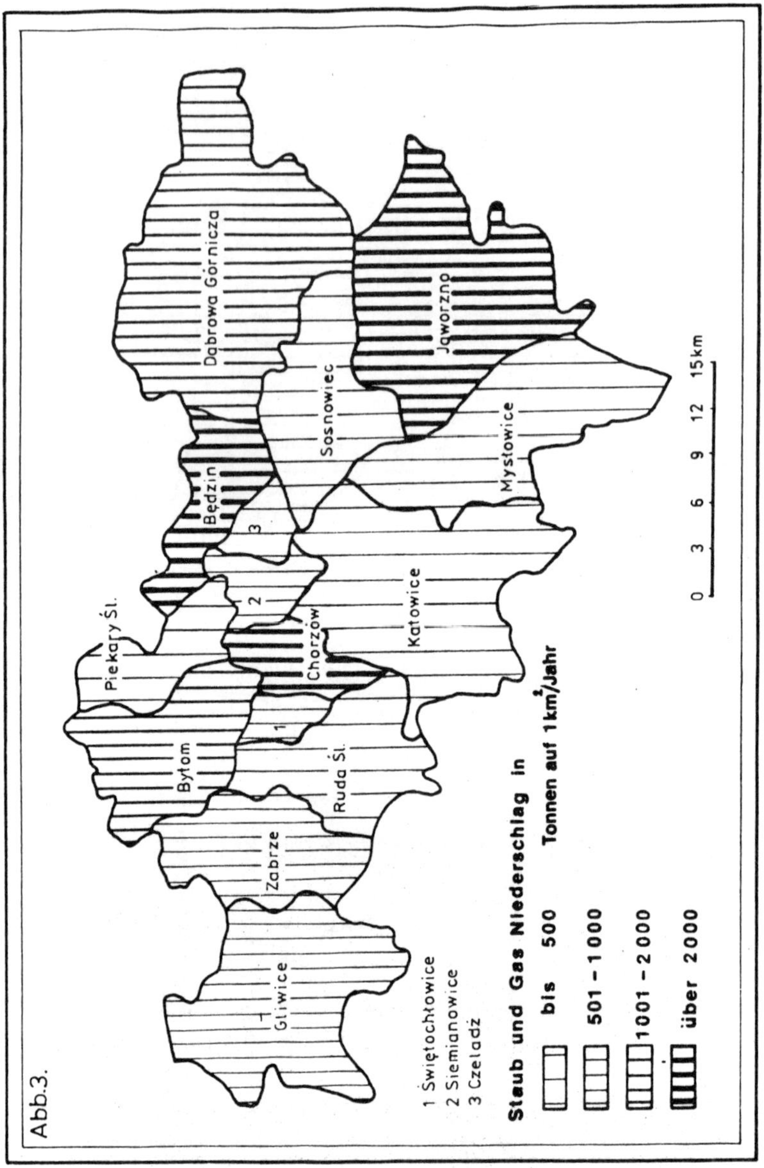
INDUSTRIELLE LUFTVERUNREINIGUNG IM KERNGEBIET
DER OBERSCHLESISEN BALLUNG. Stand vom 1990.
Abb.3.
Gliwice
Zabrze
Bytom
Ruda Śl.
Piekary Śl.
Chorzów
Katowice
Będzin
Sosnowiec
Dąbrowa Górnicza
Jaworzno
Mysłowice
1
2
3
1 Świętochłowice
2 Siemianowice
3 Czeladź
Staub und Gas Niederschlag in
Tonnen auf 1km²/Jahr
bis 500
501 - 1000
1001 - 2000
über 2000
0 3 6 9 12 15km

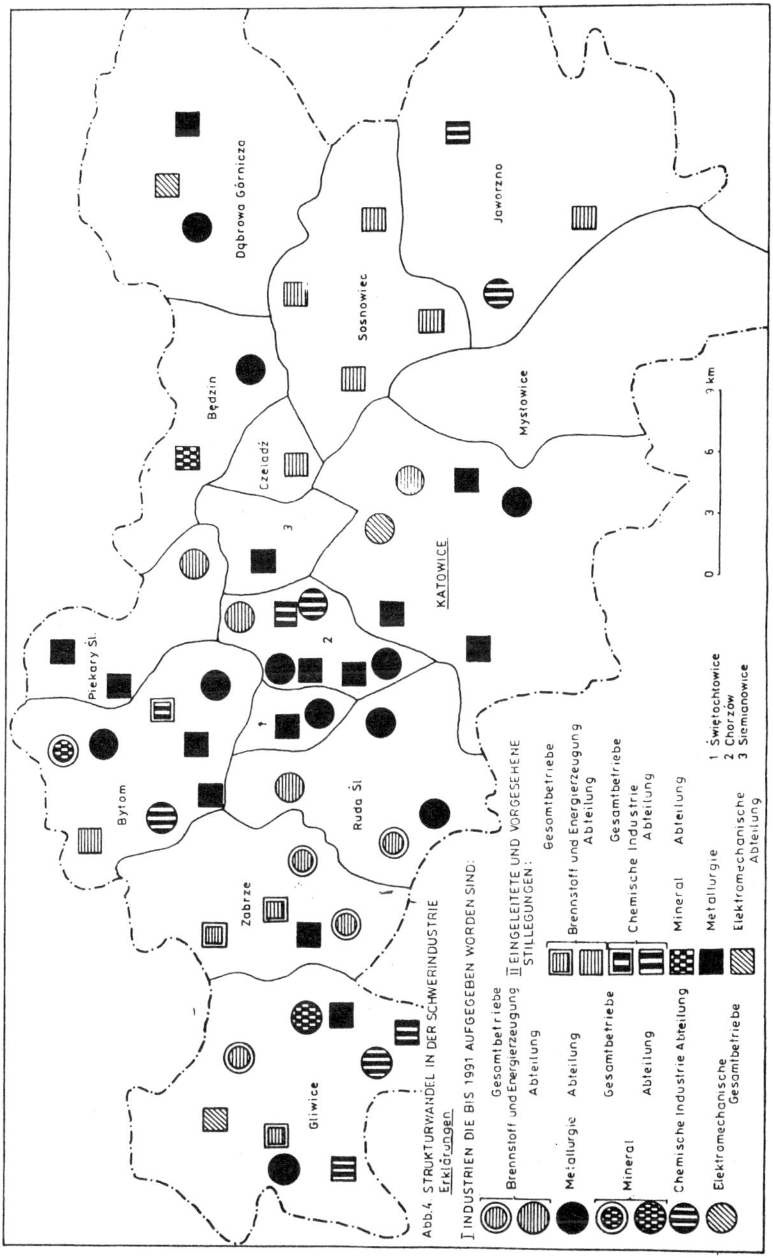

Abb.4 STRUKTURWANDEL IN DER SCHWERINDUSTRIE

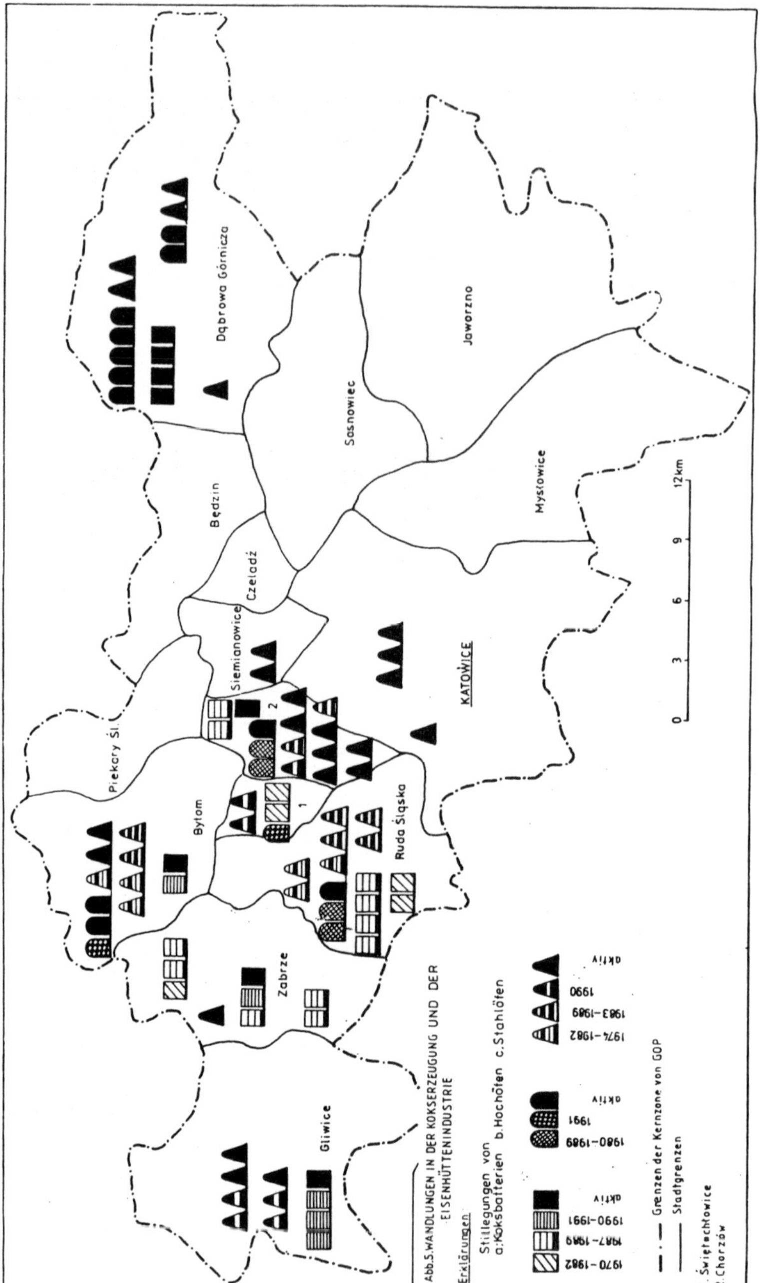

Abb. 5. WANDLUNGEN IN DER KOKSERZEUGUNG UND DER EISENHÜTTENINDUSTRIE

Peter Jaklin

Kinder produzieren audiovisuelle Medien zum Thema Europa - fächerverbindendes Projekt unter Einsatz audiovisueller Medien in der Grundschule

1. Vorbemerkungen

"Seit ihrer Gründung war die Europäische Gemeinschaft stets bemüht, Begegnungen zwischen jungen Menschen aus allen Mitgliedsstaaten zu fördern. Dadurch soll ihnen Gelegenheit geboten werden, die verschiedenen Mentalitäten in Europa kennenzulernen, Toleranz zu entwickeln und sich in zunehmendem Maße ihrer Zugehörigkeit zu einer Gemeinschaft bewußt zu werden." Diese Worte Jacques Delors, Präsident der Kommission der Europäischen Gemeinschaft, besitzen heute mehr denn je ihre Gültigkeit, wächst Europa doch immer enger zusammen. Nicht früh genug kann man deshalb mit der Erziehung zu Europa bei den Kindern beginnen, sind sie doch das Fundament des zukünftigen europäischen Hauses. Durch den Wegfall der Mauern im Osten und der Grenzen im Westen eröffnen sich für sie völlig neue Perspektiven und Möglichkeiten. So fördert u. a. der intensive Jugendaustausch das frühe Kennenlernen anderer Kulturen. Doch die Mobilität stößt oft wegen großer Sprachbarrieren an neue, unsichtbare Grenzen, denn durch die Sprache wird die Völkerverständigung, das Anerkennen der Denkweisen der anderen, erst möglich.

Verschiedene Modelle entstanden, um schon im Grundschulbereich den Kindern Fremdsprachen spielerisch nahe zu bringen. In Baden-Württemberg etablierte sich, besonders im Rheintal, das Projekt "Lerne die Sprache des Nachbarn", in dem, auf freiwilliger Basis, die Grundschüler ab dem dritten Schuljahr die ersten Schritte in die französische Sprache unternehmen. Die erfreulich hohe Zahl der Anmeldungen für dieses Unterrichtsfach belegt das immense Interesse am Erlernen dieser Fremdsprache. Auch die zahlreichen freundschaftlichen Kontakte zwischen elsässischen und badischen Schulen lassen, zumindest in diesem Bereich, hoffnungsfroh in die europäische Zukunft blicken. Aber leider verhindert die Sprachgrenze immer wieder einen intensiveren Austausch während gemeinsamer

Schullandheimaufenthalte oder Begegnungsfahrten; die Deutschen und die Franzosen bleiben in ihren Gruppen; selten entstehen die gewünschten außerschulischen Beziehungen.

Liegt es da nicht nahe, über das Bild, das stehende und bewegte, nach neuen Möglichkeiten zu suchen, Kommunikation in Gang zu setzen? Schon Comenius bewies mit seinem ersten bebilderten Wörterbuch, dem "Orbis Pictus", daß ein Bild mehr als tausend Worte sagt.

Somit lag es für die Landesbildstelle Baden nahe, ganz im Sinne ihres gesetzlichen Auftrages, nach Wegen zu suchen, über das Bild sprach- und grenzüberschreitende Kontakte in Bewegung zu setzen und so den persönlichen Austausch zu fördern.

2. Die Projektbeschreibung und der Verlauf

Das geplante Projekt "Kinder produzieren audiovisuelle Medien zum Thema Europa" sah vor, über Bildtafeln und "Videobriefe" während des Schuljahres 91/92 Verbindung zwischen einer elsässischen und badischen 4. Grundschulklasse aufzunehmen, um dann, am Ende des Schuljahres, bei einer mehrtägigen Begegnungsfahrt das intensivere Kennenlernen zu erleichtern und möglichst schnell zu einem gemeinsamen Dialog zu kommen.

Erfreulicherweise fand die Landesbildstelle Baden zwei Partner, die diese vorgeschlagene Form des vorbereitenden Unterrichtens sehr begrüßten: Renate Hin-Flick, Klassenlehrerin einer vierten Klasse in Ettlingen-Bruchhausen, und André Wittmann, Directeur der École primeur im elsässischen Ohlungen bei Hagenau, gleichzeitig auch Klassenlehrer einer vierten Klasse. Beide unternahmen schon einmal mit anderen Schülern den Versuch, einen Schullandheimaufenthalt durchzuführen, und beklagten:

"Besonders zu Beginn ist es schwierig, gemischte französische und deutsche Gruppen zu bilden, zu sehr bleiben die Kinder der jeweiligen Klasse unter sich, wobei die unterschiedlichen Sprachen das Hauptproblem sind. Erst bei gemeinsamen Sportaktivitäten lösen sich die 'Verkrustungen' auf."

Nachdem das Projekt auch bei den Bruchhausener Kindern und deren Eltern- ihnen wurde es bei einem Elternabend vorgestellt- auf breite Zustimmung stieß, konnte der Startschuß zu Beginn des Schuljahres 91/92 fallen: die deutsche Kollegin, der französische Kollege und der Verfasser dieses Berichts in seiner Eigenschaft als Pädagogischer Referent der Landesbildstelle Baden legten inhaltliche Einzelheiten und den Zeitrahmen der einzelnen Schritte in einem gemeinsamen Gespräch fest.

Oberste Prämissen waren, daß sich erstens, gerade in einer vierten Klasse, die jeweiligen Inhalte unbedingt in den Lehrplan integrieren lassen müssen - zu wenig Zeit bleibt in diesem Abschlußjahrgang für ausschweifende weitere Aktivitäten -, und zweitens dieses Vorhaben von allen Kolleginnen und Kollegen durchführbar sein muß, auch für jene, die technisch vielleicht nicht so versiert sind und deshalb bisher auf den Einsatz von Fotoapparat und Videokamera als belebende Elemente im Unterricht verzichteten.

Die Kernpunkte der Übereinkunft bildeten die oben erwähnten Bildtafeln und "Videobriefe" zu folgenden thematischen Schwerpunkten:

A Unsere Klasse / Notre classe
B Die Geschwister-Scholl-Schule / L'ecole primeur d'Ohlungen
C Unser Wohnort Bruchhausen / Notre village Ohlungen
D Die Große Kreisstadt Ettlingen - Europa in Ettlingen

Die Produktion und Gestaltung der Bildtafeln und Videobriefe sei exemplarisch beim ersten Thema "Unsere Klasse" erläutert.

Die Bruchhausener Kinder erhielten den Auftrag, sich für ihre Klasse typische Motive zu überlegen. Diese stellten sie anschließend nach und fotografierten sie. Die Fotos befestigten sie auf Tonpapier und klebten neben jedes Bild zwei Adressenaufkleber. Auf dem ersten beschrieben sie sehr kurz die abgebildete Situation, der zweite blieb leer. Danach schickten sie das Plakat an ihre französischen Kameraden, die den Bildtext über-setzten und die Übersetzungen auf die leeren Aufkleber schrieben.

"Aber wir wollen den Franzosen doch viel mehr von uns zeigen als die paar Bilder", beklagten enttäuscht einige Bruchhausener Kinder. Somit ließ sich leicht der Schritt hin zum Videobrief gehen. Die Bildtafeln fanden auf diese Weise eine Ergänzung mit bewegten Bildern.

Die denkbar einfache Vorgehensweise ermöglicht es auch Grundschülern, diese selbständig und vor allem selbsttätig zu verfassen: Nach einer kurzen und von den Kindern schnell nachvollziehbaren Einweisung in die Technik der S-VHS-Kameras dokumentierten sie mittels der auf dem Stativ befestigten Kamera verschiedene Aktivitäten der Klasse im Unterricht.

"Unsere Klasse", der erste selbst produzierte etwa 20 Minuten lange Videobrief, beinhaltete folgende Kapitel:

a) Wir stellen uns einzeln vor
b) Das "Ich-auch-Spiel"
c) Ein französisches Lied
d) Le petit déjeuner (Szenen von Frühstücksituationen aus dem Französischunterricht).

Im Gegensatz zum geschriebenen fremdsprachlichen Brief, mit dem die Schüler nach nur einem Jahr Französischunterricht überfordert gewesen wären, hatten sie mit Videobriefen überhaupt keine Schwierigkeiten und obendrein noch sehr viel Spaß. Sie schickten ihre Bildtafeln und Videobriefe an die Partnerklasse, und diese machte es umgekehrt.

So entstand nach und nach ein ständig wachsendes bebildertes Wörterbuch, das als Ausstellung seinen festen Platz in den Klassenzimmern fand.

Für ihren Videobrief benutzten die Franzosen dieselbe Kassette. Sie filmten ihre Beiträge einfach im Anschluß an die deutschen Aufzeichnungen, eine Art Kettenbrief entstand.

Das Videoband wanderte dreimal hin und her und insgesamt je 10 Plakate mit bilingualer Beschriftung schmückten die Klassenräume und wurden "häufig von den Einzelnen während der Pausen immer wieder betrachtet", so Renate Hin-Flick.

Mitte Mai '92 trafen sich nun die drei Projektpartner, um die abschließende dreitägige Begegnungsfahrt im Detail vorzubereiten. Schon weit im Vorfeld einigte man sich auf den Besuch der Bruchhausener in Ohlungen Ende Juni.

Auch bei diesem Planungstreffen stand die Frage im Mittelpunkt: "Wie lassen sich die ersten "Berührungsängste" bei den Kindern möglichst schnell abbauen?" Frühere von der Landesbildstelle Baden begleitete Projekte belegen, daß sich hierfür ein Fotosuchspiel glänzend eignet.

Dieser Vorschlag wurde aufgegriffen und wie folgt umgesetzt: 18 Motive von Ohlungen und Umgebung wurden fotografiert und von den einzelnen Bildern anschließend willkürlich wesentliche Elemente weggeschnitten. Anhand des übriggebliebenen Schnipsels mußten nun die Orte gefunden und von den Schülern vom annähernd gleichen Standpunkt aus fotografiert werden. Die über Nacht entwickelten Fotos belegten bei der Auswertung am nächsten Tag, ob der Standpunkt tatsächlich mit der Vorgabe übereinstimmte. Zur Verfügung standen acht baugleiche

Schülergruppe bei der Produktion eines Videobriefes
Foto: alle Fotos von P. Jaklin

"Auszug" zur Ralley in Ohlungen

Fotokameras der Landesbildstelle Baden. Das bedeutete gleichzeitig acht Gruppen zu je sechs Kindern, je drei deutsche und französische, wobei das Los über die Zusammensetzung entschied.

Als vorteilhaft erwiesen sich vor allem

- die kleine Gruppengröße, wodurch die Kommunikation erleichtert wurde,
- und die Tatsache, daß die Bruchhausener die Apparate genau kannten, konnten sie so ihren französischen Kameraden stolz ihr Wissen vermitteln. Die Ohlunger hingegen führten sie genauso stolz zu den identifizierten Plätzen des Fotosuchspiels, eine ganz private Sight-Seeing-Tour, angereichert mit dem Erzählen vieler Geschichten, war die Folge.

Vorbereitet durch die Bildtafeln und die immer wieder betrachteten Videoaufnahmen der Elsässer, stürzten sich die Bruchhausener Mädchen und Jungen also ins dreitägige "Abenteuer Frankreich". Schon der bei der Ankunft von Christoph gemurmelte Satz: "Das muß der Patrick sein!" deutete an, wie genau sie sich die stehenden und bewegten Bilder vorab zu Gemüte geführt und sich zumindest visuell das eine oder andere Gesicht eingeprägt hatten. Das erste Eis war schnell gebrochen, das Fotosuchspiel trug ein übriges dazu bei und als am ersten Abend in der salle polyvalente, der Mehrzweckhalle Ohlungens, dort verbrachten alle gemeinsam die Nächte, Lieder gesungen wurden, hatten sich längst intensive deutsch-französische Kontakte gebildet.

André Wittmann faßte den medialen Aspekt des Austausches so zusammen: "Schreibe in deinem Rapport, daß sich meine Schüler durch die Foto- und Videovorbereitung ganz besonders auf das Treffen freuten. Das Fotosuchspiel führte die Kinder zusammen, es ist besser als die übliche Schnitzeljagd, bei der die Kinder Fragen beantworten müssen, die Sprache aber nicht beherrschen. Die Reduzierung auf Bilder und wenig Sprache ist ein sehr guter Weg, zumal das wichtigste ja der persönliche Austausch ist." Renate Hin-Flick ergänzte: "Die Kinder freuten sich, wenn sie im Unterricht mit Fotoapparat und Videokamera arbeiten konnten, einige haben da schon eine beachtliche Fertigkeit. Die Zusammenstellung der Videobriefe war besonders reizvoll. Daß sie die selbstgemachten Bilder dann auch noch im Heimat- und Sachunterricht verwenden konnten, stellte einen weiteren positiven Aspekt dar."

Fotosuchspiel

3. Der fächerverbindende Unterricht

Obgleich das Thema "Europa" im Bildungsplan der Grundschule nicht explizit ausgewiesen wird, finden sich dort zahlreiche Möglichkeiten dieses als Unterrichtsschwerpunkt aufzugreifen, kann die Schule im Zeitalter sich öffnender Grenzen und des Zusammenschlusses ohnehin nicht umhin, schon früh fächerverbindend entsprechende Ziele zu verfolgen. Der allgemeine Erziehungs- und Bildungsauftrag des Heimat- und Sachunterrichts der Grundschule legt beispielsweise fest: "Dem Schüler muß es möglich sein, die Lebenswirklichkeit vertiefend zu erleben, sie klärend zu erfassen, sie von seinem Verständnis her zu deuten und in ihr mitgestaltend zu handeln. Das wird leistbar, wenn im Heimat- und Sachunterricht Situationen geschaffen und Arbeitsformen angewandt werden, die geeignet sind, über die Vermittlung grundlegender gesicherter Kenntnisse, Fähigkeiten und Fertigkeiten hinaus

- die Erlebnisfähigkeit zu fördern,
- Erlebnisse durch vielfältige Darstellungen und Strukturierungen aufzuarbeiten,
- Hintergründe und Zusammenhänge der jeweiligen Lebensbezüge zu erfassen, zu durchschauen und nachvollziehbar zu machen,

- Lebensformen des Schülers und seiner Mitwelt zu deuten und zu werten,
- die Urteilsfähigkeit zu erweitern,
- Einstellungen und Haltungen anzubahnen und zu verwirklichen, die für die eigene Selbstfindung und für das Zusammenleben mit anderen wichtig sind,
- Wissen und praktisches Tun miteinander zu vermitteln und damit die Selbständigkeit zu fördern,
- zu selbsttätigem Lernen hinzuführen,
- bewußtes Mitgestalten und verantwortliches Handeln in der Schule zu erproben und auf den eigenen Lebensbereich zu übertragen." (Lehrplan Grundschule Heimat- und Sachunterricht, 134).

Technisches Wissen der Kinder läßt sich darüber hinaus sehr motivierend in allen Fächern einbauen und ebenfalls fächerverbindend nutzen. Einer handlungsorientierten Medienerziehung ist so ohnehin Tür und Tor geöffnet. Das Leitfach in diesem Projekt war zunächst Französisch, stand doch das Ziel, die Begegnung mit der elsässischen Partnerklasse, schon früh fest. Später jedoch gingen wesentliche Elemente wie Fotos und Videoaufzeichnungen aus dem Heimat- und Sachunterricht hervor. Aber auch Deutsch und Bildende Kunst galt es zu integrieren, mußten doch Texte formuliert und Bildtafeln gestaltet werden. Da die Arbeit sich fast über ein ganzes Schuljahr erstreckte, wurden die zu bearbeitenden Themen frühzeitig mit den Fachkollegen abgestimmt, damit sie diese in ihren Stoffverteilungsplan einfügen konnten. Zur Aufarbeitung der oben erwähnten vier Kapitel wurden diese in die nachstehenden Unterrichtsfächer integriert:

A: Unsere Klasse: Französisch, Deutsch, Bildende Kunst
B: Die Geschwister-Scholl-Schule: Französisch, Deutsch, Heimat- und Sachunterricht, Bildende Kunst
C: Unser Wohnort: Heimat- und Sachunterricht, Deutsch, Französisch, Bildende Kunst
D: Ettlingen/Europa in Ettlingen: Heimat- und Sachunterricht, Deutsch, Französisch, Bildende Kunst.

(Die Fächer wurden nach der für das jeweilige Kapitel aufgewendeten Stundenzahl geordnet aufgeführt.)

Aufgrund der schnellen Gewöhnung an die technischen Geräte, erledigten die Kinder die reinen Foto- und Videoaufzeichnungen zu A und B gruppenweise in 2 Stunden, die Aufarbeitung floß dann in den Unterricht der Fächer ein. Für C und D standen ohnehin Lerngänge auf dem Plan, deshalb bedeutete die Einbeziehung von Foto- und Videokamera nur einen unwesentlichen Mehraufwand, bezogen auf den letztendlichen Effekt, nämlich der Erstellung von selbstproduzierten visuellen Unterrichtsmaterialien. So konnten z. B. die Fotos aus Ettlingen die Arbeit zum Thema "Die mittelalterliche Stadt" ergänzen, wobei, natürlich immer die Ökonomie des Aufwandes im Blick behaltend, die Kinder durch ein Fotosuchspiel (ähnlich dem oben beschriebenen) zu den gewünschten Bauwerken und Plätzen geleitet wurden.

4. Der Lehrplanbezug

An zahlreichen Stellen des Bildungsplanes der Grundschule steht die Forderung nach der Einbeziehung der von Kindern in den Unterricht eingebrachten Beiträge und dem Aufgreifen der vom Kind ausgehenden Lernaktivitäten. Die Vorzüge dieses Projektes, auch unter diesem Aspekt, liegen auf der Hand.

Stellvertretend für in den einzelnen Lehrplänen des 4. Schuljahres geforderten Inhalte seien nur die wichtigsten hier erwähnt:

Deutsch

- Grundlegende Übungen zur Förderung des mündlichen Sprachgebrauchs
- Situationsangemessenes, partnerbezogenes Sprechen
- Erarbeitung von Texten zu Bildern und Bildfolgen
- Zweckgerichtete Texte
- Umsetzung von Texten in szenisches Spiel.

Heimat- und Sachunterricht

Der gesamte Arbeitsbereich 3: Orientieren im Raum und Zeit, wobei auch durchaus im gleichen Arbeitsbereich des 3. Schuljahres Ansatzpunkte zu finden sind.

Bildende Kunst

Räume nach kindlichen Interessen neu einteilen oder für besondere Anlässe schmücken.

Französisch

Für dieses Unterrichtsfach liegt kein Lehrplan vor (s.o.). Allerdings greift das in vielen Grundschulen eingeführte Buch "Viens voir" mit Themenbereichen wie z.B. "Je m'appell ... et toi?/Ich stelle mich vor; L'école de nos ami/In der Schule unserer französischen Partnerklasse" exakt solche auf, die auch Grundlage der Bildtafeln und Videobriefe dieses Projektes bildeten.

5. Die Ausweitung

Daß dieses Projekt nicht auf die Grundschule beschränkt bleibt, versteht sich von selbst. Derzeit führt die Landesbildstelle Baden in Zusammenarbeit mit dem Europabeauftragten des Minsteriums für Kultus und Sport, Gustav Heinzelmann, ein, in seinen Grundzügen gleiches Projekt mit seiner Klasse, einer 11. des beruflichen Gymnasiums Offenburg, durch. Natürlich stehen dann auch andere von den Schülern ausgewählte Themen, z.B. Freizeitgestaltung, im Vordergrund. Ebenso wird das Ziel Schaffung europäischer Freundschaften weitergefaßt, wird doch eine Kooperation der Offenburger, einer französischen und einer Prager Schule mit abschließender Studien- und Begegnungsfahrt angestrebt. Auch hier soll das Bild helfen, Sprachbarrieren zu überspringen.

Eine erste Bilderserie, in der die Offenburger Jugendlichen ihre Schule vorstellen, wurde bereits zum Ende des Schuljahres 1991/92 produziert. Erste persönliche Kontakte der deutschen und tschechischen Schule fanden bereits statt. Im Oktober bzw. November dieses Jahres treffen sich Vertreter der drei Schulen, um weitere gemeinsame Schritte konkret zu planen.

6. Die Lehrerfortbildung

Da sich dieses Projekt der praktischen Erarbeitung von Unterrichtsgegenständen mit audiovisuellen Medien als Ganzes oder in Teilen sehr effektiv in den alltäglichen Unterricht und für die Kinder in hohem Maße motivierend einbauen läßt, wird es die Landesbildstelle Baden in ihr Lehrerfortbildungsangebot aufnehmen und eine diesbezügliche Ausschreibung über das Ministerium für Kultus und Sport, die Oberschulämter, die Staatlichen Schulämter oder die Lehrerfortbildungsakademien anstreben.

Volker Huwendiek

Bericht über das Projekt "Europa" am Staatlichen Seminar für Schulpädagogik (Gymnasien) Heidelberg

Wie kann das vielschichtige Problemfeld Europa in der zweiten Phase der Lehrerbildung thematisiert werden? Vom 9. bis 13. März 1992 hat am gymnasialen Seminar in Heidelberg eine Projektwoche stattgefunden, die auf diese Frage eine praktische Antwort zu geben versucht hat. Verlauf und Ergebnisse dieser Projektwoche wurden beim Heidelberger Pädagogischen Kongreß im Rahmen einer größeren Arbeitsgruppe präsentiert und diskutiert. In dieser Veranstaltung haben die Studienreferendarinnen Sabine Graf, Ute von Kahlden und Maria Schmidt sowie Studienreferendar Jörn Borges Kurzreferate über Untergruppen gehalten und in der Aussprache mitgewirkt.

Da sich ein zweites Projekt am Seminar mit - dem auch für Europa wichtigen Problem - der Umwelterziehung beschäftigt hatte, wurden auch deren Erfahrungen in der Arbeitsgruppe des Kongresses einbezogen. Zusammen mit dem Kollegen Datow haben die Studienreferendare Rainer Drös und Michael Putzke das Umwelt-Projekt in der Arbeitsgruppe vorgestellt.

Im folgenden möchte ich in einem ersten Teil die Entwicklung des allgemeinen Projektwochen-Konzepts vorstellen, das zugleich auch für den nachfolgenden Beitrag zur Umwelterziehung gilt. Danach referiere ich speziell den Verlauf und die Ergebnisse des Europa-Projekts, um schließlich im Rückblick eine kritische Bilanz zu versuchen, die auch die Diskussion im Rahmen der Kongreßveranstaltung berücksichtigt.

Allgemeine Überlegungen zum Konzept der Projektwoche

Die zweijährige Seminar-Ausbildung im gymnasialen Vorbereitungsdienst umfaßt neben den Veranstaltungen in Schul-, Jugend- und Beamtenrecht die Kurse in den Fachdidaktiken (je 120 Stunden), die erziehungswissenschaftlichen Grundkurse und videogestützte Trainingskurse (evtl. auch nur in den Grundkurs integrierte Elemente; insgesamt 150 Stunden) sowie fächerverbindende Veranstaltungen (einzelne Kombi-Sitzungen sowie zwei bis drei sogenannte Kompaktseminare). In diesen Kompaktseminaren arbeiten die Referendare und Referendarinnen mindestens eine Woche lang ausschließlich am Seminar, wobei fächerübergreifend erziehungswissenschaftliche und fachdidaktische Veranstaltungen eng miteinander verknüpft werden sollen. Die beiden obligatorischen Kompaktwochen liegen am Beginn der Ausbildung (Hinführung zur Hospitationsphase) und am Ende des ersten Ausbildungsjahres (Vorbereitung auf selbständigen Unterricht und erzieherische Aufgaben im zweiten Jahr) bzw. neuerdings nach den Weihnachtsferien (Vorbereitung auf die pädagogische Arbeit und Lehrer-Training).

Besonderen Charakter hat das dritte Kompaktseminar in Heidelberg (vor oder nach den Osterferien bzw. ab 1993 vor den Sommerferien): Ausgehend von Überlegungen zur Theorie-Praxis-Verschränkung im Vorbereitungsdienst und der Erfahrung, daß Lehrersein immer schwieriger und anspruchsvoller und "praktisches Lernen"[1)] immer wichtiger geworden ist, hat die Seminarkonferenz beschlossen, diese dritte Kompaktwoche als Projektwoche zu gestalten. An manchen Seminaren (z.B. Rottweil, Heilbronn) gibt es dazu schon ein breites Erfahrungsfeld[2)] Ohne auf die gängigen Definitionen zur Projektmethode im einzelnen explizit eingehen zu können (z.B. Frey, Gudjons), sei im folgenden das Seminar-Konzept, wie es sich inzwischen herausgebildet hat, anhand einiger Leitbegriffe und stützenden Argumente idealtypisch und grob skizziert:

1. Einbindung in die Seminar-Ausbildung und Ausgang von aktuellen Problemen

   In der Seminarkonferenz werden die Grundsatzfragen erörtert und entschieden. Die Vorbereitung auf die Projektmethode und das fächerverbindende Arbeiten findet in den erziehungswissenschaftlichen Grundkursen statt. In diesen und den fachdidaktischen Kursen können auch geeignete aktuelle und exemplarische Problemfelder gesucht und beraten werden. Über die Themenvorschläge und Untergruppen wird von allen Beteiligten abgestimmt.

---

1) Huwendiek, V. (Hrsg.). (1990). Praktisches Lernen im Seminar. BAK-Mitt. 4, 4- 97.

2) Frommer, H. & Körsgen, S. (Hrsg.). (1989). Über das Fach hinaus. Düsseldorf.

2. Fächerverbindender und kooperativer Ansatz

   Bei aller Hochschätzung der fachlichen und fachdidaktischen sowie der Leitungskompetenz wird die Fähigkeit zur Zusammenarbeit über die Fächergrenzen und die Rollenunterschiede hinweg für den Lehrberuf immer wichtiger. Die schier uferlose Informationsflut und verwirrende Komplexität der Probleme verlangen dem Einzelnen hohe Orientierungsleistungen ab, zu denen er nicht zuletzt durch exemplarische Einübung in vernetztes Denken und Teamarbeit (auch Team-Teaching) befähigt werden sollte. So unternimmt die Projektwoche den Versuch, die Arbeit stärker interdisziplinär und teilnehmerorientiert zu planen und durchzuführen. Dabei fungiert ein Fachleiter als Koordinator (und Motor - sofern nötig).

3. Handlungsorientierung und ganzheitlicheres Lernen

   Angesichts der mediatisierten Erfahrungswelt der Schüler und dem teilweise begreiflichen Überdruß an isolierter Rationalität verdienen Konzepte des "handlungsorientierten" und "praktischen" sowie stärker 'rechts-hemisphärischen' Lernens besondere Aufmerksamkeit, auch wenn an ihrer bildungsphilosophischen Fundierung noch weiter zu arbeiten ist. Der verstärkte Erfahrungsbezug bei gemeinsamen Erkundungen und "Expeditionen" und die Produktorientierung der Zusammenarbeit (z.B. Erstellen von Schautafeln, filmische Dokumentation, Unterrichtsentwürfe) geben dieser Woche eine besondere Intensität. Andere Arbeitsstätten als das Seminar - bei einzelnen Exkursionen oder auch die ganze Woche über - vermitteln authentische Erlebnisse und Einsichten vor Ort.

4. Modell-Erfahrungen und Unterrichtsrelevanz

   In der Projektwoche erforschen die Teilnehmer gemeinsam ein aktuelles Problemfeld - auch für sich selbst als Erwachsene und Lehrer, aber vor allem zur Förderung ihrer unterrichtspraktischen Arbeit: und zwar sowohl im Produkt- wie im Prozeßsinn. Die Seminararbeit reflektiert ja nicht nur Schule und Unterricht, sondern ist funktional immer auch 'Simulations-Schule' mit Verweis-Charakter. Insofern sollte der Modellier-Effekt von Seminar-Erfahrungen nicht unterschätzt werden. Die Erfahrungen in der Projektwoche am Seminar können motivational bessere Voraussetzungen schaffen für entsprechende Unterrichtsformen in der Schule und konkrete Hilfen für die Umsetzung erarbeiten.

5. Förderung des Seminarlebens und Beitrag zur Lehrer-Bildung
Die Projektwoche kann das Seminarleben befruchten, es vielseitiger und attraktiver machen durch offenere Arbeitsformen und den betonten Brückenschlag nach draußen. Sie schafft durch die neue Personenkonstellation, das gemeinsame und verantwortliche Tätigsein von Kleingruppen in der (Seminar-) 'Werkstatt' und die flexiblere Arbeits- und Pausenorganisation neue Möglichkeiten der Begegnung und vertieften Kennenlernens. Im Sinne der Themenzentrierten Interaktion können neben den "Es"-, die "Wir"- und "Ich"- Erfahrungen eine größere Bedeutung erlangen. Insofern kann die Projektwoche ein Beitrag zu einer Lehrer-"Bildung" sein, die nicht nur formale Qualifikationen vermitteln, sondern "die Menschen stärken, die Sachen klären" will (H. von Hentig).[3)]

Überblick zum Verlauf des Europa-Projekts am Seminar

An diesem Projekt haben insgesamt 52 Teilnehmer/innen mitgewirkt, davon 43 Referendarinnen und Referendare des Kurses 91, eine Fachleiterin und acht Fachleiter (einschließlich mir als Koordinator). Die anfängliche Problempalette, im Plenum als unverbindliches Meinungsbild erstellt, ergab ein sehr buntes Bild:
- Kultur und Folklore in Europa (14)
- Ausländer in Europa / Nationalismus in Europa (8)
- Europa und der Osten (7)
- Möglichkeit und Grenzen Europas im wirtschaftlichen und politischen Bereich / Sind die USA ein Vorbild für Europa? (7)
- Sprache in Europa / Deutsch in Europa (6)
- Studienfahrten (6)
- Europäische Forschungseinrichtungen CERN (5)
- Lehrerbildung / Schulwesen in Europa (4)
- Verkehrsplanung in Europa (3)
- Medien in Europa (2)
- Heimat (1)
- Umwelt / ökologische Projekte in Europa (1)

3) s.auch Themenheft "Lehrerbildung" der Zs. Pädagogik, H. 9/1992 (z.B. Beitrag von Scheilke, Th. und Frommer H.)

Erst nach einigen weiteren Planungsgesprächen (auch über die Koordinatoren der Untergruppen) und einer Abstimmung über die verbleibenden Themen lag die thematische Strukturierung fest. Es bildeten sich drei Gruppen, die ihr Programm - nach der gemeinsamen Eröffnungsveranstaltung zur politischen Dimension - selbständig konzipierten und sich ihre Ergebnisse in der integrierenden Abschlußveranstaltung (Präsentation, Dokumentation, Manöverkritik) gegenseitig vorstellten. Die größte der drei Gruppen "Europa in der Schule" gestaltete einen Teil der Woche nach einem gemeinsamen Plan, differenzierte sich zeitweise aber auch in drei weitere arbeitsteilige Untergruppen. Die Themen im einzelnen lauteten:

- Energiewirtschaft in Europa (6)
- Wirtschaftsethik in Europa (14)
- Europa in der Schule

Europa als Lernfall und Erziehungsauftrag (32) mit drei Untergruppen:

1. Ausländische/ europäische Schüler/innen in unseren Schulen
2. Das Europabild der Engländer
3. Das Deutschland- und Europabild der Franzosen und das Frankreich- und Europabild der Deutschen in der französischen Presse.

Die Größe der Projekt-Gruppe verhinderte ausführlichere Gespräche über konkrete Zielvorstellungen im Plenum - jenseits der allgemeineren Projekt-Kriterien. Sich zu sensibilisieren für das aktuelle Problem Europa, gemeinsame Europa-Erfahrungen zu sammeln, Hintergründe der speziellen Problematik zu recherchieren und praxisnahe Anregungen für die Aufarbeitung im Unterricht zu erhalten - in diese Richtung gingen die Erwartungen der Teilnehmer. Die konkreteren Zielvorstellungen und gemeinsamen Arbeitsvorhaben wurden in den Untergruppen verabredet, die sich schon Wochen vor der eigentlichen Projektwoche konstituierten.

Zuvor noch einige Anmerkungen zum Eröffnungsplenum: Der Politik-Fachleiter hielt einen Vortrag über "Politische Implikationen der europäischen Einigung" und skizzierte kontroverse Positionen (z.B.: supranationales Europa oder Europa der Vaterländer?) Herausforderungen und Perspektiven des europäischen Einigungsprozesses - besonders hinsichtlich der bevorstehenden Wirtschafts- und Währungsunion. In der Diskussion ging es vor allem um die Diskrepanz zwischen der ökonomischen, der sozialen und der ethischen Dimension in Europa, die Bedeutung der Regionen für die kulturelle Identität sowie die Chancen und Risiken für die Lehrer angesichts der neuen Mobilität in Europa. Die Arbeitsvorhaben der einzelnen

Gruppen wurden vorgestellt und letzte organisatorische Absprachen getroffen.

Europa in der Schule: Von dieser größten Untergruppe wurde ausgehend von einer Problemskizze ein Arbeitsplan (s. Anhang) entworfen, in dem es neben arbeitsgleichen Phasen im Plenum (zu 'Pädagogik' und 'Kultur') sowie der Exkursion zur Europäischen Schule Karlsruhe bzw. Luxemburg drei arbeitsteilige Phasen zu den verabredeten Unterthemen gab. Das erste Plenum erörterte ausgehend von einer Podiumsdiskussion mit fünf jungen Europäern aus Frankreich, Großbritannien, Italien, Rumänien und Spanien, zum Teil Assistenzlehrern, die pädagogische Arbeit in und für Europa: die Vielfalt europäischer Schul-Erfahrungen wurde lebendig erfahrbar (s. Fragenkatalog im Anhang). Der Besuch der europäischen Schulen hinterließ insofern einen zwiespältigen Eindruck, als innovative pädagogische Ansätze eher zurückzutreten schienen gegenüber der pragmatischen Orientierung an den Bedürfnissen der spezifischen Klientel der Europa-Beamten. Spontan entwarf eine Kleingruppe vor der Abschlußsitzung ein Poster mit dem Idealbild einer Europa-Schule, wobei der Heimatlosigkeit der 'Euro-Kids' die Forderung "europäische Gesinnung mit nationalen Wurzeln" entgegengesetzt wurde. Im zweiten Plenum ging es unter Anleitung eines Musik-Referendars um die "englische Popmusik und Europa", und eine Referendarin studierte griechische Volkstänze mit der Gruppe ein.

In der *'britischen' und 'französischen' Untergruppe* wurden vor allem (Presse-) Texte zumeist arbeitsteilig aufgearbeitet und die Ursachen und mentalen Hintergründe erforscht. Die Ergebnisse wurden auf Schautafeln dokumentiert. Die Arbeit der größten Untergruppe zum Problemkreis *"Europäische Schüler in unseren Schulen"* möchte ich exemplarisch etwas ausführlicher darstellen. In dieser Gruppe, moderiert von einem Psychologie-Fachleiter, wollten die Teilnehmer die schulischen Erfahrungen der ausländischen Mitschüler/innen durch Interviews praktisch erkunden - mit dem Ziel, mehr Verständnis für ihre schwierige Situation zu wecken und Möglichkeiten für ein verbessertes Miteinander zu reflektieren. Jeder Teilnehmer brachte in die Gesprächsrunde eigene Befragungen, authentische Fallberichte und Recherchen aus seiner Praxis mit ein. Bei der kollegialen Beratung der verschiedenen Fälle nahm die aktuelle Problematik der 'Xenophobie', der Fremdenangst oder Ausländerfeindlichkeit, mit ihren Entstehungsursachen und möglichen Gegenmaßnahmen einen großen

Raum ein. Als Produkt für die Integrationsphase wurde ein konkreter Fall zum gemeinsamen Rollenspiel umgearbeitet. Ausgewählt wurde der Fall eines türkischen Mädchens in einer 10. Klasse, das nach anfänglicher Ablehnung aufgrund gemeinsamer außerschulischer Erfahrungen allmählich besser in die Gruppe integriert wird.

Die Projektgruppe *"Energiewirtschaft in Europa"* beschäftigte sich vor allem mit den unerschöpflichen Energiequellen, besonders mit den Möglichkeiten und Grenzen der Solarenergie, und mit grundlegenden energiewirtschaftlichen und -politischen Fragen im europäischen Kontext. Nach einer intensiven und kooperativen Phase der Informationsbeschaffung wurden Exkursionen der Solar-Anlage der RWE in Kobern-Gondorf/ Mosel, zum Solarhaus "Hummelhof" der Technischen Hochschule Darmstadt und zum Europa-Parlament in Straßburg verabredet. Die Arbeit über die Fächergrenzen hinweg, unter Einbeziehung der naturwissenschaftlichen Grundlagen - die Idee zu dieser Gruppe war in der Fachdidaktik Physik aufgekommen -, führte zu einer offenbar sehr fundierten und weitgespannten Sicht der Problematik. Politische Informationen aus erster Hand erbrachte das Gespräch mit einem Mitglied des Ausschusses für Energie, Forschung und Technologie des Europäischen Parlaments, mit Frau Quisthoud-Rowohl von der EVP. Sie erläuterte den Teilnehmern die Probleme der Energieversorgung in Europa, die anspruchsvollen Forschungsprogramme der EG (z.B. *Thermie*), die "Energiecharta" und vor allem die Studie "Energie und Umwelt" des parlamentarischen Ausschusses, wobei die globale Perspektive durch Einbeziehung der Entwicklungsländer sehr nachdrücklich in den Blick kam. Von der Gruppe wurden übersichtliche Schautafeln zur Dokumentation und Information erstellt.

Die Arbeit der Projektgruppe *"Wirtschaftsethik in Europa"* sei im wesentlichen mit den Worten eines Teilnehmers, Herrn Borges, zusammengefaßt:

"Durch die bevorstehende Öffnung zum europäischen Binnenmarkt wird der Unterrichtsgegenstand Wirtschaftsethik relevant. Dieses vielschichtige Thema ist nur schwer im Rahmen eines Unterrichtsfaches zu bearbeiten. Es bietet sich daher an, das Thema fächerübergreifend zu bearbeiten. Hierzu erarbeitete unsere Gruppe Unterrichtsbausteine auf der Grundlage des bestehenden Lehrplanes. Hierdurch sollte die Realisierung sowohl im konventionellen Unterrichtsbetrieb, aber auch bei einer Projektwoche möglich sein. An die Stelle der Einarbeitung in fachfremde Themen sollte eine Arbeitsteilung treten. Hierbei gab es zwei Probleme:

- *Im normalen Unterrichtsbetrieb fehlt den Lehrkräften oft die Zeit zu solchen Absprachen.*
- *Es besteht die Gefahr, daß sich Fächer als "Wasserträger" fühlen könnten. Bei der Planung muß daher die Autonomie der Fächer gewahrt bleiben.*

Unser Unterrichtsmodell versuchte dem zweiten Problem entgegenzuarbeiten, indem die einzelnen Unterrichtsbausteine nicht aufeinander aufbauen, sondern einander ergänzen, auch wenn es sinnvoll erschien, das Thema "Wirtschaftsethik" erst nach den Bausteinen "wirtschaftliche Grundbegriffe" zu bearbeiten. Nach dem Vortrag eines Wirtschaftsethikers erwies es sich zudem als sinnvoll, das Thema Wirtschaftsethik und europäischer Binnenmarkt anhand eines konkreten Wirtschaftsbetriebes durchzuspielen, da so eine höhere Anschaulichkeit garantiert ist."

Beteiligt an dem Projekt waren die Fächer Evang. Religion, Deutsch, Geschichte und Gemeinschaftskunde, Moderator war der Fachleiter der Evangelischen Theologie. Der Besuch bei einer Firma in Walldorf diente der Vertiefung der betriebswirtschaftlichen Sicht. Die Unterrichtsbausteine bezogen historische Aspekte wie die "Industrielle Revolution" und die "Entwicklung der Marktwirtschaft" ein, aber auch pointierte aktuelle Gestaltungen: "Was mach ich mit meiner Zeit. Zur Bedeutung der Arbeit im Theaterstück 'Mercedes' (1981) von Thomas Brasch". Der Baustein 5 zum "europäischen Binnenmarkt" ist als Anlage beigefügt.

Das *Europa-Plenum zum Abschluß* war thematisch entsprechend von einer sehr großen Spannweite gekennzeichnet. Die einzelnen Gruppen und Untergruppen stellten in Kurzvorträgen (mit Transparenten und Schautafeln) die Ergebnisse der Woche dar und gaben Gelegenheit zu Rückfragen und weiterführenden Hinweisen. Die Mitarbeiterin des LEU in Stuttgart und stellvertretende Vorsitzende der Europa-Union in Baden-Württemberg, Frau Schmitz-Rixen, konnte einige wichtige aktuelle Informationen zu den Themen ergänzend einbringen. Der Höhepunkt dieser zusammenführenden Veranstaltung zum Abschluß der Projektwoche war in meinen Augen der Rollenspiel-Auftritt mit dem Stück "Fatima in der 10. Klasse". Die Teilnehmer hatten sich ein erlebnisintensives Arrangement ausgedacht: Sie inszenierten ihr Spiel ohne Vorankündigung inmitten des 'Publikums' und machten so die Kolleginnen und Kollegen unvermittelt zu Mitspielern und den Hörsaal zum Klassenzimmer der Fatima. Die unterschiedlichen Möglichkeiten, auf Fremdheit zu reagieren, wurden im Blick auf die Mitschüler/innen und Lehrkräfte sehr eindrücklich vor Augen gestellt. Zwischen den Szenen las man an der Wand einen meditativen Text "Brücken verbinden...", und ein Musik-Referendar spielte dazu improvisierte Intermezzi am Klavier. Zum Abschluß des Plenums wurden nur noch die Rückmeldebögen verteilt, da die Zeit knapp geworden war.

Kritische Bilanz

Die Resonanz auf das Projekt war insgesamt sehr positiv, wie die Rückmeldebögen belegen. Mit nur einer - sehr dezidierten - Ausnahme ("sinnlos") wollten alle Referendarinnen und Referendare die gemeinsamen Erfahrungen in dieser Projektwoche nicht missen. Besonders gelobt wurde die "eigenverantwortliche Arbeit, Spaß an der Sache, 'Anschaulichkeit', Lernen am Gegenstand - nicht nur aus Büchern", die Primärerfahrungen außerhalb des Seminars, das "Kennenlernen anderer Referendare und der Problematik anderer Fachgebiete - Horizonterweiterung. Gute Anregungen für fächerübergreifendes Unterrichten. Besseres Kennenlernen der Fachleiter, auch außerhalb des Seminars". Selbst wenn im Blick auf den inhaltlichen Ertrag und die Vorgehensweise einige Abstriche gemacht werden, so werden die menschlichen Begegnungen in dieser Woche und die neuen Arbeitsformen mit ihrer besonderen Atmosphäre als sehr förderlich eingeschätzt. Stärkung der Personen und Klärung der Sachen sowie die Befruchtung des Seminarlebens scheinen tendenziell gelungen. "Ein griechischer Tanz", so schrieb ein Teilnehmer (siehe Rückmeldebogen im Anhang), "wußte nicht nur die Herzen, sondern auch die Hände zu verbinden". Auch die Ergebnisse können sich offenbar sehen lassen: "Nach anfänglicher Skepsis über den Sinn und Erfolg einer solchen Projektwoche zeigten die im Plenum vorgetragenen Berichte über die Arbeit der einzelnen Gruppen überraschend gute und interessante Ergebnisse". Verschiedentlich kritisiert wurde die allzu dichte Gestaltung des Schlußplenums, das Fehlen eines Abschlußfestes, die noch zu wenig fächerverbindend ausgerichtete Arbeit von Arbeitsgruppen, eine zu bescheidene Ausbeute unmittelbar für die Unterrichtspraxis in den Fächern und der ungeschickte Zeitpunkt der Projektwoche (Päd. Arbeit). Die externe Besucherin des Schlußtages, Frau Schmitz-Rixen, war außerordentlich angetan von der Solidität und Differenziertheit der Ergebnisse und auch von der recht farbigen und 'professionellen' Präsentation.

"Eine Schwierigkeit stand natürlich von vornherein fest: *Die Komplexität des Projekts "Europa"* ist in einer Woche kaum zu fassen (s. Rückmeldebogen im Anhang)." Sicherlich kann dieser Satz auch auf andere Projekte angewandt werden, trifft aber gerade bei dem Europa-Projekt zu. Die Vielfalt der Aspekte und die relativ geringe Schnittmenge der verschiedenen Fragehorizonte (gerade in unserem Arrangement: Schule -

Wirtschaftsethik - Energie) macht das Problemfeld "Europa" weniger griffig und die Gestaltung einer Projektwoche schwierig.[4] Trotz der Größe der Gruppe wäre es wohl im Vorfeld der Projektwoche nötig gewesen, intensiver über gemeinsame inhaltliche Zielvorstellungen eine Verständigung zu suchen, um das verbindende Band und die Gemeinsamkeiten der Perspektiven stärker zu betonen. Auch während der Woche könnte der Austausch verbessert und damit auch das Schlußplenum entlastet werden. Die Arbeitsgruppe des Heidelberger Kongresses hat besonders diese konzeptionellen Fragen diskutiert und darüber hinaus grundsätzliche Möglichkeiten des fächerverbindenden Unterrichts und der Projekt-Methode schulartübergreifend bedacht.

Kompaktwoche II
Europa in der Schule

Europa als Lernfall und Erziehungsauftrag

1. Die folgende Übersicht zur Gestaltung der Kompaktwoche II vom 10. - 15. März 1992 ist ein neuerlicher Entwurf, der die Überlegungen vom letzten gemeinsamen Vorbereitungsgespräch und einige neuere Informationen berücksichtigt. Das Blatt dient der knappen Vororientierung aller Teilnehmer. Das endgültige Konzept wird zu Beginn der Kompaktwoche festgelegt.
2. Nach dem bisherigen Überlegungsstand wird es keine wechselseitige Vorstellung der beiden Projektthemen "Europa" und "Umwelterziehung" im Rahmen der Kompaktwoche selbst geben. Information und Austausch können über Wandzeitungen am Montag, dem 16. März, und/oder zu einem noch zu beschließenden späteren Termin (mit speziellen Präsentationen und Texten) erfolgen. Damit wird der Freitag entlastet, und eine Doppelung von Integrationsphasen am gleichen Tag wird vermieden.

---

4) Gerade bei einem Europa-Projekt gibt es viele päd. Zugänge: Europa. Von der Idee zur praktischen Verwirklichung. Lehren und Lernen, 8,1991.
Steets, A. (Hrsg.). (1992). Europäisches Lesebuch. München.
Weber, G. & Beck, H. (1992). Die europäische Integration (Dokumentation einer Fachleiter-Tagung). Esslingen.
Wege nach Europa. Spuren und Pläne. (1991). Friedrich-Jahresheft IX.

3. Alle Europa-Gruppen (also "Europa in der Schule" mit seinen Untergruppen, "Wirtschaftsethik" und "Energiewirtschaft") haben demgegenüber einen gemeinsamen Rahmen innerhalb der Kompaktwoche. Wir beginnen mit einer großen Plenumsveranstaltung am Montag, dem 9. März, von 8.00 - 10.00 (Politische Dimension, Vorstellung der Vorhaben, weitere organisatorische Absprachen) und beenden die Kompaktwoche mit einer europa-internen Integrations- und Präsentationsphase am Freitag, dem 13. März, von 10.30 - 13.00 Uhr.
4. Von besonderer Wichtigkeit ist die Arbeit in den Untergruppen, die zumindest zum Teil schon mit konkreten Vorarbeiten begonnen haben. Es wird insgesamt drei Untergruppen zu "Europa in der Schule" geben:
   - europäische Schüler in unseren Schulen (O.W. Müller),
   - das Europa- und Deutschland-Bild der Franzosen im Spiegel der französischen Presse (Mutschler) und
   - das Europa-Bild der Briten (Vater).

   Die Untergruppen legen ihr Arbeitspensum und ihre Zeitplanung selbständig fest. Die zeitliche Verteilung unten stellt nur ein Beispiel dar. Wie aus dieser Übersicht leicht zu ersehen ist, gibt es bei Bedarf nachmittags bzw. am Freitagmorgen andere bzw. weitere Möglichkeiten für die Arbeit der Gruppen.
5. Die beiden kleineren Plenumsveranstaltungen am Dienstag und Donnerstag zur pädagogischen (und evtl. kulturellen) Dimension erweitern die Perspektive. Dabei sollen Vortrags- und Aussprache- bzw. kreative Arbeitsphasen miteinander verknüpft werden. Am Dienstag könnte ein Podium Anstöße für das weitere Gespräch liefern (unter Einbezug der Assistenten). Die Gestaltung des kleinen Plenums am Donnerstag ist noch weitgehend offen und sollte gemeinsam erörtert werden. Es könnte z.B. das gemeinsame kulturelle Erbe Europas exemplarisch erkundet werden (Lit., Mythos, Rhetorik, Musik). Der Themenvorschlag "Die englische Popmusik und Europa" (Schmidt) könnte bei der kulturellen Dimension integriert werden. Andererseits könnte es auch lohnend sein, die Erfahrungen der Exkursion auszutauschen, zumal es wahrscheinlich mehrere Ziele geben wird.
6. Bei der geplanten Exkursion zur Europäischen Schule Karlsruhe haben sich nämlich unerwartete Schwierigkeiten insofern ergeben, als die Schulleitung inzwischen die Zahl der Besucher und Hospitanten auf 15 bis 18 begrenzt hat. Wir werden versuchen, für die übrigen Teilnehmer

alternative Exkursionsziele anzubieten. Im Gespräch sind die Europa-Schule Luxemburg und das Geschwister-Scholl-Gymnasium in Mannheim (Förder-Unterricht für Aussiedler mit abiturähnlichem Abschluß).

7. Vorläufiger Zeitplan

	MO	DI	MI	DO	FR
8.00 bis 10.00	EUROPA-PLENUM I: • pol. Dimension Vortrag, Ausspr. • Vorstellung der Vorhaben (Gr.) und Organisation	Kl. PLENUM 'PÄDAGOGIK': • Schule in E., Podium (?), Theorie • Disk. u. Arbeit in Kleingruppen	EXKURSION zur Europ. Schule KA bzw. andere Ziele	Kl. PLENUM 'KULTUR': • gem. Traditionen • engl. Pop-M. • Nachber. Exk. ?	
ca. 10.30 bis 12.30	ARBEITSGRUPPEN I–III	ARBEITSGRUPPEN I–III		ARBEITSGRUPPEN I–III	EUROPA-PLENUM II: • Präsentation, Integration • Erfahrungen, Manöverkritik
14.00 bis 16.00					

8. Literatur

Bildung und Europa 92 (1990). *Zeitschrift für Pädagogik*, 6.

Landeszentrale für politische Bildung Baden-Württemberg (1989). Europa. *Politik und Unterricht*. 2.

Bundeszentrale für politische Bildung (Hrsg.). (1991). Europa. *Zeitlupe*, 27.

Landesinstitut für Erziehung und Unterricht (Hrsg.). (o.J.). *Europa im Unterricht. Informationen - Aktionen - Begegnungen* (Materialien zu fächerübergreifenden Themen). Stuttgart.

Europa: Von der Idee zur praktischen Verwirklichung (1991). *Lehren und Lernen*, 8.

Kulturhoheit der Länder und Bildungspolitik der EG (1990). Stuttgart.

Lehrerbildung in und für Europa (1991). *Mitteilungen des BAK*, 1.

Wege nach Europa (1991). *Friedrich Jahresheft*, IX.

Einige Fragen zur Podiumsdiskussion

1. Erfahrungen mit der pädagogischen Wirklichkeit
   Wie erleben Sie die deutsche Schule, die deutschen Schüler/ -innen, die deutschen Lehrer/ -innen - im Vergleich mit Ihren Herkunftsländern?
   Wie ist die Jugend Europas, für die die Schulen da sind? Worin könnten charakteristische Gemeinsamkeiten bzw. Unterschiede bestehen?
2. Bildung für Europa
   Worin besteht für Sie die "europäische Dimension" von Bildung? Wie entsteht Europa-Bewußtsein, Europa-Kompetenz, "Eurobildung"?
   Geht es um eher zweckfreie Allgemeinbildung oder um Qualifikation zur Optimierung des Arbeitskräftepotentials?
   Welche Bedeutung kommt den Fremdsprachen zu (Art, Anzahl, Dauer)?
   Kann/ soll Latein zur "Basissprache" werden?
   Inwiefern kann das gemeinsame Erbe, die kulturelle Tradition beim Aufbau einer europäischen Identität helfen (europ. Kanon?)? Worin besteht die Einheit in der Vielfalt?
3. Erziehung zum Europäer
   Welche Bedeutung hat Erziehung und haben die verschiedenen Werte innerhalb des größerwerdenden Europas?
   Welche Werte sind zentral für die "Wertegemeinschaft" Europa?
   Wie können Einstellungen und Haltungen gegen Fremdenangst und Ausländerfeindlichkeit, gegen Feindbilder und nationale Stereotype erworben werden (Unterricht und außerunterrichtliche Veranstaltungen wie Studienfahrten, Schüleraustausch, europäische Wettbewerbe)?
   Brauchen wir nicht generell eine interkulturelle Erziehung und eine Erziehung zu planetarischer Verantwortung (gegen eurozentrische Verengungen)?
4. Organisatorische Fragen zur Schule in Europa
   Können / sollen vertikale und horizontale Schulmodelle so nebeneinander bestehen bleiben (dreigliedriges Schulsystem, Gymnasium - Gesamtschulsysteme)?
   Welche Quoten der Bildungsbeteiligung und der Hochschulzugangsberechtigung sind erwünscht?
   Wie ist das Verhältnis von Obligatorik und Wahlmöglichkeiten?
   Sollte es so bleiben?
   Wie lange soll die Schulzeit bis zum Abitur o.ä. dauern?

5. Perspektiven für die europäische Schule der Zukunft
   Welche Veränderung oder Innovation erscheint Ihnen ganz besonders wichtig und dringlich?
   Wie werden sich die Schulen in Europa entwickeln?

Europa in der Schule
Wie europäisch sind unsere Schulklassen?

Interview mit Conchita (16 J.), Spanien

Lehrerin (L): Conchita, du bist Spanierin.
Schülerin (Sch.): Ja, meine Familie stammt aus Andalusien. In den Sommerferien fahren wir jedes Jahr dorthin und besuchen die Großeltern.
L.: Hast du manchmal Heimweh?
Sch.: Nein, eigentlich nicht. Im Gegensatz zu meinen Geschwistern bin ich hier geboren und fühle mich hier zu Hause. Natürlich freue ich mich jedes Mal, die Verwandten wieder zu sehen. Aber ich könnte mir nicht vorstellen, wieder zurückzugehen.
L.: Deinen Aussagen nach zu urteilen, fühlst du dich hier wohl.
Sch.: Ja. Deutschland ist meine Heimat geworden. Ich spreche auch besser deutsch als spanisch.
L.: Demnach pflegt ihr zu Hause noch die Tradition.
Sch.: Ja. Meine Eltern haben sehr großen Wert darauf gelegt, daß die Bindungen nach Spanien nicht abbrechen. Wenn mein Vater nicht mehr arbeiten muß, wollen sie im Alter wieder zurück. Aber für meine Geschwister und mich ist das kein Thema.
L.: Conchita, du wirkst in deinen Ansichten überzeugend. War das schon immer so, oder gab es nicht auch Probleme?
Sch.: Als ich noch jünger war, haben mich die Kinder wegen meines Namens und wegen meiner dunkleren Hautfarbe gehänselt. Aber mittlerweile gibt es keine Probleme mehr. In der Klasse fühle ich mich wohl und von den Lehrern werde ich auch akzeptiert.
L.: Was glaubst du, womit das zusammenhängt?
Sch.: Da ich schon meine Kindheit in Deutschland verbracht habe und recht angepaßt bin, wirke ich nicht so fremd. Und da fällt es nicht so schwer, andere so anzunehmen wie sie sind. Andererseits habe ich aber

auch schon die Beobachtung gemacht, daß die Bereitschaft auf Ausländer zuzugehen mit der Bewahrung der eigenen Tradition abnimmt.

L.: Dann könnte man die Formel aufstellen: "Je fremder, desto unbeliebter."

Sch.: Ja. Das klingt zwar etwas kraß, aber im Grunde genommen verhält es sich so.

L.: Hast du aus diesem Grund den hiesigen Dialekt angenommen?

Sch.: Nicht absichtlich. Aber unbewußt könnte dies schon damit zusammenhängen.

L.: Du gibst dir auch in der Schule große Mühe.

Sch.: Ja. Gute Noten sind für mich wichtig. Mein Vater war anfangs sogar dagegen, daß ich das Abitur mache. Denn er geht davon aus, daß ich später ohnehin heirate und Kinder bekomme. Das Einzige, das ihn überzeugt hat, war mein guter Durchschnitt bei der mittleren Reife.

L.: Wie reagieren deine Mitschüler auf deinen Ehrgeiz?

Sch.: Manche wollten mich schon als Streberin abstempeln. Seit ich aber den anderen helfe, hat sich das sehr schnell gelegt.

L.: Du kämpfst viel.

Sch.: Manchmal habe ich das Gefühl, mehr leisten zu müssen als andere.

L.: Worauf sollte man deiner Ansicht nach in den Schulen achten?

Sch.: Man sollte die ausländischen Schüler nicht als eine besondere Gruppe hervorheben und schauen, was sie können oder nicht können, sondern als "normale" Jugendliche betrachten.

L.: Conchita, ich danke dir für das Gespräch.

Interview mit Biljana (Jugoslawien) und Johanna (Polen), beide 7. Klasse, Gymnasium
(Gedächtnisprotokoll)

B.: Ich bin zwar in Deutschland geboren, aber meine Eltern gingen gleich danach nach Jugoslawien zurück. Sie hatten 11 Jahre hier gearbeitet. Direkt zur 5. Klasse kam ich dann wieder hierher. Ich konnte überhaupt kein deutsch und bekam in der 5. Klasse deshalb auch keine Noten, meine Brüder, sie sind älter als ich, konnten auch kein deutsch. Meine Mutter spricht auch jetzt noch viel schlechter deutsch als ich, obwohl sie so lange hier gelebt hat. Wenn wir manchmal zuhause was auf deutsch sagen, versteht sie oft nichts, oder sie denkt etwas anderes als wir sagen. Sie hört nur ein Wort und denkt sich dazu, was wir sagen könnten. In der Schule war es nicht so schwer, etwas zu verstehen. In Mathe steht sowieso alles an der Tafel, die Zahlen und so, in Bio ist im Buch z.B. ein Mensch, an dem die verschiedenen Organe beschriftet sind, so kann man auch lernen. Mit den Mitschülern konnten wir am Anfang nicht sprechen, aber oft kann man raten, was sie sagen. Wir konnten aber miteinander reden, wenn Johanna polnisch spricht und ich jugoslawisch, ist das kein Problem.

J.: Ich bin am Ende der 4. Klasse hierher gekommen, aber ich war nur ein paar Wochen drei oder vier, in der 4. Klasse, dann kam ich mit Biljana zusammen in die gleiche 5. Klasse. Meine Schwester kam in die 1. Klasse, das ist vielleicht einfacher. Ich habe es gemacht wie Biljana und wir haben schnell viel verstanden.

B.: In Jugoslawien lernt man mehr in der Schule als hier. Hier lernt man in der 7. Klasse das, was wir in der 5. machen. Ich vergleiche manchmal die Schulbücher. Deshalb muß ich auf alle Fälle hier meinen Abschluß machen, jetzt könnte ich gar nicht zurück, in der Schule käme ich nicht mehr mit, in Jugoslawien.

J.: Ja, wir lernen z.B. Brüche in der 2. Klasse. Im Kindergarten, d.h. das ist so eine Art Vorschule, dort lernt man schon rechnen. Mit 7 kommt man dann in die Schule. Geschichte hat man auch schon ab der 5. Klasse. Wir gehen alle bis zur 8. Klasse in eine Schule und dann kann man auf weiterführende Schulen gehen.

B.: Das ist bei uns auch so. Die 9. Klasse ist sozusagen die erste Klasse von den letzten vier Jahren, wenn man will. Danach geht man in einen Beruf.

J.: Ja, und von der 1. bis zur 4. Klasse hat man wirklich nur einen Lehrer. Dort ist alles strenger. Man trägt eine Schuluniform und bekommt Abzeichen.

B.: Bei uns hat man auch nur einen Lehrer, der sehr streng ist. Man muß immer ein Taschentuch dabeihaben, und saubere Hände muß man haben. Ich war davor nicht im Kindergarten, aber das geht auch. Man lernt bei uns einfach mehr in der Schule, man hat mehr Hausaufgaben, in Geschichte muß man sehr viel lesen und vielleicht wissen die Lehrer auch mehr. Eigentlich möchte ich später mal Medizin machen, da muß man ja auch viel lernen.

J.: In unserer Klasse fragt uns niemand nach unseren Ländern oder Sprachen, außer Ilona, sie will immer wissen, wie ein Satz auf polnisch heißt

oder auf jugoslawisch. (Anmerkung: Ilona ist eine verträumte Schülerin, die in ihren Leistungen dadurch eher schwach ist)
Meine ganzen Verwandten sind noch in Polen und ich bin oft dort, das ist doch klar.
B.: Bei mir ist das auch so. Wir waren oft in Jugoslawien.
L.: Und jetzt durch den Krieg?
B.: Ja, das ist ganz schwer. Wir sind Serben und bei uns zu Hause ist es nicht so schlimm. Aber mein einer Bruder, er ist viel älter, der andere auch. Also mein einer Bruder, der kommt jetzt bald aus dem Krieg zurück. Er müßte eigentlich noch bleiben, aber wir haben ein Papier besorgt, auf dem steht, daß er am 1. Mai eine neue Stelle hier bekommt. Das stimmt natürlich nicht, aber daß er rauskommt. Mein Vater war auch im Krieg, aber er ist zum Glück bald wieder gekommen. Mein anderer Bruder, er ist jünger als der andere, soll auch gehen, aber er wird hier bleiben.

(Anmerkung: beide Schülerinnen haben in der Schule mit dem Stoff keine Probleme. Biljana ist in Mathematik sehr gut und aufgeweckt. Johanna ist gut, aber manchmal ein bißchen zu träge. Sie läßt sich aber sehr leicht zum Arbeiten auffordern.)

Vorschläge für einen fächerverbindenden Unterricht zum Thema "Wirtschaftsethik in Europa" (Fächer: Deutsch, Gemeinschaftskunde, Geschichte, Religion)

<u>Baustein 5: Der europäische Binnenmarkt</u>

Möglichkeiten und Perspektiven des Binnenmarktes kennenlernen, Risiken und Gefahren kritisch bedenken und über Lösungsmöglichkeiten nachdenken

Ziel	Inhalt	Medien
Neue Perspektiven des Binnenmarkt, Binnenmarktes kennenlernen	Grenzenloses Europa: - Abbau von Grenzkontrollen - europaweite Arbeitsplatzwahl und Niederlassungsfreiheit - Vereinheitlichung technischer Normen - "freier Austausch" von Kapital und Dienstleistungen	Leitfaden zum EG- Bundesministerium für Wirtschaft
Möglichkeiten und Chancen des Binnenmarktes erkennen	- Wachstum in der Wirtschaft, Gewinn von Arbeitsplätzen - Wettbewerbssteigerung gegenüber Japan und USA - Unterstützung des politischen Einigungsprozesses - Möglichkeiten sozialen Fortschritts für benachteiligte Regionen - Vorteile für den Verbraucher durch höheres Angebot, niedrigere Preise und Qualitätsverbesserung durch Verstärkung des Wettbewerbs	s.o.

Risiken und Gefahren kritisch bedenken	- Gefahren durch "Sozialdumping": - Rationalisierung von Arbeitsplätzen - Abbau von sozialen Errungenschaften - Vergrößerung sozialer Gegensätze in verschiedenen europäischen Regionen - Probleme der Identitätsfindung: Wachsen von Nationalismen - Multinationale Wirtschaftsmacht - "Festung Europa": Abkehr von der 3. Welt - Verlust der Menschenwürde: der Einzelne als Objekt	EKD-Denkschrift: "Verantwortung für ein soziales Europa"
Über Lösungsmöglichkeiten nachdenken	- Stärkung europäischer Institutionen und ihrer demokratischen Legitimation (Europaparlament) - Konzeption einer bindenden Sozialordnung für Europa - eine Synthese von zivilen, politischen und sozialen Rechten	s.o.

Rückmeldung zur Kompaktwoche II/Kurs 91: Projekt Europa

Wie beurteilen Sie diese Projektwoche insgesamt am Seminar im Rückblick?

Sie bot einige Chancen zur europäischen Verständigung und bereicherte besonders durch das Interview der Gäste aus Rumänien, Italien, Spanien, Frankreich und England sowie den Besuch der Europäischen Schule in Karlsruhe. Ein griechischer Tanz wußte nicht nur die Herzen, sondern auch die Hände zu verbinden.

Was ist Ihrer Ansicht nach in dieser Projektwoche gut gelungen? Was fanden Sie besonders anregend oder beeindruckend?

Die Ergebnisse auf den Plakaten sind sorgfältig ausgearbeitet und originell illustriert. Man hat nun einige Zeit, nach und nach das eine oder andere zu lesen und sich zu informieren. Die Ausgewählte Problematik ist zentral und aktuell.

Inwiefern ergaben sich Probleme und Schwierigkeiten? Was sollte Ihrer Ansicht nach bei möglichen künftigen Vorhaben geändert oder verbessert werden?

Bei der Schlußveranstaltung drohte Übermüdung bzw. Überfrachtung. Dennoch kamen auch hier originelle Beiträge – gleichsam zur Auflockerung – vor. Eine Schwierigkeit stand natürlich von vornherein fest: Die Komplexität des Projektes „Europa" ist in einer Woche kaum zu fassen.

V.H. Versuch einer STRUKTURSKIZZE ZUM THEMA "EUROPA"

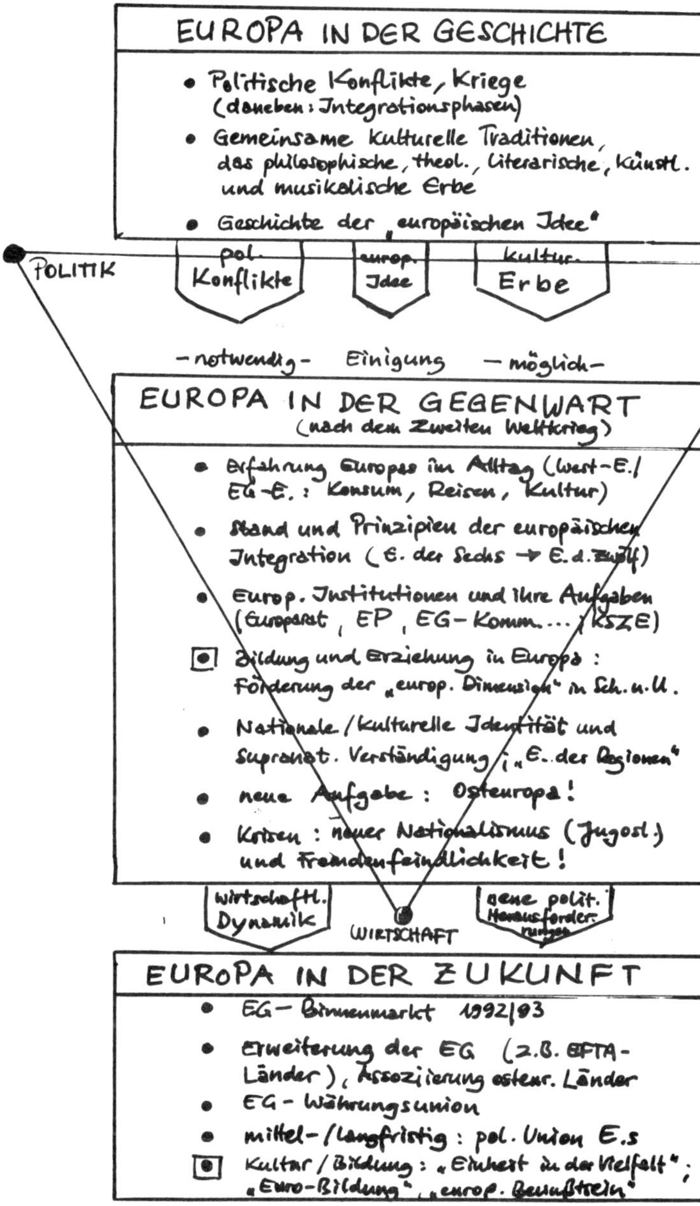

Wulf Datow/Rainer Drös

Bericht über das Projekt "Umwelterziehung" am Seminar für Schulpädagogik (Gymnasien) Heidelberg

1. Umwelterziehung in der Seminarausbildung

Umwelterziehung mit dem Ziel umweltgerechten Verhaltens des einzelnen im privaten Bereich und im Bereich des politischen Handelns ist eine der vordringlichen Aufgaben einer zeitgemäßen Pädagogik, die sich der Verantwortung für die Zukunft unserer Kinder bewußt ist. Das wachsende Interesse der Referendare aller Fächer am Thema Umwelt zeigt sich u.a. bei den Themenvorschlägen zu den Projektwochen der letzten Jahre. Die Ausbildung ihrerseits kann das Interesse aufnehmen, da sie, z.B. mit fächerübergreifenden Ausbildungsformen, die Umwelterziehung zu einem der Schwerpunkte ihrer Arbeit entwickelt. Dabei reicht die Spannweite der zu erarbeitenden Gebiete von der Umweltethik bis zu fachspezifischen Fragen der Didaktik und Methodik.

In der Projektwoche des Seminars im Jahre 1992 besuchte die Gruppe "Umwelt" fünf Tage lang das Landesschulzentrum für Umwelterziehung in Adelsheim (LSZU) und ging dabei der Frage nach "Wie kann das LSZU von Lehrern und Klassen für Umwelterziehung genutzt werden? Es bildeten sich drei Untergruppen zu den Themen "Wasser", "Boden" und "Lebensraum Wald". Die Zusammenarbeit mit dem LSZU gestaltete sich in ganz besonderer Weise als förderlich. Das Zentrum bietet optimale äußere Arbeitsbedingungen (Unterbringung, Labors und fachliche Beratung), und es arbeitet mit einem pädagogischen Gesamtkonzept, das sowohl für den konkreten Unterricht als auch für die grundsätzliche pädagogische Diskussion vielfältige Anregungen zur Nachahmung und Auseinandersetzung bietet.

Wir geben hier exemplarisch den Bericht der Gruppe "Wald", wie er im Workshop der Tagung vorgestellt wurde und die Zusammenfassung einiger wesentlicher Punkte aus der Diskussion über eine ganzheitliche Umwelterziehung.

2. Pädagogisch - psychologische Aspekte der Umwelterziehung

Ausgangspunkt für die Entwicklung einer umwelterzieherischen Gesamtkonzeption ist die Tatsache, daß ohne Wissen kein selbstverantwortetes Entscheiden und Handeln möglich ist. Bei einer Konzentration auf weitgehend naturwissenschaftliches Wissen besteht die Gefahr, daß Umwelterziehung auf eine 'Apparate- und Meßpädagogik' reduziert wird, die in einen vermeintlichen Gegensatz zu einer Pädagogik isolierter Manifeste und Appelle gerät. In diesem Spannungsfeld setzte unsere Arbeit ein. Unsere Chance lag in dem Umstand, daß auch Referendare der sogenannten 'Geisteswissenschaften' an dem Projekt mitarbeiten wollten, und daß wir das fächerübergreifende Prinzip mit all seinen Implikationen auch zum Thema des Projektes gemacht hatten. Dort, wo es in den Arbeitsgruppen zum Dialog der 'zwei Kulturen' kam, wurden die Schwierigkeiten dieser Zusammenarbeit sichtbar, aber auch ihre Notwendigkeit für die Lösung vernetzter Probleme.

Ein im LSZU verwirklichtes Grundprinzip ist es, statt einer 'Katastrophenpädagogik' positive Erfahrungen mit der Natur zu vermitteln. Durch Erkunden und Erleben sollen Interessen geweckt und ganzheitlich ästhetische Erfahrungen vermittelt werden. Zusammen mit dem erworbenen Wissen können dann Einstellungen als Grundlagen für das Verhalten gebildet werden. Diesem grundsätzlich überzeugenden Konzept stellen sich jedoch ernste Schwierigkeiten entgegen.

- Das naturwissenschaftliche Wissen muß durch Wissen über *ökonomische* und *politische* Zusammenhänge und Zwänge ergänzt werden. Probleme sind dabei u.a. die Reduktion der Stoffmenge sowie die nötige Ausbildung der Fachlehrer.
- Wünschenswert wäre für jeden Lehrer, daß er eine *ethische* Rechtfertigung für seine Umwelterziehung liefern kann, denn früher oder später werden ihn seine Schüler danach fragen. D.h., daß spätestens in der Lehrerbildung die Problematik einer philosophisch - religiösen Letztbegründung der involvierten Normen angegangen werden müßte (z.B. Schutz des Lebens; vgl. dazu neuerdings: Schlitt, M., Umweltethik, Schöningh 1992)
- Einige *psychologische* Aspekte der Umwelterziehung wurden bisher noch wenig beachtet. Zum einen ist es die alte, allgemeinpädagogische

Frage, wie ich als Lehrer mit Betroffenheit bei meinen Schülern im Unterricht umgehe. Zum anderen sind es drei spezielle psychische Phänomene, die angesichts der Umweltzerstörung auftreten können, gerade auch bei Jugendlichen und Kindern:
Angst als Folge des Gefühls der Bedrohung
Ohnmacht als Folge des Gefühls vergeblicher individueller Anstrengungen
Trauer als Folge von Verlusterlebnissen im Zusammenhang mit der als kostbar oder schön erlebten Natur samt ihren Menschen. Diese Trauer ist zu unterscheiden von Resignation und von Depression, da nur so angemessen reagiert werden kann.

Jeder Erzieher und Lehrer wird sich darauf vorbereiten müssen, mit diesen Phänomenen umzugehen, bei seinen Kindern und Schülern und auch bei sich selbst. Hier liegen entscheidende Aufgaben der Pädagogik für die Lehrerausbildung und die Lehrerfortbildung. Sie steht vor der Frage: "Wie kann in Erziehung und Unterricht den Kindern eine starke Lebenszuversicht vermittelt werden? Eine Lebensfreude, die so stark ist, daß sie auch Angst, Ohnmacht und Trauer aushalten kann. "Sehr wahrscheinlich erhält die frühe und früheste Erziehung in der Familie (z.B. Kennenlernen der Natur, vertraut werden mit ihr) und dann die Zusammenarbeit von Schule und Eltern eine besondere Bedeutung. Wir können uns nicht darauf verlassen, daß die Schule relativ spät und isoliert Wissen vermittelt. Diese Wissensvermittlung muß vorbereitet worden sein, wenn sie handlungsrelevant werden soll. Wir Lehrer sind in der Lage, von unseren Fächern her die 'Sachen zu klären', aber wir müssen auch die 'Personen stärken', ihre Fähigkeit, sich an der Natur zu freuen und ihre Fähigkeit, um die Natur zu trauern, ihre Zuversicht, ihre Hoffnung, ihre Ausdauer und ihren Willen zum Widerstehen.

3. Bericht der Arbeitsgruppe "Lebensraum Wald" Plan zur Durchführung einer Umwelt-Projektwoche

Vorplanung: Durchführung einer Projektwoche zum Großthema "Umwelt" im LSZU Adelsheim
Themensammlung und Aufteilung in Arbeitsgruppen
Vorexkursion nach Adelsheim (30.01.92)

Erkunden der örtlichen Arbeitsmöglichkeiten; Klären organisatorischer Fragen
Vorbesprechung in den Arbeitsgruppen
Projektwoche (09. - 13.03.92)
Arbeitsgruppe "Lebensraum Wald", Verlaufsplan:
1. Tag:
VM: Anreise
NM: Erste Begegnung mit dem Lebensraum Wald
2. Tag:
M: Vogelstimmenexkursion
VM: Vegetationsaufnahme
NM: Waldführung durch Mitarbeiterin des Forstamtes
A: Videofilme und Dias zum Thema "Wald"
3. Tag:
VM: Entnahme von Bodenproben, Abfüllen in BERLESE-Trichter
NM/A: Dokumentation I, Basteln mit Naturstoffen, Tierstimmen in der Musik
4. Tag:
VM: Mikroskopische Auswertung der Bodenproben
NM: Exkursion nach Eberstadt (Tropfsteinhöhle) und Osterburken (Ceratiten-Ausstellung)
A: Dokumentation II
5. Tag:
VM: Abschluß Dokumentation, Aufräumarbeiten, Vorstellen der Resultate im Plenum
NM: Abreise
Nachbereitung der Dokumentation im Seminar
Zusammenstellung der Dokumentationsbroschüre

Lebensraum Wald - Dokumentation eines Umweltprojektes

Klar und melodisch durchdringt eine Vogelstimme die morgendliche Stille auf der Waldlichtung, noch bevor die kleine Gruppe unauffällig gekleideter, mit Fernglas, Kassettenrecorder, Richtmikrofon und Parabolspiegel "bewaffneter" Beobachter in der Dunkelheit Einzelheiten unterscheiden kann. Ungeachtet der feuchten Kälte des frühen Märzmorgens, wird das Vogelkonzert in der Dämmerung zu einem eindrucksvollen Naturerlebnis ...

Die Momentaufnahme eines frühmorgendlichen Waldausflugs soll einen der Schwerpunkte des Programms illustrieren, das eine kleine Gruppe von Referendaren und Fachleitern des Staatlichen Seminars für Schulpädagogik Heidelberg im Rahmen einer vom 9. bis 13. März 1992 durchgeführten Projektwoche am LSZU Adelsheim durchführte. Unter dem Thema "Lebens-raum Wald" wurden Möglichkeiten erarbeitet und praktisch erprobt, Umwelterziehung im Rahmen eines Projektunterrichts zu vermitteln. Die Zielstellung der Veranstaltung war hiermit eine doppelte. Zum einen sollte eine Projektwoche geplant und durchgeführt werden, wie sie auch mit Schülern in ähnlicher Form ablaufen könnte, zum anderen sollte die eigenständige praktische Betätigung der Teilnehmer im Vordergrund stehen.

Neben der Vermittlung notwendiger Grundkenntnisse zum Thema standen dabei Naturerlebnisse und fächerübergreifende Aspekte im Vordergrund, was anhand des im folgenden aufgeführten Verlaufsplans näher erläutert werden soll.

Das Projekt läßt sich in drei organisatorische Phasen untergliedern:

1. Planung:

   In der Planungsphase wurde das Rahmenthema des Projekts festgelegt, anschließend mögliche Themenschwerpunkte besprochen, schließlich wurden anläßlich einer Vorexkursion nach Adelsheim die örtlichen Gegebenheiten erkundet und notwendige organisatorisch-planerische Fragen erörtert.

   Die Vorexkursion ermöglichte insbesondere das Sichten von Geräten und Räumlichkeiten, von Materialien zur Herstellung einer Dokumentation vor Ort sowie Medien, wodurch die Erstellung eines detaillierten Planes möglich wurde.

2. Durchführung des Projekts (s.u.)

3. Die Nachbereitung

   Die Ergebnisse wurden auf mehreren Ebenen dokumentiert. Neben der Erstellung einer Diareihe wurden bereits im Verlauf der Projektwoche eine Plakatwand und eine kleine Ausstellung gesammelter Naturmaterialien erstellt. Zusätzlich wurde aus dem während der Woche gesammelten Material, ergänzt durch themenbezogene Quellen aus Literatur und Musik, eine umfangreiche Dokumentationsbroschüre zusammengestellt.

Verlaufsplan der Projektwoche

09.03.92

Vormittag: Anreise.

Nachmittag: Erkunden und Festlegen des Untersuchungsgebiets; Flora und Fauna der Laubstreu.

In einem begrenzten Gebiet auf dem Eckenberg in unmittelbarer Nähe des LSZU wurden Tiere und Pflanzen im Bodenbereich, insbesondere in der Laubstreu, gesucht, bestimmt und besprochen. Schwerpunkte der Untersuchung waren die Überwinterungsstrategien bei Pflanzen (z.B. Rhizom-, Knollen-, Zwiebelgeophyten, Rosettenwuchs, Laubabwurf bei Holzgewächsen), Kleintiere und Tierspuren. Neben vielfachen optischen Eindrücken wurden auch einige akustische (Vogelstimmen), olfaktorische (Geruch von Pilzmycelien) und taktile (Struktur der Borke verschiedener Baumarten) Eindrücke gewonnen - "Umwelterfahrung mit allen Sinnen".

10.03.92
Morgen: Vogelstimmenexkursion.
Mit Hilfe von Richtmikrophon und Kassettenrecorder wurden Vogelstimmen aufgenommen und zum Anlocken der Vögel wieder abgespielt. Die Begehung diente mehreren Zielen: So sollten die Teilnehmer einige prägnante Vogelstimmen und die Funktion des Gesangs für die Biologie der Vögel kennenlernen, zudem wurde eine erste Bestandsaufnahme der im Gebiet vorkommenden Vogelarten vorgenommen. Daneben stand der Erlebniswert des Vogelkonzerts in der Morgendämmerung im Vordergrund des Ausflugs.
Vormittag: Vogelbeobachtungen und vegetationskundliche Untersuchung.
Die Exkursion diente der Vervollständigung der Vogelliste und der Aufnahme der Vegetation im Untersuchungsgebiet. Als besondere Raritäten konnten Schwarzspecht und Seidelbast (in Blüte) nachgewiesen werden.
Nachmittag: Waldführung durch eine Mitarbeiterin des Forstamts
Der Wald als Wirtschaftsraum stand im Vordergrund der Führung; Schwerpunkte waren Bewirtschaftung, der Einfluß von Schädlingen und die Interessenkonflikte, denen die Forstwirtschaft unterworfen ist.
Abend: Videofilme zu den Themen Bodenfauna und Vegetation des Buchenwalds.

11.03.92
Vormittag: Beginn der Dokumentation; Entnahme von Bodenproben
An drei verschiedenen Stellen des Untersuchungsgeländes wurden Bodenproben entnommen und diese anschließend in einen BERLESE-Trichter gefüllt.
Nachmittag und Abend: Umgang mit Naturmaterialien; Erstellen der Dokumentation
Als Abrundung des Projektprogramms stand der künstlerische und handwerkliche Umgang mit Naturmaterialien im Vordergrund des Abends: Neben einer Einführung in das Töpfern wurden Anleitungen zum Schnitzen eines Holzschiffchens und zum Herstellen einer Weidenflöte gegeben.

12.03.92
Vormittag: Mikroskopische Auswertung der Bodenproben, Bestimmungsübungen zur Bodenfauna.
Die in den Auffanggefäßen der BERLESE-Trichter gesammelten Wirbellosen wurden unter Binokularen betrachtet und größtenteils bestimmt. Neben zahlreichen Springschwanzformen konnten u.a. eine landlebende Köcherfliegenlarve, einige Kurzflügeldeckenkäfer, Erdläufer, Zwergfüßer und Asseln beobachtet werden. Außer der reinen Bestandsermittlung wurde hier besonderer Wert auf die Methodenvermittlung sowie auf

die Themen "Kunstformen in der Natur" (etwa am Beispiel von Schneckenhäusern) und "Exaktes Beobachten" gelegt.
Nachmittag: Exkursion nach Eberstadt (Tropfsteinhöhle) und Osterburken (Ganztagsgymnasium, Führung durch Ceratitenausstellung).
Abend: Erstellen der Dokumentation.
Neben dem Erstellen eines Wandplakats wurde zusätzlich eine Ausstellung zu Pflanzen- und Tierfunden konzipiert. Neben verschiedenen Moosen und Teilen Höherer Pflanzen wurden u.a. Gewölle von Greifvögeln und Eulen, ein aus einem Eulengewölle zusammengestelltes Feldmausskelett, die Fraßbilder einiger Waldschädlinge und "Kunstformen der Natur" ausgestellt.

13.03.92
Vormittag: Aufräumarbeiten; Abschluß der Dokumentation; Vorstellen der Resultate im Plenum.
Nachmittag: Abreise.

Lernen der Zukunft

Christine Lieberknecht

Lernen für Europa?

Lernen für Europa. Der Titel dieses Vortrages ist mit einem Fragezeichen versehen. Dies allerdings keineswegs, weil ich den Satz als positive Aussage nicht unterstreichen würde. Das Fragezeichen hat einen anderen Grund: Es ist in den drei zurückliegenden Jahren ziemlich schwierig geworden, gesicherte und konsensfähige Aussagen darüber zu treffen, was der Gegenstand Europa denn nun sei, und welche Inhalte sinnvollerweise vermittelt werden sollen.

Vor 1990 hätte man mit einem Vortrag zum Thema "Lernen für Europa" vermutlich wenig Schwierigkeiten gehabt. Es hätte dem allgemeinen Bewußtsein entsprochen, folgende Gegenstände in den Lehrplan aufzunehmen: Geschichte Europas und der Europäischen Gemeinschaft, eine Unterrichtseinheit zu den Institutionen der EG und zum werdenden Binnenmarkt. Selbstverständlich wären auch einige Stunden zur westlichen Wertegemeinschaft hinzugekommen. Die Vertiefung der EG wäre wohl ein Thema gewesen, kaum aber eine Erweiterung. Alle hätten auf die Bedeutung der Fremdsprachen verwiesen.

Damit ist es nach dem Ende des Ostblocks vorbei. Zwar stehen in Westeuropa und auch in Westdeutschland noch viele Menschen mit dem Rücken zum Osten, aber das wird nicht mehr lange durchzuhalten sein. Durch die atemberaubenden Umbrüche, deren Zeugen wir seit einigen Jahren sind und noch weiter sein werden, hat sich die Welt von 1945 erledigt. Ja mehr noch: Zum Teil wird sogar die Landkarte von 1919 neu gezeichnet. Überall brechen sich unterdrückte Nationalismen Bahn. Genauso wenig, wie die EG diese Probleme bisher politisch zu lösen versteht, haben die Westeuropäer sie geistig verarbeitet.

Doch auch in Westeuropa läuft nicht mehr alles nach Plan. Noch 1990 schien der Sprung in die nächste Stufe der Integration keine grundsätzlichen Probleme mehr aufzuwerfen. Die schreckliche, aber auch disziplinierende Kraft des Kalten Krieges war noch da. Jetzt ist die Selbstsicherheit dahin. Dänemark hat gegen Maastricht gestimmt. Mitterand hat mit knapper Not ein "Ja" errungen. Auch England verhält sich derzeit recht reserviert.

Was bedeutet "Lernen für Europa" in dieser Situation? Diese Frage läßt sich nicht aus dem Stehgreif beantworten. Was wir brauchen, ist eine große Debatte über Europa. Sie muß zum einen versuchen, das Gesicht des ganzen Kontinentes zu erfassen. In dieser Auseinandersetzung müssen wir zweitens nach Strukturen suchen, in denen das Bedürfnis nach Identität gesichert ist. Ich selbst spreche in diesem Zusammenhang von einem Europa der Völker, Staaten und Regionen. Schließlich müssen wir uns der Mühe unterziehen, die Integration neu zu begründen.

Mit dieser nötigen Debatte stehen wir gerade erst am Anfang, vielleicht hat sie noch nicht einmal richtig begonnen. Ich möchte hier auch erst gar nicht versuchen, eine abgerundete Antwort auf die großen Fragen zu geben. Gegenwärtig ist noch nicht einmal eine vorläufige Antwort möglich. Ich möchte mir aber erlauben, einen Bereich herauszugreifen, der mir besonders am Herzen liegt: Das Schicksal unserer Nachbarn im Osten. Ein halbes Jahrhundert haben wir mit ihnen in Schicksalsgemeinschaft gelebt. Unsere Freiheit hat in Polen begonnen, durch Ungarn hat sie den nötigen Schub erhalten und in Rußland ist sie besiegelt worden.

Die fünf neuen Länder haben das nicht vergessen. Es ist mir nicht möglich, vom sicheren Ufer aus nur nach Westen zu blicken und dem Osten die kalte Schulter zuzuwenden. Unser Nachdenken über Europa wird sich in meinen Augen in nächster Zeit vorrangig mit dem Osten auseinanderzusetzen haben. Europa wurde nach einer geläufigen Formulierung geistig durch die griechische Philosophie, das römische Recht und den christlichen Glauben konstituiert. Diese Trias hat keineswegs nur den Westen geprägt, sondern auch in den Osten ausgestrahlt.

Umgesetzt haben wir diese Tatsache nur in kümmerlichen Ansätzen. Das gilt für die politische und die kulturelle Seite. Kurt Biedenkopf schreibt zu Recht: "Wir sehen die Herausforderungen, die sich mit der Bildung neuer Staaten im ehemaligen Herrschaftsgebiet der Sowjetunion, aber auch mit der Revitalisierung der europäischen Geographie, der europäischen staatlichen Verfaßtheit ergeben, aber wir haben noch nicht ganz ermessen - und es kommt auch noch nicht in unserem praktischen politischen Handeln zum Ausdruck -, welche riesige Herausforderung hier auf Europa zukommt."

Über Jahrzehnte hinweg haben wir einen ganz und gar unnatürlichen Zustand als Selbstverständlichkeit genommen. Nicht alle, aber die meisten im Westen und Osten Deutschlands. Die Welt des ganzen Europa, wie sie Stefan Zweig in seinen Erinnerungen so treffend beschrieben hat, war aus dem Bewußtsein verschwunden. Ost und West waren nicht nur durch Mauer und Stacheldraht getrennt. Auch die Psychologie spielte eine große Rolle. Die Fähigkeit, zu differenzieren, ist weitgehend verloren gegangen.

"Der Ostblock ist ein Monolith", schreibt O.R.Kröher, "Materie in ihrer massivsten Form. ... Der Ostblock ist geradezu (eine) poetische Wortschöpfung: den dunkelsten Vokal zweimal hintereinandergeschaltet, dann ein markiger Knacklaut wie knallende Stiefelabsätze - und Schluß! Der Ostblock gebietet Schweigen. Der Ostblock beginnt vor der eigenen Haustür. Dort wohnen Menschen, die sächsisch quengeln. Oder sie bellen mit "Berliner Schnauze". Dahinter kommen die Wenden und Kaschuben, die "sozialistischen Brudervölker", und dann der Iwan, Sibirien."

Andere in Ost und West haben dieses Gebilde um des "lieben Friedens" willen hingenommen oder als sozialistisches Experimentierfeld - mit welchen Fehlern auch immer - akzeptiert. Aus östlicher Sicht handelte es sich um eine nicht weniger gleichförmige "sozialistische Staatengemeinschaft", die nach übereinstimmenden Prinzipien regiert wurde. Die Beziehungen der Menschen und Völker untereinander waren durch Ideologie überformt und verfremdet.

Die westlichen Völker, auch die Deutschen, standen 40 Jahre mit dem Rücken zum Osten. Vielfach merkt man das an Kleinigkeiten: Am Pfingstwochenende haben wir in Erfurt ein "Europafest" gefeiert. Dieses aufwendige und teure Fest war eine rein westliche Veranstaltung: Unter dem Motto "Europa wird eins" konnte man Gyros, Pizza, belgisches Bier und holländischen Käse verkonsumieren. Von Palatschinken, Königsberger Klopsen, Krawattenknödel und Borschtsch jedoch keine Spur. Der Osten findet nicht statt.

Das Grau des Ostblocks bekam erstmals Mitte der 80er Jahre etwas Farbe. In den Satellitenstaaten Moskaus, vornehmlich in Ungarn und der Tschechoslowakei, aber auch in Polen entstand unter den Vorzeichen der Perestroika plötzlich eine interessante Diskussion. Prominente Intellektuelle, wie etwa György Konrád, verwandten einen neuen Begriff: Mitteleuropa. Sie wiesen damit auf die historisch-kulturellen Eigenarten der - grob - zwischen Deutschland und Rußland gelegenen Länder hin. Das Ziel war letztlich, den Ostblock hinter sich zu lassen und Anschluß an den Westen zu gewinnen.

In Westdeutschland wurde das Thema ebenfalls aufgegriffen. Die Autoren, die das taten, riefen dabei einige Beunruhigung hervor. Bei zahlreichen Politikern und Meinungsführern in Westdeutschland wurden die Autoren verdächtigt, sich klammheimlich aus der Westintegration davonstehlen zu wollen. In den geistigen und politischen Zentren unserer westlichen Verbündeten fand dieser Verdacht ein vielfältiges Echo - und das wohl nicht immer unbegründet. Viele schrille Töne, die damals fielen, erscheinen heute als überzogen. Genau genommen war die Debatte nur ein leichtes Vorbeben, das den Einsturz der Nachkriegsordnung ankündigte.

Die ausgesprochen interssante Debatte bezog sich auf ein altes deutsches Thema: Mitteleuropa. Wie kann dieser Begriff gefaßt werden? Ich möchte mich an einen Definitionsversuch des Osteuropahistorikers Eugen Lemberg anlehnen. Lemberg schrieb 1950, Ostmitteleuropa sei "im Wesen abendländisch und doch in wichtigen Dingen vom ursprünglich romanisch-germanischen Westen verschieden". Im Osten sei es etwa durch eine Linie, die vom Peipussee über die Westukraine bis zu den Ostkarpaten reiche, begrenzt. Der Wissenschaftler zog seinerzeit die westliche Grenze dieses Raumes entlang der bereits erwähnten Elbe-Saale-Linie. Ostmitteleuropa deckt sich heute in etwa mit den drei baltischen Staaten, Polen, der CSFR, Ungarn, Kroatien, Slowenien, der Westukraine und dem rumänischen Siebenbürgen.

Es ist gar nicht so leicht, den Begriff mit der überlieferten Staatenwelt in Deckung zu bringen. Die spezifische Gestalt, das was Ostmitteleuropa von Ost- und Südosteuropa scheidet, beschreibt Lemberg bündig so: "Es handelt sich um den Raum, der von Rom her christianisiert ist, den die deutsche Ostkolonisation ins Abendland eingegliedert hat. Er hat seit tausend Jahren die entscheidenden Ereignisse der abendländischen Geschichte miterlebt: die Reanissance, die Reformation und Gegenreformation, die Aufklärung und die Romantik."

Anders als Westeuropa ist dieser Raum aber nicht vom Prinzip des westlichen Nationalstaats her konstruiert. Lemberg weiter: "Hier sind die Siedlungsgebiete der Völker so verzahnt, haben Unter- und Überwanderungen politische Nationen zu einem solchen Schichtengefüge verschiedenartiger Sprachvölker gemacht, daß beim Durchdringen des Nationalitätenprinzips die Abgrenzung reiner Nationalstaaten gar nicht möglich war."

Durch die großen Reiche - das osmanische, das russische, das habsburgische und zum Teil auch Preußen-Deutschland - wurde diese Tendenz begünstigt. Nirgendwo sonst war Johann Gottfried Herder mit seiner Lehre so erfolgreich.

Der Unterschied zu dem Raum, der gegenwärtig GUS genannt wird, ist deutlich: Menschenbild, Denkweise, Herrschertyp und Herrscherstruktur sind im eigentlichen Osteuropa anders und ruhen auf anderen historischen Grundlagen. Das läßt sich an einem grundsätzlichen Problem deutlich machen. Wie der Historiker Mihály Vajda schreibt, haben sich im Westen Staat und Gesellschaft voneinander gelöst. In der Gesellschaft und gegenüber dem Herrscher bildeten sich vertragliche Beziehungen. Die Macht war geteilt. Schon der westliche Dualismus zwischen Kaiser und Papst schuf Freiräume. Dieser Dualismus hat die Entwicklung des modernen europäischen Staatsbürgers überhaupt erst ermöglicht.

Die ganze jüngere Geschichte von der Renaissance bis in die Gegenwart konnte darauf aufbauen. Während sich in Mitteleuropa diese Entwicklung zumindest langsamer und mit den bereits geschilderten Akzenten wiederfindet, fehlt sie in Osteuropa. Ich zitiere Vajda: "In den tiefen Schichten der Gesellschaft finden wir unbewegliche traditionelle Gemeinschaften vor, die von einer durch nichts und niemand eingeschränkten Zentralmacht von oben zusammengehalten werden. Die ganze Gesellschaft wird von oben aufgebaut, keine gesellschaftliche Gruppierung ist autonom. Selbst der Adel besitzt nur Privilegien, aber keine Rechte der Zentralgewalt gegenüber."

Die Frage, ob Rußland zu Europa gehört ist angesichts dieser historischen Fundamente oft aufgeworfen worden. Verneinen können wird man sie allerdings kaum. Spätestens seit Peter dem Großen steht die "Europäisierung" Rußlands auf dem Programm. Symbol dafür ist St.Petersburg. Es ist von französischen, italienischen und deutschen Architekten errichtet worden. Bis hinein in das 20.Jahrhundert war die russische Oberschicht mit der Europas auf das engste versippt.

Der enge Zusammenhang zwischen Rußland und Europa wird auch auf anderen Feldern deutlich. Die Romanprosa Tolstojs, Dostojewskijs, später Tschechows, Pasternaks und Solchenizyns ist aus der europäischen Kultur nicht wegzudenken. In der Musik gilt dies unter anderem für Strawinsky, Schostakowitsch, Tschaikowskij und Mussorgskij. Und was schließlich wäre die europäische Malerei ohne Kandinsky und Marc Chagall, was die Lyrik ohne Majakowskij, Mandelstam und Pasternak.

Aber das ist nur die eine Seite der Medaille. Wer die Werke Dostojewskijs liest oder die Musik von Tschaikowskij hört, wird auch merken, daß hier andere Themen anders aufgegriffen werden. Dostojewskij war und ist für viele gerade ein Schlüssel, um das "Andere" am Osten zu verstehen. Dieses "Andere" wird auch von Solschenizyn immer wieder ausgebreitet, zuletzt in seinem Manifest an die Russen, in denen er ihnen sehr bewußt andere als die westlichen Formen der Demokratie empfiehlt.

Gestatten sie mir dazu eine Fußnote: Dieses Denken ist in Deutschland immer wieder zum Bezugspunkt undemokratischer Geistesströmungen geworden. Das muß man wissen. Die Gefahr, daß der Osten aus Frust am Westen abermals als Projektionsfläche und Objekt für Utopien genutzt wird, muß man kennen. Vaclav Klaus hat recht: "Dritte Wege führen in die dritte Welt." Das Ziel, parlamentarische Demokratien mit marktwirtschaftlichen Wirtschaftssystemen zu errichten, können wir nicht aufgeben.

Das bedeutet allerdings noch lange nicht, so weiterzumachen wie bisher oder das westliche Modell nach Osten zu transportieren. Damit würden wir weder den neuen Demokratien und befreiten Völkern noch uns einen Gefallen tun. Auch der Westen hat einen kritischen Blick auf den eigenen Zustand bitter nötig. Die Herausforderung durch den Osten, egal in welchem Teil, kann da heilsam sein. Nichts wird so bleiben wie es war.

Die andere intellektuelle Tradition, das Fremde im Ähnlichen, sehe ich dabei für uns als eine große Möglichkeit an, nach der äußeren auch die innere Freiheit zu gewinnen. Was meine ich damit? Vor allem zweierlei: Wir müssen uns eigene, realistische Ziele setzen. Wir dürfen uns nicht zum Sklaven des westlichen Vorbildes machen. Mit einer Aufholjagd ist niemandem gedient. Ich denke, die Eigenheiten und Traditionen des östlichen Europas geben Hinweise, wo wir anknüpfen können.

Europa hat erstmals seit 40 Jahren wieder die Gelegenheit, es selbst zu sein. Das ist vor allem für Deutschland, das Land in der Mitte Europas, bedeutsam. Die Westdeutschen waren kulturell eher transatlantisch als europäisch orientiert. Die böhmische, Teile der ostdeutschen und der auslandsdeutschen Kultur waren weiter weg als New Orleans oder Woodstock. Die Rückkehr Mitteleuropas in seine Traditionen wird auch dazu beitragen, daß Europa sich wieder selbst findet. Dadurch wird sich auch Deutschland umorientieren. Nach György Konráds wird sich die Mitteleuropäisierung Mitteleuropas wird die Europäisierung Europas beschleunigen.

Die Strukturen Europas müssen auch mit dem Blick auf den Osten neu durchdacht werden. Die schillernde Gratwanderung zwischen nationaler Selbstbestimmung und europäischer Integration können wir überall sehen. Sie läßt sich mit den gegenwärtigen Instrumenten der EG alleine nicht bewerkstelligen.

Die Öffnung nach Osten bietet die Chance zu einem Europa, das kleinteiliger und regionaler ist. Es wird ein Europa der Völker und Volksgruppen sein. Dies entspricht dem Gesicht Mitteleuropas. Es sind die Staaten dieses Raumes, die in der einen oder anderen Form Interesse an einer EG-Mitgliedschaft bekundet haben: Estland, Lettland, Litauen, Polen, Tschechei, Slowakei, Ungarn, Kroatien und Slowenien.

Ich hoffe und erwarte, daß ein Europa der Völker, Staaten und Regionen durch die EG-Erweiterung ein größeres Gewicht erhalten wird. Mit geschlossenen Nationalstaaten ist in Mitteleuropa nichts auszurichten. Südosteuropa zeigt derzeit, daß wir nach Formen suchen müssen, mit denen ethnische Konflikte aufgefangen werden können. Das ist vielleicht unmöglich. Aber ein föderaler Aufbau Europas, bietet dafür noch die günstigsten Voraussetzungen. Doch auch Westeuropa täte eine stärkere Regionalisierung gut. Ich erinnere an die Basken, die Südtiroler, die Schotten, an Belgien, an das Elsaß und viele andere ausgeprägte Regionalkulturen. Das größere Europa wird diese Fragen schärfer stellen, weil man nicht mehr daran vorbeisehen kann.

Ich möchte meine Bemerkungen zum Gegenstand eines Lernens für Europa damit abschließen. Ich füge noch einmal hinzu: Es handelt sich nicht um den Vorschlag für ein Curriculum. Es ging mir lediglich darum, einige Sektoren ins Licht zu rücken, die mir bisher nicht genug belichtet zu sein scheinen. Erlauben Sie mir, einige Gedanken zu den Wirkungen, die ich mir von einem Lernen für und in Europa verspreche, hinzuzufügen; in einem Europa das östlicher, mitteleuropäischer und regionaler sein wird als jenes von Maastricht. Ich möchte dabei immer auch die Lage in den neuen Ländern mit berücksichtigen.

Von Europa erhoffe ich mir in erster Linie einen erleichterten Zugang zu wirklicher innerer Freiheit. Durch die Wiedervereinigung haben wir zwar die äußere Freiheit gewonnen. Wir sind aber auf der einen Seite noch nicht dazu in der Lage, diese Freiräume auch auszufüllen. Auf der anderen Seite neigen wir allzu oft dazu, uns zum Sklaven des westlichen Vorbildes zu machen. Das richtige Gleichgewicht haben wir noch nicht gefunden.

Europa stellt uns vor allem andere Maßstäbe, Möglichkeiten und Sichtweisen vor Augen. Einseitige Fixierungen können dadurch erschüttert werden.

Thüringen hat sich daher bewußt für Europa geöffnet - schon als es das Europaministerium nicht gab! Als Kultusministerin habe ich in die Lehrpläne für Thüringer Schulen das Fach "Wirtschaft - Umwelt und Europa" eingeführt. Europa soll jedoch nicht nur Theorie bleiben: Der Austausch mit ausländischen Schulen wird gefördert. Thüringer Schulen unterhalten 57 Schulpartnerschaften zu Frankreich, 29 zu England und 26 zur Tschechoslowakei. Zu Litauen bestehen 12 und zu Polen 9 Partnerschaften, soviel wie zu den USA. Ich würde mir zwar wünschen, daß es im Osten bald wieder mehr sind. Für den Wunsch, sich jetzt erst einmal ausgiebig dem früher verbotenen "Nichtsozialistischen Wirtschaftsgebiet" zuzuwenden, habe ich aber durchaus Verständnis.

Auch mit Blick auf die gegenwärtige Debatte um die Verträge von Maastricht und die zukünftige Gestalt Europas erhoffe ich mir viel durch ein "Lernen für Europa". Vor allem ein Gesichtspunkt ist mir dabei wichtig. Die Diskussion hat sich in Dänemark und Frankreich vielfach in nationalen Kategorien abgespielt. Das ist in Deutschland nicht anders. Immer wieder wird die Frage aufgeworfen, ob die regionale und nationale Identität im zusammenwachsenden Europa nicht auf der Strecke bleibt.

Wir müssen die Sorgen ernstnehmen. Aber stehen Europa und die regionalen oder nationalen Identitäten wirklich in einem Gegensatz zueinander? Ich meine nein. In der Begegnung mit verschiedenen Kulturen kann man die eigene Identität sogar besser entdecken als zu Hause. Was daheim als selbstverständlich hingenommen wird, muß in der Fremde nämlich ständig erklärt werden. Es entsteht ein in meinen Augen heilsamer Zwang, über das Eigene im Umgang mit dem Fremden zu reflektieren.

Wenn dieses Kennenlernen pädagogisch verantwortungsvoll begleitet wird, hat es für mich einen doppelt positiven Effekt: Der Wert des je Eigenen offenbart sich genauso wie der Blick für das Gemeinsame im Fremden gestärkt wird. Daraus kann ein kritischer und anschlußfähiger Patriotismus erwachsen, der für Europa offen ist, ohne darin aufzugehen. Aus diesem Blickwinkel ist es schon fast gespenstisch, wenn immer wieder versucht wird, Europa gegen die Nationen und die Nationen gegen Europa auszuspielen.

Letztlich geht es darum, gedanklich eine Entwicklung nachzuholen, die auf vielen Feldern schon weit vorangekommen ist. Die technologische

Zivilisation hat auf unserem Kontinent neben den vorgenannten kulturellen Faktoren ein gemeinsames Fundament geschaffen. Doch nicht nur das. Die Wirklichkeit in allen für die Völker Europas wesentlichen Bereichen ist von ihren Strukturen her übernational. Und sie wird es jeden Tag mehr. Die Wirtschaft hat längst die nationalstaatlichen Grenzen gesprengt, die ökologischen Folgen unserer Zivilisation tun es ohnehin. Selbst das Verbrechen ist international organisiert. Infolge dieser übernationalen Verflechtung können die Nationalstaaten die existenziellen Probleme ihrer Völker nicht mehr in ihrem Rahmen alleine lösen. Zwischen diesen Realitäten und unserem Bewußtsein klafft noch eine Lücke. Der europäische Einigungsprozeß ist zunächst eine Antwort auf diese grundlegende Gegebenheit. Er vollzieht nach, was sich in der realen Welt längst vollzogen hat.

In diesem Zusammenhang ist es an der Zeit, über neue pädagogische und organisatorische Ansätze auch im deutschen und europäischen Bildungswesen nachzudenken. Unsere Schulabsolventen müssen zukünftig auf einem viel größeren Markt bestehen. Dazu muß sich unser Bildungssystem meiner Meinung nach in zwei Richtungen entwickeln: Bildungs- und Ausbildungsabschlüsse müssen in Kernbereichen innerhalb Europas vergleichbar werden. Anders kann der Binnenmarkt und die Freizügigkeit von Personen nicht funktionieren. Auf der anderen Seite muß die regionale Vielfalt in Europa gewahrt und ausgebaut werden. Und dies schon deshalb, um das Gleichgewicht zwischen den verschiedenen Ebenen nicht zu stören.

Genauso wichtig ist aber ein weiterer Aspekt: Innovation ist meistens eine Folge von vorhandenen Alternativen und der möglichen anderen Wege. Dieser Chance sollten wir uns nicht entziehen, wenn der Zwang zur Vereinheitlichung in bestimmten Bereichen sinnvoll und geboten erscheint. Freiheit ist dabei auch das Recht zum Unterschied. Sie verwirklicht sich ganz konkret in den kleinen Strukturen. Europa hat darauf mit dem Subsidiaritätsprinzip geantwortet. Es hat nirgends mehr Recht als im kulturellen Raum.

Mit der geistigen Produktivität kleiner Einheiten haben wir über die Jahrhunderte hinweg gerade in Thüringen positive Erfahrungen sammeln können. Das erweiterte Spannungsfeld zwischen Einheit und Vielfalt in der Bildungslandschaft wird ein wesentlicher Gegenstand unseres Dialogs über das Lernen für Europa sein.

Nachdem ich nun verschiedene Bereiche problematisiert habe, möchte ich hinzufügen, daß das Lernen für Europa selbstverständlich schon Teil der Realität auf unserem Kontinent ist - wenn auch erst in bestimmten Grenzen. Die europäische Gemeinschaft und Einrichtungen wie das deutsch-französische Jugendwerk leisten bereits über viele Jahre hinweg unverzichtbare Beiträge dafür, daß die europäische Jugend zusammenkommt. Diese Arbeit ist nicht ohne wertvolle Früchte geblieben. Es hat mich gefreut, daß die junge Generation Frankreichs sich entschieden eindeutiger für den Vertrag von Maastricht ausgesprochen hat als die mittlere und die ältere Generation. Europa ist für unsere jungen Nachbarn offenbar eine bereits nicht mehr wegzudenkende Realität.

Lernen für Europa, der Titel dieses Vortrages hätte so gesehen, auch ohne Fragezeichen stehen können. Die Förderprogramme, welche die EG in den vergangenen Jahren für Bildungsarbeit und Jugendaustausch aufgelegt hat, waren mit Sicherheit gut angelegt. Dadurch ist ein Kapital an Kontakten und gegenseitigem Verständnis entstanden. Dieses Kapital wird uns auch über die gegenwärtige Krise der EG wegtragen. Insofern ist ein solides Fundament für eine Aussprache über Bildung in, für und über Europa vorhanden. Jetzt geht es darum, am Ball zu bleiben.

Europa stellt an uns neue Fragen. Ich habe versucht, Ihnen darzustellen, was dabei für mich vorrangig ist und hoffe, Ihnen dadurch einige Anregungen für Ihre Tagung gegeben zu haben.

Horst Hörner

Vermittlung von Schlüsselqualifikationen als internationale Aufgabe

Was wird nun aus Europa? Wie lassen sich die Abstimmungen in Dänemark und Frankreich erklären, das "Nein" in Dänemark, das Ergebnis (ein knappes Ergebnis) in Frankreich? Wie würden die Menschen in der Bundesrepublik Deutschland abstimmen? Bei einer Telefonumfrage bei der ARD sprachen sich von 70000 Anrufern 81% gegen die Einheit aus, Maggie Thatcher dankte den Dänen für ihr "Nein". Im übrigen war auch zunächst das Interesse an dieser Tagung von seiten der Lehrer relativ gering. Die Einladungen, die an die Schulen verschickt wurden, lagen, wie ich selbst feststellen konnte, z.T. noch völlig unberührt in den Lehrerzimmern.

Was sind die Bedenken, die den einzelnen veranlassen, vorsichtiger zu sein, den Gedanken Europäer zu werden, von sich zu weisen oder zu verdrängen? Angst vor der Konkurrenz der anderen, Angst übervorteilt zu werden, den Schwächeren vielleicht mehr abgeben zu müssen als man kann oder möchte - dann aber muß? Angst, die landeseigene Währung zu verlieren, die D-Mark, die Krone, das Pound? Angst und Mißtrauen vor dem Brüsseler Zentralismus? Ein Sprecher der Konservativen Englands hat auf dem Kongress seiner Partei in Brighton das englische Pound als "das Opferlamm der Deutschen Bundesbank" bezeichnet, die Losung des Republikaner-Führers Franz Schönhuber heißt: "Maastricht ist Versailles ohne Krieg".[1]
Angst vor materiellen Verlusten und Angst vor Bevormundung, oder Angst aus Unwissenheit? Die Menschen in den Ländern scheinen noch nicht reif für eine europäische Union.

Wer weiß schon, was auf uns zukommt? Die Politiker sollten es wissen, die Mehrheit der Bevölkerung der Mitgliedsstaaten weiß es nicht. Presse-

1) Vergl. Der Spiegel (1992), 46, 41, S. 21.

veröffentlichungen helfen da auch nicht viel weiter. Robert Leicht schreibt in der Wochenzeitung "DIE ZEIT" 2) vom 18. September 1992.

"Zwiespältig müsse die Reaktion auf Maastricht bleiben. Der gegenwärtige mögliche Schritt führe weit heraus aus dem Gehäuse nationaler Sicherheit, doch nicht weit genug in das gemeinsame europäische Haus hinein. Dennoch handele es sich bei dieser Bewegung über den Staatenbund hinaus um einen einmaligen Schritt in der Weltgeschichte."

Und weiter unten fährt er fort:

"Wer nicht bloßem Idealismus anhängt, kann ein solches Wagnis kaum aus Gewißheiten, sondern nur aus der Sorge vor Ungewißheiten begründen."

Und schließlich:

"Das Europa von Maastricht müsse für lange Zeit eine zwitterhafte Zwischenlösung bleiben, voller Mängel, Ungereimtheiten, ja konzeptionellen Widersprüchen."

Das Bild des zukünftigen Europas ist noch nicht erkennbar. Dem politischen Willen für eine europäische Union steht eine weit verbreitete Skepsis in der Bevölkerung gegenüber, Skepsis gegenüber den anderen, Zweifel vielleicht an deren Zuverlässigkeit, an deren Arbeitsmoral, an deren Sozial- und Wirtschaftspolitik aber auch möglicherweise an deren Andersartigkeit oder auch vor deren nationalem Imponiergehabe.

Neben wirtschaftlichen, nationalen, historischen, existentiellen Sorgen und Motiven für die sich ausbreitende Distanz zu Europa kommen neuerdings auch politische und juristische Bedenken hinzu. Man spricht vom "Demokratiedefizit der Union" und von der "Entwertung des Grundgesetzes".3) Die Länder in der Bundesrepublik bangen um ihre föderalistischen Rechte.

Die Befürworter unter den Politikern haben die Rechnung offensichtlich ohne die Basis gemacht, ohne die Basis entsprechend aufzuklären und darauf vorzubereiten. Wenn nur knapp 50% der Bevölkerung in den Mitgliedsstaaten hinter der Union stünden, hätte man - psychologisch gesehen - nur ein halbes Europa und dies wäre auf Dauer niemandem zu wünschen.

Europäische Integration, das Zusammenrücken, hat Konsequenzen in vielerlei Hinsicht. Darauf muß vorbereitet werden. Der Europäer steigt nicht aus den Verträgen von Maastricht wie weiland Venus aus dem Schaum des Meeres. Zum Europäer oder besser für das Miteinanderleben

2) DIE ZEIT (1992). 39, S. 3.
3) Hohenheimer Europa-Colloquium (1992, 18. September).

in Europa muß erst qualifiziert werden. Wir sprechen in diesem Zusammenhang von Schlüs-selqualifikationen. Bei ihrer Vermittlung ist auch die Pädagogik gefordert.

Mit einem Schlüssel öffnet man Türen, erschließt dadurch neue Räume, verschafft sich Zugang zu neuen Gegebenheiten und neuen Möglichkeiten. In Analogie zum Begriff "Schlüsselindustrie" versteht man unter "Schlüsselqualifikation" auch so etwas wie besonders wichtige Qualifikationen.[4]

Da man noch nicht weiß, wie das zukünftige Europa ausschauen wird, läßt sich zu diesem Zeitpunkt auch noch kein vollständiger Katalog von erforderlichen Schlüsselqualifikationen vorstellen. Über mögliche Ausgangspositionen und Methoden bei der Gewinnung von Schlüsselqualifikationen nachzudenken, scheint mir jedoch durchaus möglich. Ich will versuchen, dies an einem Modell zu demonstrieren.

Es ist hinlänglich bekannt (Vergl. Fägerlind/Saha[5]...), daß Erziehung und Gesellschaft in einem dialektischen Verhältnis zueinander stehen, d.h. sich gegenseitig beeinflussen.

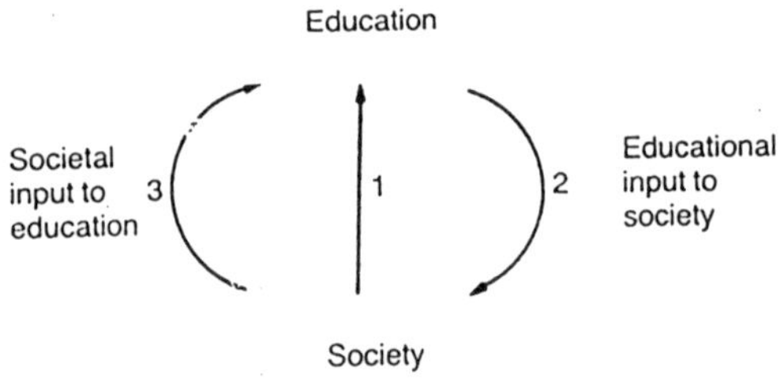

Abb.1: "Education in the first instance is a product of society (1), but then acts on society bringing about change (2), which acts again on education (3)."[6]

Von diesem Modell ausgehend läßt sich für unsere Fragestellung folgendes zeigen: Wenn sich der soziale Kontext ändert, wenn sich die nationalen Gesellschaften (Sozietäten) zu einer übernationalen, zu einer eu-

4) Vergl. Hörner, H. (1992). Zur Bildungstheorie und Didaktik von Schlüsselqualifikationen. Lehren und Lernen, 18, 65-80.

5) Fägerlind, I. & Saha, L.J. (1989). Education & National Development (2.Aufl.). Oxford: Pergamon Press.

6) ebd. S. 226

ropäischen Gesellschaft hin entwickeln, ja wenn sie sich auch nur geringfügig ändern, dann hat dies Auswirkungen auf die Erziehung. Daß dies für die Europäische Union nach den Maastrichter Beschlüssen auch beabsichtigt ist, darauf haben Dittmann und Fehrenbacher[7)] hingewiesen: Danach "werden Bildung und berufliche Ausbildung nunmehr ausdrücklich zu Angelegenheiten (auch) der Europäischen Gemeinschaft erklärt."[8)]

Andererseits wirkt das educational system, modified or not, mit seinen anthropologischen Prämissen und Implikationen wieder auf die Gesellschaft zurück. Die politischen Entscheidungsträger und die Gesellschaftspolitiker sind immer auch schon - bewußt oder unbewußt - durch schulische Sozialisation geprägt. Ihre Politik wird davon beeinflußt.

Man kann dieses Interdependenzverhältnis, wie die beiden Autoren Fägerlind und Saha gezeigt haben, noch weiter differenzieren.

Die weitere Differenzierung geschieht durch die Gliederung der Gesellschaft in drei zentrale Bereiche, den kulturellen, den politischen und den ökonomischen. Alle diese Bereiche beeinflußen sich wiederum gegenseitig sowie auch das Bildungssystem - wie umgekehrt - das Bildungssystem seinerseits wieder auf diese Bereiche einwirkt.

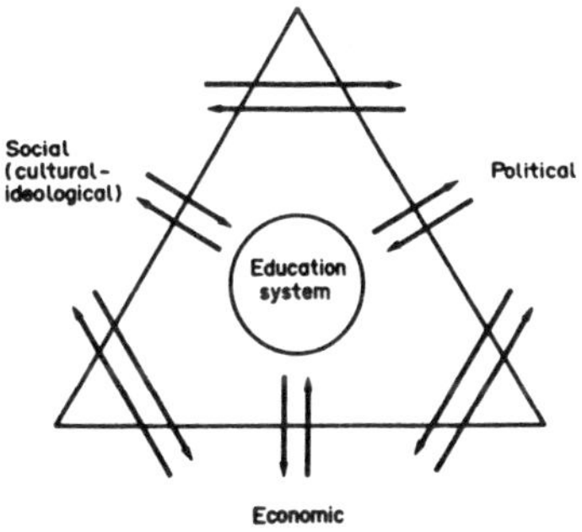

Abb. 2: "Education in any society is part of a dialectical process with the economic, social and political dimensions of society."[9)]

7) Dittmann, A./Fehrenbacher, C. (1992): Die bildungsrechtlichen Harmoniserungsverbote (Art. 126 Abs. 4, 127 Abs. 4 EGV) und ihre Bedeutung für die nationale Bildungshoheit. Recht der Jugend und des Bildungswesens, 40, 478-493.

8) ebd. S. 478

9) Fägerlind, I., Saha, L. J. (1989). Education & National Development (2. Aufl.). (S. 226). Oxford: Pergamon Press.

Denkbar wäre, daß trotz der im Modell angedeuteten zentralen Lage der Erziehung, in der Realität vieles an ihr vorbeiläuft, und daß man sich erst dann auf das Schul-und Bildungssystem besinnt, wenn es bereits zu spät ist.

Ob und inwieweit die Richtungspfeile in der Darstellung der Interdepenzverhältnisse einzelner Systeme gleich stark ausgebracht werden können, ob die wechselseitige Beeinflußung ausbalanciert ist, muß von Fall zu Fall untersucht werden. Um die Erziehung schlecht bestellt wäre es, würde sie zur abhängigen Variablen der drei anderen Bereiche degradiert werden.

Im Hinblick auf die europäische Union hätte man nun einerseits nach den ökonomischen, soziokulturellen und politischen Gegebenheiten und Spezifica zu fragen, mit denen Erziehung neuerdings konfrontiert wird bzw. auch darüber nachzudenken, inwieweit von einem Erziehungs- und Bildungsverständnis her auf diese Bereiche Einfluß ausgeübt werden soll und kann.

Sicher ist, daß mit der Realisierung des Vertrages für die Menschen der europäischen Union ein neuer, qualitativ anderer Lebens-, Rechts- und Wirtschaftsraum geschaffen wird. Die Existenz in diesem Raum bedeutet Neuorientierung. Diese Neuorientierung setzt gewisse Kompetenzen und Qualifikationen voraus, die es zu vermitteln gilt.

Die Qualifikationen lassen sich nach unserem Ausgangsmodell vom sozialen Kontext bzw., wenn man von dem 2. Modell ausgeht, von den drei gesellschaftlichen Bereichen her bestimmen; aber auch von der Education her, denn der Mensch ist nicht nur homo oekonomicus, wenngleich er auf wirtschaftlich gesicherte Lebensbedingungen angewiesen ist.

Wir müssen also von zwei Positionen an die Aufgabe heran gehen:

- Erstens müssen wir fragen, was notwendig ist, damit die Union wirtschaftlich und politisch funktioniert,
- zweitens müssen wir überlegen, welche Möglichkeiten die Union der Bildung des einzelnen bietet.

Die Schaffung eines europäischen Binnenmarktes entspringt in erster Linie politischen und ökonomischen Überlegungen. Die Kennntis der Gesetzmäßigkeiten dieses neuen Wirtschaftsgebildes, das Wissen um die wirtschaftlichen Konsequenzen für den einzelnen, das Denken, Analysieren und Planen in europ-ökonomischen und europ- politischen Kategorien sind deshalb unabdingbare Voraussetzungen für Akzeptanz und Identifikation, notwendige Bedingungen auch, um Ängste abzubauen. Ein solches Wissen muß vermittelt und das Denken in neuen wirtschaftlichen Kategorien geschult werden.

Wir aber fragen nicht nur, welche Wirtschaftschancen sich den Menschen der Mitgliedsländer eröffnen, sondern auch welche Bildungschancen der Jugend geboten werden, ja, was getan werden muß, um in Analogie zur Verbesserung der Wirtschaft auch die Bildungschancen zu erhöhen. Die Diskussion über die Bildungschancen hat sich am Bildungsbegriff zu orientieren.

Was versteht man unter Bildung? Bereits die klassischen Bildungstheoretiker haben Mündigkeit, Autonomie, Freiheit des eigenen Denkens und eigener moralischer Entscheidungen als zentrale Kriterien eines Gebildeten herausgestellt. Bildung vollzieht sich im Spannungsfeld zwischen Subjekt und Objekt. Sie ist dort am effektivsten, wo der Mensch selbstätig und selbständig gestaltend auf die Welt der Dinge wirkt, wo der sich Bildende (buch-stäblich) bildet. In Anlehnung an Hegel könnte man sagen: Dort wo der Mensch das Ding bildet, bildet er sich selbst.[10)]

Bildung in diesem Sinne etwa als Selbstbestimmung und Mitwirkung im Existenzraum Europas setzt in hohem Maße Mündigkeit in der ursprünglichen Bedeutung des Wortes voraus, Mündigkeit als die Fähigkeit mitreden zu können. Zum Mitreden bedarf es nicht nur der Sprache, der Sprachkompetenz, sondern auch der Kommunikationsfähigkeit i.w. Sinne des Wortes.

Die Fähigkeit zur Selbstbestimmung und die Fähigkeit zur Mitbestimmung müssen aber noch ergänzt werden durch die Fähigkeit zur Solidarität. Obgleich am schwersten zu vermitteln, ist sie vielleicht die wichtigste Bedingung für das Werden Europas.

Sicherlich ändert sich mit der Vereinigung Europas auch der kulturelle Raum, es kommt zu neuen Kulturbegegnungen und zu kulturellen Herausforderungen.

Kulturen sind manifest gewordene Interpretationen von Welt, die geistige Auseinandersetzung mit ihnen kann zu einer Neuinterpretation des eigenen Weltverständnisses führen, auf alle Fälle ist sie aber, wie uns die

---

10) Hörner, H. (1992). Zur Bildungstheorie und Didaktik von Schlüsselqualifikationen. Lehren und Lernen, 18, 65-80.

Geistesgeschichte, auch im Bereich der Erziehungswissenschaften, lehrt, eine Bereicherung. Kulturbegegnung wird vor allem dort zur Bereicherung, wo die Fähigkeit und die Befähigung zum Kulturschaffen, zum Kulturverständnis, wo Offenheit und Toleranz vorhanden sind.

Damit ist aber auch schon angedeutet, daß die europäische Gesellschaft keine Einheitssgesellschaft i.S. einer uniformierten Gesellschaft sein kann, wenn schon Einheit, dann Einheit in Vielfalt. Diese neue Vielfalt aber bietet ungeahnte Bildungschancen.

Daß man bei der Gestaltung eines neuen Europas die Bildung des Menschen nicht vernachlässigen darf, ist mit dem Thema dieses Kongresses bereits zum Ausdruck gebracht worden, daß die Qualifikationsbestimmung für den neuen Europäer nicht einseitig erfolgen darf, wurde versucht zu verdeutlichen.

Wie die Qualifikationen im einzelnen präzisiert werden können, werden die nachfolgenden Beiträge exemplarisch aufzeigen.

Jean Deletang, vom Institut Universitaire de Formation des Maitres, L'Akademie de Reims denkt aus französischer Sicht u.a. auch über Schlüsselqualifikationen in der Lehrerbildung nach.

Klaus Lorenz vom Ministerium für Kultus und Sport Baden-Württemberg begründet die bildungspolitischen Maßnahmen zur Förderung übergreifender Bildungsziele.

Artur Fischer appelliert aus der Sicht des Unternehmers und Erfinders an Schule und Politik, Kreativität zu fördern und ein dafür notwendiges Investitionsklima zu schaffen.

Ausgehend von der These, Schlüsselqualifikation seien die Antworten auf Schüsselprobleme der Arbeitswelt, entwickeln à Brassard und Sachs Schlüsselqualifikationen für die betriebliche Ausbildung und machen hinsichtlich der "Vermittlung von Schlüsselqualifikationen als europäische Aufgabe" Vorschläge zur Konsensfindung.

Ein erster Schritt zur Verständigung über Erziehung und Bildung in Europa könnte zusammen mit den Mitgliedsstaaten ein Bemühen um eine *Charta de Ecole Europe* sein.

Allen ist bewußt, daß die Vermittlung von Schlüsselqualifikationen als internationale Aufgabe nur gemeinsam und im internationalen Rahmen gelöst werden kann.

Jean Deletang

Die neuen Perspektiven in der Lehrerbildung in Frankreich

Der Artikel 17 des Bildungsplanungsgesetzes vom 10.07.1989 sieht ab *September 1990* in jedem Oberschulamtsbereich die Schaffung eines *Instituts zur Lehrerausbildung (i.U.F.M.)* vor. Als höhere Bildungseinrichtungen werden diese Institute an eine oder mehrere Universitäten angegliedert; im Rahmen der vom Staat festgelegten Richtlinien sind sie für die grundständige Ausbildung der Lehrer zuständig und leisten einen Beitrag zu ihrer Weiterbildung und zur Forschung in den Erziehungswissenschaften.

Dieser Artikel 17 führt zu einer grundlegenden Veränderung der Lehrerausbildung in Frankreich. Nach einer kurzen Darstellung der Situation vor 1990 möchte ich versuchen, die Perspektiven, die diese Schaffung von i.U.F.M's eröffnet, aufzuzeigen und deren Erfolgschancen abzuschätzen.

Bis zum Jahre 1990 war die Lehrerausbildung in Frankreich durch die Gliederung in zwei Ausbildungssysteme und durch den Gegensatz zwischen zwei Ausbildungsmodellen gekennzeichnet.

Auf der einen Seite die Ausbildung der Lehrer des Primarbereiches, die in den Kindergärten und Grundschulen unterrichten, auf der anderen Seite die Ausbildung der Lehrer des Sekundarbereiches, die an den Realschulen und Gymnasien unterrichten.

Die Grundschullehrer, deren Zugangsvoraussetzungen seit 1986 Abitur und ein zweijähriges Hochschulstudium war, wurden in den Êcoles Normales ausgebildet, d.h. in kleinen pädagogischen Instituten mit durchschnittlich 100 bis 200 Studierenden, die sich aber durch ein klares Profil auszeichneten und in ihrer Region fest verwurzelt waren. In jedem der 95 französischen Départements gab es mindestens eine Êcole Normale. Das Ausbildungsangebot an den Êcole Normales sollte Grundkenntnisse in den verschiedenen Fächern, die an einer Grundschule unterrichtet werden, vermitteln, aber das Hauptgewicht lag auf der pädagogischen Ausbildung und der Allgemeinbildung, d.h. der Vorbereitung auf den Beruf in seinen vielfältigen Aspekten, einschließlich des affektiven und ethischen Aspektes.

Die Lehrer an Realschulen und Gymnasien, deren Zugangsvoraussetzung ein staatliches Auswahlverfahren nach Abitur + 3 oder sehr häufig

Abitur + 4 Jahren Hochschulstudium war, bereiteten an der Universität den theoretischen Teil des Auswahlverfahrens vor, nach dessen erfolgreichem Bestehen noch eine einjährige Berufsausbildung an einem Studienseminar (C.P.R.) folgte. Im Gegensatz zu den Êcole Normales waren die Studienseminare (C.P.R.) keine eigenständigen Anstalten: Sie verfügten weder über ein Leitungspersonal noch über vollzeitige Betreuungskapazitäten und in den meisten Fällen auch über keine ausreichenden räumlichen Ausstattungen.

Abgesehen von einem Praktikum in der Klasse eines erfahrenen Lehrers und 4-6 Wochenstunden eigenverantwortlichen Unterrichtens, beschränkte sich die Berufsausbildung auf einen Tag in der Woche. Sie galt zumeist als unzureichend, praxisfern. Kurzum, es herrschte die Meinung, daß die Gymnasiallehrer einen hohen fachwissenschaftlichen Kenntnisstand besaßen, aber Lücken in ihrer pädagogischen und beruflichen Ausbildung aufwiesen.

Diese Situation war das Abbild eines Ausbildungsmodells, das lange im Hochschul- und Sekundarschulwesen vorherrschte: Ein guter Studienrat muß in erster Linie sein Fach beherrschen, alles Weitere ist nicht lernbar; es ist Sache des Talentes, der Begabung, der Intuition oder des Lernens am Vorbild erfahrener Praktiker.

Die neuen Lehrerausbildungsinstitute (i.U.F.M.) ersetzen von nun an sowohl die Êcole Normales als auch die Studienseminare; sie haben eine zweifache Zielsetzung:

- eine genügende Anzahl von Lehrern bereitzustellen, um die zahlreichen Verabschiedungen in den Ruhestand und die hohen Klassenstärken in den Gymnasien auszugleichen.
- Lehrer auszubilden, die in der Lage sind, 80% eines Jahrgangs *zum Abitur* zu führen und den verbleibenden 20% eine *berufliche Qualifikation* zu vermitteln.

Um diese zweifache Zielsetzung zu erreichen und u.a. die Produktivität des Bildungssystems zu verbessern, war es nötig, die *Abschottung der Ausbildungssysteme* zu beenden und eine *gänzlich neue Struktur* zu schaffen, deren wichtigste Prinzipien folgende sind:

1. Prinzip:
Alle Ausbildungsgänge der Universität annähern, einschließlich den der Grundschullehrer. Der Sitz einer i.U.F.M. ist zwangsläufig in einer Universitätsstadt. Aber annähern und nicht integrieren, denn die Lehrerausbildung obliegt der *Verantwortlichkeit des Staates* und muß in ein Gesamtkonzept eingepaßt sein, das auf nationaler Ebene ausgearbeitet wird.

2. Prinzip:
Ein neues Ausbildungsmodell schaffen:
Es ist das Modell einer *umfassenden Professionalität*, so wie es in einem dem Minister im Oktober 1989 vorgelegten Bericht definiert ist.

Diese umfassende Professionalität gründet sich auf den Erwerb beruflicher Fähigkeiten
- planvolles pädagogisches Handeln,
- Lernsituationen vorbereiten und einleiten,
- den Ablauf einer Lernsituation steuern und auswerten,
- den Beziehungsaspekt berücksichtigen,
- den Schülern bei Arbeitsaufträgen Lernhilfen vermitteln,
- Gruppenarbeit.

Die Umsetzung jeder dieser Fähigkeiten bezieht drei Kenntnisaspekte ein
- Fachkenntnisse,
- Kenntnisse über die Lenkung von Lernprozessen,
- Kenntnisse über das Bildungssystem.

3. Prinzip
Eine neue Organisation der Ausbildung einrichten
Vier wesentliche Aspekte verdienen dabei hervorgehoben zu werden:
- Alle Lehrer aus dem Primar- und dem Sekundarbereich haben von nun an dieselben Zugangsvoraussetzungen zum staatlichen Auswahlverfahren, nämlich Abitur + 3-jähriges Hochschulstudium. Das Auswahlverfahren der 'Professeurs des écoles', wie inzwischen die Grundschullehrer heißen und die Auswahlverfahren der Gymnasial- und Realschullehrer findet am Ende des ersten Ausbildungsjahres am I.U.F.M. statt. Im Gegensatz zu den bisherigen Auswahlverfahren geht es nunmehr über die Überprüfung akademischer Kenntnisse hinaus um die Überprüfung bislang erworbener beruflicher Fähigkeiten. Nach erfolgreichem Be-

stehen des Auswahlverfahrens und Erlangung des Beamtenstatus absolviert der zukünftige Lehrer ein zweites Ausbildungsjahr, das zur Verleihung des Staatsexamens und zur Ernennung des Beamten führt.

- Die Organisation der zweijährigen Ausbildung stützt sich auf ein ständiges Zusammenwirken zwischen den verschiedenen Ausbildungstypen, insbesondere zwischen der theoretischen Ausbildung am i.U.F.M. und der praktischen Ausbildung vor Ort, d.h. in den Ausbildungsschulen; die Praktika müssen in enger Anlehnung an die Lehrangebots des i.U.F.M. vorbereitet, durchgeführt und ausgewertet werden, unter besonderer Berücksichtigung praxisbezogener Beobachtungs- und Analyseaufgaben, wie sie von den zukünftigen Lehrern verlangt werden.
- Die neue Organisation muß die Heterogenität des Ausbildungsstandes der Adressaten berücksichtigen und auf die vorherigen Studienleistungen und beruflichen Erfahrungen der Studierenden eingehen. Daher müssen die Ausbildungslaufbahnen individualisiert werden und individualisiertem Arbeiten breiten Raum gewähren. Allgemeiner gesagt muß die Ausbildung am i.U.F.M. in einem schrittweisen Prozeß gemäß der vorher erhaltenen Ausbildung und im Hinblick auf die Weiterbildung nach dem Studium am i.U.F.M. organisiert werden.
- Der Studienaufbau sieht schließlich mindestens 120 Stunden für eine gemeinsame Ausbildung der Lehrer für die Primarstufe und für die Sekundarstufe vor. Ziel ist hier, den Aufbau einer allen Lehrenden gemeinsamen beruflichen Kultur zu fördern, unabhängig von deren Spezialgebieten, Fachrichtungen und Schulstufen. Diese gemeinsame Ausbildung zielt ab auf die Kontinuität des Lernens in einem Fach von der Vorschule bis zur Universität, auf einen vergleichenden Ansatz des Unterrichts in verschiedenen Fächern, auf das Bildungssystem und sein Umfeld sowie auf die modernen Informations- und Kommunikationstechniken.

Drei i.U.F.M. wurden als Pionierinstitute im September 1990 gegründet, 25 weitere folgten im September 1991, das letzte wurde im September 1992 gegründet.

Wie sehen die Erfolgschancen aus?

Wie jede neue Institution rufen die i.U.F.M. Widerstand gegen Veränderungen hervor, stoßen auf Schwierigkeiten und Hindernisse.

- Die Mitbeteiligung der Lehrenden an den Universitäten fällt je nach Ort und Fakultät ganz unterschiedlich aus; die Fachbereiche der Erziehungswissenschaften und der Psychologie sehen hierin gerne eine Ausweitung ihres Aufgabenbereichs; aber viele haben andere Sorgen oder nehmen eine distanzierte, wenn nicht gar mißtrauische Haltung ein.
- Die Schulaufsichtsbehörden fühlen sich in die Rolle eines Dienstleistenden zurückgedrängt; sie hätten gerne mehr Gewicht in der Führung des Ausbildungswesens.
- Die Lehrenden des i.U.F.M. selbst üben zumeist ihre bisherige Tätigkeit an denselben Institutionen, einschließlich der École Normales aus; es gelingt ihnen nicht immer ihre bisherigen Praktiken zu verändern. Zudem haben die Ausbildenden für den Primarbereich, diejenigen für den Sekundarbereich und die Hochschullehrer der Universitäten manchmal Schwierigkeiten, dieselbe Sprache zu sprechen oder nach derselben Logik zu denken, da sie bislang in getrennten Welten gelebt haben und sich in ihrer Kultur, ihrer Hierarchie und ihren Gewohnheiten zu sehr unterscheiden.

In der Tat scheinen mir die i.U.F.M. zwei größeren Gefahren ausgesetzt zu sein:

- dem Auseinanderklaffen des wissenschaftlichen und des beruflichen Bereiches,
- dem Auseinanderklaffen der Ausbildung für die Primarstufe und für die Sekundarstufe.

Schließlich leiden die i.U.F.M. in Frankreich an der Schwäche universitärer Forschung auf dem Gebiet der Didaktik und Erziehungswissenschaften. Aber es fehlt auch nicht an Gründen, optimistisch zu sein:

- Hier sei zuerst der Wille des Ministers genannt, kein einförmiges und starres i.U.F.M. aufzwängen zu wollen.

  Jedes i.U.F.M. muß zwar sein Ausbildungsmodell dem Ministerium zur Billigung vorlegen, aber es verfügt über eine große pädagogische Autonomie bei der Ausgestaltung und Organisation seines Ausbildungsvorhabens, bei dem es vertraglich mit den verschiedenen lokalen Instanzen, die an der Lehrerausbildung teilhaben, zusammenarbeitet.

- Sodann die tatsächliche Bereitschaft der überwiegenden Mehrheit der Lehrkräfte der i.U.F.M. - ganz gleich welcher Sparte - sich für diesen neuen Ausbildungstyp zu engagieren und sich an neuen Projekten zu beteiligen, welche dank dieses Zusammenwirkens zwischen den verschiedenen Arten von Hochschullehrern sich vielseitiger und reicher gestalten.
- Schließlich sei der auf allen Ebenen der Institution bekundete Wille genannt, darauf zu achten, daß ein Zusammenhang gewahrt wird zwischen der Ausbildung am i.U.F.M. und den neuen Perspektiven des Erziehungssystems, zwischen der Ausbildung am i.U.F.M. und der vorherigen Bildung wie auch der Weiterbildung.
- Schließlich zwischen den verschiedenen Ausbildungszweigen am i.U.F.M. selbst, insbesondere zwischen den zwei Jahren der Ausbildung.

Werden die erziehungswissenschaftlichen Hochschulen i.U.F.M. in der Lage sein, sich ein klares Profil zu schaffen, mit dem sich alle identifizieren können? Werden sie die Stätte sein, in der eine neue Kultur des Bildungswesens geprägt wird? Um auf diese Fragen eine Antwort zu geben, sollten wir uns in einigen Jahrzehnten wieder zusammenfinden ....

Klaus Lorenz

Schlüsselqualifikationen aus Sicht der beruflichen Schulen

Begründung der verstärkten Förderung übergreifender Bildungsziele

Die jungen Menschen, die heute in den Schulen sind, erleben einen starken Veränderungsprozeß in allen Lebensbereichen. Die sich gegenseitig beeinflussenden Entwicklungen der Wissenschaft, der Technologie, der Arbeitswelt, der Sozialstruktur, der Weltbevölkerung und der Umwelt verändern Weltbild und Menschenbild, die traditionelle Grundlage für das Hineinwachsen junger Menschen in Kultur und Gesellschaft sind. Die schwindende Stabilität dieser Grundlagen birgt die Gefahr des Orientierungs- und Sinnverlustes, weil sie als bislang "absolut" anerkannte Bezugspunkte ihre strukturierende und orientierende Kraft verlieren.

Das Ziel schulischer Bildung - so wurde dies bereits als Grundlage der Lehrplanrevision und der darauf aufbauenden Weiterentwicklung gesehen [1), 2)] - muß deshalb künftig verstärkt darin bestehen, die Menschen unter diesen sich ändernden Rahmenbedingungen in ihrem Umfeld in humaner Weise existenzfähig zu machen. Es gilt, sie zu befähigen, das Gemeinwesen in positiver Weise mitgestalten zu können, d.h. sie zur aktiven Lebensgestaltung und zur Übernahme von Verantwortung für die Gemeinschaft zu befähigen. Die sich abzeichnende zunehmende Individualisierung der Gesellschaft muß von dem Bewußtsein der Verantwortung des einzelnen für die Gemeinschaft getragen sein; in der Förderung dieses Bewußtseins hat die Schule eine zentrale Aufgabe. Der daraus erwachsende Bildungsanspruch umfaßt die Notwendigkeit, Bildung auch als beruflich nutzbare Qualifikation zu begreifen; denn die Lösung der sich aus den genannten Entwicklungen ergebenden konkreten Fragestellungen ist nur aus einem auch wirtschaftlich leistungsfähigen Gemeinwesen heraus möglich. Ziel ist es, Menschen zu bilden, die ihr Leben selbständig, bewußt und sinnorientiert gestalten.

Doch nicht nur die außerberufliche Lebenswelt ist von einem dynamischen Wandel erfaßt, sondern auch die Berufs- und Arbeitswelt verändert sich mit hoher Dynamik. Zwei Entwicklungsrichtungen kennzeichnen die gegenwärtige Berufsausbildung: Zum einen soll eine möglichst breit angelegte Grundbildung berufliche Flexibilität und ein lebenslanges Lernen fördern. Zum anderen bedingt der technologische Wandel eine zunehmende Differenzierung und Spezialisierung der Berufstätigkeiten. Dieser Sachverhalt bestimmt Inhalte und Gliederung der Erstausbildung und der Weiterbildung.

Die optimale Nutzung hochtechnisierter Geräte und Maschinen erfordert qualifizierte Mitarbeiter, die sich durch differenzierte Kenntnisse und Fertigkeiten, aber auch durch ein Verstehen übergreifender Zusammenhänge auszeichnen. Darüber hinaus müssen sie im Laufe ihres Arbeitslebens bereit und fähig sein, ihren Qualifikationsstand verschiedenen neuen und wegen der technischen Weiterentwicklung zunehmend komplexeren Anforderungen anzupassen. Diese Entwicklungen machen es notwendig, *Schlüsselqualifikationen* zu formulieren und sie in der beruflichen Bildung stärker zu berücksichtigen.

1) Kultus und Unterricht Nr. 21/1991
2) Kultus und Unterricht Nr. 28/1991

Schlüsselqualifikationen sind dauerhafte und langfristig wirksame Fähigkeiten, Einstellungen und Werthaltungen. Sie zu fördern und zu entwickeln, zielt sowohl auf die Berufsqualifikation als auch auf die ganzheitliche Entwicklung der Persönlichkeit.

Diese Einsicht führte in den letzten Jahren zu einer Intensivierung und einer zunehmenden Pädagogisierung der beruflichen Bildung in den Unternehmen. Die Auszubildenden sollen *fachliche* (Fachkompetenz), *methodische* (Methodenkompetenz) und *soziale* (Sozialkompetenz) *Kompetenzen* erlangen, die ihnen *berufliche* Handlungsfähigkeit (Handlungskompetenz) sichern. Dabei sind die pädagogischen Zielvorstellungen, die zuvor nur für das Lernen in Schulen bestimmend waren, übernommen worden. Diese auf der Grundlage einer kritischen Auseinandersetzung mit neuhumanistischen Bildungsdenken und der klassischen Berufsbildungstheorie gewonnenen Einsichten führten zu einem neuen Verständnis von Erziehung und Bildung, das im Blick auf deren Zielsetzung charakterisiert ist durch die gleichwertige Funktion allgemeinen und speziellen, d.h. beruflichen, Lernens. Betriebliche Ausbildungseinrichtungen orientieren sich zunehmend an diesem berufspädagogischen Gedankengut und übernehmen es als Maßstab ihres praktischen Handelns. Damit finden allgemeine Ziele und Bestrebungen, wie sie bereits im Schulentwicklungsplan des Landes Baden-Württemberg zu Ende der 60er Jahre und als Erziehungs- und Bildungsziele zur Neugestaltung der Bildungspläne in den 80er Jahren formuliert wurden, Eingang in betriebspädagogische Ausbildungskonzepte der Unternehmen.

Dies ist ein beachtenswerter Vorgang: Allgemeine Erziehungs- und Bildungsziele, die als Maßstäbe pädagogischen Handelns im Sinne einer umfassenden ganzheitlichen Menschenbildung anerkannt sind, werden als bedeutsame *Schlüsselqualifikationen* ausgewiesen. Sie erscheinen geeignet, junge Menschen für die sich rasch ändernden Anforderungsstrukturen in Wirtschaft und Gesellschaft auszubilden und vorzubereiten. Zugleich wird die Notwendigkeit betont, diese allgemeinen Ziele mit Situationen des praktischen Handelns zu verbinden, die für konkrete Anforderungen in Wirtschaft und Gesellschaft als exemplarisch angesehen werden können. Es handelt sich um Situationen und Handlungsfelder, deren didaktische Aufarbeitung *langfristig verwertbare Kenntnisse, Fähigkeiten und Fertigkeiten, Einstellungen und Haltungen* zu vermitteln vermag. Zu denken ist insbesondere an die Auswirkungen der sogenannten Schlüsseltechnologien, wie z.B. der Energietechnologien, Mikroelektronik, Informationstechnologien oder Material- und Organisationstechnologien auf die berufliche Bildung. Die genannten Technologien belegen die enge Verknüpfung des Begriffs der Schlüsselqualifikationen mit betrieblichen Vorstellungen, Unternehmensziele auf einem hohen innovativen Qualitätsstandard zu erreichen.

Schlüsselqualifikationen im Kontext der Erziehungs- und Bildungsziele der beruflichen Schulen

Die 80er Jahre waren geprägt von einer umfassenden und tiefgreifenden Reflexion des Erziehungs- und Bildungsauftrags der Schulen. Sichtbarer Ausdruck hierfür ist die Revision der Lehrpläne. Die Lehrpläne der allgemeinen und beruflichen Schulen wurden inhaltlich aufeinander abgestimmt.

Ein Ziel der Lehrplanrevision war es, den Erziehungsauftrag der Schule zu verstärken. Die Schülerinnen und Schüler sollen über den Erwerb von Kenntnissen und Fertigkeiten hinaus befähigt werden, komplexe Fragestellungen zu bewältigen und sich vor allem Haltungen und Wertorientierungen zu eigen zu machen. Lebendiges Wissen, durch geistiges Können und wertebewußtes Handeln sind entscheidende Merkmale der Persönlichkeitsbildung an unseren Schulen. Sie beginnt als grundlegende allgemeine Bildung in den allgemeinbildenden Schulen und setzt sich in den berufsbezogenen Bildungsgängen der beruflichen Schulen fort. Unter dieser Voraussetzung leistet die Berufsbildung einen wesentlichen Beitrag zur persönlichen Lebensbewältigung und beruflichen Bewährung.

Der Erziehungs- und Bildungsauftrag der beruflichen Schulen orientiert sich zum einen an den Werten des Grundgesetzes, der Landesverfassung und des Schulgesetzes und zum anderen an hohen Anforderungen einer sich ständig wandelnden gesellschaftlichen Wirklichkeit.

Im Erziehungs- und Bildungsauftrag des schulpädagogischen Konzeptes der beruflichen Schulen Baden-Württembergs ist das ganzheitliche Beziehungsgefüge zwischen Wissen, Können und Werten ein wichtiges Kennzeichen der gebildeten Persönlichkeit. Die Vorgabepapiere für die Lehrplanrevision im beruflichen Schulwesen enthalten deshalb auch die Aussage, daß im Mittelpunkt der Bildungsarbeit der Mensch stehe, der die technisch-industrielle Welt und ihren Wandel geistig und sittlich bewältigen soll. Die erworbenen Qualifikationen müssen einer ganzheitlichen Ausformung der im Menschen angelegten Kräfte dienen. Das Ziel ist, Menschen zu bilden, die ihr Leben selbständig, bewußt und sinnorientiert gestalten können.

Im § 1 des Schulgesetzes Baden-Württembergs (Fassung vom 1. August 1983) ist fixiert, daß die

> *"Schule insbesondere gehalten ist, über die Vermittlung von Wissen, Fähigkeiten und Fertigkeiten hinaus, die Schüler - In Verantwortung vor Gott, im Geiste christlicher Nächstenliebe, zur Menschlichkeit und Friedensliebe, in der Liebe zu Volk und Heimat, zur Achtung der Würde und der Überzeugung anderer, zu Leistungswillen und Eigenverantwortung sowie zu sozialer Bewährung zu erziehen und in der Einfaltung ihrer Persönlichkeit und Begabung zu fördern, ..."*

Dies setzt ein außerordentlich breites Spektrum an Unterrichtsfächern voraus. Neben den allgemeinen Fächern, die nur im geringen Maße an beruflichen Inhalten ausgerichtet sind, und die grundlegende allgemeine Bildung weiterführen, stehen die der Vermittlung beruflicher Qualifikationen dienenden berufstheoretischen und berufspraktischen Fächer. Der ganzheitliche Bildungsauftrag der beruflichen Schulen äußert sich in der didaktischen Verbindung von allgemeinen und beruflichen Fächern. Berufsbildung im Sinne der Lehrplanrevision ist dadurch gekennzeichnet, daß Berufliches auch Allgemeines und Allgemeines auch Berufliches erschließt.

In diesem Sinne erhält die Förderung von Schlüsselqualifikationen eine wichtige didaktische Funktion. *Schlüsselqualifikationen sind Fähigkeiten, Einstellungen und Haltungen, die über die fachlichen Kenntnisse und Fertigkeiten hinausreichen und sie überdauern.* Sie sind Teil der übergreifenden Erziehungs- und Bildungsziele und als solche im Vorgabepapier des Ministeriums für Kultus und Sport zu den "Auswirkungen der informationstechnischen Entwicklung auf die berufliche Bildung in Baden-Württemberg" beschrieben. Sie werden in der Auseinandersetzung mit fachlichen Lerninhalten erworben und können aufgrund der Struktur der Lerninhalte und der Art ihrer Vermittlung auf eine Vielfalt von Anforderungssituationen übertragen werden. Schlüsselqualifikationen sollen die Schülerinnen und Schüler befähigen, veränderten Anforderungen des gesellschaftlichen und technischen Wandels längerfristig gerecht zu werden;

sie sollen ihnen helfen, Veränderungen besser zu bewältigen und ihnen ein menschlich angemessenes Verhalten zu sichern.

Die Förderung von *Schlüsselqualifikationen*, die Wirtschaft und Gesellschaft für die Bewältigung von Zukunftsaufgaben fordern, z.B. die Fähigkeit zur Abstraktion, die Fähigkeiten des problemlösenden, integrierenden und vernetzten Denkens sowie wertebezogene Einstellungen und Haltungen, ist eine der Aufgaben der in den beruflichen Schulen fortgeführten grundlegenden allgemeinen und berufsbezogenen Bildung.

Fächerverbindender und handlungsorientierter Unterricht als wesentliche Voraussetzungen für die Förderung von Schlüsselqualifikationen

Die Diskussion zur Bestimmung von Schlüsselqualifikationen konzentriert sich seit Jahren auf die Formulierung der für die Berufs- und Arbeitswelt bedeutsamen methodischen Dimensionen und der damit verbundenen Wertorientierungen, aber auch auf die inhaltlichen Sachverhalte.

Hinsichtlich der methodischen Dimension der Bestimmung von Schlüsselqualifikationen besteht weitgehende Übereinstimmung darüber, welche Gestaltungskriterien für das Vermitteln der Inhalte bedeutsam sind. Folgende Kriterien sind heranzuziehen:

- Es ist erforderlich, Wissensinhalte bestmöglich zu vernetzen.
- Dies bedingt fächerverbindende Unterrichtsformen.
- Wissen kann nur dann in der Realität von Wirtschaft und Gesellschaft handlungsbedeutsam werden, wenn es handlungsorientiert gelehrt und erworben, d.h. auf Handlungs- und Entscheidungssituationen bezogen wird.
- Bei der Förderung von Schlüsselqualifikationen sind kognitive, affektive und psychomotorische Zielaspekte einzubeziehen, weil jeweils Teilbereiche einer auf ganzheitliche Persönlichkeitsentwicklung angelegten Bildung angesprochen werden.

Fächerverbindender Unterricht fördert neben Kenntnissen und Fertigkeiten die Vernetzungsfähigkeit und das Orientierungswissen. Sein Grundgedanke besteht darin, die in den Fächern vorgegebene Strukturierung von Fachinhalten zu erhalten, gleichzeitig eine Einbettung dieser Fachinhalte in größere Zusammenhänge, d.h. in ganzheitliche Sichtweisen, zu vollziehen:

- Ganzheitlichkeit bedeutet hinsichtlich des Schülers, daß durch den fächerverbindenden Unterricht Prozesse der Wertfindung und -entscheidung angeregt, gefördert und die Vermittlung insbesondere sozialer Erziehungsziele unterstützt werden.
- Ganzheitlichkeit bedeutet hinsichtlich des fächerverbindenden Unterrichts, daß das Denken in seinen vielfältigen Teilaspekten (z.B. politisch, rechtlich, sozial) in einen Beziehungszusammenhang gestellt wird. Auf diese Weise werden nicht nur gute Voraussetzungen für eine Gegenwarts- und Zukunftsbewältigung geschaffen, sondern der jungen Generation auch Orientierungshilfen für die eigene Lebensgestaltung angeboten.

Die Einbettung der Fachinhalte in ganzheitliche Sichtweisen gelingt umso besser, je häufiger fächerverbindendes Arbeiten mit Unterrichtsformen verbunden wird, die die Selbständigkeit und die Verantwortung des Schülers stärken. Sie fördern die übergreifenden Bildungs- und Erziehungsziele, zu denen Schlüsselqualifikationen wie Kooperationsfähigkeit, Kreativität, Problemlösungsvermögen, aber auch das Bewußtsein für lebenslanges Lernen gehören.

Umsetzung

Die Förderung von Schlüsselqualifikationen ist eine Aufgabe, die sprungartig in die Schule eingeführt werden müßte oder könnte. Vielmehr gilt es, die im beruflichen Schulwesen vorhandene hervorragende Basis weiter zu stärken und die Randbedingungen für die weitere Entwicklung entsprechend zu gestalten.

Hierfür reicht es allerdings nicht aus, nur die Lehrpläne neu zu fassen, wie dies im Rahmen der Lehrplanrevision an Beruflichen Schulen bereits vollzogen ist. Vielmehr ist z.B. durch methodische Weiterentwicklungen durch schulorganisatorische Maßnahmen oder durch Lehrerfortbildung (siehe Grafik) eine tiefgreifende Umgestaltung des Feldes Berufliche Schule in Gang gekommen, die an ihrem Ende ein anderes Bild von Schule

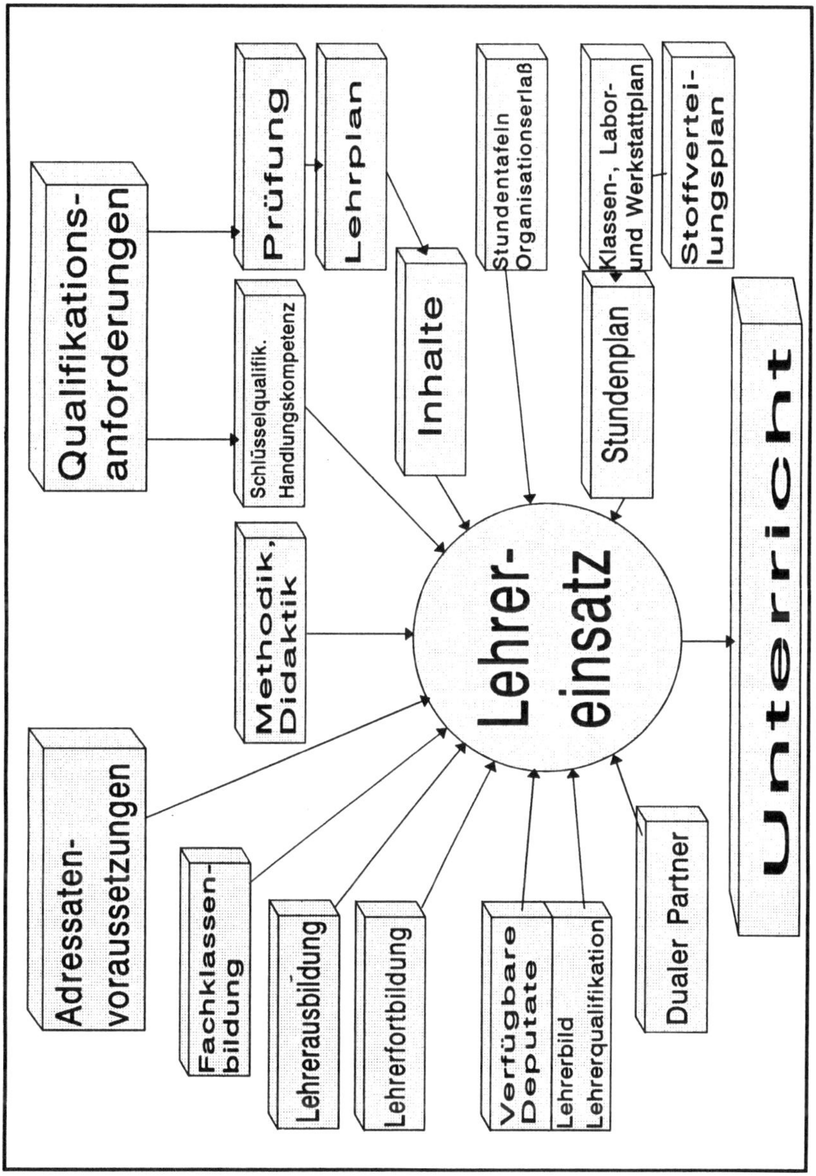
Qualifikations-
anforderungen
Prüfung
Lehrplan
Schlüsselqualifik.
Handlungskompetenz
Inhalte
Stundentafeln
Organisationserlaß
Klassen-, Labor-
und Werkstattplan
Stoffvertei-
lungsplan
Stundenplan
Methodik,
Didaktik
Lehrer-
einsatz
Unterricht
Adressaten-
voraussetzungen
Fachklassen-
bildung
Lehrerausbildung
Lehrerfortbildung
Verfügbare
Deputate
Lehrerbild
Lehrerqualifikation
Dualer Partner

entstehen läßt. Auf diesem Weg sind bereits große Erfolge sichtbar, angesichts der Vielfalt der zu gestaltenden Einflußgrößen sind aber weiter große Anstrengungen erforderlich. Dann können die beruflichen Schulen ihrer zentralen Rolle bei der Erziehung, bei der allgemeinen und beruflichen Bildung der Jugend auch künftig gerecht werden.

Artur Fischer

Erfinden in Europa - Aufgaben - Bestandsaufnahme - Bedingungen

Europa steht vor großen Herausforderungen, politisch und wirtschaftlich, wobei schwer zu sagen ist, welcher der beiden Faktoren das größere Gewicht haben wird.

Eines aber scheint sicher: Wenn wir den technischen und naturwissenschaftlichen Herausforderungen der Zukunft nicht gewachsen sind, nähern wir uns immer mehr einem Lizenz-Importland, das auf lebenswichtigen Gebieten der Willkür des Linzenzgebers und seiner Diplomatie voll ausgeliefert sein werden. Was das für die Durchsetzung eigener politischer Ziele bedeuten würde, ist leicht nachzuvollziehen.

Wir brauchen deshalb ein wirtschaftlich starkes Europa. Und das ist zu schaffen, wenn die dazu notwendigen Voraussetzungen beachtet werden.

Wir brauchen eine Schulbildung, die nicht nur Wissen vermittelt, sondern auch Kreativität fördert.

Kreativität kann nur gedeihen, wenn ein sogenanntes Investitionsklima in Sachen Innovation heranwächst, das dem kreativ veranlagten Menschen die Gelegenheit gibt, diese bei sich selbst zu erkennen und er auf Unterstützung auf breiter Basis hoffen kann.

Daraus entwickelt sich die Chance, Aufgaben und Verantwortung zu übernehmen. Gerade hier muß der Hebel angesetzt werden, da jede Art von Nivellierung der Tod jeden Ansatzes von festem Willen zu kreativer und so schöner, lebenserfüllender Tätigkeit ist. Mit einem Wort: Die Freiheit des Denkens muß grenzenlos sein.

Deshalb darf die Bildung auf allen Bildungswegen nicht einspurig verlaufen. Der sogenannte "Fachidiot" von gestern hat heute dort, wo um Arbeitsplätze und Marktgeltung gerungen wird, langfristig keine Chance mehr, weil das, was am Vormittag noch richtig war, am Nachmittag total falsch sein kann. Flexibilität ist also gefragt. Die Waffe dazu ist m.E. der fächerübergreifende Unterricht an den Bildungsstätten, wie ihn heute mit großem Erfolg die Berufsakademien in Baden-Württemberg bereits demonstrieren. Ganzheitliches Denken ist das Werkzeug des Erfinders. Wir brauchen ihn, denn jede zum Patent angemeldete Erfindung ist ein Frühindikator für den naturwissenschaftlich-technischen Stand eines Volkes und seiner Zukunftschancen.

Es stimmt deshalb sehr nachdenklich, wenn der Präsident des Deutschen Patentamtes feststellen muß, daß z.B. hier die Anmeldungen von einstmals gestützten 50% auf 35% zurückgegangen sind und trotz 2000 zusätzlicher Anmeldungen aus den neuen Bundesländern nur noch 37% erreichen.

Amerika hat Gegenmaßnahmen wegen Japan ergriffen und die Anmeldungen von 62000 auf 90000 gesteigert. Außerdem erklärte die USA, die Jahresgebühren für selbständige Erfinder und Unternehmer zu senken.

Bei uns wurde die bisher gewährte Steuervergünstigung auf volkswirtschaftlich wichtige Erfindungen ersatzlos gestrichen. Ebenso ersatzlos werden die Erfinder bei uns dafür bestraft. Dabei kann der Staat durch Erfindungen nur gewinnen.

Eigentlich müßten auch die Politiker wissen, daß der Wohlstand eines an natürlichen Rohstoffen armen Landes allein von der Leistungsfähigkeit seiner technisch-kreativen Kräfte abhängt, daß unser einziger, nahezu unerschöpflicher natürlicher Rohstoff die kreativen Menschen sind, deren Ideen die Grundlagen für technisch hochwertige und attraktive Produkte schaffen, die weltweit Abnehmer finden. Es bleibt die Erkenntnis, daß nur dann Arbeitsplätze in ausreichender Zahl geschaffen und gesichert und die unzähligen sonstigen Probleme zur Erhaltung eines lebenswerten Daseins gelöst werden können, wenn nicht nur allgemeine Güter, sondern vor allem hochqualitative, der Allgemeinheit besonders nützende Produkte auf dem In- und Auslandsmarkt angeboten werden können.

Deshalb sollte in ganz Europa angestrebt werden, durch geeignete Maßnahmen, wie schon angedeutet, ein erfindungsfreundliches und innovationsfreudiges Umfeld zu schaffen, das in den Jahren überschäumenden Wohlstandes erkennbar abhanden gekommen ist.

Auch hat sich die Einstellung der Umwelt zu den Unternehmern aufgrund einer Reihe negativer, politisch bedingter, ungünstiger Einflüsse immer mehr zugunsten derer verändert, die von Verantwortung nichts halten, weil sie selbst nicht dazu bereit sind.

Zitat

Für den einen sind die Unternehmer
die Verkörperung des Satans,
der an allem schuld ist,
für den anderen sind sie die Kuh,
die man unentwegt melken kann
und in Wirklichkeit sind sie wahr-
scheinlich das Pferd, das den von
uns allen in den Sand gesetzten
Wagen wieder herauszieht

Sir Winston Churchill

Und wenn Sie erlauben, vielleicht noch ein Goethe-Zitat:

"Daran erkenn' ich den gelehrten Herrn!
Was ihr nicht tastet, steht euch meilenfern,
Was ihr nicht faßt, das fehlt euch ganz und gar,
Was ihr nicht rechnet, glaubt ihr, sei nicht wahr,
Was ihr nicht wägt, hat für euch kein Gewicht,
Was ihr nicht münzt, das, meint ihr, gelte nicht".

Mephistopheles in Faust II,1

Dies in vollem Umfang zu begreifen - nicht nur philosophisch zu nutzen, sondern umzusetzen, würde einen großen Schritt für uns alle und Europa bedeuten in der Hoffnung, daß wir den Boden für eine gesunde Lebens- und Berufsethik wiederfinden.

Zum Schluß: Kreativität um ihrer selbst willen mag gut sein.
Kreativität zum Leben, das brauchen wir.

Werner à Brassard/Burkhard Sachs

Schlüsselqualifikationen als europäische Aufgabe

Schlüsselqualifikationen in der betrieblichen Ausbildung

1. Projektgruppe zur Vermittlung von Schlüsselqualifikationen.

Der Begriff "Schlüsselqualifikationen" ist in den letzten Jahren besonders in der Industrie, in der Ausbildung und Weiterbildung für all jene Lernziele und Lehrinhalte benutzt worden, mit denen fachübergreifende Qualifikationen, wie zum Beispiel die Teamfähigkeit, erreicht werden sollen. Zunehmend werden die Schlüsselqualifikationen auch in den allgemeinbildenden Schulen diskutiert; und im Zuge einer sich langsam vollziehenden wirtschaftlichen und politischen Einigung Europas wird die Vermittlung dieser Qualifikationen auch dort ein wichtiges bildungspolitisches und didaktisches Thema sein.

Seit 1988/89 besteht in Baden-Württemberg eine vom Ministerium für Wissenschaft und Kunst geförderte Partnerschaft zwischen bedeutenden Wirtschaftsunternehmen und pädagogischen Hochschulen. Einbezogen sind auch Institutionen, wie Industrie- und Handelskammern und das Landesgewerbeamt.

Innerhalb dieser Kooperation wurden verschiedene Projektgruppen gegründet. Die Arbeitsergebnisse sollen sowohl der Aus- und Weiterbildung in allen interessierten Wirtschaftsbetrieben als auch der Lehre und Forschung an den Hochschulen zugute kommen.

Eine dieser Gruppen beschäftigt sich mit "Neuen didaktischen Wegen zur Förderung von Schlüsselqualifikationen in Metall- und Elektroberufen". Dabei geht es besonders um die Förderung der Qualifikationen in der Facharbeiterausbildung, die eine langfristige berufsübergreifende Bedeutung haben.

Die Arbeit der Projektgruppe, welche aus vier Hochschulvertretern und vier Ausbildungsleitern von Industriebetrieben besteht, ist gekennzeichnet durch eine enge Zusammenarbeit mit den Ausbildungsmeistern "vor Ort".

2. Kurze Darstellung des Projektansatzes

Schlüsselqualifikationen sind Antworten auf Schlüsselprobleme der Arbeitswelt. Die Notwendigkeit der Vermittlung von Schlüsselqualifikationen ergibt sich aus vielfältigen und einschneidenden Wandlungen in

Technik, Ökonomie und Gesellschaft. Der technisch-ökonomisch-gesellschaftliche Wandel bewirkt nicht nur Anpassungszwänge, sondern eröffnet für den einzelnen und die Gesellschaft auch Chancen. Damit die Jugendlichen den beschleunigten Wandel bestehen und die damit gegebenen Chancen auch verantwortlich wahrnehmen können, ist nicht nur eine vertiefte fachliche Qualifikation notwendig, sondern auch eine vermehrte soziale und personale Förderung. Dies entspricht den Prognosen, daß in der Arbeitswelt neben der sachlich-funktionalen verstärkt auch eine personale und soziale Kompetenz benötigt wird. Damit erweist sich ein instrumenteller, lediglich auf Rationalisierung und schnelle Effizienz von Ausbildungmaßnahmen ausgerichteter Ansatz betrieblicher Ausbildung als unangemessen. Vielmehr erscheint es als notwendig, die Berufsausbildung unter das Leitziel der Förderung "beruflicher Mündigkeit" zu stellen.

Wandlungen in der Technik wie
- Entwicklung neuer Schlüsseltechnologien,
- Vernetzung bisher eigenständiger Technikbereiche,
- kürzere Innovationszyklen,
- schnelle Alterung isolierter Fachkenntnisse,
- zunehmende Auswirkungen der Technik auf Ökologie und Gesellschaft,
- wachsende Komplexität technischer Systeme.

Wandlungen in der Ökonomie wie
- verschärfter Wettbewerb,
- Veränderung der Produktionskonzepte,
- Abkehr vom Taylorismus,
- Rückgang stupider Massenproduktion,
- sinkende Bedeutung vereinzelter Produktangebote,
- Trend zu intelligenten Systemlösungen mit Dienstleistungselementen,
- Trend zur Nutzung und Pflege des "Humankapitals".

Wandlungen in der Gesellschaft wie
- Steigender Bildungsstand,
- wachsende Ansprüche an die Qualität von Arbeit und Technik,
- steigendes Interesse an Mitwirkung und Mitbeteiligung in Freizeit, Öffentlichkeit und Beruf,
- wachsende Ansprüche an humane Gestaltung der sozialen Beziehungen im Beruf,

- verstärkte Sensibilisierung für die Auswirkungen von Technik und Produktion auf Gesellschaft und Natur.

Diese Wandlungen ergeben für die Arbeitswelt sowohl Anforderungen als auch Chancen!
Anforderungen und Anpassungszwänge wie
- Flexibilität,
- Denken in Zusammenhängen und Systemen,
- Verantwortungsbereitschaft für Sachwerte, Mitmenschen und Umwelt,
- Qualitätsbewußtsein,
- Lernbereitschaft.

Chancen wie
- Sicherung der Wettbewerbsfähigkeit,
- ganzheitlichere Inanspruchnahme,
- mehr Selbstverwirklichung in der Arbeit,
- Möglichkeiten zur Mitgestaltung und Mitwirkung,
- Humanisierung der Arbeit,
- Verringerung ökologischer Belastungen.

Das erfordert in verstärktem Maße *beruflich mündige Mitarbeiter!*

Die berufliche Bildung muß auf die mit dem technischen, ökonomischen und gesellschaftlichen Wandel verbundenen "Schlüsselprobleme" der Arbeitswelt produktiv reagieren. Ihre Orientierung am Leitziel "Berufliche Mündigkeit" ist kein Luxus, der unter schwierigeren ökonomischen Bedingungen wieder beschnitten werden könnte. Vielmehr bedeutet sie einen unverzichtbaren Beitrag zur Anpassungs- und Wettbewerbsfähigkeit der Betriebe.

In der Zeit des Übergangs zwischen alten und neuen Produktions und Betriebskonzepten muß ein solcher Ausbildungsansatz auch bereit sein, den Vorwurf einer vorgeblichen Überqualifizierung zu ertragen. In Klein- und Mittelbetrieben mit traditionell flacheren Hierarchien und z.T. ganzheitlicheren Arbeitsaufträgen erweist sich der Ansatz schon jetzt als angemessen.

Die Schlüsselqualifikationen sind Merkmale *beruflicher* Mündigkeit!

Bei der Sichtung, Ordnung und Zusammenfassung der Vielzahl der in der berufspädagogischen Literatur als "Schlüsselqualifikationen" benannten Fähigkeiten ist ein deutlicher Zusammenhang zwischen den "Schlüsselqualifikationen" und dem Ziel "Berufliche Mündigkeit" herzustellen. Dabei ist es jedoch notwendig, die schwer zu handhabende Vielfalt zu reduzieren und die Abgehobenheit und Allgemeinheit der Diskussion um die Schlüsselqualifikationen aufzubrechen und zu einer berufsfeldbezogenen Konkretisierung und weitgehenden Operationalisierung zu gelangen. Für das gewerblich-technische Berufsfeld lassen sich dabei folgende Schlüsselqualifikationen bestimmen:

- Problemlösungsfähigkeit und Kreativität
  verstanden als Fähigkeit, Probleme im Arbeitsablauf zu erkennen und sachgerecht und kreativ zu lösen.
- Lern- und Denkfähigkeit
  verstanden als Fähigkeit, das eigene Lernvermögen weiterzuentwickeln und in Zusammenhängen und Systemen zu denken.
- Begründungs- und Bewertungsfähigkeit
  verstanden als Fähigkeit, eigene, gemeinsame und fremde Arbeits weisen und Ergebnisse sachlich zu begründen und kritisch zu bewerten.
- Kooperations- und Kommunikationsfähigkeit
  verstanden als Fähigkeit, sich in Gruppenprozesse aktiv und konstruktiv einzubringen und sie durch kommunikatives Verhalten zu fördern.
- Verantwortungsfähigkeit
  verstanden als Fähigkeit, (Mit-)Verantwortung im jeweils angemessenen Rahmen übernehmen zu können.
- Selbständigkeit und Leistungsfähigkeit
  verstanden als Fähigkeit zum selbständigen Planen, Durchführen und Kontrollieren von Arbeitsabläufen und ihren Ergebnissen.

Die Schlüsselqualifikationen stehen untereinander in enger Beziehung. Gerade im Blick auf Anforderungen in technischen Ausbildungs- und Arbeitsprozessen zeigt sich, daß sie nicht unabhängig voneinander verstanden werden können. So ist etwa die "Problemlösungsfähigkeit" nicht isoliert von der Fähigkeit zu sehen, verschiedene Lösungsvarianten zu "bewerten" und den Lösungsweg, für den man sich "begründet" entschieden hat, auch zu "verantworten".

Daher ist es nicht sinnvoll, die einzelnen Schlüsselqualifikationen isoliert voneinander - etwa in speziellen Kursen - zu fördern. Damit vergibt man die Chance, daß sich die einzelnen Fähigkeiten unter Alltagsbedingungen gegenseitig stützend und verstärkend entwickeln können.

Die Schlüsselqualifikationen sind nicht fachfremd!

Der Ansatz der Förderung der Schlüsselqualifikationen trifft bei Praktikern gelegentlich auf den Vorbehalt, es handele sich dabei um eine berufspädagogische Modewelle, welche substantiell nichts mit dem eigentlichen Ausbildungsinhalt zu tun hat. Eine nähere Analyse zeigt jedoch, daß die Schlüsselqualifikationen sehr zentral mit der Technik, dem Gegenstand der betrieblichen Ausbildung, zu tun haben. Die Schlüsselqualifikationen sind nicht der Ausdruck außerfachlicher Anforderungen. Sie gründen vielmehr in einem vertieften Verständnis technischer Prozesse und Gegenstände und in einem darauf bezogenen Verständnis zeitgemäßer Facharbeit:

Technik ist
- Ergebnis menschlicher Kreativität und Problemlösung ,
- Ergebnis fachbezogener Lernprozesse und intelligenten Handelns,
- Ergebnis von Entscheidungen und Bewertungen,
- Ergebnis des Zusammenwirkens von Menschen,
- Ergebnis von Zielen und Folgenabschätzung,
- Ergebnis menschlicher Anstrengungen.

Daher zielt die technische Fachausbildung in Richtung auf
- Problemlösungsfähigkeit und technische Kreativität,
- Lern- und Denkfähigkeit,
- Begründungs- und Bewertungsfähigkeit,
- Kooperations- und Kommunikationsfähigkeit,
- Verantwortungsfähigkeit,
- Selbständigkeit und Leistungsfähigkeit.

Daher ist es auch nicht sinnvoll, traditionelle technische Fachqualifikationen abzuwerten bzw. isoliert von den Schlüsselqualifikationen zu betrachten. Fach- und Schlüsselqualifikationen gehören zusammen! Der Anspruch, auch ohne die Berücksichtigung der Schlüsselqualifikationen eine sachgemäße berufliche Handlungsfähigkeit vermitteln zu können, ist heute nicht mehr zu begründen. Daraus ist der Schluß zu ziehen, daß isolierte Maßnahmen zur Förderung von Schlüsselqualifikationen weder fachlich noch pädagogisch sinnvoll sind. Vielmehr muß es in der betrieblichen Ausbildung darum gehen, eine integrierte, (d.h. gleichzeitige und verknüpfte) Förderung von Fach- und Schlüsselqualifikationen vorzunehmen.

Dies ist zu erreichen durch:
- stärkere Problemorientierung,
- größere Offenheit für Lösungsalternativen,
- mehr Möglichkeiten zum Begründen, Bewerten und Entscheiden,
- stärkere Vermittlung von Arbeits- und Planungsmethoden,
- mehr Möglichkeiten zur Abstimmung in Gruppen,
- stärkere Übertragung von Verantwortung,
- stärkere Herausforderung zur persönlichen Bewährung bei der Vorgehensweise und Aufgabenstellung *in allen Bereichen der Ausbildung!!*

Elemente des Ausbildungserfolgs

Zielbezogenes Rollenverständnis und Verhalten des Ausbilders

Vereinfacht und überspitzt läßt sich das traditionelle Rollenverständnis des Ausbilders so kennzeichnen:

Er befindet sich im Zentrum des Ausbildungsgeschehens. Er hält die Ausbildung in Gang. Er ist verantwortlich für die Bereitstellung von Materialien, Arbeitsmitteln, Medien und Arbeitsunterlagen. Er bestimmt, wo es lang geht. Er macht vor, er informiert, er beantwortet die Fragen der Auszubildenden. Er bestimmt die Aufgabenstellungen, er plant die Werkstücke und legt alle Maße und Bearbeitungseigenschaften in Zeichnungen fest. Er sagt, was richtig und was falsch ist. Er bewertet und zensiert. Er fällt die Entscheidungen. Er teilt Arbeiten zu. Er schlichtet Konflikte. Er kämpft für notwendige Freiräume für die Ausbildung...

So wichtig einige dieser Zuständigkeiten und Verhaltensweisen (insbesondere in der Grundausbildung) auch sind, so sehr behindern sie in ihrer traditionellen Ausprägung die notwendige Förderung der Schlüsselqualifikationen.

Ein an der Zielsetzung "Schlüsselqualifikationen" orientiertes Rollenverständnis und Verhalten muß verstärkt Freiräume gewähren und Zuständigkeiten an Auszubildende übertragen. Damit wird die Rolle des Ausbilders nicht weniger anspruchs- und verantwortungsvoll, wohl aber subjektiv befriedigender. Sie ist weniger die des Machers und Bestimmers als vielmehr die des Anregers, Koordinators und Beraters. Dabei rückt der Auszubildende in das Zentrum der Ausbildungspraxis. Das neue Rollenverständnis konkretisiert sich z.B. in folgenden Verhaltensweisen:

- Probleme formulieren und mögliche Lösungen finden lassen - statt eingrenzende Aufgabenstellungen zu geben.
- Alternativen aufzeigen lassen und aufzeigen - statt es bei einer Lösung bewenden zu lassen.
- Planen lassen - statt Planungen vorgeben.
- Organisieren lassen - statt Organisationsmaßnahmen vorgeben.
- Bewertungskriterien erarbeiten lassen - statt sie selbst zu bestimmen.
- Bewerten lassen - statt nur selber zu bewerten.
- Eigenständiges Denken und Handeln herausfordern und fördern - statt fertige Lösungen vorzugeben.
- Selbständigkeit, Identifikation und Leistungsbereitschaft herausfordern - statt unselbständig und unmotiviert arbeiten zu lassen.
- Anregen - statt vorgeben.
- Beraten - statt anweisen.
- Kooperieren lassen - statt allein arbeiten zu lassen.
- Erklären und berichten zu lassen - statt nur selbst zu informieren.
- Erarbeiten lassen und gemeinsam erarbeiten - statt alles vorgeben.
- Ermutigen und loben - statt nur zu bemängeln und zu tadeln.
- Auf Positives hinweisen - statt nur Negatives anzusprechen.
- Den Arbeitsablauf selber steuern lassen - statt alles selbst festzulegen.
- Die Lernergebnisse auch von den Lernern überprüfen zu lassen - statt die Beurteilung allein zu vollziehen.
- Mitverantwortung herausfordern und übernehmen lassen - statt alles nur selber zu verantworten.

Die betriebliche Ausbildung muß ein isoliertes Verständnis technischer Facharbeit überwinden und zu einem ganzheitlicheren Verständnis der technischen Gegenstände und Prozesse hinführen. Entscheidend ist dabei die Betonung der Offenheit für Lösungsalternativen, welche zu begründeten und wertbezogenen Entscheidungen zwingen.

Der Erfolg der Ausbildung ist nicht nur an der äußeren Präzision der Arbeitsergebnisse zu messen. Alles spricht dafür, daß der Erfolg um so größer ist, je mehr man im Prozeß der Ausbildung auf den Reichtum an Erfahrungsmöglichkeiten und Lernanreizen achtet. Diese Einsicht sollte handlungsleitend sein, unbeschadet der Tatsache, daß die Beobachtung und Beurteilung der entsprechenden Aktivitäten der Auszubildenden schwieriger ist als bei der bisherigen Ausbildungs- und Beurteilungspraxis.

Inhalte und Aufgabenstellungen

Die Orientierung der Ausbildung mehr an den Prozessen als an den Gegenständen sowie ihre Einbindung in größere Sinnzusammenhänge erhöht ihre pädagogische Reichweite und ihre Beständigkeit gegen ihre Entwertung durch den raschen technischen Wandel.

Die Schlüsselqualifikationen lassen sich im Rahmen geschlossener, bis ins einzelne festgelegter Herstellungsaufgaben und entsprechender "Projekte" nicht wirksam fördern. Selbständigkeit, Kreativität, Flexibilität und Verantwortung benötigen zu ihrer Entfaltung Spielräume und Freiheitsgrade! Solche Freiheitsgrade dokumentieren sich in einer neuen Art von Aufgabenstellungen in der Ausbildung.

Aufgabe 1 (bisher):
"Herstellung eines Gegenstandes nach Zeichnung."
Vorgabe: Werkzeichnungen mit Stückliste.
Ergebnis: Gegenstand nach Zeichnung.

Aufgabe 2 (alternativ):
"Planung und Herstellung eines Gegenstandes, der bestimmte Funktionen und Anforderungen erfüllen soll."
Vorgabe: Problemstellung, evtl. Rahmenbedingungen und "Pflichtenheft".
Ergebnis: Unterschiedliche Gegenstände, welche die geforderten Funktionen mit verschiedenen Lösungsvarianten erfüllen.

Eine Analyse der mit der jeweiligen Aufgabenstellung gegebenen Lern- und Übungsmöglichkeiten erweist die alternative Aufgabenstellung als überlegen. Die aufgezeigte Alternative zwingt nicht zu einer generellen Neukonstruktion von Aufgabenstellungen in der Ausbildung. Vielmehr besteht durchaus die Möglichkeit, bei bewährten, fachlich begründeten Aufgabenstellungen einzelne Funktionen nicht durch Zeichnungen vorzugeben, sondern von den Auszubildenden einzeln oder gruppenmäßig gestalten und realisieren zu lassen.

Arbeiten in Gruppen

Die Durchführung der Arbeiten durch Gruppen ergibt vielfältige, sachlich begründete Möglichkeiten und Notwendigkeiten zur Kommunikation und Abstimmung. Dabei führt das Prinzip arbeitsteiliger Aufgabenstellung nicht nur zu einer verstärkten Kooperation der Beteiligten, sondern auch zu einer inhaltlichen und zeitlichen Intensivierung des Arbeitens.

Begründete Methodenwahl

Die gegenwärtige Diskussion um die betriebliche Förderung der Schlüsselqualifikationen verengt sich oft unnötigerweise auf das Methodenproblem und auf die Propagierung einzelner Methoden bzw. eines Methodenmixes.

Die Festlegung auf eine dominante Vermittlungsmethode widerspricht jedoch der erziehungswissenschaftlichen Einsicht in den gegenseitigen Verflechtungszusammenhang von Zielen, Inhalten, Methoden, Medien und Sozialformen. Auch die vielzitierte "Leittext"-Methode ist nur eine von mehreren Lehrmethoden. Sie gelangt wegen ihrer starken Verbalisierungstendenz oft nur in verstümmelter Form oder als ein nicht situationsangepaßter "Fremdimport" in die betriebliche Ausbildungspraxis. Die Lehr- und Lernmethoden müssen aus der jeweilige Lernsituation begründet ausgewählt werden.

Systematische Planung von Ausbildungseinheiten

Durch eine systematische Planung und Durchführung von Ausbildungseinheiten und Lernsituationen kann die Effektivität der betrieblichen Ausbildung trotz erhöhter Anforderungen und kürzerer Ausbildungszeiten gesichert bzw. gesteigert werden. Zu ihrer Entlastung und zu ihrer didaktischen Orientierung benötigen die Ausbilder weniger fertige Handlungsanweisungen oder fertig ausgearbeitete, nur nachzuvollziehende "Projekte", als vielmehr didaktisch angemessene und betrieblich praktikable Planungshilfen, Handreichungen und Informationsmaterialien. Solche didaktischen Materialien wurden in enger Zusammenarbeit mit Ausbildungsmeistern vor Ort entwickelt und optimiert.

Dabei wurden an die Materialien folgende Anforderungen gestellt:

- Erleichterung der Planung von Ausbildungseinheiten,
- Vorstrukturierung von Schritten und Entscheidungspunkten,
- Konzentration auf wesentliche didaktische Faktoren,
- Vermeidung von Verbalismus und unproduktiven Schreibarbeiten,

- knappe und (wo notwendig) differenzierte Informationen über pädagogische Sachverhalte, Zusammenhänge und Methoden,
- flexible Nutzungsmöglichkeiten je nach situativen und persönlichen Bedingungen.

Nutzung von Planungsmaterialien und Arbeitshilfen

Die daraufhin entwickelten Arbeitsmaterialien sind:

- Ein *Ablaufplan*
  als strukturierter Planungsbogen für den zeitlichen Verlauf der Ausbildungseinheit unter Berücksichtigung der wesentlichen pädagogisch-didaktischen Gesichtspunkte
- Eine *Planungshilfe*
  mit Leitfragen und Hinweisen zur Abklärung der im Ablaufplan festzulegenden pädagogisch-didaktischen Entscheidungen
- *Ausbilderhandbücher* I und II
  mit allgemeinen pädagogisch didaktischen Hinweisen zur betrieblichen Ausbildung.

Die Planungs- und Arbeitshilfen erweisen ihren Nutzen nicht nur bei einer systematischen Ausarbeitung und Durchführung anspruchsvoller Ausbildungsprojekte. Sie können auch bei der Bewältigung von Alltagssituationen in der Ausbildung helfen, indem sie Möglichkeiten des kurzen Nachschlagens bieten und Orientierungen für Einzelentscheidungen bieten. Darüberhinaus fungieren sie unterstützend auch bei der Durchführung von "Produktivarbeiten" im Rahmen der Ausbildung und bei der Organisation von Einführungstagungen und Freizeiten.

Angemessene betriebliche Rahmenbedingungen

Die Förderung der Schlüsselqualifikationen kann nicht als isolierte Angelegenheit und Leistung der Ausbildungsabteilung eines Betriebes begriffen werden. Die Förderung kann nur gelingen, wenn in ihr die berufliche Mündigkeit als wichtiger Produktivfaktor anerkannt und die Förderung der Schlüsselqualifikationen als unternehmerische Zielvorgabe gesehen wird. Der Ansatz einer integrierten Förderung von Fach- und Schlüsselqualifikationen ist sowohl in Groß- als auch in Mittel- und Kleinbetrieben möglich. Er läßt sich dort auch bei einem ganz normalen Standard personeller, räumlicher, sächlicher und finanzieller Ausstattung des Ausbildungsbereiches realisieren. Der Ansatz jedoch kann keineswegs mit dem Ziel verbunden werden, die Ausstattungsaufwendungen der Ausbildung zu reduzieren.

Die hohen Ansprüche zeitgemäßer Ausbildung erfordern qualifizierte Ausbilder. Diese sollten im Rahmen der Weiterbildung verstärkt Anregungen und Möglichkeiten erhalten, sich mit dem Ansatz einer integrierten Förderung von Fach- und Schlüsselqualifikationen vertraut zu machen und sich darüber mit Fachkollegen auszutauschen.

Bei Betriebseinsätzen, bei der zeitweisen Verlagerung von Ausbildungsabschnitten in den Produktionsbereich ist darauf zu achten, daß die Auszubildenden dort an Arbeitsplätze gelangen, welche Schlüsselqualifikationen sowohl herausfordern als auch fördern.

Die "Betriebskultur", die sachliche wie soziale Atmosphäre im Unternehmen, insbesondere aber im Ausbildungsbereich sollte dahingehend gefördert werden, daß sich Entfaltungsmöglichkeiten und Freiheitsgrade zur Förderung von Kreativität, Flexibilität und Verantwortung für Ausbilder und Auszubildende ergeben.

Der Betrieb sollte eine enge Kooperation mit der Berufsschule anstreben, damit die dortigen Bemühungen um Schlüsselqualifikationen synergetisch, d.h. zusammenfassend und verstärkend genutzt werden können.

3. Vermittlung von Schlüsselqualifikationen als europäische Aufgabe

Die Unterschiedlichkeit der europäischen Länder in Fragen der (betrieblichen) Ausbildung bedingt Überlegungen bezüglich der Bereiche, in denen ein Konsens erzielt werden sollte.

Dabei kann es nicht um Gleichmacherei gehen. Landschaftliche Eigentümlichkeiten, historisch gewachsene Gewohnheiten und Wertschätzungen müssen so weit wie möglich - schon im Sinne der Sozialverträglichkeit bildungspolitischer Innovationen - erhalten bleiben. Andererseits bedarf es, wenn es sich um eine "menschliche" und nicht nur administrative Einigung handeln soll, eines Mindestmaßes an Vereinheitlichung.

Ziele der Konsensfindung wären:

- Kompatibilität von Ausbildungsunterlagen.

  Es erscheint wichtig, wesentliche und für eine effektive Ausbildung notwendige Unterlagen wie Ausbildungspläne, Prüfungsanforderungen, Ausbildungsmedien allen Ausbildungsbetrieben zugänglich zu machen.

- Technologie- und Didaktiktransfer.
  Es erscheint wichtig, erfolgreiche Ausbildungsansätze, sowie entsprechende Methoden, Medien und Ausbildungsmittel allen interessierten Ausbildungsbetrieben bekannt zu machen.
- Flexibilität durch gezielte Vermittlung überfachlicher Qualifikationen.
  Überfachliche Qualifikationen ermöglichen nicht nur Flexibilität innerhalb eines größeren Betriebes, sondern auch über die Grenzen der Betriebe und Regionen hinweg. Das kann auch - im Zuge einer allmählichen Entwicklung - zu einer
- Mobilität der Facharbeiter
  führen, die über die ehemaligen Landes- und Sprachgrenzen hinausreicht. Gegebenenfalls wären dann auch Sprachkurse im Rahmen der betrieblichen Ausbildung - mit Betonung der Fachsprachen - denkbar. Gesamtziel wäre dann eine
- Internationalisierung der Ausbildung unter Wahrung nationaler Besonderheiten in einem Vereinten Europa.
  Ohne einen bildungspolitischen Organisationsrahmen können die oben genannten Ziele nicht erreicht werden. Eckdaten eines solchen Rahmens wären:
- Duale Ausbildung? - Schulische Qualifikation.
  Die Grundstruktur der Ausbildung einschließlich der Zeitdauer der Ausbildung wäre einheitlich zu bestimmen. Dazu würde auch eine Angleichung der Lehrpläne der beruflichen Schulen einschließlich einer Anerkennung der Abschlüsse führen.
- Ausbilderschulung.
  Die Qualität einer beruflichen Ausbildung steht und fällt mit der fachlichen, didaktischen, methodischen und sozialen Kompetenz der Ausbilder. Sie sollte sowohl in den Betrieben und Ländern als auch in international besetzten Kursen für die Ausbilderschulung gefördert werden.
- Qualität der Ausbildungsbetriebe.
  Eine effektive Ausbildung hängt auch ab von den Möglichkeiten und Ausstattungen der Ausbildungsbetriebe. Um sie zu fördern bedarf es abgestimmter Richtlinien und gesetzlicher Vorschriften - etwa bezogen auf Mindeststandards, Rechte und Pflichten der Betriebe, Mitwirkungsmöglichkeiten der Arbeitnehmervertreter und der Auszubildenden.

- Schließlich bedarf es, um zu einem einheitlichen Europa zu gelangen, nicht nur der Gesetze, Vorschriften und Verabredungen, sondern auch einer Ausweitung der Kenntnis der europäischen Sprachen. Nur so ist letztlich eine Intensivierung der Kommunikation zwischen den Menschen zu erreichen.

Jutta Hannig-Schosser

Spiel - Spiele - Spielen
Einführung in eine neue Spiel- und Bewegungskultur

"Wenn sie nicht hören, reden, fühlen noch sehen, was tun sie denn? Sie spielen."
(M. G. Lichtwer: Die seltsamen Menschen)

"Wie war Ihr Urlaub? Was haben Sie gemacht? Können Sie uns von Ihrem ersten Bungee-Sprung berichten, oder waren Sie in der Toscana meditativ laufen? Haben Sie eine Trekkingtour in Nepal gemacht, oder waren Sie in der Lüneburger Heide mountainbiken?" Viele Fragen, noch mehr Antworten.

Das Bild des Sports hat sich verändert und mit ihm die Welt drumherum. Die "neue Unübersichtlichkeit", mit der Habermas die Ausgangsphase der Postmodernen zu beschreiben versucht, spiegelt sich in vielfältigen Erscheinungsformen sportlicher Betätigung wider.

Heute ist morgen schon gestern. In den Nachkriegsjahrzehnten war Sport einfach zu erklären. Ein hierarchisches Pyramidenmodell mit Breitensport als Basis und Leistungssport als Spitze, von Sinnorientierungen wie Leistung, Wettkampf, Teamgeist und Spannung geprägt. Der Spitzensportler war Idol und verkörperte in vorbildlicher Weise die Ideale und Werte einer Leistungsgesellschaft. Sportler waren noch Amateure. In den 70er und 80er Jahren vollzog sich in der BRD ein Gesellschaftswandel von der Produktionsgesellschaft zur "Freizeit-Arbeits-Gesellschaft" (Opaschowski). Mit ihr einher ging das Phänomen des Wertewandels und der Einstellungsveränderung (Individualisierung, Konsumentenhaltung, Hedonismus etc.) gegenüber, aber auch innerhalb des Sports. Hinzu kam das Geld, Sport als Kommerz. Ein riesiger Markt wurde entdeckt. Geld, viel Geld kam ins "Spiel". Spiel? Kann man noch von "Spiel" reden, gar Olympischen Spielen, wenn pharmakologisch hochgezüchtete Mensch-Maschinen gegeneinander laufen, springen, werfen, oder haben Sie schon einmal die "Transfermillionen" zusammengezählt, die jedes Wochenende auf dem grünen Rasen gegeneinander Fußball spielen?

Was verbinden wir heute alles mit dem Wort "Spiel"? Beginnen wir mit Wortspielen, Redewendungen, die "spielen" beinhalten. Wir spielen mit

- der Liebe
- der Macht
- dem Feuer
- gezinkten Karten
- einem Gedanken
- Leben oder Tod
- Ansehen oder unserem Ruf
- Geld
- unseren Reizen.

Wir spielen verrückt, den wilden Mann oder jemanden an die Wand; wir spielen Tennis, Golf oder die erste Geige. Es gibt also viele Bedeutungen des Spiels. Welche ist die genaueste? Im Brockhaus liest man: "Spiel ist jede Tätigkeit, die lediglich aus Freude an dieser selbst geschieht. Es läßt sich weder aus dem Ernst noch aus der Arbeit ableiten. Es ist eine primäre Lebenskategorie und von großer Wirkung auf die freie Entfaltung der schöpferischen Kräfte des Menschen und kann auch als Gegenwelt zur Arbeit betrachtet werden, als Kompensation." Krasser kann der Gegensatz zu manchem "Wertspiel" kaum ausfallen.

Ich möchte nun nicht die klassischen Spieltheorien näher beleuchten, ihre Vertreter mit den jeweiligen Standpunkten aufführen und gegeneinander abgrenzen. Das kann man an geeigneter Stelle nachlesen.

Aber einer Funktion des Spiels sollten wir uns wieder bewußter werden, nämlich der "Erziehung durch Spiel und zum Spiel". Spiel ist eine primäre Lebenskategorie, die jeder Mensch jeglichen Alters überall auf der Welt spielt.

"Im Spiel kann man sich selbst erfahren und andere kennenlernen. Die Kenntnis über die geschichtliche und geographische Herkunft der Spiele ist eine Bereicherung und weckt Respekt für fremde Menschen und Kulturen" (vgl. UNICEF-Buch).

Spiel könnte also verbinden, nicht nur Generationen, sondern auch verschiedene Kulturen. Spielerziehung könnte Sozial- und Kulturerziehung sein.

Lassen Sie uns versuchen, diese Ansatzpunkte in die Welt des Sports zu integrieren.

Das eingangs erwähnte Pyramidenmodell ist zerfallen, der Breitensport hat sich gegenüber dem Spitzensport emanzipiert und dient nicht mehr nur als Ausgangsbasis für Talentsuche. Auch in den Schulen? Sind unsere

Lehrpläne nicht noch immer Ausdruck jener Leistungsgesellschaft ("Jugend trainiert für Olympia")?

Dabei haben unsere Jugendlichen bereits auf die gesellschaftlichen Veränderungen reagiert, haben sich die Freiheit genommen, in ihrer Freizeit eigene, andere sportliche Bewegungs- und Spielkulturen zu schaffen, haben ihre Bewegungswelten mit ihren Sinnbedeutungen geschaffen. Break-Dance, Skateboardfahren, Frisbee und Snowboardfahren sind Beispiele jugendlicher Sportkulturen. Ist man in seiner Disziplin ein "Crack", zeigt man sein Können, oder man zeigt sich zumindest kleidungsmäßig seinem "Dream-Team" verbunden. Spiel als Show. In unserem ansonsten meist ereignislosen Alltag bietet Sport die Möglichkeit des letzten Abenteuers, nicht nur mit Marlboro. Die Suche nach Wagnis und Risiko: Bungee-Springen und Free-Climbing, noch mit kalkulierbarem Risiko, "U-Bahn-Surfen" und "Randale-Machen" als alarmierende Zeichen unkalkulierbarer Übertreibungen. Das Spiel um Leben und Tod.

Doch diese Pluralität, verbunden mit einer tiefsitzenden Werteverunsicherung, nicht nur im Sport, sondern innerhalb unseres gesamten Lebensraumes, erzeugt auch eine Orientierungslosigkeit in allen Generationsschichten. Nicht zu vergessen sind die demographischen Veränderungen: Es wird immer mehr ältere Menschen geben, es wird immer mehr Ausländer geben. Bewegung auf Krankenschein, Gesundheitsprogramme der AOK, Sport als soziale Integrationsmöglichkeit für ausländische Mitbürger und als Mittel des kulturellen Austauschs, alternative Bewegungskulturen auf der Suche nach identitätsstiftenden Körpererfahrungen, viele neue Bedarfsfelder und Herausforderungen kommen auf den Sport zu.

Um all diesen Sinnrichtungen gerecht werden zu können, bedarf es einer neuen Spiel- und Bewegungskultur, in der die Gesamtheit aller geistigen und künstlerischen Lebensäußerungen einer Gemeinschaft zum Tragen kommt. Man sollte versuchen, mehr miteinander als gegeneinander zu spielen, sich mehr zu helfen und zu verstehen, als sich gegenseitig zu bekriegen und zu besiegen, mehr selbst zu machen als zuzuschauen. Es kommt sicher weniger auf das Was an als auf das Wie. Spielen als das Tun des Nicht-Notwendigen, als Anregung der Phantasie und des Interesses am freiwilligen Handeln, Anstrengung und Risiko, Selbstverwirklichung und Kommunikation.

Spielerziehung als Bewegungs-, Sozial- und kulturelle Erziehung, als ein gesellschaftlicher Prozeß, der reelle und historische Ausprägungen aufweist, die aber nur dann als sinnvoll erlebt wird, wenn sie als solche erkannt wird.

Lassen Sie uns gemeinsam versuchen, Rahmenbedingungen zu schaffen, die diese Ziele ermöglichen, um Kindern unter anderem das "Recht auf Erziehung in einem Geist des Friedens und der internationalen Solidarität" (vgl. "Erklärung der Rechte des Kindes", UN-Generalversammlung vom 20.11.1959) zukommen zu lassen. Spiel und Bewegung als Bildung und Erziehung für Europa in Europa.

Jutta Hannig-Schosser/Monica Kaufmann/Manfred Zugck

Der Spieleparcours

Spielen - ein Urphänomen menschlichen Handelns, eine primäre Lebenskategorie, eine Urform des Lernens, die in Wechselbeziehung steht zur jeweiligen Kultur, zum Spielumfeld und seinen ökonomischen Bedingungen, im Prinzip unabhängig ist von Alter, Geschlecht und Rasse (vgl. Röthig 1983 bzw. Hannig-Schosser 1992). Nach unserer Meinung ein idealer Anknüpfungspunkt, um Schüler und Schülerinnen aus vielen Teilen Europas einander näher zu bringen. Nicht die Konkurrenzspiele, sondern die Kommunikationsspiele sollten im Vordergrund stehen, wobei Geschicklichkeit, Kooperation, Wahrnehmung und logisches Denkvermögen am meisten gefragt waren.

Dank Monica Kaufmann stand uns eine Expertin für Großveranstaltungen zur Verfügung, die u.a. bei den 3rd World Games 1989 in Karlsruhe die Spielstraße mit Studenten verschiedener Hochschulen gestaltete. Ihr verdankt der Kongreß die Bereitstellung vieler Spielgeräte, die in einem Projekt nach der Vorlage des UNICEF-Buches von Studierenden des Pädagogischen Fachinstitutes und Fachseminars Karlsruhe hergestellt wurden.

Manfred Zugck ist es zu verdanken, daß wir mit seiner Hilfe viele Schülerinnen und Schüler der umliegenden Gymnasien als freiwillige Helferinnen und Helfer zur Verfügung hatten, um dem unerwarteten Ansturm der Besucher (anstatt der avisierten 400 kamen 2000 Schülerinnen und Schüler) gerecht werden zu können.

Zusammen mit einer Kerngruppe von sieben Studentinnen (Ulrike Quast, Gunhild Merkens, Annette Ehringer, Christine Wansch, Monika

Haufe, Christine Winkler, Sonja Janson) waren Jutta Hannig-Schosser und Monica Kaufmann für die Koordination und Organisation vor Ort sowie der einzelnen Stationen zuständig. Allen Beteiligten gelang es, die Veranstaltung mit viel Engagement und Organisationstalent trotz vielfältiger widriger Umstände zu einem Erfolg werden zu lassen. Besonderer Dank sei hier auch der Firma Keule & Co., Heidelberg, und dem Otto Maier Verlag, Ravensburg, für die Bereitstellung vieler Materialien gesagt.
Im folgenden versuchen wir Ihnen einen Eindruck des Spieleparcours in Wort und Bild zu vermitteln (Die genauen Spielbeschreibungen finden Sie hauptsächlich in den zwei Bänden "Spiele der Welt" 1985). Zehn Stationen galt es zu besuchen. Die Reihenfolge der Spielstationen war beliebig. Jede Station hatte eine andersfarbige Schleife, die auf einer Laufkarte, die jedes Kind erhielt, entsprechend koloriert werden konnte. Die Kinder konnten solange an einer Station spielen, solange sie wollten. Sie konnten auch Stationen auslassen. Die Symbolfigur wird Sie nun durch zehn Stationen führen.

Alle Fotos: J. Hannig-Schosser, M. Kaufmann, S.R. Kresin

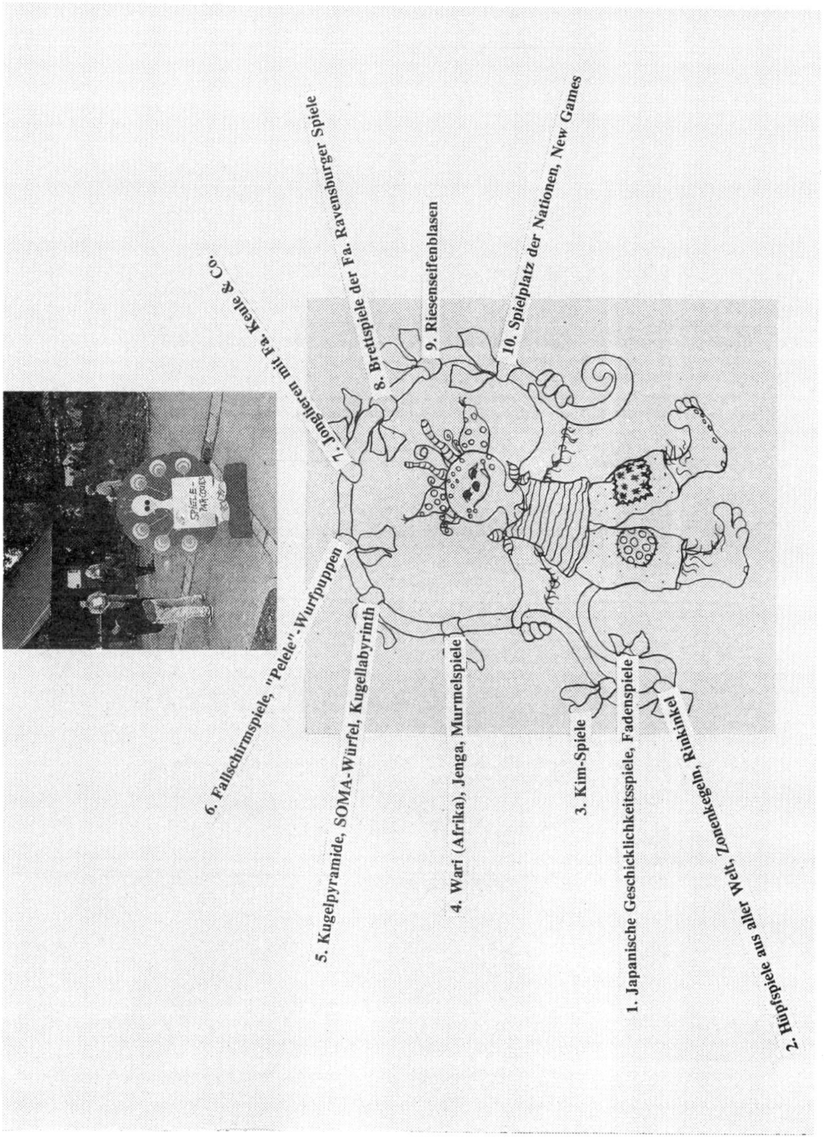
SPIELE-PARCOURS
1. Japanische Geschicklichkeitsspiele, Fadenspiele
2. Hüpfspiele aus aller Welt, Zonenkegeln, Rinkinkel
3. Kim-Spiele
4. Wari (Afrika), Jenga, Murmelspiele
5. Kugelpyramide, SOMA-Würfel, Kugellabyrinth
6. Fallschirmspiele, "Pelele"-Wurfpuppen
7. Jonglieren mit Fa. Keule & Co.
8. Brettspiele der Fa. Ravensburger Spiele
9. Riesenseifenblasen
10. Spielplatz der Nationen, New Games

Spielstation 1

Japanische Geschicklichkeitsspiele

Fadenspiele

Fächer-Slalom

Bilboquet

Spielstation 2

Hüpfspiele aus aller Welt

Zonenkegeln

Rinkinkel

Spielstation 3
Kim-Spiele
Tasten
Kinästhetik (Pedalo fahren)
Schmecken
Riechen

Spielstation 4

Jenga

Wari (Afrika)

Murmelspiele

Spielstation 5

SOMA-Würfel

Kugelpyramide

Kugellabyrinth

Spielstation 6
"Pelele"-Wurfpuppen
Fallschirmspiele

Spielstation 7

Jonglieren mit Fa. Keule & Co.

Spielstation 8

Brettspiele der Fa. Ravensburger Spiele

Spielstation 9

Riesenseifenblasen

Spielstation 10

Spielplatz der Nationen, New Games

Resümee

Wir waren mit viel Idealismus und hohen Zielen in dieses Projekt gestartet. Einen Teil davon konnten wir realisieren. Die Organisation einer solchen Großveranstaltung bedarf langfristiger, genauer Vorplanung und erfordert Managementqualifikationen von allen Beteiligten, inklusive des Kongreß-Organisationskommittees. Vieles konnte aufgrund kurzfristiger finanzieller und personeller Einsparungen nicht geleistet werden.

Die Erwartungen der teilnehmenden Schulklassen waren hoch, wir hoffen, einen Teil davon erfüllt zu haben. Wir konnten feststellen, daß Spielen für alle, ob Kinder oder Erwachsene, Behinderte oder Nichtbehinderte, als einzelne oder in der Gruppe, Deutsche oder Ausländer, ein faszinierendes Element menschlichen Handelns darstellt. Spielen verbindet!

Literatur

Bücken, H. (1984). *Kim-Spiele.* München.

Bücken, H. (1989). *Das große Spielbuch.* Freiburg.

Fluegelmann, A. & Tembeck, Sh. (1980). *New Games - die neuen Spiele.* Soyen.

Fluri, H. (1983). *1012 Spiele und Übungsformen in der Freizeit.* Schorndorf.

v. Grunfeld, F. & Oker, E. (1985). *Spiele der Welt* (Bd. I, II). Frankfurt.

Hannig-Schosser, J. (1994). Spiel - Spiele - Spielen. Der Spieleparcours. In W. Wölfing & V. Strittmatter (Hrsg.), *Bildung und Erziehung in Europa.* Weinheim: Beltz.

Langosch, H. (1990). *Alte Kinderspiele neu entdecken.* Reinbek.

Röthig, P. (Hrsg.). (1983). *Sportwissenschaftliches Lexikon.* Schorndorf.

Jürgen Kummetat

Der Beitrag der Schulen zu einem geeinten Europa

1. Maastricht und die europäische Dimension in der Bildung

1.1 Die laufende Diskussion über das Vertragssystem von Maastricht als Erweiterung der Römischen Verträge zeigte bei aller Verwirrung in den Staaten der Europäischen Gemeinschaft (EG), damit auch in den Bundesländern Deutschlands eine positive Wirkung: Trotz der scheinbaren Konzentration auf die Bereiche der politischen- und der Währungsunion und damit dem scheinbaren Verlust von Souveränitäten der Nationalstaaten (die Vertreter der Regierungen der Bundesländer sprachen ebenfalls von einer Gefahr des Verlustes von Ländersouveränitäten ohne Kompensation), wurde das Interesse der Bürger an dieser eingreifenden Veränderung unserer politischen Landschaft und politischen Kultur geweckt. Daß dieser Vertrag auch den Bereich der Bildung zumindest streift, blieb der Öffentlichkeit weitgehend unbekannt:

> "1. Die (Europäische) Gemeinschaft trägt zur Entwicklung einer qualitativ hochstehenden Bildung dadurch bei, daß sie die Zusammenarbeit zwischen den Mitgliedsstaaten fördert und die Tätigkeit der Mitgliedsstaaten unter strikter Beachtung der Verantwortung der Mitgliedsstaaten für die Lehrinhalte und die Gestaltung des Bildungssystems sowie der Vielfalt ihrer Kulturen und Sprachen erforderlichenfalls unterstützt und ergänzt.
>
> 2. Die Tätigkeit der Gemeinschaft hat folgende Ziele :
>
> - Entwicklung der europäischen Dimension im Bildungswesen, insbesondere durch Erlernen und Verbreitung der Sprachen der Mitgliedstaaten;
> - Förderung der Mobilität der Lernenden und Lehrenden, auch durch die Förderung der akademischen Anerkennung der Diplome und Studienzeiten;
> - Förderung der Zusammenarbeit zwischen den Bildungseinrichtungen;
> - Ausbau des Informations- und Erfahrungsaustauschs über gemeinsame Probleme im Rahmen der Bildungssysteme der Mitgliedstaaten;
> - Förderung des Ausbaus des Jugendaustausches und des Austausches sozialpädagogischer Betreuer".[1]

---

1) Vertrag über die Europäische Union (1992). Artikel 129. Luxemburg.

Mit diesem Auszug aus Art. 126 des Maastrichter Vertragssystems über die Europäische Union, der neben dem Art. 127 die allgemeine und die berufliche Bildung in das europäische Vertragsystem eingliedert, soll unterstrichen werden, daß dem Beitrag der Schulen zu einem geeinten Europa eine über das bisherige Maß hinausgehende Bedeutung zugewiesen worden ist, dessen sie sich bewußt sein sollten. Dabei ist es nicht entscheidend, in welchem Maße nun der Maastrichter Vertrag Gültigkeit haben wird. Sicher ist, daß auch im Bereich des Bildungswesens - das von den nationalen Systemen als ein empfindliches Wesen und dem Nationalstaat zugehörig betrachtet wird - wir eine stärkere grenzübergreifende Entwicklung erleben werden. Überhaupt: Die Diskussion über "Maastricht" hatte natürlich auch in den Schulen positive Wirkungen zufolge: Viele Lehrer, für die Europa insgesamt und institutionell zuvor als Fremdwort erschien, zeigten und zeigen in dieser Zeit eine große Bereitschaft, Defizite an Wissen über Europa aufzuarbeiten. Möglicherweise wirken die beunruhigenden Erfahrungen mit einer wachsenden Fremdenfeindlichkeit in unserer Jugend sich dahin aus, daß der europäische Charakter unserer Schulen - und dazu gehört auch ihre Zusammensetzung durch eine europäische und nichteuropäische Schülerschaft - zu einer stärkeren Beschäftigung mit europäischen Werten wie Menschenrechten führen wird. Und diese sind durch eine Institution wie dem Europarat kodifiziert worden. Die Bedeutung dieser Institution sollte einen größeren Stellenwert in den Schulen erhalten.

Der Vertrag von Maastricht über die Europäische Union hat den Bereich der Bildung in das europäische Vertragswesen aufgenommen, nachdem bisher durch Entscheidungen des Europäischen Gerichtshofes Möglichkeiten für die EG zur Erweiterung ihrer Tätigkeit über die berufliche Bildung hinaus gegeben worden waren. Kritiker bemängeln zwar, daß die Regelungen von Maastricht hinter dem bisherigen Programm aus dem Jahre 1976 geblieben sind. Es sollte allerdings hervorgehoben werden, daß auch vor Maastricht Lücken für die Förderung von Maßnahmen im Bereich dessen gefunden worden waren, was als "europäische Dimension" bezeichnet wird. Sicher wird es Diskussionen darüber geben, in welchem Maße die EG tätig werden kann, ohne die genuinen Rechte der Mitgliedsländer der EG, und damit auch der deutschen Bundesländer zu verletzen.

1.2 Die folgende Darstellung soll dazu dienen, einige Argumente eines "Streiters an der Basis", eines Lehrers an einer allgemeinbildenden Schule, zur Verstärkung der europäischen Dimension in den Schulen zu untermauern. Die Hauptgewichte liegen auf dem Bereich des europäischen Schulaustausches, wobei dieser Begriff global betrachtet werden sollte, nämlich als eine Vernetzung von Schulen in Europa und mit dem, was innerhalb der Schulen dazu gehört, und mit Austausch von Personen aus dem lehrenden und lernenden Spektrum, mit Austausch von Unterrichtsinhalten und Unterrichtseinheiten durch die dazu gehörenden Materialien. Dies ist nicht unproblematisch und dazu sehr kompliziert, da ja auch laut Vertrag von Maastricht die Schule "unter strikter Beachtung der Verantwortung der Mitgliedsstaaten für die Lehrinhalte und die Gestaltung des Bildungssystems"[2)] arbeiten soll. Positive Aspekte liegen jedoch in dieser scheinbaren Beschränkung, da auch innerhalb der Vernetzung von Schulen aus europäischen Ländern - und hierbei soll dies auf den EG-Raum begrenzt sein - das Prinzip der jeweiligen Autonomie der Teilnehmer hervorzuheben ist. Probleme, die daraus entstehen, müssen durch dialogisches Verhandeln von den Schulen selbst gelöst werden. Dieses wiederum kann bereits als wichtiges Prinzip europäischen Lernens in den Schulen bezeichnet werden.

2. Europa als pädagogische Herausforderung

2.1 Bildung und Erziehung in Europa heißt auch: "Europa in der Schule" - "Lernen für Europa". Die Thesen von Manuela du Bois-Reymond zu diesem Problembereich bei einem Kongreß in Mannheim im Frühjahr 1992 sind mit durchaus unterschiedlichen Meinungen und Gefühlen aufgenommen und beurteilt worden. Die Autorin dieser 10 Thesen hatte eine Abrechnung mit den bisherigen Schulsystemen angesichts der Herausforderungen an die Schulen in Europa vollzogen. Im Zusammenhang mit dem Thema seien einige kurze Zitate erlaubt, die als Herausforderung für unsere Arbeit als Lehrer in Europa sowie im nationalen Schulsystem zu verstehen sind:

"Das Konzept 'Europa' und die laufende Europapolitik sind historisch neu, zukunftsorientiert und transnational. Die Schule in den europäischen Nationalstaaten ist in einer langen Tradition gewachsen und ganz und gar ihrem jeweiligen nationalkulturellen Kontext verpflichtet. Das ist einer der Gründe, warum Schule nichts mit Europa anfangen kann und Europa nichts mit der Schule.". (1. These)

---

2) Vertrag über die Europäische Union (1992). Artikel 129. Luxemburg.

"Lernen für Europa kann nur heißen: motiviertes und inhaltliches Lernen. Denn Lernen für Europa ist kein Pflichtcurriculum, hat keine institutionelle Rahmung und keine Tradition. Lernen für Europa ist eine Idee, eine Rhetorik, ein Zukunftsentwurf, ist offen, multiinterpretabel, ist Konzeptart."[3]. (4. These)

Wir Lehrer sollten diese Ideen als Herausforderung annehmen und darauf ganz individuelle Antworten für unsere europäische Arbeit finden. Auf Hilfestellungen durch die administrative und institutionelle Seite sollten wir nicht immer warten.

2.2 Wo können wir nun "Europa" in der Schule eingliedern? Welche Voraussetzungen müssen wir dazu als Lehrer erfüllen? Welche Hilfestellungen werden uns für eine sachgerechte Erfüllung unserer Arbeit gegeben?

Unsere Schulwelt ist bereits europäisch, international, multi- und interkulturell. Nicht immer ist sicher, ob diese Realität von uns Lehrern bewältigt wird. Die Zahl der Seminare von Lehrerfortbildunginstituten zu diesem Problembereich ist recht groß, von Land zu Land allerdings durchaus differenziert.

2.3 "Europa in der Schule" sollte nach dem Beschluß der Kultusministerkonferenz (KMK) bereits seit 1978 und in einer Neufassung des Beschlusses von 1990 institutionalisiert sein. Ein großer Wert wird in dieser Empfehlung auf europäische Bildungs- und Unterrichtsinhalte und die europäischen Begegnungen - sprich "Austausch" - gelegt, wie sich dies auch in den Erlassen der Kultusministerien zeigt. Beim Bereich Austausch ist dabei zu beobachten, daß die frühere primär sprachliche Komponente erweitert worden ist. Allerdings sollte erwähnt sein, daß es sich hier um eine Empfehlung handelt. Trotz dieses Charakters haben sie viele Schulleiter und Lehrer mit Leben erfüllt und an ihren Schulen und im Verbund mit Partnern in Europa ein reiches Spektrum europäischen Lernens und Handelns gemeinsam mit ihren Schülern geschaffen.

2.4 In einer Publikation der Bundesarbeitsgemeinschaft Schule und Wirtschaft (BAG) aus dem Jahre 1989, hat sich Julius Wöppel der Mühe

---

3) Du Bois-Reymond, M. (1992, 22. April). Lernen für Europa - die Ohnmacht der (Pflicht-) Schule. Frankfurter Rundschau.

unterzogen, den Stellenwert Europas in der Sekundarstufe I in verschiedenen Bundesländern zu untersuchen. Europa ist in den Programmen vor allem im Zusammenhang mit wirtschaftlichen Aspekten und/oder als Teil der Nachkriegspolitik zu sehen. Hier sollte angesichts der Ziele für einen Aufbau einer europäischen Union eine große Anstrengung zur Schaffung neuer Inhalte erfolgen. In einer kritischen Analyse des ersten europäischen Geschichtsbuches in der "Zeit" wurde zum Beispiel das Fehlen einer Professur für europäische Geschichtsdidaktik bemängelt. Harald Kästner hat in der erwähnten Publikation der BAG "Schule und Wirtschaft" besonderes Gewicht auf die Erziehung zum europäischen Bürger mit allen gesellschaftlichen und politischen Folgen gelegt und den Europäischen Binnenmarkt in seiner Konsequenz für eine europäische Schulpolitik untersucht.

Um auf ein Zitat von Jacques Delors zu verweisen: "On ne tombe pas amoureux d'un grand marché[4]. Wir müssen uns nicht unbedingt in Europa in seiner politischen und gesellschaftlichen Dimension verlieben. Wir müssen aber unsere Schüler darauf vorbereiten, intellektuell, fachlich und politisch angemessen die europäische Herausforderung positiv anzunehmen.

2.5 Was bietet sich nun Europa als didaktisches und methodisches Problem? Was müssen wir in unseren Schulen leisten, um konkret zur Partnerschaft mit Schulen in Europa bereit zu sein, was können und müssen wir auch von Partnern in Europa verlangen können ?

Lothar Ungerer hebt zum Beispiel in seinem didaktischen Modell als unabdingbare Voraussetzungen für die politische Dimension europäischer Bildung als Basis von Lernzielen hervor:

- die Menschenwürde und das Recht auf politische Entscheidung (Freiheit der Lebensgestaltung);
- die Pluralität als Mechanismus, der die Freiheit der politischen Entscheidung sichert;
- Europa als Konfliktmodell in Form der Interdependenz von Personen und Gruppen als Bedingung menschlicher Selbstverwirklichung.

"...den Wertbezug bilden (dabei) Menschenrechte, Demokratie, Frieden,

4) Delors, J. (1992). Le nouveau concert européen. (S. 63). Paris.

Pluralismus, Toleranz, Freiheit, Gerechtigkeit, wirtschaftliche Wohlfahrt und lebenswerte Umwelt."[5]

Ungerer setzt für die europäische Dimension in der Bildung fächerübergreifend wichtige Prämissen, welche angesichts auch zu schaffender gemeinsamer sozialer Rechte in Europa als Basis jeden Unterrichts zu sehen sind.

Zum Begriff der "europäischen Dimension" seien kurz einige Anmerkungen gemacht: Wolfgang Mickel hebt hervor, "methodisch gesehen (habe) die 'europäische Dimension' in einem anspruchsvollen Unterricht eine nationale, multi- und internationale, möglichst an Fällen und Projekten orientierte, multi- und interkulturelle, d.h. polyvalente Perspektive". Sie gehe "von der nationalen zur übernationalen Betrachtungsweise über, von der eindimensionalen zur multiperspektivischen Analyse und Beurteilung".[6]

Michael Hart - ehemaliger Leiter von Europaschulen und heute für die Task-Force Humanresourcen der EG-Kommision tätig, um den europäischen Charakter von Schulen zu untersuchen - sieht den Begriff von Seiten des Schulmannes: "There is a general agreement that the European dimension is not a seperate subject. It should permeat the whole curriculum, the curriculum being more than a syllabus, i.e. all the studies and activities organized by a school. Its fundamental aim is to make teachers and pupils aware of Europe's common historical and cultural heritage, to give them perspectives that stretch beyond traditional national frontiers , and to prepare them better for life and work in an interdependent Europe....It is also teaching for Europe in the sense of preparing young people for greater mobility, and teaching them the skills of living and working together with people of other nationalities and cultures."[7]

Der Begriff der "europäischen Dimension" erlaubt also diverse Zugriffe, um ihn entsprechend den Möglichkeiten einer jeden Schule anzuwen-

---

5) Ungerer, L. A. (1992). Europa im Unterricht - Konstanten und Variablen der europäischen Dimension am Beispiel politischer Bildung. In Erziehung für Europa - Erziehung für den Frieden!. Leipzig.

6) Mickel, W. W. (1992). Didaktische Grundlagen einer Erziehung in Europa. In Erziehung für Europa - Erziehung für den Frieden! (S. 12). Leipzig.

7) Hart, M. (1992). European Dimension in Primary and Secondary education (S. 35). Alkmaar.

den, sei es durch seinen Stellenwert, den ihm die für die Inhalte zuständigen Gremien in den Schulen geben, sei es seine Umsetzung in Verbindungen mit Partnerschulen und seine Konkretisierung.

3. Schulaustausch als Träger der europäischen Dimension

3.1 Erlaßlage

In den Erlassen und Empfehlungen, in der Literatur zu europäischem Unterrichten, werden Begegnungs- und sonstige Austauschprogramme als das hervorragende Mittel für Völkerverständigung und Friedenserziehung, für die Einführung der europäischen Dimension, für die Vorbereitung der Jugend auf Europa, hervorgehoben. Im Verlauf der letzten Zeit haben verschiedene Institutionen, darunter auch der Europarat oder die UNESCO, Handbücher für den Jugend- und Schüleraustausch herausgegeben. Diese Publikationen müssen vom Leser dahin unterschieden werden, ob sie "nur" Hilfestellungen für die mehr oder weniger technische Durchführung geben, oder auch besonderes Gewicht auf die Einbindung der gesamten Schule in ein solches Unterfangen legen, also binnen- und gleichzeitig interschulische Vernetzung zur Förderung der europäischen Dimension und zur Verstärkung "europäischer Fähigkeiten und Fertigkeiten" von Schülern und Lehrern vorschlagen und für diesen Arbeitsbereich hilfreich sein können.

3.2 Programme der Europäischen Gemeinschaft:

Die EG hat 1977 zum ersten Mal ein europäisches Kolloquium über Schüleraustausch in Venedig veranstaltet, um zunächst einmal eine Bestandsaufnahme zu erreichen. 1989 trafen sich in Windsor Vertreter der 12 Regierungen der Mitgliedsländer sowie von staatlichen und freien Institutionen, um europäische multilaterale Schulpartnerschaften zu diskutieren. (Europäische Bildung war dabei für manche noch ein Fremdwort. Daß es zum Beispiel "Europaschulen" gibt, war manchen Beamten von nationalen Erziehungsministerien unbekannt, auch, daß dort in allen EG-Ländern anerkannte Abschlußexamina abgelegt werden können.)

1991 veranstaltete die für Bildungs- und Jugendfragen ins Leben gerufene "Task-Force Humanresourcen" der EG-Kommission in Barcelona ein weiteres europäisches Kolloquium. Während drei Tagen wurden existierende multilaterale Austauschprogramme, Austauschnetzwerke, Inhalte und Techniken für einen projektbezogenen Schulaustausch vorgestellt. Basis für eine solche Veranstaltung war auch, daß die Bildungs- und Erziehungminister der Mitgliedsländer der EG im Mai 1988 eine Entschließung zur europäischen Dimension im Bildungswesen verabschiedet hatten, durch die, entsprechend dem Subsidiaritätsprinzip, der EG und ihren Mitgliedern spezifische Aufgaben zugewiesen sind, welche für die Vorbereitung der jungen Bürger Europas auf ihre Zukunft in Europa als dringlich angesehen werden; auch Methoden werden in dieser Entschließung genannt, unter anderem Partnerschaften zwischen den Schulen in Europa, die Beteiligung am Europäischen Wettbewerb, die Erarbeitung von gemeinsamen Unterrichtsmaterialien, die europäische Dimension in der Lehreraus- und- fortbildung, der Austausch von Lehrern zur Förderung der Mobilität in ihrem Beruf. Durch das Kolloquium von Barcelona sollte vor allem erreicht werden: Die Ausweitung von Schulpartnerschaften über den Bereich der "klassischen" Austauschländer, m.a.W. über das "magische Dreieck" Deutschland-Frankreich-Großbritannien hinaus. Desweiteren wurde demonstriert, daß die europäische Dimension am sinnvollsten durch Verbindungen hergestellt werden, die mehr als nur zwei Partner einschließen. Bekanntlicherweise hat auch das DFJW bereits seit mehreren Jahren diese Politik zum Ziel und unterstützt Verbindungen dieser Art, vor allem, wenn sie im Zusammenhang zu pädagogischen Projekten stehen, das heißt, von den Partnern gemeinsam beschlossene Unterrichtsvorhaben und extracurriculare Aktivitäten beinhalten.

Die Task-Force Human Resources der EG-Kommission selbst fördert seit 1992 nun durch ein besonderes Programm Modellvorhaben, welche die Mul-tilateralität und projektbezogene Austauschprogrammen beinhalten.

Im Zusammenhang mit EG-Initiativen soll noch das vom bis 1989 tagenden Europäischen Parlament beschlossene Austauschprogramm für Lehrer Erwähnung finden, das die Mobilität der Unterrichtenden sowie Partnerschaften zwischen den Schulen in Europa und besonders Ländern unterstützen soll, die außerhalb jenes "magischen Dreiecks" liegen. Allerdings konnten im Rahmen dieses Programmes 1992 nur 54 Lehrer aus Deutschland finanziert und vom PAD vermittelt werden.

3.3 Strategien und Methoden für Schulaustausch

Im folgenden sollen Möglichkeiten und Methoden von projektbezogenen und auch multinationalen Partnerschaften stärker beleuchtet und gezeigt werden, daß und wie der Bereich der Schulpartnerschaften einerseits einen Beitrag der Schulen zur Realisierung der europäischen Einigung leisten kann, daß und wie durch diese Arbeit weite Bereiche politischer Bildung für Europa abgedeckt werden können.

Schulpartnerschaft wird noch im landläufigen Sinne mit Schüleraustausch gleichgesetzt und dazu noch mit sprachlich motiviertem Austausch. Auch europäische Programme wie LINGUA unterstreichen die Bedeutung des Erlernens möglichst vieler europäischen Sprachen für Lehrende und Lernende.

Diese bisherig geübte Konzentration auf das Erlernen von Fremdsprachen bedeutete, daß in den westlichen Staaten Europas vor allem Schulen sich an Austauschprogrammen beteiligten, die eine der üblichen lebenden Fremdsprachen in ihrem Angebot haben; in West-Deutschland waren dies also vor allem Englisch und Französisch. Sprachen anderer Länder führten nur in Ausnahmefällen zu Schüleraustauschprogrammen, abhängig unter anderem auch vom Engagement der Lehrer und Schulleitungen.

Länder, die außerhalb dieser sprachlichen Schiene liegen oder durch ihre kulturelle und politische Situation hier aus dem Rahmen fallen, entwickelten für ihre Austauschprogramme besondere Projekte, wie zum Beispiel die "Europaklassen" (Luxemburg, Niederlande, Italien u.a.). Hierbei wird während eines verhältnismäßig kurzen Zeitraumes an einem gemeinsamen Ort ein Zusammenarbeiten von Schülern aus mehreren Ländern an ausgewählten und von den Partnern beschlossenen Projekten geübt. Nur verlangen derartige Programme ein Höchstmaß an Organisationskunst und entsprechende Infrastrukturen und finanzielle wie logistische Hilfen.

Der Schüleraustausch selbst ist insgesamt ein sehr ehrgeiziges Unterfangen, was von den Schulen, den Organisatoren häufig nicht gesehen wird. Auch Schulen aus Ländern, die bisher nur periphär oder überhaupt nicht derartige Unternehmungen realisieren oder anstreben, sehen allein die positiven Seiten, nämlich: Das Zusammenführen von Jugendlichen, die allein durch das gegenseitige Kennenlernen nicht mehr in der Lage sein werden, gegeneinander Aggressionen zu entwickeln, die im Sinne einer unfriedlichen Politik ausgenutzt werden könnten; weiter noch: Durch diese Kontakte sollen sie auch in die Lage versetzt werden, im europäischen

Binnenmarkt problemloser ihre beruflichen Chancen zu verwirklichen, miteinander zu arbeiten, da der "Kulturschock" bereits frühzeitig vermindert worden sei.

In der Praxis sieht dies nun so aus, daß beim Schüleraustausch die Schüler in eine ungewohnte Situation gestellt werden: Sie sollen den "Alltag" der "Partner" teilen, deren eher fiktives Leben sie zuvor in Schulbüchern oder durch Erzählungen ihrer Lehrer, durch Reisen, eventuell durch vorherigen Briefaustausch oder durch andere Medien in groben Zügen kennengelernt hatten. Diese temporären "Familienmitglieder" sollen das Leben einer Familie teilen, deren interne Gesetze und Gewohnheiten und möglicherweise Kultur ihnen unbekannt sind, und dazu einen weiteren wichtigen Bereich des Lebens ihrer Altersgenossen erfahren: deren Schulleben.

Wie sieht die Einbindung der Austauschschüler in der Praxis aus? Häufig sind die meisten Lehrer der "gastgebenden" Schule entweder nicht in das Austauschprogramm einbezogen oder wehren sich auch gegen eine Beteiligung. Eine Teilnahme der "Gäste" am Unterricht ist nicht immer gewünscht, sondern wird auch vielmehr häufig als Störung angesehen. Diese traurige Realität, die bei Seminaren über Schulpartnerschaften von "Austauschern" beklagt wird, erklärt sich auch durch die mangelnde vorherige und gegenseitige Absprache innerhalb und zwischen den Schulen. Auch mag eine Vorbereitung der Teilnehmer auf die Bedingungen und Inhalte, welche sie erwarten, nicht genügend erfolgt sein. Darüber hinaus erscheinen auch scheinbare und echte Beschränkungen durch die Schulorganisation in den europäischen Ländern: Bei Austauschprogrammen mit mehr zentralistisch geprägten Ländern und straffen Lehrplänen wird dies besonders evident. Die großen Worte europäischer Empfehlungen stehen dann in krassem Gegensatz zur Realität. Die Folge ist, daß die Organisatoren beider Seiten (bei multilateralen Programmen kann dies durch die Natur der Sache dann anders aussehen) häufig als Ersatz für die Integration von Schülern und Lehrern in den Unterricht der Partnerschulen touristische Programme organisieren. "Kulturelle" Programme sind damit der Schwerpunkt eines Begegnungsprogrammes. Ermöglicht dies das angestrebte Eindringen in politische Strukturen im weitesten Sinne beim Partner? Kann dadurch das Ziel erreicht werden, durch Begegnungen die Verfestigung von Stereotypen zu Vorurteilen zu verhindern oder zu vermindern, was angesichts einer Renaissance nationalistischer Tendenzen in vielen europäischen Ländern besonders wichtig ist ?

Die Unsicherheit des Handelnden sich selbst gegenüber, die Angst vor "Fremdem" und von "Fremden" zeigt sich in europäischen Ländern derzeit in erschreckendem Maße und in bedenklichen Fehlhaltungen. Die schulische Welt ist davon nicht ausgenommen.

Ziel von Austausch ist aber der Abbau von Vorurteilen (auch einseitig positiver) oder der Verfestigung von Stereotypen zu Vorurteilen und sollte so früh wie möglich Umsetzung von Unterrichtszielen sein, das heißt: bereits ab der Grundschulzeit. Der junge europäische Bürger soll ein "engagierter Beobachter" im Sinne von Raymond Aron werden.

Viele Fremdsprachenlehrer sind daher mit der geschilderten Situation nicht zufrieden. Erfahrungsberichte sowie Aufsätze in Fachzeitschriften und andere Publikationen zeigen gut durchdachte projektbezogene Programme auch für die Mittelstufe, die den Schülern die sozio-kulturellen Bedingungen des Partnerlandes näherbringen. Besonders hervorzuheben sind diejenigen Projekte, bei denen Schüler lernen, über sprachliche Probleme hinaus gemeinsam zu arbeiten. Dadurch demonstrieren diese Modelle auch die Kooperationsmöglichkeiten zwischen den Schulen und ihren Austauschgruppen, wie schließlich auch interkulturelle und dialogische projektbezogene Begegnungen stattfinden können.

Der "physische Austausch" allein führt also nicht unbedingt zu den gewünschten Ergebnissen, ein unfreiwillig erfolgter Kontakt mit der scheinbar fremden Umgebung kann sogar negative Ergebnisse zeigen. Die Arbeit muß zunächst in der Schule selbst beginnen, in den Kollegien, um dann zu gemeinsamen Aktivitäten mit den Partnern zu führen. Die eigenen Lebens- und Arbeitsbedingungen sollen erkannt und aktiv in eine Darstellung für den Handelnden selbst umgesetzt werden, bevor das Abenteuer "Schüleraustausch" realisiert wird.

Um nicht mißverstanden zu werden: Hier wird nicht der "over-protection" das Wort geredet, auch nicht der Verhinderung von Spontanietät und Kreativität. Auch aus den "klassischen" Schüleraustauschprogrammen haben sich erfreuliche Verbindungen nicht nur auf persönlicher Ebene herstellen lassen, sondern haben auch das dargestellte Ziel im Sinne politischen Lernens erreicht. "Europa in der Schule" hat also auch auf diesem Wege seit langem begonnen.

3.4 Ziele und Methoden projektbezogener europäischer Schulpartnerschaften

Durch die vorherigen Bemerkungen sollte betont werden, daß wir Formen und Inhalte für dieses Unterfangen "Austausch" zum Teil neu erarbeiten müssen, den Begriff als solchen überhaupt einmal als "Schulaustausch" definieren, was die Einbeziehung der gesamten Schule personell wie inhaltlich impliziert. Natürlich bleiben dabei die Schüler Hauptträger des gesamten Unterfangens: Sie sind die wertvollste Quelle, um das Europa des 21. Jahrhunderts aufzubauen. Wir müssen ihnen die Möglichkeiten bieten, Kooperation durch gemeinsames Arbeiten und auch gemeinsames Leben und Erleben zu erlernen. Moderne Technologien können dabei helfen, diese authentischen Gemeinsamkeiten für mehr Schulen und Schüler zu erfahren. Die Austauscharbeiten können rechtzeitig und in für die jungen Menschen attraktiver Weise zum Beispiel mit Hilfe von FAX- und zwischen den Schulen kompatiblen Computerprogrammen beginnen. Dabei wird die europäische Dimension pädagogischer Arbeit erweitert, ein vielfältiges Problembewußtsein entwickelt. In diesem Zusammenhang sei erwähnt, daß die EG ein solches "FAX-Programm" eines europäischen Lehrerverbandes als Modellvorhaben finanziell unterstützt, da es alle Kontaktmöglichkeiten für Lehrer und Schüler einbezieht.

Die Teilnehmer an Austauschprogrammen (und davon sollte im Idealfall niemand ausgeschlossen sein) erhalten rechtzeitig Erfahrungen mit dem Praxisbezug eines Europas der offenen Grenzen, auch in seinen Unterschieden. Die Relevanz der Einsicht in die Notwendigkeit des Erlernens von Fremdsprachen wird auch mit Hilfe der neuen Technologien verstärkt sichtbar.

Die bereits im Vorfeld eines "physischen Austauschs" gefundenen Kontaktmöglichkeiten wirken sich positiv auf die spätere berufliche und persönliche Entwicklung der Schülerinnen und Schüler aus. Für berufsbildende Schulen sind sie ein hervorragender Teil der Ausbildung. Jedoch auch für allgemeinbildende Schulen sind diese Ziele von gleichem Stellenwert.

Austausch in diesem Sinne bedingt gegenseitiges Helfen. Dadurch wird die Notwendigkeit von Solidarität leichter erkennbar und auch emotional erfahrbar; projektbezogene Austauschprogramme sind auch positiv verstärkend für das Profil der beteiligten Schulen in ihren Gemeinden und Städten und können in Partnerschaftsprogramme integriert werden.

Es sei an dieser Stelle nochmals auf den Begriff "Projekt" hingewiesen:

Der Austausch von didaktischen Einheiten für den Unterricht an den Partnerschulen sowie für extra-curriculare Vorhaben, - wenn dies das Schulsystem zuläßt. Hier sei kurz erwähnt, daß die Bildungs- und Erziehungsminister der EG-Staaten diesen Bereich dadurch einbezogen haben, indem sie in ihrer "Entschließung zur Einführung der europäischen Dimension im Unterricht" vom 24. Mai 1988 zum Beispiel die Gründung von "Europaclubs" an den Schulen als ein wichtiges Mittel für die Vermittlung europäischer Inhalte ansehen. Wenn dieser Begriff "Europaclub" in extenso interpretiert wird, könnte eine solche Einrichtung auch für eine gemeinsame, von den Partnerschulen getragene, curriculare Arbeit eingesetzt werden, Schüler und Lehrer auch innerhalb zu gemeinsame Arbeiten motivieren.

Die Unterrichtseinheiten, die von den Partnerschulen -sei es im bilateralen, im multilateralen Bereich oder in Netzwerken (das heißt: die Konzentration auf ganz spezifische Vorhaben zwischen Schulen) - gemeinsam erarbeitet und an ihnen eingesetzt werden, müssen natürlich von den beteiligten Schulen sorfältig vorbereitet werden. Für diese Vorbereitungsarbeit kann - auch in Hinsicht auf ihre Finanzierbarkeit - der Charakter der Modellfunktion gewählt und diese Tätigkeit auch von Experten inhaltlich und administrativ begleitet werden.

In diesem Kontext sei besonders ein Verweis auf die Lehreraus- und -fortbildung angebracht: Das gemeinsame grenzübergreifende Arbeiten zwischen den Trägern der Bildungssysteme zur Lehreraus- und -fortbildung für den Austausch, scheinen erst im Anfangsstadium zu sein. Europäisches Arbeiten in den Schulen und zwischen Partnern in Europa ist ohne eine rechtzeitige Ausrichtung dieser pädagogischen Tätigkeit bei der Ausbildung junger Lehrer sowie der Fortbildung aktiver Lehrer aus allen Fachbereichen schwer zu verwirklichen. Daher sollten ihre Träger sich verstärkt um Kooperationsangebote bemühen. Im Zusammenhang mit der Fortbildung sollten auch schulinterne Veranstaltungen angeboten werden. Programme der Europäischen Gemeinschaft sollten transparenter werden. Auch Angebote wie ARION für Mitarbeiter der Schulverwaltung und für Schulleiter, die auf die Schulwelt direkt Einfluß haben könnten, werden nur unzureichend in die Schulwirklichkeit transponiert. Ihre Transparenz in Hinsicht auf die Arbeit der Schulen und ihrer Lehrer sollte daher Beachtung finden.

Der Austausch von Lehrern (die während ihrer Ausbildung und Unterrichtspraxis entsprechend ausgebildet werden müssen) ist ein weiterer wichtiger Bereich in der Austauscharbeit: Die Schulen sollten versuchen, ihre Lehrer durch Austausch auch unterrichtsmäßig einzusetzen. Dabei sollten nicht nur Sprachlehrer in ein solches binnenschulisches Programm integriert werden. Für andere Fachvertreter muß dann die sprachliche Kompetenz von Lehrern und Schülern zuvor geklärt werden. Man kann also auch daran denken, Modelle zu entwickeln, in denen Fachunterricht in einer an der Schule gelehrten Fremdsprache gegeben wird. Der Einsatz von Lehrern der Partnerschule(n) im Fremdsprachenunterricht selbst ist mehrfach im Zusammenhang mit Schüleraustausch von Oberstufenkursen erprobt worden und hat eine positive Auswirkung auf das Erkennen von Gemeinsamkeiten und Unterschieden in den Bildungssystemen der europäischen Länder erkennen lassen. Für die Förderung der Mobilität auch von Lehrern, wie dies in den Entschließungen der europäischen Bildungsminister hervorgehoben wird, ist dies eine der wichtigsten Grundvoraussetzung.

Zur projektbezogenen Schulpartnerschaft gehört letztendlich natürlich der Schüleraustausch durch seinen Begegnungscharakter für den jungen Europäer selbst. Zuvor geknüpfte Verbindungen durch Austausch von Unterrichtseinheiten oder extracurricularen Aktivitäten werden in die persönliche Ebene überführt.

Austauschprogramme von berufsbildenden Schulen verlangen projektbezogene Austauschprogramme, da hier à priori besondere Maßstäbe existieren, denn hier wird die Arbeitswelt einbezogen. Die Partnerschaft zwischen Schulen dieses Bereiches müssen, bedingt durch die unterschiedlichen Ausbildungssysteme in Europa, ganz spezifische Probleme überwinden. Daher verlangt dieser Schultypus eine intensive und von allen Partnern getragene Vorbereitung für Austauschprogramme, um sie, die in Hinblick auf den europäischen Binnenmarkt besonders wichtig sind, sinnvoll und "kompatibel" zu machen. Programme für diesen Schultypus zeigen, daß der Austausch als integrativer Bestandteil des schulischen Programms insgesamt angesehen werden kann. Betriebspraktika sollten die zuvor durchgeführten gemeinsamen Projekte bei Schülerbegegnungen ergänzen.

Auch der Austausch von Oberstufengruppen oder -kursen an allgemeinbildenden Schulen impliziert von seiner Natur aus ebenso besondere Inhalte und Methoden. Für Oberstufenschüler sollte es unabdingbar sein, in den Unterricht der Partner einbezogen zu werden. Hier, wie bei Austauschprogrammen der berufsbildenden Schulen, wird der Bereich der "Mobilität" besonders sichtbar. Die Kommission der EG sieht übrigens - wenn auch nicht von allen Ländern unbestritten - diese Stufe an allgemeinbildenden Schulen bereits als Teilbereiche der Berufsausbildung an. Die Teilnahme von Oberstufenschülern an Austauschprogrammen geht Hand in Hand mit der Forderung nach Überdenken der Formen und Inhalte, damit Austausch nicht als Zeitverlust, sondern als Erziehung im fachlichen wie politischem Sinne gesehen wird

3.5 Arbeitsvoraussetzungen für den projektbezogenen Schulaustausch

Interessant ist besonders bei der Entwicklung von projektbezogenen Austauschprogrammen festzustellen, in welchem Maße ein gemeinsamer Rahmen für Zusammenarbeit überhaupt geschaffen werden kann.

Bei den Verhandlungen zwischen den Partnern (deren Ergebnisse "legalisiert" werden sollen z.B. in Form eines Partnerschaftsvertrages oder jährlicher Abkommen) wird sich schnell herausstellen, wer bereits über Infrastrukturen innerhalb und außerhalb der Schulen verfügt. Dabei sollte immer ein Punkt Beachtung finden: Entscheidungen über Programme, Strategien und Durchführung sollten nicht einer "peer-school" überlassen werden. Denkbar ist natürlich eine Art Rotationssystem in der Projektleitung. Das Programm sollte selbst jedoch von allen gemeinsam getragen werden. Natürlich ist es illusorisch zu glauben, daß die angestrebte Gleichartigkeit der Mitarbeit immer vorherrscht, sie sollte aber permanent angestrebt werden. Eine Schule, die den Ruf einer "Lokomotive" hat, sollte diesen eher als "Motivator" für europäische Bildungsarbeit einsetzen und befruchtend auf die anderen Schulwelten wirken.

Folgendes Schema für die gemeinsame Arbeit zwischen Schulen könnte in die Vorüberlegungen für eine Schulpartnerschaft gelten :

- Welche eigenen und gemeinsamen Interessen liegen vor ? - Welche Inhalte in der Partnerschaft werden angestrebt? - Welche Fächer oder - bei berufsbildenden Schulen - Arbeitsbereiche können einbezogen werden (bei Austauschprogrammen von Grundschulen ist eine Globalität der Arbeit neben spezifischen Einheiten möglich)?
- Welche Medien werden für die Austauschprogramme benutzt? Gibt es zum Beispiel FAX oder Electronic Mail für besondere Projekte und für die Organisation?

- Welche sprachlichen Resourcen bestehen in den Kollegien, welche nichtsprachlichen Möglichkeiten können eingebracht werden ?
- Welche Hilfen können mobilisiert werden (Hilfen durch Gemeinden oder Regionen, Sponsoring)?
- Bei bestehenden Programmen, die als "klassischer" Schüleraustausch begonnen haben: läßt sich das häufig touristisch geprägte Programm ausbauen?
- Können mehr zufällige Kontakte zwischen den Lehrern und den Schulleitern der Partner für Projekte oder austauschbare Unterrichtseinheiten nutzbar gemacht werden?
- Ist es möglich, Lehrer und Mitglieder der Schulleitungen der Partnerschulen gemeinsam zu europäischen Fortbildungsveranstaltungen zu schicken?
- Inwieweit können die Partnerschulen den Ausbildungs- und Fortbildungsvorgang für Lehrer im europäischen Sinne beeinflussen?

3.6 Die Arbeit in den Schulen im europäischen Austauschprogramm

Planung und Auswertung der gemeinsamen Schulaustauschprogramme sind untrennbar miteinander verknüpft: Bei der Planung müssen die Auswertungskriterien und -punkte bereits definiert sein. Das heißt: Vor der Planung eines Programmes, das sich mindestens über ein Jahr erstrecken sollte, müssen die Voraussetzungen für die Evaluation geleistet sein. Diese zweifellos komplizierte Arbeit ist nur durch intensive Kontakte möglich, die ein "Austauschkomitee" innerhalb der Schulen impliziert, das die Verantwortung für die gesamten Arbeiten trägt - und dessen Arbeit auch Berücksichtigung innerhalb des Stundendeputates finden sollte. Fallen persönliche Begegnungen von Mitgliedern der Verantwortungsgremien schwer (hier können geographische und/oder finanzielle Gründe vorliegen), so sollten diese Treffen dennoch zum Beispiel durch die Organisation einer europäischen Fortbildungsveranstaltung angestrebt werden. Vertreter der Schulen, welche Erfahrungen in der europäischen Bildungsarbeit besitzen, sollten versuchen, selbst als Mitarbeiter in den Fortbildungsinstituten tätig zu werden.

Die Auswertungskriterien selbst sind einer permanenten Evaluation unterworfen. Sie sind die Basis für das gesamte Austauschprogramm und geben gleichzeitig Auskunft über die Zusammenarbeit, die Austauschmöglichkeiten, die Binnenkooperation in den beteiligten Schulen selbst. Die

Auswertung muß also ernstgenommen werden und auch rechtzeitig nach einem zu vereinbarendem Schema erfolgen. Wichtig sind hierbei Erkenntnisse über Probleme und Gefahren des Scheiterns. Dieses wiederum verlangt Einblicke in das System an den Partnerschulen und in das jeweilige regionale oder nationale Bildungssystem sowie seine Realitäten. Damit wird auch ein bedeutsamer Lernvorgang in Gang gesetzt, der zur Entscheidung führt, ob Programme fortgesetzt werden können, auf welche Weise, oder ob ein Ende notfalls angebracht ist. Die Auswertung sollte daher Teil eines Vertrages zwischen den Partnerschulen oder den Mitgliedern eines Schulnetzes sein.

Programme der beschriebenen Art für alle Schultypen lassen sich ohne vernünftige Binnenkooperation in den Schulen überhaupt nicht realisieren. Jede Art von Austausch verlangt diese Bereitschaft der gesamten Schule, sich mit dem Austausch überhaupt, mit seinen Inhalten, der Organisation zu beschäftigen. Dies beschränkt sich nicht auf bilaterale und multilaterale, auf parallel laufende Programme, sondern muß bei jeder Austauschtätigkeit bereits im Vorfeld beginnen. Verantwortlich ist in jedem Falle für Planungen und die Durchführung der Programme die Schulleitung, die ja auch die Schule "nach außen" vertritt.

Es wäre hier müßig, die Funktion eines solchen "Komitees" im Detail zu beschreiben. Seine Zusammensetzung und Arbeitsweise richtet sich nach den Bedingungen an den Partnerschulen sowie den gemeinsam beschlossenen Inhalten und Projekten. Die Partnerschulen, besonders bei einem Schulnetz, sollten zu Beginn ihrer Aktivitäten übereingekommen sein, solche Komitees zu haben, die untereinander und entsprechend der Funktion ihrer Mitglieder kommunizieren. Hervorgehoben soll allerdings werden, daß durch dieses "Komitee", durch möglichst viele Teilnehmer - aus dem Bereich der Lehrer, der Schüler und der Eltern - alle inhaltlichen und technischen Bereiche behandelt werden. Hat eine Schule mehrere Austauschprogramme, so lassen sie sich in dieser Gruppe bestens ausarbeiten und koordinieren. Vereinzelungen, die Unkenntnis über wichtige Schulprogramme, werden für alle Zukunft vermieden.

3.7 Bereichsbeispiele

Die Umwelterziehung, zu der es ebenfalls eine Entschließung der europäischen Erziehungsminister gibt, kann als eines der hervorragensten Beispiele für projektbezogenen Austausch bezeichnet werden. Sie behandelt einen Bereich europäischer Gemeinschaftspolitik, ist pluridisziplinär und stufenübergreifend, spricht den kognitiven wie affektiven Bereich an. Dies trifft auch auf die Probleme der Menschenrechte und der sozialen Rechte zu. Beide Bereiche können in Hinsicht auf den Binnenmarkt und die demokratische Europäische Union genügend gemeinsame Themen bieten.

Vergessen wir nicht, daß "Europa" auch in besonderem Maße eine Wertegemeinschaft darstellt, wie sich dies auch in der Arbeit des Europarates zeigt, dessen Seminare für Lehrer aus Europa, abgesehen vom fachlichen Gehalt, auch unter diesem Aspekt eine große Bedeutung für die Kooperation von Lehrern aus unterschiedlichen Bildungssystemen haben. Die Lehrer werden als Multiplikatoren in ihren Schulen und in der Partnerschaftsarbeit wirken können.

Zu nennen sind unter diesem Aspekt gemeinsam zu erarbeitende Projekte für den Literaturunterricht, für Geschichte und Politik, Geographie, für den musischen und künstlerischen Bereich, in dem der non-verbale Aspekt besonders hervorzuheben ist, auch für Sport, wenn hier Gemeinsames, nicht Trennendes betont wird.

Die Naturwissenschaften, deren Vertreter häufig kritisch dem "Schüleraustausch" gegenüberstehen, könnten mit ihren Fachkollegen eine Menge gemeinsamer Projekte entwickeln, so zum Beispiel im Bereich der Informatik. Sie ist neben ihrer pädagogischen und didaktischen Bedeutung wiederum wichtig für den "Transport" der Einheiten, wobei Inhalte und Methoden der Vernetzung zwischen den Schulen zuvor genau verhandelt werden müssen. Dieses Schema gilt auch für den Austausch von Unterrichtseinheiten oder Projekten mit Hilfe von FAX. Auch hier müssen die Programme zuvor von den beteiligten Schulen so ausgehandelt werden, daß sie gemeinsam im Unterricht oder in besonderen Arbeitsgemeinschaften eingesetzt und auch terminlich genau fixiert ausgetauscht werden. Der Einsatz dieser Medien ist übrigens für allgemeinbildende wie berufsbildende Schulen gleichfalls hervorragend. Sie ermöglichen einen kontinuierlichen wie kostenmäßig erträglichen Austausch über eine längere Zeit, können je nach Programmtyp eine möglichst große Zahl von Schülern und Lehrern einbeziehen. Darüberhinaus ist hierdurch eine Vernetzung vieler Schulen möglich. Daß im Verlauf eines solchen Programmes sich dann die Teilnehmer auch per physischem Austausch treffen können und sollten, ist selbstverständlich. Sie haben sich ja auch bereits "kennengelernt".

Natürlich müssen für diese Formen der Kommunikation die finanziellen Fragen geklärt sein, aber Hilfen wegen des Modellcharakters könnten die Teilnehmerschulen unter anderem von der Telekommunikationsindustrie erhalten. Auch staatliche Stellen sollten Interesse zeigen.

Betrachten wir noch Möglichkeiten für Austauschprogramme für Oberstufenkurse oder -gruppen: Trotz oder gerade wegen der Belastung in der Oberstufe ist eine Projektorientierung pädagogisch wie operationell besonders wichtig und gegenüber allen Teilnehmern vertretbar. Es können hier schulorganisatorisch geradezu Lösungen untersucht werden, ob die Teilnahme an bestimmten Kursen den Austausch einbezieht oder auch gemeinsame Betriebspraktika vorsieht. Dabei darf allerdings auch nicht außeracht gelassen werden, daß der physische Austausch ein gehöriges Maß an Freiwilligkeit verlangt. Aus diesen Gründen sei auf die anderen Möglichkeiten von "Austausch" hingewiesen, um niemanden vom gemeinsamen Arbeiten auszuschließen.

Erwähnen wir als Projekt noch die Möglichkeit, Abgeordnete des Europäischen Parlaments in den Sozial- und Gemeinschaftskundeunterricht der Partnerschulen einzuladen und die Erfahrungen auszutauschen. Ihre Teilnahme kann ein weites Feld von Gemeinsamkeiten und Unterschieden europäischer Politik durch personelle Präsenz nahebringen. Ein solches Projekt könnte auch bei Begegnungen von Partnerschulen zum Beispiel in den Arbeitsorten des Europäischen Parlaments stattfinden.

Themen und Methoden müssen sich immer den Bedingungen an den Schulen und in den Partnerländern anpassen. Darauf muß besonders geachtet werden, wenn Schulnetze oder andere Austauschprogramme Verbindungen zwischen Ländern des westlichen Europas und den Staaten der ehemaligen sozialistischen Welt herstellen. Schließen wir hierbei auch Verbindungen zwischen Schulen aus den "alten" und "neuen" Bundesländern nicht bei diesen Überlegungen aus. Das "Zusammenwachsen" beginnt in der Schule und besitzt eine hohe europäische Dimension. Die Schulen in den neuen Bundesländern können darüberhinaus bei Partnerschaften zwischen dem "alten" und "neuen" Europa besondere Hilfestellungen leisten. Die früheren Kontakte gewinnen dadurch eine neue Ebene.

3.8 Europäisches Lernen

Die Erweiterung des europäischen Raumes nach dem Ende der Spaltung unseres Halbkontinentes, die Herausforderungen, die sich aus der besorgniserregenden politischen Situation durch die Unterschiede zwischen Nord und Süd ergeben (dies spiegelt sich auch in der Zusammensetzung der Schülerschaft wieder), die Probleme des Arbeitsmarktes für Lehrer zeigen die Notwendigkeit für Schulaustauschprogramme jedwelcher Art. Politisches Lernen vollzieht sich innerhalb der Schulen, durch ihren Kontakt zur Außenwelt, zu ihren Partnern (oder zu jenen, die es werden sollen).

Die pädagogische Herausforderung, die Austausch impliziert, ist von eminent politischer Art. Schulaustausch führt zur Erkenntnis, daß das gemeinsame Leben vom Erlernen und Aushandeln der Bedingungen bestimmt wird, unter denen sich die Zukunft abspielen wird. Die Schulen haben hier eine Aufgabe zugewiesen bekommen, die zu erfüllen immer anspruchsvoller wird. Ob nun die Voraussagen von Frau Dubois-Reymond zur Fähigkeit der Schulen und der Schulsysteme, europäisch zu arbeiten, eintreffen, liegt bestimmt nicht an ihnen alleine. Aber sie müssen auch selbst Anstrengungen unternehmen können, diesem Anspruch gerecht zu werden. Guter Wille ist sicher vorhanden, wie es die bereits jetzt schon großartigen Austauschprogramme zwischen Schulen in Europa zeigen, durch die es ihren Schülern leichter gemacht wird, Bürger Europas zu werden.

Auswahl von Handbüchern und Dokumenten zur europäischen schulpartnerschaftlichen Arbeit:

1. AEDE-Handbook for multilateral school-exchanges and links, 1993, in Druck bei mehreren europäischen Schulbuchverlagen.
2. Europarat (1992). School links and exchanges in Europe. A practical guide. Strasbourg.
   Europarat (1989). Expériences d'éducation interculturelle. Pistes pour activités interculturelles. Strasbourg.
3. Deutsche UNESCO-Kommission (1990). Handreichung für den interkulturellen Schüleraustausch. Bonn.
4. Kommission der Europäischen Gemeinschaften (1991). Bilan et perspectives des échanges scolaires (Kolloquium Barcelona, 13.-17.3.1991, Actes du Colloque). Brüssel.
5. Schüleraustausch - Schulpartnerschaften. Westermann Schulleiter-Handbuch (1985). 35. Braunschweig.
6. GREFES-AEDE. Se Rencontrer pour se Former, Se Former à se Rencontrer. La pédagogie des échanges, but et moyen de la formation des enseignants. 1993 in Druck durch den Europarat Straßburg.

Literatur

Kummetat, J., Batenzen, L, Wilson, S. (Hrsg.). (1993). *AEDE: European Educational Exchanges*. Amsterdam: Meulenhoff Educatief b.v..

Alix, Ch. (1992). *Pakt mit der Fremdheit. Interkulturelles Lernen als dialogisches Lernen im Kontext internationaler Schulkooperationen*. Frankfurt.

Erziehung und Gesellschaft im internationalen Kontext (1990, 7). Frankfurt.

Alix, Ch., Kodron, Ch. (1989). Kritische Anmerkungen zur Praxis von Schüleraustausch und Schulpartnerschaften. In J. Kummetat (Hrsg.), *Europa erfahren - Interkulturelles Lernen durch Schulpartnerschaften*. Schwalbach: EEB.

Alix, Ch., Kodron, Ch. (1989). *Zusammenarbeiten - Gemeinsam Lernen. Themenzentrierte Zusammenarbeit zwischen Schulen verschiedener Länder am Beispiel Deutschland - Frankreich*. Schwalbach: EEB.

DFJW und DIPF (1988). Bad Honnef.

Du Bois-Reymond, M. (1992, 22. April). Lernen für Europa - Die Ohnmacht der (Pflicht-)Schule. *Frankfurter Rundschau*.

Hart, M. (1992). *The European dimension in general primary and secondary education*. Alkmaar.

Kästner, H. (1989). Für ein gemeinsames Konzept der europäischen Dimension in den Lehrplänen - Feststellungen und Schlußfolgerungen am Beispiel der Bundesrepublik Deutschland. In Keim, Kästner, Wöppel, *Die europäische Dimension in Unterricht und Schulpolitik* (Sonderausgabe zur Didakta 1989). Köln.

Kästner, H. (1992). Europäischer Binnenmarkt 1992. Konsequezen für eine europäische Schulpolitik. In Keim, Kästner, Wöppel, *Die europäische Dimension in Unterricht und Schulpolitik* (Sonderausgabe zur Didakta 1989). Köln.

Kummetat, J. (1992). Projektbezogene Schulpartnerschaften als Mittel europäischer Erziehung. In Büro Deutschland des Europäischen Parlaments, Europäischer Erzieherbund, Institut für Europa-Erziehung (Hrsg.), *Erziehung für Europa - Erziehung für den Frieden*. Leipzig.

Mickel, W.W. (1992). *Didaktische Grundlagen für eine Erziehung für Europa*.

Ungerer, L. A. (1992). Europa im Unterricht - Konstanten und Variablen der europäischen Dimension am Beispiel der politischen Bildung. In *Erziehung für Europa - Erziehung für den Frieden!*. Leipzig.

Wöppel, J. (1989). Europa im Unterricht - Synopse der Lehrpläne aller Bundesländer. Sekundärbereich I. In Keim, Kästner, Wöppel, *Die europäische Dimension in Unterricht und Schulpolitik* (Sonderausgabe zur Didakta 1989). Köln.

Klaus Bruckmann

40 Jahre Europäischer Wettbewerb Rede anläßlich des Internationalen Pädagogischen Kongresses in Heidelberg am 5. Oktober 1992

"Es waren schöne, glänzende Zeiten, wo Europa ein christliches Land war, wo eine Christenheit diesen menschlich gestalteten Weltteil bewohnte. Ein großes gemeinschaftliches Interesse verband die entlegensten Provinzen dieses weiten geistlichen Reiches..."

Meine sehr geehrten Damen und Herren

Ich habe dieses Zitat aus Friedrich Hardenbergs Fragment "Die Christenheit oder Europa" des Jahres 1799 meiner Rede vorangestellt, weil es eine Fiktion darstellt, allerdings für manche eine recht lieb gewordene, wenn sie auf historische Vorbilder der europäischen Einigung verweisen möchten und dabei selbst auf Karl den Großen vor 1200 Jahren Bezug nehmen.

Es hilft uns heute wenig, historische Einheitsbilder zu beschwören, nicht etwa, weil sich in der Geschichte nichts wiederholt, sondern weil alle Versuche der Vergangenheit, Europa politisch zu einigen, von Macht- und Vorherrschaftsdenken bestimmt waren. Und das unterscheidet sie grundsätzlich von den politischen Bemühungen unserer Zeit.

Der Ausbau der Europäischen Gemeinschaft zu einer föderal verfaßten europäischen Union stellt qualitativ ein Novum der Geschichte dar und ist der einzig sinnvolle Weg, die regionen- und grenzüberschreitenden Probleme Europas rechtsstaatlich, demokratisch und wirksam anzugehen.

Warum die von Hardenberg (Novalis) beschworene Einheit zerfiel, erläutert er mit einem Satz:

"Noch war die Menschheit für dieses herrliche Reich nicht reif genug, nicht gebildet genug."

Und er fährt fort: das einigende Band sei im Drucke des Geschäftslebens sowie eigennütziger Sorgen verdrängt und schließlich als Trug und Wahn ausgeschrieen und von einem großen Teil der Europäer zerrissen worden.

Indem Novalis auf die sozialökonomischen Faktoren der Zerrissenheit abhebt, erweist er sich weit realistischer als mit seiner Fiktion der Einheit.

Die sozialen und ökonomischen Faktoren waren es unter anderem, die vor gut 40 Jahren weitsichtige Politiker bestimmten, eine europäische Gemeinschaft zu begründen, eine "EG" zunächst für Kohle und Stahl, wie sie Robert Schuman initiierte, dann erweitert zur Atomgemeinschaft und zur Wirtschaftsgemeinschaft überhaupt, zur EWG, durch die Römischen Verträge 1957. Das damalige Europa der Sechs erweiterte sich 1973 durch den Beitritt Großbritanniens, Dänemarks und Irlands, 1981 durch Griechenland und 1986 durch Spanien und Portugal zur heutigen 12er Gemeinschaft.

Trotz aller Turbulenzen, die es in den zurückliegenden vier Jahrzehnten immer wieder gab und die uns erst kürzlich in der Währungskrise erneut zu schaffen machten, hat die EG an Attraktivität nichts eingebüßt.

Mit den Alpenstaaten (Österreich, Schweiz und Liechtenstein) sowie den drei nordischen Staaten (Finnland, Schweden und Norwegen) wird die EG in nächster Zukunft als weiteren engen Partnern oder neuen Mitgliedern zu rechnen haben. In der augenblicklichen Debatte um das Vertragswerk von Maastricht geht es nicht, und das wird häufig übersehen, um die grundsätzliche Frage einer europäischen Einigung, sondern vielmehr um die Form der künftigen "Gemeinschaft", ihre Kompetenzen und die Geschwindigkeit, mit der sie in die Praxis umgesetzt werden sollen.

In diesem Zusammenhang artikulieren sich bei den Bürgern in Europa Ängste hinsichtlich zunehmender Arbeitslosigkeit, des Verlustes nationaler Währungen, nationaler oder regionaler kultureller Identität, über einen unkontrollierten Zustrom von Wirtschaftsflüchtlingen und vor kriegerischen Auseinandersetzungen in Europa.

Wenn in wenigen Tagen am 16. Oktober der Sondergipfel der EG in Birmingham stattfindet, so wird dieser in erster Linie Sorge tragen müssen, konkrete Vorschläge für die Überwindung dieser Ängste zu unterbreiten.

Der Maastricht-Vertrag zielt in die Richtung einer föderal verfaßten europäischen Union. Man mag über Modalitäten und Geschwindigkeiten auf diesem Weg streiten. Aber keinesfalls darf das Ziel einer europäischen Einigung ein Opfer momentaner Börsenturbulenzen werden!

Wenn ich eingangs die Hardenbergsche "Einheit Europas" als Fiktion kritisiert habe, so möchte ich diese Feststellung dahingehend modifizieren, daß Europa allerdings durch viele Gemeinsamkeiten bestimmt wird, daß die europäischen Völker, auch wenn sie in manchen Teilen Europas verstärkt nationale Abgrenzungen vornehmen, in ihrem Denken, in ihren Rechtsvorstellungen, in ihrem Glauben eine gemeinsame Prägung erfahren haben durch die griechisch-römische Antike und der in ihr gründenden Philosophie, dem Recht und dem Christentum als den drei Säulen des christlichen Abendlandes, dem alle europäischen Völker angehören.

Wir wissen, daß trotz dieser Gemeinsamkeiten die Geschichte Europas bestimmt wurde durch Krieg und Zerstörung. Und so sind wir uns im klaren darüber, daß allein der Hinweis auf unser gemeinsames kulturelles Erbe keine ausreichende Gewähr für ein solidarisches Handeln der europäischen Völker in der Gegenwart und Zukunft bietet. Wohl aber, - und das bitte ich Sie nicht zu unterschätzen, und Frau Oberbürgermeister Beate Weber hebt dies ja ebenfalls in ihrem Grußwort an den Kongreß hervor -, wohl aber mag uns die Aufklärung über das gemeinsame kulturelle Erbe, die Kenntnis der geschichtsformenden Kräfte der Vergangenheit, der Einheit und Vielfalt des europäischen Raumes mit seinen verschiedenen Kulturlandschaften und ihren unterschiedlichen Verflechtungen, die Entwicklung abendländischen Rechts-, Staats- und Freiheitsdenkens sowie besonders die Herausbildung der Menschenrechte die heutige Situation Europas besser verstehen lassen.

Und ebenso unabdingbar bleibt das Wissen um die Integrationsbestrebungen nach 1945, um die Arbeitsweise europäischer Institutionen, um die unterschiedlichen Erwartungen und Interessen und Vorstellungen der europäischen Völker hinsichtlich einer europäischen Staatengemeinschaft. Diese Kenntnisse sind Voraussetzung für die Einsicht, daß die wirtschaftlichen, sozialen und politischen Herausforderungen unserer Zeit alle europäischen Staaten betreffen und deshalb gemeinsame Handlungsstrategien erfordern, wobei bestimmte Grundwerte zu beachten sind. Einige seien schlagwortartig angeführt: die Verwirklichung der Menschenrechte, Chancengleichheit, wirtschaftliche und soziale Sicherheit, Freizügigkeit, Rechtssicherheit, demokratische Vertretung, Beteiligung und Kontrolle.

Diese politischen Grundwerte setzen den Rahmen für erstrebenswerte Verhaltensweisen eines deutschen wie eines europäischen Bürgers, von dem wir Toleranz, Verständnis und Anerkennung für den anderen, Mitmenschlichkeit, Solidarität, Partnerschaft, Zusammenarbeit und die friedliche Lösung von Spannungen und Konflikten erwarten.

Gerade in unseren grenzüberschreitenden Beziehungen sind wir gefordert und fordern wir aufrichtige Verständigungsbereitschaft, Abbau von

Klischeevorstellungen, Vorurteilen, Feindbildern, Ablehnung nationalistischen Denkens, Akzeptanz des nachbarschaftlichen Miteinanders, Kompromißbereitschaft bei der Verwirklichung der unterschiedlichen Interessen der europäischen Völker.

Die Pädagogen unter Ihnen, meine Damen und Herren, werden gemerkt haben, daß hier das gesamte didaktische Feld eingegrenzt wurde von Kenntnissen, Einsichten, Normen und Verhaltensweisen, das eine Realisierung der "Europäischen Dimension" im Unterricht erfordert, oder, um nochmals mit Novalis zu sprechen, die Menschen für Europa reif und gebildet macht. Und dazu können alle Schulfächer ihren Beitrag leisten. Die begriffliche Bestimmung der "Europäischen Dimension" erschien mir notwendig, um den Europäischen Wettbewerb in seiner pädagogischen Bedeutung für unsere Schulen angemessen einordnen zu können.

Natürlich kann die Beteiligung an einem Schülerwettbewerb wie dem Europäischen Wettbewerb allein die Realisierung der Europäischen Dimension nicht bewerkstelligen. Der Europäische Wettbewerb wirkt aber häufig genug als Initialzündung für Lehrer und Schüler, sich Kenntnisse über Europa zu verschaffen, zu Einsichten zu gelangen, die ein verändertes Verhalten zu Europa begründen, das sich dann fortzusetzen vermag in der Offenheit für europäische Fragen oder der Teilhabe an den zahlreichen Maßnahmen und Programmen, die heute unserer Jugend helfen sollen, eine Perspektive für die Zukunft zu gewinnen. Ich erwähne auch hier lediglich stichwortartig und beispielhaft die mit sinnigen Namen versehenen EG-Programme wie "Erasmus", "Tempus", "Comett", "Lingua", "Jugend für Europa", "Petra", "Iris", "Eurotecnet", "Arion", "Delta", "Force", "Eurydike" sowie zahlreiche Stipendien und Praktika für Schüler, Auszubildende, junge Arbeitnehmer, Studenten, Lehrer aus Schulen und Hochschulen.

Der Europäische Wettbewerb als Initialzünder für Europa - darin entspricht er dem Anliegen seiner Begründer die der von großem Idealismus getragenen Europäischen Bewegung nach dem Zweiten Weltkrieg angehörten. Ich betone ausdrücklich diesen Idealismus, weil bislang die Erwähnung ökonomisch-materieller Gesichtspunkte Vorrang zu haben schien.

Ein Mann wie Professor Hendrik Bruggmanns, nur zufällig mein niederländischer Namensvetter, Karlspreisträger, Rektor des Europa-Kollegs in Brügge, Präsident der Union Europäischer Föderalisten, hat sich mit großer Leidenschaft für die Schaffung eines "Europäischen Schultages" eingesetzt, in der Überzeugung, man dürfe Europa nicht allein den Politikern und Wirtschaftlern überlassen.

Mit dem Europäischen Schultag vor 40 Jahren, 1953 übrigens erstmals vom französischen Unterrichtsministerium vorbereitet, beginnt die Entwicklung des Europäischen Wettbewerbs, der in unseren Nachbarländern immer noch als "European Schools' Day Competition" veranstaltet wird.

In Baden-Württemberg wurde der Europäische Schultag nach einer kurzen Betreuungsphase durch den Verein "Bürger im Staat" in die Regie des Kultusministeriums übernommen. Lange Jahre zeichnete mein Vorgänger Dr. Friedrich Bran, früherer Leiter der Staatlichen Akademie für Lehrerfortbildung in Calw und heute noch, 88jährig, an der Organisation der Internationalen Hermann-Hesse-Colloquien beteiligt, als Vorsitzender des Landesausschusses verantwortlich. Und seinem Engagement ist es wesentlich zuzuschreiben, daß der Europäische Wettbewerb in Baden-Württemberg den heutigen Wirkungsgrad erreicht hat.

Seit Anfang der 60er Jahre untersteht der Europäische Wettbewerb der Schirmherrschaft der jeweiligen Kultusminister, zunächst Professor Dr. Gerhard Storz, seit 1964 Professor Dr. Wilhelm Hahn, Professor Dr. Roman Herzog, für weiter 10 Jahre Dr. Gerhard Mayer-Vorfelder und seit 1991 Frau Dr. Marianne Schultz-Hector. Auf Bundesebene erfreut sich der Europäische Wettbewerb vor allem der Unterstützung durch die Konferenz der Kultusminister und -senatoren, zuletzt in der Kultus-Minister-Konferenz-Vereinbarung vom 7.12.1990 zu "Europa im Unterricht", und auf europäischer Ebene durch die Ressortchefs der 27 im Europarat vereinigten Staaten, auch hier zuletzt mit ihrer Wiener Erklärung von 1991, sowie der Kommission der EG und der Europäischen Kulturstiftung Amsterdam, die allesamt den Europäischen Wettbewerb, zumindest deklaratorisch, wenngleich finanziell längst nicht ausreichend, als wichtige schulische Initiative unterstützen.

Wir verhehlen nicht, daß Schülerwettbewerbe aus der Sicht der Pädagogen keine ungeteilte Zustimmung finden. Mit Sicherheit aber werden sie von all den Institutionen, Verbänden und Vereinen geschätzt, die von außen an die Schulen herantreten und ihre Ziele und Interessen im Unterricht mittels eines Wettbewerbs stärker berücksichtigt wissen möchten. So berechtigt die meisten Wettbewerbe in ihrem Anliegen auch sein mögen, wünschenswerter wäre auf diesem "Markt" zweifelsohne eine Konzentration, denn die Schulen werden alljährlich mit Wettbewerbsausschreibungen im wahrsten Sinne überflutet, und manch ein Lehrer resigniert tatenlos in der Qual der Wahl.

Wir wissen es zu achten, daß die Veranstalter dieses großen internationalen Kongresses, der sich mit Fragen der Bildung und Erziehung in Europa befaßt, dem Europäischen Wettbewerb eine so herausragende Position im Programm eingeräumt haben, daß er gleichsam den Kongreß eröffnet.

Dafür danken wir Ihnen, Herr Professor Dr. Schallies als dem Rektor der Hochschule und Ihnen Herr Dr. Wölfing, als Institutsleiter sowie Ihren Mitarbeitern im vorbereitenden Komitee sehr herzlich.

Wir sehen darin eine besondere Würdigung für die Schulen und Lehre sowie Zehntausende von Schülern, die sich mit großem Fleiß am diesjährigen 39. Europäischen Wettbewerb in Baden-Württemberg beteiligt haben.

Der Europäische Wettbewerb - und das entspricht, ohne unbescheiden sein zu wollen, seiner gesellschaftspolitischen Bedeutung - hat sich in den letzten Jahren zum führenden Wettbewerb überhaupt entwickelt. Allein in den letzten vier Jahren haben über 100000 Schülerinnen und Schüler aller Schularten aus Baden-Württemberg am Europäischen Wettbewerb teilgenommen, allein über 33000 in diesem Jahr.

Es ist eine Erscheinung unserer Zeit, daß die Bereitschaft zu freiwilligen schriftlichen Arbeiten bei den Schülern abnimmt. Das Kultusministerium bedauert dies. Und leider hat die an sich begrüßenswerte Initiative, die Facharbeit in den Schulen einzuführen, von der auch wir uns eine erhebliche Zunahme der schriftlichen Arbeiten besonders in der Sekundarstufe II versprachen, aus mancherlei Gründen bisher nicht den gewünschten Zuspruch gefunden.

Frau Minister Dr. Schultz-Hector hat, sicherlich hiervon nicht unberührt, den Gedanken entwickelt, die Schreibfreudigkeit schon bei jüngeren Schülern anzuregen. Ich meine damit die in diesem Jahr erstmals gestartete "Europa-Aktion" des Landes Baden-Württemberg für schriftliche Arbeiten, vornehmlich in der Sekundarstufe I in Ergänzung der auf europäischer Ebene vorgegebenen Themen des Europäischen Wettbewerbs. Unter dem Motto "Europa rund um meine Schule" sollen die Schülerinnen und Schüler ab 10 Jahren aus allen Schularten motiviert werden, den europäischen Bezügen in ihrem jeweiligen Umfeld nachzuspüren. Dazu bedarf es allerdings keiner intensiven Forschungsarbeit, weil diese Bezüge häufig genug allzu offensichtlich sind.

In diesem Jahr galt es nach der Bedeutung von Denkmälern, Plätzen, Straßen und anderem zu fragen, für 1993 ist das Leitthema der "gemeinsame Binnenmarkt" mit der inhaltlichen und sprachlichen Untersuchung seiner Produkte.

Der Europäische Wettbewerb hat sich in den 40 Jahren seiner Durchführung von einem ursprünglich schriftlichen Wettbewerb - Besinnungsaufsätze sollten verfaßt werden - zu einem heute vorwiegend bildnerischen Wettbewerb entwickelt. Das mag dem Interesse und den Fähigkeiten unserer Schüler mehr entsprechen, ist aber auch ein denkwürdiges Signal, daß unsere Kunsterzieher seit Jahren setzen, die sich damit in besonderer Weise dem Europagedanken verpflichtet zeigen.

So war es nur konsequent, daß sich der Landesausschuß Europäischer Wettbewerb vor einigen Jahren entschloß, die Schülerarbeiten in Ausstellungen zu präsentieren, damit zur öffentlichen Bewußtseinsbildung beizutragen und nicht zuletzt die Arbeiten und die für sie vergebenen Preise der öffentlichen Kontrolle zuzuführen. Für insgesamt 70 verschiedene Ausstellungen dieser Art in den letzten fünf Jahren hat mein Kollege Reinhold Wohlleben verantwortlich gezeichnet. Gestatten Sie, daß ich ihm anläßlich dieser Ausstellungseröffnung meinen herzlichen Dank ausspreche für seinen beispiellosen Einsatz. Nicht zuletzt deshalb kann sich heute der Europäische Wettbewerb auch mit etwas Stolz präsentieren.

Baden-Württemberg nimmt mit Bayern eine Spitzenstellung in der Bundesrepublik Deutschland ein. Wir sind aber auch besonders befriedigt, daß unsere Unterstützung im neuen Bundesland Sachsen auf fruchtbaren Boden gefallen ist und dort ebenfalls funktionsfähige Strukturen entstanden sind. Wir wünschten uns ein ähnliches Engagement auch in manchen anderen Bundesländern sowie in unseren europäischen Nachbarstaaten.

Ich will hier nicht weiter auf Zahlenstatistiken eingehen. Dazu darf ich Ihnen die ausliegende Lektüre mit unserem Jahresbericht 1992 empfehlen.

Auch die in einigen Exemplaren ausliegende Pressedokumentation informiert Sie, zumindest ausschnittsweise über die diesjährigen Aktivitäten des Landesausschusses und der ihn unterstützenden Kreise, Städte und Gemeinden, der Oberschulämter und Staatlichen Schulämter, der Kreis- und Ortsverbände der Europa-Union Deutschland, nicht zuletzt der Sparkassen in Baden-Württemberg, kurzum all jener Institutionen, Verbände und Behörden, die mit uns an einem Strang ziehen, daß ein vereinigtes Europa nicht Utopie bleibe, sondern Wirklichkeit werde.

Der Europäische Wettbewerb und mit ihm die Ausstellung bildnerischer Arbeiten entsprechen den "Herausforderungen unserer Zeit". Thema waren 1992 die "Erhaltung und Verbesserung der Lebensbedingungen in Europa". Ihnen ist auch der kulturelle Bereich, der Inhalt dieses Kongresses, zuzuordnen, der sich mit Bildung und Erziehung in Europa beschäftigt und Weichenstellungen für die Zukunft sucht.
Möge er einen erfolgreichen Verlauf nehmen!

Reinhold Wohlleben

Eröffnung der Wanderausstellung "Preisträger des Europäischen Wettbewerbs 1992"

Der Europäische Wettbewerb ist der älteste Schülerwettbewerb in Deutschland und schaut auf 39 Jahre erfolgreichen Wirkens in den bundesdeutschen Schulen zurück. Die hohen Teilnehmerzahlen der letzten Jahre unterstreichen den grundsätzlichen Charakter dieses Wettbewerbs in Deutschland als einen Breitenwettbewerb mit entsprechender öffentlicher Beachtung und Wirkung in allen Teilen Baden-Württembergs.

Neben der gesellschaftlich-politischen Verknüpfung des Wettbewerbs mit dem öffentlichen Leben bietet er jahrein jahraus einen beachtlichen Ein- und Überblick in die Leistungsfähigkeit der Kunsterziehung in allen Schularten des Landes. In zahlreichen Ausstellungen dokumentieren wir die Faszination kindlich-jugendlicher Kreativität genauso, wie die eher gedanklich gesteuerten Visualisierungen der etwas reiferen Jugend.

Das bildnerische Gestalten stellt im Vergleich zum schriftlichen Wettbewerb die quantitativ überwältigende Mehrheit der Teilnehmer und Teilnehmerinnen, nämlich 98%. Sicherlich stimmt irgendwo die aus philologischer Sicht häufig leichtsinnig geäußerte Meinung "Es ist ja auch schneller ein Bild gemalt als ein Aufsatz geschrieben". Dem möchte ich nicht generell widersprechen, obwohl der zeitliche Aufwand, die Intensität der Beschäftigung mit dem Medium Bild und der große Einsatz manueller und geistiger Bemühungen in vielen hier ausgestellten Arbeiten sichtbar wird.

Es wäre falsch an dieser Stelle zu verschweigen, daß es dort, wo nicht fachmännisch unterrichtet wird, es also an fachlich geschultem und qualifiziertem Personal mangelt, auch noch beträchtliche Lücken und Schwächen in der kreativen Förderung gibt. Nur der äußerst begabte Schüler kompensiert diesen Mangel durch eine entsprechend kreative und phantasievolle Unbeirrbarkeit im schöpferischen Tun.

Ein Wettbewerb ist stets auch eine Frage nach Qualität. Schließlich wollen "Sieger" gefunden und gekürt werden, man muß die bildgewordenen Ergebnisse in vielerlei Hinsicht prüfen, sie auf die Gewinnerseite plazieren oder aussortieren. Dafür stehen der Jury Beurteilungskriterien zur Verfügung, die in gestalterisch-technischen, in formal-ästhetischen und kreativen Bereichen angesiedelt sind. Daneben muß unbedingt das Alter der Produzenten und deren Schulzugehörigkeit Berücksichtigung finden und man befragt schließlich die einzelne Arbeit auf ihre altersgerechte Ausführung und versucht abzuschätzen, inwieweit der kunstpädagogische Einfluß das Ergebnis vorsteuert bzw. die Eigenleistung des Schülers fordert.

Betrachtet man die Wettbewerbsarbeiten als Unterrichtsleistung, so ist die "Steuerung", die gezielte Provokation einer kreativen Leistung durch eine klare Aufgabenstellung ein unbedingt zu akzeptierendes Mittel.
Die kindlich oder jugendlich bedingte Originalität und Kreativität darf und muß sich mit dem Ideengut, mit den erzieherischen Absichten des Pädagogen ergänzen.

Kunstunterricht ist praktische und visuelle Erziehung, ist Sensibilisierung in mannigfaltiger Hinsicht, ist Kreativität des Schülers wie Kreativität des Erziehenden.

Die folgenden Beispiele sollen stellvertretend für die Vielzahl herausragender Schülerleistungen einen bescheidenen Überblick über die zu behandelnden Themen des 39. Europäischen Wettbewerbs 1992 vermitteln.
Der inhaltliche Leitfaden, das internationale europäische Rahmenthema des 39. Europäischen Wettbewerbs 1992 lautete: *"Erhaltung und Verbesserung der Lebensbedingungen - eine Herausforderung für Europa"* und hat, blickt man sich im auf geduldigem Papier deklarierten Europa um, nichts an Aktualität, an politischer, gesellschaftlicher oder kultureller Brisanz verloren.

In einem Plakat sollten die 14 bis 16jährigen Wettbewerbsteilnehmer der Altersgruppe 2 zum Ausdruck bringen, was mit dieser "Herausforderung" angesichts politischer Unruhen, kriegerischer Auseinandersetzungen, wachsender wirtschaftlicher Probleme, gebremster Aufbruch- und Aufschwungstimmung und Schwierigkeiten bei der europäischen Integration der osteuropäischen Nationen, gemeint sein konnte.

Inhaltlich mußten die jugendlichen Schüler/innen für die bewußte Reflexion der eigenen Lebenssituation und für die kritische Auseinandersetzung damit sensibilisiert werden, die Jugendprobleme mußten sowohl national wie europäisch Betrachtung finden, wobei Fragen bzw. Stichworte wie Arbeitsmarkt, Überflußgesellschaft, Reichtum, Armut genauso Beantwortung suchten wie nationale Eigenarten, Lebensweisen, Lebensbedingungen und vieles mehr.

Allein diese knappe Auflistung möglicher thematischer Aufhänger macht bereits deutlich, wie hier der von Frau Minister Dr. Schultz-Hector geforderte fächerverbindende und fächerübergreifende Unterricht besten, aber unbestellten Boden vorfindet, wie hier die einzelnen fachlichen Kompetenzen zusammen eine umfassende Erörterung und Behandlung solch komplexer Themenstellungen leisten könnten.

Für die formale Umsetzung forderte diese Aufgabe
- eine plakative Gestaltung
- eine prägnante Bildsprache
- eine klare textliche Information als Info-Text, Slogan oder Schlagwort
- eine ansprechende typographische Lösung
- einen spannungsvollen, dem Thema adäquaten Bildaufbau mit Form- und Farbkontrasten
- und eine geeignete Gestaltungstechnik.

Nicole Endriss, Kl. 10

Klaus Weckenmann, Kl. 8

Gleich mit einer filmischen Bildsequenz warnt Nicole Endriss (Klasse 10 Eichendorff-Realschule, Gottmadingen) "vor dem nächsten Riß". Ihre kolorierte Filzstiftzeichnung fügt in der oberen Bildhälfte positivste Bedingungen wie gesunde Natur, Familien-, Liebes- und sonstiges Glück, erfolgreiche berufliche Karriere, trautes Heim und Sonnenschein, Gesundheit, Bildung und täglich Speis' und Trank aneinander, listet unten im Bild Negativerfahrungen und Bedrohungen auf wie Krieg, Seuche AIDS, Ausländerfeindlichkeit, Rechtsradikalismus, Atomkraftwerke, Müllentsorgung und Tod durch Drogen. Dazwischen, nach kulinarischen Genüssen und vor der Flucht in die Sucht, der Riß.

Die präzisierte illusionistische Wiedergabe räumlicher Sachverhalte auf der Bildfläche mit entsprechenden zeichnerischen und malerischen Mitteln ist in den Lehrplänen für das Fach Bildende Kunst bei allen Schularten in der Mittelstufe, also Klasse 8 - 10 genauso angesiedelt wie der Umgang mit plakativen Darstellungsmethoden, so daß solche bildnerischen Probleme hier ideal zum Unterrichtsthema gemacht werden können.

Zugegebenermaßen ist das Finden eines prägnanten Bildkürzels eines Signets oder Symbols ein schwieriges Unterfangen, auch wenn dies dann ..... im ersten Augenblick der Wahrnehmung eines solchen nicht so rasch bewußt wird.

Für eine europäische Institution oder Organisation, für eine vorhandene oder fiktive, sollte beim alternativen Thema der Altersgruppe 2 ein solches Piktogramm, ein Symbol oder ein Schriftzug entworfen werden.

Klaus Weckenmann (Kl. 8, Realschule Munderkingen) löste diese gestalterische Aufgabe mit Bravour und klebte sein formal und farbig prägnantes "EG"-Symbol aus farbigen Papieren zusammen. Markante

Qualitäten sind die einfache schnelle Lesbarkeit, sowie die klare und kontrastreiche Farbgebung.

Zurück zum Leitfaden des 39. Europäischen Wettbewerbs mit den preisgekrönten Arbeiten der Altersgruppe 3, der 17-21jährigen.

"Europas vielfältige Gartenkultur ist für die Qualität unserer Lebensbedingungen von unschätzbarem Wert. Zeigen, erfinden oder verwandeln Sie als Ganzes oder im Detail einen Garten Ihrer Vorstellung".

Einen relativ hohen Grad des bildgewordenen Zusammenwirkens von Inhalten und gestalterischen Formalien erreichen die uns zum Wettbewerb eingereichten Arbeiten der Altersgruppe 3.

Leider in rückläufiger Quantität, vielleicht ein Indiz der zeitlichen Überforderung der Schüler in der Oberstufe, oder für mangelndes Interesse am 'Bildermachen', oder ein Hinweis für die "Verkopfung" des Oberstufenunterrichts zu Lasten der kreativen Praxis, oder für die mangelnde Bereitschaft der Damen und Herren Kunsterzieher, für eine praktische Arbeit ein europäisches Thema zu wählen.

Zum Thema "Garten" Bild 3:

Die Vielfalt der verwendeten gestalterischen Techniken ist in der Oberstufe besonders groß und reicht vom konventionell gemalten oder gezeichneten Bild über Collagen und Drucktechniken bis hin zu fotografischen Gestaltungsmethoden. Selbstverständlich sind auch Mischungen der einzelnen Techniken möglich.

Dazu die preisgekrönte Arbeit von Bülent Ersen (Kl. 12, Einstein-Gymnasium, Kehl) der beim Betrachter künstlerische Gartenbilder in Erinnerung ruft. Er läßt in seiner Collage vier verpuppte Mannequins gemalte Gartenimpressionen von Monet, Matisse und van Gogh in origineller Manier präsentieren.

Bülent Ersen, Kl. 12

Das alternative Thema in dieser Altersgruppe:

"Der Eiserne Vorhang bzw. die Mauer sind verschwunden. Welche Folgen haben sich daraus für das gesamteuropäische Zusammenleben ergeben?" lautete die alternative Fragestellung für die Teilnehmer der Altersgruppe 3.

Man glaubte 1989 ein Jahrzehnte währendes Feindbild zerstört zu haben, die kapitalen Blöcke Ost und West reichten sich durch den Stacheldraht die Hände, es wuchs die Hoffnung auf ein harmonisches Miteinander der europäischen Völker.

Realisationsansätze für die Verbildlichung dieses Themas finden sich im kognitiven wie im emotionalen Bereich. Stichworte sind Freiheit, Konsum, Reisen, Kostenexplosion, Zweiklassengesellschaft, Verständigung, Gesetze, Diskriminierung, Arbeitsmoral, Verantwortung, Initiativen, Demokratie usw.

Das Realisierungsproblem war hier weniger die Sensibilisierung der Schüler für das Thema, sondern eher die thematische Einschränkung, die Konzentration auf ein nicht zu umfangreiches inhaltliches Vorhaben.

Mit nahezu bitterer Ironie formuliert Bettina Spät (Kerschensteinerschule, Reutlingen) in einem wenig Ferientouristik vermittelnden Prospekt ihre Antwort "Mit besten Aussichten" auf die gestellte Frage nach einer

Bettina Späth, 21 Jahre

Zukunft, die in dieser Collage eigentlich nur von der spielenden Jugend optimistisch verkörpert wird.

Beachtenswert bei dieser Montage ist die selbstverständliche Integration sämtlicher Bildteile in einen Gesamtzusammenhang, der durch die gekonnt synchrone Darstellung der einzelnen Ereignisse inmitten einer, an ostdeutsche Städte erinnernden, maroden Architektur fast real wirkt.

Lassen Sie mich sozusagen als überprüfende Zusammenfassung einen Auszug aus dem Bildungsauftrag des Faches Bildende Kunst, enthalten im gymnasialen Bildungsplan Baden-Württembergs, zitieren:

> *"Die Arbeits- und Denkweisen in der gymnasialen Oberstufe tragen in besonderem Maße zu Kreativität und Selbstverwirklichung sowie Geschmacks- und Urteilsbildung bei. Sie schaffen die Fähigkeit und Bereitschaft zur Mitverantwortung im Umgang mit dem kulturellen Erbe, zum Verständnis für das aktuelle Kunstschaffen und zur Mitgestaltung einer humanen Umwelt."*

Ich bin überzeugt, daß diese Schülerleistungen diesen Kernsätzen kunsterzieherischer Lehrverpflichtung in jeder Hinsicht Rechnung tragen.

Die Themen der Altersgruppe 1:

Spricht man von der Altersgruppe 1, so meint man in erster Linie die Grundschulen und dann die 5., 6. und 7. Klassen von Haupt- und Realschulen, Gymnasien sowie die entsprechenden Jahrgangsstufen der Förderschulen.

Von den rund 33000 Teilnehmern in Baden-Württemberg entfielen auf die AG 1 rund 26000, auf die Altersgruppe 2 ca. 6000 und der Rest auf die AG 3. Sie erkennen anhand dieser Zahlen, daß es mit Sicherheit am schwierigsten ist, in der Altersgruppe 1 eine Auszeichnung auf Landesebene zu erringen, ganz zu schweigen auf Bundesebene, wo die AG 1 einen "bescheidenen" Teilnehmerkreis von rund 108000 Kindern und Jugendlichen aufweist (AG 2: 24000; AG 3: 7000).

Können europäische Gedanken und Inhalte mit zunehmendem Alter der Schüler in soziale, gesellschaftliche, politische, geschichtliche, kulturelle und kunsthistorische Kontexte gestellt werden, so muß der Blick der jüngeren Teilnehmer in die erlebnisreiche Nähe gerichtet werden. Die unmittelbare Umgebung soll Anlaß für europäisches Denken im Kleinen sein.

Besonders wichtig ist hier dic altersgemäße Umsetzung der vorgegebenen Themen, was im Falle der Vorgabe: "Du besuchst den Wochenmarkt

Deiner Heimatgemeinde. Male oder zeichne ein Bild." vortrefflich mit einem entsprechenden Lerngang eingeleitet werden konnte. Leben unmittelbar zu erleben muß für Kinder auch im medienverseuchten Zeitalter noch motivierender Impuls für eine kreative Aktion sein.

Der Blick auf die Marktatmosphäre, die Betrachtung des Marktgeschehens sind aus der Sicht des Kindes besonders ehrlich, und kann auf der Bildfläche in mannigfacher Weise realisiert werden. Dabei ist die Darstellung eines gesamten Marktes genauso möglich wie die Abbildung eines Marktstandes oder im Detail die Warenauslage eines solchen.

Besonders reizvoll in gestalterischer Hinsicht schildert Tina Schelling (Kl. 7, Kunst-AG der Charlottenschule, Tübingen-Kilchberg) aus luftiger Höhe mit grafischen Mitteln in reiner Schwarzweißzeichnung mit dem wahren naiven Blick für den räumlichen Sachverhalt eine städtische Ansiedlung, in deren Mitte sich im wahrsten Sinne des Wortes das farbige Marktleben abspielt.

Als erwachsener Betrachter dieser Kinderarbeiten unterliegt man gerne der Gefahr, sich in diese detaillierten Bildanlagen optisch zu verlieben, die aber, ausgestattet mit besonders vielfältigen Reizen, eher eine manierierte Fleißarbeit darstellen. Dagegen ist doch die großformatigere Malerei mit größerem Pinsel oder gröberem Stift, sprich Kreise, vor allem in der

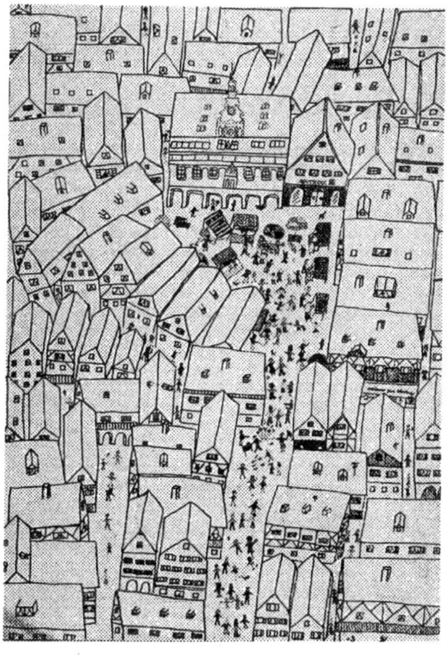

Tina Schelling, Kl. 7

Grundschule die ehrlichere und faszinierendere Form des kindlich-kreativen Ausdrucks. Frühestens in der 5., eher 6. und 7. Klasse sollten die Ansprüche bezüglich der Bewältigung räumlicher Sachverhalte, der Charakterisierung von Material und Oberfläche und zur detaillierten Formdifferenzierung einsetzen.

In jeder Hinsicht dankbar ist das Thema "Kalenderblatt", das im Kunstunterricht die Behandlung aller denkbaren Inhalte ermöglicht, und so bot sich der Landesjury ein breites Spektrum an thematisch, formal und technisch unterschiedlichsten Bildlösungen.

Wir müssen keineswegs bei Null anfangen

Eduard Haueis

Europa der Mehrsprachigkeit

Die Arbeitsformen in der Expertengruppe sollten unterschiedlichen Bedürfnissen Rechnung tragen. Deshalb wurde die Plenarsitzung in der Weise gestaltet, daß der Moderator einleitend kurz über die zur Debatte stehenden Probleme informierte und anhand der vorgesehenen Referate die Experten/-innen um ebenso kurze Statements (von maximal 15 Minuten Dauer) zu einzelnen Punkten aus ihren eingereichten Papieren bat. Es war geplant, im Anschluß an die Referate zu einer Diskussion zwischen Publikum und Expertenforum zu gelangen. In der nicht-öffentlichen Sitzung am Freitag sollte sich die Diskussion unmittelbar auf die vorgelegten Papiere und auf die aus dem Publikum an die Experten herangetragenen Fragen beziehen können. Auf den Vortrag der kompletten Referate war insofern zu verzichten, als sie den Teilnehmenden in den ausgehändigten Unterlagen zur Verfügung standen.

Im Zentrum der Arbeit standen verschiedene Dimensionen der in Europa zu erwartenden sprachlichen Entwicklungen. Aus diesen Entwicklungen ergeben sich gegenwärtig eine Reihe von politischen, pädagogischen und didaktischen Aufgaben. Ausgehen muß man dabei:

- von der grundsätzlich mehrsprachigen Situation in allen europäischen Ländern;
- vom erklärten politischen und pädagogischen Ziel, Menschen zum friedfertigen Umgang mit dieser Situation zu befähigen;
- und von den Erfordernissen der internationalen Kooperation.

Für die an der Konferenz teilnehmenden Lehrkräfte sollte deutlich werden können, welche bildungspolitischen und didaktischen Alternativen zur Diskussion stehen, von welchen Entscheidungsvoraussetzungen sie ausgehen können, welche Folgen sie zu erwarten haben und welche Anforderungen je nach gewählter Entscheidungsalternative auf sic zukommen. Vorbereitet waren Beiträge, die sich zu drei Fragekomplexen gruppieren lassen:

1. Die Rolle und den Status der nationalen Standardsprache(n): Inwieweit sind die Standardsprachen in den Ländern der Gemeinschaft als Verkehrssprachen in Europa etabliert? Inwieweit werden sie innerhalb des jeweiligen Landes noch als Wissenschafts- und Bildungssprache genutzt? Inwieweit sind sie im Bildungssystem als Trägerinnen des nationalen kulturellen Erbes verankert?

2. Die Rolle von Fremdsprachen in der Bildungspolitik: Welche Fremdsprachen werden überhaupt offiziell im Schulsystem gelehrt? Auf welchen Schulstufen und in welchen Schulformen geschieht dies? Welche Zielsetzungen sind damit verbunden? (Konzentriert man sich z.B. auf rezeptive Fähigkeiten bei Berücksichtigung möglichst vieler Sprachen oder auf die Entwicklung möglichst uneingeschränkter Sprachfähigkeiten bei nur wenigen Sprachen?)

3. Die Berücksichtigung von Minoritäten in Sprach- und Schulpolitik: Inwieweit und unter welchen Bedingungen kann volle Mehrsprachigkeit ermöglicht werden? Welche Formen des sprachpolitischen und didaktischen Umgangs mit Mehrsprachigkeit werden in Europa praktiziert? Welche Folgen zeichnen sich ab (z.B. auch im Hinblick auf den standardsprachlichen Unterricht, auf die Fremdsprachenpolitik)?

Die eingereichten Beiträge werden im folgenden Bericht in Auszügen dokumentiert. Die vollständigen Fassungen liegen beim Institut für Weiterbildung der Pädagogischen Hochschule Heidelberg vor. Kopien können dort angefordert werden.

Die Beiträge der Experten/-innen

1. Zur Rolle und zum Status nationaler Standardsprachen

Die Verankerung nationaler Standardsprache(n) im Bildungswesen erfolgt im allgemeinen durch die Etablierung eines Unterrichtsfaches, das - reichlich irreführend - als muttersprachlicher Unterricht bezeichnet wird. Wie sieht dieser Unterricht in den europäischen Ländern aus? Welche Zielsetzungen sind mit ihm verbunden? Welche Inhalte und Methoden sind für diesen Unterricht kennzeichnend? Welche Position hat er als Schulfach im Kanon anderer Fächer? Solche Fragen sind nicht auf Anhieb zu beantworten, nicht einmal im Hinblick auf das eigene Land.

1.1 **Resy Delnoy** stellte in diesem Zusammenhang das International Mother-Tongue Education Network (IMEN) als Netzwerk zum internationalen Austausch von Informationen und als Organisation zur Durchführung von Forschungsprojekten vor.

Das International Mother-Tongue Education Network (IMEN) wurde 1981 gegründet. Sein langfristiges Ziel es, Forschungen und Diskussionen über den Mutterspracheunterricht zu internationalisieren. Dadurch will das Netzwerk nationale und/oder kulturell geprägte Definitionen von Muttersprachunterricht der Reflexion und Innovation zugänglich machen. Kurzfristige Ziele werden durch die Organisation von Konferenzen angestrebt, zu denen Forscher, Lehrer(innen) (im folgenden: Lehrer), Ausbilder von Lehrern und andere Interessierte eingeladen werden, sowie durch ein Netzwerk von Korrespondenten und durch ein internationales Forschungsprogramm.

Korrespondenten von IMEN arbeiten in Belgien, Dänemark, Deutschland, England, Frankreich, in den Niederlanden, in Norwegen, Polen, Schweden, in der Tschechei, der Türkei und in Ungarn. Ihre Aufgabe ist es, in ihren Ländern IMEN-Ideen und Publikationen zu verbreiten. Sie haben zudem eine wichtige Funktion bei der Vorbereitung und Durchführung von Konferenzen, die nach Möglichkeit abwechselnd in einem der Länder stattfinden, in denen IMEN vertreten ist. Darüber hinaus findet in jedem Jahr eine Korrespondentenversammlung statt, an der auch Forscher teilnehmen.

Das internationale Forschungsprogramm von IMEN stützt sich auf einzelne Forscher, die in den genannten europäischen Ländern an Universitäten und Hochschulen arbeiten. Die Forscher führen empirische interpretative Projekte zu den Inhalten von Muttersprachunterricht durch. Informell haben sich die Forscher dazu verpflichtet, ihre gegenwärtigen und zukünftigen Projekte so zu organisieren, daß sie sich für internationale Vergleiche eignen.

Für IMEN hat der Begriff "Muttersprachunterricht" insofern eine mehrfache Bedeutung, als muttersprachlicher Unterricht in Deutschland den Deutschunterricht, in den Niederlanden den Niederländisch-Unterricht und so weiter in den einzelnen Ländern den Unterricht in der jeweiligen Standardsprache meint. Der begriffliche Rahmen, innerhalb dessen in den verschiedenen Ländern Bezeichnungen wie "Muttersprache", "Mutter-

sprachlicher Unterricht", "Deutsch", "Deutschunterricht", "moedertaal", "moedertaalonderwijs" etc. verwendet werden, scheint von Land zu Land verschieden zu sein. Dies gilt auch für die Bedeutung dieser Bezeichnungen und die Wirklichkeit, auf die sie verweisen. Dies bedeutet auch, daß Curricula und Unterrichtspraxis sich auf ähnliche Weise voneinander unterscheiden.

In seinen Forschungsprojekten versucht IMEN, dem Problem unterschiedlicher Konzepte in zweifacher Hinsicht zu begegnen.

Erstens wird auf der Verstehensebene versucht, die verschiedenen Bedeutungen oder Definitionen (die Gesamtkonzeption eingeschlossen) sowohl durch eine Analyse des Muttersprach-Konzepts als auch durch eine historische Analyse von Entwicklungen im muttersprachlichen Unterricht zu rekonstruieren.

Zweitens versucht IMEN auf der Ebene der vergleichenden Analyse, in den verschiedenen Ländern und nationalen Kulturen die wichtigsten "Felder" innerhalb der inhaltlichen Struktur des Muttersprachunterrichts/Standardsprachunterrichts sowie die "Grenzen" dieser Felder zu identifizieren. Es besteht die Hoffnung, daß es IMEN auf diese Weise gelingen wird, national und kulturell geprägte Bedeutungen von Mutter-sprach- bzw. Standardsprachunterricht zu erkennen, die andernfalls unbemerkt bleiben würden.

Als das IMEN-Projekt 1982 begann, wurden die Korrespondenten als Experten in Sachen Muttersprachunterricht um einen Beitrag gebeten, in dem sie in Form einer kommentierten Bibliographie und eines erläuternden Essays die Lage des Muttersprachunterrichts in ihrem eigenen Land darstellen sollten. Die Leitfrage zu diesen Beiträgen bezog sich auf die gegenwärtigen, die tradierten und die innovativen Paradigmen. Aus diesen Beiträgen läßt sich herleiten, daß hinsichtlich der Funktion des Muttersprachunterrichts in den verschiedenen Ländern große Übereinstimmung besteht. Er soll zur Entwicklung und Sicherung einer nationalen Kultur, einer nationalen Identität oder einer Gemeinschaft mit gemeinsamer Standardsprache beitragen.

Aus den Untersuchungen zum Muttersprachunterricht geht hervor, daß man implizit von der Auffassung ausgeht, daß Sprachunterricht in weiterführenden Schulen vor allem in einer systematischen Analyse von Sprache und im Lesen von Literatur besteht. Was die Sprachbetrachtung betrifft, läßt sich dieser Ansatz wahrscheinlich auf lateinische Einflüsse zurückfüh-

ren, während die Beschäftigung mit Literatur sich auf das humanistische Erbe stützt. Die Position von Sprachbetrachtung und Literaturunterricht wird in den Beiträgen nicht in Frage gestellt.

Genauso wenig wie die Position von Literatur und Grammatik in Frage gestellt wird, steht zur Diskussion, daß Sprachlernen in der Standardsprache geschieht. Allerdings sind die Legitimationen, die für das Lernen in der Standardsprache angeführt werden, von Land zu Land ziemlich verschieden.

Nachdem ich im Vorhergehenden Übereinstimmungen im Muttersprachunterricht genannt habe, die sich in der IMEN-Forschung zeigen, möchte ich nun auf einige Unterschiede eingehen.

Ein Unterschied besteht in der Ausbildung von Lehrern für unterschiedliche Schulformen, der auf die Verschiedenheit zwischen Eliten- und Massenunterricht zurück. Wo Elitenunterricht auf Massenunterricht trifft, sind drei Erscheinungen zu beobachten:

- *unterschiedlich ausgebildete Lehrer für Eliten- und Massenunterricht,*
- *Klassenlehrer für Massenunterricht und Fachlehrer für Elitenunterricht,*
- *unterschiedliche didaktische Probleme bei Eliten- und Massenunterricht.*

Es gibt unterschiedlich ausgebildete Lehrer für Primar- und Sekundarunterricht. Aus verschiedenen Beiträgen geht hervor, daß Lehrer, die Kinder bis zum Alter von etwa 10 - 12 Jahren unterrichten, an anderen Institutionen ausgebildet werden als Lehrer, die ältere Schüler unterrichten. In der Ausbildung von Lehrern der erstgenannten Gruppe liegt der Schwerpunkt auf pädagogischen und didaktischen Aspekten, während die Ausbildung der letzteren vor allem auf fachinhaltliche Schulung gerichtet ist. In den Ländern, über die in der IMEN-Forschung berichtet wird, gibt es zuweilen große Unterschiede in der Lehrerbildung für die weiterführenden Schulen.

1.2 Einen Ausschnitt aus dem Bild vom muttersprachlichen Unterricht in europäischen Ländern, wie er sich im IMEN-Projekt darstellt, hätte das von **Piet Hein van de Ven** vorbereitete Referat bieten sollen. Aus zwingenden persönlichen Gründen konnte Piet Hein van de Ven jedoch an der Konferenz nicht selbst teilnehmen. Im folgenden sind zwei Beispiele aus seiner vergleichenden Darstellung von fünf Unterrichtssituationen zitiert.

In Budapest fährt die Lehrerin in der beobachteten Stunde mit der Besprechung des Gedichtes "János Vitéz" (Johann der Tapfere) fort. Es handelt sich um ein umfangreiches episches Gedicht des ungarischen Nationaldichters Sandor Petöfi (1823-1849), das - mit 90 Seiten im Schulbuch - ungefähr zwei Monate lang den Literaturunterricht der Klasse ausfüllt. Die Lehrerin bespricht in der beobachteten Unterrichtsstunde die zahlreichen Beschreibungen im Gedicht. Mit dem Ziel, daß die Schüler selbst lernen solche Beschreibungen zu schreiben, geht sie auf die Ordnung in den Landschaftsbeschreibungen ein. Nach der Stunde bekommt die Klasse die Hausaufgabe, eine Geschichte zu schreiben, in der Beschreibungen vorkommen müssen. Der Titel der Geschichte wird - in Anlehnung an eine Episode aus dem Gedicht - vorgegeben: "Ich rettete die Prinzessin". Ein globales Schema für die Geschichte schreibt die Lehrerin an die Tafel:

Einleitung:	*Die Türken in Frankreich*
Hauptteil:	*Das Versprechen des französischen Königs*
	Die Schlacht
Schluß:	*Der Sieg*

Diese Aufgabe dient als eine Übung für eine Geschichte, die von den Kindern als benotete Arbeit zu schreiben ist.

In Landskrona handelt es sich um einen Unterricht, in dem die Fächer Muttersprache, Sozialkunde, Geschichte, Musik und Zeichnen integriert sind und vom Lehrer im Beobachtungszeitraum unter dem übergreifenden Thema "Demokratie" unterrichtet werden. Im Mittelpunkt steht das Lesen von fiktionalen Texten. Die Kinder haben kurz zuvor eine abenteuerliche Seeräubergeschichte unter dem Titel "Veronika" gelesen. Wegen des Interesses der Kinder am Weltraum ist nun in einer Folge von Rollen- und Planspielen aus dem Schiff Veronika ein Raumschiff geworden, das mit der Klasse als Besatzung die Erde verläßt, um einen Planeten zu kolonisieren. Damit wird die Lektüre eines neuen Buches ("Isis, der bedrohte Planet") vorbereitet. - Die Unterrichtsstunde beginnt mit der Lektüre eines Gedichtes über den Mond von Stagnelius (1793-1823); in einem kurzen Nachgespräch sollen die Kinder in eigene Worte fassen, welche Stimmung sie im Gedicht erfahren. Im Anschluß daran liest der Lehrer einen Ausschnitt aus Jules Vernes "Reise zum Mond." Danach stellt der Lehrer eine Schreibaufgabe mit folgender Instruktion: Veronika ist jetzt einen Tag unterwegs.

Innerhalb des Raumschiffs ist es ziemlich eng. Versuch dir vorzustellen, wie das Leben da drinnen ist. An die Tafel schreibt er zuerst eine Folge von Reizwörtern:

Meteore
Motorschaden
Funkkontakt abgebrochen
Steuermechanismus funktioniert nicht
Sauerstoffmangel
angegriffen

Danach schreibt er die folgenden Fragen an die Tafel:

Woran denkt man?
Worüber macht man sich Sorgen?
Worüber phantasiert man?
Wovon träumt man?
An wen denkt man?
Wie geht man miteinander um?
Entsprechen die Regeln den Anforderungen?
Was macht man in der Freizeit?
Funktioniert der Entscheidungsprozeß?

Der direkte Auftrag lautet: "Schreibe, erzähle, wie du denkst, daß es dort ist. Du kannst selber ein Genre wählen: einen Brief an einen Bekannten, eine Radioreportage, Fernsehreportage, Tagebuch, Artikel für ein Jugendblatt, ein Geschichte". Die Schüler fangen schnell an zu schreiben.

Übereinstimmend erklären die in Interviews befragten Lehrkräfte, daß Muttersprachunterricht sowohl der persönlichen Entfaltung ihrer Schüler als auch der sozialen Fähigkeit zur Selbsthilfe dient. Des weiteren nennen alle in irgendeiner Weise das Tradieren von Kultur als Ziel ihres Unterrichts. Alle Stunden weisen eine Beziehung zwischen Schreibunterricht und Literatur auf, jedoch nicht in gleichem Maße. Der Zusammenhang scheint in der ungarischen Stunde am größten zu sein; in der schwedischen Stunde fehlt vermutlich der unmittelbare Zusammenhang, aber möglicherweise ist er gerade dort sehr stark: Das Schreiben dient als Vorbereitung für das Lesen eines Textes.

Im Falle des ungarischen Beispiels könnte man von Kulturadaption, im schwedischen eher von Kulturinnovation reden. Auffallende Unterschiede bestehen hinsichtlich des Verständnisses von Schreiben und Schreibenlernen. Der Inhalt der Geschichte in der ungarischen Stunde ist fest umrissen. Die Funktion des Schreibens scheint in der Verarbeitung des literarischen Textes und im Üben eines bestimmten Stils zu liegen. Der Schreibauftrag ist geschlossen, die Vorgehensweise produkt-orientiert, vielleicht sogar imitativ. In der schwedischen Unterrichtsstunde haben die Schüler die Wahl zwischen verschiedenen Textsorten. Der Inhalt ist zwar fest umrissen, aber der gegebene Rahmen bietet einen großen Spielraum. Die Funktion des Schreibens ist explorativ, der Schreibauftrag offen, die Vorgehensweise scheint prozeßorientiert zu sein.

1.3 Über unterschiedliche Verbindungen von muttersprachlicher Erziehung und Literaturunterricht berichtete **Antje Fröhlich**.

Die Tatsache, daß mehr und mehr SchülerInnen verschiedener Sprachgemeinschaften gemeinsam unterrichtet werden, daß Regionalsprachen und Dialekte - wie bei uns in Süddeutschland - noch immer stark ausgeprägt sind, läßt die Verwendung des Begriffs "Muttersprache" fragwürdig erscheinen. Und "Literaturunterricht" wird wohl so unterschiedlich verstanden wie die verschiedenen Literaturbegriffe, die er mittransportiert, die von der sog. "wertvollen" Nationalliteratur zur Vermittlung des kulturellen Erbes bis hin zu dem reichen, was mit dem Begriff "Texte" gemeint ist. Selbst die Zweiteilung, die das Thema zu unterstellen scheint, bleibt bestimmt nicht unwidersprochen, wenn man Ansätze zur Integration der Lernbereiche, zum fächerübergreifenden und zu projektorientierten Vorgehen einerseits mitdenkt und andererseits Lernen in engen fachbezogenen Zusammenhängen im Auge hat.

Im folgenden gehe ich von meinen Erfahrungen als Deutschlehrerin an einer Realschule in Baden-Württemberg aus und versuche auf diesem Hintergrund Vergleiche zu Unterrichtsbeispielen aus anderen europäischen Ländern zu ziehen, die mir durch meine Mitarbeit im IMEN-Projekt zugänglich sind. Ins Zentrum meiner Überlegungen möchte ich die Lernbereichsgliederung im muttersprachlichen Unterricht rücken, da sie mir geeignet erscheint, bildungspolitische, fachwissenschaftliche und didaktische Prämissen ebenso zu veranschaulichen, wie sie hilft, das zu beschreiben, was sich im Unterricht tatsächlich ereignet.

Eine Bestandsaufnahme der Lernbereichsgliederung im ersten Teil unternimmt den Versuch, zu begründen, wie es zu dieser Gliederung kommt. Mit dem Konzept der "Klassifikation und Rahmung" nach B. Bernstein (1975) soll versucht werden, Einblick in die Struktur des Muttersprachenunterrichts (MSU), wie sie sich in den Lernbereichen niederschlägt, zu gewinnen. So ist der Bildungsplan für Realschulen in Baden-Württemberg in drei "Arbeitsbereiche gegliedert: 1. Sprechen und Schreiben, 2. Literatur und andere Texte und 3. Sprachbetrachtung und Grammatik". Daneben aber ist es "Aufgabe des Lehrers, im Sinne eines verbundenen Deutschunterrichts thematische Einheiten zu erstellen, in denen in der Regel Inhalte und Ziele aus den verschiedenen Arbeitsbereichen mit unterschiedlicher Schwerpunktsetzung enthalten sind" (Bildungsplan Baden-Württemberg, S. 163); "Rechtschreiben ist (über diese Verbindung hinaus) systematisch zu behandeln" (ebenda S. 168). Auch bezüglich der zeitlichen Verteilung der einzelnen Arbeitsbereiche im Schuljahr werden verbindliche Vorschläge gemacht. Fünf Stunden wöchentlich stehen in den Klassen 5 und 6, vier Stunden in den Klassen 7 bis 10 für das Fach Deutsch zur Verfügung. Die Anzahl und Art der Klassenarbeiten (Aufsätze und Diktate) legt eine entsprechende Verwaltungsvorschrift fest. Die zugelassenen Sprachbücher gehen ähnlich vor und weisen zwischen einer mehr fachbezogenen Gliederung (z.B. Diesterweg Sprachbuch) und einer mehr thematischen Gliederung (z.B. Sprachschlüssel, Klett Verlag) nur graduelle Unterschiede auf.

An diesen Vorgaben zeigen sich bereits die "Turbulenzen und Schwierigkeiten" (Baurmann/Hacker in: PD 93, 1989), denen das Fach ausgesetzt ist:

- *An Inhalten aus der humanistischen Bildungstradition orientiert folgt der MSU rationalistischen Lehrplanprinzipien (zeitlose Erfahrungen und Wissensbestände sind zur aktiven Teilnahme am kulturellen Leben nötig und verlangen deshalb Inhalte und Strukturen der Wissenschaft),*
- *Daneben trägt er einem mehr pragmatischen Prinzip Rechnung, das an der Lebenspraxis der Schüler orientiert ist und Einsichten zum praktischen Zweck vermittelt. Bei der Legitimation der Ziele folgt der Bildungsplan mehr dem letzten Prinzip und enthält auch lebenspropädeutische Ziele, bei der verbindlichen Ausformulierung der Inhalte folgt er mehr dem ersten Prinzip. Von fachlich orientierten Inhalten her soll "Lebensorientierung" gesucht werden. Die Gefahr eines solchen Vorgehens, auf die später noch bei der aufgezeigten Alternativen zurückzu-*

kommen ist, besteht darin, daß hier nur ein motivationales Schwungrad inganggesetzt wird, um rationalistische Unterrichtsinhalte zu befördern.

Neben dem bereits erwähnten Bildungsplan und den Schulbüchern (Lesebuch und/oder Sprachbuch als Leitmedium des MSU) sind noch andere Medien bei der Grenzziehung zwischen den Lernbereichen beteiligt und verstärken den durch die Institutionen Schule und Wissenschaft geprägten Charakter des MSU: Da sind neben den fachdidaktischen Veröffentlichungen die seit Generationen geltenden Traditionen des Fachs. Beide prägen, je nach der Ausrichtung des Unterrichtenden die dem MSU unterlegten Wertvorstellungen. Festgelegte Formen der Leistungsmessung und zentrale Abschlußprüfungen tragen dazu ebenso bei wie die unterschiedliche Transparenz der Bewertungskriterien der LehrerInnen und deren eigene Lerngeschichte.

(Nach den konkreten Folgen im Unterricht fragte der zweite Teil des Referats. Ein dritter Teil beschäftigte sich mit einer möglichen Alternative, mit der Integration der Lernbereiche, den daraus resultierenden Perspektiven aber auch Gefahren)

2. Fremdsprachen in der Bildungspolitik

Im Hinblick auf den europäischen Einigungsprozeß stehen in den einzelnen Ländern keine unmittelbaren Entscheidungen über Ziele, Inhalte und Organisationsformen des muttersprachlichen Unterrichts an. Anders verhält es sich mit der Rolle von Fremdsprachen in der Bildungspolitik. Welche Fremdsprachen künftig im Schulsystem gelehrt werden sollen, auf welche Weise und mit welchen Zielsetzungen dies geschehen könnte, wird auch unter Experten durchaus kontrovers diskutiert. Hinzu kommt, daß die bisherige Fremdsprachenpolitik im Schulwesen angesichts der gegenwärtigen und künftig zu erwartenden Sprachensituation in den städtischen Regionen Europas zunehmend unter Druck gerät. Die Arbeitsgruppe sollte die Gelegenheit bieten, die wichtigsten Argumente kennenzulernen, die in diesen Kontroversen eine Rolle spielen.

2.1 **Klaus Westphalen** gab in seinem Referat Sprachenpolitik für Europa einen Überblick über den gegenwärtigen Stand der Fremdsprachenpolitik und unterbreitete einen eigenen Vorschlag zu einer Basissprache im europäischen Fremdsprachenunterricht.

Neue Tendenzen zur Verbesserung des Fremdsprachenunterrichts in der Bundesrepublik

Trotz der begründet optimistischen Sicht im Hinblick auf die quantitative Ausdehnung des Fremdsprachentunterrichts in deutschen Schulen sind Fremdsprachenpolitiker und Fremdsprachendidaktiker in jüngster Zeit vermehrt bemüht, den Ertrag des Fremdsprachenunterrichts auch qualitativ zu verbessern. Dabei kristallisieren sich einige Tendenzen heraus, die im folgenden kurz angesprochen werden.

Als primäre Zielsetzung für die modernen Fremdsprachen gilt bisher "kommunikative Kompetenz". Dabei wurde vor allem im Französischunterricht in den letzten Jahrzehnten die sprechsprachliche Kompetenz (Hören und Sprechen) mehr in den Vordergrund gerückt, die Beherrschung des schriftsprachlichen Systems (Lesen und Schreiben) mindestens für die Anfangsjahre als weniger wichtig erachtet (H. Christ). Es wäre zu fragen, ob nicht beim Erlernen zusätzlicher Fremdsprachen, z. B. einem obligatorischen Französischunterricht an der Realschule oder einer dritten bzw. vierten Fremdsprache am Gymnasium, das Lernzielniveau bescheidener beschrieben werden sollte, um mehr Schülern das Erlernen dieser Sprachen zu ermöglichen. Die Fähigkeit, gesprochene und geschriebene Sprache zu verstehen, wäre dann zunächst mehr zu schulen als die Fertigkeit im Sprechen und Schreiben. Auf diese Weise könnte wenigstens der sog. "polyglotte Dialog" geführt werden, bei dem jeder Partner seine Muttersprache spricht, vom jeweils anderen aber verstanden wird.

Immer mehr Bundesländer haben in den letzten Jahren Versuche mit Fremdsprachenunterricht in der Grundschule eingerichtet; Hessen gilt dabei als Vorläufer. In der Regel beginnt die Beschäftigung mit Englisch oder Französisch in der dritten Klasse. Sie wird spielerisch eingeführt, betont kindertümliche Situationen und ist handlungsorientiert (z.B. Unterrichtseinheit Spielzeug). Die Kinder sollen das Fremde entdecken, positiv zum Fremdsprachenlernen eingestellt werden und fremdsprachliche Grundfertigkeiten erwerben. Prüfungen und Noten sind verpönt. Über die

Auswirkungen des frühen Fremdsprachenunterrichts auf der Sekundarstufe I liegen noch keine endgültigen Erfahrungen vor.

Bilingualer Unterricht wird in der Bundesrepublik schon länger an Gymnasien für freiwillig daran teilehmende Schüler angeboten. Neuerdings haben auch Schulversuche an Realschulen in Rheinland-Pfalz und Nordrhein-Westfalen begonnen. Dieser Unterricht bezieht sich zunächst auf Sachunterricht (z. B. in Geschichte, Erdkunde und Politik), der in der Ausgangssprache Deutsch und der Zielsprache (zumeist Englisch) gelernt wird. Das Ziel ist klar: Die Fremdsprache wird hier nicht als Fach sui generis unterrichtet, sondern in bestimmten, praktisch verwertbaren Verwendungssituationen.

Das große Übergewicht des Englischen ergibt sich aus der Stundenzahl und aus den hohen Zahlen von Lernenden. Angesichts der Vielzahl der europäischen Sprachen besteht aber die klare Absicht, auch diese im Schulunterricht zu erhalten und gegenüber der erdrückenden Dominanz der lingua franca Englisch zu unterstützen. Der Fachverband Moderne Fremdsprachen, der die Interessen der Neuphilologen vertritt, bemüht sich um die Stabilisierung einer "sprachenteiligen Gesellschaft" und um die Erstellung eines "Generalverkehrsplanes" für die Schulsprachen, in dem Stellenwert und Funktion der Fremdsprachen beschrieben und festgelegt werden sollen. Gefragt ist also eine friedliche Koexistenz alter und neuer, großer und kleiner Fremdsprachen.

Basissprache Latein - eine sprachenpolitische Besonderheit in der Bundesrepublik Deutschland

Nach Angaben des Statistischen Bundesamtes aus dem Jahre 1991 lernten 1981 in den 7. Klassen der alten Bundesländer 90116 Schüler Latein als erste oder zweite Fremdsprache, das sind 46,9 % aller Gymnasiasten und 14,5 % des gesamten Altersjahrgangs. Rechnet man noch Latein als dritte oder spät beginnende Fremdsprache dazu, dann erfährt fast jeder zweite Gymnasiast und damit etwa jeder sechste (West-)Deutsche mindestens eine lateinische Grundbildung, meistens aber durchläuft er einen fünf bis sieben Jahre dauernden Kurs.

Der Wert dieser Ausbildung in einer alten Sprache, vom Umfang her in Europa einzigartig dastehend, wird immer wieder bestritten. Ich halte derartige Angriffe für nicht gerechtfertigt, denn gerade unter dem europäi-

schen Aspekt ist die Pflege des Lateinischen sinnvoll und notwendig. In meinem Buch "Basissprache Latein" (Bamberg 1992) habe ich die Argumente hierfür gesammelt und durch einen zusätzlichen Materialteil belegt. Einige davon seien in Form von Thesen hier angeführt:

- *Latein ist (im weit größeren Maße als Altgriechisch) die Basissprache Europas. Als Amts- und Verkehrssprache des Imperium Romanum und der christlichen Welt hat diese Antike, Mittelalter und frühe Neuzeit beherrscht und Strukturen wie Inhalte europäischen Denkens maßgeblich geprägt.*
- *Latein ist über die Zeiten hinweg bis heute ein Medium anspruchsvoller Kommunikation geblieben. In allen europäischen Sprachen stellt es ein Arsenal von grundlegenden und zentralen Begriffen zur Verfügung, deren Gebrauch die jeweiligen Sprachteilnehmer befähigt, über geistig relevante Themen verständig zu kommunizieren. Dies gilt selbstverständlich auch für Bücher und relevante Artikel in Zeitungen und Zeitschriften.*
- *Latein ist immer noch die Fundamentalsprache der Wissenschaften, auch wenn Englisch die Kommunikationssprache der Wissenschaftler geworden ist. Der Kern der international verständlichen wissenschaftlichen Aussagen ist in der Regel lateinisch (oder auch altgriechisch) konzipiert, das sprachliche Ambiente hingegen englisch formuliert.*
- *Latein ist das Substrat moderner Fremdsprachen, ist die Basissprache wichtiger europäischer Verkehrssprachen. Carl Vossen hat dies in seinem klassischen Buch "Mutter Latein und ihre Töchter" (1. Aufl. 1968) ausführlich belegt. Nicht nur die romanischen Sprachen gehen in ihren Strukturen und in ihrem Vokabular umfassend auf Latein zurück, auch vom heutigen englischen Wortschatz ist etwas mehr als die Hälfte lateinisch-romanischen Ursprungs. Diese und andere Argumente lassen es m. E. geboten erscheinen, daß im Rahmen einer sinnvollen Sprachenpolitik für Europa dem Lateinischen nach wie vor ein bedeutender Platz im Curriculum des Gymnasiums eingeräumt wird.*

Aus dem Kreis der Teilnehmer/-innen hatte **Ulrich Matthias** ein Plädoyer zur Einführung von Esperanto als Basissprache in Europa schriftlich eingereicht.

Ein Vorschlag für die Sprachenpolitik - Propono por la lingva politiko

Die internationale Sprache Esperanto ist neutral und leicht erlernbar. Als gemeinsame Zweitsprache kann sie daher - bei Wahrung der kulturellen Vielfalt - die grenzüberschreitende Verständigung entscheidend verbessern.

Humanistischer Hintergrund: Während nationale Fremdsprachen so schwer sind, daß ein durchschnittlicher Schüler sie im allgemeinen auch nach fünfjährigem oder längerem Unterricht noch keineswegs beherrscht, ermöglicht Esperanto wesentlich breiteren Schichten der Bevölkerung eine qualitativ hochwertige internationale Verständigung. Esperanto baut Sprachbarrieren ab; wirklich tiefe Freundschaften (nicht nur nach England, die USA und Frankreich) werden leichter möglich. Das hilft, das Zusammengehörigkeitsgefühl der Europäer zu stärken und dem Fremdenhaß und Rassismus den Boden zu entziehen. - Zudem wird der Esperanto-Lernende schon recht bald mit dem humanistischen Hintergrund der Sprache vertraut: Dr. Ludwig Zamenhof hat Esperanto aus dem kulturellen Erbe der europäischen Sprachen entwickelt, um die Feindschaften zwischen den Völkern abzubauen. Sein Streben nach Annäherung, nach Verbrüderung der Menschheit muß gerade heute als vorbildlich angesehen werden.

Propädeutischer Wert: Zamenhof gestaltete die Esperanto-Grammatik so einfach wie möglich. Es gilt der Grundsatz, daß im Esperanto alles, was logisch ist, auch richtig ist. Zudem sind die Wortstämme international bekannt. Ein ausgeklügeltes Wortbildungssystem verringert die Zahl der zu lernenden Vokabeln erheblich und fördert den kreativen Umgang mit der Sprache. - Esperanto bietet eine hervorragende Grundlage für das Erlernen weiterer Sprachen, da der Lernende einen guten Einblick in die Struktur von Sprachen überhaupt bekommt. Man lernt keinen "Ballast" (unregelmäßige Verben, Deklinationen ...), sondern nur Wortstämme und grammatikalische Regeln, die auch beim Erlernen weiterer Fremdsprachen sehr nützlich sind. Bei vielen Jugendlichen weckt Esperanto eine allgemeine Freude am Sprachenlernen. - Schulversuche haben gezeigt, daß

Schüler, die Esperanto als erste Fremdsprache lernen, dann weitere Fremdsprachen so viel schneller lernen, daß die für das Esperanto-Lernen aufgewandte Zeit oft voll wieder eingespart wird.

Esperanto in der Praxis: Im Laufe von über 100 Jahren hat sich Esperanto zu einer voll ausdrucksfähigen, lebendigen Kultursprache entwickelt. Etwa drei Millionen Menschen sprechen es weltweit und wenden es an auf internationalen Begegnungen, Kongressen und Seminaren. In Deutschland kann man täglich oder wöchentlich Rundfunksendungen in Esperanto aus Warschau, Wien, Rom, dem Vatikan, Tallinn, Wilna, Havanna und Peking empfangen. Reichhaltige Musik und eine ständig wachsende, bereits 40.000 Bände umfassende Literatur in Esperanto zeugen von der Lebendigkeit einer einzigartigen internationalen Kultur.

Anregungen: Es ist ein bildungspolitischer Mißstand, daß heute Millionen Schüler zwar tausend bis zweitausend Stunden lang Englisch lernen, aber nicht einmal fünf Minuten lang sachlich über Esperanto informiert werden. Es gilt, das enorme Informationsdefizit zu beseitigen. Bereits damit würde sich die Zahl junger Menschen, die freiwillig (z. B. im Selbststudium) Esperanto lernen und damit freundschaftliche Kontakte in andere Länder pflegen, weiter erhöhen.

Esperanto-Unterricht findet in Schulen - wenn auch in wachsendem Maße - bislang nur vereinzelt im Rahmen von Projektwochen oder freiwilligen Arbeitsgemeinschaften statt. Es ist zweckmäßig, an möglichst vielen Schulen Esperanto als Wahlfach anzubieten (was die Forderung nach einer Ausbildung von Esperanto-Lehrern impliziert). Und es sollte ernsthaft in Erwägung gezogen werden, Esperanto schrittweise als erste Fremdsprache in Schulen einzuführen.

2.2 Zum Thema Englisch in der Grundschule waren für die Konferenz zwei Beiträge vorbereitet worden. Das mündliche Plädoyer für einen Beginn des Fremdsprachenunterrichts in der Grundschule hielt Gundi Gompf, die sich mit einer gekürzten Wiedergabe ihres Beitrages in diesem Band leider nicht einverstanden erklärte. In schriftlicher Form lag den Teilnehmenden der Beitrag von **Hartmut Breitkreuz** vor.

Grundschulenglisch als Paradigma des Lernens für Europa: Positionen und Kriterien

Neuorientierung der Fremdsprachenpolitik

Im Zuge einer Neuorientierung der Fremdsprachenpolitik in Europa (und in den alten und neuen Bundesländern insbesondere) steht heute die Notwendigkeit des Fremdsprachenbeginns in der Grundschule im Mittelpunkt der Diskussionen und Entscheidungen (vgl. z.B. Bahls 1991). Im internationalen und bundesdeutschen Schnitt - auch im Blick auf die neuen Bundesländer (beispielsweise Sachsen, das Grundschulenglisch ab Schuljahr 1991/92 obligatorisch eingeführt hat) - rangiert Baden-Württemberg am Ende der Bemühungen um den Fremdsprachenfrühbeginn mit Blickpunkt Grundschulenglisch (vgl. hierzu die Resolution der Landesfachschaft Englisch an Pädagogischen Hochschulen in Baden-Württemberg vom 17.10.1992 zu "Englisch in der Grundschule", die bei mir angefordert werden kann). Nach einer neueren Veröffentlichung lernten im Schuljahr 1991/92 in Frankreich 328.500 Grundschulkinder eine Fremdsprache, in Deutschland aber lediglich 86.700 (Mohr 1993). Diese Sachlage wird sich (vermutlich) ab dem Schuljahr 1994/95 mit der verbindlichen Einführung einer ersten Schulfremdsprache in den Grundschulen der verbleibenden Bundesländer signifikant ändern.

Obligatorischer Lernbereich Grundschulenglisch

In dem bereits begonnenen Schlußjahrzehnt dieses Jahrhunderts sollte ein durchgängiges Fremdsprachenkonzept von der Grundschule bis zu qualifizierenden Abschlüssen in modernen Fremdsprachen obligatorisch in Bildungs- und Lehrpläne, auch in Baden-Württemberg, Eingang finden. Konkret: Grundschulenglisch sollte künftig in allen Bundesländern ab Klasse 3 obligatorisch eingeführt und "ohne Bruch", d.h. kontinuierlich in Klasse 5 im Sinne eines Gesamtkonzepts weitergeführt werden (Gompf 1992, 29-31).

Neues Fremdsprachenkonzept ab der Grundschule

Folgt man einem solchen durchgängigen Konzept, in dessen Rahmen Englisch nicht mehr in Klasse 5 neu oder (trotz Grundschulenglisch) nochmals von vorn begonnen wird, so werden die Konsequenzen curricular, fachdidaktisch, fachmethodisch und für die Aus- und Weiterbildung von Englischlehrern gezogen werden müssen.

Perspektive: Neue Rahmenlehrpläne (Fach Englisch)

Grundlage des künftigen Fremdsprachenunterrichts in den einzelnen Bundesländern sollten neu konzipierte Rahmenlehrpläne ab Klasse 3 bil-

den, die Ziele, Inhalte sowie methodisch-didaktische Grundkonzepte für das Fach Englisch vorgeben und konkretisieren.

Unterrichtszeit im Bereich Grundschulenglisch

In dritten und vierten Klassen sollten pro Woche 2 bis 3 Stunden für Englischunterricht vorgesehen werden, wobei eine Aufteilung in Kleinperioden (Steps) von etwa 20 bis maximal 45 Minuten sich steigernd erfolgt, da Motivation, Konzentration und sprachliche Aktivitäten bei Kindern dieser Altersstufe bei einer durchlaufenden Unterrichtszeit von 45 Minuten oftmals schwer durchgehalten werden können.

Optimaler Zeitpunkt des Fremdsprachenbeginns

Der obligatorische Englischunterricht setzt in der Bundesrepublik generell zu spät ein. Am Beginn der Klasse 5 ist der optimale Zeitpunkt zum Erlernen der ersten modernen Fremdsprache verpaßt. Dieser liegt nach den Erkenntnissen von Neurophysiologen wie etwa Penfield (1953) früher, etwa beim Übergang vom achten zum neunten Lebensjahr. Für den Fremdsprachenerwerb handelt es sich um eine besonders sensible Entwicklungsphase, in der die Artikulationsbasis von Grundschülern, speziell im Bereich der Lautdiskrimination, noch nicht endgültig auf den Lautbestand der Muttersprache festgelegt ist (Maier 1991, 43). Diese Entwicklungs- und Lernphase bietet die optimalen Voraussetzungen für den Erwerb von Aussprache und Intonation einer fremden Sprache wie wohl niemals mehr in späteren Lebensperioden, auch im Blick auf die artikulatorische Entwicklung (Penfield 1959). Dieses Phänomen gilt es für den frühen Fremdsprachenerwerb zu nutzen.

Lernformen im Bereich Grundschulenglisch

Angst vor sprachlichem Fehlverhalten im Englischunterricht der Grundschule existiert im Normalfall bei Kindern dieser Altersstufe nicht. Hierfür bilden einerseits Lernfreude, das Lernklima, das "Eintauchen" in das Medium einer anderen Sprache, spielerisches und singendes Lernen (in der Fremdsprache), ein ganzheitlicher Approach, andererseits Verzicht auf häusliche Aufgabenstellungen, Verzicht auf Leistungskontrollen und Verzicht auf Einzel- und Gesamtzensuren wichtige Vorgaben.

Stellenwert mündlicher Kommunikation im Gundschulenglisch

Die gewählten Themen und Unterrichtsverfahren im Grundschulenglisch tragen acht- bzw. neunjährigen Kindern nach dem Prinzip der Alters-

gemäßheit Rechnung, damit Englisch in der Anbahnung mündlicher Kommunikationsfähigkeit im Zentrum des fremdsprachlichen Lernprozesses bleibt (vgl. hierzu Bebermeier 1992 und die beiden 'Handbücher für den Unterricht' von Gompf/Fromm 1991 bzw. 1992).

Stellung der sprachlichen Fertigkeitsbereiche im Grundschulenglisch

Im Rahmen der sprachlichen Fertigkeitsbereiche stehen im Grundschulenglisch die Bereiche Hörverstehen und Sprechhandeln im Mittelpunkt. Stützfunktion kommt den beiden Skills Lesen und Schreiben in der Fremdsprache ab Kasse 4 im Zuge der Anbahnung mündlicher Kommunikationsfähigkeit zu.

Prinzip der Ganzheitlichkeit im Grundschullernbereich 'Fremdsprachen'

Traditionelle Einschätzungsschemata des Grundschulenglisch beruhen meist auf der Quantifizierung von Wortschatz und den Strukturen der grammatischen Progression. Zur Widerlegung solch falscher Einstellungen und Beurteilungen wurde in den Jahren 1983 und 1984 in zwei einstündigen Sendungen des Süddeutschen Rundfunks (Programmteil 'Nahaufnahme') in Zusammenarbeit von Breitkreuz und H. Käpernick Englisch in der Grundschule im Jahresabstand aus derselben Grundschulklasse (Klasse 3 und 4 der Hasenleiser Grundschule in Heidelberg) als Unterrichtsdokumentation mit teilweiser Diskussion und evaluierendem Interview (unter Einschluß von Elternmeinungen) live gesendet. Geradezu in diametralem Gegensatz zu quantifizierenden Ansprüchen steht beim Englischlernen in der Grundschule das Prinzip der Ganzheitlichkeit, der spielerisch-kommunikative Umgang mit der (Fremd-)Sprache sowie die Alters- und Interessenangemessenheit im Vordergrund.

2.3 Erhebliche Bedenken gegen die Dominanz des Englischen in der Fremdsprachenpolitik wurden mehrfach geäußert. Thesen hierzu hatte **Hugo Blank** schriftlich zur Diskussion gestellt.

Europäische Sprachen an deutschen Schulen

Zahlen

Im Europa der EG leben ca. 24 % Germanophone, 17 % Anglophone, 17 % Frankophone, 16 % Italophone, 11 % Hispanophone (außerdem 7,5% Niederländer, 3,8 % Portugiesen, 2,8 % Griechen, 1,5 % Dänen).

Europas Sprachunterricht indessen wird in den allgemeinbildenden Schulen alleine vom Englischen dominiert.

In der Realschule ist die 2. Fremdsprache i.a. fakultativer, oftmals in die Mittagsstunden verlegter (d.h. sinnloser) Unterricht. In der Realschule wie im Gymnasium wird die zweite Fremdsprache auf der Oberstufe zumeist abgewählt. Daher zeigen die Zahlen des Statistischen Bundesamtes: Bedeutende Sprachen wie Französisch, Italienisch und Spanisch, deren Sprecherzahl in Europa ebenso oder annähernd so groß ist wie jene des Englischen, sind in der Sprachenpolitik der Kultusminister nur mit Alibiveransaltungen vertreten; seit 45 Jahren. (Der deutschen Sprache geht es anderswo kaum besser.) - Zahlen für Fremdsprachen in der Hauptschule ließen wir hier beiseite; allein herrscht dort Englisch. Ein Fremdsprachenangebot in der Grundschule ohne Zielrichtung auf weiterführende Schulen bleibt ohne faßbare Ergebnisse und ist mit Unterricht nicht vergleichbar.

Die Globalzahlen der Statistik zählen alles zusammen, auch völlig unvergleichbares: Äpfel und Birnen. Sie werden von den Kultusministerien stets ohne die Referenzzahl für Englisch ins Feld geführt, um das Mißverhältnis zwischen Englisch und den anderen Sprachen zu verschleiern. Oftmals wird statt mit Schülern auch mit Klassen gerechnet oder gar mit Schulen.

Imperialismus des Englischen

Es wird angeführt, Englisch spotte aller Prozent-Vergleiche mit anderen europäischen Sprachen, da es "Weltsprache", d.h. lingua franca sei. - Allerdings: wer so redet, sollte nicht gleichzeitig von Europa reden. Denn Französisch und Spanisch sind ja auch "Weltsprachen"! - Tatsache ist, daß die Fremdsprache nur als Erstsprache eine wirkliche Entfaltungsmöglichkeit erhält. Der Beginn einer zweiten Sprache in Klasse 7 ist nachgewiesenermaßen ungünstig, u.a. wegen der Pubertät; und gerade die zweite Sprache wird später abgewählt. Im übrigen ist ein wesentlicher Faktor für den Erfolg des Fremdsprachenunterrichts die Zeitdauer, und zwar sowohl hinsichtlich der Anzahl der Wochenstunden, als auch hinsichtlich der Lernjahre.

Europa hat zwar eine gemeinsame, gegen andere deutlich abgegrenzte Kultur; doch lebt diese nur in der Verbindung all ihrer Varianten: als Einheit in der Vielfalt, gleich einem Regenbogen, der sich nur aus der

Vollständigkeit der Spektralfarben definiert. Nur eingehende Kenntnisse mehrerer der bedeutenden europäischen Länder (mit deren Eigenarten) kann europäisches Bewußtsein, d.h. Identität vermitteln. Eine solche "Landeskunde" ist wiederum nur in einem langjährigen Sprachunterricht möglich; dreijährige Alibi-Schnellkurse "zur Erreichung der Kommunikationsfähigkeit" sind nicht in der Lage, die erforderliche Vertrautheit zu erlangen. Da diese Landeskunde sich vor allem durch eine intime Kenntnis der Sprache erschließt, kann man sie auch nicht etwa den Geographen oder Politologen oder Kunsthistorikern überlassen (deren Beitrag freilich bedeutend wäre).

Doch abgesehen davon, daß so alte kulturreiche Nationen wie Italien, Spanien, Deutschland sich verbitten müssen, durch Englisch und England repräsentiert zu werden, gilt auch für das Englische als "Weltsprache", daß es dann eben gerade nicht mehr die englische Kultur vertritt, sondern eine gesichtslose Allerwelts-Pidgin-Zivilisation.

Folgerungen

Englisch als Erstsprache schlägt Europa tot - seit 45 Jahren. Dieses nennt man Kulturpolitik. Englisch ist außerdem das Trojanische Pferd Amerikas in Europa. Eine Identitätsfindung, d.h. die Verankerung des Begriffs von Europa in den Köpfen der Schüler und Bürger, ist so nicht möglich. Hätte Englisch im Sprachunterricht unserer Schulen den doppelten Anteil seiner Sprecherzahl, also etwa 35 %, wäre es überaus gut bedient. Vor allem muß die Wahl zumindest der großen Sprachen (Französisch, Italienisch, Spanisch) überall auf allen Stufen freigegeben werden; kleinerer Sprachen an den Grenzen. Überdies würde ein zweijähriger Kurs mit Allerweltsenglisch den lebenslangen Kommunikaktionsbedürfnissen der meisten Zeitgenossen genügen. Da aber beim Sprachenlernen die Dauer eine erhebliche Rolle spielt, muß endlich eine allgemeine Vorverlegung des Sprachunterrichts in die Grundschule durchgesetzt werden; jedoch nicht als "progressionslose" Spielerei, sondern als ernsthafter Unterricht mir dem Ziel der Weiterführung.

Aus dem Kreis der Teilnehmenden legte **Claudia Finkbeiner** nachträglich einen hierzu ergänzenden Beitrag vor.

Von der Anglophilie und Frankophilie zur Polyglottie? - Mehrsprachigkeit für Europa nach 1992

Die "europäische Dimension im Bildungswesen" ist zum übergreifenden Ziel der europäischen Zusammenarbeit im Bildungsbereich geworden. Dadurch erfahren die Fremdsprachen eine nie dagewesene Rollenzuweisung, die weit über den instrumentellen und edukatorischen Wert der Erlernung einer Sprache hinausreicht. Somit findet das Ziel der Europäisierung der Schule seine Entsprechung nicht nur im Maastrichter Vertrag, sondern auch bereits in den konkreten Arbeitsaufgaben internationaler Bildungsgremien.

Europäisierung heißt, den jungen Menschen so auf Europa vorzubereiten, daß er das Europa von morgen als sein Europa annehmen und schätzen lernt, daß er seine Ängste bewältigt und auf neue Freunde zugeht, und daß er seinen Nachbarn nicht als schädliche Konkurrenz, sondern als attraktiven Partner sieht. Der Gewinn eines Vereinten Europa ist dabei nicht unbedingt auf einem materiell- finanziellen, sondern auf einem ideell-emotionalen Niveau zu finden; dieses soll ein qualitativ hochstehendes und friedvolles Miteinander-Leben einer multikulturellen Vielfalt in der Einheit sichern.

Dieses Streben nach einer europäischen Gemeinschaft, die nicht nur wirtschaftlich, sondern darüber hinaus kulturell zusammenarbeitet, wird jedoch derzeit von einem Drang nach Vereinheitlichung begleitet, der auf keinen Fall als Synonym für eine europäische Monokultur und als Verlust der kulturellen und sprachlichen Identität verstanden werden darf. Das Ziel der europäischen Dimension im Bildungswesen soll nämlich "insbesondere durch Erlernen und Verbreitung der Sprachen der Mitgliedstaaten" (Vertrag über die Europäische Union) erreicht werden. Ein besonderes Augenmerk verdienen dabei die Minoritäten- und Regionalsprachen in Europa. Wie aber sieht die Realität aus?

Von den circa 65 Sprachen in Europa sind 1992 neun als Amtssprachen der EG zugelassen. In der Britannica 1991 werden aber allein für West-Deutschland acht weitere "major languages...(Dutch, Greek, Italian, Polish, Portuguese, Spanish, Turkish, Yugoslav languages)" mit insgesamt 3430000 Sprechern und "other languages" mit nochmals 1090000 Sprechern neben Deutsch angegeben. Wie wird nun die Kultur dieser Sprachenvielfalt innerhalb der Einheit bei uns in der Bundesrepublik gepflegt? Ein Blick in die bundesrepublikanischen Lehrpläne und Rahmenrichtlinien beweist die seit dem Düsseldorfer Abkommen von 1955 vorherrschende Stellung des Englischen und Französischen im Bereich der damaligen Westzone und des Russischen im Bereich der damaligen Ostzone.

Eine Betrachtung der Verteilung der Fremdsprachen bestätigt diese Aussage auch für Baden-Württemberg. In den Klassenstufen 5-10 gilt den Fremdsprachen Französisch und Englisch, ab Klassenstufe 7, vor allem aber ab 10 auch dem Latein großes Gewicht. Dieses historisch zu erklärende Phänomen spiegelt allerdings zum Teil die Ergebnisse einer von der Verfasserin in 42 mittleren und großen Unternehmen Baden-Württembergs durchgeführten Fremdsprachenbedarfsforschung wider: die Analyse der Ergebnisse zeigt eine Rangfolge von Deutsch hin zu Englisch und Französisch als wichtigste Kommunikations - und Handelssprachen, dann allerdings gefolgt von Spanisch und weiteren Sprachen. Interessanterweise bestätigt diese Untersuchung auch die Annahme, daß die Sprachenkompetenz im allgemeinen und die Fremdsprachenkompetenz im speziellen zusammen mit der interkulturellen Kompetenz sehr wichtige bis wichtige Euroqualifikationen sind und eine wesentliche Rolle bei der Frage nach den grundlegenden Qualifikationen einnehmen. Daraus ergibt sich die Forderung nach einem verbesserten Fremdsprachenangebot auch in den beruflichen Schulen. Auch hier mag ein Blick in die Statistik ein Argument für die Diskussion liefern: Von den 1469413 Schülerinnen und Schülern, die 1990 die Berufsschule (Teilzeitmodell) im früheren Bundesgebiet besucht haben, erhielten lediglich 38815 Englisch-, 8943 Französisch- und 4862 sonstigen Fremdsprachenunterricht, also nur 3,5 Prozent. Für die 229687 Berufsschülerinnen und -schüler in Baden-Württemberg liegt beim Statistischen Bundesamt entgegen anderen Bundesländern gar keine Angabe vor. Es ist jedoch nach Aussagen von Schulleitern dieser Schulart in Baden-Württemberg von einer Prozentzahl von unter zwei Prozent auszugehen.

Diese kurze Analyse zeigt, daß wir zwar in Baden-Württemberg wie auch in den anderen Bundesländern noch weit vom polyglotten "Homo Europaeus" entfernt sind, andererseits aber ein klassisches Fremdsprachenangebot für fast alle haben, das es qualitativ und quantitativ zu "diversifizieren" gilt. Nur durch ein vielseitiges Fremdsprachenangebot wird die Pflege und der Erhalt auch der kleineren, vom Aussterben bedrohten, Sprachen garantiert werden können! In dieser kulturellen Sprachenvielfalt liegt auch der größte Reichtum und die größte Chance zu internationaler Verständigung. Dies gilt es, den jungen Menschen zu verdeutlichen. Dieser Gedanke steht auch Pate für die gemeinsame Resolution der Europäischen Erziehungsminister am 17.10.1991: "Die ethni-

sche und kulturelle Heterogenität von Schülern verdeutlicht sowohl die gemeinsamen Aspekte Europas als auch seine Vielfalt. Sie bietet die Gelegenheit für interkulturelles Lernen im Schulunterricht und für die Steigerung des Reichtums der europäischen Kultur. Das gemeinsame Leben mit jungen Ausländern und Einwanderern sollte dazu beitragen, die gegenseitige Solidarität sowie den Wunsch friedlich zusammenzuleben zu fördern."

2.4 Im Zentrum des Referates von **Roland Gäßler** über *Grundschulfranzösisch* stand die Frage, inwieweit andere Akzente in den Lernzielentscheidungen erforderlich werden könnten.

Besteht Bedarf, andere Akzente in den Lernzielentscheidungen zu setzen?

Konzepte einer Begegnung mit Sprache, - auch solche eines systematischen Sprachunterrichtes - auf der einen Seite und solche einer Begegnung mit der Lebenswelt zielsprachiger Partner im Sprachunterricht und durch diesen müssen sich natürlich nicht gegenseitig ausschließen. Sprachliche, kommunikative und interkulturelle Zielsetzungen bilden schließlich eine Einheit. Auf die Schaffung eines solchen Zusammenhanges im Unterricht kommt es an; aber man wird nicht umhin können, die Schwerpunkte im Hinblick auf diese verschiedenen Lernzielaspekte neu zu setzen. Eine Schwerpunktsetzung auf Sprachsystematik und sprachliche Fertigkeiten kann in dem von ihr gesteckten Lernzielbereich gute Resultate hervorbringen, kann aber zu pädagogischer und interkultureller Perspektivlosigkeit führen und damit auch nicht den heutigen Lernbedürfnissen in einem sich einigenden Europa gerecht werden.

Eine Schwerpunktsetzung auf den Begegnungsaspekt kann die heutige Schülergeneration besser auf die interkulturelle Realität vorbereiten - nicht zuletzt "auf Leben und Arbeiten in einem geeinten Europa" gemäß des Mottos unseres Kongresses -, es ist aber nicht gesagt, daß eine solche pädagogisch und landeskundlich ausgerichtete Perspektive automatisch fundierte Grammatikkenntnisse mitliefert. Für die Kooperation mit Menschen der zielsprachigen Länder sind jedoch gute Sprachkenntnisse unabdingbar. Beide Aspekte, der sprachliche und der interkulturelle, werden weit über das Schulalter hinaus, im Sinne eines lebenslangen Lernens bedeutsam bleiben.

Da die Erstausbildung in der Schulzeit lediglich den Grundstein legt, könnte man ja meinen, für den Aspekt der Begegnung, der Kommunikation und der Kooperation hätte es auch noch in der Weiterbildung Zeit. - Dies wurde ja auch in der Geschichte der Fremdsprachendidaktik eher so gehalten. Nun wäre aber in der heutigen Situation, in der immer deutlicher betont wird, daß der schulische Fremdsprachenunterricht die Fähigkeit und Motivation für autonomes Weiterlernen zu entwickeln hat (so Vielau 1991) zu fragen, ob nicht gerade in der Grundschule mit dem grundlegenden und legitimen Ziel, Interesse am anderen zu wecken, zu beginnen ist, um die Voraussetzungen für internationale Kooperation an der Basis zu schaffen. In der Tat dürften dann die Ansprüche an ein zu absolvierendes Stoffpensum nicht gleich zu hoch gesteckt werden. Die Frage ist ja wohl nicht, ob in Zukunft einfach an mehr Grundschulen mehr Französischkenntnisse vermittelt werden sollen, sondern ob an mehr Grundschulen anders als im systematischen Fachunterricht Französisch gelernt und auf die Begegnung mit dem Nachbarland vorbereitet wird.

Vor diesem Hintergrund hat ein neues Nachdenken über fremdsprachendidaktische Lernzielentscheidungen eingesetzt. Aus Zitaten wird deutlich, daß die Autoren unterschiedliche Vorstellungen vom Begriff des "Lernens" im Fremdsprachenunterricht an der Grundschule haben. Davon hängen dann die unterschiedlichen Vorstellungen von didaktischen Entscheidungen wie "Evaluation", "Progression" und "Weiterführung" ab. Bezieht sich "Lernen" auf den Erwerb von Wortschatz, Redemitteln und die Grundfertigkeiten, dann sind Lernstoff und Lernziele leichter quantifizierbar, als wenn sich "Lernen" auf die Veränderung von Verhaltensweisen im Hinblick auf das Verständnis für und das Zusammenleben mit Menschen unterschiedlicher Kultur und Sprache bezieht. Solche Lernvorstellungen sind übrigens in den Grußworten, im Motto und im Aufsatz von Dieter Buttjes im Programmheft dieses Kongresses deutlich angesprochen. Ihre Umsetzung würde Ideen und Mut verlangen.

Aber lernen Grundschulkinder nicht auch etwas sehr Wesentliches, wenn sie schon früh und auch im Direktkontakt auf den Klang einer neuen Sprache und fremdes kulturelles Verhalten eingestimmt werden und schon im Ernstfall die ersten erworbenen Kenntnisse und Fähigkeiten in der Kommunikation und Kooperation mit ihren zielsprachigen Partnern erproben und demonstrieren können?

- *Eine "Progression" nach Wort- und Strukturenlisten würde abgelöst durch einen Lernfortschritt in Richtung auf einen lebenslangen Lernprozeß, der Verstehen, Verständigung und Kooperation mit den Strategien des Spracherwerbs verbinden möchte.*
- *Aus der Vorbereitung, Durchführung und Nachbereitung von Begegnungsprojekten können sogar "greifbarere" Bestätigungen des Lernerfolges herauskommen als aus systematischem, struktur- und fertigkeitsorientiertem Unterricht, wenn z. B. die gelungene grenzüberschreitende Kommunikation durch Produkte wie Briefe, Photos, Texte, Wandzeitungen, Ausstellungen von Anschauungsmaterial, Kassetten mit Liedern, die die Kinder selbst gesungen haben, dokumentiert wird.*
- *In der Diskussion um die "Weiterführung" wurde die legitime Frage nach dem Zusammenhang zwischen den Zielsetzungen des Primarbereiches und des Sekundarbereiches zu sehr darauf eingeengt, inwieweit sich der Primarbereich an den Zielsetzungen des Sekundarbereiches orientiere. Ist aber nicht auch die umgekehrte Blickrichtung legitim: wird die Sekundarstufe Perspektiven übernehmen, auf die eine neue Grundschuldidaktik vorbereiten will? Die Chancen für die Grundschullehrer, ihren pädagogischen Spielraum zu nutzen, stehen gut, da dieser weder durch den Zwang zur Notengebung noch durch den Zwang zu einer Progession nach Wortschatz- und Strukturlisten eingeschränkt wird. Selbst bei Verwendung eines Lehrbuches sind sie von diesem unabhängig und haben die Möglichkeit, ihre Schüler spüren zu lassen, daß das Leben im Partnerland innerhalb ihres Erfahrungshorizontes liegt und sie selbst an der Kommunikation mit zielsprachigen Partnern teilnehmen können.*

Ist ein handlungsorientierter, an Direktkontakten ausgerichteter Unterricht praktisch durchführbar?

Man könnte meinen, daß lebensnahes, entdeckendes, handlungsorientiertes Lernen eine Überforderung für Lehrer und Schüler seien. Aber auch hier gilt es, neben den großen auch die kleinen Schritte nicht gering zu schätzen. Bereits die Einbeziehung von Dokumenten und Materialien über den Lebensalltag gleichaltriger Kinder im zielsprachigen Land erlaubt entdeckendes Lernen. Das motivierendste Material hierfür erhält man natürlich über Klassenkorrespondenz, Städtepartnerschaft und

Schüleraustausch. Dies bedeutet zunächst einen etwas höheren Arbeitsaufwand, ist aber erfahrungsgemäß sehr lohnend, insbesondere wenn Kollegen und alle Interessierten sich kooperationsbereit zeigen.

Ein Beispiel, über das wir an anderer Stelle ausführlich berichtet haben, sei genannt: Es konnten im Schuljahr 1984/85 dank einer deutsch-französischen Ferienkolonie in Südfrankreich sogar Grundschulkinder der Klassenstufe 3 und 4 aktive Mitträger der Städtepartnerschaft Heidelberg-Montpellier werden. Entscheidend war, daß die Vorbereitung dieses Vorhabens voll in den schulischen Unterricht integriert wurde: zum einen durch einen Materialaustausch im Rahmen einer Klassenkorrespondenz; die von der Partnerklasse angefertigten Zeichnungen, kurze Texte, auch eine Kassette mit von den Schülern gesungenen Liedern wurden im Unterricht als Lehr- und Lernmaterialien verwendet, bzw. an den Wänden des Klassenzimmers ausgehängt. Zum anderen stellten die Schülerinnen und Schüler auch Fragen, wie sie sich in bestimmten Situationen der Begegnung verhalten und sich sprachlich ausdrücken sollten. Da diese Schülerimpulse im Unterricht aufgegriffen wurden, ließ sich der Spracherwerb sowohl wirklichkeitsnah als auch schülerorientiert gestalten. Die Lehrerin stellte fest, daß die Freude auf das baldige Zusammentreffen mit den gleichaltrigen französischen Kindern die Lernatmosphäre entschieden veränderte.

Daß ein frühe Sensibilisierung der Kinder für die Kommunikation mit Menschen im Nachbarland erreicht wurde, entspricht der Forderung nach Integration sprachlicher und landeskundlicher Lernziele. Darüber hinaus war dem schulischen Sprachunterricht sein Platz nicht streitig gemacht worden. Nur hatte er nunmehr eine lebensorientierte Perspektive: Leben und Lernen waren keine getrennten Handlungsfelder mehr.

Es soll also nicht behauptet werden, daß in Zukunft sich der Unterricht primär auf außerschulisches Lernen verlegen solle und beispielsweise jeder Lehrer eine Klassenkorrespondenz durchführen müsse; aber die Schüler sollten früh die Erfahrung machen, daß in ihrem Unterricht Direktkontakte mit dem Partnerland ernstgenommen werden. Nur so wird für sie das übergeordnete Lernziel der "interkulturellen Kommunikation" konkret spürbar und unmittelbar erfahrbar. Daher sollte in Zukunft die Ausbildung der Französischlehrer die Wichtigkeit, sich an der Lebenswirklichkeit in Frankreich zu orientieren, besonders hervorheben.

Auch ganz bescheidene Anfänge, z. B. ein Materialaustausch deutscher Französischlehrer mit französischen Deutschlehrern, der es erlaubt, das Leben der Kinder und ihrer Familien an ihrem jeweiligen Ort zu dokumentieren, sind geeignet, neue Akzente zu setzen. (Natürlich vorausgesetzt, daß sie planvoll in den Unterricht integriert werden.) Die Hochschulen könnten, eventuell durch ein deutsch-französisches Dokumentationszentrum, unterstützend mitwirken.

2.5 Über Fremdsprachenunterricht an französischen Grundschulen berichteten zwei Gäste aus Châlons-sur-Marne, wo sich eine Partnerhochschule der Pädagogischen Hochschule Heidelberg befindet. **Philippe Régerat** erläuterte am Beispiel des Deutschen ein neues Konzept des Unterrichtsministeriums zum Fremdsprachenunterricht.

Sprachenplus

1989 wurde der Fremdsprachenfrühunterricht probeweise in den Wochenplan der französischen Grundschule aufgenommen. Diese pädagogische Neuheit ist auf die beiden letzten Klassen beschränkt, d.h. auf die Klassen 4 und 5, entsprechend 9 bis 11 Jahren; sie ist nur im Zusammenhang mit den neuen Richtlinien des Unterrichtsministeriums für den Fremdsprachenunterricht zu verstehen. Am 19.02.1992 wurden vom Unterrichtsministerium die neuen Richtlinien für den Fremdsprachenunterricht in der Primar- und Sekundarstufe bekanntgegeben. Drei Ziele stehen dabei im Vordergrund:

- *Beherrschung der Sprache als Kommunikationsmittel im Alltag*
- *Vermittlung von Grundkenntnissen in der Landeskunde*
- *Erlernen von berufsspezifischen Grundbegriffen in den berufsbildenden Höheren Schulen.*

Damit das Schulsystem sich dieser neuen Herausforderung stellen kann, wird das gesamte Potential an außerschulischen und schulischen Fachkräften, fachlicher Dokumentation und technischen Einrichtungen in neuen Dokumentationszentren zusammengefaßt, die allen Lehrern und Schülern eines bestimmten Schulsprengels Hilfeleistung in jeder Hinsicht geben sollen.

In diesem Zusammenhang ist auch das Experiment zu bewerten, das nun seit drei Jahren in der Grundschule läuft. Oberstes Ziel des neu eingeführten Faches ist, Schüler mit einer Fremdsprache und einer Fremdkultur möglichst früh vertraut zu machen, im Hinblick auf den Wegfall der innereuropäischen Grenzen. Nach einem ersten von kompetenter Seite verfaßten Gutachten wurden dabei zwei verschiedene Strategien entwickelt:

- *Die erste setzt bewußt auf das spielerische Moment, das in dieser Altersstufe 9. bis 11. noch sehr ausgeprägt ist. Sie ist vorwiegend erlebnisorientiert und versucht, auf verschiedene Art und Weise, eine andere Sprache mit ihren unverwechselbaren Klängen, Intonation und Melodie erfahrbar zu machen; außerdem ist sie bemüht, Bilder aus einem anderen Land zu vermitteln und Interesse für eine andere Lebensart zu wecken.*
- *Die zweite Strategie setzt auf den Wissensdrang der Kinder, der auch nicht unterschätzt werden darf, und ist auf das systematische und kontrollierbare Erlernen der Sprache ausgerichtet, wobei die fein abgestufte Progression immer von kommunikativen Situationen ausgeht.*

Die erste Strategie, spielbetont, erlebnisorientiert und nicht intensiv, stimmt nach Einschätzung der Begutachter mit den allgemeinen erzieherischen Zielen der Grundschule überein; sie wirkt sich positiv auf das Einzel- und Gruppenverhalten der Schüler aus und fördert z.B. auch das Erlernen der Muttersprache durch den Rückgriff auf den kontrastiven Ansatz.

Die zweite, lernorientierte und intensivere Strategie scheint, die hohen Erwartungen, die in sie gesetzt wurden, nicht ganz zu erfüllen, obwohl sie auch realitätsnah und anwendungsbezogen ist. Nach Einschätzung der Begutachter sind im Endeffekt der Stand der Sprachkenntnisse und die Ausdrucksfähigkeit bei den Schülern sehr unterschiedlich. Deshalb geben sie der ersten Strategie eindeutig den Vorzug, die sie für eine bessere verhaltens- u. lernpsychologische Vorbereitung auf den eigentlichen Fremdsprachenunterricht in der Sekundarstufe halten.

Fremdsprachenfrühunterricht am Beispiel des Départements Marne

Und nun zu unserem Départment. Zunächst einmal ein kurzer Steckbrief: Das Départment liegt in Ostfrankreich; die Einwohnerzahl beträgt 558000, davon 205000 in Reims und 58000 in Châlons. Zur Zeit besuchen 36588 Schüler die Grundschule, davon 14805 die Klassen 4 und 5; von der Gesamtschülerzahl dieser Klassen werden 3240 ins Schwerpunktprogramm "Fremdsprachenfrühunterricht" einbezogen, 2635 für Englisch, 605 für Deutsch, also ungefähr ein Verhältnis 1 zu 5. Für diese Schüler stehen 14,5 französische Lehrkräfte zur Verfügung sowie eine deutsche und englische Austauschlehrerin. Die französischen Lehrkräfte wurden nach folgenden Gesichtspunkten eingestellt:

- *solide Grundkenntnisse der Fremdsprache, sei es durch Auslandsaufenthalt oder Studium,*
- *gezielte Fortbildung,*
- *hohe Motivation.*

Das Schwerpunktprogramm soll ausgebaut werden auf 30 % der Schülerzahl der Klassen 4 und 5, wobei sich schon heute ein Engpaß vor allen Dingen bei den Lehrkräften für Deutsch abzeichnet.

Was halten nun die Schüler selbst von diesem Experiment? Aufschluß darüber gibt eine 1990 unter 150 Schülern durchgeführte repräsentative Umfrage. Im folgenden einige Stichpunkte:

- *Am beliebtesten sind Rollenspiel, Zeichnen, Kassettenhören. Weniger beliebt als angenommen ist das Singen, gar nicht beliebt ist das Aufsagen von Gedichten und Reimen, wobei die Deutschschüler dem weniger ablehnend gegenüberstehen.*
- *Überraschenderweise wünscht sich die Mehrheit der Kinder eine höhere Wochenstundenzahl als bisher im Fremdsprachenunterricht und Unterrichtseinheiten von längerer Dauer, wobei die Deutschschüler am eifrigsten sind.*
- *Die Mehrheit der Englischschüler und alle Deutschschüler wünschen einen Sprachlehrer neben ihrem Klassenlehrer.*
- *Der Fremdsprachenunterricht wurde bis jetzt nicht benotet. Eine kleine Mehrheit der Deutschschüler sprach sich für eine Leistungsbewertung aus.*
- *Von den befragten Deutschschülern haben zwei Drittel die Absicht, die Sprache weiter im "Collège" zu lernen, wobei der Prozentsatz bei den Englischschülern um einiges höher ist.*
- *Die Deutschschüler fühlen sich besser gewappnet für den Sprachunterricht im "Collège" als die Englischschüler.*
- *Fast alle Schüler haben den Wunsch, das Land zu besuchen, dessen Sprache sie lernen.*

- *Die drei beliebtesten Schulfächer sind Sport, Mathematik und Fremdsprache, wobei Deutsch höher rangiert als Englisch. Am schlechtesten schneiden Diktat, Rechtschreiben, Grammatik und Aufsatzschreiben ab.*
- *50 % der Schüler beschäftigt sich auch außerhalb der Schule mit dem Land, dessen Sprache sie lernen.*
  Dieser Prozentsatz ist bestimmt höher in den Internationalen Klassen.

2.6 Über die Einrichtung von Internationalen Klassen berichtete **Chantal Vincent** aus der Sicht einer Ausbildungslehrerin, die eine 3. Klasse unterrichtet.

Seit September 1991 bestehen in unserer Schule Internationale Klassen: eine 3., eine 4. und eine 5. Diese Internationalen Klassen werden fortgeführt im "Collège", wobei man darunter in Frankreich eine Art Integrierte Gesamtschule versteht. Im "Lycée", das entspricht etwa der gymnasialen Oberstufe in Deutschland, sollen auch in zwei Jahren Internationale Klassen eingerichtet werden.

Als Ziel dieses besonderen Bildungsganges steht die Zweisprachigkeit der Schüler. Nach Abschluß der Grundschule sollten Kinder, die Französisch als Muttersprache haben, in der Lage sein:

- *die deutsche Sprache soweit zu beherrschen, daß sie sich im Alltag frei und einigermaßen richtig artikulieren können,*
- *einen Grundstock an Lese- u. Schreibfertigkeiten in der Fremdsprache haben (z. B. kurze Mitteilungen schreiben im Rahmen des Briefwechsels mit dem Briefpartner, einfache Kinderbücher lesen).*

Kinder, die Deutsch als Muttersprache haben, sollten in Lage sein:

- *ihren Kenntnisstand in der Muttersprache zu halten,*
- *solide Grundkenntnisse der französischen Sprache durch gezielte Förderung zu erwerben.*

Wie in anderen Klassen der Grundschule liegt auch in den Internationalen Klassen die gewünschte Schülerzahl im Durchschnitt bei 25. Wie werden die Schülerplätze in den Internationalen Klassen vergeben?

Ab März hängt in allen Grundschulen des Départments ein Anschlag am "Schwarzen Brett": Die Eltern, die ihre Kinder anmelden möchten, werden gebeten, ein Bewerbungsformular bei der Schulbehörde abzuholen. Zusätzlich zu dem üblichen Fragebogen und den Zeugnissen der 1. und 2. Klassen werden auch verlangt:

- *eine schriftliche Darlegung der Motivation der Eltern,*
- *eine vom Lehrer ausgefüllte Bewertung des Gesamtverhalten des Schülers und nicht nur seiner Leistungen.*

Zuletzt werden alle Schüler in Begleitung ihrer Eltern zu einem Gespräch in der Schule eingeladen. Die Auswahlkommission besteht aus:
- *dem Schulleiter,*
- *einem der drei Lehrer der Internationalen Klassen,*
- *einem Lehrer der Parallelklassen.*

Die Schüler werden eingestuft sowohl nach ihren bisherigen Leistungen und ihrem Gesamtverhalten, als auch nach ihrem Verhalten während des Gesprächs. Vorzug haben dabei Kinder, deren Vater oder Mutter deutschsprachig ist.

Nach Abschluß dieses Verfahrens wurden voriges Jahr 23 Schüler in die 3. Klasse aufgenommen. In diesem Schuljahr hat sich die Zahl auf 26 erhöht, bei 48 Bewerbern.

Die Wochenstundenzahl eines französischen Schülers in der Grundschule beträgt gleich ab der 1. Klasse 26 Stunden. In den Internationalen Klassen kommen noch zwei Stunden dazu, die zwischen 17 und 18 Uhr liegen. (Man muß dazu sagen, daß die Ganztagsschule in Frankreich die Regel ist; ein Schultag beträgt sechs Stunden mit einer zweistündigen Mittagspause).

Die zwei Zusatzstunden werden grundsätzlich in deutscher Sprache abgehalten und können musisch-künstlerisch oder sportlich gestaltet werden. Es ist dabei zu unterstreichen, daß die Lehrpläne in den einzelnen Fächern ohne Abstriche eingehalten werden müssen. Diese äußeren Zwänge erfordern von den Schülern ein hohes Maß an Selbständigkeit und geistiger Mobilität und von den Lehrern eine gewisse Flexibilität.

In unserer Arbeit werden wir unterstützt von einer Austauschlehrerin aus Deutschland, die voriges Jahr aus organisatorischen Gründen nur eine Wochenstunde in jeder Klasse unterrichtete und dieses Jahr zwei bis drei Stunden übernommen hat. Soweit wie möglich bemühen wir uns, in der Unterrichtsgestaltung der Arbeit in kleinen Gruppen den Vorzug zu geben.

Voriges Jahr war in der 3. Klasse kein einziger deutschsprachiger Schüler; die Ausgangslage war insofern klar: alle Schüler waren Anfänger. Dieses Jahr sind drei zweisprachige Jungen dabei; wir haben uns auf ihre spezifischen Bedürfnisse eingestellt und ihnen eineinhalb Stunden Intensivkurs in Wortschatz und Grammatik mit der deutschen Austauschlehrerin angeboten. Außerdem haben sie sich in den Klassenverband gut integriert und spielen mitunter im Deutschunterricht die Rolle des "Zugpferdes".

Im Mittelpunkt des Unterrichts stehen Hören und Sprechen. In verschiedenen und sich rasch ablösenden Lernvorgängen sollen die Kinder die Möglichkeit haben, von "native speakers" gesprochene einfache Texte zu hören und mit einem Minimum an Sprachmaterial selbst zum Sprechen zu kommen.

Ziel des Unterrichts ist, die Schüler zur spontanen und aktiven Teilnahme anzuregen und sie in kommunikativen Situationen handeln und sprechen zu lassen. Ihre ganze Persönlichkeit soll dabei in den Lernprozeß einbezogen werden.

Auch wenn das spielerische Lernen nicht zu kurz kommen darf, liegt der Schwerpunkt bei dem strukturierenden Spracherwerb. Dabei wird das Sprachmaterial in kleine Lerneinheiten zerlegt und didaktisch aufbereitet.

In der 3. Klasse hat das Sprechen eindeutig eine dominierende Stellung. Lesen kann auch schon sehr früh eine wertvolle Hilfe im Lernprozeß darstellen, darf aber nicht systematisch betrieben werden. Das Schreiben wird geübt durch einfache Aufgaben, wie z.B. Sätze ergänzen, Wörter in die richtige Ordnung stellen oder Sprechblasen auf Bildern schreiben.

Da der Lernprozeß immer kontrollierbar bleiben muß, wird nach jeder Lerneinheit ein kleiner Test durchgeführt: z.B. in Form eines Kreuzworträtsels.

Wegen der von den Kindern abverlangten Konzentration, darf eine Unterrichtsstunde 45 Minuten nicht überschreiten. Meistens beginnen wir morgens, ausgehend von einer kommunikativen Situation, mit einem Sprachtraining. Nachmittags wird das Thema wieder aufgegriffen, wobei die damit verbundenen Sprachstrukturen vertieft und gefestigt werden.

Die Themenwahl lehnt sich eng an den Ablauf des Schul- und Kalenderjahres mit seinen Festen und Bräuchen: z.B. Advent, Weihnachten, Geburtstage, Schulfest usw. Die Lexik wird dem Lebens- und Erfahrungsbereich der Kinder entnommen. Die grammatikalischen Strukturen werden durch den Kontext von den Schülern unbewußt eingeübt und in neuen Situationen wieder verwendet. Um die ganze Persönlichkeit des Schülers anzusprechen, werden verschiedene Mittel abwechslungsreich eingesetzt: z. B. Handpuppenspiel, Dialog im Rollenspiel, Märchen, Kinderlieder usw.. Diese Mittel bieten die Grundlage für die Einübung der Abstraktionsstufen vom Gegenstand zum Wort über das Bild.

Am Anfang des Schuljahres wurde in der 4. Klasse von meiner Kollegin ein Test durchgeführt, um den Kenntnisstand der Schüler nach den Sommerferien festzustellen.

Es ist nun an der Zeit, nach dem ersten Jahr dieses Experiments eine Zwischenbilanz zu ziehen.

- *Die Motivation der Schüler ist bis zum Ende des Schuljahres so stark geblieben wie am Anfang.*
- *Die Lernziele wurden bis auf einige wenige erreicht.*
- *Die Lehrpläne wurden in fast allen Fächern eingehalten, worauf die Schulbehörde großen Wert legt.*
- *Abschließend ist es zu bedauern, daß wir enorme Schwierigkeiten haben eine Partnerschule in Deutschland zu finden. Gespräche sind aber zur Zeit mit einer Grundschule in Köln im Gange, die hoffentlich bald zum Abschluß eines Partnerschaftsvertrages führen. Ein regelmäßiger Schüleraustausch wäre mit Sicherheit eine zusätzliche Motivation für unsere Kinder.*

3. Die Berücksichtigung von Minoritäten in Sprach- und Schulpolitik

Daß die Sprachsituation in den europäischen Schulen im Regelfall die der Mehrsprachigkeit ist, wird inzwischen den Fachleuten an Schulen und Hochschulen zunehmend bewußt. Sprach- und schulpolitisch hat dies weitreichende Konsequenzen, wenn wir vermeiden wollen, daß ausgerechnet in Europa sprachliche und ethnische Minderheiten systematisch benachteiligt werden. Lösungen werden gegenwärtig in zwei Ansätzen gesucht:

- in einer Veränderung der bisher praktizierten Fremdsprachenpolitik für die Schule;
- in einer auf Zweisprachigkeit beruhenden elementaren Beschulung von Kindern aus sprachlichen Minderheiten.

Beide Ansätze suchen nach Lösungen für Probleme sprachlicher Minderheiten und nehmen für dieses Ziel Zwei- und Mehrsprachigkeit eher billigend in Kauf, als daß sie daraus sprachpädagogische Konsequenzen für alle Kinder zögen. Die Einsprachigkeit der Mehrheit bleibt unverändert. Können wir uns damit zufrieden geben? Diese Frage stellt sich nicht allein, um die Rechte von Minderheiten zu wahren; es geht vielmehr um eine grundlegende Erneuerung der sprachlichen Bildung auch im Elementarbereich, wenn der Unterricht dort der Lebenswelt der Kinder gerecht werden soll.

3.1 Über unterschiedliche Modelle, die Herkunftssprache von Migrantenkindern im Fremdsprachenunterricht der Sekundarstufe zu berücksichtigen, hatte **Ulrike Pörnbacher** berichten wollen. Sie mußte ihre Teilnahme kurzfristig absagen.

Unterricht in der Herkunftssprache der Migranten an Sekundarschulen

Im Hinblick auf den Vergleich sollten zunächst Gemeinsamkeiten und Unterschiede hervorgehoben werden.

Zur Migrationsgeschichte: In allen drei Ländern steht die politisch gewollte Arbeitskräfte-Immigration am Anfang, in Großbritannien und Frankreich etwas früher einsetzend als in der Bundesrepublik, gefolgt von Zusammenführungen, die zur Etablierung neuer Minderheiten führten. Was die Herkünfte der Einwanderer betrifft, so haben wir ein unterschiedliches Profil: der postkoloniale Charakter der Arbeitsimmigration in Frankreich und England im Vergleich zur Volksdeutschen-Einwanderung und zur vertraglich vereinbarten südeuropäischen Einwanderung in die Bundesrepublik.

Unterschiede gibt es auch in den rechtlichen Strukturen: Staatsbürgerrechte für die meisten in England, Einbürgerung der zweiten Generation, Ausländerstatus in Deutschland. Die pädagogischen Diskussionen, die diesen gesellschaftlichen Wandel in den drei Ländern begleitet haben, folgen alle dem gleichen Muster: Einer anfänglichen Konzentration auf das Lernen der Sprache des Einwanderungslandes folgt die Entdeckung der sprachlichen und kulturellen Differenz als einer pädagogisch relevanten Größe und die ihr entsprechende Forderung nach Berücksichtigung der Herkunft im Bildungswesen des Einwanderungsstaates. In einer dritten Phase richtete sich der Blick auf die Multikulturalität der Gesellschaft und ihrer Bildungseinrichtungen insgesamt und forderte generelle curriculare und institutionelle Änderungen. Die jüngste Phase ist durch allgemeinere Theorien gekennzeichnet (Antirassismus, Bürgerrechtserziehung, Menschenrechtserziehung).

Trotz der Ähnlichkeit dieser pädagogischen Diskussionsverläufe sind die Herkunftssprachen in den einzelnen Ländern in unterschiedlicher Weise berücksichtigt worden. Neben dem Unterricht der Herkunftssprachen an den Sekundarschulen hat sich die Form des Muttersprachlichen Ergänzungsunterrichts herausgebildet. In England wird diese Aufgabe den Migrantenorganisationen zugeschrieben. In Frankreich beruht der Muttersprachliche Ergänzungsunterricht auf zwischenstaatlichen Vereinbarungen mit acht Herkunftsländern: Konsulatslehrer, die von ihrem Entsendeland bezahlt werden, unterrichten nach den Richtlinien der Herkunftsländer. Ähnlich ist die Situation in sechs Bundesländern der Bundesrepublik. In den Bundesländern jedoch, in denen der Muttersprachliche Ergänzungsunterricht von deutscher Seite finanziert und von deutschen Bildungsbehörden schulfachlich verantwortet wird, sind durchaus erste Schritte zur Überwindung dieser marginalen Form getan worden; insbesondere NRW und Hessen sind sehr aktiv in der Entwicklung von Lehrmaterialien und Lehrplänen. Für keines der genannten Länder scheint der Muttersprachliche Ergänzungsunterricht ein befriedigendes Modell zu sein. Die Einführung des Unterrichts in der Herkunftssprache an Sekundarschulen hingegen scheint mehr Anlaß zum Optimismus zu geben.

England

Das Angebot der Herkunftssprachen an Sekundarschulen hat sich in England, nicht zuletzt aufgrund der Autonomie der Schulen im Zusammenwirken mit den lokalen Erziehungsbehörden, sehr langsam ausgebreitet. 1961 wurde erstmals Urdu als Fremdsprache an Sekundarschulen angeboten. Im Laufe der Zeit kamen an Schulen mit hoher Einwandererkonzentration weitere Sprachen hinzu.

Die Einbettung der Herkunftssprachen in den Fremdsprachenkanon wurde 1985 durch den Swann-Report entschieden befürwortet. Wert wurde dabei auf die Wahrung des "universalistischen Gesichts" gelegt, d.h. Öffnung für alle Schüler. Die Bewegung breitete sich aus. Das Schulgesetz von 1988 spricht von "modern foreign languages", wobei jedoch anfänglich eine Unterscheidung zwischen europäischen und nicht-europäischen Sprachen getroffen wurde. Heute enthält das Nationale Curriculum eine einheitliche Liste von 19 Sprachen, darunter Urdu, Panjabi und Bengali. Die Migrantensprachen sind somit offiziell als Fremdsprachen anerkannt. Sie können als Fach bei den öffentlichen Prüfungen (GSCE, A-level) gewählt werden.

Offiziell bleibt das Angebot ein Fremdsprachenunterricht nach fremdsprachendidaktischen Grundsätzen. Fragen der kulturellen Identität finden in dem Nationalen Curriculum keine Beachtung. In der Praxis jedoch unterrichten die Lehrer, die in der Regel bilinguale Immigranten sind, durchaus nach den Voraussetzungen, die ihre Schüler mitbringen. Dieses Schulsprachangebot wird von einsprachigen englischen Schülern kaum wahrgenommen. Faktisch handelt es sich also um Muttersprachunterricht. Die Teilnahme von bilingualen Schülern hingegen ist relativ gut, nicht zuletzt, weil die Konkurrenz des Französischen nicht ganz so erdrückend ist.

Bundesrepublik Deutschland (West)

Erstmalig gab 1979 die Kultusministerkonferenz die Empfehlung, an weiterführenden Schulen Unterricht der Muttersprache anstelle der ersten oder zweiten Fremdsprache anzubieten. Theoretisch kann dieses Angebot überall für bilinguale Schüler gemacht werden, aber nur in wenigen Bundesländern existiert dieses Sprachangebot. In Baden-Württemberg läuft momentan an Hauptschulen der Modellversuch "Türkisch anstelle von Englisch", ein sehr fragwürdiges Modell. Die Stadtstaaten Bremen und Hamburg bieten an einigen Schulen Türkisch anstelle der ersten bzw. zweiten Fremdsprache an, und in Bayern wird Türkisch als Wahlunterricht in einigen Realschulen angeboten. Nordrhein-Westfalen und Berlin hingegen verdienen mehr Beachtung:

In Berlin besteht die Möglichkeit, Türkisch anstelle der ersten oder zweiten Fremdsprache zu wählen. Seit dem Schuljahr 1989/90 hat Türkisch im Abitur Prüfungsrelevanz. Lehrpläne und -materialien für Türkisch sind entwickelt worden, und für die Muttersprachlehrer bestehen Fortbildungsmöglichkeiten. Das Ergebnis ist jedoch ziemlich enttäuschend: Nur 14 % der türkischen Sekundarschüler besuchen den Türkischunterricht, die meisten von ihnen wählen es als zweite Fremdsprache. Auch hier wirkt sich die Konkurrenz des Englischen aus.

In Nordrhein-Westfalen werden Herkunftssprachen (insbesondere Türkisch und Griechisch) anstelle der zweiten Fremdsprache an etwa 50 Gesamtschulen, 20 Gymnasien und einigen weinigen Realschulen unterrichtet. Lehrpläne und -materialien sind erstellt worden und Fortbildungskurse für Lehrer werden angeboten. Auch in Nordrhein-Westfalen ist die Teilnahme der bilingualen Schüler sehr gering: 2,2 % der türkischen Schüler und 1,1% der griechischen Sekundarschüler besuchen den Sprachunterricht.

3.2 Im deutlichsten Gegensatz zum Konzept "Englisch für die Grundschule" standen die Vorschläge von **Ingrid Gogolin**, die von der Mehrsprachigkeit als Normalfall in westeuropäischen Gesellschaften ausgehen.

Vielsprachige Schüler, einsprachige Schulen - über Sprachunterricht in der Einwanderungsgesellschaft

Ein angemessenes Kriterium schulsprachenpolitischer Innovation ergibt sich aus der Orientierung an innergesellschaftlicher Mehrsprachigkeit.

In der gegenwärtigen Debatte über schulsprachenpolitische Neuerungen liegen zwei Perspektiven im Streit. Auf der einen Seite wird für eine internationale Perspektive plädiert. Sie wird schulpädagogisch mit dem Hinweis darauf begründet, daß ein offensichtlich unumkehrbarer Prozeß der zunehmenden Vernetzung oder Verkoppelung des Schicksals aller Erdteile, Kulturen, Staaten, Gesellschaften zu beobachten sei. Die Phänomene und Folgen jener inernationalen Wechselbeziehungen gehören - so ein von Klafki vorgelegter Innovationsvorschlag - in eine Reformulierung der "Schlüsselprobleme" und die Einbeziehung "eines Blocks von international bedeutsamen Rahmenthemen" "in die Lehrpläne aller Staaten und Gesellschaften" sei daher ratsam. Auf der Linie dieser Argumentationsweise liegen jene Plädoyers für eine Ausdehnung des üblichen Schulfremdsprachenangebots (sowohl hinsichtlich seiner Ausdehnung in den Raum der Grundschule als auch hinsichtlich der Aufnahme zusätzlicher Sprachen in den üblichen Kanon), die sich darauf berufen, daß es zukünftig vertieften Kontakt zwischen bestimmten Nationen geben werde, der einen stärkeren Bedarf an Fremdsprachenbeherrschung hervorrufe; einer der im Zuge dieses Arguments oft genannten Anlässe ist die "europäische Einigung". Dies ist so zu deuten, daß dem Lernen fremder Sprachen vor allem ein instrumenteller Charakter beigemessen wird. Das Vorziehen des Fremdsprachenlehrens in die Grundschule legitimiert sich demnach vor allem durch seine Funktion als Propädeutikum für den späteren Fremdsprachenunterricht der Sekundarstufe.

Das entscheidende Defizit dieser Sichtweise aus meiner Sicht liegt darin, daß die Fixierung auf die internationale Dimension der skizzierten weltgesellschaftlichen Verhältnisse es anscheinend mit sich bringt, zu übersehen, daß diese Verhältnisse schon längst ihre innernationalen

Konsequenzen gezeitigt haben. Die Interaktion zwischen Schülern mit der persönlichen Primärerfahrung der Mehrsprachigkeit, die auf Migration ihrer Familien zurückgeht, und solchen ohne diese Primärerfahrung - also den einsprachigen Schülern aus vorläufig seßhaften Familien -, konstituiert schon seit langem den allgemeinen Bildungsprozeß, weil die Gruppen ihn zusammen erleben.

Mein Plädoyer gilt demgegenüber der Einnahme einer interkulturellen Perspektive beim Nachdenken über die Veränderung des Schulfremdsprachenangebots. Von dieser Warte aus setzen die nötigen Entscheidungen bei der Frage an, welche innergesellschaftlichen Kommunikationsprobleme es zu bedenken und zu lösen gilt. Hierdurch kommen die Sprachen der Einwanderer ins Blickfeld der Schulfremdsprachenpolitik (und es versteht sich ganz von selbst, daß die nach diesem Kriterium bestimmten Veränderungen durchaus für den Verkehr zwischen Staaten nützlich wären).

Wenn diese Perspektive eingenommen wird, wird zugleich deutlich, daß die anstehenden Innovationsprobleme mit einer Änderung des Schulfremdsprachenangebots keineswegs gelöst sind. Vielmehr stellt gesellschaftliche Mehrsprachigkeit die Schulen der Einwanderungsländer vor die Aufgabe einer Erneuerung der sprachlichen Bildung insgesamt. Der Lösung harrt zum Beispiel das Problem des Lernens im Medium der Sprache: Von allen anderen Argumenten abgesehen, ist es angesichts der in den Gesellschaften vorhandenen sprachlichen Ressourcen höchst fragwürdig, daß der gesamte fachliche Unterricht stets in einer einzigen Sprache erteilt wird. Der Lösung harrt außerdem das Problem des Lernens von Sprachen unter den Bedingungen von Mehrsprachigkeit. Angebracht ist die radikale Reform hergebrachter Sprachdidaktiken, die Monolingualität voraussetzen und zugleich zum Ziele haben (vgl. Vorschläge hierzu in Gogolin 1992a und 1992b; siehe auch Weisgerber 1992).

Ein Moment der fälligen Innovation sprachlicher Bildung liegt in der Einführung eines "Lernbereichs Mehrsprachigkeit", nicht nur in den Kanon der Grundschule. Die stetig anwachsende sprachliche und kulturelle Ausdifferenzierung der Gesellschaften, die immer weitergehende, mehr Lebensbereiche und Weltregionen umgreifende internationale Verflechtung stellt die Menschen zunehmend vor die Anforderung, in Situationen sprachlicher Heterogenität handeln zu müssen. Zur Aufrechterhaltung sprachlicher Handlungsfähigkeit in solchen Situationen ist gewiß das praktische Verfügen über Mittel aus mehr als einer Sprache nötig, aber es ist keineswegs hinreichend.

Vielmehr bedarf es für den souveränen Umgang mit Situationen, in denen die Voraussetzung einer allen Beteiligten prinzipiell gemeinsamen sprachlichen Basis nicht gegeben ist, der speziellen, zum beträchtlichen Anteil metasprachlichen Fähigkeiten. Hierzu gehört beispielsweise die Sensibilität dafür bzw. Bewußtheit darüber, daß Konsens über Situationsdeutungen keineswegs selbstverständlich ist; sind diese nicht vorhanden, so fehlt die Voraussetzung sine qua non dafür, daß die Interaktionspartner sich überhaupt auf die Suche nach Verständigungsmöglichkeiten begeben. Es bedarf außerdem der sprachpraktischen Flexibilität, die etwa folgende Kompetenzen zum Tragen kommen läßt: die Fähigkeit, sinn- und situationsgemäß zwischen Sprachen oder Repertoires zu wechseln; Strategien, sich darüber zu vergewissern, ob die Verständigung wirklich gelingt; die Kompetenz, im Fall des Mißlingens andere Mittel zu aktivieren, die dann Verständigung doch noch erlauben; die Möglichkeit, zwischen Sprachen zu übersetzen oder Bedeutungen zu übertragen; die Fähigkeit, außersprachliche Mittel angemessen zu verwenden (was Bewußtheit über die begrenzten Bedeutungshorizonte, die Mißdeutbarkeit solcher Mittel im interkulturellen Kontakt einschließt).

Sprachliche Strategien und Mittel wie die hiermit umrissenen kommen keineswegs als quasi automatische Begleiterscheinung von Sprachbeherrschung zustande - auch dann nicht, wenn es sich um mehrere Sprachen handelt. Man denke beispielsweise an das Dolmetschen, Übersetzen: Es ist bekannt, daß diese Leistungen ganz spezielle, eigens zu lernende Anforderungen an die sprachlichen Mittel und das sprachliche Wissen stellen. Bedauerlicherweise scheinen vielfach gerade Lehrerinnen und Lehrer anzunehmen, dies sei nicht so. Dafür spricht jedenfalls die im Unterricht in vielsprachigen Klassen oft vernehmbare Aufforderung, daß ein Einwandererkind für ein anderes übersetzen solle, ohne daß jemals Übersetzen geübt oder den Kindern die dafür notwendigen Kenntnisse und Fähigkeiten zunächst beigebracht worden wären.

Die speziellen, gutenteils auf der metasprachlichen Ebene liegenden Fähigkeiten, die für eine Verständigung unter den Umständen sprachlicher Vielfalt unerläßlich sind, sollte die Schule in einem "Lernbereich Mehrsprachigkeit" vermitteln. Die Aufgabe des Unterrichts in diesem Lernbereich wäre das Erzeugen von Sprachsensibilität, von Bewußtheit über Sprachverschiedenheit und ihre Konsequenzen und die Vermittlung von praktischen Fertigkeiten, die in Situationen sprachlicher Heterogeni-

tät gebraucht werden. Ein Gesamtkonzept sprachlicher Bildung nach dieser Vorstellung würde eine Ausbildung von möglichst umfassenden Fähigkeiten in der Verkehrssprache eines Gebiets (also hier: im Deutschen) anstreben, die durch die Aneignung von verwertbaren Kenntnissen in möglichst mehreren anderen Sprachen ergänzt wird. Hinzutreten würde die explizite Vermittlung von metasprachlichem Wissen und von sprachübergreifenden praktischen Fertigkeiten, die komplementär zu den in den Sprachen ausgebildeten Kompetenzen fungieren.

Das privilegierte Mittel eines Unterrichts im "Lernbereich Mehrsprachigkeit" ist es, das "Gespräch zwischen den Sprachen" zu führen (Wandruszka 1991). Es soll darum gehen, Freude an Sprachen, an Mehrsprachigkeit zu erzeugen, und zugleich Abschied von dem Mythos zu nehmen, daß eigentlich Einsprachigkeit das Normale sei (vgl. die Spiegelung dieses Mythos aus der Sicht eines Menschen mit dem Normalitätskonzept Mehrsprachigkeit: Pattanayak 1992). Die Schülerinnen und Schüler würden, um es nochmals mit Mario Wandruszka auszudrücken, beim sprachlichen Lernen die Erfahrung machen, daß sich das eine in dieser, das andere in jener Sprache besser, schöner, eindrucksvoller sagen läßt. Sie würden lernen, daß sie den gleichen Gedanken in verschiedenen Sprachen, mit verschiedenen Worten ausdrücken können, daß ihre Gedanken nicht an einer bestimmten Sprache hängen, nicht an deren Worten kleben. Ihnen würde so erst der Zugang zu Mehrsprachigkeit eröffnet, die Wandruszka als "den sprachlichen Spielraum unserer geistigen Freiheit" bezeichnet hat (vgl. Wandruszka 1979 und 1991).

Die Voraussetzungen dafür, daß Fremdheit von Sprachen und Vielsprachigkeit als Erfahrungsfelder thematisiert und der Reflexion mit den Schülerinnen und Schülern unterzogen werden, sind umso günstiger, je verschiedener die persönlichen Spracherfahrungen sind, die die Kinder selbst besitzen. Somit bieten jene Klassen, in denen Kinder aus Einwandererfamilien mit einsprachigen Kindern aus deutschen Familien gemeinsam unterrichtet werden - in denen also eine Vielfalt unterschiedlicher Spracherfahrungen zusammenkommt -, reichlich Stoff und Anregungen, von denen der Unterricht profitieren kann. Allein dies spricht dagegen, das Sprachangebot in der Grundschule auf eine fremde Sprache zu beschränken (und zwar ausgerechnet auf das Englische, also eine solche, deren Sprecherinnen und Sprecher in er hiesigen Schülerschaft so gut wie nicht anzutreffen sind). Denn diese Beschränkung bedeutet zugleich eine Ver-

schwendung von Möglichkeiten sprachlicher Bildung, die die eigenen Spracherfahrungen aller Kinder aufgreifen würden.

Ich knüpfe übrigens mit meinen Vorstellungen über einen "Lernbereich Mehrsprachigkeit", der komplementäre Funktionen zum Lernen von Sprachen besitzt, an neuhumanistischem Ideengut von sprachlicher Bildung an und plädiere für ihre Modernisierung. Die Idee zum "Lernbereich Mehrsprachigkeit" ist unter anderem von Wilhelm von Humboldts Sprachauffassung inspiriert. Mit der steten Vergewisserung über die "Verschiedenheit des menschlichen Sprachbaus", so Humboldt, gelinge die allmähliche Freisetzung des Vermögens, den eigentümlichen Ausdrucksformen nicht universelle Geltung zuzumuten, für die Unterschiedlichkeit der Weltansichten offen und zur kreativen sprachlichen Praxis imstande zu sein (vgl. Humboldt 1964, Bd. IV; siehe auch Schneider 1992). Es mag wohl sein, daß manch einer eine Zumutung darin liegen sieht, daß mir eine Verwirklichung solcher Vorstellungen (gewiß in einer modernisierten Form) in greifbare Nähe zu rücken scheint - griffe man im Bildungswesen nur das sprachliche Potential endlich auf, das die Kinder der Einwanderer hineinbringen.

Ergebnisse der Diskussion

Ausgangspunkt für die Diskussion waren die bestehenden Ungleichgewichte hinsichtlich der vorhandenen bildungs- und sprachpolitischen Alternativen. In einer offenen Situation, die allen Argumenten gleiche Chancen des Gehörtwerdens einräumt, könnten die skizzierten Fragestellungen in Schulsprachenpolitik und Sprachdidaktik sowohl in einer (inter)nationalen als auch in einer interkulturellen Perspektive untersucht werden. Bildungspolitisch überwiegt jedoch eine auf internationale Verhältnisse ausgeweitete nationale Sichtweise. In der Fremdsprachenpolitik dominiert Englisch gegenüber allen anderen europäischen Sprachen in einem Maße, daß davon auch die Position des muttersprachlichen Unterrichts längerfristig nicht unberührt bleiben wird. Vor diesem Hintergrund wurden in der Diskussion der Referate wie in der abschließenden nicht-öffentlichen Sitzung der Expertengruppe folgende Punkte angesprochen:

- Soll man in der Fremdsprachenpolitik auf die Berücksichtigung einer Vielzahl von europäischen Sprachen setzen oder auf die kontinuierliche Fortführung des Unterrichts in einigen wenigen "Basissprachen"?
- Ist Mehrsprachigkeit eine Zielsetzung, die auf die Erziehung künftiger Eliten beschränkt bleiben soll, oder müßte sie in der Schulbildung für alle eine Rolle spielen?
- Ist es richtig, Fragen der sprachlichen Bildung überwiegend unter dem Aspekt der erforderlichen beruflichen Qualifikationen zu diskutieren oder sollten bildungstheoretische Argumente ein stärkeres Gewicht bekommen?
- Sollen sich die Zielsetzungen für den Sprachenunterricht stärker an den Erfordernissen der mündlichen Kommunikation orientieren als an den Erfordernissen von Schriftlichkeit?
- Kann man sich im Fremdsprachenfrühunterricht weiterhin auf eine sprachsystematische Ausrichtung beschränken oder sollte man von vornherein die Förderung von Direktkontakten im Blick haben?
- Muß man im Blick auf die Mehrsprachigkeit in Europa an neue Lehrerqualifikationen denken oder kann man es beim Ausbau vorhandener Potentiale belassen?
- Sollte Mehrsprachigkeit in der Grundschule als eigener Lernbereich eingerichtet werden oder als Prinzip bei der Gestaltung des Sprach- und Sachunterrichts berücksichtigt werden?

In der Diskussion wurde deutlich, daß die in den einzelnen Punkten genannten Alternativen sich nicht immer ausschließen müssen, sondern auch als einander ergänzende Sichtweisen gelten können. Dies zeigte sich nicht zuletzt an den Argumenten, die zu kontrovers diskutierten Punkten vorgebracht wurden. So war der Vorschlag, sich vor allem auf den Unterricht in der Muttersprache (als Standardsprache der einzelnen Länder) und in einer der Weltsprachen zu konzentrieren, um die erforderliche sprachliche und kulturelle Kompetenz zu erreichen, doppelt begründet. Erstens war daran zu erinnern, daß Schule zur Teilhabe an Kultur und Gesellschaft zu befähigen und sich dabei an der jeweils herrschenden Kultur zu orientieren habe; zweitens waren in dieser Sicht die bestehenden sprachlichen Dominanzen zu akzeptieren. - Die Gegenargumente hierzu stellten in Frage, daß man sich mit der Orientierung an der "herrschenden Kultur" zufrieden geben könne, und gaben zu bedenken, daß man Gleichberechtigung der Sprachen im Falle von Zweisprachigkeit fordern könne.

Umstritten war in diesem Zusammenhang übrigens auch die Berufung auf Wilhelm von Humboldt. Zum einen schien es fraglich, ob sein Plädoyer für Mehrsprachigkeit auf den elementaren Unterricht zu übertragen sei. Zum anderen wurde bezweifelt, daß eine interkulturelle Sicht sich automatisch durch Sprachlernen einstelle, wo doch das Lernen an Texten dazu mindestens ebenso notwendig sei. (Den Diskussionsteilnehmern/-innen wurde klar, daß die kontroversen Auffassungen nicht nur auf unterschiedlichen Leseweisen von Humboldts Arbeiten beruhten, sondern auch auf unterschiedlichen Begriffen von Sprachlernen.)

Der Vorschlag, Esperanto als gemeinsame Verständigungssprache zu etablieren, fand im Expertenkreis keine Zustimmung. Maßgeblich hierfür waren zwei Überlegungen. Erstens erschien der Vorschlag fremdsprachendidaktisch insofern nachteilig, als die landes- und kulturkundlichen Ziele des Fremdsprachenunterrichts beim Erlernen einer Plansprache nicht zum Zuge kommen. Zweitens war sprachenpolitisch zu bedenken, daß auch Esperanto zunehmend in Abhängigkeit von dominanten Verständigungs- und Basissprachen geraten kann, da es lediglich als Zweitsprache konzipiert ist.

Einig war man sich darin, daß frühes Fremdsprachenlernen eine methodische Umgestaltung in der Grundschule erfordert, und daß es darauf ankommt, das Fortsetzen in der Sekundarstufe darauf abzustimmen. Inwieweit die pädagogische Philosophie der Monolingualität als Hauptwiderstand gegen eine derartige Umgestaltung in Rechnung zu stellen sei, konnte nur noch angesprochen, jedoch nicht mehr erörtert werden.

Literatur

Bahls, G. (1991). Fremdsprachenunterricht in den Klassen 3 und 4 - aber wie?. *Fremdsprachenunterricht*, 35, 78-83.

Bebermeier, H. (Hrsg.). (1992). *Begegnung mit Englisch*. Frankfurt: Cornelsen.

Blank, H. (1990). Fremdsprachen in der Grundschule? Das Projekt "Lerne die Sprache des Nachbarn" in Baden. *karlsruher pädagogische beiträge*, 21.

Frank, H. (1979). Die Wesensmerkmale des Paderborner Modells für den Sprachorientierungsunterricht. *Einführung in die Interlinguistik*. Alsbach: Leuchtturm-Verlag.

Gellner, E. (1991). *Nationalismus und Moderne*. Berlin: Rotbuch Rotation.

Gogolin, I. (in Druck). *Der monolinguale Habitus der multilingualen Schule*. Hamburg.

Gogolin, I. (1992). Interkulturelles sprachliches Lernen. Überlegungen zu einer Neuorientierung der allgemeinen sprachlichen Bildung. *Deutsch lernen*, 2.

Gogolin, I. (in Druck). Die Welt in unseren Worten. Zum Bildungswert der frühen Begegnung mit Sprachen. In A. Goll (Hrsg.), *Begegnung mit Fremdsprachen in der Grundschule*. Soest.

Gompf, G. (Hrsg.). (1980). *Englisch ab 3. Schuljahr - Ein Modell*. Weinheim: Beltz.

Gompf, G. (Hrsg.). (1992). *Fremdsprachenbeginn ab Klasse 3: Lernen für Europa*. Berlin: Cornelsen.

Gompf, G. & Fromm, R. (1991). *Here we go. Handbuch für den Unterricht Teil 1*. Unterrichtswerk für Englisch an der Grundschule. Stuttgart: Klett.

Gompf, G. & Fromm, R. (1992). *Here we go. Handbuch für den Unterricht Teil 2*. Unterrichtswerk für Englisch an der Grundschule. Stuttgart: Klett.

Hewitt, R. (1986). *White talk black talk. Inter-racial friendship and communication amongst adolescents*. Cambridge: Cambridge University Press.

Hewitt, R. (1990). Inter-ethnische Beziehungen von Jugendlichen und die Bedeutung der Sprache in ethnisch gemischten Jugendgruppen in Großbritannien. In P. Büchner, H.-H. Krüger, & L. Chisholm (Hrsg.), *Kindheit und Jugend im internationalen Vergleich* (S. 245 - 256). Opladen: Leske & Budrich.

Humboldt, W. von (1964). Werke in fünf Bänden. (Bd. IV). In A. Flitner & K. Giel (Hrsg.), *Wilhelm von Humboldt - Werke in fünf Bänden*. Darmstadt: Wissenschaftliche Buchgesellschaft.

Lohmann, I. (1986). Allgemeinbildung - Metawissen - Urteilskraft. In H.-E. Tenorth (Hrsg.), *Allgemeine Bildung. Analysen zu ihrer Wirklichkeit, Versuche über ihre Zukunft* (S. 215 - 230). Weinheim: Juventa.

Maier, W. (1991). *Fremdsprachen in der Grundschule. Eine Einführung in ihre Didaktik und Methodik*. Berlin: Langenscheidt.

Mohr, B. (1993, 15. Februar). Wieviele Sprachen braucht der Mensch? - Immer früher. Fremdsprachenunterricht in Europa. *Frankfurter Allgemeine Zeitung*. S. 33.

Neumann, U. & Popp, U. (1992). Wir begegnen uns einfach nicht. Kooperation zwischen eingewanderten Eltern und deutschen Lehrern. *Pädagogik*, 5, 26 - 30.

Pattanayak, D. P. (1992). Monolinguale Kurzsichtigkeit und die Blütenblätter des indischen Lotus. *Deutsch lernen*, 1,S. 68 - 76.

Penfield, W. (1953). A consideration of the neurophysiological mechanisms of speech and some educational consequences. In *Proceedings of the American Academy of Arts and Sciences 82* (S. 201 - 214).

Penfield, W. (1959). The Learning of Languages. In W. Penfield & L. Roberts, *Speech and Brain-Mechanisms* (S. 235 - 258). London: Oxford University Press.

Rixius, N. & Thürmann E. (1987). *Muttersprachlicher Unterricht für ausländische Schüler*. Berlin: Express Edition.

Schneider, B. (in Druck). *Sprache als Medium der Bildung*. Zum Wandel in der Begründung des Sprachunterrichts bei Wilhelm von Humboldt, Johann Wilhelm Süvern und Johannes Schulze. Vortrag beim Symposion Deutschdidaktik, Nürnberg.

Wandruszka, M. (1979). *Die Mehrsprachigkeit des Menschen*. München: Piper.

Wandruszka, M. (1991). *Wer fremde Sprachen nicht kennt... Das Bild des Menschen in Europas Sprachen*. Darmstadt: Wissenschaftliche Buchgesellschaft.

Weisgerber, B. (1992). Sprachreflexion durch Sprachbegegnung. *Grundschule*, 1.

Westphalen, K. (1990). Europa und das deutsche Bildungswesen - Herausforderung durch fortschreitende Integration. *Die Realschule*. 98, 190.

Westphalen, K. (1992). *Basissprache Latein. Argumentationshilfen für Lateinlehrer und Freunde der Antike*. Bamberg: Buchner.

Monica Kaufmann

Nonverbale Interaktion

Das von mir entwickelte Konzept, "nonverbale Interaktion" als Unterrichtsthema zu verwenden, wurde erstmals 1958 auf einem internationalen Lehrgang für Sportunterricht der Universität Graz umgesetzt und in der Praxis erprobt. Das dortige Sprachengewirr in einer Klasse verschiedenster Nationen aus allen Erdteilen erschien zunächst eine nicht unerhebliche Störgröße für das Unterrichtsvorhaben zu sein. Bei der Überwindung dieser Probleme kamen mir meine Kenntnisse aus der Elementarschule der *Pantomime* ebenso zustatten wie der Wunsch nach Völkerverständigung. Die dabei erreichte Integration aller Teilnehmer bestärkte mich in der Erkenntnis, daß Völkerverständigung zuerst an der Basis stattfinden muß, und daß sie etwas mit persönlichem Kennenlernen, dem Interesse an dem fremden, anderen Menschen, an seinen Kommunikationsritualen und schließlich an seiner Kultur, für mich an seiner *Bewegungskultur*, zu tun hat.

Die Erfahrung, daß über die Körpersprache einschließlich der Mimik ein bestimmter Stamm von Verhaltensweisen von allen Menschen dieser Erde verstanden wird, halfen mir, im babylonischen Sprachengewirr soziale Kreativität und Kommunikation zu erreichen.

Ausgehend von dem Gedanken, daß in unserer hochindustrialisierten Gesellschaft die Fähigkeiten zur Kommunikation immer mehr verkümmern, und sie sich meist auf den nur verbalen Bereich beschränken, sollen Interaktionsspiele die im Laufe des Sozialisationsprozesses verschütteten Verhaltensweisen wie Kreativität und Spontaneität reaktivieren. Im Spiel soll es möglich sein, alte Verhaltensweisen abzulegen und neue zu erproben.

Anläßlich des Heidelberger Pädagogischen Kongresses "Bildung und Erziehung in Europa" stellte sich mir die Aufgabe, die zu erwartenden Gäste (Partnerschulen) aus dem europäischen Ausland sowie deren Gastgeber über die Sprachbarrieren hinweg in einem "Kennenlern-Workshop" einander näher zu bringen. Dieser dafür vorbereitete Workshop

wurde auch als Workshop für die Lehrerfortbildung im Rahmen des Kongresses angeboten. Das Ziel *Kennenlernen* bestimmte das "Menü" bzw. den Inhalt des Workshops:
Von nonverbalen Kommunikationsübungen visueller und taktiler Art über verbale Lockerungsspiele und Vertrauensübungen bis hin zum kreativen Team-Work spannte sich der inhaltliche Bogen.

Elementare Bewegungsaufgaben im Workshop "Nonverbale Interaktion"

Aufgabe :	Methodisch-didaktische Hinweise:
1. "Freunde kennenlernen".	
Drei bis vier Teilnehmer/innen stellen sich vor einer fremden Person mit ihrem Vornamen vor: "Ich bin Monica, wer bist Du?" Antwort: "Ich bin Hans!" Darauf Monica: "Freut mich sehr!", sie nimmt Hans bei der Hand und stellt zuerst sich, dann Hans bei einem neuen "Fremden" vor und frägt dann wiederum: "Wer bist DU?"... "Irene", Antwort der beiden: "Das freut uns sehr!" ... usw.	Aufstellung im Kreis. 3-4 Personen eröffnen den Reigen. Es bilden sich vier verschiedene Gruppen. Auf diese Weise werden rasch alle Namen vorgestellt und im folgenden Spiel sogleich angewendet.
Spiel mit den Vornamen.	Konzentrationsübung.
Alle Teilnehmer gehen beliebig im Raum umher. Jeder kann nun Vornamen aufrufen. Der/die Genannte muß auf der Stelle stehenbleiben bis ein weiterer Aufruf des eigenen Namens die "Erlösung" bringt.	Darauf achten, daß jeder/jede aufgerufen wird, notfalls nachfragen.

2. Kontaktübungen mit den Augen

Beliebiges Herumgehen im Raum, dabei einen bestimmten Punkt fixieren, auf ihn zulaufen und kurz davor eine rasche Kehrtwendung in eine neue Richtung machen.	Orientierungshilfen im Raum (z.B. Fensterrahmen, Türgriff, Basketballkorb in der Sporthalle).
Beliebiges Herumgehen, mit den Augen einen Partner in größerer Entfernung fixieren und diesem aus der Ferne zuwinken, danach wieder abwenden (Abb. 1).	Kommunikation aus größerer Entfernung.
Aus größerer Entfernung mit den Augen einen "Bekannten" ausmachen, rasch auf ihn zugehen und seinen "Irrtum" zeigen.	Auf nonverbales Reagieren achten!
Auf einen Partner zugehen, mit den Augen fixieren, bei Interesse den Blickkontakt halten und dabei umeinander herumgehen, bei Desinteresse den Blickkontakt abbrechen.	Unterschiedliche Reaktionen sind möglich.

3. Kommunikation über Körperkontakt

– möglichst viele Hände schütteln in 30 Sekunden,	
– möglichst viele Füsse schütteln (Abb. 2),	Unübliche Kommunikationsrituale.
– Begrüßung mit Handschütteln durch die gegrätschten Beine (Rücken an Rücken),	"Südsee-Insulanischer Gruß".
– Nasenspitzen aneinanderreiben	"Eskimogruß".
– Begrüßung durch "body-check" mit dem verlängerten Rücken. (Abb. 3).	Am Ende dieses Spiels bleiben die Partner zusammen.

Zu Aufgabe 2
Jemandem aus größerer Entfernung zuwinken.

Abb. 1

Zu Aufgabe 3
„Body-check“ mit dem verlängerten Rücken

Abb. 2

Zu Aufgabe 3
Unübliche Kommunikationsrituale.

Abb. 3

4. Lockerungsspiele	
"Modernes Babylon".	Wäre auch im Dialekt möglich.
Zu zweit durch den Raum gehen, jeder spricht in seiner Heimatsprache laut und engagiert.	
Ein Partner hält dem anderen eine Überzeugungsrede, dieser versucht aufmerksam zuzuhören.	Ein Partner arbeitet verbal, der andere nonverbal (mit Mimik).
"Radiospiel".	
Ein Partner spielt das "Radio", der zweite Partner wählt das Programm.	Hilfen: Es gibt Nachrichtensendungen, Musik, Sport, Störgeräusche, schlechten Empfang, Sendepause usw.
5. Nonverbale Kommunikation zu zweien und in der Gruppe	
- Paarweise spazierengehen, auf ein anderes Paar treffen, dieses hocherfreut begrüßen.	Verhaltenweisen auf Umgebung abstimmen, z.B. im Park. Wiedersehenfreude ausdrücken.
- Paarweise beim Einkaufen auf Bekannte treffen, die gerade einen schweren Schicksalsschlag erleiden mußten.	z.B. auf dem Markt. Mitgefühl ausdrücken.
- Paarweise beim Museumsbesuch; plötzlich sehen die beiden ein äußerst ungewöhnliches Paar, über das sie sich köstlich amüsieren. (Abb. 4)	Erfahrung des "Ausgelacht werdens" auf erträgliche Weise, man kann z.B. zurücklachen.
- Variation: Die letzte Übung nonverbal ausführen lassen, jedoch das Lachen akustisch erlauben.	Gegensatz von lautloser Körpersprache und akustischer Hilfe, auf sinnvolle Dosierung achten!

6. Vertrauensübungen

- "Bindfadenspiel".
  Dem Partner wird ein imaginärer Bindfaden durch die Nase gezogen und verknotet. Nun wird der Partener am "Gängelband" geführt.

  Auf behutsames Führen hinweisen. Wechsel der Rollen nicht vergessen.

- "Blinden führen".
  Die Partner stehen frontal zueinander; der führende Partner bietet seine Handinneflächen in waagerechter Haltung dem "Blinden" an. Dieser legt seine Handinnenflächen auf die dargebotenen Hände und läßt sich so durch den Raum führen, wobei seine Augen geschlossen bleiben.

  Darauf achten, daß der "Blinde" nicht durch Kollisionen oder harte Gegenstände gefährdet ist. Auf ruhige, langsame Bewegungen hinweisen. Wahrnehmungsschulung auf Körperwärme lenken.

- Variation 1
  Gleiche Übung, der Handflächenkontakt wird jedoch aufgelöst; es besteht nur noch ein Fingerspitzenkontakt (oder auch nur Ein-Fingerkontakt je Hand).

  Konzentration und Wahrnehmung werden intensiviert.

- Variation 2
  Gleiche Übung, jedoch ohne direkten Handkontakt führen, d.h. die Wärmestrahlung der Handinnenflächen stellt den Kontakt her.

  Höchste Anforderung an die Wahrnehmung. Bei dieser Übung die Hände senkrecht, die Fingerspitzen nach oben stellen.

– "Roboterspiel"
Ein Partner spielt "Roboter", der andere dirigiert nach folgenden Regeln:

Konzentrations- und Reaktionsschulung; fünf verschiedene Kontakte beachten!

Kontakt mit der rechten Schulter (antippen) bedeutet eine Vierteldrehung rechts, Kontakt linke Schulter - Vierteldrehung links.

Klaps auf den Kopf- "Stop", Druck zwischen die Schulterblätter - bedeutet vorwärts gehen, Druck auf das Brustbein bedeutet rückwärts gehen.

Der Roboter geht mit steifen Knien und angewinkelten Armen mit zentimeterweisem Raumgewinn vor- oder rückwärts, oder macht eine Vierteldrehung am Platz.

Rollenwechsel nicht vergessen.

– Variation 1
Der Roboter befolgt mit geschlossenen Augen die Befehle.

Vertrauensübung.

– Variation 2
Zwei Roboter beginnen gleichzeitig, Ausgangsposition Rücken an Rücken. Der "Boss" dirigiert beide, bis die zwei Roboter frontal zueinander stehen und sich am Ende in die Arme fallen.

Auf Kollisionen achten!
Variationen mit offenen, dann mit geschlossenen Augen. Merke: Die Roboter müssen immer weiterlaufen, solange sie kein "Stop"-Befehl erhalten haben.

Vertrauensspiel "Mir wird übel"
Alle gehen solo im Raum umher. Jeder kann das Spiel beginnen:
Ein Teilnehmer stellt sich vor einen zweiten (er bietet sich an). Dies ist das Signal für den Hinteren, den Vorderen mit den Armen zu umschlingen; in diesem Augenblick atemt dieser vernehmlich ein und aus und läßt sich dabei entspannt zu Boden sinken. Der Hintere muß ihn dabei behutsam ablegen.

Der Vordere muß sich "loslassen" können, dem Hinteren das Vertrauen geben. Dieser muß verantwortlich und aufmerksam handeln. Behutsamkeit beim Ablegen ist gefordert!

Der "Kranke" bleibt liegen, bzw. mit geschlossenen Augen, während die anderen weitergehen.

Kein echter Körperkontakt!

Nach Belieben kann der Liegende erlöst werden, indem man die Hände nahe über sein Gesicht hält; die Wahrnehmung der Körperwärme erlaubt jetzt dem "Kranken", die Augen wieder zu öffnen und (mit Hilfe des anderen) aufzustehen.

Wahrnehmungsschulung und üben sozialen Verhaltens.

7. "Spiegelbild"-Training

Zwei Partner stehen sich frontal gegenüber. Einer bewegt sich, der andere vollzieht diese Bewegungen spiegelbildlich nach:

- nur Bewegungen mit dem Kopf ausführen,
- nur Bewegungen mit Schultern und Armen ausführen (Abb. 5),
- nur Bewegungen mit dem Rumpf ausführen,
- nur Bewegungen mit der Gesichtsmimik ausführen (Abb. 6),
- Bewegungen mit dem gesamten Körper einschließlich der Mimik ausführen.

Langsame Bewegungen sind erforderlich, damit alles nachvollziehbar wird. Nach einer vollendeten Übung Wechsel der Führungsposition.

Zu Aufgabe 5
Sich über ein anderes Paar köstlich amüsieren.

Abb. 4

Zu Aufgabe 7
Spiegelbild-Training – nur mit den Armen.

Abb. 5

Zu Aufgabe 7
Spiegelbild-Training – nur mit der Mimik.

Abb. 6

8. Erfinden nicht genormter Bewegungen

- Jeder geht alleine mit "neutralem" Gesicht umher. Auf ein akustisches Signal hin schneidet er eine "Grimasse" bzw. verändert er seine Mimik und geht weiter.
- Gleiche Übung: Auf ein akustisches Signal hin erfindet jeder zuerst ein neues Gesicht, dann dazu eine passende Fortbewegungsmöglichkeit.
- Gleiche Übung: Zum neuen Gesicht ("Grimasse") wird eine passende Fortbewegungsmöglichkeit erfunden und dann auf ein weiteres akustisches Signal hin ein Partner gesucht, der dazupaßt oder der sich anpaßt.

Anregung geben, neue ungewohnte, häßliche falsche, sinnlose Bewegungen erfinden.
Diesen kreativen Prozess zuerst jeden alleine erleben lassen.

Nun die Hälfte der Teilnehmer als Zuschauer fungieren lassen, danach einen Wechsel der Aktiven mit den Passiven vornehmen.

9. Kommunikationsspiele mit Luftballons

Jeder bekommt einen Luftballon, den er mit der Handinnenfläche so tragen soll, als wäre er angewachsen.

- Schnelles Gehen im Raum mit häufigen Richtungsänderungen wobei der Impuls der Richtungsänderung durch den Luftballon angesetzt wird. (Der Luftballon bestimmt, wo's lang geht!) (Abb.7)
- Den Luftballon mit beiden Händen im Zeitlupentempo schieben, tragen, drücken, ziehen, heben etc. (Abb. 8)

Vorbereitende Übungen für das Gestalten einer kleinen Geschichte.

Technikschulung.

Zu Aufgabe 9
Der Luftballon bestimmt die Richtung.

Abb. 7

Zu Aufgabe 9
Den Luftballon schieben, drücken, tragen, ziehen.

Abb. 8

Zu Aufgabe 9
Kampf um den Luftballon.

Abb. 9

- Zwei Partner verbindet ein Luftballon, als wären sie an den Händen zusammengewachsen (Abb. 9)

Anwenden der erlernten Technik, dabei muß ein Partner sich dem anderen unterordnen und anpassen.

Die gleichen Übungen wie vorher: schieben, tragen, drücken, ziehen, heben des Luftballons.

10. Erarbeiten einer kleinen Geschichte

Zwei, drei oder vier Teilnehmer erarbeiten mit Hilfe der erlernten Techniken eine kleine Geschichte, z.B.

Die Geschichte kann real oder irreal sein, witzig, makaber, romantisch, usw.

- "einen Schneemann bauen" oder
- "bei der Wahrsagerin" (Abb. 10/11/12)
- "auf Schatzsuche".

Die Zuschauer verfolgen die "Handlung".

Zum Abschluß stellen die einzelnen Guppen ihre kleinen Geschichten vor.

Zu Aufgabe 10
Kleine Geschichte erarbeiten: Bei der Wahrsagerin (10/11/12).

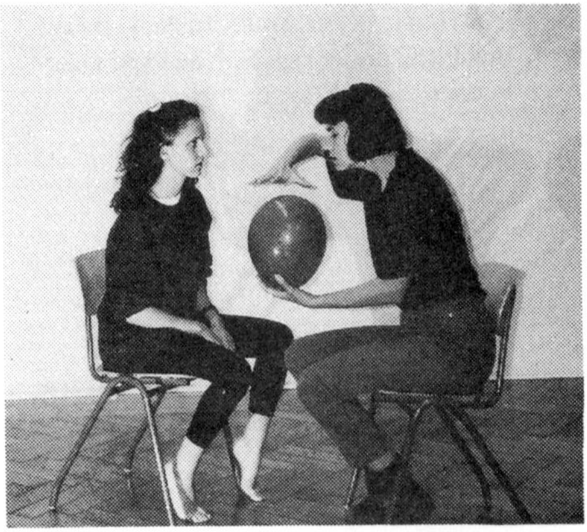

Abb. 10

Abb. 11

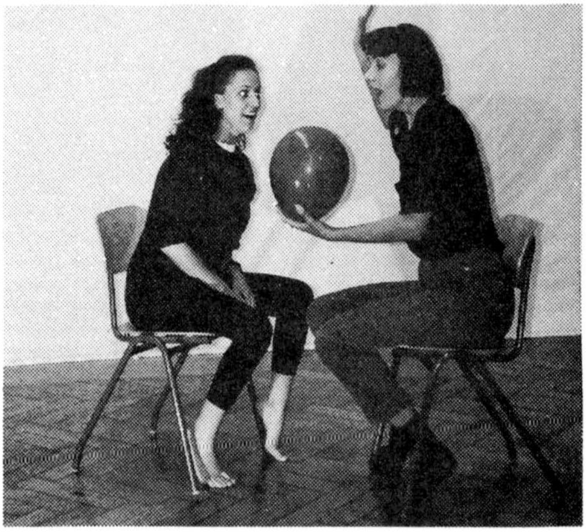

Abb. 12

In dieser Beschreibung sind Erfahrungswerte eingearbeitet aus Fortbildungsveranstaltungen mit Professor Paul Sonnendrücker aus Straßburg, Yves Lebrèton aus Paris, Anne und Wolfgang Tied von der Deutschen Sporthochschule Köln, Christian Mattis aus Zürich, Gudrun Irrlicht aus München sowie eigenen Lehrerfortbildungsprojekten in Deutschland, Österreich, Italien und Japan.

Hinweis

Die Fotos entstanden in der Bewegungs-Theater-Arbeitsgemeinschaft des Pädagogischen Fachinstituts und Fachseminars Karlsruhe.

Literatur

Kreiner, S. (1977). Interaktionspädagogik. In Sandkorn-Theater Karlsruhe (Hrsg.), *Interaktionspädagogik.* Karlsruhe.

Kaufmann, M. (1986). Elementare Bewegungsaufgaben in der Körpersprache. *Sportpraxis, 2* (27). 20 - 22.

Kaufmann, M. (1988). Kreatives und Kommunikatives Lernen. Die Maske als Medium. *Sportpraxis, 2* (88). 12 - 14.

Mahler, M. (1987). *Tanz als Ausdruck und Erfahrung.* Bern.

Theo van der Zee

Die Europäische Schule stellt sich vor

Geschichte

Wie so oft in der Geschichte der modernen Erziehung führten private Initiativen zur Gründung der ersten Europäischen Schule in Luxemburg. Beamte der damaligen Montan-Union schlossen sich zusammen und gründeten eine "Internationale Schule" für Kindergarten und Grundschule. Ziel dieser Initiative war, Kindern der Beamten aus sechs Mitgliedsstaaten (Benelux, Bundesrepublik, Frankreich und Italien) nicht nur eine solide schulische Ausbildung zu erteilen, sondern auch Jungen und Mädchen verschiedener Nationalität gemeinsam zu erziehen. Beim Zusammenspielen und im gleichgestalteten Unterricht sollten Kinder aus Staaten, die kurz zuvor noch verfeindet waren, lernen, sich zu verstehen, zu achten und zusammenzuleben.

Es ist der kräftigen Unterstützung der Organe der Montan-Union und der Luxemburgischen Behörden zu verdanken, daß sich aus dieser privaten Initiative innerhalb weniger Jahre eine zwischenstaatliche Schule vom Kindergarten bis zum Abitur entwickeln konnte, für die die Mitgliedstaaten der späteren Europäischen Gemeinschaften 1957 die Verantwortung vertraglich übernahmen.

Als Schulträger gründeten die Mitgliedstaaten den aus Vertretern der Auswärtigen Ämter und Kultusministerien bestehenden Obersten Rat, um die Orientierung dieses schulischen Experiments zu überwachen und zu verwalten.

Die Aufgabe der pädagogischen Kontrollen wurde einem internationalen Inspektionsausschuß zugewiesen. Seitdem stellt jedes Mitgliedsland einen Inspektor für den Primarbereich und einen für den Sekundarbereich. Die Lehrer dieser Schule wurden und werden auf Antrag des Obersten Rates von den nationalen Schulbehörden unter Fortzahlung ihres Nationalgehaltes abgeordnet.

Schon 1959 krönte die erste Europäische Reifeprüfung, beim Vertrag von 1957 völlig anerkannt, das Werk von Pionieren. Die Tore aller Universitäten der sechs Länder waren den Inhabern des "Europäischen Bakkalaureats" geöffnet.

Entwicklung

Nach dem Inkrafttreten der Römischen Verträge über die Europäische Wirtschaftsgemeinschaft und die Europäische Atomgemeinschaft kamen weitere Europäische Schulen dazu. Neben Luxemburg gibt es zwei dieser Einrichtungen in Brüssel, eine in Mol (Belgien), in Varese (Italien), in Bergen (Niederlande), in Culham (England) und zwei in Deutschland (Karlsruhe und München). Die dritte Schule in Brüssel ist in Vorbereitung (1995). Die Gesamtschülerzahl ist etwa 15000 Schüler, in der Abiturklasse +/- 1000.

Vieles hat sich in den 40 Jahren des Bestehens der Schule geändert, eines ist geblieben: bei den Europäischen Schulen handelt es sich nicht um mehrere Schulen in verschiedenen Sprachen unter einem Dach, sondern um eine Schule, in welcher in bis zu neun Sprachabteilungen Schüler aus 12 Mitgliedsstaaten nach vereinheitlichten Lehr- und Stundenplänen unterrichtet werden.

Organisation

Wie funktioniert eine solche Schule in der Praxis und auf welche Weise wird versucht, die hochgesteckten Ziele zu erreichen?

An allen Schulen werden Kinder spätestens ab 4 Jahren zum Kindergarten zugelassen, um eine 2jährige Vorbereitung für die Grundschule zu ermöglichen. Hier werden Kinder ganztags von einer Kindergärtnerin betreut, die meistens bei ihrer Arbeit von einer Assistentin unterstützt wird. Im Prinzip ist die Unterrichtssprache die Muttersprache des Kindes, so daß in dieser wichtigen Entwicklungsphase der Aufbau der Sprache, der meistens im fremden Sprachgebiet aufwachsenden Kinder gefördert wird. In beschränktem Maße ist die Möglichkeit für remedial teaching vorhanden. Kontakte zu den anderen Sprachabteilungen beschränken sich im allgemeinen auf Spiele im Freien und gemeinsam gefeierte Feste wie Nikolaus, Weihnachten oder Fasching.

Grundschule

Mit sechs Jahren kommen die Schüler in die 5jährige Grundschule. Diese fünf Jahre bilden einen Kompromiß zwischen der 4jährigen deutschen Grundschule, der 5jährigen französischen oder italienischen und der 6jährigen belgischen, luxemburgischen oder niederländischen Schule. Nur in der Grundschule von Mol gibt es noch die Urversion der Europäischen Schule mit vier Sprachabteilungen: Deutsch, Französisch, Italienisch und Niederländisch. Alle anderen Schulen haben schon längst eine Englische Abteilung hinzugefügt, in Brüssel und Luxemburg sind alle Sprachen der Europäischen Gemeinschaft, also auch Dänisch, Griechisch, Portugiesisch und Spanisch, vertreten.

Die Grundfächer werden in der Muttersprache unterrichtet. Ab der ersten Klasse lernen aber alle Schüler eine zweite Sprache, wobei Deutsch, Englisch und Französisch zur Wahl stehen. Der Unterricht findet jeden Tag statt, wobei Schüler mehrerer Sprachabteilungen gemischt von einem "native speaker" in der Zielsprache unterrichtet werden.

Ab der dritten Klasse dcr Grundschule werden sogenannte europäische Stunden eingeführt, in denen Schüler in völlig gemischten Sprachgruppen basteln, Sport treiben, musizieren oder Theater spielen.

Oberschule

Nach fünf Jahren Grundschule werden fast alle Schüler in die 7jährige Oberschule versetzt. Auch hier werden die Basisfächer Muttersprache, Mathematik und die Naturwissenschaften in der Muttersprache der Schüler erteilt. Eine Ausnahme dieser Grundregel bilden jedoch Erdkunde und Geschichte. Diese Fächer belegen alle Schüler ab der 8. Klasse grundsätzlich in ihrer zweiten Sprache, so daß französische Schüler von einem deutschen Lehrer lernen und deutsche Schüler vielleicht von einem Engländer.

Die ersten drei Jahre der Oberschule bilden die Beobachtungsstufe. Alle Schüler belegen dieselben Fächer, nur Latein ist ab der 8. Klasse fakultativ. Schon in der 7. Klasse ist eine zweite Sprache Pflicht. Alle Sprachen der Europäischen Gemeinschaft werden angeboten.

Die 9. und 10. Klasse werden Pre-Orientierungs-Stufe genannt. Hier sind Kunst, Musik, eine vierte Sprache, Latein und Wirtschaftskunde

Wahlfächer. Alle anderen Fächer bleiben Pflicht; Mathematik wird auf zwei Niveaus angeboten. Alle Fremdsprachen, Erdkunde, Geschichte, Kunst, Musik, Sport und Wirtschaftskunde werden in gemischten, europäischen Gruppen erteilt.

In den beiden letzten Jahren, die Orientierungsstufe, ist die Zahl der Pflichtfächer noch immer sehr bedeutend. Bis zum Abitur belegen alle Schüler Muttersprache, eine dritte Sprache, Philosophie, Mathematik, Erdkunde, Geschichte, wenigstens ein naturwissenschaftliches Fach, Sport und Religion oder Moral. Für viele dieser Fächer ist es möglich einen Leistungskurs zu belegen. Zusätzlich sind mindestens zwei Wahlfächer zu belegen - Latein, Biologie, Chemie, Physik, Wirtschaftskunde, dritte Sprache, vierte Sprache, Kunst oder Musik. Die Gesamtstundenzahl liegt zwischen 31 und 35 Stunden.

In der Abiturklasse werden Teilprüfungen für alle Fächer organisiert und zum Schluß gibt es für fünf Fächer ein zentrales schriftliches Abitur und für vier weitere Fächer ein mündliches. Die Muttersprache und die zweite Sprache werden sowohl mündlich wie auch schriftlich geprüft.

Das Europäische System ist - wie gesagt - geprägt durch die edukativen Vorstellungen der Mitgliedsländer der Europäischen Gemeinschaft, besonders durch die der Gründerstaaten. Ein Grundprinzip des Systems ist, daß ein Schüler zu jeder Zeit während seiner Schulkarriere reibungslos in sein Nationalsystem zurückkehren kann. Die Voraussetzung für dieses Ideal ist, daß die Europäischen Programme so anspruchsvoll sein müssen, wie die des strengsten Nationalsystems.

Die einseitig auf das Abitur ausgerichtete Ausbildung ist sicherlich eine Schwäche des Systems. Dennoch, die starke Motivation der Schüler, vielleicht sogar gestützt von der Tatsache, daß Alternativen fehlen, macht die Erfolgsquote so hoch: 75% bis 80% der Schüler schaffen es zum Abitur, wenn auch manchmal mit einer oder zwei Wiederholungen. Im Abitur liegt die Erfolgsquote über 90%.

Zukunftsperspektiven

Das Modell hat seine Tauglichkeit unter Beweis gestellt. Die Schulen genießen an ihren Standorten eine markante Beliebtheit, sicherlich auch durch den wachsenden Strom von hochqualifizierten, mobilen Arbeitnehmern und Wissenschaftlern. Daß sich trotzdem die Zahl der Schulen in den 15 Jahren nicht erhöht hat, liegt nicht an fehlendem Interesse, sondern an der Tatsache, daß die Kommission der Europäischen Gemeinschaft nur bereit ist, ihren Teil der Gesamtkosten zu tragen an Standorten, wo es Einrichtungen der Europäischen Gemeinschaft gibt.

Eine Erweiterung dieses Modells scheint aber durchaus möglich, falls nationale Behörden die Initiative ergreifen würden. Eine Schule mit zwei bis drei Sprachabteilungen, darunter die Sprache des Gastlandes, könnte einen Teil der oder sämtliche Lehrpläne der Europäischen Schule übernehmen.

Das Abitur einer solchen Schule müßte nur national garantiert sein, falls die Teilnahme am Europäischen Abitur zu problematisch wäre. Alle nationalen Abiturprüfungen sind ab 01.01.1993 in den Mitgliedsstaaten der Europäischen Gemeinschaft anerkannt.

Daß auf diesem Weg im 21. Jahrhundert vielen zehntausenden Kindern in Europa geholfen wäre, steht für mich außer Frage.

Literatur

Hart, M. (1992). *The European dimension in general primary and secondary education.* Alkmaar.

Alles Verstehen heißt nicht alles Verzeihen

Hans-Christoph Graf v. Nayhauss

Die europäische Dimension im Literaturunterricht Beispiele aus Italien, Belgien, Luxemburg und den osteuropäischen Ländern

In Teilbeiträgen von Helmuth Heinz (Zur Rezeption italienischer Literatur im Fremdsprachenunterricht), Hugo de Jonghe (Muttersprachliche Erziehung und Europa im Literaturunterricht aus belgischer Sicht), Rosemarie Kieffer (Zum Literaturunterricht in Luxemburg), Rolf-Dieter Kluge (Zur Rolle der Literatur in Osteuropa)

Zur Funktion von Literatur im Hinblick auf das Zusammenleben in Europa

Europa hat "weder als Erdteil noch als Kulturgemeinschaft einen klaren Umriß. Es ist weder dort noch hier eine Tatsache, sondern als währender Entwurf eine wachsende Gesinnung"[1]. Der Entwurfscharakter Europas drückt sich aus in seiner immer wieder neue Verbindungen eingehenden politischen und kulturellen Vielfalt. Es gab immer eine Vielzahl von politischen Zentren, die miteinander konkurrierten. Ein alles vereinheitlichendes Großreich, wie es Napoleon oder Hitler versuchten, hatte in Europa nie eine Chance. Europa fand sich nur zu einer gewissen Einheit unter dem Druck von außen, gegenüber dem Islam, dem Kommunismus, den Ölscheichs und der Dritten Welt. Streit einte stets gegen etwas, nie für etwas.

Die kulturelle Vielfalt des Erdteils spiegelt sich in ihren Literaturen und in den sie vermittelnden unterschiedlichen Schulsystemen der europäischen Länder. Karl Dedecius, der berühmte Mittler zwischen Deutschen und Polen, hat einmal gesagt, die Literatur eines Volkes sei "wie ein Fenster, aus dem dieses Volk den Fremden ansieht, durch das der Fremde in den Lebensbereich dieses Volkes Einblick gewinnen kann. Unser Blick durch das offene Fenster des Buches in die geistige Wirklichkeit des Nachbarn ist notwendig und nützlich."[1a]. Literatur ist zugleich das Schaufenster eines Volkes. In diesem Schaufenster kann etwas von der Mentalität einer Nation erkannt werden. Im imaginären Museum der Literatur sind

---

1) Jaeckle, E. (1988). Die Idee Europa (S. 13). Frankfurt/M.: Scherkamp.

1a) Dedecius, K. (1974). Überall ist Polen (S. 81). Frankfurt/M.: Scherkamp.

sowohl die Vorstellungen über die Vergangenheit eines Volkes, das als eine sprachliche Verkehrsgemeinschaft definiert wird, über seine wirklichkeitsbewältigende Gegenwart als auch seine Projektionen für seine Zukunft ausgedrückt.

Jede sprachliche Verkehrsgemeinschaft besitzt mit ihrer Sprache eine individuelle besondere Form, sich in der Wirklichkeit einzurichten. Linguistische Untersuchungen haben gezeigt, daß die Erkenntnis der Wirklichkeit von sprachlich gegebenen Inhalten und Einteilungsprinzipien mit beeinflußt wird, daß also jede Sprache die Erkenntnis in gewisser Weise prägt[2]. Jede Nation akzentuiert andere Bedürfnisse, die aus ihrer spezifischen geographischen, geschichtlichen und kulturellen Situation entspringen. Je differenzierter die sprachliche Form dieser Wirklichkeitseinrichtung, dieses Zugriffs auf die Wirklichkeit ist, desto nuancierter ist auch die Wahrnehmung der Wirklichkeit. Da Literatur den Anspruch erhebt, eine besondere Nuancierungsform des sprachlichen Zugriffs auf die Wirklichkeit zu sein, ist an ihr am deutlichsten die unterschiedliche Form der Wirklichkeitseinrichtung von Völkern, von Nationen abzulesen. Daher kann, wie Dedecius sagte, die Lektüre fremder Literaturen ein Fenster in die fremdkulturelle Seele öffnen.

Hindernisse und Möglichkeiten der Vereinigung unterschiedlicher Partner im Medium der Literatur und im Literaturunterricht

Um fremde Kulturen, um die europäischen Nachbarn kennenzulernen, um ihre Seele zu suchen, sind also deren Literaturen das geeignete Medium. Am überzeugendsten kann die Literatur dieser Aufgabe gerecht werden, wenn sie in der Originalsprache rezipiert wird. Da aber der Sprachunterricht in den Schulen Europas zeitlich zu begrenzt ist und da die Schüler in ihrer Rezeptionskapazität nur maximal drei Fremdsprachen zugleich lernen können, wobei dem Erlernen der dritten Fremdsprache der Charakter einer nur kurzfristigen Einführung zukommt, kann kaum originalsprachliche Literatur des Nachbarn in größerem Umfange gelesen werden. Wir müssen also zur Übersetzung greifen. Das Übersetzen jedoch

2) König, W. (1978). dtv-Atlas zur deutschen Sprache. Tafeln und Texte (S. 25). München.

"bändigt Gegensätze. Es bringt Ungleiches auf einen gemeinsamen Nenner. Es übt die Selbstlosigkeit, die Anpassungsfähigkeit und die Toleranz "[3], aber es verdeutlicht nicht die den Sprachgemeinschaften unterschiedliche sprachliche Form der Wirklichkeitsergreifung. Das Übersetzen ist daran orientiert, an vertraute Gemeinsamkeiten anzuknüpfen. Das ist eine Tendenz, die immer dann auftritt, wenn Europa berufen wird: Man betont die gemeinsamen Wurzeln. Dieser Blick auf das Gemeinsame bringt jedoch nicht weiter, denn er beruhigt vorschnell und entlastet die Notwendigkeit, sich über das Unterschiedliche andere Gedanken zu machen, die die Voraussetzung einer besseren Verständigung wären. Es gilt also, die räumlichen, geschichtlichen, zeitlichen, kulturellen und sozialen Differenzen zum Fremden, zum europäischen Nachbarn sich bewußt zu machen. Es geht darum, das "Fremde frei, gleich und brüderlich" neben das Eigene zu setzen und gelten zu lassen[4]. Im Hinblick auf die Themen, die den fremdkulturellen Nachbarn bewegen, und hinsichtlich der Erzählperspektive, der dargestellten Figuren, des Aufbaus der Fabel erlaubt jedoch auch die Übersetzung wichtige Einblicke in andere fremde Mentalitäten.

Hier zeigt sich das Problem bei der Rezeption der Literatur anderer europäischer Nationen. In dem Augenblick, wo man eine fremdkulturelle Literatur übersetzt in die eigene Sprache liest, gerät man in die Gefahr, das Fremde zu assimilieren und aus der Perspektive dessen, was einem vertraut ist, sich verfügbar zu machen. Schon das Lesen selbst bedeutet "die Übersetzung des Gedankens eines anderen in sein eigenes Verständnis"[5]. Damit aber beraubt man leicht das Fremde seiner Fremdheit und kann sich selber den Weg verstellen, Fremdes als Fremdes erkennen , achten und würdigen zu können[6]. Diese durchaus wichtige und nötige von Herder und Schleiermacher als Gedankenübertragung bezeichnete Form der Wahrnehmung einer uns fremden Kultur ist eine Assimilation.

3) Dedecius, K. (1990). Ansprachen aus Anlaß der Verleihung des Friedenspreises des deutschen Buchhandels (S. 51). Frankfurt/M.

4) Dedecius, K. (1971). Deutsche und Polen. Botschaft der Bücher (S. 21). München: Hanser.

5) Dedecius, K. (1971). Deutsche und Polen. Botschaft der Bücher (S. 21). München: Hanser.

6) Nayhauss, H.-Ch. Graf von (1991). Europa als Herausforderung für die deutsche Literaturdidaktik (S. 5). Karlsruhe.

Die Assimilation ist die geläufigste Form der Wahrnehmung. Wir nehmen immer etwas Fremdes so wahr, daß wir über das Ähnliche und Vertraute, das noch unseren gelernten Kategorien der Wirklichkeitsaufnahme entspricht, das Unvertraute, andere uns verfügbar zu machen suchen. Gelingt dieser Prozeß nicht, reagieren wir normalerweise mit Ablehnung oder auch Angst vor dem nicht vertraut zu machenden Unvertrauten. Bertold Brechts Prinzip des Verfremdungseffektes lebt davon, daß wir versuchen sollen, etwas uns Vertrautes unter einem neuen überraschenden Gesichtspunkt zu sehen. Diese Brechtsche Forderung ist nichts anderes als der Versuch, das Fremde in seinem unterscheidenden Charakter, in seiner Differenz zur eigenen Sichtweise zur Geltung zu bringen. Gemäß der philosophischen Hermeneutik Gadamers, die auf eine Hermeneutik der Differenz ausgeht, verlangt das Verstehen immer, "daß die rekonstruierte Frage in das Offene ihrer Fraglichkeit gestellt" werde[7]. Geschieht das nicht, werden nur die Grenzsteine deutschen Literaturdenkens auf Europa ausgedehnt und es käme bestenfalls zu einer vergleichenden Reihung ähnlicher Literaturen. Wenn beim Verstehensprozeß, bei der Wahrnehmung der Literaturen unserer europäischen Nachbarn das Fremde, Unterschiedliche als Fremdes offengehalten und in seiner Fraglichkeit bewahrt werden soll, ist das nur mit Hilfe von Kritik zu leisten.

Die Kritik vermag "jener der Hermeneutik seit jeher innewohnenden Tendenz zur Assimilation von Subjekt und Objekt gegenzusteuern"[8]. Kritik heißt in unserem Zusammenhang das "Vermögen und Bereitschaft zum Scheiden und Sondern und damit - gegebenenfalls - auch zum Negieren, Ablehnen und Verwerfen von Nicht-Akzeptablem" am Fremden[9]. Das Nicht-Akzeptable ist jedoch nicht zu bekämpfen, wir müssen es zulassen, gelten lassen und dulden können. Kritisches Bedenken dieser Art hat sich schon Goethe gewünscht, wenn er davon spricht, "daß nicht die Rede sein könne, die Nationen sollen überein denken, sondern sie sollen nur einander gewahr werden, sich begreifen, und wenn sie sich wechselseitig nicht lieben mögen, sich einander wenigstens dulden lernen"[10]. Duldung im Sinne

7) Gadamer, H.-G. (1986). Wahrheit und Methode. Grundzüge einer philosophischen Hermeneutik (Bd. 1) (S. 380). Tübingen.

8) Horstmann, A. (1991). Das Fremde und das Eigene. Assimilation als hermeneutischer und bildungstheoretischer Begriff. Der Altsprachliche Unterricht, 1+2, 55.

9) Horstmann, A. (1991). Das Fremde und das Eigene. Assimilation als hermeneutischer und bildungstheoretischer Begriff. Der Altsprachliche Unterricht, 1+2, 56.

10) Goethes Werke (1963). Hamburger Ausgabe (Bd. 12) (S. 363). Hamburg.

von Toleranz gegenüber der Menschenwürde des anderen ist jedoch ohne das Bewußtsein und die Artikulation der Differenz des Eigenen zum Fremden nicht möglich. Nur im Besitz dieses Bewußtseins kann man sein Gegenüber als ein zurechnungsfähiges Subjekt ernstnehmen und achten, gerade um dieser Andersartigkeit willen.

Möglichkeiten, im Sinne der Hermeneutik der Differenz etwas von der Mentalität einer Fremdkultur zu erfahren, bietet ein komparatistisch angelegter Literaturunterricht. Im Zuge des europäischen Zusammenwachsens wäre die Komparatistik als Unterrichtsfach ein Postulat für europäische Schulen. Differenzen von Mentalitäten und Kulturen läßt besonders die Stoffgeschichte der Literatur deutlich werden. Stoffe, die seit Jahrhunderten die europäische Vorstellungswelt beschäftigen, werden in jeder Nationalliteratur anders rezipiert, mit anderen Akzenten versehen. Schon aus der Häufigkeit der Bearbeitung bestimmter Stoffe in einzelnen Ländern lassen sich Schlüsse auf den Volkscharakter ziehen, so wenn z.B. in Frankreich der Don Juan-Stoff zu 101 literarischen und 12 musikalischen Bearbeitungen gereizt hat gegenüber nur 83 Versionen in allen deutschsprachigen Ländern. Auch die Geschichte der Realisierung literarischer Motive wie z.B. das Motiv der feindlichen Brüder, des Verwandtenmordes kann zur Erkenntnis kultureller Unterschiede beitragen[11]. Lehrpläne in allen europäischen Schulsystemen haben die Aufgabe, das von den Herrschenden einer jeden Nation als wichtig erachtete kulturelle Erbe weiterzugeben. Dabei sieht jede Nation oder jedes Volk aus dem gemeinsamen europäischen Erbe das als wichtig an, was ganz unmittelbar seinen Interessen dient. Ich erinnere nur an Politikerworte, wenn es heißt, das oder jenes widerspräche französischen Interessen.

Die Praxis des Schulalltags in den verschiedenen Schularten und europäischen Ländern gehorcht den jeweiligen nationalen Interessen. Daher zeigt sie eine Vielfalt, die sich gegen Vereinheitlichungen sperrt. Die unterschiedlichen Schulsysteme in Europa sind jeweils aus einer besonderen historischen Situation herausgewachsen. Jeder Nation, jeder sprachlichen Verkehrsgemeinschaft erscheint ihr System als die für sie in Frage kommende bestmögliche Form der Wirklichkeitseinrichtung und als die beste

11) Nayhauss, H.-Ch. Graf von (1991). Europa als Herausforderung für die deutsche Literaturdidaktik (S. 15). Karlsruhe.

Form zur Konditionierung ihrer Jugend für die Zukunft. Der muttersprachliche Unterricht spielt bei dieser Weitergabe des kulturellen Erbes die Hauptrolle.

In den meisten Ländern Europas sind für den muttersprachlichen Sprach- und Literaturunterricht drei bis fünf Wochenstunden je nach Spezialisierung vorgesehen. Dabei gibt es nur selten eine eindeutige Trennung zwischen Sprach- und Literaturunterricht. In Griechenland sind zwei Stunden ausdrücklich dem Literaturunterricht vorbehalten. In Rußland gibt es ein ausdrückliches Unterrichtsfach Russische Literatur, in dem zu 60% Auslandsliteratur gelesen wird. Das beginnt in der 4. oder 5. Klasse mit Märchen der Völker und endet in der 10. bzw. 11. Klasse mit der gegenwärtigen Auslandsliteratur europäischer und amerikanischer Herkunft. Homer, Cervantes, das Matthäus-Evangelium und die Bergpredigt stehen ebenso auf der Liste wie Shakespeare, Goethe, Byron und Hemmingway. In Dänemark geht der Literaturunterricht auf in einer allgemeinen Kulturkunde. Manche Länder rezipieren viel von der Literatur anderer Nationen, andere wieder glauben, die eigene Literatur sei der Nabel der Welt und es erübrige sich, Nachbarliteraturen zur Kenntnis zu nehmen. Zu diesem horizontalen Gefüge kommt ein vertikales. So müssen sich die Schüler in Frankreich vor allem mit der Literatur französischer großer Vergangenheit beschäftigen. Im sog. bac blanc, dem Vor-Bakkalaureat nur in Französisch, liegen die jüngsten Texte teilweise mehr als ein Jahrhundert hinter der Gegenwart zurück.

In diesem unterschiedlichen Gefüge von Bildungssystemen und Lehrplänen mit den in ihnen geronnenen Mentalitäten ist keine Vereinheitlichung zu erreichen. Nur auf einer formalen Verbindlichkeitsebene könnte eine gewisse Einheitlichkeit entstehen, die jedoch die sprachliche Perspektivierung der Wirklichkeit, sozusagen die unabstreifbare Haut der Völker, unberührt läßt. In einem Vereinigungsprozeß, der auf ein gemeinsames Schulsystem und gemeinsame Lehrpläne hinausliefe, müßten die einzelnen Nationen bereit sein, ein gutes Stück ihrer sog. Identität, die meistens nichts anderes ist als ihre Interessen, aufzugeben und sich anderen anzugleichen. Eine solche Angleichung wird es jedoch ebensowenig wie eine allen gemeinsame europäische Sprache geben. Es gibt immer nur eine Schnittmenge der Erinnerung an die gemeinsame historische Herkunft, die zwar unentwegt als das Gemeinsame berufen wird, aber weder bisher Ressentiments, Dünkel noch geistige Barrieren abzubauen half, vielmehr vorschnell beruhigte und, den gefährlichen Tröstungen des Bewußtseins zugehörig, von den für ein friedvolles Miteinander zu bearbeitenden Unterschieden ablenkte.

Da die kulturelle Fremde bei der Wahrnehmung durch Literatur entweder assimiliert oder aber - und das ist die andere gegenläufige Form der Assimilation - unter Aufgabe des Eigenen bewundernd übernommen wird, da weiterhin die Schulsysteme keinen einheitlichen europäischen Literaturunterricht zulassen, es nur europäische Literaturen, jedoch keine europäische Literatur geben kann, bleibt als Ausweg nur der Versuch, im Sinne der Hermeneutik der Differenz die Unterschiede zwischen den Mentalitäten offenzuhalten. Dieser Aufgabe versucht die hermeneutische Literaturdidaktik gerecht zu werden, die ihr Augenmerk auf interkulturelle Literaturbeziehungen richtet. Wenn ihre Fragestellung auf die geographischen, räumlichen, historischen, zeitlichen, sozialen und psychischen Differenzen der eigenen Kultur zur fremden abhebt, vermag sie zu einer europäischen Literaturdidaktik zu werden, die aus europäischen Sichtweisen und Perspektiven lebt.

Literaturdidaktik ist die Frage nach dem Was der Literatur, das der eigenen Gesellschaft dienlich ist. Eine europäische Literaturdidaktik fragt nicht nur nach dem Was des Eigenen, sondern immer auch nach dem Was des Fremden, das sich von dem Eigenen unterscheidet. Das Eigene wird erst definierbar, wenn es vom Fremden zu unterscheiden ist. Das gleiche gilt umgekehrt für das Fremde. Man muß begreifen, was man nicht begreifen kann, um zu verstehen, daß für uns heute in der Fabel von La Fontaine der Ratschlag der Ameise an die Grille nicht mehr Geltung beanspruchen kann, da das lebensmotivierende Prinzip der Ameise nie das der Grille ist. Die La Fontaine'sche Lehre huldigte damals einer neuen überraschenden Erfahrung europäischer Gemeinsamkeit, die um dieser erleuchteten Gemeinsamkeit willen leider allzu willig die Unterschiede nivellierte und dabei nur verdrängte, so daß sie unter der dünnen aufklärerischen Decke von Humanismus und Toleranz weiterwuchern konnte, bis affine Verhältnisse erneut ihren barbarischen Ausbruch erlaubten.

Mit welchen Fragen eine europäische Literaturdidaktik an einen Text herangehen kann, wird nun am Beispiel von Luigi Malerbas Kürzestgeschichte "Sightseeing in Rom" gezeigt.

Aspekte der Behandlung eines Textes unter einer europaorientierten literaturdidaktischen Perspektive

Luigi Malerba, am 11.11.1927 in Berceta/Palermo geboren, gehört zu den italienischen Gegenwartsautoren, deren Werke in Deutschland sehr bekannt und verbreitet sind. Dabei rezipieren die Deutschen - vielleicht aus Übersetzungsgründen - nicht so sehr Malerbas Kinderbücher, die ihn in Italien einst populär gemacht haben, sondern seine Kurzprosasammlungen. In Harenbergs Lexikon der Weltliteratur heißt es über Luigi Malerba, er habe eine grundsätzliche Skepsis gegenüber der Sprache als Kommunikationsmittel. Der Text "Sightseeing in Rom" entstammt der Sammlung Taschenabenteuer, die 1977 in Deutschland erschien.

"Sightseeing in Rom

Die Fremdenführerin erklärte den schweizer Touristen, die nach Rom gekommen waren, um die Stadt zu besichtigen, daß das Straßennetz im antiken Rom etwa vier Meter tiefer gelegen hätte als dasjenige, auf dem die Menschen heute gehen und die Autos fahren. Die schweizer Touristen wollten das nicht glauben und fragten, wieso der Boden, statt vom ständigen Draufherumlaufen abzunehmen, um vier Meter steigen konnte. Die Fremdenführerin erklärte ihnen, daß das Straßenniveau jetzt deshalb höher sei, weil im Laufe der Jahrhunderte Mauerreste, Menschenspucke, Zigarettenkippen, Altpapier, Flaschenscherben, Orangenschalen, Kirschkerne, Trambahnscheine, Streichholzschachteln, Hundekot und Katzenscheiße auf den Boden gefallen wären.

Die schweizer Touristen wollten das nicht glauben. Sie waren entsetzt und sagten alle zusammen, daß so etwas in der Schweiz nie vorkommen könnte, weil bei ihnen nie jemand etwas auf den Boden würfe, und weil sie einfach wüßten, wie man eine Stadt sauber hält.

'Wir Römer sind vielleicht große Schweine', sagte die Fremdenführerin, die eine Römerin war und sich gekränkt fühlte, 'aber wir haben Rom gebaut - und ihr?' "[12].

Luigi Malerbas Text, aus deutscher Sicht formal als Kürzestgeschichte zu bezeichnen, kann nicht nach der in Deutschland üblichen Weise der Textanalyse bearbeitet werden. Es bringt unserer didaktischen Perspektive keine Schlüsselerkenntnisse, wenn man von formalen Kriterien ausgeht und dann ihre inhaltlichen Auswirkungen beurteilt.

Eine interkulturelle Interpretation wird sich vornehmlich am Inhaltlichen orientieren. Sie geht aus von der Lesesituation eines kulinarisch in-

12) Nayhauss, H.-Ch. Graf von (Hrsg.). (1982). Kürzestgeschichten (S. 5). Stuttgart: Reclam.

teressierten Rezipienten oder eines Lesers in der Schule, der einen Text wegen seines Inhalts liest und erst in zweiter Linie sich mit dem Zusammenspiel von Inhalt und Form beschäftigt. Da die Texte anderer Literaturen uns in Übersetzungen vorliegen, fehlt uns von vornherein die formale Ursituation, so daß wir den Text immer nur durch den assimilierenden Übersetzungsfilter dargeboten bekommen. Nur allgemeine formale Beobachtungen, die erklärtermaßen geistiges abendländisches Gesamteigentum sind, können zum Verständnis des Textes herangezogen werden. Dazu gehören Fragen des Umfangs einzelner Kapitel oder Abschnitte. So ist in unserem Falle z.B. im Vertrauen auf die übliche Praxis der Übersetzer, sich an die Zäsuren ihrer Vorlage zu halten, festzustellen, daß der Text in drei Abschnitte aufgeteilt ist. Die Abschnitte nehmen in ihrem Umfang ab, so daß von einer Betonung des Texthöhepunktes und einer Zuspitzung auf die Pointe im dritten Abschnitt gesprochen werden kann. Abgesehen von dieser Feststellung und der dabei hervortretenden Unterlage eines dialektischen Denkens, das in einer solchen Dreigliedrigkeit erkennbar zu werden vermag, gibt jedoch die formale Seite übersetzter Texte nicht sehr viel her. Die Begegnungszündung eines Textes aus dem Ausland erfolgt also primär über das Inhaltliche.

Luigi Malerbas Text ist ein Erzählerbericht, eine Darstellungsweise, die zu den Formen personalen Erzählens gehört, wie sie der Anglist Franz K. Stanzel am Beispiel des englischen Romans herausgearbeitet hat[13]. Die Situation der erzählten Welt wird nicht durch einen faßbaren Erzähler in subjektiver Brechung vermittelt, sondern so vor den Leser hingestellt, als sei dieser selber dabei, als wolle die dargestellte Wirklichkeit aus sich selber heraus sprechen. Wir hören demzufolge eine italienische Fremdenführerin schweizer Touristen über das Straßennetz des antiken Roms Aufklärung geben. Die Darlegungen der Fremdenführerin enthalten zunächst nur Informationen. Als die schweizer Touristen jedoch ihre Angaben bezweifeln und in kindlicher Logik die Fremdenführerin belehren wollen, daß ein Boden vom Draufherumlaufen abnehmen müsse - eine Vorstellung, die vielleicht bedingt ist durch die Tatsache, daß das junge Gebirge der Alpen alternd allmählich an Höhe verliert - reagiert die Fremdenführerin mit einem aggressiv-ironischen Rundumschlag, der sich einmal gegenüber den eigenen Landsleuten, zum anderen ganz unverhüllt gegenüber den Touristen artikuliert, wenn sie erklärt, daß "das Straßenniveau jetzt deshalb hö-

13) Stanzel, F. K. (1979). Theorie des Erzählens. Göttingen: UTB.

her sei, weil im Laufe der Jahrhunderte Mauerreste, Menschenspucke, Zigarettenkippen, Altpapier, Flaschenscherben, Orangenschalen, Kirschkerne, Trambahnscheine, Streichholzschachteln, Hundekot und Katzenscheiße auf den Boden gefallen wären".

"Hundekot und Katzenscheiße", als Höhepunkte der Aufzählung an den Schluß der Tirade gestellt, stammen zweifellos von den eigenen Landsleuten. Katzen scheint die Fremdenführerin im übrigen weniger als Hunde zu mögen, sonst hätte sie im Sinne der gleichwertigen Ablehnung auch von "Hundekacke" gesprochen. Bei Menschenspucke, Kirschkernen, Zigarettenkippen, Flaschenscherben, Orangenschalen begegnet uns typisch südländischer Abfall, der allerdings sowohl von Touristen, die sich gern das Gehabe von Einheimischen geben, als auch von den italienischen Landsleuten produziert wird. Das den Südländern zugeschriebene laissez faire ist wesentlich mitverantwortlich für das Klischee, in Italien, Frankreich, Spanien usw. sei es immer viel dreckiger als in den Ländern nördlich der Alpen. Die Fremdenführerin bekräftigt bewußt das Klischee, das die Schweizer von den Italienern haben, um ihnen zu verdeutlichen, daß sie ja nicht glauben sollten, sie könnten sich in Italien gehen lassen und es den Einheimischen nachtun. Die Fremdenführerin scheint die Erfahrung gemacht zu haben, daß die Schweizer sich in Rom schnell an das Verhalten der Italiener anpassen und auch ihren Dreck überall zurücklassen für den sie sich im Ausland nicht verantwortlich fühlen.

Die schweizer Touristen werden in ihrem Denken von Malerba so eng wie ihre Bergtäler gezeichnet. Sie sind nicht in der Lage, die ironische Dimension der Italienerin zu bemerken, da sie gewohnt sind, sich nicht spielerisch mit dem Leben zu befassen, sondern es mehr in der klaren Überschaubarkeit von Soll und Haben einzurichten. Aus dieser Naivität des Biedermanns der Bergabgeschlossenheit stellen sie den Wahrheitsgehalt dessen was ihnen die Fremdenführerin aufzählt, nicht in Frage. Daß so etwas in der Schweiz nicht passiere und die Schweizer wüßten, wie man eine Stadt sauber halte, verrät Überlegenheitsgefühl und stellt das innere Gleichgewicht der Touristen wieder her, das durch ihre Unfähigkeit, italienische Ironie zu erkennen, latent gestört worden war. Nun erinnern sie sich ihrer gut funktionierenden Schweiz, in deren Südrand arbeitslose Italiener drängen, und ihrer Fähigkeit, Städte und Menschen sauber zu halten. Gegen so viel gedankenlose Überheblichkeit vermag die gekränkte römische Fremdenführerin nur noch aufs ganze zu gehen, indem sie den

Schweizern vorhält, daß die Italiener oder Römer "vielleicht große Schweine" seien, aber Rom erbaut hätten. Demgegenüber hätten die Schweizer nichts in der Geschichte geleistet. Mit dieser Pointe endet Malerbas Text und läßt scheinbar die Schweizer als die Dummen und Kulturlosen zurück.

Von einem Autor wie Malerba ist jedoch zu erwarten, daß er nicht in den Stereotypen verharrt, sondern die schweizer Touristen nur als Beispiel für die Fremden in Rom schlechthin heraushebt. Daß natürlich in den 70er Jahren die Problematik der Überfremdung der Schweiz und der Regelung der italienischen Zuwanderer im Tessin mit in das Textbewußtsein hineinspielt und die Schärfe des Tonfalls gegen die Schweizer bedingt, mag einem Gegenwartsautor nachgesehen werden. Wenn jemand in England im Parlament die Deutschen und ihre Sprache verächtlich macht, weil sie sich erlaubten, der Erwägung nachzugehen, ob in der EG das Deutsche nicht ebenfalls als Amtssprache eingeführt werden könne, werden wir, ohne nationalistisch zu sein oder sein zu wollen, uns in unserer deutschen Kollektivseele betroffen fühlen, weil wir es aus der Perspektive unserer sprachlichen Verkehrsgemeinschaft, die die Haut unserer Zugriffsmöglichkeiten auf die Wirklichkeit ist, eben auch sind. Diese Reaktion des Vor-Urteils, das nach Gadamer unsere Natur bedeutet, ist kaum auszuschalten, und es bedarf wirklicher Willenskraft, um sich davon freizumachen. Vom Lehrer verlangt die Berücksichtigung solcher Gesichtspunkte, daß er sich mit der Geschichte und den Beziehungen der europäischen Nachbarn untereinander in den letzten 20 Jahren beschäftigt.

Malerba nimmt die Schweizer als Beispiel für eine Reaktion, die jedem ankommen kann, wenn er sich im Ausland befindet. Daß man vergleicht, um das Fremde zu verstehen, gehört zum Assimilationsvorgang. Daß man sich allerdings hüten möge, seine Wahrnehmungsaxiomatik und Verhaltensnormen unüberlegt auf das Fremde anzuwenden, zeigt das warnende Beispiel Malerbas. Wenn, wie Hans-Georg Gadamer in seiner philosophischen Hermeneutik formuliert hat, das Vorurteil die geschichtliche Wirklichkeit unseres Seins ausmacht, unsere Natur ist und, wenn wir es mit unserer Sprache verbinden, dadurch zur Bedingung unseres Verstehens wird[14)], muß man angesichts des Fremden immer versuchen, dessen Be-

---

14) Gadamer, H.-G. (1986). Hermeneutik I. Wahrheit und Methode. Grundzüge einer philosophischen Hermeneutik (S. 281). Tübingen.

dingungen sich vertraut zu machen, d.h. sich mit den geschichtlichen Bedingungen und den daraus wirkenden Geltungsansprüchen des europäischen Nachbarn auseinanderzusetzen, indem man versucht, die eigene gewohnte Sichtweise in Frage zu stellen. Um Verständnis für das andere Land und die Bereitschaft zu wecken, den Menschen dort mit Toleranz und Achtung zu begegnen, wie es in den Lernzielen des Fremdsprachenunterrichts ausgedrückt wird, dürfen die eigenen Erfahrungen und besonders sprachlichen Formen der Wirklichkeitsergreifung nicht absolut gesetzt werden. Stereotypen und Klischees erleichtern zwar zunächst die Wirklichkeitsorientierung, verzerren sie aber auch, da sie als Mittel zur eigenen Selbstbewußtseinsfestigung naturgemäß den anderen immer gegenüber der eigenen Position abgewertet erscheinen lassen. Das Klischee des arbeitsamen Deutschen wird daher häufig mit den Attributen mürrisch und unfreundlich verbunden, um auf diese Weise ein an sich nicht negatives Attribut, das man nicht selber besitzt, besser abqualifizieren zu können.

Nichts anderes tun die Schweizer im Text Malerbas. Sie können aus ihrem Ordnungspanzer nicht heraus, der sich für sie in ihrer Bergwelt als optimale Lebensorganisation erwiesen hat. Hätten die Schweizer nicht ihre Lebensform in der Fremde aus Angst vor der Fremde der Römerin als die allein seeligmachende vorgehalten, wäre diese sicher nicht gekränkt gewesen und hätte, wie zu Beginn, auch selbstironisch über die Schwächen der eigenen Landsleute ihre Ausführungen über die römische Stadtgeschichte fortgesetzt.

Wer einen Text eines nichtdeutschen europäischen Autors im Unterricht behandelt, sollte an das Wort von André Maurois denken: "Interpretieren ist wie bei spanischen Dorfgasthäusern, man bekommt nur das, was man mitbringt." Mitzubringen hat er Kenntnisse über die politische und kulturelle Geschichte des Nachbarn. Aus diesen Kenntnissen heraus ist er in der Lage, Fragen an den Text zu stellen, die zur Bewußtmachung der Fremde, des Andersartigen führen. In unserem Text wäre das etwa eine Frage, ob die Aufzählung des Abfalls in einer deutschen Stadt identisch mit dem wäre, was Luigi Malerba seine Fremdenführerin aneinanderreihen läßt, ob das Aneinandergereihte oder andere Hinweise Schlüsse auf die erzählte Zeit erlaubten, ob wir Deutsche in Rom ähnliche Fragen wie die Schweizer stellten, weil auch uns der Schmutz des Südens störe usw.. Es geht immer um Fragen, die das Andersartige, Fremde herausstellen und die Differenz des Wahrgenommenen zu unserer Wirklichkeit bewußt machen. In einem

Rollenspiel, in dem Schweizer oder Italiener in Deutschland bei uns als Fremdenführer zu Gast sind, würden die Stereotypen und Klischees, deren wir uns bei unserer Orientierung in der Wirklichkeit bedienen und denen auch wir unterliegen, uns schnell bewußt werden.

Mitzubringen hätte der Textinterpret oder Lehrer weiterhin das Bewußtsein, daß der europäische Nachbar seine Wirklichkeit anders organisiert hat und unter anderen sprachlich vermittelten Perspektiven versteht. Es gibt zwar ein gemeinsames kulturelles Erbe, das jedoch in jeder Region und bei jeder sprachlichen Verkehrsgemeinschaft nach den dort herrschenden regionalen Bedingungen und Herausforderungen anders verwirklicht wurde. Dabei galt schon immer das Prinzip der Unübertragbarkeit dieser Erfahrungen und der Dauer der hermeneutischen Differenz. Goethe schrieb aus Venedig am 14.10.1786 in einem Brief an Herder: "Die Fremde hat ein fremdes Leben, und wir können es uns nicht zu eigen machen, wenn es uns gleich als Gästen gefällt." Nach dem Turmbau zu Babel sind wir dazu verurteilt, uns an dieser unüberwindlichen Fremdheit in gegenseitiger Achtung, in Respekt und in Toleranz abzuarbeiten. Das kann nur gelingen, wenn wir die Defizite des Eigenen am Fremden sich deutlicher abheben lassen und am Fremden das uns Zu- oder Abträgliche kritisch zu sondern und zu scheiden vermögen, eine Aufgabe, die schon in den philologischen Wissenschaften des 19. Jahrhunderts zum Erkennen und Verstehen gehörte.

Helmuth Heinz

Der Italienischunterricht als Beispiel für die Rezeption und Vermittlung von Literatur im baden-württembergischen Fremdsprachenunterricht.

Der allgemeine Erziehungs- und Bildungsauftrag des Italienischunterrichts

Der Unterricht im Fach Italienisch hat die Aufgabe, den Schüler in die Sprache eines Landes einzuführen, das ein wichtiges Mitglied der Europäischen Gemeinschaft und einer unserer bedeutendsten Handelspartner ist. Zu diesem Zweck soll er sich die Grundfertigkeiten des Hörens und Sprechens, Lesens und Schreibens sowie des Übersetzens aneignen und die dafür erforderlichen Kenntnisse im Bereich der Lautlehre, des Wortschatzes und der Grammatik erwerben.

Der Schüler erhält einen Einblick in die geographischen, wirtschaftlichen, gesellschaftlichen, politischen und kulturellen Verhältnisse des italienischen Sprachraums und lernt die Rolle Italiens in der geschichtlichen Entwicklung Europas kennen.

Die Beschäftigung mit Italien erweitert den Erfahrungsbereich des Schülers und soll Verständnis für das andere Land und die Bereitschaft wecken, den Menschen des italienischen Sprachraums mit Achtung und Toleranz zu begegnen.

Durch die Beschäftigung mit der Literatur erhält der Schüler eine Vorstellung von der Geisteswelt des italienischen Sprachraums. Dabei begegnet er Grundsituationen menschlichen Daseins und lernt verschiedene Möglichkeiten ihrer Bewältigung kennen. Die italienische Literatur zeichnet sich durch ein breites Spektrum an Werken aus, die zur Reflexion anregen, über das Leben in Italien und über die Mentalität der Italiener informieren. In der Begegnung mit diesen Werken erfährt der Schüler von anderen Lebensschicksalen und setzt sich mit unterschiedlichen Lebensauffassungen und Weltbildern auseinander. Daneben ermöglicht ihm der Umgang mit Literatur Erfahrungen im Bereich des Ästhetischen. Literatur wendet sich an Verstand und Gefühl und trägt deshalb in besonderer Weise zur Persönlichkeitsbildung bei.

Der Italienischunterricht im Gymnasium

Im folgenden möchte ich mich ausschließlich auf die Darstellung der im Arbeitsbereich 'Literatur' formulierten Lernziele beschränken. Dabei sollen die Rahmenbedingungen für die Beschäftigung mit italienischer Literatur sowie Möglichkeiten ihrer Rezeption beschrieben werden.

Der Italienischunterricht wird als dritte Fremdsprache ab Klasse 9 (mit sechs Stunden in Klasse 9, vier in 10, fünf in 11 sowie fünf im Leistungskurs bzw. 3 im Grundkurs) und als spätbeginnende Fremdsprache ab Klasse 11 (mit drei Wochenstunden) angeboten.[1]

1) Bildungsplan für das Gymnasium (Bd. 2) (S. 1203 - 1214).

Für Klasse 10 (Lehrbuchphase) ist die Literaturarbeit noch nicht als eigenständiger Arbeitsbereich ausgewiesen. Die Beschäftigung mit literarischen Texten wird dem Ergänzungsbereich zugeordnet. Der Lehrer entscheidet, ob diese Zusatzstoffe, etwa einfache Kurzprosa in der Art von Achille Campanile, Luigi Malerba, Carlo Manzoni, Gianni Rodari behandelt werden oder ob er die zur Verfügung stehende Zeit zum Üben und Vertiefen nutzt.

Dagegen wendet der Schüler in Klasse 11 (ab dem 2. Halbjahr) die Grundbegriffe und Verfahren der Textanalyse auch auf literarische Texte an. Vorgeschrieben ist die Behandlung einer kürzeren Ganzschrift aus dem 19. und 20. Jahrhundert oder einiger Erzählungen desselben Autors. Im Lehrplan sind geeignete Werke genannt, unter denen der Lehrer auswählen kann: Collodi: Le avventure di Pinocchio, Calvino: Marcovaldo, Ginzburg: Le piccole virtù sowie Sciascias Il mare colore del vino. Collodis Werk ist Gemeingut der europäischen Kinderliteratur, Sciascias Erzählung ist eine gelungene Mentalitätsstudie der Nord- und Süditaliener.

In den Klassen 12 und 13 lernt der Schüler im Arbeitsbereich 3 der Leistungskurse (auf die Beschreibung der Lehrplanziele der Grundkurse soll aus Zeitgründen verzichtet werden) Werke der italienischen Literatur kennen, die als repräsentativ für verschiedene Epochen, Gattungen und Themen gelten können. Er begegnet unterschiedlichen Denkweisen und Möglichkeiten der Daseinsbewältigung. Die Auseinandersetzung mit diesen Texten stärkt seine Urteilsfähigkeit. Ihre persönlichkeitsbildende Funktion ist unbestritten.

Die Obligatorik umfaßt folgenden Textkorpus:

- Dante: Divina Commedia (Handlungsverlauf und ein Gesang)
- Boccaccio: Il Decameron (Eine Novelle)
- Petrarca: Il Canz oniere (Zwei Gedichte), Goldoni: Eine Komödie
- Auszüge bedeutender Prosaschriftsteller des 19. Jahrhunderts
- Zwei literarische Werke aus dem 20. Jahrhundert
- Einige Gedichte, bevorzugt des 19. und 20. Jahrhunderts.

Der Lehrplan enthält verschiedene Lektürevorschläge. Auswahl und Verantwortung bleibt dem Lehrer überlassen. Zur Realisierung der Unterrichtseinheit 'Auszüge bedeutender Prosaschriftsteller des 19. Jahrhunderts' werden zwei Möglichkeiten genannt:

- Manzonis: I promessi sposi, als Beispiel für den historischen Roman und
- Verga, als Beispiel für veristische Erzählkunst.

Bei der Operationalisierung des Lernziels 'Erarbeitung zweier literarischer Werke aus dem 20. Jahrhundert' hat der Lehrer noch größere Gestaltungsfreiheit. Er kann seine Auswahl unter 22 Werken treffen:

Aleramo, Una donna
Bassani, Il giardino dei Finzi-Contini
Buzzati, Il deserto dei Tartari
Calvino, Il sentiero dei nidi di ragno
Di Ciaula, Tuta blu
De Crescenzo, Cosi parlò Bellavista
Ginzburg, Lessico famigliare

Ledda, Padre padrone
P. Levi, Se questo è und uomo
Morante, La Storia
Pratolini, Il quartiere
Sciascia, Todo modo
l'affaire Moro
Slataper, Il mio Carso
Stuparich, Und anno di scuola
Svevo, Una vita

Tomasi di Lampedusa, Il gattopardo
Tomizza, L'amicizia
Tozzi, Con gli occhi chiusi

De Amicis, Cuore
Ginzburg, Caro Michele
Serena Cruz o la vera giustizia
C. Levi, Cristo si è fermato a Eboli
Moravia, Agostino
Pratolini, Cronaca familiare
Sciascia, Il giorno della civetta
Una storia semplice
Silone, Fontamara
Stern, Storia di Tönle
Verga, Nedda
Vittorini, Sardegna come un'infanzia

Bei der Unterrichtseinheit 'Gedichte' kann er sich zwischen Leopardi, Montale, Pascoli, Pavese, Quasimodo, Saba und Ungaretti entscheiden.

Die europäische Dimension im Italienischunterricht

Bei der Beurteilung der Auswahl dieses Lektürekanons läßt sich nicht immer eindeutig klären, ob die Betonung des Nationalcharakters oder die Europazentriertheit der einzelnen Werke wichtiger war. Es bedarf wohl keiner weiteren Ausführung für die Behauptung, daß die drei großen toskanischen Autoren des Quattrocento europäische Schriftsteller waren und ihre Werke zur Weltliteratur gehören. Das läßt sich leicht bei der Betrachtung der Rezeptionsgeschichte ihrer Hauptwerke nachweisen. In der Divina Commedia bildet das Vermächtnis der Antike, wie das Mittelalter sie verstand, zusammen mit dem christlichen Erbe die Grundlage, auf der Dantes Denken beruht. Die DC ist ein gewaltiges Epos, in dem eine großartige Jenseitsvision entwickelt wird. Dante war bereits für seine Zeitgenossen ein Philosoph, Weltweiser und Gotteskundiger. Auch Boccaccios Decameron besitzt europäische Bedeutung, insofern es ein Meisterwerk der Novellistik, der wohl produktivsten Gattung der italienischen Literatur, darstellt, einer Gattung, die über den anonymen Novellino und über Masuccio bis zu Pirandello Vertreter von Weltgeltung hervorgebracht hat.

Francesco Petrarca gilt unbestritten als bedeutender Frühhumanist und Wegbereiter der Renaissance. Keinem anderen dichterischen Werk des Abendlandes war eine solche Wirkung beschieden wie der italienischen Lyrik Petrarcas. Vom späten 14. Jahrhundert bis zum 17. Jahrhundert stellte der Canzoniere inhaltlich, formal und stilistisch eine Art Kanon für die europäische Liebesdichtung dar. Ihre Wirkung strahlte seit dem 16. Jahrhundert auf England aus, wo Shakespeare, auf Frankreich, wo Marot und Ronsard, auf Spanien, wo Gongora, auf Deutschland, wo Martin Opitz und andere seine geistigen Schüler waren. Selbst in Portugal wurden Petrarcas Formeln und Metaphern von Ferreira und Agostinho da Cruz kopiert. Lobpreis der Geliebten, Unerfülltheit der Liebe, Schmerz, Melancholie und Natur als Ausdruck der persönlichen Stimmung sind Hauptthemen des Petrarcismus, der in ganz Europa verbreiteten Nachahmung von Petrarcas Dichtung.

Es versteht sich von selbst, daß von einer älteren Sprachstufe mit den Schülern immer nur kurze, sinnvoll ausgewählte Proben gelesen werden sollten.

Offensichtlich ist auch die europäische Dimension von Manzonis Meisterwerk I promessi sposi, kann es doch als Beispiel für den europäischen historischen Roman gelten. Manzoni, ein exzellenter Kenner der französischen und italienischen Literatur, war wie Goethe Europäer. Beide Namen stehen für die frühen Kulturbeziehungen der geistigen Zentren Mailand und Weimar. Bei der Behandlung dieses Romans im Unterricht sollte die politisch-historische Analyse (Aufstand gegen die Fremdherrschaft in Mailand) zu ihrem Recht kommen.

Europäische Perspektive bietet auch Vergas Verismus als Vorstufe zum neorealismo, insofern als er vor dem Hintergrund der französischen Realisten und Naturalisten gesehen werden muß. Auszüge aus I Malavoglia bieten eine reizvolle Anregung, das Konzept gesellschaftlicher Wirklichkeit bei Verga und bei Zola zu vergleichen.

Betrachtet man die Vorschlagsliste, die dem Lehrer zur Realisierung der Lehrplanforderung Literatur des 20. Jahrhunderts zur Verfügung steht, so stellt man fest, daß zahlreiche der 22 Werke Grundkategorien des menschlichen Daseins thematisieren: Leddas Padre Padrone, der die Vater-Sohn-Beziehung, Slatapers Il mio Carso, Tozzis Con gli occhi chiusi und Moravias Agostino, die den schwierigen Prozeß des Erwachsenenwerdens beschreiben. Die Lebenswelt der Schule kommt in Edmondo de Amicis Cuore ins Blickfeld, ein Werk das durch die Verfilmung von Comencini auch hierzulande bekannt wurde. De Amicis zeigt eine erstaunliche Sensibilität für die sozialen Probleme seiner Zeit, die Integration des kleinen Kalabresen in die Turiner Klasse, und gibt eine anschauliche Schilderung der Lebens- und Gesellschaftsverhältnisse vor hundert Jahren. Verständnis bei den anderen zu wecken, Hilfsbereitschaft und soziales Verhalten einzuüben, darum ging es De Amicis. Einheitsstiftend für Werke wie Silones Fontamara und Calvinos Il sentiero dei nidi di ragno ist die engagierte Faschismusanalyse und -kritik von Autoren, die den Faschismus unmittelbar erlebt haben. Dazu gehört auch der sozialkritische Roman von Calvino: Cristo si è fermato a Eboli, der in die wichtige zeitgeschichtliche Thematik einführt.

Das Bekenntnis gegen den Faschismus zeichnet Werke aus wie Bassanis Il giardino dei Finzi-Contini, wo uns das Schicksal einer jüdischen Familie aus Ferrara geschildert wird, oder Primo Levis Se questo è un uomo, ein erschütterndes Dokument der Erfahrungen eines italienischen Intellektuellen in deutschen Konzentrationslagern.

Die Leidensfülle italienischer Frauen im Zweiten Weltkrieg wird in Elsa Morantes La Storia thematisiert. Die Frauenliteratur, d.h. Literatur von Frauen und über Frauen ist vertreten durch Sibilla Aleramos Una donna und Giani Stuparichs Un anno di scuola, die beide wichtige Etappen im Emanzipationsprozeß der Frau beschreiben.

Mit Sciascias Todo Modo und Il giorno della Civetta wurden Werke vorgeschlagen, welche das aktuelle gesellschaftliche Phänomen der Mafia und damit die Thematik des organisierten Verbrechens aufgreifen.

Mit Tomasi di Lampedusas Il gattopardo rückt Sizilien ins Blickfeld und das Spannungsverhältnis zwischen Tradition und Neuzeit zur Zeit der sozialen und geistigen Veränderungen im Risorgimento. Seine These von der Vergänglichkeit des Bestehenden und der Indifferenz jener, die den Umbruch nicht wahrhaben wollen, hat zeitlose Gültigkeit.

Mit Svevos Una vita wurde ein gesellschaftskritischer Roman ausgewählt, dessen Weltsicht ganz dem Wesen des Fin de siècle entspricht und starke Einflüsse Balzacs erkennen läßt.

Bei der Erstellung der Vorschlagsliste wurde darauf geachtet, Beispiele für die literarische Produktivität der sogenannten Randregionen aufzunehmen, die ungerechtfertigterweise oft stiefmütterlich behandelt werden: Tommizza und Svevo figurieren als Vertreter der Region Friul-Venezia-Giulia im engeren Sinne des Triestiner Kulturkreises, Autoren und Werke, durch welche der Bereich italienischer Kultur überschritten und die mitteleuropäische Dimension sichtbar wird.

Sardinien ist mit Ledda, Sizilien mit Sciascia und Lampedusa, das Veneto mit Buzzati aufgeführt. Neapel ist vertreten durch De Crescenzos Così parlò Bellavista, der heiteren Vermittlung griechischer Philosophie an Italien, ein Beispiel für die humanistische neapolitanische Geisteshaltung, ein Wesenszug Neapels, der nicht in unser Bild von der Hochburg der Camorra paßt.

Trotz der nicht gerade günstigen lernpsychologischen Voraussetzungen, die das Italienische als spätbeginnende Tertiärsprache aufweist, bietet der Lehrplan vielfältige Möglichkeiten, in den Literaturunterricht die europäische Dimension einzubringen. Bei der Wahl der Lektüre sollte man immer auch die Doppelperspektive im Auge haben, nämlich Literatur als zeigeschichtliches Dokument und als Fixierung zeitloser Problematik; gerade sie macht den Reiz und die Polyvalenz d.h. Interpretationsträchtigkeit eines Werkes aus. Keine hinreichende, aber notwendige Bedingung für den unterrichtlichen Erfolg ist die Entscheidung für ein Werk, das in engerem Bezug zur Lebenswelt der Lernenden steht. Ich denke etwa an Giani Stuparichs un anno di scuola, wo im mitteleuropäischen Kontext im Schnittpunkt verschiedener Kulturkreise der Ablösungsprozeß vom Elternhaus als Entfaltung der eigenen Persönlichkeit thematisiert wird.

Diese Begegnung mit Grundsituationen menschlichen Daseins und Möglichkeiten ihrer Bewältigung wirkt sich für Schüler sehr motivationsfördernd aus. Was die Erzählung in so hohem Maße als Unterrichtseinheit geeignet macht, ist die Tatsache, daß Stuparich trotz der Situierung von Raum und Zeit nicht nur die Triestiner Jugend des Jahres 1913/14 in ihrem

Reifeprozeß zum Erwachsenwerden beschreibt, sondern daß darüber hinaus in diesem Roman Jugend in ihrer Zeitlosigkeit als fundamentale Kategorie des Daseins überhaupt erfahrbar wird. Hinter der individuellen Ausfaltung der Gestalten schimmert die Allgemeingültigkeit durch.

Auch wenn in der Schulwirklichkeit sich die Problemanalyse oft auf einzelne Werke beschränkt, sollte das Aufzeigen literarischer Entwicklungen und Zusammenhänge Postulat eines "europäischen" Literaturunterrichts sein.

Die Schwierigkeiten, die sich bei der Behandlung literarischer Tradition und der sich in ihr manifestierenden geistigen Verflochtenheit Europas ergeben, sollen nicht geleugnet werden. Der von bestimmter bildungspolitischer Seite immer noch erhobene Vorwurf, literarische Bildung sei elitär, sowie die drohende Kürzung der Stundentafel im Fremdsprachenbereich, die einen reduzierten Literaturunterricht zur Folge haben wird, sind Hindernisse, die der Zielsetzung, den Literaturunterricht für die europäische Verständigung fruchtbar zu machen, entgegensteht. Wenn es nicht gelingt, über die Lehrpläne den literaturunterrichtlichen Anteil der einzelnen Fremdsprachenfächer zu stärken, wird eine einmalige Chance vertan. Bei allen Unterschieden in den Lehrplananforderungen, die durch unser föderatives Bildungssystem verursacht sind, sollte die Einsicht in die Notwendigkeit, die europäische Dimension in den Literaturunterricht einzubringen, zu einem tragfähigen Minimalkonsens führen, gilt es doch, die Bedingungen für die Möglichkeit eines Literaturunterrichts zu schaffen, der die unterschiedlichen Zugriffe auf die Wirklichkeit und gemeinsamen Weltdeutungsangebote sichtbar werden läßt.

Hugo de Jonghe

Muttersprachliche Erziehung und Literaturunterricht aus belgischer Sicht

Sprach- und Literaturunterricht in einem staatsnationalen Rahmen

In Flandern unterscheidet man jetzt drei Arbeitsbereiche im muttersprachlichen Unterricht: Sprachfertigkeit, Sprachbetrachtung und Literatur. Bis zu den fünfziger Jahren unterschied man, wie jetzt noch in verschiedenen europäischen Ländern, die Arbeitsbereiche Sprache und Literatur. In den früheren Lehrplänen nannte man sie "taalleer en schrijvers", d.h. "Sprachlehre und Schriftsteller".

Es ist wohl anzunehmen, daß in (fast?) allen europäischen Staaten Sprach- und Literaturunterricht - zusammen mit Geschichte und Geographie - stark von staatlichen Auffassungen aus dem 19. Jahrhundert geprägt worden sind. In dieser "staatsnationalen" Auffassung kommt es darauf an, die nationale Identität zu fördern.

Zement des staatlichen Einheitsgefühls war die eine nationale Sprache. So findet man in einem französischen Wörterbuch aus dem 19. Jahrhundert (Becherelle) die folgenden Definitionen:

- ein Franzose - un habitant de la Francé,
- französische Sprache - la langue des français.

Man sieht, wie diese Definitionen vom Begriff *France* ausgehen, der sprachlichen (und kulturellen) Minderheiten keinen Raum läßt: nur französisch wird als Nationalsprache anerkannt.

Es ist daher wohl anzunehmen, daß der Nationalunterricht in der Bildung der miteinander konkurrierenden europäischen Nationen eine hervorragende Rolle gespielt hat. Man versucht, den Bürgern die Idee beizubringen, daß sie Mitglieder wären einer geografisch, sprachlich, kulturell und historisch begrenzten Nation. Höchstes Ideal dieser staatsnationalistischen Auffassung war es, für das Vaterland zu sterben (Zu bemerken ist ebenfalls, daß die ganze Geschichte eines Staates auch von diesem Blickwinkel aus *romantisch* konstruiert wurde).

Eine Wende

Nach den großen europäischen Kriegen, deren zwei letztere die beiden sogenannten Weltkriege waren, hatte man mit zwei für Politik und Unterricht entscheidenden Tatsachen zu rechnen.

Zunächst hat sich dermaßen eine *Verflechtung der internationalen Beziehungen und Abhängigkeiten* entwickelt, daß sich heutzutage kaum noch jemand einen autarken unabhängigen Staat vorstellen kann.

Die zweite Tatsache ist die (weiter vollzogene) *Emanzipation des Individuums und der unteren sozialen Klassen.* Schon seit *Anfang unseres Jahrhunderts* haben wir feststellen können, wie der (romantisch-mythische) Nationalgedanke allmählich dem der persönlichen Entwicklung des

Menschen weichen mußte. Nach dem zweiten Weltkrieg beanspruchen auch die unteren Schichten der Gesellschaft Sekundar- und höheren Unterricht.

Infolgedessen ist die Welt des Unterrichts in Unsicherheit geraten und bemüht sich darum, sich kritisch über ihre Zielsetzungen und über die Anwendung der vorhandenen finanziellen und menschlichen Mittel zu befragen. Im muttersprachlichen Unterricht hat das z.B. die Diskussion über Grammatik- und Literaturunterricht verursacht.

Vorschlag zur Neuauffassung der Arbeitsbereiche

Ich möchte vorschlagen bei der früheren Auffassung einer Zweiteilung des *muttersprachlichen* Unterrichts in den Arbeitsbereichen *Sprache und Literatur* zu bleiben. Gegebenenfalls kann man da (wie z.B. in England) noch den Arbeitsbereich Drama hinzufügen.

In jedem dieser Arbeitsbereiche gibt es zwei Ebenen: die *Praxisebene* (Sprach- und Literaturpraxis) und die *Ebene der Reflexion* (Sprach- und Literaturbetrachtung). Vielleicht könnte man sich auch darüber einigen, *(sprachliche und literarische) Kompetenz als Zielsetzung der beiden Arbeitsbereiche* anzunehmen.

KOMPETENZ

sprachlich	literarisch
Sprachbetrachtung	Literarisches Wissen
Sprachfertigkeit	Lektüre

In der Sprachpraxis unterscheidet man mündlich und schriftlich rezeptive und produktive Sprachfertigkeit. Die Literaturpraxis ist als *Lektüre* zu bezeichnen. Die Reflexionsebenen sollte man sich geschichtet vorstellen: es gibt da verschiedene Möglichkeiten zwischen einer rein *funktionellen Betrachtung* in engem Zusammenhang mit der Praxis auf der einen Seite und einer *akademischen Betrachtung* auf der anderen, die sich sogar sehr weit von der Praxis entfernen kann. Im Arbeitsbereich *Sprache* sind die Schwerpunkte die Arbeitsfelder Lesen und Schreiben.

Integrierter oder selbständiger Literaturunterricht

Wegen der (evidenten) Relation zwischen dem Arbeitsfeld *Lesen* und dem der Lektüre im Arbeitsbereich *Literatur* ist in bestimmten Fällen, wie etwa in den Schulen der flämischen Gemeinschaft oder im neuen Nationallehrplan in England, der Arbeitsbereich der Literatur ganz dem Lesen untergeordnet. Andere verteidigten die These, Literatur sei ein selbständiges Fach. In Italien z.B. sind Literatur und Geschichte häufig miteinander verbunden.

Ich bin der Auffassung, daß eine zu starke Integration den Zielsetzungen im Literaturunterricht schaden kann und deswegen für die persönliche Entwicklung der Schüler/-innen nicht wünschenswert ist. Ich bin aber auch der Meinung, daß es nicht nur im Unterricht der Muttersprache, sondern auch im Fremdsprachenunterricht zwischen Lesen und Literatur eine möglichst starke Bindung geben soll.

Europäanisierung statt Staatsnationalismus

In der staatsnationalistischen Literaturauffassung (wie etwa bei Bèdier, oder man denke an die Vernachlässigung der Schriftsteller des Humanismus, oder noch an Autoren, die außerhalb der Staatsgrenzen doch in einer von einem anderen Staat beanspruchten Sprache geschrieben haben wie etwa Charles de Coster, Kafka usw.) hat man immer den eigenen Charakter der nationalen Literatur hervorheben wollen. Dadurch hat man zu oft das Gesamtbild gefälscht, oder bestimmten gesamteuropäischen Charakterzügen literarischer Werke nicht genügend Wert beigemessen.

Dieser Auffassung kann man eine andere entgegenstellen, die den gemeinschaftlichen Charakterzügen der verschiedenen *Landesliteraturen* mehr Gewicht beimißt als den Unterschieden, die doch manchmal hauptsächlich durch die Sprache bedingt sind. Dieser zweiten Auffassung nach ist es möglich von einer europäischen Literatur zu reden, die sich unseren Blicken wie ein buntes kaleidoskopisches Ganzes entfaltet.

Man sollte eben nicht aus dem Auge verlieren, daß es zwischen einem Lesenden und einem literarischen Werk immer einen zu überwindenden Abstand gibt: zeitlich, räumlich, sozial, weltanschaulich, sprachlich usw.. Für deutsche, flämische oder französische Schüler ist dieser Abstand sicher größer beim Lesen eines Werkes aus dem Mittelalter als beim Lesen eines Romans von z.B. Milan Kundera, Italo Calvino oder Eduardo Mendoza.

Eins der wichtigsten Ziele des Literaturunterrichts könnte daher sein, den Schülern zu helfen, sich mit diesen verschiedensten Abständen abzufinden. Europäisierung des Literaturunterrichts bedeutet, daß man die Nationalzielsetzung aufgibt und statt dessen Lektüre und Literaturbetrachtung auf die gesamte europäische Erbschaft richtet. In diesem Zusammenhang ist es wichtig, im Unterricht auf jede Akzentuierung der Staatsnationalen Identität zu verzichten, vom Näheren aus das Fernere zu entdecken und zu explorieren. Allen europäischen Mitbürgern muß man zunächst Chancen bieten, das Wertvolle aus ihren eigenen sprachlich begrenzten Kulturgebieten kennenzulernen. Möglichst schnell soll man den Schülern die Gelegenheit bieten, diese Bekanntschaft weiter auszudehnen und mit dem Wertvollen aus allen europäischen Kulturgebieten in konzentrisch immer weiter verlaufenden Kreisen zu bereichern.

Rosemarie Kieffer

Zum Literaturunterricht in Luxemburg

Einleitung und Leitmotiv

"Die Beherrschung des Französischen hat ebenfalls eine Bedeutung, die vielleicht nicht immer in ihrer ganzen Tragweite erkannt wird. In dieser Beziehung steht das luxemburgische Gymnasium ganz einzigartig da. Es wird nämlich durch die paritätische Behandlung der beiden großen Kultursprachen in unserem Unterrichtswesen dem Abiturienten auf eine natürliche Weise der Zugang zu den beiden großen Kulturkreisen eröffnet, so daß er ohne Weiteres sowohl im deutschen wie im französischen Bereich sich einfügen und mitarbeiten kann. Es bleibt ihm auf jeden Fall eine ungeheuere Erweiterung des Horizontes, die im Felde der Wissenschaft und des allgemeinen Geisteslebens ihm einen dauernden Vorsprung sichert. Um diese Eigenheit unseres Gymnasiums beneiden uns Franzosen und Deutsche. Es erwächst uns aber daraus die Verpflichtung, sie auszunutzen. Der Luxemburger ist hier ein gutes Stück voran auf dem Weg zum Europäer der Zukunft."[1]).

1) Aus einer Festrede gehalten von Dr. Rudolf Palgen, Professor an der Universität Graz, anläßlich der "Journée des Ancien" in Echternach, 1953.

Drei Sprachen in Luxemburg?

Es geht die Rede von "drei Sprachen" in Luxemburg. Zwei davon, die deutsche Sprache und die französische, sind in der ganzen Welt bekannt. Doch worin besteht die dritte Sprache, die eigentliche Muttersprache, das Luxemburgische? Handelt es sich um eine richtige Sprache oder um einen bloßen Dialekt?[2)].

Während langer Zeit sprach man in der Tat von einem "moselfränkischen Dialekt" mit französischem Einschlag. Im Jahre 1984 jedoch hat das Parlament das Luxemburgische offiziell zur Nationalsprache erhoben. In der offiziellen, vom Erziehungsministerium veröffentlichten Anthologie "Letzebuergesch Texter" (Luxemburgische Texte) für die Unterstufe des postprimären Unterrichtes (eine neue erweiterte Ausgabe ist im Laufe dieses Jahres erschienen) gibt es im letzten Teil verschiedene Kapitel zum Thema "luxemburgische Sprache". Im ersten Kapitel wird hervorgehoben, daß viele alte, echt luxemburgische Wörter aus dem Gebrauch verschwunden sind oder im Begriff sind zu verschwinden. Das Luxemburgische, sagt man desweiteren, entlehnt Wörter aus der deutschen und aus der französischen Sprache. Viele dieser Entlehnungen sind unent-

2) Vom 21. bis zum 27. September 1992 hielt der Europäische Schriftstellerkongress in Luxemburg ein erstes "Forum der weniger gesprochenen Sprachen und ihrer Literaturen" ab. An dieser Tagung beteiligten sich Autoren, die in baskischer, bretonischer, friesischer, korsischer, samischer, sorbischer und anderen, von europäischen Minderheiten gebrauchten Sprachen schreiben. Innerhalb dieses Rahmens schrieb ein Vertreter des luxemburgischen Kulturministeriums, Mars Klein, am 19. September in der sozialistischen Tageszeitung "tageblatt" unter dem Titel "Sprachenpolitische Forderungen in Luxemburg" folgendes: "Als schwerwiegendste Forderung steht im Raum, daß die Luxemburger Regierung beantragen soll, Letzebuergesch (wie das Irische) zu einer offiziellen Sprache (nicht zu einer Arbeitssprache) der Europäischen Gemeinschaft zu machen."
Am selben Tag veröffentlicht das "tageblatt" einen Beitrag des englischen Linguisten Mike Shields, unter dem Titel: "Les langues et littèratures représentées au FORUM EUROPA",
Über das Luxemburgische äußert sich M. Shields folgendermaßen: "Luxem-bourgeois (letzebuergesch): langue appartemant au groupe francique. Parlée dans le coeur de la Communauté eurpéenne, elle est considérée comme la langue nationale du Grand-Duché tandis que le français et l'allemand en sont les langues officielles. Le luxembourgeois est parlé par les personnes nées dans ce petit pays d'environ 400000 habitants, dont un tiers environ se compose d'étrangers.

behrlich, andere aber sind überflüssig. Die Verfasser kommen zu folgender Schlußfolgerung - ich übersetze aus dem Luxemburgischen: "Die luxemburgische Sprache hat wie andere Kultursprachen eine Grammatik (von Robert Bruch), eine offizielle Schreibart (seit 1976 fest geregelt), ein Wörterbuch, das wir noch näher kennenlernen, und Werke von Schriftstellern. Die Luxemburger sprechen unter sich nur luxemburgisch. Wir dürfen also ruhig behaupten: Das Luxemburgische ist eine Sprache, obwohl wir vieles aus den benachbarten Sprachen entleihen." (2. Seite, 378).

Die luxemburgische Sprache ist erst nach dem Zweiten Weltkrieg von Professor Robert Bruch endgültig mit einer Grammatik versehen worden. Die offizielle Rechtschreibung wurde erst im Jahre 1976 fest geregelt. Bis zu diesem Zeitpunkt gab es wohl allgemeine Richtlinien, aber die meisten Luxemburger, die luxemburgisch schrieben, benutzten eine eigene, persönliche Schreibweise.

Im Laufe seiner Geschichte hat Luxemburg drei Teilungen erlitten: 1659 verlor das Herzogtum Luxemburg einen Teil seiner Gebiete an Frankreich, 1815 ging ein zweiter Teil davon an Preußen, während im Jahre 1839 das neu gegründete Belgien seinerseits seinen Anteil am Großherzogtum Luxemburg in Besitz nahm. So blieb von einem Lande, dessen Einwohner jahrhundertelang teils französisch, teils deutsch gesprochen hatten, nur ein Stück des deutschsprachigen Gebietes, des "quartier germanique" übrig. Dort entwickelte sich die heutige Nationalsprache, die man in der Jugend meiner Großeltern noch oft mit dem Ausdruck "letzebuerger Daitsch" (luxemburgisches Deutsch) bezeichnete.

Die oben angeführten Einzelheiten erwecken vielleicht den Eindruck, daß die Erhebung des Luxemburgischen zu einer Sprache künstlich zustande gekommen, erzwungen worden ist. Jedoch ist nicht zu leugnen, daß das Luxemburgische tagtäglich im ganzen Lande gesprochen wird; daß die sprachbegabten Gastarbeiter und besonders ihre in Luxemburg geborenen Kinder sich dank der Beherrschung des Luxemburgischen besonders gut in die Gesellschaft integrieren; daß viele andere Ausländer, die in Luxemburg leben, sich bemühen, die Landessprache zu erlernen - dabei handelt es sich nicht nur um Deutsche, Österreicher, Schweizer, Belgier aus Flandern oder Niederländer, denen die Aneignung des Luxemburgischen keine großen Schwierigkeiten bereiten dürfte, sondern auch um Engländer, Isländer, Amerikaner, Marokkaner und weitere Menschen, die aus fernen Ländern zu uns gekommen sind. Der Direktor der Nationalbibliothek, Professor Jul

Christophory, hat mehrere Lehrbücher für Ausländer verfaßt. Am 17. September 1992 hat die Bürgermeisterin der Hauptstadt gemeinsam mit dem Erziehungsminister der Presse ein neues, von mehreren Spezialisten zusammengestelltes Lehrbuch für die Teilnehmer der Abendkurse vorgestellt.

Vom Dialekt zur Nationalsprache

Im 19. Jahrhundert begegnen wir den ersten Autoren, die sich des heimatlichen Dialektes beim Schreiben bedienen. Der Nationaldichter Michel Rodange (1827 - 1876) hat den luxemburgischen "Reineke Fuchs" oder "Roman de Renart", "De Renert oder de Fuuss am Frack an a Maansgréisst" im Jahre 1872 veröffentlicht.

Im Laufe des 20. Jahrhunderts gewann die in luxemburgischer Sprache verfaßte Literatur immer mehr an Bedeutung. Durch die nationalsozialistische Besetzung von 1940 bis 1944/1945 erwuchs dem Luxemburgischen eine geistige Bedeutung, die es vorher nicht gekannt hatte. Das gemeinsame Erlebnis der heimatlichen Sprechweise stärkte in der Bevölkerung des besetzten Luxemburger Landes den Willen und den Mut zum Widerstand und trug zur Entwicklung eines wahren Solidaritätsgefühls bei.[3)]

Seit diesen Jahren hat das Luxemburgische sich immer mehr durchgesetzt. War es früher in den Augen der Mitglieder einer sogenannten "besseren Gesellschaft" beinahe nur eine Randerscheinung, so spielt es heute im öffentlichen Leben eine führende Rolle. Im luxemburgischen Parlament wurde vor dem Zweiten Weltkrieg meistens französisch gesprochen - heute sprechen alle Abgeordneten luxemburgisch, und nur selten - vor allem wenn außenpolitische Themen behandelt werden - geht man zum Französischen über.

---

3) Am 10. Oktober 1941 führte die nationalsozialistische Führung in Luxemburg eine "Personenbestandsaufnahme durch; auf der "Zählkarte für Ortsanwesende" finden wir unter 7. folgende Angaben: "Muttersprache: (In der Regel besitzt jeder Mensch nur eine Muttersprache, in welcher er denkt und derer er sich in seiner Familie und im häuslichen Verkehr am liebsten bedient, weil sie ihm am geläufigsten ist, z.B. deutsch, italienisch, französisch, polnisch." Im selben Abschnitt lesen wir; "Dialekte (Mundarten), z.B. luxemburgisch, plattdeutsch, gelten nicht als Muttersprache" (Aus "Letzebuergesch Texter", Seite 23).

Luxemburgische Literatur

Die Literatur in luxemburgischer Sprache hat einen gewaltigen Aufschwung erlebt. Es finden sich mehr Leser für Bücher, die auf luxemburgisch geschrieben sind, als für luxemburgische Werke, deren Verfasser deutsch oder französisch schreiben.

Die luxemburgischen Kinder, die im Elternhaus luxemburgisch sprechen, erhalten im ersten Schuljahr sofort Deutschunterricht hinzu. Von diesen luxemburgischen Kindern wird recht viel gefordert! Es gibt aber auch in Luxemburg eine große Anzahl von portugiesischen Immigranten. Wie schwierig ist erst die Lage der kleinen Portugiesen, die mit den Eltern und Geschwistern portugiesisch sprechen und sich außerdem mit den drei anderen Sprachen befassen sollen. (In verschiedenen Gemeinden gibt es für diese Kinder besondere Klassen ohne Deutschunterricht.)

Die Literatur in luxemburgischer Sprache hat sich vor dem Zweiten Weltkrieg eher auf das Theater sowie auf die satirische und lyrische Dichtung beschränkt. Heute werden alle literarischen Gattungen behandelt. Während der letzten Jahre trat vor allem die Romanform hervor. Es ist erstaunlich, festzustellen, wie verschiedene gute Schriftsteller, die anfangs deutsch schrieben, sich jetzt vorzugsweise auf luxemburgisch ausdrücken. Ich hebe ein bedeutsames Beispiel hervor: Roger Manderscheid, dessen in deutscher Sprache verfaßten Hörspiele vom deutschen Rundfunk erworben und gesendet wurden, der für das deutsche Fernsehen ein Drehbuch verfaßt hat, "Stille Tage in Luxemburg", in dem er sich Luxemburg gegenüber äußerst kritisch zeigt, schreibt seit ein paar Jahren autobiographische Romane in luxemburgischer Sprache und ist auf diesem Wege zum Range eines Nationalschriftstellers emporgestiegen.

Trotz dieses unmißverständlichen Hinweises haben die meisten Luxemburger "luxemburgisch" als Muttersprache angegeben, und diese Antwort entsprach durchaus der von den Nationalsozialisten aufgezeichneten Beschreibungen einer Muttersprache...

Literaturunterricht in Luxemburg

In der Grundschule werden die Schüler in das luxemburgische Schrifttum eingeführt. Im ersten Jahr der Sekundarschule, des Gymnasiums, und im ersten Jahr des sogenannten "technischen Unterrichts", wird dieses Studium fortgesetzt an Hand der Anthologie Letzebuergesch Texter, die ich schon erwähnt habe. Die erste Ausgabe dieses erfolgreichen Lehrbuches ist 1978, die zweite 1982, die dritte 1990 erschienen. Hier die Kapitelfolge: "Land und Sprache, Aus alter Zeit, Schwere Zeiten, Lustiges, Zeitkritik und soziale Probleme, Theater, Kabarett und andere Texte in Dialogform, Lyrik, Epik (Epos, Ballade, Roman), Sachtexte, Sprachtheorie". Die dritte Ausgabe, so heißt es in der Vorrede, übersteigt zum Teil die Auffassungsgabe der dreizehnjährigen Schüler: Die Anthologie ist in Luxemburg weit mehr als ein bloßes Lehr- oder Schulbuch, sie wendet sich auch an erwachsene Leser, die an der luxemburgischen Literatur interessiert sind. - Seit kurzem gibt es im postprimären Unterricht ein Wahlfach "luxemburgische Kultur", das in den kommenden Jahren ausgebaut werden soll.

Wir kommen zu den luxemburgischen Schriftstellern, die in deutscher Sprache schreiben. Ihre Werke können im Deutschunterricht behandelt werden, falls die Deutschlehrer es für wünschenswert halten. Den luxemburgischen Germanisten scheint es jedoch, glaube ich, wichtiger, die ihnen anvertrauten Schüler mit den Werken bedeutender deutscher, österreichischer und schweizer Autoren bekanntzumachen, und auch der beste luxemburgische Schriftsteller in deutscher Sprache befindet sich in der Gefahr, neben einem Franz Kafka, Heinrich Böll, Friedrich Dürrenmatt und Max Frisch etwas zu verblassen.

Im Literaturunterricht - ich denke an die "großen Sprachen" - verwenden wir im allgemeinen ausländische Lehrbücher, französische, belgische, englische, sogar amerikanische... Nur für das Studium der deutschen Literatur verfügen wir über ein - übrigens ausgezeichnetes - luxemburgisches Lehrbuch. Der Herausgeber, der Germanist Nikolaus oder Nicolas Hein (1889 -1969), selbst Dichter und Erzähler in deutscher Sprache, Verfasser eines geschätzten Werkes über "Goethe in Luxemburg", hat seinem Gesamtwerk, das sechs Bände umfaßt, den Titel "Der Brunnen" gegeben. In den verschiedenen Bänden werden eingangs Dichter, die das Thema des Brunnens behandelt haben, angerufen, wie z.B. Conrad Ferdinand Meyer

("Aufsteigt der Strahl und fallend gießt / Er voll der Marmorschale Rund, ..." aus "Der römische Brunnen") oder Rainer Maria Rilke ("Zwei Becken, eins das andre übersteigend / aus einem alten runden Marmorrand, ...", aus "Römische Fontäne"). Seit dem Tode Professor Heins besorgt sein Schwiegersohn, der Germanist Joseph Groben, unter Mitwirkung anderer luxemburgischer Germanisten die Neuausgaben des sechsbändigen Lehrbuchs. In diesen Büchern finden wir ab und zu deutsche Übersetzungen russischer oder skandinavischer Autoren: Das Lehrbuch bietet demnach eine Möglichkeit des "Einsteigens" in ein allgemeineres Studium der europäischen Literatur. In denselben Bänden entdecken wir auch einige - wenige - Texte luxemburgischer Schriftsteller, die sich der deutschen Sprache bedienen. Die Herausgeber des "Brunnens" sind sehr anspruchsvoll und nehmen in ihrem Werk nur Auszüge der besten Lyrik und Epik auf. Natürlich steht es dem Deutschlehrer frei, aus eigener Initiative Texte der deutschsprachigen luxemburgischen Autoren auszuwählen und den Schülern zu erklären. Doch im Deutschunterricht - dasselbe trifft für den Französischunterricht zu - ziehen die meisten Lehrer es vor, die nicht sehr zahlreichen Unterrichtsstunden, die ihnen zur Verfügung stehen, für eine Einführung in die "wahrhaft" deutsche Literatur der Vergangenheit und der Gegenwart zu verwenden.

Für das Studium der luxemburgischen Literatur in französischer Sprache gibt es ein Lehrbuch von Marcel Gérard, die 1960 erschienene "Anthologie française du Luxembourg". Im Jahre 1992 erweist sich dieses mit sehr viel Mühe und Sorgfalt zusammengestellte Werk als nicht mehr zeitgemäß: Seit seinem Erscheinen vor mehr als dreißig Jahren sind zu den alten recht viele neue lesenswerte Schriftsteller hinzugekommen. Drei Luxemburger haben deswegen beschlossen, eine neue französische Anthologie unter dem Titel "Le Luxembourg francographe depuis 1960" zu veröffentlichen.

Zur Zeit der Veröffentlichung der ersten Anthologie wurde den Lehrern vom Erziehungsministerium empfohlen, dieses Buch im Französischunterricht für fünfzehn- und sechzehnjährige Schüler als Wahllektüre zu gebrauchen. Obschon das Buch als Veröffentlichung des Erziehungsministeriums nicht teuer war, ist es nur wenig von den Französischlehrern benutzt worden, weil die meisten - wie das auch für den Deutschunterricht zutrifft, der Ansicht waren und es noch immer sind, daß es für die Jugendlichen wichtiger ist, sich mit André Malraux, Albert Camus, Jean-Paul

Sartre und anderen französischen Schriftstellern zu befassen, anstatt sich mit dieser "Anthologie française du Luxembourg" abzugeben. Wahr ist auch, daß die deutsch- und französisch schreibenden Luxemburger kaum Erneuerungen in dem literarischen Ausdruck der betreffenden Sprachen hervorgerufen haben, wohingegen die luxemburgisch schreibenden Autoren, dadurch, daß sie deutsche und französische Neuerungen (oder andere) in die luxemburgische Literatur einführen, als Spracherneuerer auftreten dürfen.[4)]

Zum Interesse an der Nationalliteratur

Seit ein paar Jahren bemühen sich die Verantwortlichen im kulturellen Leben, in den Jugendlichen ein lebhafteres Interesse an den Nationalliteraturen zu erwecken. Man veranstaltet Vorlesungen in den Schulen; man gibt den Schülern die Möglichkeit, sich mit einem Schriftsteller ihrer Wahl zu unterhalten. Das neugegründete "Centre d'études de la littérature luxembourgeoise", das dem Nationalarchiv angeschlossen ist, veröffentlicht wissenschaftlich fundierte Neuausgaben älterer Werke. Ich zitiere als Beispiel "Lene Frank, Ein Lehrerinnendrama in vier Aufzügen" von Nik Welter (1906). Die Studienausgabe ist von der Vorsitzenden des Germanistenverbandes Germaine Goetzinger eingeleitet und kommentiert worden. Diese Bücher eignen sich durchaus zur Schullektüre. (Seit kurzem gibt es

---

4) Hier ein treffendes Beispiel aus dem Spielplan 1992 - 1993 des hauptstädtischen Kapuzinertheaters - ich zitiere: "A partir de samedi 27 mars 92 / Op letzebuergesch: E SUMMERDRAAM vum Marcel Reuland...Reulands größter sprachlicher Wurf und zugleich eine Großtat auf dem Gebiete der luxemburgischen Mundartdichtung stellt E SUMMERDRAAM dar, eine Bearbeitung von Shakespeares SOMMERNACHTS-TRAUM. Das Stück ist ganz in Versen geschrieben und beweist zunächst einmal, daß Marcel Reuland der sprachgewandteste unter unseren Mundartdichtern ist.
Marcel Reuland wird in der Geschichte des luxemburgischen Mundarttheaters vor allem der sprachliche Neuerer bleiben und auch derjenige, der nach dem zweiten Weltkrieg dem mundartlichen Volkstheater neuen Auftrieb gab. Er beweist erneut, was das Luxemburgische zu leisten vermag, wenn eine Meisterhand es formt."
Auffallend ist, daß der Verfasser der eben erwähnten Zeilen konsequent von einer luxemburgischen MUNDART-Literatur spricht, obschon das Luxemburgische unsere "National- und Muttersprache ist...".

auch im postprimären Unterricht ein Wahlfach "luxemburgische Kultur", "civilisation luxembourgeoise", das erst von den Lehrern ausgebaut werden muß.)[5)]

Meiner Erfahrung nach ist bei der Jugend das Interesse für die eigene Literatur eher gering. Bekannt sind eigentlich nur Autoren, wie z.B. Roger Manderscheid, die im luxemburgischen Fernsehprogramm zu sehen sind.

Prof. Dr. H.-Chr. Graf v. Nayhauss schreibt in seinem Arbeitsdokument, daß in Luxemburg "drei Literaturen zu berücksichtigen sind" und freundlicherweise denkt er an die drei sogenannten "Nationalliteraturen". Ich wage es zu behaupten, daß die Literaturen, die für uns Luxemburger bedeutsam sind, nicht die nationale luxemburgische Literatur ist, sondern daß es sich im Gegenteil dabei um die deutsche, die französische und die englische Literatur handelt.

Für den jungen Luxemburger ist die Kenntnis der Sprachen der Nachbarländer unabkömmlich. Deutsch und Französisch muß er fließend sprechen können. Aber auch das Englische ist ein wesentlicher Bestandteil des öffentlichen Unterrichts. Im postprimären Unterricht lernen alle Schüler Englisch. Den einen werden zum mindesten die Grundbegriffe dieser Sprache beigebracht, die anderen erweitern und vertiefen ihre Englischkenntnisse im Laufe der Jahre.

In der sogenannten Abteilung A des Gymnasiums, den Klassen, die sich besonders eingehend mit dem Studium der Sprachen und Literaturen abgeben, führt man eine gründliche Einführung in das Wesen und Werden der deutschen, englischen und französischen Literatur durch. Die Geschichte dieser Literaturen wird auch in den anderen Abteilungen der Gymnasien berücksichtigt.

---

5) Im Rahmen der Tagung "Forum Europa: Kleine Sprachen" hat Mars Klein als Sprecher des Kultusministeriums ein Referat vorgetragen, in dem er unter anderem von "zu erledigenden Hausaufgaben" spricht. Eine dieser "Hausaufgaben" bestünde darin, "den linguistischen und literarischen Unterricht des Luxemburgischen bis in die oberen Klassen des Gymnasiums auszubauen".
In Luxemburg gibt es schon längst kein Griechischstudium mehr im regulären Unterricht. Das Fach Latein wird immer mehr verdrängt. Die Zahl der Unterrichtsstunden auf dem Gebiet der modernen Sprachen Deutsch, Englisch und Französisch wird auch herabgesetzt. Auf der anderen Seite sollte man den Luxemburgischunterricht "bis in die oberen Klassen des Gymnasiums ausbauen". Wo befindet sich hier der Fortschritt, wo der Rückschritt?

Für Schüler, die ein außergwöhnlich reges Interesse an Sprachen empfinden, gibt es in der A-Abteilung für Sprachen, die Möglichkeit, entweder noch Italienisch oder Spanisch zu lernen. Außerhalb der vorgeschriebenen Unterrichtsstunden gibt es an verschiedenen Gymnasien Russischkurse. Da viele Gymnasiallehrer sich für noch andere europäische Sprachen begeistern - einer meiner Kollegen, Paul Kremer, beschäftigt sich z.B. eingehend mit der albanischen Literatur und ist mit dem Schriftsteller Ismail Kadare persönlich befreundet -, können die Schüler aus diesen Kenntnissen ihrer Lehrer Nutzen ziehen, da der Mensch ja meistens gern über sein Steckenpferd spricht. Auf diese Art und Weise erweitert sich im Jugendlichen die Erfassung der europäischen Literaturen.

Bedauerlicherweise scheint es unwiderlegbar zu sein, daß bis zum heutigen Tag Luxemburg keine bedeutende, keine "große" Literatur hervorgebracht hat. Deswegen bin ich wohl als Luxemburgerin gerne bereit, auf dem Gebiet der Literatur europäisch zu lesen und zu denken, denn dann gehören mir alle europäischen Literaturen, die deutsche, die französische, die englische, ... Ansonsten stehe ich Ihnen gegenüber mit leeren Händen da. Die europäischen Nachbarn sind im Besitz von Grimmelshausen, Goethe und Günter Grass, von Corneille, Cèline und Camus, von Shakespeare, Sterne und Stevenson, sie berufen sich auf den Reichtum ihrer nationalen Bibliotheken oder Literaturen, und ich stehe ihnen kleinlaut und niedergeschlagen gegenüber. Versetzen wir uns jedoch alle in eine sozusagen gemeinsam zu nutzende europäische Literatur, bin ich genau so reich wie meine Nachbarn, da ich mit ihnen den Besitz von Dante, Cervantes, Puschkin und Pasternak teilen kann.

Rolf-Dieter Kluge

Sinn und Perspektiven einer gesamteuropäischen komparatistischen Literaturkunde in Schule und Hochschule unter besonderer Berücksichtigung der slavischen Literaturen

Literatur ist nicht nur ein ästhetisches Phänomen oder ein kompliziert strukturiertes oder semiotisch vielschichtiges System von Texten, sondern auch Gestaltung von Schicksalen, Problemen, Konflikten, Modellierung von exemplarischer Lebensrealität, Ausdruck und Aussage sowohl zeitloser als auch gesellschaftlich und ideologisch bedingter Werte und Ideale. Dieser letzte inhaltlich-gehaltliche Aspekt steht für den Laienleser, an den sich Literatur ja zunächst einmal wendet, im Vordergrund. Er trägt auch erheblich zur Wirkung und Rezeption von Literatur in den einzelnen Literaturgesellschaften bei und spielt eine entscheidende Rolle für literaturdidaktische Überlegungen.Durch das Medium der Sprache ist Literatur im Unterschied von der Musik oder bildenden Kunst primär an eine Sprachgemeinschaft gebunden; in der Folge der Herderschen Sprachphilosophie und der romantischenVorstellung von einem Volksgeist, der sich in den Kulturleistungen eines Volkes, vor allem aber in seiner Literatur zu erkennen gibt, ist die Nationalliteratur in vielen kleineren slavischen Völkern zum Träger des erwachenden nationalen Bewußtseins geworden. Im autokratischen russischen Imperium war sie das Forum der öffentlichen Meinungsbildung im Tarnkleid einer äsopischen Sprache und verhüllenden Metaphorik und Gestaltung; und bis in die jüngste Vergangenheit hat die Literatur diese große bewußtseinsbildende Funktion auch ausgeübt und ein entsprechendes Ansehen in der Gesellschaft als die öffentliche Meinung bildende und führende Instanz besessen. Es genügt, an die oppositionelle Literatur einerseits (samizdat) und an die affirmative, systemtragende Literatur andererseits in den ehemals kommunistischen Ländern zu erinnern.

Literatur war in den osteuropäischen Staaten und Nationen ein zentrales, nationales und ideologisch-gesellschaftliches Phänomen und für den Fremdbetrachter das authentische und umfassende Medium, um die Eigenarten der betreffenden Literaturgesellschaft, die fast immer auch mit einer Volksgemeinschaft identisch war, also eine Nationalliteratur darstellte, kennenzulernen. Als Medium des nationalen und gesellschaftlichen Bewußtseins sind die slavischen Literaturen aber auch von nationalistischen und aggressiven ideologischen Tendenzen ergriffen worden und haben Feindbilder, Stereotype und Klischees geschaffen, die den vermeintlichen Gegner gebrandmarkt haben und von den breiten Leserschichten affirmiert wurden. Beispiele sind: der Türke als Feind der Christenheit und brutaler Tyrann in den slavischen Literaturen[1)], der katholische Antichrist in den Literaturen der orthodoxen slavischen Völker[2)]; der französische Intrigant[3)], der polnische Verräter in der russischen[4)], der russische Erbfeind in der polnischen Literatur[5)]; der finstere deutsche Ostlandreiter, teutonische Kreuzritter und erbarmungslose Germanisator in der polnischen[6)] oder der kalte deutsche, rationale Erfolgsmensch in der russischen

Literatur[7]. Der Deutsche erscheint des öfteren aber auch als unkultiviert und vertrottelt[8], das Gegenbild ist der romantische deutsche Schwärmer und humane Idealist[9]. In der kommunistischen Zeit überlagerten die nationalen Antagonismen den Klassenantagonismus: die Feinde waren nun Faschisten, Imperialisten, Monopolisten, westliche Bourgeois[10].

Auf der anderen Seite war das nicht besser: In Frankreich warnten Alexis Clérel de Tocqueville[11] und der Marquis Astolphe de Custine[12] vor dem barbarischen russischen Koloß, Iwan Turgenjews sozialkritische Jägererzählungen wurden der französischen Öffentlichkeit im Krimkrieg als Selbstzeugnis russischer Kulturlosigkeit von der Kritik angedient[13], und in Deutschland überbot sich grenznahe Heimatliteratur, die in nicht kleinen Auflagen erschien, slavische Antihelden (um nicht zu sagen: Untermenschen) zu produzieren[14], 1954 charakterisierte eine weit verbreitete Geschichte der deutschen Literatur Dostojewski und Tolstoi als Apologeten einer russischen "Heilandsmission"; Dostojewski sei ein "fanatisch besessener Gläubiger der Weltherrschaft seines Landes vom Psychischen her" (sic!), er erscheint als eine Art Vorläufer der "bolschewistischen Weltrevolution" - das literarische Werk Dostojewskis hingegen wird mit kcinem Wort gewürdigt.[15]

Die Deutschen sind die direkten Nachbarn slavischer Völker, ebenso wie sie die direkten Nachbarn beispielsweise der Franzosen sind. Während aber trotz nationalistischer Gegensätze und Feindschaft in zwei Weltkriegen das Studium der französischen Sprache, Literatur und Kultur (wie überhaupt der anderen westlichen Philologien) *nie* infrage stand, hat es eine vergleichbare Beschäftigung mit den slavischen Sprachen und Kulturen einschließlich der russischen in Deutschland *nie* gegeben. Ansätze dazu wurden immer wieder Opfer der politischen und ideologischen Kontroversen, bis heute führen russischer Sprachunterricht und Werke der russischen und der slavischen Literaturen - trotz ihrer Weltgeltung - ein Schattendasein im Bildungsangebot der öffentlichen Lehr- und Fortbildungsanstalten und im Bildungsbewußtsein der Deutschen, verglichen etwa mit dem Unterricht im Englischen und Französischen, in Spanisch oder Latein! Das kann ja wohl kaum an der Qualität der slavischen Kulturen liegen, denn wer könnte es wohl ernsthaft wagen, die Beiträge, die Rußland z.B. zur europäischen Kultur, Literatur, Musik, Malerei und zu den Wissenschaften erbracht hat, infragezustellen! Die Meisterromane Gogols, Turgenjews, Dostojewskis und Tolstois gelten zu Recht als Muster der

Gattung, Puschkin gehört unbestritten zur Weltliteratur; ohne Glinka, Mussorgski, Tschaikowski, Skrjabin, Strawinski, Prokofjew, Schostakowitsch wäre die Musik in aller Welt ärmer, das russische Ballett ist maßstabsetzend, mit der mittelalterlichen Ikonenmalerei, mit Repin, Wrubel, Jawlenski, Kandinski, Malewitsch, Chagall hat Rußland die bildende Kunst wegweisend bereichert, seine Leistungen auf geistes- und naturwissenschaftlichem Gebiet sind außerordentlich.

Es ist hier nicht der Ort, eine differenzierende Untersuchung anzustellen, warum russische und slavische Kultur- und Literaturbeiträge im Bildungskanon in Deutschland nicht hinreichend als solche oder nur in einem *anderen* Zusammenhang berücksichtigt werden[16)], aber auf einen, in der kulturpolitischen Diskussion immer wieder strapazierten Topos *muß* hingewiesen werden: den Begriff von der *abendländischen* Kultur- und Wertegemeinschaft und damit zusammenhängend die westlastigen Europa-Definitionen.

Auch hier kann ich nur auf seine weströmischen Wurzeln und Abgrenzungen hinweisen, aber mit Nachdruck unterstreichen möchte ich die ungerechtfertigte Ausgrenzung der anderen Hälfte der europäischen Kulturtradition, antonym gesprochen: des Morgenlandes, ich meine also das byzantinische Erbe, das christlich-orthodoxe Europa. Es wird höchste Zeit und wäre heute eine Forderung europäischer Zukunftsperspektive, diese andere große Kulturgemeinschaft des Kontinents in ihrer gewaltigen zivilisierenden Leistung in Asien und Sibirien, in ihren inneren Differenzierungen und auch in ihren minoritären Separierungsbestrebungen (russ. Slavophile) kennenzulernen, zu verstehen und zu integrieren, statt sich direkt oder indirekt noch immer von schismatischen konfessionellen Dogmen beeindrucken zu lassen.[17)]

Gerade Deutschland als das Land der Mitte in Europa, dessen ethnische Eigenart sich zu einem guten Teil aus der Symbiose mit slavischer Urbevölkerung herleitet[18)], sollte endlich aus seiner geographischen Lage seine *europäische* Aufgabe der *Vermittlung* begreifen und annehmen. Das wäre ein besserer Dienst an Europa als sich einem westlich- abendländischen *Teileuropa* - koste es, was es wolle - einseitig anzupassen.

Europa - soll die Idee *mehr leisten* als eine bloß ökonomische und politisch pragmatische Interessengemeinschaft, und soll sie besser sein als eine von *einer* Großkultur und Weltsprache dominierte[19)] überdimensionale, homogene und langweilige Scheinidentität - kann und darf als Europa der

Zukunft nicht auf die Teilnahme seines östlichen Teils verzichten. Als Gegengewicht zu einer wahrscheinlich vorteilhaften ökonomischen, währungs-, verteidigungs- und verkehrspolitischen Vereinigung wäre die *kulturelle* Vielfalt gleichwertiger unterschiedlicher Partner zu setzen, und hier wäre der Anteil des Ostens eine sinnvolle Bereicherung und Erweiterung, die der möglichen Dominanz einer großen, traditionsreichen Nation des Westens ausgleichend entgegenwirken könnte. Die traditionelle, auf Trennung abhebende Formel "Europa *und* die Slaven" ist also zu ersetzen durch "die Slaven *in* Europa", so wie wir von Deutschland, Frankreich, Spanien, Italien in Europa sprechen und uns dabei ihrer nationalen Eigenart, ihrer eigenen Geschichte, ihrer Sprachen und Traditionen durchaus bewußt sind. Es soll - um Vielfalt und stimulierenden Wettbewerb zu erhalten - beim Europa der Vaterländer bleiben, von dem de Gaulle sprach, auch wenn die Vaterländer zur notwendigen Gemeinsamkeit einiges an Souveränitätsrechten opfern und einbringen müssen.

Napoleon wollte Europa, aber unter französischer Herrschaft. Daran ist er gescheitert, in Rußland übrigens! Hitler wollte Europa, aber unter deutscher Herrschaft, und scheiterte ebenfalls. Stalin wollte ein sowjetkommunistisches Europa. Er hat es nicht erreicht, und seine Erben scheiterten. Die Geschichte lehrt, daß die europäischen Völker keine Vorherrschaft dulden, sie wollen frei sein und frei entscheiden.

Michail Gorbatschow hat im Juli 1988 vor dem polnischen Sejm folgende Definition seines Begriffs vom "gemeinsamen europäischen Haus" gegeben:

"Alle Länder des Kontinents, ungeachtet der zahlreichen Unterschiede, die zuweilen sehr tief sind, stellen eine gewisse Gemeinschaft dar, nicht nur eine geographische, sondern auch eine politische, ökonomische und kulturelle."

Literatur hat nie zu den brennenden geistigen und gesellschaftlichen Problemen geschwiegen, wo sie sich gelegentlich ins l'art pour l'art wendete, war das auch eine indirekte Stellungnahme. Das große moralische und ideenleitende Ansehen der Literatur in den slavischen Ländern ist ein Beispiel. Aber in diesem Zusammenhang ist auch mit Nachdruck darauf aufmerksam zu machen, daß die literarische Praxis in Europa trotz aller nationalistischen und weltanschaulichen Differenzen schon immer grenzüberschreitend, übernational und kulturverbindend war. Kontakte unter Autoren, Wechselbeziehungen und Einflüsse wie Einwirkungen bezeugen das ebenso wie große gesamteuropäische Stilepochen, z.B. Romantik,

Realismus, Symbolismus usw. gerade in ihrer gelegentlichen Ungleichzeitigkeit und kulturspezifischen Unterschiedlichkeit.

Da gab es auch nicht jene pedantische Abgrenzung eines "Abendlandes", wie z.B. die positiven Interessen von Leibniz, Voltaire, Rousseau, Herder, Goethe, Schiller, Hebbel, Zola, Henry James, Rilke, Spengler, Toynbee, Thomas Mann und vieler anderer mehr an den slavischen und besonders an der russischen Literatur und Kultur bezeugen.[20)] *Die res publica litterarum hat also längst realisiert, was die heutige europäische Idee verwirklichen möchte.* Wer es ernst meint mit einer europäischen Gemeinschaft freier selbständiger, aber miteinander sich beständig austauschender Partner, sollte *dieses* Potential ausschöpfen und einsetzen, das sich geradezu *exemplarisch* eignet für eine Horizonterweiterung vom Nationalen zum Europäischen, in dem das Nationale aufgehoben bleibt. Das ließe sich erreichen durch einen komparatistischen Literaturunterricht[21)], der auf nationalliterarischer Basis (aus pragmatischen Gründen in der Muttersprache an Hand von Übersetzungen) nun aber den *europäischen* und nicht den *nationalspezifischen* Aspekt intendiert. Folgende Möglichkeiten bieten sich an:

1. Die literarische Gestaltung gesamteuropäischer historischer und geistes-geschichtlicher Vorgänge, z.B. Renaissance, Reformation und Gegenreformation; der Widerstand gegen die osmanische Expansion; die europäische Aufklärung; der Nordische Krieg; die Französische Revolution, Napoleon und der Wiener Kongreß; der Krimkrieg; die Industrialisierung und soziale Frage in Europa; der 1. Weltkrieg; die Revolutionen 1917/18 und der Bürgerkrieg; Widerstand gegen Diktaturen (Stalin, Hitler, Mussolini, Franco; der 2. Weltkrieg; der Kalte Krieg; die Perestroika).[22)]

2. Gesamteuropäische literarische Gattungen und Stilepochen: Fabel, Epos, Tragödie, Komödie, Roman, Novelle, Satire, Utopie... Stilepochen: Romantik, Realismus, Symbolismus, Futurismus, Avantgarde...

3. Einflüsse, Einwirkungen, Kontakte und Freundschaften von Autoren, z.B.: Goethe, J. Grimm, Mickiewicz, Schukowski, Puschkin, Vuk Karadzic... Turgenjew, Storm, Merimée, George Sand, Maupassant, Flaubert, Zola, H. James... Krleza, Rilke, Blok... Rilke, Pasternak, Zwetajewa... Gorki, Gide, Hauptmann, Brecht, Andersen Nexö... B. Leschmian, St. Ge-

orge, W. Rolicz-Lieder... L. Tolstoi und die Tolstojaner in Canada, USA, Israel, Indien... Schiller in Rußland, Goethe in Rußland, Heine in Frankreich, Shakespeare in Deutschland...

4. Orte literarischer Begegnungen und ihre europäische Bedeutung: Paris, Straßburg, Krakau, Warschau, Prag, Petersburg, Moskau, Wien, Zagreb, Rom, Neapel, Zürich, Amsterdam, London, Berlin, Dresden, München, Heidelberg, Baden-Baden, Tübingen, Freiburg, Badenweiler ...

5. Europäische Stoffe: Antichrist, Demetrius, Don Juan, Faust, Hamlet, Jesus, Judith, Lear, Luzifer = der gefallene Engel/Mephisto/Satan/Teufel, Macbeth, Mazeppa, Mozart, Napoleon, Osman, Peter der Große, Undine/Rusalka, Werther ...[23)]

6. Europäische Motive: Der Doppelgänger, Das Duell, Der Einsiedler, Geld, Der Hochstapler, Krieg und Frieden, Die selbstlose Kurtisane, Der weise Narr/Schelm /Pica-ro/Sonderling, Nebenbuhlerschaft, Der gerechte Räuber/Der Rebell, Der Spieler, Die Stadt, Teufelsbündner, Tyrannei und Tyrannenmord, Vater-Sohn-Konflikt, Verführer und Verführte, Die dämonische Verführerin ...[24)]

Es bedürfte der Ausarbeitung eines Lehrplans, der solche Themen komparatistisch aufarbeitet, europäisch zentriert und fächerübergreifend integriert.Mir scheint, keine wissenschaftliche Disziplin als Schul- und Hochschulfach bringt bereits soviel europäisches Gedankengut und längst realisierte europäische Gemeinsamkeit ein, wie die Literaturwissenschaft bzw. Komparatistik, die sich nur dieser ihrer Möglichkeiten bewußtwerden und sie kreativ einsetzen müßte. Sie könnte entscheidend beitragen, - im Interesse einer wünschenswerten kulturellen europäischen Gemeinsamkeit in nationaler und regionaler Vielfalt - zwei widerstandsfähige und äußerst störende Defizite abzubauen:

1. die einseitige Westorientierung des *deutschen* literarischen oder philologischen Bildungssystems[25)]; und
2. die Überwindung des auch nach dem Zusammenbruch des Kommunismus noch latenten Ost-West-Gegensatzes zwischen dem "Abendland" und dem orthodoxen Osten.

Eine europäisch orientierte vergleichende Literaturwissenschaft könnte schließlich die Garantie für das Überleben und die Weiterentfaltung einer multikulturellen und multinationalen Literatur- und Kulturgemeinschaft in einem *geeinten*, aber *nicht vereinheitlichten* Europa bieten. Dieses Europa sollte einem Orchester gleichen, in das jedes Instrument seine unverwechselbare und notwendige Stimme einbringt und in dem ebensowenig auf die mächtige Orgel oder donnernde Pauke verzichtet werden kann, wie auf die sanfte, zarte Flöte.

Anmerkungen

In der Diskussion zum Vortrag dieser Thesen am 8.10.1992 wurde der Wunsch geäußert, Material für die Anwendung der hier ausgeführten Vorschläge und Empfehlungen bereitzustellen. Insbesondere wurde um eine Bibliographie von Anthologien neuerer Übertragungen aus den slavischen Literaturen gebeten.

Den umfangreichen Anmerkungsapparat hat zusammen mit dem Verfasser Heide Willich (unter Mitwirkung von Regine Nohejl, M.A., und Heinz Setzer, alle Slavisches Seminar der Universität Tübingen) erarbeitet. Sie hat auch die Auswahlbibliographie neuerer Anthologien slavischer Nationalliteraturen zusammengestellt. Für ihre Mitarbeit gebührt Heide Willich herzlicher Dank.

Anmerkung des Herausgebers

Der erarbeitete Anmerkungsapparat geht über den Rahmen dieser Dokumentation hinaus und kann aus diesem Grund hier nicht veröffentlicht werden. Interessenten können den Anmerkungsapparat im Institut für Weiterbildung, Keplerstraße 87, 69120 Heidelberg, Telefon 06221 - 477522, Fax 06221 - 477437 kostenlos anfordern.

Gerhard Mittelstädt

Europa im Spektrum nationaler Vielfalt

Zwischen Hoffnung und Besorgnis - Wertorientierungen in Spontanzeichnungen und -äußerungen von Schülern verschiedener Nationalitäten im Aus- und Inland.

Wechselseitiges sprachen- und nationenüberbrückendes Fremdverstehen - eine überfällige Bildungsforderung

Für die Aufnahme internationaler Kontakte, für Migrationen aus vielen Ländern und insbesondere für die europäische Integration ist das "wechselseitige internationale Fremdverstehen" (Mittelstädt 1986) nicht nur wünschenswert, sondern notwendig. Auf der ersten Stufe des Fremdverstehens, dem alltäglichen und national üblichen, versucht sich der eine Partner vom anderen "sein Bild zu machen". International besteht die Gefahr, daß jeder weitgehend bei seinem nationalen Verständnis stehen bleibt, weil häufig das Unbekannte auf dem Raster des national Bekannten eingeordnet wird. Um nun über eingewurzelte nationale Vorurteile und Annahmen hinauszukommen, ist eine zweite Stufe des Fremdverstehens notwendig, nämlich die der originalen internationalen Wechselseitigkeit. In diesem Fall sorgt man sich darum, daß der national andere mir gegenüber sich selbst darstellen kann. Außerdem regt man ihn dazu an, auch dem anderen dazu Gelegenheit zu bieten, sich ihm *original* "vorstellen" zu können. Dann erst kann mit Aussicht auf Erfolg ein erwünschter Dialog vorankommen, bei dem Rückfragen weitere Klärung ermöglichen. So erfahren wir von unseren jeweiligen Vorverständnissen (R. Bultmann 1954, H.-G. Gadamer 1972) und können uns darauf aufmerksam machen, was positiv, negativ oder ambivalent/neutral für uns und für den anderen ist.

Als Schranken und Möglichkeiten für das wechselseitige Fremdverstehen wirken bei anderen und bei uns grundlegend nationale und sprachliche Zugehörigkeiten, die sowohl biographisch als auch kollektiv von der Geschichte und den in ihr wurzelnden und wirkenden Nationen und Sprachen bestimmt sind (G. Trommsdorf 1989).

Zur sprachen- und nationenüberbrückenden Verbindung von Bilddimensionen (Spontanzeichnungen) mit Wortdimensionen (Erläuterungen)

Ein Blick in Standardwerke über sozialwissenschaftliche Forschungsmethoden zeigt dem Leser, daß in der Regel diese Verbindung nicht vorkommt. Inwiefern könnte sie dazu beitragen, sprachliche und nationale Schranken im Dienste wechselseitigen internationalen Fremdverstehens zwischen Angehörigen verschiedener Nationen zu überbrücken? Sicher wäre es wünschenswert, unmittelbar und original zu erfahren, welche spontanen Hoffnungen und Befürchtungen über Europa Schüler verschiedener sprachlicher und nationaler Zugehörigkeiten hervorbringen. Die ursprünglichen Äußerungen von Schülern vieler Nationen in europäischen Staaten lassen sich durch Übersetzungen nur nachträglich und bedingt erschließen. Selbst eine lingua franca wie das Englische ist nur ein Notbehelf.

Europa lebt aber von den Spannungen zwischen den zwei Haupttendenzen zur Einheit/Integration und zur nationalen Vielfalt.

Somit erhebt sich die Frage, ob die Dimensionen der Wortsprachen durch die Bilddimension der spontanen Zeichnungen/Bilder ergänzt werden kann. Zeichnungen/Bilder sollen nicht gegen Worte ausgespielt werden, vielmehr kommt es auf die Verbindungen beider Dimensionen an.

Fragen und Hypothesen

In dem Projekt soll die Hypothese überprüft werden, ob und inwiefern Wertorientierungen als Hoffnungen und Besorgnisse im Blick auf Europa bei Schülern in verschiedenen Ländern und bei Migranten in Spontanzeichnungen und Erläuterungen auf jeweils besondere Weisen zur Anschauung und zu Wort kommen. Ferner ist zu prüfen, ob neben den Unterschieden auch Gemeinsamkeiten empirisch nachgewiesen und interpretiert werden können.

Außerdem soll gefragt werden:

- ob und wie die europäische Doppelfrage nach Integration und nationaler Vielfalt gestaltet wird;
- welchen Umfang Europa einnimmt (welche Länder dazugehören, welche weggelassen oder bewußt ausgeklammert werden);

- welchen Stellenwert der eigenen Nation im Verhältnis zu Europa eingeräumt wird;
- ob und inwiefern Europa für sich allein oder im Weltzusammenhang gesehen wird.

In einem zweiten Teil des Projekts können dann weitere individuelle Angaben der Zeichner dargestellt werden.

Forschungsstand

Zu den Fragestellungen meines Projektes, ob und inwiefern Wertorientierungen im Blick auf Europa von Schülern verschiedener Nationenzugehörigkeiten in Spontanzeichnungen und -äußerungen hervorgebracht werden und inwiefern sie sich für internationale Vergleiche und Verständigungen erforschen und für Unterricht, Studium und Ausstellungen verwerten lassen, liegen bisher keine wissenschaftlichen Beiträge vor.

Freilich wird in der Geschichte der Pädagogik aufgezeigt, daß vorgefertigte Zeichnungen/Bilder von Lehr- und Lerngegenständen im weitesten Sinn bekannt sind und als Unterrichtsmedien verwendet werden. Die Autoren bieten aber vorgedruckte Zeichnungen/Bilder mit entsprechend vorgesetzten Worten (oder ohne sie) den Schülern an. An das weltberühmte Werk des Jan Amos Comenius "Orbis sensualium pictus", Nürnberg 1658, sei hier erinnert, ohne auf Vorläufer und Wirkungsgeschichte hier näher einzugehen.

Bilder aus der Geschichte der Malerei werden in jüngster Zeit für Erziehungsinteressierte "in bildungstheoretischer Absicht" (K. Mollenhauer 1986) interpretiert. Ferner werden immer wieder Zeichnungen im Unterricht mit Worten verbunden, sind aber kein Gegenstand systematischer Forschung.

Demgegenüber besteht der grundlegende Unterschied des Projekts darin, daß Kinder und Jugendliche *selbst* die Spontanzeichnungen und -äußerungen unter indirekten Forschungsgesichtspunkten hervorbringen dürfen. Arbeiten in dieser Richtung erstrecken sich über mehr als ein Jahrhundert unter der Bezeichnung "Kinderzeichnungen". Sehr vereinfacht läßt sich dieser Forschungsstand dahingehend zusammenfassen, daß die beiden Hauptlinien der seit mehr als einem Jahrhundert betriebenen Forschungen über Kinderzeichnungen sich hauptsächlich psychologischen, psychiatrischen und kunstpädagogischen Fragen und weniger ethnologischen zuordnen lassen. Aus jüngster Zeit sei hier an die Arbeiten der Psychologin G. Meili-Dworetzki (1982) erinnert, die die Menschengestalt in der Sicht von Kindern aus der Schweiz, der Türkei und Japan erforschte. Migrationsbezogenen internationalen Fragen wandte sich die Pädagogin W. Sayler 1980 zu, die nach dem Ausdruck sozialer Beziehungen zwischen deutschen Kindern und jenen aus Migrantenfamilien in Deutschland (es waren nicht nur Gastarbeiterkinder, wie der Titel behauptet) fragte.

Einen Teil meiner Forschungen über nonverbale Indikatoren für soziokulturelle Orientierungen trug ich 1987 auf dem "Kongreß für Kulturanthropologie und europäische Ethnologie" an der Universität Frankfurt vor. Damals berichtete ich über Untersuchungen von Hochzeitszeichnungen, die etwa 50 Schüler in der Türkei, 157 Schüler aus türkischen Migrantenfamilien in Deutschland und nahezu 700 Zeichnungen von Schülern anderer Staatsangehörigkeiten im Alter von 10 bis 14 Jahren angefertigt hatten. Erst aus dem internationalen Vergleich der drei Gruppen konnte man erkennen, welche Unterschiede sich in den Vorstellungsbildern der Schüler zeigen. Wenn sich Änderungen in den Darstellungen von Migrantenschülern ausdrücken, dann sind die Schüler vermutlich nicht nur äußerlich, sondern persönlich berührt.

Während das Hochzeitsthema mehr die privaten familiären und individuellen Bereiche betrifft, zielt die Frage nach Europa mehr auf politische und gesellschaftliche Aspekte in der Sicht von Schülern. Dabei können die Schüler ihre Hoffnungen und Besorgnisse im Blick auf Gegenwart und Zukunft auf das Thema projizieren und darstellen.

Ein Grund für den Mangel an Forschungen über internationale und kulturelle Themen mittels spontaner Zeichnungen liegt vielleicht in der hohen Komplexität der Fragestellungen und Methoden, da sowohl die Fülle des Ausdrucks persönlicher Vorstellungsbilder als auch eine zusätzliche Verbalisierung verarbeitet werden müssen.

Erhebungsmethode

Um überhaupt eine größere Anzahl spontaner Schülerzeichnungen erhalten zu können, muß die Mitarbeit von Schulklassen in verschiedenen Ländern gewonnen werden. Der Bearbieter, dem kein Team zuarbeitet, braucht außerdem die Hilfe der Lehrer, um die spontanen Zeichnungen überhaupt zu beschaffen.

Ein Merkblatt mit einer einheitlichen Instruktion für alle Lehrer ist dazu erforderlich. Es soll einerseits den Spielraum für die spontane Arbeit der Schüler sichern, muß aber andererseits für möglichst gleiche Aufgabenstellung, Zeichenmaterialien und Techniken sorgen. Der Lehrer soll also jeweils nur schlicht und knapp um eine Zeichnung zum Leitwort Europa bitten. Weißes Zeichenpapier im Format DIN A 3 und ferner die Arbeit mit Wasserfarben oder notfalls Ölkreiden sind vorgeschrieben.

In der Regel sind Lehrer nicht bereit, Verhalten und Äußerungen ihrer Schüler während des Zeichnens zu protokollieren. Um jeden Leistungsdruck von ihren Schülern fernzuhalten, sollen die Lehrer zu Beginn darauf hinweisen, daß Schüler gegebenenfalls ihre Zeichnung in ihrer Freizeit bis zum nächsten Tag fertigstellen dürfen, falls sie im Unterricht nicht fertig werden. Um die Spontaneität nicht zu stören, teilt der Lehrer erst nach Ablauf der Unterrichtszeit den Schülern eine Reihe von Fragen mit, deren Antworten auf der Rückseite des Zeichenblattes vermerkt werden sollen. Sie betreffen Variablen, die bei der Interpretation der Zeichnungen wichtig sind: Alter, Schulart, Geschlecht und Nationalität, ferner die Selbstinterpretation der Zeichnung durch den Schüler. Dadurch kann der erwachsene Untersucher nachträglich seine eigene Interpretation kontrollieren. Ferner ist es möglich, die Eigenart der bildhaften Dimension wie der verbalen bei demselben Urheber zu vergleichen. Hinzu kommen noch Fragen nach der Originalität der Zeichnung oder fremden Vorgaben aus der Sicht des Schülers. Außerdem soll der Schüler vermerken, ob er nur sein eigenes Land oder noch andere kennengelernt hat. Schüler aus Migrantenfamilien sollen darüber hinaus noch angeben, wie lange sie schon im Migrationsland leben.

Durchführung der Untersuchung

Zur Durchführung sei hier summarisch vermerkt, daß es nur teilweise möglich ist, ein solches sprachen- und nationenübergreifendes Projekt im wünschenswerten Umfang zu verwirklichen. Mit großem Zeitaufwand konnten im Zeitraum fast eines Jahres rund 400 Spontanzeichnungen beschafft werden. Erst kürzlich eingetroffene Sendungen sind hier noch nicht ausgewertet.

Auswertung

Dieser Beitrag stellt eine *Zwischenbilanz* dar. Sie beruht auf einer ersten Durchsicht der Spontanzeichnungen von Schülern aus Deutschland, Großbritannien, Griechenland, Italien, Polen, Türkei und von Migranten aus Griechenland, Italien und Türkei in der Bundesrepublik.

Aus Raumgründen kann *hier* nur eine kleine Auswahl von Spontanzeichnungen aus *Deutschland* und einige aus *Polen* interpretiert und nur ein sehr kleiner Teil abgebildet werden - obschon der Hintergrund sich auf die vorläufige Kenntnis aller Zeichnungen aufbaut.

Die Auswertungen/Interpretationen erfordern mehrere (sprachen- und nationenüberbrückende) interdisziplinäre Komponenten und Schritte:

Maßgebend für den empirischen Nachweis und das vorangehende Verstehen der Gestaltungen verschiedener Wertorientierungen (Hoffnungen und Besorgnisse) mit Blick auf Europa kann nicht die Verbindung der Bild- und Wortdimension in der *einzelnen* Spontanzeichnung sein. Ebenso würde das *Zusammenzählen* von Einzelbefunden zur Gesamtsumme keine übergreifenden Einsichten in die Richtungen der Wertorientierungen bei Schülern verschiedener Länder erschließen. (Das mag ein Grund für den geringen theoretischen Ertrag mancher Malwettbewerbe und Ausstellungen sein.) Erst die sprachen- und nationenüberbrückenden *Vergleiche aller* Zeichnungen unter den komplexen Ausgangsfragen des Forschungsprojekts ermöglichen einen systematischen Rahmen, in dem sich dann der Stellenwert für die Einzelblätter bestimmen und demgemäß verstehen und interpretieren läßt. Folglich darf man die Interpretation nicht bloß informationstheoretisch verkürzend auffassen, als ob der Interpret nur ein Empfänger sei, der das Medium der Zeichnung encodiert, die zuvor von ihrem Urheber als Sender codiert worden ist. Denn diese Spontanzeichnungen sind keine bloßen Medien für etwas anderes, sondern stellen oft individuelle Bildgestaltungen dar, die der Betrachter im "Gespräch" hermeneutisch erschließen kann, wobei sein Vorverständnis eine bewußte Voraussetzung ist, die sich nicht umgehen läßt (Gadamer, 1972; Jauß 1977).

Ausgangspunkt ist die geschichtlich aufgebaute und bis heute wirkende inhaltliche *Doppeltendenz* Europas in ihrer wechselseitigen Bedingtheit, nämlich der Aspekt der Einheit/Integration und der Aspekt der nationalen Vielfalt. Daher müssen die Spontanzeichnungen daraufhin befragt werden, ob ihre Gestaltung nur oder vorzugsweise den Einheitsaspekt und/oder auch die nationale Vielfalt, dann in welchem Umfang und in welcher Weise, vergegenwärtigt. Sind etwa alle Staaten des Kontinents aufgeführt oder nur die Länder der Europäischen Gemeinschaft oder andere Auswahlen? Berücksichtigten die Schüler nur jeweils die Länder, die ihnen spontan eingefallen sind, da sie ihren persönlichen Interessen am nächsten stehen? Durch welche Gestaltungen und Symbole vergegenwärtigt der Schüler seine *Wertorientierungen* im Hinblick auf Europa, seine Hoffnungen und Besorgnisse (stark positiv, positiv, ambivalent/neutral, negativ, stark negativ)?

Die jeweils sinngebenden *Zeichen* erfordern zwar *ästhetische* Überlegungen, die aber im Unterschied zur Kunsttheorie und -pädagogik für das Sachverständnis und seine Beurteilung nicht primär maßgebend sind.

Will der Zeichner durch seine Gestaltungen nur einen Sachverhalt darstellen, seine eigene Befindlichkeit ausdrücken oder gar an die Betrachter den Appell richten, helfend mitzuwirken (*Funktionen* der Zeichnungen K. Bühler/W. Sehringer 1991)?

Ob, inwiefern und warum können diese Zeichen sprachen- und nationenübergreifend wechselseitig verstanden werden? Sind dafür Vorkenntnisse notwendig und aus welchen Bereichen stammen sie?

Als Zwischenergebnis sei hier festgehalten, daß die Strukturierung des Gesamtmaterials und die erst danach mögliche genauere Interpretation der jeweiligen Spontanzeichnungen als individuelle Gestaltungen die Verbindung von inhaltlichen, vergleichend-hermeneutischen, ästhetischen, bewertend-persönlichen mit wirkungsgeschichtlichen Überlegungen erfordern.

Die persönlichen Fragen umfassen Nationalität, Alter, Geschlecht, Schulart des Zeichners, die Selbstdeutung seiner Arbeit, die Frage nach Übernahmen/fremden Einflüssen, um so die Originalität des Beitrags eher verstehen zu können; ferner die Kenntnis anderer Länder, bei Außenmigranten noch die Dauer des Aufenthaltes. Ein *Teil* dieser Fragen wird bei der Interpretation der Zeichnungen schon *hier* berücksichtigt. Ein anderer Teil kann erst in einer späteren Arbeit zum Zuge kommen.

Mindestens die vorstehenden Fragen müssen berücksichtigt werden, um die *Bedeutung*, d.h. den Stellenwert der Einzelzeichnung mit Bezug auf die vorliegende, freilich noch *nicht* repräsentative, Gesamtzahl der Spontanzeichnungen im Hinblick auf die Hypothesen des Forschungsprojekts nicht nur ästhetisch zu empfinden, zu erleben, sondern auch wahrzunehmen, einzusehen, zu verstehen und zu erkennen.

Empirisch nachgewiesen und intersubjektiv/international erschlossen sind die spontanen selbstgestalteten Wertorientierungen, nämlich die Hoffnungen und Besorgnisse von Schülern im Blick auf Europa, erst dadurch, daß sie gestalthaft-sichtbar, hochkomplex, ästhetisch-erlebbar, verbal-formulierbar und begrifflich-unterscheidbar werden.

Spontanzeichnungen im Zusammenhang der europäischen Wirkungsgeschichte

Jede neue Generation wächst auf innerhalb der europäischen Wirkungsgeschichte, die durch vorangegangene Generationen aufgebaut worden ist. Freilich sind geistes- und religionsgeschichtlich bedingte Unterschiede zwischen den christlichen Komponenten, nämlich den lateinisch-römischen, den orthodox-griechischen oder den slawischen und islamischen Faktoren einzubeziehen, die in der sozial- und wirtschaftsgeschichtlichen Sicht häufig zu kurz kommen oder gar ausgelassen werden. Kinder und Jugendliche leben in diesen Traditionen, die somit Voraussetzungen für das gestaltende Handeln der Zeichner sein können. Daher erhebt sich die Frage, ob und welche dieser Traditionen von den Zeichnern aufgegriffen, entweder nachgeahmt oder grundlegend umgestaltet werden. Die Untersuchung ergab, daß sowohl *geographie*bezogene als auch *politik*bezogene Traditionen für zwei große Gruppen jeweils die Ausgangszeichen darstellen, jedoch in verschiedenem Maße umgestaltet worden sind.

Die dritte, größte Gruppe bevorzugt allerdings *aktuelle* Neuschöpfungen ohne Bezug zu den beiden oben genannten bedeutendsten Traditionen der Europasymbolik.

Funktionen der Spontanzeichnungen

Da das Leitwort "Europa" bei der Untersuchung politisch-gesellschaftlich auch für Kinder und Jugendliche bedeutsam ist, muß man fragen, ob und inwiefern die Zeichnungen Aufgaben eines Appells erfüllen sollen, der sich an die Betrachter wendet und sie auffordert, sich denkend und handelnd dem Anspruch des Zeichners anzuschließen, nämlich einem Bekenntnis zuzustimmen oder einer Warnung vor Gefahren zu folgen. Es ist weiter zu prüfen, ob auch die anderen Funktionen, die Karl Bühler in seinem Organon-Modell den Sprachen zuschreibt, nämlich bloße Darstellung eines Sachverhalts und Ausdruck einer Befindlichkeit, von W. Sehringer ergänzt um den Selbstausdruck für den Urheber allein, in Betracht kommen.

Wertorientierungen im Blick auf Europa als Gliederungskriterien

Nach Berücksichtigung aller bisherigen Untersuchungsbefunde kann der Interpret nun beurteilen, welche Wertorientierung die Zeichner/innen gestaltet und als Bild präsentiert haben:

- ob er sich stark Positives oder nur Positives erhofft,
- ob er sich stark Negatives oder nur Negatives, das als Gefahr Europa bedroht, befürchtet,
- oder ob er ambivalent Günstiges und Ungünstiges vermerkt oder nur spielerisch-neutral sich äußert.

Gestaltungen als Wertorientierungen über Europa - Spontanzeichnungen als sprachen- und nationenüberbrückende Indikatoren?

Für die Übersicht gelten folgende Überlegungen: Bei der vorläufigen Durchsicht wurde das Gesamtmaterial wegen des Themas der Untersuchung nach *Nationen* gegliedert. Der Abschnitt beginnt mit *Deutschland*, weil aus diesem Land die meisten Spontanzeichnungen vorliegen, nicht aber aus Nationalismus, wie unterstellt werden könnte. Danach folgen Abschnitte über andere Länder, hier zunächst nur über *Polen*.

Erst jetzt kommt der *ästhetische* Gesichtspunkt zum Zuge, nämlich die maßgebende Gestaltung/Symbolik aus dem wirkungsgeschichtlichen Zusammenhang (Neugestaltungen von Traditionen; aktuelle Neuschöpfungen). Berücksichtigt wird dabei der Doppelaspekt des Europaproblems, nämlich Einheit und Vielfalt.

Die weitere Einteilung folgt der *Bewertung* Europas durch die Zeichner (stark positiv oder positiv, stark negativ oder nur negativ, ambivalent/neutral...). Einbezogen wird die Frage nach den *Funktionen* der Spontanzeichnungen: Darstellung, Ausdruck, Appell.

Die folgenden Interpretationen stützen sich weiterhin auf den *Wortteil* der Spontanzeichnungen. Sie berücksichtigen die eigenen schriftlichen Angaben der Zeichner zum Thema Europa und die formulierten *Selbstdeutungen* ihrer Gestaltung. Angaben zur Person als Bedingungen der Zeichnung können nur *teilweise* berücksichtigt werden.

Beiträge aus Deutschland
Neugestaltungen *geographie*bezogener Traditionen für Europa

Ein weltweit verbreitetes Standardsymbol für Europa ist der kartographische Umriß des *Kontinents*. Von geographischen Pionieren entwickelt, durch Buchdruck, Schulunterricht, dazugehörige Lehrbücher, die wissenschaftliche Fachdisziplin und ihre Standardwerke und nicht zuletzt durch moderne Medien vergegenwärtigt, wird dieses Standardsymbol mehr von älteren als von jüngeren Schülern aufgegriffen. Bei der Gruppe der 10 bis 11jährigen ist es noch nicht so verbreitet. Hier darf man offenkundig bei den älteren Schülern und Schülerinnen den Einfluß des Geographieunterrichts vermuten.

1. Stark positive Wertorientierung

Auf tiefblauem Grund wird der Gesamtkontinent Europa im Mittelteil der Fläche von der rechten und der linken Seite her von weitgehend geöffneten Händen gehalten.

Kräftige Farben heben die Vielfalt des Kontinents hervor, mehrere Länder jeweils zusammenfassend:

- karminrot bedeckt Frankreich, Großbritannien, die skandinavischen Länder mit Finnland und Island;
- ocker kennzeichnet die klassischen Mittelmeerstaaten Portugal, Spanien, Italien und Griechenland, allerdings ohne den europäischen Teil der Türkei;
- gelb erstrahlt Mitteleuropa, das Deutschland, Schweiz, Österreich, Tschechei, Slowakei, Polen und vielleicht Ungarn umfaßt;
- dunkelbraun gekennzeichnet der Balkan im engeren Sinn;
- russisch-grün leuchten die GUS-Staaten bis zum Ural.

Je eine Hand beherrscht den linken und rechten Teil der Spontanzeichnung. Von beiden Händen wird der Kontinent in seiner Vielfalt hochgehalten, getragen, gestützt, zusammengehalten und geschützt - wie eine einzigartige Kostbarkeit, die der Zeichner liebt und verehrt.

Fragen an den unbekannten 15jährigen Gymnasiasten bleiben offen, da er lediglich auf der Rückseite vermerkte, 1985 aus Südafrika nach Deutschland gekommen zu sein. Der Gedanke liegt nahe, daß Europa bildmäßig fast als Ikone wirkt, die er schützen möchte. Liebt er sie deshalb so sehr, weil er hier jene Geborgenheit gefunden hat, die ihm das krisengeschüttelte Südafrika nicht bieten konnte?

Als 10jährige Schüler diese Zeichnung sahen, rief einer begeistert aus: "Das ist ja wie bei Gott!" Ikonographisch und wirkungsgeschichtlich ist eine Beziehung zu Dürers Werk "Betende Hände" nicht auszuschließen.

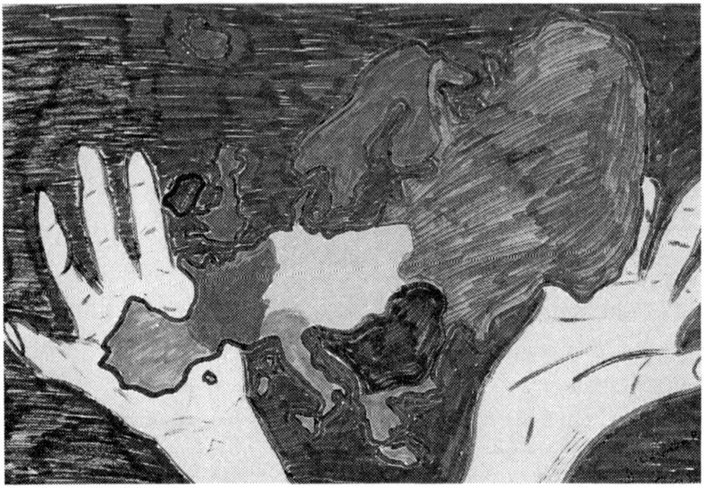

Foto: Alle Fotos G. Mittelstädt

2. Stark negative Wertorientierung

Der Globus mit Europa an der Oberfläche beherrscht die rechte Blatthälfte. Das ganze Umfeld wird von negativen Wörtern und Symbolen bedeckt, die fast alle von diesem Kontinent emporschießen - symbolisiert durch viele schwarze Pfeile. Die Mehrzahl der Symbole ist in blutroter Farbe gemalt.

Die Worte Kinder, Eltern, Schule, Mathe, Deutschland, Berlin - Bonn sind mehr in den Randzonen zwischen den anderen Negativwörtern placiert. Die Zeichnerin, eine 12jährige Gymnasiastin, kreuzte das Wort "Freunde" durch.

Durch die Aufschrift "Ciao Europa good bye" signalisiert sie, daß sie diesen Kontinent als verloren ansieht, weil er unter diesem erdrückenden Übermaß des Negativen unterzugehen scheint. Sie vermerkt aber noch zwei Wörter, einmal in roten Buchstaben "warum" und als zweites "Frage".

Die Selbstdeutung der Zeichnung auf der Rückseite bestätigt diesen Befund der Interpretation: "Europa zieht aus!!! Für immer??? Oder nur für ewig???" Hier deutet sich eine ironische Distanz an. Dann folgt: "Warum" (unterstrichen und ohne Fragezeichen). Unter diesem Wort vermerkt die Zeichnerin "Probleme, Fragen (keine Antworten)!!!"

Diese Gymnasiastin signalisiert eine eigene schwere Wertorientierungskrise, über die vielleicht der Lehrer oder jemand anderes taktvoll mit ihr sprechen sollte.

3. Ambivalente Wertorientierungen

Der Kontinent Europa bewegt sich von der Flächenmitte aufwärts - die Erdkugel im rechten unteren Großviertel zurücklassend. Die Lücke auf dem Globus bedeckt inzwischen schon das Meer. Farbige Strahlen in den jeweiligen Landesfarben zeigen noch auf die Herkunftsplätze auf dem Erdball, der selbst wie auch Europa weiß geblieben ist. Vom oberen rechten Quadranten her schießt ein blauer Pfeil in der Länge seines Schweifs, mit den 12 Sternen des Europaratemblems verziert, in den Kontinent hinein.

Offenkundig entfernte sich Europa in ungeheurer Dynamik von den anderen Kontinenten und empfängt von der europäischen Integration noch eine zusätzlich hochtreibende Schubkraft. In seiner exponierten Stellung oberhalb der Erdkugel scheint dieser Kontinent aber auch labil, ja vielleicht haltlos werden zu können.

Auf der Rückseite formulierte ein 12jähriger Schüler eines Wirtschaftsgymnasiums lediglich den Satz: "Europa, eine globale Herausforderung".

Diese Spontanzeichnung eignet sich vielleicht als Anregung für ein Unterrichtsgespräch (den Schüler konnte ich noch nicht fragen).

Vorerst rätselhaft blieb eine Spontanzeichnung, die im Mittelgürtel die Überschrift "Europa im Spiegel" trägt. Die 12 Sterne aus dem Emblem des Europarats verbinden wie ein Kreis die Vielfalt der Staaten des Kontinents. Auf dem dunkelblauen Grund zeigt sich in der unteren Hälfte noch einmal der Kontinent in schwarzer Farbe. Auf ihm spreizt sich eine Harlekinfigur mit breitgrinsendem Mund.

Auf der Rückseite des Blattes gibt der 15jährige Gymnasiast keine weitere Erklärung.

Ob es sich um zwei Gesichter Europas handelt, den offiziellen, tradierten Vordergrund und den dunklen, närrischen Hintergrund? Auch hier bleiben Fragen an den Zeichner offen, der kein Wort geschrieben hat.

Die Methode der doppelten Darstellung Europas findet man auch in anderen Zeichnungen. Dadurch veranschaulicht der Zeichner seine ambivalente Wertorientierung.

Neugestaltung *politik*bezogener Tradition

Neben dem Kontinent als geographischem Symbol für Europa gestaltet eine zweite große Gruppe von Schülern das *politik*bezogene Einheits-Vielfalts-Symbol des Europarates, nämlich das bekannte dunkelblaue Rechteck mit dem Kreis der 12 goldenen Sterne, in ihren Spontanzeichnungen um. Dieses Einheits-Vielfalts-Symbol wirkt farblich intensiver auf den Betrachter als etwa die grün-weiße Europafahne oder die beiden Buchstaben EG. Außerdem benutzt das Fernsehen dieses Symbol bei seinen Eurovisionssendungen.

Kaum ein Schüler kopierte lediglich diese Europarats-Fahne, sondern fast alle gestalteten sie im entscheidenden Maße um. Dadurch gelingt es ihnen, ihre positiv hoffungsvollen Bewertungen, ihre Sorgen vor Gefahren und Fehlentwicklungen bis hin zur Selbstzerstörung Europas, ihre ambivalenten Zweifel, ihre Ironie oder Skepsis Gestalt werden zu lassen.

1. Stark positive Wertorientierungen (DIN A 3)

Auf weißem Grund bedeckt ein *Blumenstrauß* mit großen Blüten in einer blauen *Kugelvase* mit dem Kranz der 12 goldenen Europasterne in der Mitte fast die ganze Fläche.

Die verschiedenen großen Blumen tragen auf ihren Stempeln jeweils die Buchstaben der internationalen Kennzeichnungen für die verschiedenen europäischen Staaten:

- F auf der übergroßen Sonnenblume
- D, B, GB flankieren auf der linken und der rechten Seite in blaßen bläulichen Blüten die Blumen in der Mitte;
- rot steht für E, rosa für A;
- I erscheint violett;
- Dk wirkt fast so blau wie D.

Ein Bild, dessen Komposition friedvolle Harmonie zeigt: Die Vase hält die verschiedenen Blumen (nationale Vielfalt) zusammen. Eindeutig überwiegt das ästhetische Interesse gegenüber den europabezogenen Inhalten. So ist die Auswahl der Symbole für die verschiedenen Länder ziemlich willkürlich. Die Schülerin beantwortete auf der Rückseite keine Sachfragen.

2. Stark negative Wertorientierung (DIN A 4)

Die weiße Fläche wird beherrscht von einem großen Totenschädel mit dunkelgrauen Höhlungen und einem blauen Zylinder, in dessen Mitte der Kranz der 12 goldenen Sterne leuchtet - die Elemente des Europarats-Emblems wurden also umgestaltet. Beherrschend sind die erschreckenden Züge des sehr grob gekennzeichneten Totenkopfs.

Die 16jährige Gymnasiastin begründet die Art ihrer Zeichnung damit, "weil ich denke, daß es bald keine EG mehr geben wird". Theoretisch bedeutet Europa für sie also die EG, für die ästhetische Gestaltung wählt sie jedoch die Elemente des Europarats-Emblems, weil es für sie offenkundig ansprechender ist.

Die sprachlichen Hinweise auf der Rückseite der Zeichnung bestätigen weitgehend den abgrundtiefen Zweifel an der Zukunft Europas als EG. "Meiner Meinung nach hat die EG keine Zukunft (deshalb der Totenkopf)."

Diese Spontanzeichnung würde sich durchaus als Gegenstand für eine Unterrichtsstunde eignen. Außerdem könnte der Lehrer auch noch einmal mit der Schülerin über ihre düstere Europa- und Weltsicht sprechen.

3. Ambivalente Wertorientierung (DIN A 4)

Auf weißem Grund bewegt sich ein seltsamer dunkelblauer *Organismus*, der fast die gesamte Fläche bedeckt. Die *beiden* Hälften dieses Organismus zeigen verschiedene Tendenzen: in der oberen Hälfte bewegen sich 12 kräftige armähnliche Gebilde, die an ihren Spitzen die goldenen Sterne des Europarats-Emblems tragen - also soweit eine positive Deutung.

Jedoch von rechts außen ist ein aggressiver Rachen auf einem langen Hals dieses Organismus dabei, zwei seiner fünf unteren schwächeren armähnlichen Gebilde abzubeißen - daß heißt sich selbst vielleicht lebensgefährlich zu verletzen - eine selbstzerstörerische Tendenz. Dieser hochdynamische Organismus verhält sich also ambivalent. Die sprachlichen Hin-

weise der 15jährigen Gymnasiastin zum Thema Europa zeigen einerseits diese ambivalente Tendenz: "sinnlos, doch nicht sinnlos." Andererseits betont die Schülerin noch mehr die negativen Komponenten: "Europa, Gebiß, Selbstzerstörung, Natursymbol, Perlweiß,..., Maastricht, EG". Dann formuliert sie als Überschrift "Europa zerstört sich selbst. Mensch zerstört Natur. Mensch zerstört Europa." Es folgt dann noch das Wort "Spontaneität". Die Schülerin kennt noch sechs verschiedene Länder außer Deutschland.

Aktuelle Neuschöpfungen

Aus wirkungsgeschichtlicher Sicht lassen sich die meisten Zeichnungen zur größten und dritten Gruppe zusammenfassen, die nicht auf die bedeutenden tradierten Einheitszeichen für Europa, nämlich den geographischen

Kontinent und das Emblem des Europarats zurückgreifen, sondern *aktuelle* Neuschöpfungen selbst gestalten oder in seltenen Fällen schon vorliegende Entwürfe aus der Umwelt übernehmen.

Die große Zahl der Spontanzeichnungen wird nach verschiedenen *Untergruppen* gegliedert und diese wieder nach den drei bekannten formalen *Wertorientierungen.*

Naturbezogenes Zeichen

1. Regenbogen

Stark positive Wertorientierung

Die Regenbogenanalogie, aus verschiedenen Nationalfahnen zusammengesetzt, überwölbt ungefähr das obere Drittel der weißen Fläche. Unter seinem Schutz gleichsam, ihre Nationalfahnen tragend, marschieren eine Dänin, eine Deutsche ein, gefolgt von einer Frau mit der viel größeren Europarats-Fahne, ein Spanier, ein Italiener und zuletzt eine Französin.

Die 10jährige malte ein beschwingtes festliches Bild: die Vertreter einiger Nationen, orientiert an der Europa-Fahne.

Die Erläuterungen der 10jährigen Grundschülerin bieten nichts Neues gegenüber der Bilddimension. Die Regenbogenanalogie eignet sich vorzüglich dazu, die Verbindung der verschiedenen Nationen zu zeichnen, hier noch verstärkt durch das Symbol der Europarats-Fahne.

2. Pflanzliche Symbole

Auch die 15jährige Gymnasiastin setzt die positive Reihe fort. Ein *Baumstamm* beherrscht von unten bis oben die Zentralachse der Fläche und vereint somit das Rankengeflecht, dessen einzigen Herzblätter aus den Nationalfarben von 10 EG-Staaten bestehen, die sich fast symmetrisch in den Grund der jeweiligen linken und rechten Bildhälfte hinein erstrecken. Da dieser Baum nicht nur den Stamm, sondern auch noch den Wurzelgrund mit Europa kennzeichnet und die Baumkrone aufweist, sind somit die Bedingungen des Wachstums vergegenwärtigt, so daß eine Überschrift gleichsam als Aufforderung zum Wachstum nicht hinzugefügt zu werden braucht.

Auf braunem Grund weist ein *karger* Baumstamm über das Blatt hinaus. Die um ihn geflochtenen Winden tragen acht schön geformte Blätter in den Nationalfarben von acht Staaten, zwei Formen blieben leer, weil vermutlich die Zeit nicht mehr reichte.

3. Landschaften

Stark ambivalent

In der Mitte der (fiktiven) Meeresküstenlandschaft ragt ein *steiler Felsen* aus umliegenden grüngrauen Vorbergen empor. Unterhalb des Gipfels weht die Fahne des Europarats. Ein riesiges goldenes E steht an der Küste. Dazu fällt dem Betrachter vielleicht das Symbol des Goldenen Kalbes aus dem Alten Testament ein. Im Vordergrund, der etwa ein Drittel der Fläche einnimmt, zeigen sich *inselartige* Gebilde mit den Fahnen der USA, Japans und Kanadas.

Europa scheint zur stolzen Festung erstarrt zu sein - als eine Einheit, da von nationaler Vielfalt keine Spur mehr zu sehen ist. Dieses Bild könnte ein Ideal von der Festung Gibraltar sein. Im Gegensatz dazu sind andere politisch und wirtschaftlich führende Mächte zurückgeblieben - daher kleiner an Gestalt. Der Gegensatz: überlegen - unterlegen drängt sich dem Betrachter auf.

Der 15jährige Gymnasiast gestaltete nach seiner Selbstdeutung seine Sorge vor einem selbstgenügsamen *Eurozentrismus*, der "für den Rest der Welt *Scheisse*" wäre. Seine zusätzlichen Wörter weisen die gleiche Richtung: "Europa - Mittelpunkt - Wichtigkeit zurückgezogen...."

Landschaften findet man bei einigen 10 - 11jährigen. Sie bevorzugen offenkundig diese ikonischen Darstellungen, weil sie vermutlich noch keine abstrakte Symbole für Europa gestalten können.

4. *Technikbezogene* Zeichnung

Trichter 1 - ambivalent

In die Öffnung eines *Trichters* fallen die Nationalfahnen von 10 Staaten und am unteren Ende steht ein Fragezeichen.

Dieser 15jährige Gymnasiast bekundete somit seine abwartende Vorsicht gegenüber den europäischen Einigungsbestrebungen durch die Maastricht-Verträge. Diese Deutung wird auch von seiner Erläuterung bestätigt.

Trichter 2 - stark positiv

Reicher ausgestaltet und positiv gerichtet ist das Trichtermodell der Klassenkameradin dieses Schülers: Die Öffnung des Trichters faßt kaum alle Nationalfahnen des Kontinents Europa, die sie hineinstopfen will. Deutlich schreibt sie auf den Trichter "Verträge von Maastricht". Am Ausgang des Trichters hängt die Europarats-Fahne, das Symbol der Einheit, zu der sich diese Schülerin auch durch ihren Text auf der Rückseite des Blattes nachdrücklich bekennt, obwohl auch sie einräumt, davon noch keine rechte Vorstellung zu haben.

Zur Gestaltung betont sie, daß ihre Zeichnung negativ aussieht, aber eigentlich positiv gemeint sei. An die Spitze setzt sie noch die Aufschrift Europa und verziert das "O" mit dem Zeichen 1 ECU.

Das Trichtermodell läßt verhältnismäßig weniger Gestaltungsmöglichkeiten zu, kann aber durchaus vergegenwärtigen, wie die nationale Vielheit zur politischen Einheit der Union zusammengeführt werden soll. Offenkundig reizte das Wort *Maastricht*, um in spielerischer Analogie eine entsprechende Figur zu entwickeln.

Beide Modelle nebeneinander könnten ein lebhaftes Unterrichtsgespräch hervorlocken.

Die Spannung zwischen Besorgnis und Hoffnung veranschaulicht das Symbol dieser *Sanduhr*, deren Sinnrichtung durch zusätzliche Worte verdeutlicht wird. Gegenwärtige Mißstände und Gefahren sind also visionär und prospektiv dargestellt, so daß also noch ein Spielraum zum Umdenken und gegensteuernden Handeln aufgewiesen und genutzt werden soll. Auch hier überwiegt die Appell-Funktion des Bildes.

Europa wird hier als Einheit in der Gefahr dargestellt - ohne Blick auf eine nationale Vielfalt unterschiedlicher Gefährdungen.

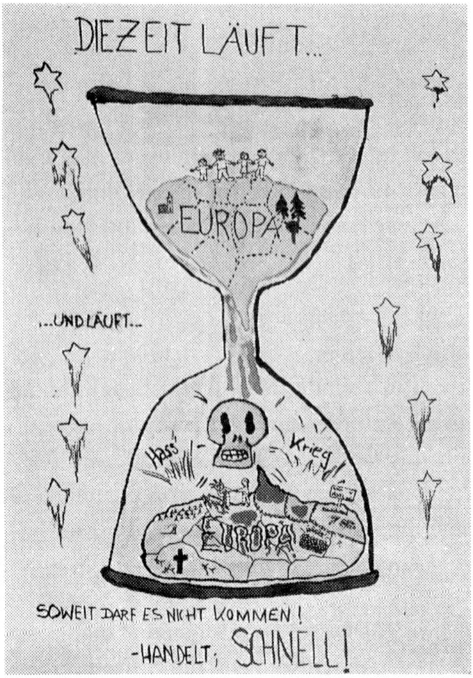

5. Schiffe

Schiff 1 - stark positiv

In der Mitte des oberen Drittels fährt auf weißem Grund ein schwerbeladenes Schiff "Europa" von rechts nach links.

Der Globus nimmt die unteren 2/3 der Fläche ein, wo er in den Wellen eines symbolischen Meeres schwebt. Die Pfeile verweisen darauf, daß dieses Schiff "Europa" die Welt umfährt. Die 11jährige Gymnasiastin gestaltet eine eigenwillige Heckfahne für das Schiff, indem sie die Grundelemente der Europarats-Fahne - die dunkelblaue Fläche und die 12 goldenen Sterne - zwar aufnimmt, aber doch eine hellere Fahne konstruiert. M.a.W.: die Zeichnerin identifiziert sich nicht mit bestehenden Europa-Konzepten. Auf den ersten Blick könnte es scheinen, als ob sie einen Eurozentrismus, eine Art eurokratischer Hegemonie über die Welt vergegenwärtigt. Um solchen Mißverständnissen vorzubeugen, erläutert die Zeichnerin durch *sprachliche Hinweise* schon in der Bilddimension die Bedeutung ihres Bildes:

Europa für die Welt
Europa ist die Welt für mich
Europa mit der Welt
Europa fährt um die Welt

Für diese Selbstaussage würde eher der Begriff "Eurozentriertheit" oder "Eurozentrierung" im Gegensatz zum Eurozentrismus als Extremform angebracht sein. In der pädagogischen Praxis findet man sehr häufig ein Unverständnis für präzise theoretische Arbeit an den Begriffen, jedoch ein gründliches Nachdenken würde die Einsicht ermöglichen, daß dadurch nicht nur Denk-, sondern zugleich Handlungs- und Lebenschancen erschlossen werden können.

Weitere Erläuterungen auf der Rückseite zeigen an, daß die 11Jährige in ihrer Lebens- und Schaffensfreude auch noch ambivalente Tendenzen wahrnimmt, diese aber in ihrer Tragweite noch nicht vergleichend abwägten und zeichnerisch noch nicht gestalten kann. Insofern klaffen zeichnerische und verbale Spontanäußerungen auseinander. Somit bietet der Wortteil eine Ergänzung.

Schiff 2 - negativ

Den Gegensatz zu dem vorstehenden übersprudelnden Optimismus stellt die *negative* Gestaltung einer 15jährigen Gymnasiastin dar. Ihre Wertorientierung im Hinblick auf Europa als EG sieht sie in einem Schiff verkörpert, das sich offenkundig verirrte. Fast zu spät fragen die "Leitenden", ob sie sich wohl verfahren haben. Jeder Betrachter sieht, daß dieser Irrweg schon lange vorher hätte klar sein können.

Fahrzeuge als Symbole zeigen in den beiden dargestellten Beispielen mehr die Einheitstendenz als die Vielheit an - zuerst im umfassenden Sinn und das zweite Mal im engeren Sinn als EG. Die Bewertung bei der 11Jährigen fällt sehr positiv aus, während die 15Jährige schwere Bedenken äußert, die ihr rückseitiger Text dann noch im einzelnen konkretisiert.

Schiffe eignen sich aber auch als Symbol für die in der Einheit enthaltenen Vielfalt - so beispielsweise als eine Girlande von Nationalflaggen, aufgereiht an den Drahtseilen zwischen den Masten und ihren Verbindungen zu Bug und Heck.

Flugzeuge symbolisieren eher die Richtung der Einheit Europas als die Vielheit. Diese läßt sich immerhin als Fahnenreihe auf dem am Rumpf angebrachten Schlepptau verbildlichen.

6. Geld

Ein ungenannter Schüler konnte durch *personifizierte Münzen* die Spannungen zwischen Tendenzen der Einheit und den Befürchtungen vieler europäischer Nationalstaaten um ihren eigenen Vorteil witzig darstellen. Aus der linken unteren Ecke stürmt ein gierig-gefräßiger ECU mit aggressiv gesträubtem Haar auf die vor ihm fliehenden Münzen der einzelnen Nationalstaaten zu, welche durch die jeweiligen Landesfarben gekennzeichnet sind. In der Mitte des linken Randes steht allein die deutsche Mark, welche mit den Zügen des erfolgreichen Wirtschaftsministers der Bundesrepublik Ludwig Erhard besorgt den aufgeregt-ängstlichen Flüchtigen entgegensieht.

Ein zweites Blatt symbolisiert die einheitsverstärkende Wirkung einer gemeinsamen europäischen Währung. Der ziemlich großzügig gestaltete Umriß des Kontinents prägt die Oberfläche einer riesigen mit "ECU" überschriebenen *Münze*. Der Grund ist mit wechselnden Farben freundlich gestimmt.

Die 13jährige Gymnasiastin bestätigt auf der Rückseite durch ihre Anmerkung diesen Eindruck. (Das Thema Geld/ECU als eines die verschiedenen Staaten verbindenden allgemeinen Faktors gestalten die Schüler in ihren Spontanzeichnungen noch mit *anderen* Symboltypen:
Mit *positiver* Wertung - vgl. Abschnitt *Aktuelle Neuschöpfungen*, mit *negativer* Beurteilung - vgl. Abschnitt *Spiele*.).

7. Spielbereich
Stark positive Vielfalt.

Die *Luftballons* vibrieren in strömender dunkelblauer Luft und tragen die Landesfarben von 25 Staaten des Europarats - verkörpern somit die nationale Vielfalt. In der Mitte des unteren Blattrandes werden sie am schwach sichtbaren Rand eines sockelähnlichen Gebildes zusammengehalten. Die Darstellung der Vielfalt übertrifft somit bei weitem die der Verbundenheit und Einheit.

Dagegen vermerkt der 13jährige Realschüler in den Notizen zugunsten der Verbundenheit "einheitliche Währung, keine Grenzen mehr".

Positiv lenkt eine 14jährige Realschülerin die Aufmerksamkeit auf den *Fußballsport* als ein verbindendes Medium für die europäischen Staaten. Sie gestaltet auch ihre Zeichnung spielerisch: Ein riesiger *Fußball* fliegt vom weißen Grund der linken Bildhälfte auf das geographisch-politische Symbol des europäischen Kontinents zu. Die Fläche der Staaten wird von den jeweiligen Landesfarben bedeckt. Freilich darf man die Darstellung nicht zu genau nehmen, da einige *Staaten fehlen*, so z.B. Portugal, Griechenland, Luxemburg und die europäische Türkei, dagegen Staaten aus dem ehemaligen Warschauer Pakt dazugehören. Ein durchdachter Begriff von Europa liegt der Zeichnung offenkundig nicht zugrunde.

Weitere Spielelemente sind das große Herz und das O als Fußball in der Überschrift; ferner die Bezeichnung "Europuter" für Fußball. Die Schülerin bekennt, daß sie von den aktuellen Fußballwettkämpfen in Europa angeregt worden ist.

Stark negativ

Eine 14jährige Gymnasiastin stellt die Beziehungen zwischen europäischen Staaten als ein hintergründiges *Marionetten-Theater* dar. Der eigentliche Spielleiter ist das Geld, dessen Hand aus dem Unbekannten oberhalb Europas die Spielstäbe lenkt. Allerdings hängen die Figuren nicht direkt an den Fäden des Spielleiters im Hintergrund. Ein Deutscher reicht einen Geldschein zu einem Polen, der sich mit beiden Händen nach ihm entgegenstreckt. Mit leeren Händen steht eine Figur auf rumänischem Gebiet. Die Staaten des ehemaligen Warschauer Paktes sind also "die Bedürftigen und Empfangenden". Auch ein Franzose bietet Geld an.

Auf fiktiven *Diagrammen* sind sinkende Kurse für Lira, Pfund, Dollar, ein schwankender Kurs für den Franc, dagegen eine steil aufwärts weisende Linie für die DMark zu sehen.

Die Zeichnerin gibt an, "daß Vieles in der Politik nur vom Geld abhängt und daß die Ungerechtigkeit des Geldbesitzens in Europa regiert. Die einen leben im Überfluß, die anderen verlieren ihre Existenz, weil das Geld seinen Wert verliert." Als Quelle nennt die Schülerin Nachrichtensprecher und ihren Vater.

Die Bilddimension vermittelt einen einseitig *negativen* Eindruck vom Urteil der Schülerin über Europa, während ihre Erläuterungen darauf verweisen, daß sie nur einen wichtigen Aspekt der Politik kritisiert.

Insgesamt fällt auf, daß dem Thema Spiel sich überwiegend Schülerinnen zugewandt haben.

Der *schachmatt* gesetzte *König* Europa sitzt in der Mitte der kleinen rotweißen Schachbrettmitte, die den ganzen Grund bedeckt, erkennbar an seinem dunkelblauen Kleid mit goldenen Sternen und an der Krone, unbeweglich auf seinem grünen *Thron*, der auf einem schwarzen Hügel steht. Auf ihn gerichtet sind die Kanonenrohre von drei Panzern, die ihn offenkundig schachmatt gesetzt haben. Auch nach dem Spielstand der Schachfiguren ist der König schachmatt.

Die 14jährige Gymnasiastin vermerkt *keine* Selbstdeutung. Vermutlich denkt sie an Nachrichten über den Kriegsschauplatz Jugoslawien und die Unfähigkeit europäischer Gremien, hier Frieden zu schaffen.

Ambivalent: Fragwürdige Politiker

Unter den beiden Gesichtspunkten der Wortbildgestaltung und der *Schachspielmetapher* kann diese Spontanzeichnung interpretiert werden.

Die nationale Vielfalt - verkörpert durch die farbigen *Buchstaben* des Wortes Europa - fanden noch nicht zur angemessenen Ordnung zusammen. Sie stehen nicht auf ihren jeweiligen Schachbrettfeldern und der Buchstabe R ist verdreht.

Die 15jährige Gymnasiastin notierte zum Stichwort Europa: "...schwieriges Spiel. Schachmatt. Vergangenheit. Entwicklung. Geschichte und Zeitaufwand. Spielen die Politiker nur, fassen sie Europa richtig auf?". In dieser Vertrauenskrise wäre ein Hinweis auf die Unterscheidung zwischen methodischem Zweifel und Mißtrauen sicherlich angebracht.

8. Szenen

Stark positive Wertorientierung

Die 15jährige Gymnasiastin stellte in die Mitte ihrer Zeichnung eine *Gruppe* von vier *Personen*, die sich durch Umarmungen ihrer Zusammengehörigkeit und Solidarität versichern - unbeeindruckt von den gefährlichen Ereignissen in ihrer nächsten Umgebung: *Explosionen*, Rauch, Knall. Die Zeichnung wird umschlossen durch die Worte: "Wir halten zusammen, was auch immer um uns geschieht." Diese *Überschrift* stimmt mit der Interpretation der Zeichnung überein. Zusätzliche sprachliche Hinweise *bestätigen* die Interpretation der Bilddimension mit der Überschrift. Folgende Angaben assoziierte die Schülerin mit ihrer Spontanzeichnung: "Alle gehören zusammen, Krieg, Bomben, Gewalt, Zerstörung; Menschen verschiedener Nationen halten zusammen." In der Wortdimension vermerkt die Schülerin, daß es eine *expressive* Zeichnung mit *Pitstift* sein soll.

Eine andere 15jährige Gymnasiastin derselben Klasse zeigt eine *Gruppe* von Personen, die offenkundig einen *runden Tisch* umringen, auf dem einzelne Blätter liegen, die als Überschrift *Probleme* unserer Gegenwart benennen: Krieg, Geld, UNO, NATO. Eine Frau und ein Mann der umstehenden Personen ergreifen solche Problemkarten, andere kommen von links und rechts hinzu. Während auf der ersten Spontanzeichnung die Gruppe sich gegen die Gefahren der Außenwelt zusammenschließt, thematisiert diese Zeichnerin hier Gegenwartsaufgaben und betont das *zupackende Handeln*. Der runde Tisch ruht auf einem Sockel, der durch zwei Wortreihen gebildet wird: "Probleme gemeinsam lösen." Die sprachlichen Hinweise der Zeichnerin *entsprechen ganz* der Interpretation der Bilddimension. "Die Probleme sollten von allen gelöst werden und nicht nur von bestimmten. Man sollte wirklich mal handeln." Auch sie vermerkt, daß der *Pitstift* ein ausdrucksvolles Zeichnen erlaubt.

Stark negative Wertorientierung

Durch die Öffnung einer Mauer in der Mitte der Fläche läuft ein *Flüchtling* weiter, während im Hintergrund die obere Hälfte des Blattes ganz von einem Block eingelassener und somit gesichtsloser Menschen ausgefüllt wird. Aus dem Vordergrund rechts schaut ein Paar, hinter dessen Rücken sich die Ereignisse abspielen. Das linke Drittel der Fläche weist drei *Wörter* auf: Brutalität, Angst, Schmerz. Aus der Mitte zur rechten Hälfte hin bilden die Wörter Existenz und Initiative einen rechten Winkel. Es bleibt unklar, wie das Wort "Haß" mit dem erwähnten Paar rechts unten zusammenhängt.

Die Überschrift der 15jährigen Gymnasiastin aus derselben Klasse lautet: "Die Flucht oder Befreiung aus der Gewalt und Bedrängnis innerhalb Europas."

Ambivalente Wertorientierung

Ein 14jähriger *türkischer Mitschüler* aus derselben Klasse zeichnet Europa als ein Hochplateau, in dessen Mitte sich ein mehr zackiger, stereometrischer *Sterne* befindet, vor dem zwei Personen stehen. Von außen stürmen Menschen auf dieses *Hochplateau Europa* zu, dessen Abwehrzaun ein *Angreifer* schon überschritten hat. Im rechten vorderen Quadranten zeigt ein Schild auf eine Hochstraße: Verbindung zur Welt, dieses letzte Wort "rot" geschrieben, doch der Weg ist durch eine Sperre verschlossen. Über dem erwähnten Europastern füllt eine riesige dunkle

Wolke das obere Fünftel des Blattes aus. Links oben sieht man vier Zelte, in denen anscheinend Kriegsgerät lagert, der größte Teil der rechten und der unteren Randflächen sind rot ausgemalt.

Ali *bestätigt* durch seine Worte zur Zeichnung diese ambivalente Interpretation:"Abgeschnitten von der Welt. Der Staat Europa. Die Besten, die Größten." Er gibt an, daß er dieses Bild schwarz gezeichnet hat, weil es traurig sei. Rot signalisiert Warnung. Anscheinend gibt der Schüler seine Sicht der ambivalenten Weltlage wieder, doch er scheint nur die Defensive zu empfehlen.

In der Mitte der unteren Hälfte des Blattes sieht man zwei Personen mit einem Rucksack auf der *Flucht* von Jugoslawien nach Österreich. In der Mitte der rechten Hälfte bemerkt man gleichsam einen kreisförmigen Durchblick auf eine ferne *Konferenz* am runden Tisch, über deren Teilnehmern und zwischen ihnen fünfmal die stereotype Überschrift erscheint: "Was nun mit Jugoslawien?" - ein Hinweis auf die überwiegende Ratlosigkeit der internationalen Gremien. Die 14jährige Gymnasiastin interpretiert den Tatbestand noch stärker, nämlich als "absolute Hilflosigkeit".

9. *Schriftbilder* für Europa

Die Schrift zeigt den *Übergang* von der Bild- zur Wortdimension, vom Ikonischen zum Symbolischen, vom Anschaulichen zum Abstrakten - eine Richtung, welche an die Geschichte der Menschheit erinnert. Das geschriebene Wort kann eine formale Analogie für den Europa-Gedanken und das Europa-Problem veranschaulichen, nämlich die beiden wechselseitig sich bedingenden Voraussetzungen: die Vielfalt der *Buchstaben* und ihre höhere Qualität, besonders im mehrsilbigen *Wort*. So kann der Zeichner jeden einzelnen Buchstaben benutzen, um dadurch die Vielfalt Europas zu gestalten, dann aber in ihrer Stellung zueinander eine positive oder negative oder ambivalente Beziehung zur Verbindung/Einheit andeuten, je nach Zuordnung der einzelnen Buchstaben auf der Bildfläche. Die Zeichnerin kann:

- die Größe und Stärke der einzelnen Buchstaben verwerten;
- einzelne Buchstaben oder den Anfangsbuchstaben E anstelle des Wortes Europa dazu nutzen, sie mit verschiedenen Bildelementen in Verbindung zu bringen;
- die *einzelnen* Buchstaben selbst als Bild*elemente* gestalten; als Grenzfall müßte dann noch ein Mindestmaß an Bildhaftem gestaltet sein, be-

vor die reine Kalligraphie erreicht ist. Die Schrift erfüllt also u.a. räumliche Möglichkeiten der Gestaltung, sie kann Bildelemente verdeutlichen, differenzieren, ersetzen, aber auch unnötig überfrachten.

Die 14jährige Gymnasiastin veranschaulicht durch die beherrschende Stellung des Wortes in warmen orangefarbenen Großbuchstaben den *Einheits*aspekt Europas *stark positiv*. Die Vielfalt kommt erst nachgeordnet dadurch zum Zuge, daß die Zeichnerin den Buchstaben jeweils die Nationalfahnen der EG-Staaten zuordnet, dabei dem ersten Buchstaben E drei Fahnen, dem letzten Buchstaben A lediglich eine Fahne, bezeichnenderweise die Großbritanniens. Den größeren Stellenwert Deutschlands und Frankreichs symbolisiert sie durch zusätzliche ikonische Darstellungen des Fußballes und der Rotweinflasche mit gefülltem Glas und Weintraube in der unteren linken und oberen rechten Ecke. In ihren Erläuterungen nennt sie noch weitere Einzelheiten.

Auf vielfältige Weise betont die 15jährige Gymnasiastin den Gedanken der europäischen Integration, nämlich durch die *Regenbogenanalogie* in der linken Bildhälfte, das Europarats-Emblem an der geöffneten Zollschranke und auf dem Zylinder des Zöllners. Der Buchstabe O mit der Prägung eines ECU deutet ebenfalls auf Integration hin.

Den Übergang von der Einheit zur Vielfalt symbolisieren die 12 goldenen Europarats-Sterne. Noch mehr wird die Vielfalt durch die bildhaft umgestalteten *Buchstaben* des Wortes Europa hervorgehoben: niederländischer Käse, deutsches Bier, britische Eigenart und italienischer Wein.

Die *Ambivalenz* der Integration deutet einerseits die Friedenstaube oberhalb des Buchstabens "a" und der Müllhaufen unterhalb der Zollschranke an. "Europäische Vereinigung mit Vor- und Nachteilen" - so lautet die Aussage der Zeichnerin, ohne dadurch den Reichtum ihrer Gestaltung auszuschöpfen.

Diese 15jährige Gymnasiastin nutzte die bildhafte Gestaltung der verschiedenen Buchstaben des Wortes Europa, um unterschiedliche Beiträge verschiedener Länder für ein Thema, nämlich das der europäischen *Währung* zu veranschaulichen. Durch den ersten Buchstaben, das E, zeigt sie, daß den bedeutendsten finanziellen Anteil Deutschland beisteuern soll. Danach folgt erst Frankreich, dann Italien, schließlich die Schweiz und zuletzt das Vereinigte Königreich Großbritannien. Das C und U von *ECU* schieben sich allmählich von unten in die Bildmitte hinein - wodurch die Zeichnerin den *Prozeß* des Werdens andeutet. Die durchgestrichenen deutschen Zahlungsmittel - sowohl der Schein als auch die Fünf-Mark-Stücke - verweisen auf die Tatsache, daß Deutschland wahrscheinlich die größten finanziellen Opfer bringen würde. Die Aussage der Urheberin dieser Zeichnung lautet dagegen ausschließlich *positiv*.

Das Wort Europa teilt die Bildfläche fast in der Mitte, jedoch der *Anfangsbuchstabe E* stellt den Mittelpunkt der Zeichnung dar. Mit diesem Symbol der *Integration* Europas verbindet die Zeichnerin die Vielfalt von *zehn* einzelnen Staaten, die mit zwei Ausnahmen nicht nur durch ihre Nationalfahnen, sondern noch durch ein zusätzliches bildhaftes Element vertreten sind, hauptsächlich EG-Länder, aber auch der EFTA-Staat Österreich - wegen des Skisports. Hier herrscht die *stark positive* Sichtweise der deutschen Urlauberin vor. Die Schülerin spricht selbst die beiden Momente der Verbindung durch Europa und die Verschiedenheit der einzelnen Merkmale deutlich aus.

Aus dem linken oberen Viertel der Fläche bewirkte der *Buchstabe E* des Wortes Europa den *positiven* Zusammenschluß der verschiedenen einzelnen Länder der EG zu einem zusammenhaltenden *Kinderpaar*, dessen Kleider sich aus den verschiedenen Nationalfarben zusammensetzen - wobei die deutschen Farben sowohl bei dem Mädchen als auch bei dem Jungen auftauchen, ein Hinweis auf die erst kürzlich erfolgte, aber *noch nicht* ganz verwirklichte Vereinigung. Die aufwärts gerichteten Mundwinkel signalisieren die positive Bewertung der europäischen Integration. Diesem Sachverhalt entspricht auch die Aussage der 15jährigen Gymnasiastin.

Kann die Interpretation der Logik des Bildes über die Selbstdeutung der Zeichnerin hinausführen? Sie vermerkte nur: *"Sinn?"* Offenkundig schwebte ihr kein Gedanke vor, sondern sie *spielte* mit ihren bildhaften Einfällen, auf deren Bedeutung im Zusammenhang der Zeichnung es hier zuerst ankommt und weniger auf eine psychologische Herleitung aus der Biographie der Urheberin. Aus einer *Pistole* mit den Farben Jugoslawiens im linken oberen Viertel der Fläche kam die Kugel, welche die Mitte der Europarats-Fahne zerfetzte. Weitere Kugeln folgen noch. Insgesamt verlassen *einzelne* Buchstaben des Wortes Europa die Reihenfolge der Ordnung. Vergeblich versucht das E mit der Fahne Italiens die Hand des italienischen Terroristen durch eine Handschelle zu bändigen. Der § 218 zieht das E aus der Linie herab. Unterhalb des O - hier die Kugelgestalt des Kontinents Europas - türmt sich ein *Abfallhaufen* neben einem offenen

WC, links an der Seite steht ein weinendes *nacktes Kind*, das zuvor auf einer Strickleiter die Kontinentkugel von der Stadt Bonn aus verlassen hatte. Italien als schwarzer Stiefel ist oberhalb des Knöchels durchschossen.

Stark negativ wirkt diese Gestaltung Europas auf den Interpreten - trotz spielerischer Darstellung. Einige Elemente der Vielfalt stören und beschädigen die Verbundenheit Europas - bis an die Grenze zur Zerstörung.

Die beiden Buchstaben *EG*, verstärkt durch ihren Schatten und das übergeordnete Wort Europa betonen den Vorrang der *Einheit* vor der Vielfalt, die lediglich noch durch die beiden Worte Deutschland und Frankreich, verbunden durch einen Handschlag, über dem ein Herz schwebt, veranschaulicht. Die vorherrschende braune Farbe zeigt eine *positive* Tönung an. In ihrer Aussage bekräftigt die 14jährige Realschülerin den Eindruck des Interpreten und betont noch den Friedensgedanken.

Stark positiver *Grenzfall*: The United States of Europe

Gleichrangig verteilen sich die fünf dunkelgrünen amerikanischen Wörter dreizeilig über den weißen Grund:

"The United
States
of Europe."

Der *Einheitsaspekt* überragt *stark positiv* in dieser Darstellung die Vielfalt der einzelnen europäischen Nationen bei weitem, denn sie sind lediglich durch fünf kleine Zeichen für weltbekannte Bauwerke mit jedem der fünf großen Wörter verbunden. Der amerikanische Wortlaut verweist zudem auf die Struktur eines einheitlichen *Bundesstaates* für Europa.

Der 16jährige Gymnasiast setzte die Zeichen des Konstantinbogens für Rom und eines Tempels für Athen mit Überlegung nebeneinander zu den unteren Wörtern "of Europe" - um damit die historische Grundlage für Europa zu symbolisieren. Moskau schwebt im Wort der mittleren Zeile, links der Pariser Eiffelturm und rechts oben vom Berliner Mauerstück überragt. Die kräftige dunkelgrüne Farbe vergegenwärtigt Lebendigkeit.

10. *Andere* Zeichen

Eine dunkelgraue *Fahrbahn* durchschneidet das rechte Flächendrittel von unten nach oben. Die Hälften des *zerbrochenen* Grenzschlagbaums neigen sich links und rechts nach unten, geben somit die Fahrt frei. Doch ein Satz legt sich über die Fahrbahn quer: "doch die *Sprachbarriere* bleibt!". Nach Angaben der 15jährigen Gymnasiastin war es ein plötzlicher Einfall, dem sie folgte. Die Bilddimension ist aber verhältnismäßig schlicht ausgestaltet, so daß die Schülerin Worte aufschreiben mußte, um ihre *ambivalente* Intention zum Ausdruck zu bringen.

Pfeilartig zugespitzte, *kometenschweifähnliche* Richtungen mit verschiedenen Farben treffen sich in einem Hauptzentrum etwas oberhalb des Flächenmittelpunkts. Außerdem gibt es noch zwei Nebenzentren. Einige Strömungen drängen über die Fläche hinaus. Die Richtungen überschneiden sich, so daß Farbmischungen entstehen.

Vielfalt bezieht sich hier nicht nur auf den Bestand des Gebiets Europa, sondern greift auf Zugänge von und Abgänge nach *draußen*. Einer 19jährigen Gymnasiastin gelang diese Bildgestaltung von hoher Abstraktion. Sie schreibt selbst dazu: "Völker - Wanderung. Die verschiedenen "Völker" wandern innerhalb Europas, mischen sich (Farben), überdecken sich (dunkle Farben) und verstreuen sich in andere, nicht-europäische Länder." Gestaltung und Zeichnung decken sich *nicht* ganz. Es scheint fast eine *neutrale* Beurteilung zu sein, jedoch das Überwiegen warmer Farben (z.B. rot, gelb usw.) veranschaulicht eine *positive* Wirkung.

Mehrere Schüler verwenden *Hände* als Symbol für Verbundenheit des Verschiedenen. Sie stellen auch hier sowohl die Bild- als auch die Sinnmitte des Bildes dar. Der weiße Grund verstärkt die plastische Wirkung. Ebenfalls betont der Kreis der Fahnen die Zusammengehörigkeit. Der Europa-Gedanke, veranschaulicht durch die Fahnen in den vier Ecken, bildet den einigenden Rahmen. Nach der Anordnung der Fahnen geben sich ein *Belgier* und ein *Türke* die Hand. Ausdrücklich schreibt der 14jährige Realschüler, daß er hier ein Zeichen *"gegen Ausländerfeindlichkeit"* setzen will, und deshalb gibt ein *Deutscher* einem *Türken* die Hand. Auch an diesem Fall wird deutlich, daß die Bildlogik und die Selbstdeutung *nicht* mehr übereinstimmen. Vermutlich *entwickelte sich* erst im Laufe des Gestaltungsvorgangs die Gesamtstruktur der Zeichnung. So nimmt die deutsche Fahne die höchste Stellung ein. Die so konstruierte Reihenfolge läßt aber dann bildmäßig nicht mehr den anerkennenden Handschlag mit dem Türken zu. Es ist also eine *stark positiv* gemeinte, aber nicht ganz angemessen wiedergegebene Wertorientierung.

Vom weißen Grund hebt sich beherrschend das schwarzgeränderte *Kreuz* ab. Von seinem Ursprung und von seiner Wirkungsgeschichte her ist es *universal* gerichtet, also geschichtlich den alten und den neuen Äon, Zeit und Ewigkeit, Immanenz und Transzendenz verbindend, so daß es nicht als ein spezifisches Symbol nur für Europa angesehen werden kann. Wegen seiner Bedeutung als einer grundlegenden Komponente für diesen Kontinent, der seinerseits für die Verbreitung dieses Zeichens so wichtig wurde, ist es gleichwohl am meisten mit Europa verbunden.

Auf den ersten Blick scheint die Aussage dieser *Zeichnung* eindeutig zu sein: nur *stark negative* Begriffe. Europa somit eine Verkörperung des Negativen - gipfelnd in dem Wort "Verzweiflung."

Bedeutsam für die Kontrolle der Interpretation durch Außenstehende ist auch diesmal die Selbstdeutung der Zeichnerin, der folgende Worte zu Europa einfielen: "liebenswert, lebenswert, drohen, gefährlich, verloren, hilfsbedürftig, verlassen, allein, hoffnungslos, Hoffnung". Gerade bei gesellschaftlich-politisch-geschichtlichen Fragen dürfen Zeichnungen nicht bloß als sachliche Darstellung oder als emotionaler Ausdruck bzw. Selbstoffenbarung aufgefaßt werden, sondern vielmehr ist zu prüfen, ob nicht ein *Appell* an die Betrachter gerichtet wird. Diese Bedeutung trifft auch hier zu. "Ich will bewußt machen, daß Europa und seine Bewohner in Gefahr sind, alles Gute zu zerstören und alles zu verlieren." Im *Gegensatz* zur Bilddimension zeigt die *Wort*dimension eine *ambivalente* Komplexität mit *letztlich* positiver Absicht, nämlich zu warnen und zur Gegenwirkung aufzufordern.

Wenig Mühe wandte dieser 15jährige Gymnasiast auf, für den Europa das *positive* Zeichen *MTV*, somit der Musikkanal des Fernsehens bedeutet, letztlich eine *rezeptive* Haltung. Er selbst nannte nur das Stichwort "vereintes Europa". Seine letzte Eintragung ist ein unflätiger Fluch. Im Gegensatz zu allen anderen Zeichnern und Zeichnerinnen äußerte er ziemliche Unlust.

11. Gegenstandslose Farbkompositionen

Ambivalente Farbwirkungen

Die höchste Abstraktion stellen gegenstandslose Positionen dar, die aber durchaus durch Wahl und Gestaltung von Farben das Verhältnis von Einheit und nationaler Vielfalt in Europa versinnbildlichen können.

Wenn man das Bild in seiner Längsrichtung von oben nach unten betrachtet, dann erinnert es an eine freizügig transformierte Landkarte Mittel- und Osteuropas. Doch dieser *erste Anblick* wird durch unsere Kenntnis der Landkarte als Vorverständnis der Wahrnehmung vorschnell assoziiert. *Genaueres Hinsehen* bestätigt diese vorurteilende Annahme nicht. Von der Farbkomposition her überwiegen im oberen Viertel dunkle Farben, die sich zur Mitte und erst recht zum unteren Drittel hin aufhellen. Hier ist in der Bildkomposition eine Mischung *positiv und negativ* wirkender Farben hervorgebracht worden, die sich als eine gegenstandslose Komposition erweist.

Der Zeichner gliedert das Bild im Querformat in zwei ungleiche Raumteile. In der linken Hälfte sieht man ein Gebilde, das sich aus warmen hellen und dunklen kühlen Farben zusammensetzt. Man wird an eine Art Vogel erinnert. Dieser Teil trägt die Überschrift "früher". Die rechte Hälfte wird durch das Wort "nachher" gekennzeichnet. Welche Veränderung zeichnet sich ab? Die im ersten Stadium nur zusammengesetzten Farbteile sind jetzt konzentrisch um eine mittlere braune Zone gelegt.

Die anfängliche voneinander getrennte Vielfalt ist im zweiten Stadium überführt und aufgehoben worden in eine Einheit der Vielfalt.

An der knappen *Auswahl* aus der großen Zahl von Spontanzeichnungen deutscher Schüler und Schülerinnen konnte gezeigt werden, daß hier an einem überraschenden *Reichtum* von Formen und Farben Einheit und Vielfalt als Grundstrukturen Europas hauptsächlich gestaltet und nur ergänzend kommentiert worden sind. Für die Darstellung des *Einheits*aspekts nutzten Schüler aus der Tradition vor allem die geographiebezogenen Symbole und das politikbezogene Emblem des Europarats für ihre vorherrschenden Neugestaltungen. Für die Repräsentation der *Vielfalt* "erfanden" die Schüler viele Neuschöpfungen, angefangen bei naturbezogenen über technikbezogene Darstellungen, ferner viele Varianten des Wortbildes Europa, Bildmetaphern für Spiele und Szenen, außerdem verschiedene Zeichen bis hin zu gegenstandslosen Farbkompositionen u.a.m..

Die dabei gestalteten *Bewertungen* der Europa-Darstellungen erstreckten sich von Hoffnungen über Besorgnisse bis hin zur Verzweiflung - eine weite Skala von Wertorientierungen. Fast alle sollten aber als Appell an die Betrachter (somit an die Gesellschaft) aufgefaßt werden, mitzuhelfen, das Gute in Europa zu schützen und Gefahren von ihm abzuwehren. Ältere

Schüler und solche von Realschulen und Gymnasien schufen tendenziell differenziertere und originellere Spontanzeichnungen als andere Schüler. Eine statistische Analyse kann in diesem frühen Stadium des Forschungsprojekts noch nicht erstellt werden.

Die pädagogische Frage dieses Forschungsprojekt muß nicht erst anfangsweise oder nachträglich formuliert werden. Denn der sogenannte Gegenstand dieser Forschungen wurde schon unter pädagogischen Vorzeichen von Lehrern als offenes Thema mit weitem Spielraum erbeten und von Schülern vielfältig gestaltet.

Die Interpretation der Hauptsymbolik nimmt in wirkungsgeschichtlicher Perspektive an, daß Schüler in der Tradition leben, von der Umwelt beeinflußt, von Älteren erzogen, und in ihren Neugestaltungen und den noch weitergehenden Neuschöpfungen sich "*bilden*".

Pädagogisch sind auch die Aufgaben der '*Rezeption*' (Jauß, 1977) im Empfinden, Erleben, Verstehen und Erkennen der Schülerbeiträge durch Interpretation. Anregend sind ebenso die *Wertorientierungen* im Hinblick auf Europa, die gleichzeitig zu Freude und Sorge berechtigen. Ideal wäre noch ein sprachen- und nationenüberbrückender *Dialog* zwischen Urhebern und Rezipienten aus verschiedenen Ländern. Im *Unterricht* verschiedener Fächer könnten solche Zeichnungen dazu anregen, Bildvergleiche, Beschreibungen und Analysen anzuregen.

Beiträge aus Polen

Europa im Spektrum nationaler Vielfalt - das heißt nicht nur, diese Grundtendenzen und Strukturen auf der verhältnismäßig einfachen Stufe der *eigenen Nationalität* des Forschers aufzuzweisen, sondern auch noch Spontanzeichnungen der Angehörigen *anderer Staaten* zu veranschaulichen und zu untersuchen. Dann erst könnte der Versuch einer *Synopse* unternommen werden, um so ein *Spektrum* herauszuarbeiten, das als "*europäisch*" bezeichnet werden könnte und dürfte.

Die vorhandenen Materialien aus *mehreren* Ländern und ihre notwendigen vergleichenden Interpretationen würden allerdings einen Band füllen. Daher können hier bloß Spontanzeichnungen von Schülern *am Beispiel* einer anderen Nation untersucht werden. Die Floskel "am Beispiel" wird dabei als unzureichend angesehen, also ein verbreiteter leichtfertiger Sprachgebrauch nur zitiert, aber nicht übernommen oder gar anerkannt - für welche Länder noch? Dieses Beispiel aus dem Ausland kann vermutlich im wesentlichen nur für sich selbst und nicht für andere Länder gelten. Die Wahl fiel auf *Polen*, ein Land, das ja mehrere Jahrzehnte dem Warschauer Pakt angehören mußte, der bekanntlich unter sowjetischer Vorherrschaft stand.

Welches *Vorstellungsbild* von Europa gestalten polnische Schüler? Welche Zeichen aus der europäischen *Wirkungsgeschichte* greifen sie auf? Welche eigenen *aktuellen* Zeichen bevorzugen sie? Welchen *Stellenwert* weisen sie Polen zu? Ob und inwiefern *gestalten* sie das Vorgefundene *um*? Welche *Wertorientierungen* über Europa bringen sie zum Ausdruck?

In *vergleichender* Sicht soll anschließend untersucht werden, ob und inwiefern Gemeinsamkeiten und Unterschiede zwischen den Spontanzeichnungen polnischer und deutscher Schüler sich herausarbeiten lassen.

1. Gestaltung *geographiebezogener* Tradition

Im *Mittelpunkt* des Erdkreises liegt als kleiner Kreis Polen. Es nimmt allerdings einen östlichen Platz in einer rotgefärbten Zone ein, deren Küsten hauptsächlich an den Atlantischen Ozean angrenzen. Sowohl das eigene Land als auch Europa sind aus einem *positiven* Blickwinkel gesehen.

Polen liegt wieder im Zentrum. Es wird umringt von drei Ländern - im Süden von der kleineren Tschechoslowakei, dagegen im Westen und Osten von größeren Blöcken. Das geschriebene Wort Europa erstreckt sich von Deutschland bis zur polnischen Ostgrenze - es umgreift als Verbindung die verschiedenen Länder, schließt aber Rußland nicht mit ein. Somit grenzt die Zeichnerin Polen gegenüber Rußland eindeutig ab und ordnet es Europa zu, das freilich mehr summarisch als eine Überschrift veranschaulicht worden ist.

Die Aufmerksamkeit der 13jährigen Zeichnerin verteilt sich in dieser Gestaltung hauptsächlich *stark positiv* auf das eigene Land und bezieht die umliegenden Staaten mit ein. Im Westen wie im Osten ist Polen von *übermächtigen* Ländern umgeben, ja vielleicht zwischen sie eingeklemmt. Diese Interpretation liegt nahe, wenn man die polnische *Geschichte* in den Horizont der Untersuchung einbezieht. Hier sei nur daran erinnert, daß dieses Land mehrmals von seinen Nachbarn aufgeteilt und dadurch ganz von der Landkarte als selbständiger Staat gelöscht worden war. Erst in mehreren verlustreichen Versuchen konnte dieser Staat wiederhergestellt und in seiner Unabhängigkeit gesichert werden, die er aber von 1939 - 1945 wieder verlor und während dieser Jahre schwerste Verluste hinnehmen mußte. Auch der Neubeginn seit 1945 stand unter einem ungünstigen Vorzeichen, nämlich der sowjetischen Vorherrschaft und kommunistischen Diktatur, deren lähmende Wirkung das Land auf absehbare Zeit nur sehr langsam überwinden wird.

2. Gestaltung *politikbezogener* Tradition

Einheit und Vielfalt Europas sind hier durch das Emblem des *Europarats* veranschaulicht - mit einem verändernden Zusatz: Die rechte untere Ecke ist halb durch einen neuen *übergroßen Stern* besetzt, gekennzeichnet durch die polnischen *Nationalfarben*. Wieder kommt Polen innerhalb der Vielheit die herausragende Stellung zu - allerdings in einer exponierten Position am unteren rechten Rand. Es hat einerseits Anteil an Europa, aber andererseits gehört es nicht dazu - in dynamischer Sicht vielleicht nicht mehr oder noch nicht im ganzen Umfang.

Nach den Worten des Kindes geht es um das Verhältnis von Polen zur europäischen Wirtschaftsgemeinschaft. Dieser Eindruck stammt aus dem *polnischen Fernsehen*, das bekanntlich von staatlicher Politik beeinflußt ist. Mit dieser Sicht identifiziert sich offenkundig die Zeichnerin und vergegenwärtigt damit ihr *stark positives* Bekenntnis zu Europa und ihren Wunsch nach engerer Zugehörigkeit.

Das geschriebene *Wort Europa* umspannt hier alle vier Länder - nämlich Polen und seine drei Nachbarn, also in diesem Fall auch noch Rußland. Die rote Farbe deutet auf eine *stark positive* Wertung. Ferner dienen die einzelnen Buchstaben dazu, politisch-gesellschaftliche Ereignisse und Sachverhalte zu vergegenwärtigen. Im Zentrum der ganzen Zeichnung, des geschriebenen Wortes Europa und des O, befindet sich eine *Wahlurne*, mit den Nationalfarben umkleidet und mit dem Wort *Solidarnosc* gekennzeichnet. Vier Stimmzettel fliegen zur Wahlurne heran. Angespielt wird dabei auf die *demokratischen Präsidentenwahlen* in Polen - ermöglicht durch den langen Kampf dieser gewerkschaftlich inspirierten politischen Bewegung. Im Buchstaben P sieht man noch einmal die *Nationalfarben* auf einer Fahne. Im Buchstaben R und über ihn hinaus sieht man den *Rauch* aus drei Schornsteinen hinaussteigen. Dazu fehlt eine Erläuterung, vielleicht ist es ein Hinweis auf industrielle Aktivität, wohl kaum auf die Gefahr der Umweltverschmutzung, da der ganze Kontext *positiv* gestimmt ist.

3. Aktuelle *Neuschöpfungen*

Aus der Zusammenstellung der verschiedenen Ländernamen ergibt sich, daß hier Europa veranschaulicht werden soll. Das Landschaftsbild für Polen bedeckt die Hälfte der Fläche - je ein Viertel verbleibt zur Linken und

Rechten für vier andere Länder. Bezeichnenderweise wird Polen durch eine große *Kirche* mit Anbauten an einem Flußbogen mit grünbewachsenem Ufer repräsentiert.

Das 13jährige Mädchen zeichnet für Deutschland, die Tschechoslowakei und Rußland Naturlandschaften, dagegen für Frankreich das beherrschende Kulturdenkmal des Eiffel-Turms. Die obere rechte Ecke für Deutschland ist verhältnismäßig vielseitig und in warmen Farben intensiv *positiv* gehalten.

Aus der Tagespolitik stammt diese Zeichnung, auf der im mittleren Vordergrund mehrere *Präsidenten* die *Fahnen* ihrer Länder hochhalten - der polnische Präsident etwas *bevorzugt* dargestellt. Sie sind die Repräsentanten vielköpfiger Völker, deren unübersehbare Schar in den Hintergrund hineinragt. Rechts unten sieht man ein Haus mit Auslagen von Südfrüchten, offenkundig ein Zeichen für den internationalen Warenaustausch und eine *verbesserte* Versorgung im Land. Es ist eine Integration mehrerer Länder Ost-Mittel-Europas mit *Betonung* Polens.

Ein *Abrißkran* zertrümmert mit seiner Kugel eine *Mauer* an der Weichsel - Symbol für den Zerfall des "Eisernen Vorhangs". Nach ihrem Text meint die 13jährige Zeichnerin allerdings die Berliner Mauer. Beides zielt aber auf den gleichen politischen Vorgang, daß die trennende Grenze zwischen den Teilen Europas durchbrochen worden ist. Dadurch kann die *Verbundenheit* der *Vielfalt* nach langer Trennung in Europa wieder aufleben.

Europa bedeutet Völkerverständigung! Die *Nationalfahnen* von 30 europäischen Ländern umrahmen das Blatt und am oberen linken Rand stehen die 12 goldenen *Sterne des Europarats*. Die Flugbewegung von rechts nach links, d.h. von Ost nach West, erreicht den Umriß einer großen stilisierten Friedenstaube, das politikbezogene Verbundenheitszeichen.

Der atmosphärisch karminrot und bläulich getönte Grund unterstützt diese *stark positive* Bewertung. Die 12jährige Schülerin schrieb auf der Rückseite: *Friedensverständigung* Polens mit anderen Staaten und der *EG*.

Ein vorläufiger grober *Vergleich* ergibt, daß polnische und deutsche Schüler gemeinsam teilhaben an den *geographie- und politik*bezogenen Traditionen mit ihrer Symbolik. Sie unterscheiden sich voneinander dadurch, daß polnische Schüler in ihren Zeichnungen Europa fast ausschließlich *positiv* darstellen. Von der *Vielfalt* der europäischen Länder kommt oft nur der Ausschnitt angrenzender *Nachbarstaaten* in den Blick. Das eigene Land steht verhältnismäßig stark im Mittelpunkt der Gestaltungen. Bei den *aktuellen Neuschöpfungen* zeigen sich allerdings bedeutende Unterschiede dahingehend, daß Schüler das in ihrem Land vorherrschende Selbstwertgefühl eindrucksvoll veranschaulichen, was vor allem durch die *geschichtliche* Entwicklung des Landes bis heute bedingt ist. Vermittelt wird es zunächst durch die Familien, dann noch in hohem Maße durch Schulen, durch die katholische Kirche, die Armee und nicht zuletzt durch das Fernsehen.

Somit konnte an wenigen Beispielen schon belegt werden, daß die *Bilddimension* sprachen- und nationenüberbrückend deutschen Betrachtern ermöglicht, sowohl Ähnlichkeiten als auch Unterschiede polnischer Auffassungen von Europa und des eigenen Landes im Verhältnis zu den deutschen Spontanzeichnungen zu *erleben* und zu *erkennen* - obwohl sie des Polnischen nicht mächtig sind.

Bildhafte Selbstdarstellungen, bildermöglichtes Miterleben und denkende Interpretationen sind Beiträge zum wechselseitigen sprachen- und nationenübergreifenden Fremdverstehen. Es ist eine Hauptvoraussetzung für verschiedene Fragestellungen und Aufgaben.

Ebenfalls konnten in interpretatorischer Arbeit die *Wertorientierungen* polnischer Schüler im Blick auf Europa als große Hoffnungen erkannt werden. Sie hoffen, daß Polen bald in Europa - vor allem in die EG (so deuten es auch die Notizen an) - eingegliedert wird.

Dagegen zeigten sich in den deutschen Spontanzeichnungen sowohl starke Hoffnungen als auch schwere Besorgnisse.

In den polnischen Zeichnungen nimmt das *eigenen* Land inmitten eines Teils der Vielfalt anderer Nationalstaaten eine hervorragende Sonderstellung ein. Demgegenüber fand sich in den deutschen Zeichnungen kein Blatt, auf dem das eigene Land stärker als maßstabsgemäß veranschaulicht wurde.

Die Bedingung der Möglichkeit, daß deutsche Studenten sprachen- und nationenüberbrückend die Zeichnungen aus Polen weitgehend angemessen verstehen konnten, sind vermutlich dadurch gegeben, daß einerseits beide Nationen an den Grundlagen der Überlieferungs- und Wirkungsgeschichte teilhaben und andcrerseits durch die breitenwirksamen Informationsmedien wechselseitig vom aktuellen Geschehen im jeweils anderen Land erfahren. So wußte jeder der beteiligten Studenten, was das Wort Solidarnosz bedeutet und sie erkannten sofort, daß der Zeichner den gegenwärtigen polnischen Präsidenten Walesa darstellen wollte. Allen war aus der jüngsten Zeitgeschichte bekannt, daß in Polen ein *Patriotismus* verbreitet ist, aus dem der Stolz vieler Bürger auf ihr eigenes Land hervorgeht.

Ob und inwieweit *deutsche* Schüler verschiedener Alterstufen die Zeichnungen ihrer Altersgenossen ebenfalls sprachen- und nationenübergreifend erleben, wahrnehmen, verstehen, formulieren und erkennen können, muß erst erprobt werden.

Inwieweit auch polnische Schüler und Studenten die Wertorientierungen deutscher Schüler im Blick auf Europa aus den Spontanzeichnungen ersehen können, ist eine noch offene Frage. Vielleicht könnten sich Schwierigkeiten bei den Blättern ergeben, die in größerem Umfang Sprachelemente in ihre Bilddimensionen eingegliedert haben.

Schon dieser knappe Vergleich zeigt auf, daß die Wertorientierungen im Blick auf Europa neben Gemeinsamkeiten ihre besonderen Farben im Spektrum nationaler Vielfalt haben. Die Interpretation und Darstellung von Spontanzeichnungen aus anderen Ländern würde nach bisherigen Anhaltspunkten das Spektrum durchaus noch erweitern. Ergebnisse solcher Forschungen könnten durch geeignete Medien dem "*wechselseitigen internationalen Fremdverstehen*", der Verständigung und der Zusammenarbeit nützen. Das ist ein positiver Beitrag gegen übersteigertes Nationalbewußtsein und darin wurzelnde *Fremdenfeindlichkeit.*

Nach dem bisherigen Stand des Forschungsprojekts ist schon an diesem kleinen Ausschnitt erkennbar, daß es wichtig ist, die vorherrschend *verbale* Arbeit durch die *ästhetisch-anschauliche* Komponente zu erweitern. In anthropologischer Hinsicht können sowohl die Urheber von Spontanzeichnungen als auch die Betrachter und Interpreten ungenutzte schöpferische Komponenten gleichsam 'ins Spiel' bringen. Dadurch wird einerseits die individuelle geistige Tätigkeit herausgefordert und bereichert und andererseits das Spektrum sozialer und internationaler Auffassungs- und Kontaktmöglichkeiten gefördert.

Jedenfalls ist es ein besonderer Ansatz in der Forschung, daß in unserer bild- und textkonsumierenden Zeit Schüler primär *selbst* ihre Vorstellungsbilder *hervorbringen* und *erleben* und durch *denkerische* und *sprachliche* Anstrengung zu verstehen versuchen. Die *Anwendung* in Unterricht, Studium und Ausstellungen muß erst noch beginnen.

Literatur

Dehio, L. (1949). *Gleichgewicht oder Hegemonie*. Krefeld.

Flitner, W. (1963). *Europäische Gesittung*. Zürich.

Gadamer, H.-G. (1972). *Wahrheit und Methode* (3. Aufl.). Tübingen.

Jauß, H.R. (1977). *Ästhetische Erfahrung und literarische Hermeneutik*. München.

Jeismann, K.-E./Riemenschneider, R. (Hrsg.). (1990). *Geschichte Europas für den Unterricht der Europäer*. Braunschweig.

Kasper, H./Kullen, S. (1989). *Europa-Kartei*. Heinsberg: Agentur Dieck.

Kläger, M. (1988). *Psychologie und Morphologie der Kinderzeichnung*. Baltmannsweiler.

Meili-Dworetzki, G. (1982). *Spielarten des Menschenbildes*. Bern.

Mittelstädt, G. (Hrsg.). (1987). Nonverbale Indikatoren für soziokulturelle Orientierungen. Interkulturelle Vergleiche der Zeichnungen von deutschen, ausländischen und Migrantenfamilien. In Universität Frankfurt /M., Institut für Kulturanthropologie und Europäische Ethnologie (Hrsg.), *Kulturkontakt, Kulturkonflikt zur Erfahrung des Fremden* (S. 28). Frankfurt/M..

Muckenhaupt, M. (1986). Text und Bild. Grundfragen der Text-Bild-Kommunikation aus sprachwissenschaftlicher Sicht. *Tübinger Beiträge zur Linguistik*, 271.

Piaget, J./Inhelder, B. (1973). *Kinderpsychologie*. Olten.

Sayler, W. (1980). *Gastarbeiterkinder in Deutschland*. Bonn.

Sehringer, W. (1983). *Zeichnen und Spiele als Instrumente der psychologischen Diagnostik*. Heidelberg.

Sehringer, W. (1989). Systemanalyse von Kinderzeichnungen (Teil 1 und 2). *Zeitschrift für Menschenkunde*, 1 und 2.

Wilhelm, Th. (1990). *Aufbruch ins europäische Zeitalter*. Stuttgart.

Veronika Strittmatter

Resumée

Was haben wir gelernt? Was können wir weiterverwenden? Wie gehen wir weiter? Diese Fragen drängen sich auf nach einem fünftägigen Kongreß, der mit einem vielfältigen Angebot an Vorträgen, Workshops und Präsentationen aufwartete. Als ungewöhnlich kann das Arrangement des Kongresses betrachtet werden, das Inseln schuf für den Austausch zwischen Wissenschaftlern, für den Transfer fortbildender Inhalte und Methoden für Lehrer, für Begegnungen, für das Knüpfen von Kontakten und auch für gemeinsames Tun von Schülern aus neun verschiedenen europäischen Ländern, die diskutierten und spielten, musizierten, Theaterspielten und sangen, Hockey spielten und tanzten. Eine Vernetzung der Inseln, die Integration von Aktionen der drei unterschiedlichen Ebenen zeichnete sich bereits am ersten Kongreßtag als positiv erlebbares Ergebnis ab. Der Aufwand, der sich mit diesem Arrangement für die Veranstalter verband, entschädigte um ein Vielfaches mit der Dynamik im Kongreßgeschehen, die in Verbindung mit dem vielgestaltigen Teilnehmerkreis zu sehen ist. Der Kreis der gestaltenden wie partizipierenden jugendlichen und erwachsenen Teilnehmenden - aus den Bereichen Schule, Wissenschaft, Kunst und Politik - wurde von den Veranstaltern als ein Experiment gesehen, mit dem versucht wurde, eine Parallele zur europäischen Gesellschaft zu ziehen. Eine Parallele insbesondere zu Faktoren wie Kultur, ihren Aussagen wie auch spezifischen Aussagemitteln.

Die Form des Kongresses sollte die Botschaft eines vielfältigen, auch diskrepanten, aber möglichen Miteinanders sein. Das Ziel war, Chancen und Wege für eine europäische Dimension in Bildung und Erziehung zu prüfen. Es ging auch um konkrete Anregungen für die Weiterführung der Projekte europäischen Lernens. Die Veranstalter implizierten mit dieser Kongreßkonzeption sowohl theoretisches wie praktisches Handeln. Deutlich wurden zwei Annahmen dabei:

- Die beiden Anteile Theorie und Praxis sind nicht trennbar, gerade wenn es darum geht, von seiten der Pädagogen am europäischen Haus mitzubauen.

- Die Entwicklung von einem europäischen Bewußtsein wird entscheidend von der Beteiligung der Betroffenen, der Bürger, an diesem Prozeß bestimmt - oder: Gemeinsames Bewußtsein wird von unten aufgebaut.

Geboten wurde im Sinne der beiden Annahmen Hinschauens- und Hinhörenswertes, Mitmachens- und Diskussionswürdiges. Konkret arbeiteten z.B. Experten in international zusammengesetzten Gruppen, die orientiert an Komplexen zu fachbezogenem Unterricht, historisch-politischer und interkultureller Erziehung zwei bis drei Kongreßtage lang sich zu im Vorfeld verabredeten Fragestellungen austauschten und über künftige Wege ihrer Projekte nachdachten. Neben der Diskussion der Information konzentrierten sich andere Experten auf die Ebene der Vermittlung. Sie präsentierten ihre Projektideen durch Expeditionen etwa zu spielerischem, kreativ gruppendynamischem, interaktivem Lernen. Die Form des Kongresses ließ es zu, daß sich die Besucher 'einmischen' konnten.

Der Gedanken- und Erfahrungsaustausch zwischen unterschiedlichen Bereichen und Disziplinen warf Fragen auf wie beispielsweise: Was ist Lernen in Europa und zu welchem Ziel? Wie kann Europa definiert werden? Worin besteht die "europäische Dimension" von Bildung? Wie entstehen Europa-Bewußtsein, Europa-Kompetenz, "Eurobildung" - und wie und woran sind sie meßbar? Was müssen Schule und Unterricht leisten, um die junge Generation auf die neuen wirtschaftlichen, sozialen und kulturellen Rahmenbedingungen des geeinten Europas vorzubereiten? Auf welche Inhalte müssen wir vornehmlich achten, welche erzieherischen Konzepte müssen wir besonders verfolgen, um den jungen Menschen effektiv und auf breiter Basis Europakompetenz zu vermitteln? Kann, darf, soll es EINE Europäische Erziehung geben - und auf welche Werte bezogen? Wegweisungen dazu sind in Form von Diskussionsergebnissen in den einzelnen Texten dieses Bandes nachzulesen. Ich beschränke mich in diesem Beitrag auf den Grundtenor, der die künftigen Herausforderungen beschreibt.

Für ein Einvernehmen zu den aufgeworfenen Fragen scheint die Zeit noch nicht reif. Im Spannungsfeld zwischen Interesse und Notwendigkeit wurden Antworten in Form von zaghaften Experimenten gesammelt. Der Versuch, eine Spur durch die vielen Gespräche und Aktionen, führt den Beobachter zu einigen als zentral erachteten Aufgaben: Bildung eines gemeinsamen europäischen Bewußtseins - und darauf aufbauend - die Entwicklung einer europäischen Identität. Der Schlüssel dazu wird im Lernen der Zukunft gesehen.

Die Atmosphäre, in der die Aufgabenstellung von den Referierenden wie Teilnehmenden vorsichtig abgetastet bis vehement vertreten wurde, zeichnete sich aus durch den Versuch, eine europäische Ientität zu finden. Der Weg wurde zunächst zum Europa der politisch-normativen Idee zurückverfolgt. Im Zeichen des Vertrags von Maastricht zur Gründung einer europäischen Union wurde sodann die gegenwärtige Situation als dem Schritt zur politischen Integration skizziert. Und nach vorne schauend identifizierte man eine damit einhergehende neue Dimension: Wir stehen vor einer entscheidenden Schwelle, einem grundlegenden Wandel, der auch nicht vor der europäischen Kultur- und Bildungslandschaft halt macht. Das sich durchsetzende Paradigma ist - trotz allen Festhaltens an föderalen Strukturen und regionalen Wurzeln - geprägt von der Sehnsucht nach Einheit in allen Bereichen, sei es in der Politik oder Wirtschaft, in der Gesellschaft oder Ethik. Begleitet wird dieser Wandel von der Frage nach Sinn und Bedeutung der politischen, wirtschaftlichen und sozialen Maßnahmen und Strategien.

Auch im Bildungsbereich wird hierzu nach Antworten und Wegen gesucht. Europäische Austauschprogramme und gezielte Handlungsoptionen durch das Prinzip der Subsidiarität sind dazu Versuche.

Einig waren sich die Diskutierenden darüber, daß die derzeitigen Bildungssysteme einseitig auf ein rationales Weltbild ausgerichtet sind und Lernerfahrungen anderer Art vernachlässigen. Mehr Offenheit ist notwendig; Lehren und Lernen in Europa soll als ein offener Prozeß gestaltet werden. Im Hinblick auf die Persönlichkeit von Jugendlichen definieren Bindung und Entfaltung und nicht nur instrumentelles Wissen das Verständnis einer Erziehung. Im europäischen Kulturwandel besteht die Hoffnung auf ein verändertes Weltbild - auf eine ganzheitliche Weltanschauung, die als Vision für die Zukunft Europas und für die Wiederverzauberung der rationalen europäischen Integrationspolitik wichtig ist. Für die künftige Bildungsarbeit in Europa stellt sich dabei die Frage, wie Unterricht in diesem Sinne organisiert und gestaltet werden kann, damit er die Lernenden nicht einengt. Wichtig ist, eine umfassende Lernerfahrung zu ermöglichen.

Überlegungen dieser Art bestätigten Initiatoren von Projekten, deren Konzeptionen, (Leidens-)Wege und bisherigen Erfahrungen bei dem Kongreß vorgestellt wurden - zu nennen sind hier u.a. das europäische Lesebuch, die europäische Literaturgeschichte "Lettres européennes", die Projekte für europäisches Lernen in der Primarstufe, frühes Fremdsprachenlernen, bis hin zu inderdisziplinären Ansätzen in verschiedenen Schularten und -stufen sowie Praxiskurse zur Vorbereitung von Schülerbegegnungen. Zum Teil konnten die Besucher an konkreten Ergebnissen und Hinweisen zu praktischer Unterrichtsgestaltung partizipieren

Von einigen Projektgruppen wurden die Kongreßtage genutzt, um neben der Vorstellung ihrer Konzepte, deren Diskussion, das Knüpfen neuer Kontakte und Erweiterung der Perspektive, die nächsten Arbeitsschritte für ihre Projekte vorzubereiten.

Als den wohl wesentlichsten Kristallisationspunkt sehen Experten in der sprachlichen Hürde, die die Europäer ganz konkret hindert, entspannt aufeinander zuzugehen. Dies zu ermöglichen, wurden Aspekte herausgefiltert, von denen folgende an vorderster Stelle rangieren:

- Bereits in der Grundschule beginnender Fremdsprachenunterricht.
- Gastlehrer aus anderen europäischen Ländern übernehmen den Fremdsprachenunterricht.
- Lehrer erwerben Sprachkompetenz, in dem sie während ihres Studiums in verschiedenen europäischen Ländern studieren (Austausche werden schon umgesetzt z.B. auf der Ebene der Schulpraktika) - und nach Schule und Studium sich auch außerhalb von Bildungsinstitutionen aufhalten, um den eigenen Horizont zu erweitern und ein Verständnis für offene Lernprozesse zu entwicklen.
- Schüleraustausch und Schulpartnerschaften vermitteln exemplarische Einblicke in die Lebensgegebenheiten anderer europäischer Länder. Daran anschließend eröffnet sich über die kritisch aufbereitete Erfahrung die Chance zur Entwicklung eines Europabewußtseins.

Je unmittelbarer Europaerfahrungen erlebbar werden, desto überzeugender wirkt ein offenes europäisches Bildungskonzept.

Europäisches Lernen in umfassendem Sinne steht allerdings vor vielen Hindernissen, sowohl institutioneller und finanzieller als auch mentaler Art. Nachdrücklich fordern die Experten, europäische pädagogische Modelle in schulischen Institutionen zu erproben. Als Vorbild hierzu sind die mittlerweile neun Europaschulen zu betrachten.

Die Herausforderungen für die Zukunft finden sich für die Pädagogik zum einen im Rückgriff auf integrative Ansätze, um diese Hürden überwindbar werden zu lassen, zum anderen darin, Europa pädagogisch zu fassen. Es gilt, eine Pädagogik zu entwickeln, die die rationalen wie kreativen Facetten gleichermaßen bemüht, und so das Aufeinanderzugehen wie auch das Einsichtnehmen in den europäischen Integrationsprozeß erleichtert.

Mit dem Wunsch nach einer europäischen Dimension an Schulen wie Hochschulen setzten sich die Kongreßteilnehmer wiederholt über das "europäische" Bewußtsein auseinander. Eine gemeinsame europäische Kulturfindung haben die Europäer angesichts der jeweils ganz unterschiedlichen Identität in den europäischen Regionen wohl nicht. Trotz der fortschreitenden europäischen Integration fehlen noch angemessene Erfahrungen und somit Verständnis für andere Verhaltensweisen und kulturelle Gebundenheiten. Vor allem sind Angst und Unkenntnis bei vielen Europäern zu konstatieren. Ein Kernproblem sah man in der Komplexität europäischer Politik, die schwer den Bürgern zu vermitteln ist. Der europäische Einigungsprozeß muß von den Menschen mitgetragen werden: Kulturelle Prozesse entstehen nur "von unten".

Die Rolle, die Bildung und Erziehung im Kontext der europäischen Integration spielen und was sie leisten, sind die Vorentscheidungen für Information und Bildung. Nur damit ist der politisch-rechtliche Rahmen zu nutzen. Um Europa zu lernen, müssen darüber hinaus Beziehungen gelernt werden. Nicht über die traditionelle Institutionenkunde zur Europäischen Gemeinschaft kann Europa sich angeeignet werden. Notwendig sind Begegnungen mit anderen Menschen und Kulturen in Europa. Es geht darum, mit Standpunkten und Wahrnehmungen des anderen konfrontiert zu werden, zur Entwicklung einer eigenen Vorstellung und um letztlich den anderen verstehen zu können. Zielführender Anspruch ist das Erlernen von Toleranz - nämlich konkret damit umgehen zu können, daß andere Menschen mit anderen Gewohnheiten Probleme auf ganz andere Art angehen.

Europäische Begegnungen zwischen Schülern, die insofern zu intensivieren sind, sollen die Fähigkeiten zum Perspektivenwechsel lehren, die Fähigkeit, sich in den anderen hineinzuversetzen. Notwendig ist dafür Zeit. "Interkulturelles Lernen" ist nur möglich, wenn man mit Menschen anderer Herkunft wirklich lebt, wenn ein echter Austausch zustande kommt. Der traditionell ergebnisorientierte Unterricht im heutigen Schulsystem klammert diese Dimension des "Europäischen Lernens" noch weitgehend aus. Die Kritik der Kongreßteilnehmer richtete sich von zu starren Anforderungen der europäischen Schulverwaltungen, z.B. im Hinblick auf organisatorische und finanzielle Hürden bei Realisierungen von Schülerbegegnungen, bis hin zu engen Vorgaben in den Lehrplänen. "Europäisches Lernen" ist nur als prozeßorientiertes Lernen denkbar. In dieser explorativen Phase ging es den Wissenschaftlern darum, Pädagogen zu eigenen Schritten mit ihren Schülern zu ermutigen, um mehr Möglichkeiten anzubieten, um Verkrustungen aufzubrechen, um Verunsicherungen abzubauen, dabei das Schwanken der Verhältnisse auszuhalten, ohne Aggressivität zu entwikkeln und ohne die eigene Identität zu verlieren.

Der Europäische Lernprozeß sollte grundsätzlich als Ergebnis das vermitteln, was für das Zusammenleben der Menschen und für künftige Generationen wichtig und tragbar ist. Die Arbeit mit Modellen zu europäischem Lernen hat das Ziel, vor dem Hintergrund der jeweiligen kulturellen Tradition, Neues zu entwickeln. Die Suche nach der eigenen kulturellen Identität muß dabei am Anfang stehen.

Die Hoffnung, die sich für die Veranstalter mit den Besuchern verbindet, liegt darin, mit dem Kongreß Impulse und Motivation für Europa gegeben zu haben. Zugegeben: Das Ganze ist mehr als die Summe seiner Teile (die Null ist dabei nicht ausgeschlossen). Trotzdem sollte der Teil, der die Jugendlichen betrifft, besonders betrachtet werden: Bei den Schülern, die aus vielen europäischen Ländern zu Gast waren, konnte Offenheit und Neugierde für den anderen mit anderen Lebensgewohnheiten beobachtet werden und besonders Freude und Spaß am Tun, am Dabeisein, am Mitmachen. Darin liegt unserer Meinung nach ein wesentlicher Schlüssel zum Prozeß des Lernens.

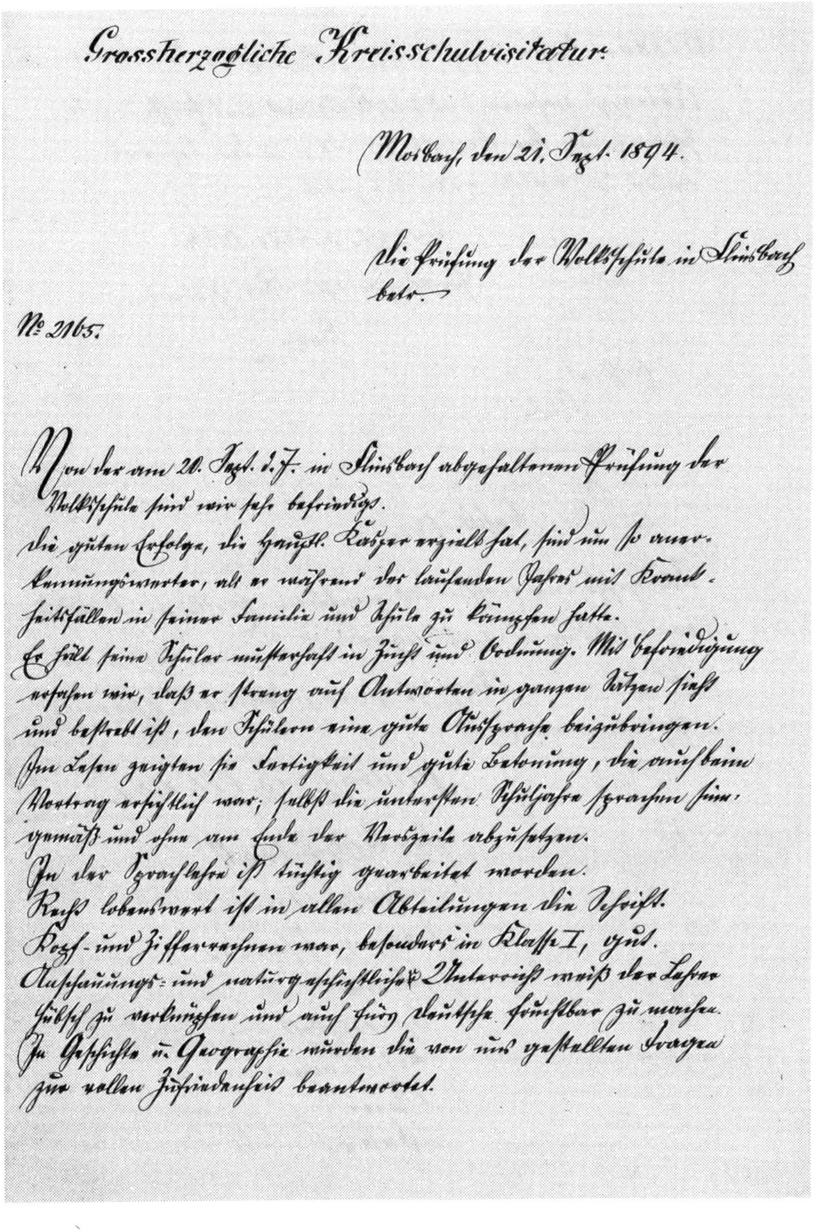

Grossherzogliche Kreisschulvisitatur.

Mosbach, den 21. Sept. 1894.

Die Prüfung der Volksschule in Flinsbach betr.

No 2165.

Von der am 20. Sept. d. J. in Flinsbach abgehaltenen Prüfung der Volksschule sind wir sehr befriedigt.
Die guten Erfolge, die Hauptl. Käßner erzielt hat, sind um so anerkennungswerter, als er während des laufenden Jahres mit Krankheitsfällen in seiner Familie und Schule zu kämpfen hatte.
Er hält seine Schüler musterhaft in Zucht und Ordnung. Mit Befriedigung ersehen wir, daß er streng auf Antworten in ganzen Sätzen sieht und bestrebt ist, den Schülern eine gute Aussprache beizubringen.
Im Lesen zeigten sie Fertigkeit und gute Betonung, die auch beim Vortrag ersichtlich war; selbst die untersten Schuljahre sprachen sinngemäß und ohne am Ende der Verszeile abzusetzen.
In der Sprachlehre ist tüchtig gearbeitet worden.
Recht lobenswert ist in allen Abteilungen die Schrift.
Kopf- und Zifferrechnen war, besonders in Klasse I, gut.
Anschauungs- und naturgeschichtlichen Unterricht weiß der Lehrer hübsch zu verknüpfen und auch fürs Deutsche fruchtbar zu machen.
In Geschichte u. Geographie wurden die von uns gestellten Fragen zur vollen Zufriedenheit beantwortet.

Auszug aus dem "Schulbesuchsbuch für Prüfungen 1852 - 1927", Mosbach, hier: Großherzogliche Kreisschulvisitatur, Volksschule Flinsbach, betrifft Nr. 2165.

Referentinnen und Referenten

Kirsten Baumbusch
Freie Journalistin, Rhein-Neckar-Zeitung, Heidelberg

Dr. Hans-Peter Baumeister
Beratender Mitarbeiter, Deutsches Institut für Fernstudien an der Universität Tübingen

Margarida Belard
Leiterin der Abteilung Internationale Beziehungen, Portugiesisches Ministerium für Erziehung, Portugal

Prof. Gordon H. Bell
Dekan der Erziehungswissenschaftlichtlichen Fakultät, Nottingham Polytechnic, Großbritannien

Dr. Ingeborg Berggreen
Leitende Ministerialrätin, Bayerisches Staatsministerium für Unterricht, Kultus, Wissenschaft und Kunst, München

Prof. Dr. Hugo Blank
Französisch, Pädagogische Hochschule Karlsruhe

Prof. Dr. Dieter Böhn
Geographie, Universität Würzburg

Dr. Werner Boppel
Ministerialdirigent, Bundesministerium für Bildung und Wissenschaft, Bonn

Prof. Dr. Werner à Brassard
Pädagogische Hochschule Freiburg

Prof. Dr. Hartmut Breitkreuz
Englisch, Pädagogische Hochschule Heidelberg

Klaus Bruckmann
Studiendirektor, Staatliche Akademie für Lehrerfortbildung Calw

Prof. Dr. Horst Buszello
Geschichte, Pädagogische Hochschule Freiburg

François de Chantal
Journalist, Volontär an der Rhein-Neckar-Zeitung

Dr. Andreas Cser
Geschichte, Pädagogische Hochschule Heidelberg

Prof. Wulf Datow
Staatliches Seminar für Schulpädagogik, Gymnasien, Heidelberg

Jean Deletang
M. le Directeur, Institut Universitaire de Formation des Maitres de L'Academie de Reims, Frankreich

Resy Delnoy
Leiterin des IMEN-Sekretariats International, Mother Tongue Education Network, Nijmegen, Niederlande

Margret Dotter
Ausländerbeauftragte der Stadt Heidelberg

Prof. Dr. h.c. Artur Fischer
Unternehmer, Fischer Werke, Tumlingen

Antje Fröhlich
Reallehrerin, Backnang

Prof. Dr. Roland Gäßler
Französisch, Pädagogische Hochschule Heidelberg

Priv.-Doz. Dr. Ingrid Gogolin
Erziehungswissenschaftlerin, Arbeitsgruppe FABER im Fachbereich Erziehungswissenschaft, Universität Hamburg

Monika Greiner
Landeszentrale für politische Bildung Baden-Württemberg, Stuttgart

Prof. Dr. Alfred Grosser
Politologe, Institut d' Etudes Politiques de Paris, Studien- und Forschungsdirektor an der Fondatin Nationale des Scienes Politiques, Frankreich

Jutta Hannig-Schosser
Leibeserziehung, Pädagogische Hochschule Heidelberg

Prof. Dr. Eduard Haueis
Deutsch, Pädagogische Hochschule Heidelberg

Dr. Helmuth Heinz
Studiendirektor, Thomas-Mann-Gymnasium, Stutensee, Fachberater für Italienisch am Seminar für Studienreferendare Heidelberg, Lehrbeauftragter, Universität Heidelberg, war beteiligt an der Lehrplanrevision in Baden-Württemberg für das Fach Italienisch

Prof. Dr. Bernd Henning
Pädagogische Hochschule Karlsruhe

Dr. Friedrich Hirsch
Präsident, Oberschulamt Karlsruhe

Prof. Dr. Horst Hörner
Schulpädagogik, Pädagogische Hochschule Heidelberg

Prof. Volker Huwendiek
Staatliches Seminar für Schulpädagogik, Heidelberg

Peter Jaklin
Landesbildstelle Baden, Karlsruhe

Hugo de Jonghe
Experte für belgisches Bildungswesen, Groupe-Recherche Lettres européennes, Beigem, Belgien

Prof. Dr. Hildegard Kasper
Schulpädagogik, Pädagogische Hochschule Heidelberg

Monica Kaufmann
Pädagogisches Fachinstitut Karlsruhe

Prof. Dr. Rosemarie Kieffer
Association luxembourgeoise pour la défense du latin, Luxemburg

Prof. Dr. Rolf-Dieter Kluge
Slawische Philologie, Slawisches Seminar, Universität Tübingen
war beteiligt an der Lehrplanrevision in Baden-Württemberg für das Fach Russisch

Rudolf Köberle
Staatssekretär, Ministerium für Kultus und Sport Baden-Württemberg

A. D. Krindatsch
Wissenschaftlicher Mitarbeiter, Geografisches Institut Akademie der Wissenschaften Moskau, Rußland

Jürgen Kummetat
Oberstudienrat, Vice-President international Association Européenne des Enseignants, Schwalbach

Christine Lieberknecht
Ministerin für Bundes- und Europaangelegenheiten, Thüringen

Klaus Lorenz
Regierungsschuldirektor, Ministerium für Kultus und Sport Baden-Württemberg, Stuttgart

Prof. Dr. Wolfgang W. Mickel
Politik, Pädagogische Hochschule Karlsruhe

Prof. Dr. Gerhard Mittelstädt
Allgemeine Pädagogik/Ausländerpädagogik, Pädagogische Hochschule Heidelberg

Prof. Dr. Hans-Christoph Graf von Nayhauss,
Deutsch, Pädagogische Hochschule Karlsruhe, war beteiligt an der Lehrplanrevision in Baden-Württemberg für das Fach Deutsch

Prof. Dr. Lech Pakula
Instytut Geografii WSP Kraków, Polen

Drs. Han Plas
Rector, Cornelis Drebbel College Alkmaar, Niederlande

Ulrike Pörnbacher
Studienbereich Deutsch als Fremdsprache/Ausländerpädagogik, Universität Koblenz-Landau

Prof. Dr. Herbert Raisch
Geographie, Pädagogische Hochschule Heidelberg

Prof. Dr. Gerd Ratz
Geographie, Pädagogische Hochschule Heidelberg

Prof. Dr. Armin Reese
Geschichte, Pädagogische Hochschule Heidelberg

Philippe Régerat
Vergleichende Erziehungswissenschaften, Institut Universitaire de Formation des Maitres de L'Academie de Reims, Frankreich

Prof. Dr. Siegwart Rupp
Kunsterziehung, Pädagogische Hochschule Heidelberg

Prof. Burkhard Sachs
Pädagogische Hochschule Freiburg

Prof. Dr. Michael Schallies
Rektor, Pädagogische Hochschule Heidelberg

Veronika Strittmatter
Wissenschaftliche Mitarbeiterin, Institut für Weiterbildung der Pädagogischen Hochschule Heidelberg

Barbara Tham, M.A.
Forschungsgruppe Jugend und Europa, Institut für Politikwissenschaft, Universität Mainz

Prof. Dr. Lothar Ungerer
Politikwissenschaft, Pädagogische Hochschule Ludwigsburg

Piet Hein van de Ven
Muttersprachdidaktiker, Nijmegen, Niederlande

Chantal Vincent
Ausbildungslehrerin, Institut Universitaire de Formation des Maitres de L'Academie de Reims, Frankreich

Beate Weber
Oberbürgermeisterin der Stadt Heidelberg

Prof. Dr. Klaus Westphalen
Institut für Pädagogik, Pädagogische Hochschule Kiel

Dr. Willi Wölfing
Schulpädagoge, Pädagogische Hochschule Heidelberg, Leiter des Instituts für Weiterbildung der Pädagogischen Hochschule Heidelberg

Reinhold Wohlleben
Oberstudienrat, Staatliche Akademie für Lehrerfortbildung Calw

Theo van der Zee
Direktor, Europäische Schule Karlsruhe

Manfred Zugck
Oberstudienrat, Kurfürst-Friedrich-Gymnasium Heidelberg

Klaus Lorenz
Regierungsschuldirektor, Ministerium für Kultus und Sport Baden-Württemberg, Stuttgart

Prof. Dr. Wolfgang W. Mickel
Politik, Pädagogische Hochschule Karlsruhe

Prof. Dr. Gerhard Mittelstädt
Allgemeine Pädagogik/Ausländerpädagogik, Pädagogische Hochschule Heidelberg

Prof. Dr. Hans-Christoph Graf von Nayhauss,
Deutsch, Pädagogische Hochschule Karlsruhe,
war beteiligt an der Lehrplanrevision in Baden-Württemberg für das Fach Deutsch

Prof. Dr. Lech Pakula
Instytut Geografii WSP Kraków, Polen

Drs. Han Plas
Rector, Cornelis Drebbel College Alkmaar, Niederlande

Ulrike Pörnbacher
Studienbereich Deutsch als Fremdsprache/Ausländerpädagogik, Universität Koblenz-Landau

Prof. Dr. Herbert Raisch
Geographie, Pädagogische Hochschule Heidelberg

Prof. Dr. Gerd Ratz
Geographie, Pädagogische Hochschule Heidelberg

Prof. Dr. Armin Reese
Geschichte, Pädagogische Hochschule Heidelberg

Philippe Régerat
Vergleichende Erziehungswissenschaften, Institut Universitaire de Formation des Maitres de L'Academie de Reims, Frankreich

Prof. Dr. Siegwart Rupp
Kunsterziehung, Pädagogische Hochschule Heidelberg

Prof. Burkhard Sachs
Pädagogische Hochschule Freiburg

Prof. Dr. Michael Schallies
Rektor, Pädagogische Hochschule Heidelberg

Veronika Strittmatter
Wissenschaftliche Mitarbeiterin, Institut für Weiterbildung der Pädagogischen Hochschule Heidelberg

Barbara Tham, M.A.
Forschungsgruppe Jugend und Europa, Institut für Politikwissenschaft, Universität Mainz

Prof. Dr. Lothar Ungerer
Politikwissenschaft, Pädagogische Hochschule Ludwigsburg

Piet Hein van de Ven
Muttersprachdidaktiker, Nijmegen, Niederlande

Chantal Vincent
Ausbildungslehrerin, Institut Universitaire de Formation des Maitres de L'Academie de Reims, Frankreich

Beate Weber
Oberbürgermeisterin der Stadt Heidelberg

Prof. Dr. Klaus Westphalen
Institut für Pädagogik, Pädagogische Hochschule Kiel

Dr. Willi Wölfing
Schulpädagoge, Pädagogische Hochschule Heidelberg, Leiter des Instituts für Weiterbildung der Pädagogischen Hochschule Heidelberg

Reinhold Wohlleben
Oberstudienrat, Staatliche Akademie für Lehrerfortbildung Calw

Theo van der Zee
Direktor, Europäische Schule Karlsruhe

Manfred Zugck
Oberstudienrat, Kurfürst-Friedrich-Gymnasium Heidelberg